미국 정당을 알면 미국 정치가 보인다

– 정강정책과 유권자연합 –

미국 정당을 알면
미국 정치가 보인다

— 정강정책과 유권자연합 —

초판 1쇄 발행: 2016년 8월 30일
초판 2쇄 발행: 2017년 8월 7일

지은이: 김진하
발행인: 부성옥
발행처: 도서출판 오름
등록번호: 제2-1548호 (1993. 5. 11)

주 소: 서울특별시 중구 퇴계로 180-8 서일빌딩 4층
전 화: (02) 585-9122, 9123 / 팩 스: (02) 584-7952
E-mail: oruem9123@naver.com

ISBN 978-89-7778-467-3 93340

이 도서의 국립중앙도서관 출판예정도서목록(CIP)은 서지정보유통지원시스템 홈페이지(http://seoji.nl.go.kr)와 국가자료공동목록시스템(http://www.nl.go.kr/kolisnet)에서 이용하실 수 있습니다. (CIP제어번호: CIP2016021217)

미국 정당을 알면 미국 정치가 보인다

— 정강정책과 유권자연합 —

김진하 지음

Party Platforms and Electoral Realignments in the US

Continuity and Change

Kim, Jinha

ORUEM Publishing House
Seoul, Korea
2017

책을 시작하며

이 책을 집필하게 된 직접적인 동기는 2016년 미국 대선 과정에서 나타난 도널드 트럼프 후보와 버니 샌더스 상원의원의 발언과 공약이 공식적으로 양당의 정책으로 수록될 것인가의 궁금증 때문이었다. 과연 두 사람 중의 한 사람이 대통령이 된다면 그들이 주장한 대로 미국의 정책이 실행될까? 트럼프 후보가 공화당 후보로 확실시되면서 만나는 사람들은 내게 "트럼프가 대통령이 되면 국경에 벽을 정말 세울까요? 무슬림들을 쫓아낼까요? 보호무역 다시 시작되는 건가요?" 등등을 물었다. 그럴 때 나는 트럼프의 입이 아니라 공화당 정강에 쓰인 공화당의 의지를 봐야 한다고 답했다.

그런 궁금증들이 집필의 직접적인 동기가 되었다면, 오래된 동기는 미국 정당의 정체성과 그 변화에 대한 배경을 정강정책을 살펴봄으로써 파악해보고 싶다는 학문적 호기심이었다. 오래전에 양당의 정강정책을 다 모아놓고 언제가 이 정강정책을 연구해보리라 생각했었는데, 결과적으로는 예상 외의 대형 작업이었다.

미국의 정당은 유명한 지도자, 예를 들어서, 토마스 제퍼슨 대통령, 아브라함 링컨 대통령, 프랭클린 루즈벨트 대통령, 1980년 공화당의 레이건 대통령이나 1990년대의 공화당 하원의장 깅그리치, 혹은 같은 시기 민주당 클린턴 대통령 등에 의해서 움직이고 영향을 받으면서 변화해왔다. 그렇지만 여러 세력의 연합이라는 미국 정당의 특성과, 특정 지역에서 1당의 위치를 장기적으로 확보하고 있는 지역 정당의 특성이 유권자들의 행위와 합쳐져서 정당의 방향과 정체성은 발전해왔다.

미국의 유권자집단은 특정 정당에 대한 충성심을 가지고 있지만, 이것도 시간의 흐름에 따라 새롭게 변모하는 갈등 및 균열구조에 따라서 변하게 된다. 미국의 흑인들이 아브라함 링컨 대통령의 정당인 공화당을 떠나서 민주당의 주요 지지층이 된 것이나, 민주당의 텃밭이었던 남부가 공화당으로 슬금슬금 넘어간 현상 등은 미국의 정당 연합이 균열과 갈등의 결과에 따라서 재편된다는 것을 말해준다.

"일반 유권자 중에 누가 정강정책을 읽어보나?"라는 말도 일리가 있다. 그러나 정강정책은 미국의 일반 유권자에게 직접 다가가기보다는 그 유권자집단을 대표하는 활동가들과 미디어 등을 통해서 일반 유권자집단에게 다가간다고 봐야 한다. 물론 활동가들은 그 집단의 일반 유권자들보다 이념지향적일 수 있다. 하지만 활동가들이 정강정책에 적어 넣고, "이제 공식적이다"라고 외치는 소리가 모여서 정당의 정체성이 되고, 그 정체성을 매개로 하여 풀뿌리 단위에서 활동가들이 자신이 대표하는 유권자집단을 동원하는 것이다. 미국의 정당은 유권자연합이다. 그 유권자연합의 구성분포를 가장 잘 알 수 있는 것은 정강정책에서 표현되는 이익의 표출이다.

1840년 민주당의 첫 번째 정강정책은 535단어에 불과한 분량이었다. 사회의 분화와 다양한 이슈와 균열의 생성으로 2016년 민주당의 정강정책은 51쪽, 공화당의 정강정책은 54쪽에 해당하는 문서가 되었다. 민주당은 1840년부터 4년에 한 번씩, 공화당은 1856년부터 4년에 한 번씩 전당대회를 개최하고 정강정책을 통과시켜왔다. 그런 면에서 정강정책의 유효기간은 4년이다. 그렇지만 그 4년마다 확인되고 변경되는 미국 정당의 정체성을 살펴보는 것의 의미는 결코 작지 않다. 미국 정당의 정강정책을 비교하여 미국의 역사적 균열구조와 그에 따른 유권자재편에 대해서 살펴본 책은 미국에서도 찾아보기 힘들고, 아직까지 한국에서 출판되지 않았다는 점에서 이 책이 향후 미국 정당과 미국 정치 연구에 도움이 되기를 바란다.

이 책은 미국 정치에 대해서 전혀 모르는 독자들도 쉽게 이해할 수 있도록, 각주를 통해서 용어나 사건들을 설명했고, 미국 정당의 재편과정과 관련되어 있는 역사적 사실이나, 미국식 민주주의의 고유한 개념들을 설명하다 보니 생각보다 더 난해한 작업이 되었다. 이 책은 제4부 제17장으로 구성되어 있다. 제1부에서는 미국 정당에 관한 이론적 논의들을 간략하게 소개하고, 제2부에서는 미국의 정강정책의 수립과정과 의미에 대해서 설명하고, 제3부에서는 미국의 정당체제별 정강정책에 대한 비교 분석을, 그리고 제4부에서는 2000년대 미국의 정강정책을 분석해 보았다.

2016년도 민주당과 공화당의 정강정책을 분석하면서, 세간에서 얘기하는 변화가 정강정책 안에 담겨져 있고, 특정 분야의 변화는 파급력이 크기도 하지만, 대부분의 정책들은 변화의 측면보다는 유지되고 있는 면이 더 크다는 것을 알 수 있었다.

미국 정치를 알고 싶으면 정강정책을 공부하라고 권하고 싶다. 정강정책에 있다고 다 정책으로 실현되지는 않지만, 최소한 정강위원회 절반의 대의원이 찬성해서 만들어진 정강정책은, 2016년 미국 사회가 분절화되고 있다고 말해주는 것임에는 틀림없다. 더 왼쪽으로 가는 민주당과 오른쪽에서 견고히 서 있으면서 민주당과 유사한 무역정책과 금융정책의 견제구를 던지는 공화당은 단순히 열성활동가들의 극단적 이념 때문이 아니라 1970년 이래로 지속되고 있는 미국 사회의 부와 이념의 양극화 때문이라고 볼 수 있다.

그 양극화의 불길에 기름을 부은 것은 버니 샌더스 후보와 도널드 트럼프 후보를 지지했던 유권자들의 답답함이었을 것이다.

변화를 원하는 유권자들은 새로운 정책대안을 원했고, 그 변화의 열망이 반영된 것이 2016년 정강정책이었다. 공화당은 노동자를 대상으로 자유무역 약화와 월가 규제의 획기적인 카드를 꺼내들었다. 샌더스 후보를 지지했던 노동자들의 절망을 공화당에서 반영하고자 한 정책이었다.

우리나라도 선거 때가 되면 정당들이 정강정책을 만들어낸다. 정강정책에는 정당이 대표하고자 하는 그리고 지향하는 집단의 정체성이 담겨 있어야 한다. 설사 대한민국의 정당들이 국익을 말한다고 해도 그 국익의 정의와 한계, 그리고 추구하는 방법은 정당을 지지하는 유권자들의 연합에 따라 다른 모습으로 나타나는 것이 당연하다. 미국 정당의 정강정책에 대해 공부하는 것은 우리나라 정당인이나 정당을 연구하는 학자들에게도 적지 않은 시사점을 줄 것이라고 생각한다. 끝으로 이 책의 출판과 관련한 개인적인 소회와 소감을 몇 자 적으면서 머리말을 대신하고자 한다.

> “학문의 길에 들어서고 나서 어렵게 첫 번째 책이 나왔습니다. 첫 책이 나온다고 생각하니 고마운 분들이 생각납니다. 지금도 부족한 자식을 위해서 기도하고 계시는 부모님의 배려와 희생이 없었다면 이 책은 절대 나오지 못했을 것입니다. 세상을 살아갈 힘을 주는 나의 딸 김조원과 유학시절부터 뒷바라지해오는 아내 김연희에게 고마움을 표합니다. 그리고 졸고를 기꺼이 정성껏 책으로 만들어주신 도서출판 오름 여러분들의 정성에 고마운 마음뿐입니다. 살아오면서 사랑의 빛을 안겨주신 많은 분들 다 고맙습니다.
> 그리고 나의 산성되시는 하나님께 감사를 드립니다”

2016년 8월

지은이 김진하

차례

❖ 책을 시작하며 _5

제1부 미국 정당

제1장 미국 정당을 보는 시각 • 29

제1절 일반적 정의 32
제2절 유권자연합정당 이론, 책임정당 이론, 선거경쟁 이론 35
제3절 미국 정당의 변화 41
제4절 정당의 약화 논쟁 56

제2장 미국 정당제의 특성: 양당제 • 65

제1절 제도주의 시각 67
제2절 범문화론 시각 71
제3절 구조주의 시각: 정당 73

제3장 미국 정당체제 • 77

제1절 제1차 정당체제(1796~1824년) 82
제2절 제2차 정당체제(1828~1860년) 89
제3절 제3차 정당체제(1860~1896년) 93
제4절 제4차 정당체제(1896~1932년) 100
제5절 제5차 정당체제(1932~1968년) 104
제6절 제6차 정당체제(1968년~현재) 107

제2부 미국의 정강정책

제4장 정강정책을 보는 시각 • 113

제1절 정강정책의 기능 113
제2절 정강정책은 중요한가? 115

제5장 정강정책의 수립과정 • 119

제1절 정강정책의 초기 역사 119
제2절 전당대회, 전국위원회, 정강위원회 125
제3절 정강정책 정치사 128

제6장 2016년 정강정책 정치 • 133

제1절 2016년 민주당 정강정책 정치 134
제2절 2016년 공화당 정강정책 정치 139

제3부 시대별 정강정책 비교 분석

제7장 **제2차 정당체제 시기 정강정책 분석** • *147*

제1절 미국 주요 정당의 최초 정강정책 분석 147
제2절 민주당 정강정책의 변화(1840~1856년) 165
제3절 민주당과 공화당의 정강정책 비교(1856년) 171

제8장 **제3차 정당체제 시기 정강정책 분석** • *177*

제1절 1860년 정강정책 연구 177
제2절 1864년 정강정책 연구 197
제3절 중대재편(1860년) 전후의 정강정책 비교 207
제4절 1892년 정강정책 비교 211

제9장 제4차 정당체제 시기 정강정책 분석 • 223

제1절 1896년 정강정책 비교 223
제2절 1900년 정강정책 비교 233
제3절 1896년 중대재편 전후의 정강정책 비교 239
제4절 1928년 정강정책 비교 244

제10장 제5차 정당체제 시기 정강정책 분석 • 255

제1절 1932년 정강정책 비교 255
제2절 1936년 정강정책 비교 265
제3절 중대재편(1932년) 전후의 정강정책 비교 275
제4절 1964년 정강정책 비교 281

제11장 제6차 정당체제 시기 정강정책 분석 • 291

제1절 1968년 정강정책 비교 291
제2절 1972년 정강정책 비교 302
제3절 1968년의 완만한 재편 전후 정강정책 비교 313

제4부 현대 미국 정치와 정강정책

제12장 2000년 정강정책 비교 • 331

제1절 외교 정강정책 비교 335
제2절 안보 정강정책 비교 346
제3절 경제, 무역 정강정책 비교 351
제4절 사회 정강정책 비교 356
제5절 복지, 의료 정강정책 비교 363
제6절 이민 및 기타 정강정책 비교 369
제7절 2000년 잠재적 유권자연합 373

제13장 2004년, 2008년 정강정책 비교 • 375

제1절 2004년 정강정책 비교 375
제2절 2008년 정강정책 비교 386
제3절 2008년 잠재적 유권자 395

제14장 2012년 정강정책 비교 • 397

제1절 외교정책 비교 398
제2절 안보 정강정책 비교 406
제3절 경제, 무역 정강정책 비교 412
제4절 기타 정강정책 비교 423
제5절 2012년 잠재적 유권자연합 429

제15장 2016년 정강정책 비교 분석 • 431

제1절 외교·안보 정강정책 비교 434
제2절 경제·무역 정강정책 비교 460
제3절 사회 및 기타 정강정책 비교 477
제4절 2016년 잠재적 유권자연합 498

제16장 미국 정당의 변화와 지속성:
2012년 2016년 정강정책 비교 • 501

제1절 민주당의 변화와 지속성 501
제2절 공화당의 변화와 지속성 520

제17장 결론 • 531

❖ 부록 | [부록 1] 미국 대통령 연대표 _539
[부록 2] 미국의회 의석 분포 _543
[부록 3] 미국 정당과 파벌의 변화 _548

❖ 참고문헌 _549

❖ 색 인 _575

❖ 지은이 소개 _581

● 표 차례

〈표 3-1〉 미국 정당체제 시기 _ 79
〈표 3-2〉 1824년 미국 대통령 선거 결과 _ 90
〈표 3-3〉 미국의 1890~1911년 실업률 _ 101
〈표 7-1〉 민주당 정강정책 변화(제1차 정당체제) _ 166
〈표 7-2〉 1856년 민주당과 공화당의 정강정책 비교 _ 171
〈표 8-1〉 1860년 민주당 정강정책 비교 _ 179
〈표 8-2〉 1860년 민주당과 공화당의 정강정책 대립 이슈 _ 195
〈표 8-3〉 남부 노예 문제에 관한 민주당과 공화당의 정강정책 비교 _ 209
〈표 8-4〉 제3차 정당체제의 잠재적 유권자연합 _ 210
〈표 8-5〉 1892년 경제 분야 정강정책 비교 _ 212
〈표 8-6〉 1892년 투표권과 인종 문제 정강정책 비교 _ 217
〈표 8-7〉 1892년 기타 국내 정강정책 비교 _ 220
〈표 9-1〉 1896년 통화 정강정책 비교 _ 225
〈표 9-2〉 1896년 무역, 관세 정강정책 비교 _ 226
〈표 9-3〉 1896년 경제, 정치, 사회 정강정책 비교 _ 228
〈표 9-4〉 1896년 외교, 안보 정강정책 비교 _ 230
〈표 9-5〉 1896년 이민, 노동 정강정책 비교 _ 232
〈표 9-6〉 1900년 민주당과 공화당의 정강정책 비교 _ 235
〈표 9-7〉 중대재편(1896년) 전후 통화 정강정책 비교 _ 240
〈표 9-8〉 중대재편(1896년) 전후 남부 흑인 참정권 정강정책 비교 _ 240
〈표 9-9〉 중대재편(1896년) 전후 노동 문제 정강정책 비교 _ 241

〈표 9-10〉 중대재편(1896년) 전후 이민자 관련 정강정책 비교 _ 242
〈표 9-11〉 중대재편(1896년) 전후 여성 문제 정강정책 비교 _ 242
〈표 9-12〉 중대재편(1896년) 전후의 잠정적 유권자연합 _ 243
〈표 9-13〉 1928년 경제, 무역 분야 정강정책 비교 _ 245
〈표 9-14〉 1928년 노동, 광업 분야 정강정책 비교 _ 247
〈표 9-15〉 1928년 농업 분야 정강정책 비교 _ 248
〈표 9-16〉 1928년 외교, 안보 분야 정강정책 비교 _ 251
〈표 9-17〉 1928년 여성, 아동 분야 정강정책 비교 _ 253
〈표 10-1〉 1932년 양당의 정부재정 관련 정강정책 비교 _ 258
〈표 10-2〉 1932년 경제 분야 정강정책 비교 _ 260
〈표 10-3〉 1932년 노동, 고용, 농업 정강정책 비교 _ 262
〈표 10-4〉 1932년 외교, 군사·안보 분야 정강정책 비교 _ 264
〈표 10-5〉 1936년 가족과 가정 부분 정강정책 비교 _ 267
〈표 10-6〉 1936년 기회의 민주주의 설립을 위한 양당 정강정책 비교 _ 269
〈표 10-7〉 1936년 실업, 헌법, 공무원 임용, 시민권, 정부재정 관련 정강정책 비교 _ 272
〈표 10-8〉 중대재편(1932년) 전후 외교, 안보정책 변화 비교 _ 276
〈표 10-9〉 중대재편(1932년) 전후 관세 무역정책 변화 비교 _ 277
〈표 10-10〉 중대재편(1932년) 전후 농업정책 변화 비교 _ 277
〈표 10-11〉 중대재편(1932년) 전후 사회보장제도 정강정책 변화 비교 _ 278
〈표 10-12〉 중대재편(1932년) 전후 노동 분야 정강정책 변화 비교 _ 279

〈표 10-13〉 중대재편(1932년) 전후 잠정적 유권자연합 변화 _ 280
〈표 10-14〉 1964년 안보 분야 정강정책 비교 _ 282
〈표 10-15〉 1964년 군축 문제 정강정책 비교 _ 284
〈표 10-16〉 1964년 복지 관련 정강정책 비교 _ 285
〈표 10-17〉 1964년 경제 관련 정강정책 비교 _ 287
〈표 10-18〉 1964년 무역 관련 정강정책 비교 분석 _ 289
〈표 11-1〉 1968년 국방, 군축 관련 정강정책 비교 _ 293
〈표 11-2〉 1968년 무역 관련 정강정책 비교 _ 295
〈표 11-3〉 1968년 고용, 직업교육, 복지 부분 정강정책 비교 _ 296
〈표 11-4〉 1968년 총기소유 관련 정강정책 비교 _ 298
〈표 11-5〉 1968년 최저임금제에 관한 양당의 정강정책 비교 분석 _ 299
〈표 11-6〉 1968년 사회·경제적 소수자 및 인권 관련 정강정책 비교 분석 _ 300
〈표 11-7〉 1968년 보건, 의료 분야 정강정책 비교 분석 _ 301
〈표 11-8〉 1972년 국방 관련 정강정책 비교 분석 _ 306
〈표 11-9〉 1972년 국제 경제에 대한 정강정책 비교 분석 _ 308
〈표 11-10〉 1972년 여성, 소수자, 히스패닉 관련 정강정책 비교 분석 _ 311
〈표 11-11〉 재편(1968년) 전후 베트남 전쟁 관련 정강정책 변화 비교 분석 _ 315
〈표 11-12〉 재편(1968년) 전후 안보 분야 정강정책 변화 비교 분석 _ 318
〈표 11-13〉 재편(1968년) 전후 국제 경제, 무역 정강정책 변화 비교 분석 _ 320
〈표 11-14〉 재편(1968년) 전후 이민 정강정책 변화 비교 분석 _ 322
〈표 11-15〉 재편(1968년) 전후 노사관계 정강정책 변화 비교 분석 _ 323

〈표 11-16〉 재편(1968년) 전후 중소기업 관련 정강정책 변화 비교 분석 _ 325
〈표 11-17〉 재편(1968년) 전후 스페인어 사용 미국 시민 정강정책 변화 비교 분석 _ 326
〈표 11-18〉 재편(1968년) 전후 잠정적 유권자연합 변화 _ 327
〈표 12-1〉 2000년 이스라엘, 중동 외교 정강정책 비교 분석 _ 337
〈표 12-2〉 2000년 아시아 지역 정강정책 비교 분석 _ 339
〈표 12-3〉 2000년 국제기구 관련 정강정책 비교 분석 _ 341
〈표 12-4〉 2000년 유럽 지역 정강정책 비교 분석 _ 342
〈표 12-5〉 2000년 아프리카 정강정책 비교 분석 _ 343
〈표 12-6〉 2000년 중남미 정강정책 비교 분석 _ 345
〈표 12-7〉 2000년 국방, 군사력 부분 정강정책 비교 분석 _ 346
〈표 12-8〉 2000년 군축, 비확산 관련 정강정책 비교 분석 _ 349
〈표 12-9〉 2000년 테러리즘, 사이버공격, 국제범죄 관련 정강정책 비교 _ 349
〈표 12-10〉 2000년 조세 관련 정강정책 비교 분석 _ 352
〈표 12-11〉 2000년 무역, 세계경제 분야 정강정책 비교 분석 _ 353
〈표 12-12〉 2000년 경제 분야 기타 정강정책 비교 분석 _ 355
〈표 12-13〉 2000년 낙태 정강정책 비교 분석 _ 356
〈표 12-14〉 2000년 교육 정강정책 비교 분석 _ 358
〈표 12-15〉 2000년 총기 관련 정강정책 비교 분석 _ 361
〈표 12-16〉 2000년 범죄, 치안, 수감자 정강정책 비교 분석 _ 362
〈표 12-17〉 2000년 의료, 보건 분야 정강정책 비교 분석 _ 364

〈표 12-18〉 2000년 일반 복지, 군 복지 정강정책 비교 분석 _ 367
〈표 12-19〉 2000년 이민 정강정책 비교 분석 _ 369
〈표 12-20〉 2000년 농업 정강정책 비교 분석 _ 371
〈표 12-21〉 2000년 노동 정강정책 비교 분석 _ 372
〈표 12-22〉 2000년 잠재적 유권자연합 _ 374
〈표 13-1〉 2004년 외교 정강정책 비교 분석 _ 376
〈표 13-2〉 2004년 안보, 군축, 테러 관련 정강정책 비교 분석 _ 379
〈표 13-3〉 2004년 경제, 무역 관련 정강정책 비교 분석 _ 381
〈표 13-4〉 2004년 이민 정강정책 비교 분석 _ 383
〈표 13-5〉 2004년 사회 분야 정강정책 비교 분석 _ 384
〈표 13-6〉 2004년 복지 분야 정강정책 비교 분석 _ 385
〈표 13-7〉 2008년 중동 외교 정강정책 비교 분석 _ 386
〈표 13-8〉 2008년 미국의 외교 정강정책 비교 분석 _ 388
〈표 13-9〉 2008년 안보, 군축, 대테러 정강정책 비교 분석 _ 389
〈표 13-10〉 2008년 경제, 정부재정, 무역 정강정책 비교 분석 _ 391
〈표 13-11〉 2008년 교육, 이민 정강정책 비교 분석 _ 392
〈표 13-12〉 2008년 의료, 보건 정강정책 비교 분석 _ 393
〈표 13-13〉 2008년 잠재적 유권자연합 _ 396
〈표 14-1〉 2012년 지역외교 정강정책 비교 분석 _ 399
〈표 14-2〉 2012년 일반 외교 정강정책 비교 분석 _ 404
〈표 14-3〉 2012년 핵, 미사일 방어 정강정책 비교 분석 _ 410

〈표 14-4〉 2012년 사이버 공격 대응 정강정책 비교 분석 _ 411
〈표 14-5〉 2012년 일자리 관련 정강정책 비교 분석 _ 412
〈표 14-6〉 2012년 조세 관련 정강정책 비교 분석 _ 414
〈표 14-7〉 2012년 예산, 재정 정강정책 비교 분석 _ 415
〈표 14-8〉 2012년 무역 정강정책 비교 분석 _ 417
〈표 14-9〉 2012년 금융(월스트리트) 관련 정강정책 비교 분석 _ 419
〈표 14-10〉 2012년 최저임금제, 여성 임금 정강정책 비교 분석 _ 420
〈표 14-11〉 2012년 노동 분야 정강정책 비교 분석 _ 421
〈표 14-12〉 2012년 낙태, 동성연애, 성교육 관련 정강정책 비교 분석 _ 424
〈표 14-13〉 2012년 에너지 정강정책 비교 분석 _ 425
〈표 14-14〉 2012년 이민 관련 정강정책 비교 분석 _ 426
〈표 14-15〉 2012년 의료 서비스 정강정책 비교 분석 _ 428
〈표 14-16〉 2012년 잠재적 유권자연합 _ 429
〈표 15-1〉 2016년 대테러 정강정책 비교 분석 _ 435
〈표 15-2〉 2016년 중동 외교 정강정책 비교 분석 _ 437
〈표 15-3〉 2016년 아프가니스탄 외교 정강정책 비교 분석 _ 439
〈표 15-4〉 2016년 아시아 외교 정강정책 비교 분석 _ 440
〈표 15-5〉 2016년 러시아 외교 정강정책 비교 분석 _ 442
〈표 15-6〉 2016년 유럽 외교 정강정책 비교 분석 _ 443
〈표 15-7〉 2016년 미주 외교 정강정책 비교 분석 _ 445
〈표 15-8〉 2016년 아프리카 외교 정강정책 비교 분석 _ 447

〈표 15-9〉 2016년 국제기구, 국제조약 정강정책 비교 분석 _ 449
〈표 15-10〉 2016년 일반 외교 정강정책 비교 분석 _ 450
〈표 15-11〉 2016년 무기 확산, 군축, 사이버 안보 정강정책 비교 분석 _ 454
〈표 15-12〉 2016년 국방예산 관련 정강정책 비교 분석 _ 457
〈표 15-13〉 2016년 군인, 군인가족, 퇴역군인 관련 정강정책 비교 분석 _ 458
〈표 15-14〉 2016년 안보체제, 군사력 관련 정강정책 비교 분석 _ 460
〈표 15-15〉 2016년 중소기업, 과학기술 정강정책 비교 분석 _ 461
〈표 15-16〉 2016년 조세, 기업 규제 관련 정강정책 비교 분석 _ 464
〈표 15-17〉 2016년 금융시장, 월가, 연방 준비제도 정강정책 비교 분석 _ 466
〈표 15-18〉 2016년 기간산업, 교통 운송 정강정책 비교 분석 _ 468
〈표 15-19〉 2016년 무역 정강정책 비교 분석 _ 470
〈표 15-20〉 2016년 노동 분야 정강정책 비교 분석 _ 472
〈표 15-21〉 2016년 기타 일자리 창출 정강정책 비교 분석 _ 475
〈표 15-22〉 2016년 주택 정강정책 비교 분석 _ 476
〈표 15-23〉 2016년 이민 정강정책 비교 분석 _ 477
〈표 15-24〉 2016년 낙태, 동성애, 생명 윤리 정강정책 비교 분석 _ 480
〈표 15-25〉 2016년 보건 의료 정강정책 비교 분석 _ 482
〈표 15-26〉 2016년 사회보장, 복지 정강정책 비교 분석 _ 484
〈표 15-27〉 2016년 총기 관련 정강정책 비교 분석 _ 486
〈표 15-28〉 2016년 농업 정강정책 비교 분석 _ 487
〈표 15-29〉 2016년 교육 정강정책 비교 분석 _ 489

〈표 15-30〉 2016년 에너지 정강정책 비교 분석 _ 492
〈표 15-31〉 2016년 환경 정강정책 비교 분석 _ 494
〈표 15-32〉 2016년 선거자금, 투표권 관련 정강정책 비교 연구 _ 496
〈표 15-33〉 2016년 추가된 잠재적 유권자연합 _ 499
〈표 16-1〉 민주당의 이란, 이스라엘 정책 변화와 지속성 _ 503
〈표 16-2〉 민주당의 중국, 대만 정책 변화와 지속성 _ 504
〈표 16-3〉 민주당의 북한 정책 변화와 지속성 _ 505
〈표 16-4〉 민주당의 유럽, 러시아 정책 변화와 지속성 _ 506
〈표 16-5〉 민주당의 미주 외교정책 변화와 지속성 _ 507
〈표 16-6〉 민주당의 아프리카 외교정책 변화와 지속성 _ 508
〈표 16-7〉 민주당의 일반 외교정책 변화와 지속성 _ 509
〈표 16-8〉 민주당의 핵확산, 사이버 안보, 기타 안보정책 변화와 지속성 _ 510
〈표 16-9〉 민주당의 무역정책 변화와 지속성 _ 511
〈표 16-10〉 민주당의 노동 정강정책 변화와 지속성 _ 512
〈표 16-11〉 민주당의 조세 정강정책 변화와 지속성 _ 513
〈표 16-12〉 민주당의 금융 정강정책 변화와 지속성 _ 514
〈표 16-13〉 민주당의 낙태, LGBT 정강정책 변화와 지속성 _ 515
〈표 16-14〉 민주당의 사회보장제도 정강정책 변화와 지속성 _ 516
〈표 16-15〉 민주당의 의료, 의료보험 정강정책 변화와 지속성 _ 517
〈표 16-16〉 민주당의 환경 정강정책의 변화와 지속성 _ 518
〈표 16-17〉 민주당의 이민 정강정책의 변화와 지속성 _ 519

〈표 16-18〉 공화당의 이란, 이스라엘 정강정책의 변화와 지속성 _ 521
〈표 16-19〉 공화당의 대만, 중국 정강정책의 변화와 지속성 _ 522
〈표 16-20〉 공화당의 러시아, 유럽 정강정책의 변화와 지속성 _ 523
〈표 16-21〉 공화당의 쿠바 정강정책 변화와 지속성 _ 524
〈표 16-22〉 공화당의 UN 및 국제협약 정강정책 변화와 지속성 _ 525
〈표 16-23〉 공화당의 핵, 사이버 안보 정강정책의 변화와 지속성 _ 526
〈표 16-24〉 공화당의 무역 정강정책의 변화와 지속성 _ 527
〈표 16-25〉 공화당의 이민 정강정책의 변화와 지속성 _ 529
〈표 16-26〉 공화당의 금융 정강정책의 변화와 지속성 _ 530

• 그림 차례

〈그림 1-1〉 재편성 경로 _ 43
〈그림 1-2〉 제임스 레이클리의 순환도 _ 55
〈그림 1-3〉 미국 의회의 양극화 _ 61
〈그림 3-1〉 미국 초기 의원분포 변화(전국, 남부) _ 87
〈그림 3-2〉 미국의 분할: 남북전쟁 _ 98
〈그림 6-1〉 2016년 민주당 정강정책 결정과정 _ 134
〈그림 6-2〉 2016년 공화당 정강정책 결정과정 _ 140

제 1 부

미국 정당

제1장 미국 정당을 보는 시각
제2장 미국 정당제의 특성: 양당제
제3장 미국 정당체제

제1장

미국 정당을 보는 시각

대의제 정치의 근간이 정당이라는 점에서 현대 정치는 정당 정치라고 할 수 있다. 제임스 브라이스는 17세기 잉글랜드와 스코틀랜드에서는 종교와 교회에 관한 분쟁으로 정당이 시작되었고, 부르봉 왕조의 프랑스와 제임스 2세의 추방 직후 영국에서는 왕조에 대한 충성심과 인종 문제로 정당이 출현하였지만, 정당의 기원이 무엇인지에 상관없이 자유로운 정치 일상에서 정당이 주요한 역할을 하게 된 것은 영국과 미국이 최초라고 보았다(Bryce 1921).

모리스 뒤베르제(Maurice Duverger)는 정당의 기원을 설명하면서, 미국을 제외하고는 근대적 의미(modern sense of word)의 정당을 알던 국가는 1850년대엔 아무 곳에도 없었다고 주장했다(Duverger 1967).[1)]

우리나라의 경우 정당은 헌법기관인 데 비해서 현대 정당이 제일 먼저 시작된 미국의 경우, 정당은 헌법기관이 아니다. 우리나라 헌법은 1장 8조에

---

1) 레니도 미국 정당을 현대 정당의 시초로 본다(Ranney 1975).

정당 설립의 자유와 복수정당제를 보장하고 있다. 하지만 미국 헌법은 정당에 대해 아무 언급을 하고 있지 않다. 그 이유에 대해서는 에릭 샤츠슈나이더(Eric Schattschneider)는 헌법을 만들었던 건국의 아버지들(founding fathers)이 파벌에 대한 부정적 인식을 가지고 있었기에 고의로 정당(파벌)에 대해 언급을 하지 않은 것이라고 해석했다(Schattschneider 1942).[2] 시드니 피어슨(Sindey Pearson)은 샤츠슈나이더의 책 정당정부(Party Government)의 2004년 증보판 서문을 쓰면서, 이런 샤츠슈나이더의 해석은 연방주의자 논고(The Federalist Papers)[3]를 잘못 해석한 것이라고 주장했다.

그는 샤츠슈나이더의 주장처럼 제임스 메디슨(James Madison)은 연방주의자 논고 10장에서 정당(파벌)에 대해 부정적인 입장을 밝혔지만, 알렉산더 해밀턴(Alexander Hamilton)은 70장에서 정당의 긍정적 역할을 언급했기에, 헌법을 설계한 연방주의자들이 파벌(정당)에 대해서 부정적이었다고 단언해서는 안 된다고 주장했다. 그는 건국의 아버지들 사이에서 정당에 관해 합의가 존재하지 않고 이견이 존재했었다고 봤다. 그러면서 해밀턴과 메디슨의 이런 이견들이 결국 미국 정당의 시작이었다고 주장했다(Schattschneider 2004). 해밀턴이나 제퍼슨, 메디슨 중 아무도 본인들이 정당을 만들 것이라고는 생각하지도 못했지만, 그들은 오늘날의 현대 정당의 초석을 닦았다(Adrich 1995).

파벌에 부정적이었던, 메디슨은 파벌은 필연적으로 존재하게 될 것이라고 내다봤고, 권력 분립과 헌법에 고안된 견제와 균형의 시스템이 그 폐해를 막을 수 있으리라고 봤다(Hamilton 외 1961).[4] 역설적인 것은 파벌에 부정

---

2) 미 건국 당시의 정치인들은 파벌과 정당을 구별하지 않았기에, 파벌(faction)이라는 표현을 훗날의 학자들은 정당을 언급했던 것으로 받아들인다.

3) 연방주의자의 논고는 무기력한 미국연합(Confederation)으로 발생한 문제를 해결하기 위해서는 연맹규약(The Article of Confederation)으로 부족하기 때문에, 새로운 헌법을 만들어 강력한 국가 건설을 해야 한다는 논지의 주장을 알렉산더 해밀턴, 제임스 메디슨, 존 제이(John Jay) 세 사람이 Publius라는 필명으로 연재한 글들을 말한다. 논고는 총 85장으로 구성되어 있으며 주로 1787년과 1788년 사이에 발표되었다. 연방주의자의 논고에는 미국 헌법 기초자들의 주요 사상과 논리가 기술되어 있다.

적이던 메디슨이 토마스 제퍼슨(Thomas Jefferson)과 함께 1792년 공화당(Republican Party)[5]을 만들고, 제퍼슨이 내각에서 물러난 1794년부터는 메디슨의 정당이라는 말을 들을 정도로 열성적으로 당을 확장시켰다는 사실이다. 예를 들어서, 메디슨은 의회의 대부분의 법안들에 대해서 의원들에게 공화당 소속감을 불어넣고 단결을 유지하는 데 열성적이었다(Witcover 2003). 해밀턴의 연방주의자와 제퍼슨의 민주공화당의 대결을 지켜본 조지 워싱턴(George Washington) 대통령은 그의 대통령 이임사에서 "당파심(Sprit of Party)은 언제나 의회를 괴롭히고 행정부를 약화시키며. 그릇된 질투심과 잘못된 공포로 사회를 선동하고, 서로에 대한 적대감을 자극하고, 때때로 폭동과 반란을 유발한다."고 경고했다.[6]

건국 초기 정치가들의 정당인식과 상관없이, 정당은 그 자신들에 의해 형성되었고, 미국 정치에서 제일 중요한 역할을 담당해왔다(Aldrich 1995).[7] 미국 정치학자 샤츠슈나이더는 정당이 민주주의를 만들었고, 정당 없는 민주주의는 상상할 수도 없다(unthinkable)고 주장하였다(Schattschneider 1942). 비슷한 맥락에서 클린턴 로시터(Clinton Rossiter)는 다음과 같이 말했다. "민주주의 없는 미국이 없고, 정치 없는 민주주의가 없으며, 정당 없는 정치가 없다(Rossiter 1960)."

존 알드리치(John H. Aldrich)는 샤츠슈나이더의 말이 다소 과장되었지

---

4) 메디슨은 연방주의자 논고 10장에서 "잘 건설된 연방이 약속한 많은 이익 중에서 파벌의 격렬함(violence of faction)을 제어하고 분쇄할 수 있도록 정확하게 고안된 것보다 더 가치 있는 것은 없다"라고 했다(Hamilton 외 1961).

5) 제퍼슨과 메디슨이 창당한 공화당은 오늘날의 공화당과 다르고, 오늘날의 민주당이다. 제퍼슨의 공화당은 민주공화당으로 불리다가 1840년 전당대회에서 공식적으로 민주당으로 당명을 바꾸었다.

6) 인용표시는 워싱턴의 연설문의 일부로 윗커버(Witcover)가 그의 책에서 인용표시를 하였다. Witcover(2003) 참조.

7) "정당이 미국 정치에서 제일 중요하다(Lie at the Heart of American Politics)"라는 말은 죠셉 슐레징거(Joseph Schlesinger)가 1966년에 출판된 그의 책 *Ambition and Politics: Political Careers in the United States*에서 한 말이다. Aldrich(1995)에서 재인용.

만, 아마도 샤츠슈나이더가 하고 싶었던 말은 정당 없는 민주주의는 작동불가하다(unworkable)는 말이었을 것이라고 부연하여 설명하였다(Aldrich 1995). 굳이 알드리치의 말을 빌리지 않더라도, 대부분의 민주주의 국가에는 정당이 있고, 정당은 지도자를 배출하고 정부를 구성하며, 선거를 통해서 국민과 정부를 연계시키는 기능을 수행한다. 일찍이 제임스 브라이스(James Bryce)는 정당의 역사는 민주주의의 역사보다 오래되었으며, 정당은 필연적이며, 정당 없는 자유국가는 어디에도 없고, 정당 없는 대의제 정부가 어떻게 작동하는지를 아무도 보여준 예가 없다고 주장하였다(Bryce 1921).[8)]

제1절 일반적 정의

현대 정치의 필수불가결한 정치적 제도인 정당은 무엇인가?[9)] 정당의 개념은 무엇이고, 기능은 무엇인지에 대해서 학자들은 본인들의 경험과 이론에 따라서 의견을 다소 달리한다. 영국의 정치가이자 학자였던 에드먼드 버크(Edmund Burke)는 정당은 신념(principle)을 공유하는 사람들이 국익을 도모하기 위해서 만든 결합체(a body of men united)라고 규정했다(Burke 1871). 폴 베크(Paul Beck)와 프랭크 소로프(Frank Sorauf)는 정당을 사상, 가치, 정책에 대해 같은 생각을 가진 사람들(like-minded people)의 집단으로 정당을 규정하는 것은 좌파 정당이 존재하는 유럽의 경우 설명력을

---

8) 제임스 브라이스의 고전은 디지털 버전으로 읽어볼 수 있다. James Bryce(1921), *Modern Democracies*, http://oll.libertyfund.org/titles/bryce-modern-democracies-vol-1

9) 정당(party)의 어원과 역사에 관한 논의는 Sartori(2005); Lippset and Rokkan(1967) 참조.

가질 수 있거나, 미국 건국 초기의 지도자 중심의 정당을 설명할 수는 있으나, 오늘날의 미국의 정치현실과 잘 맞지 않는다고 주장했다(Beck and Sorauf 1992).

이탈리아의 정치가이자 학자였던 지오바니 사르토리(Giovani Sartori)는 버크의 정당 개념은 규범적이고 비현실적이라고 하면서, 조셉 슘페터(Joseph Schumpeter)를 인용하여 버크의 정당 개념을 반박하였다(Sartori 2005). 조셉 슘페터는 정당은 신념을 공유하는 사람들이 공공복지를 증진시키기 위해 모인 집단이 아니라, 공동의 목표인 정권획득을 위한 경쟁에서 협력하는 집단이라고 규정하였다(Schumpeter 1962). 더 나아가, 사르토리는 "정당을 정권획득을 위한 조직된 노력"이라고 보는 샤츠슈나이더의 정당 개념(Schattschneider 1942)이 버크의 정당 개념보다는 더 현실적이라고 주장하였다. 그러면서 사르토리는 샤츠슈나이더의 정당 개념은 현실적(realistic)이지만, 정당을 파벌이나 다른 권력추구 집단과 구별하지 못하는 개념상의 문제가 있다고 비판하였다(Sartori 2005).

하지만 샤츠슈나이더의 정당 개념에 대한 사르토리의 비판은 샤츠슈나이더의 정당 개념을 충분히 이해하지 못한 데서 나온 듯이 보인다. 샤츠슈나이더는 목적(purpose)과 그 목적을 이루기 위한 수단(methods)의 측면에서 정당을 정의해야 한다고 주장했다. 정당은 권력을 잡기 위한 조직된 노력이라는 그의 정의는 목적에 관한 부분이다. 샤츠슈나이더는 정당조직의 목적은 정부를 통제할 권력을 잡는 것이라고 하면서, 정부를 통제할 권력을 목표로 한다는 점에서 정당은 이익집단과는 다르다고 설명했다. 그는 정당 정의의 두 번째 관점인 수단에 관해 언급하면서 그 수단은 평화적 수단이어야 하며 쿠데타(coup d'etat)와 같은 방법에 의해서 정권을 잡는 것은 정당이 아니며, 목표를 이루기 위해 정당이 사용하는 가장 특징적 수단은 각급단위의 선거에서 후보자를 공천(nominate)하고, 의회에서 투표를 통해 정부를 통제하는 것이라고 주장했다. 정당이 이익집단과 다른 점이 정당은 정당의 이름으로 후보자를 공천하지만 이익집단은 그렇지 않은 점이라고 샤츠슈나이더는 지적했다(Schattschneider 1942). 샤츠슈나이더의 정당 개념을 다음과 같이 정리할 수 있을 것이다. 정당은 권력을 잡기 위해서 선거에 후보자를 공천하며, 정부의 의사결정 과정에서 투표를 통해서 정부를 통제하려는 조직이다.

사르토리는 다른 학자들의 정당 개념을 정리하여, 자신의 정당 개념을 체계화시켰는데, 사르토리에 따르면 '정당은 선거에서 사용된 당명으로 구별가능한 정치적 집단으로, 선거를 통해서 후보자를 선출직 공무원으로 진출시키고자 하는 능력이 있는 집단'이다.[10] 사르토리는 자신의 정당 개념이 케네스 젠다(Keneth Janda)의 정당 개념과 다른 특징을 선거에서 찾았다. 사르토리에 앞서 케네스 젠다는 정당을 "그들의 대표를 정부에 진출시키고자 하는 목표를 추구하는 조직"이라고 정의했다(Janda 1970). 사르토리에 따르면 젠다는 다당제 국가나 일당제 국가를 포함한 일반적인 정당의 개념을 위해 선거라는 표현을 빼고 정당의 개념을 정의함으로써 다른 정의들이 가지고 있던 모호함의 문제를 해결했지만, 선거를 정당 개념에서 제외함으로써 정당이 이익집단이나 종교, 군사 집단과 어떻게 다른지를 설명하지 못하는 문제를 야기했다고 주장하면서, 선거를 자신의 정당 개념의 중요한 요소로 추가하였다(Sartori 2005).

사르토리 이전에 미국 정당을 연구했던 학자들은 권력획득의 목표를 강조하는 정당 개념을 발전시켜왔었다. 레온 엡스타인(Leon Epstein)은 "정당은 선거 승리를 목적으로 당의 이름(label) 아래서 느슨하게 조직된(loosely organized) 집단"으로 정의하며, "당명을 갖는 것이 당의 조직보다 훨씬 중요하다"고 주장했다(Epstein 1967). 윌리엄 체임버스(William Nisbet Chambers)는 정당을 "권력획득을 도모하는 상대적으로 견실한 사회 구조(relatively durable social formation)"로 정의하며 "정부의 지도자들을 지역의 조직원과 추종자와 연계시키며, 집단적 사고(in-group perspec-

10) 사르토리의 명저 *Parties and Party System*의 초판은 1976년 Cambridge University Press에 의해서 발간되었으나 저자인 사르토리의 요청에 의하여 절판되었고, 우여곡절 끝에 ECPR Press에 의해 2005년 재출판되었다. 책의 서문에서 사르토리는 그의 책의 데이터는 오래되었지만, 이론은 여전히 적실성이 있다고 주장했다(Sartori 2005).

tives)나 최소한 정체성이나 충성심을 만드는" 기능을 한다고 규정했다(Chambers 1967). 미국의 정치가이자 학자였던 사무엘 엘더스벨드(Samuel Eldersveld)는 정당을 "의미 있고 유형화된 행동을 하는 사회적 집단"이라고 정의하며, 식별 가능한 사회적 집단(social unit)으로 행동하는 개인들로 구성되어 있다고 주장했다(Elders veld 1964). 엡스타인의 정의는 정당의 조직보다는 선거에서 당명으로 대표되는 정당의 브랜드에 중심을 두고 있고, 체임버스의 정의는 정당의 구조와 그 기능을 강조하고 있으며, 엘더스벨드는 정당을 사회집단의 연합체로 보고 있다.

제2절 유권자연합정당 이론, 책임정당 이론, 선거경쟁 이론

알드리치는 미국 정당의 개념에 관한 논의들을 유권자연합 이론, 책임정당 이론, 선거경쟁 이론의 세 가지 부류로 정리하였다(Aldrich 1995). 미국 정당을 다양한 이해관계를 가진 포괄적 유권자연합으로 규정하는 유권자연합 이론의 주요한 학자는 키이, 프랭크 소로프, 사무엘 엘더스벨드 등이다.[11] 볼디미르 올란도 키이 주니어(Valdimer Orlando Key Jr.)는 유권자정당(party in the electorate), 정당조직(party organization), 그리고 정부정당(party in government)의 세 가지 차원에서 정당을 봐야 한다고 주장하였다(Key 1958; Beck and Sorauf 1992; Bibby 2003). 키이(Key)의 영향을 받은 베크와 소로프는 자신의 시간과 돈, 기술을 정당을 위해 헌신하는 공식적 혹은 비공식적으로 선택된 정당 지도자들과 지역 정당의 중간 간부, 열심 당원들이 정당조직을 구성한다고 보았다. 정당의 이름아래서 선출된

11) 미국의 정당은 다양한 이해관계를 가진 유권자연합으로, 신념을 공유하는 동질적(homogeneous)인 정당 구성원을 가정하는 버크의 이론과는 괴리가 있다.

연방, 주정부의 선출직 공무원 혹은 출마자가 정부정당이고, 정당귀속감을 가지고 정당에 투표하는 경제학의 소비자 같은 유권자가 유권자정당이라고 설명한다(Beck and Sorauf 1992). 비비(Bibby)도 이와 유사한 견해를 가지고 있는데, 비비는 미국 정당을 미약한 헌신(weakly committed)을 하는 유권자부터 자발적으로 시간과 돈을 기부하는 이념적 열성분자, 정당조직을 운영하는 지도자, 그리고 정당과 거리를 둔 이미지를 가지려는 선출된 공직자까지 다양한 구성원들이 함께하는 구조라고 설명하였다(Bibby 2003).

그러나 유권자정당(party in the electorate) 개념에 대해서 샤츠슈나이더는 동의하지 않는다. 샤츠슈나이더는 정당이 무엇이든, 유권자연합(associations of the voters)은 정당이 아니라고 주장했다. 샤츠슈나이더에 따르면 대중 연합으로 정당을 규정하는 것은 역사적 근거도 없고 정당조직과 아무런 관련이 없는데도 정당을 유권자연합으로 규정하는 것은 혼란만을 초래한다고 지적했다. 샤츠슈나이더는 정당에 대한 애착이 있고 정당에 투표를 한다고 정당이라고 볼 수 없는 이유를 다음과 같이 설명한다. 대부분의 주에서 당원은 유권자 자신이 등록함으로써 당원이 되며,[12] 입당원서를 심사하거나 입당을 불허하는 절차도 없고, 입당 선서도 없으며, 정당에 대해 어떤 책임도 지지 않고 어떤 벌도 받지 않고, 당비도 없고, 어떤 정치적 행위에 대해 당이 통제할 수 있는 것이 없기 때문에 유권자연합은 정당이 아니다. 요약하면, 샤츠슈나이더는 당은 당원을 통제할 수 없고, 당원은 정당에 아무런 의무감이 없기 때문에 유권자연합을 정당으로 규정하는 것은 옳지 않다고 주장했다(Schattschneider 1948).

두 번째 접근법은 책임정당론(responsible party theory)이다. 알드리치

---

12) 예비경선에 투표하기 위해서 유권자는 민주당이나 공화당 등으로 등록할 수 있다. 예를 들어서 폐쇄 예비 선거(Closed primary)의 경우 각 정당에 등록한 유권자만 그 정당의 예비경선에 투표할 수 있다. 따라서 특정 정당에 등록된 유권자라고 할지라도 사실상 유럽식 당원과는 다른 개념이다. 그런 면에서 당원보다는 등록된 공화당 유권자 혹은 등록된 민주당 유권자라고 호칭하는 것이 더 정확할 수 있다. 공개 예비 선거(Open primary)의 경우는 그 정당에 등록된 유권자가 아니라도 투표참여가 가능하기 때문에 구속력이 더 없다.

는 샤츠슈나이더, 우드로 윌슨(Woodrow Wilson),[13] 오스틴 랜니(Austin Ranney)를 대표적으로 책임정당론을 주장하는 학자로 분류한다. 샤츠슈나이더는 주요 정당은 정부를 통제하기 위해서 다수의 유권자를 동원하고(mobilize), 전반적인 공공정책의 수행에 대한 책임을 진다고 주장했다(Schattschneider 1948). 오스틴 랜니는 책임정당의 핵심적 성격은 탁월성(primacy)와 적응성(malleability이)라고 주장한다. 랜니는 1950년 미국정치학회의 정당위원회 보고서를 인용해서 책임정당의 탁월성을 설명한다(Ranney 1975).

> "정당은 정부의 필수불가결한(indispensible) 기구이다. 국민정부(popular government)는 여러 대안들 사이에서 적절한 범위의 선택권을 유권자들에게 제공할 수 있는 정당들을 필요로 한다. 따라서 정당제는 미국인들이 향유하고 있는 자유, 다수결의 원칙, 리더십의 사상들 사이의 지속적인 관계를 제공하는 중요한 장치의 역할을 한다."[14]

여기서 랜니가 말하는 탁월성이란 현대 민주주의 정부에서 제일 중요한 역할을 하는 제도를 정당이라고 보는 것이다. 그런데 이런 탁월성은 정당이 기본적으로 유의미한 선택 대안을 유권자에게 제공하고, 선거 결과로 정부를 구성하게 되면, 약속한 대로 정책을 실현하는 것을 전제로 한다. 하지만 미국정치학회 정당위원회의 보고서가 출간된 다음 해, 줄리어스 터너(Julius

---

13) 미국의 대표적 이상주의자인 우드로 윌슨 대통령은 저명한 정치학자이기도 하다. 알드리치는 책임정당론의 뿌리를 윌슨 대통령에게서 찾는다. 그의 저서 *Congressional Government*는 전자책으로도 읽어볼 수 있다. Woodrow Wilson(1881), *Congressional Government: A study in American Society*, https://ia801407.us.archive.org/8/items/congressionalgov00wilsa/congressionalgov00wilsa.pdf

14) Committee on Political Parties of American Political Science Association, "Toward a More Responsible Two-Party System: A Report of a Committee on Political Parties, American Political Science Association" *APSR* Vol.44(1950), supplement (Ranney 1975)에서 재인용. 당시 미국정치학회의 정당위원회 위원장은 샤츠슈나이더였다. 샤츠슈나이더의 책임정당론은 많은 후학들에게 영향을 끼쳤다.

Turner)는 미국 정당은 책임정당이 아니라고 비판하였다(Turner 1951). 랜니는 탁월성만이 책임정부의 특성은 아니고, 적응성을 함께 고려해야 한다고 주장했다. 랜니는 윌리엄 체임버스(William Chambers)를 인용하여 정당은 국민정부나 독립의 토양위에 자연스럽게 생겨난 결과물이 아니라 인간의 노력에 의해 만들어진 제도라고 주장한다(Chambers 1963). 정당이 자연스레 형성된 제도가 아니고 인간의 노력에 의해 만들어졌기에 개혁(reform)이 가능한 것이 책임정당론의 두 번째 요체라고 주장한다.

랜니는 책임정당에 대한 비판을 몇 가지로 요약한다. 터너와 같이 정당의 탁월성은 믿지만 미국 정당이 책임정당이 아니라는 비판, 정당은 미국의 가치와 잘 맞지 않으므로 정당의 탁월성은 미국에서는 중요하지 않다는 비판, 정당은 개혁에 의해서도 바뀌지 않을 것이라는 비판, 그리고 정당은 선거과정, 정부 구성, 이익집약 등의 기능에서 다른 제도에 비해서 압도적으로 탁월하지 않다는 비판(Epstein 1967; King 1969; Sorauf 1972)이다. 월터 번햄(Walter Burnham)은 완전히 발달한 민주정당에는 갈등조정과 통합기능, 정부구성 기능, 정치사회화와 교육 기능, 그리고 정책입안의 네 가지 기능이 있지만, 미국 정당은 갈등조정과 통합, 정부구성 기능 외에는 제대로 기능을 다하지 못하고 있다고 지적했다(Burnham 1979). 랜니는 미국 정당은 개혁과정에 있으며 정치학자들은 개혁의 성과에 대해 냉소적일지라도 정치인들은 매우 기대가 크다고 주장했다(Ranney 1975).

책임정당론은 미국의 정당이 책임정당이 되어야 한다는 규범적 이론으로, 미국인 아무도 미국 정당이 책임정당이라고 생각하고 있지 않으며 정당 간의 차이도 별로 없기 때문에, 현실적이지 않다고 알드리치는 비판한다. 알드리치의 비판에도 불구하고 오스틴 랜니의 책임정당의 4가지 조건은 소개할 만한 가치가 있다. 특히 정강정책이 실제 정부 예산이나 정책 우선순위에 반영된다고 하는 경험적 연구들((Pomper 1968; Ginsberg 1976; Fishel 1985; Budge and Hofferbert 1990)도 있기 때문에, 책임정당론을 완전히 현실과 동떨어진 것으로 치부할 수만은 없다. 오스틴 랜니는 정책공약, 집권하면 그 정책을 실현할 의지와 능력, 패배한 야당의 정책대안 개발, 정당 간의 유의미한 차별적 정책을 책임정당이 갖춰야 할 네 가지 요소라고 명시했다 (Ranney 1975).

마틴 셰프터(Martin Shefter)는 책임정당론과 유권자정당론을 연계해서 미국 정당을 설명하고 있다(Shefter 1994). 셰프터는 정당과 행정 관료의 힘의 관계에 따라 네 가지 형태의 정당/정부 형태로 나누었다. 셰프터에 따르면, 정당은 강하나 행정부가 약하면 이는 정치머신(Political machine)이 되며,[15] 정당과 행정부가 둘 다 강하면 책임정당이 되고, 정당은 약하나 행정부가 강하면 무책임정당(irresponsible party) 혹은 관료 국가가 되고, 정당과 행정부가 모두 약하면 명사정당이나 조합주의[16] 혹은 현직자의 머신 정당이 된다. 셰프터는 미국의 정당들은 중대재편성과정을 거치면서 이런 네 가지 형태의 정당을 단계별로 다 경험했다고 봤다. 셰프터는 연방주의자와 민주공화당의 양당체제를 명사정당기로 정의하고, 잭슨 민주주의를 머신 정치로, 진보운동기를 관료국가로, 뉴딜 시기를 책임정당으로 설명했다.

마지막으로 알드리치가 주목한 이론은 선거경쟁 이론이다. 알드리치는 앤소니 다운즈(Anthony Downs)와 조셉 슐레징거(Joseph Schlesinger)를 선거경쟁 이론의 대표적 학자로 분류했고, 선거경쟁 이론가들의 정의에 따르면 정당은 선거에서 승리해서 집권하고자 하는 집단이다. 정당은 선거 승리를 위한 조직이고 그 다른 어떤 목적도 부차적인 것에 지나지 않는다. 선거에 이기기 위해서 정책을 만드는 것이지, 정책을 실현하기 위해서 선거에 이기고자 하는 것은 아니다(Downs 1957). 이런 시각은 에드먼드 버크의 정당 개념과는 완전히 상반된다. 에드먼드 버크는 국익을 도모하기 위해

15) 정치머신은 미국에서 발견되는 정치조직이다. 보통 한 명의 지도자가 정점이 되고 그 밑에 조직원들이 있어서 공직이나 금전, 특혜를 대가로 선거에서 그 조직이 지원하는 후보자에게 투표를 한다. 1790년대부터 1960년까지 미국의 대도시에 아이리시 조직의 정치머신이 활동을 활발하게 했고, 기업인, 정치인, 선출직 공무원과 결탁한 부패 정치로 비난받는다. 대표적 머신으로는 뉴욕 주의 Tammany Hall 머신이 있다.

16) 조합주의 국가는 정부가 기업, 노조, 이익집단과 협력하여 주요 정책을 결정한다.

정당이 존재한다고 보았지만, 다운즈와 같은 합리적 선택이론가(rational choice theorist)는 선거에 이기기 위해 정당이 존재한다고 보는 것이다. 알드리치의 정당관도 여기에 해당한다고 볼 수 있다. 알드리치는 정치인이 선거에 이기기 위해 사용하는 도구로 정당을 파악한다. 하지만 알드리치는 정치인이 단순히 선거에서 이기기 위한 협소한 이기심(self-interests in a narrow sense)을 가지고 선거 승리를 목적으로 한다고 생각하지 않는다.[17)]알드리치는 정치인도 정책 선호도가 있고, 원칙과 가치관이 있으며 그것을 실현하기 위해 선거 승리를 도구로 삼는 것이고, 선거 승리를 위해 정당을 도구로 삼는다고 주장했다(Aldrich 1995).

유권자연합 이론이나 책임정당 이론이 선거에 이기기 위한 정당의 목표를 부정하지는 않는다는 점에서 선거경쟁 이론과 공통점을 가지고 있다. 유권자연합 이론이 다른 이론과 다른 것은 정당 지지자들을 정당의 일부로 인정한다는 점이다. 반면에 책임정당론이 다른 정당 이론과 다른 점은 민주주의 국가의 정당을 다른 제도보다 훨씬 중요한 제도로 인정하고, 민주주의를 견인하는 정당의 규범적 기능을 중시한다는 점이다. 선거 이론이 다른 이론과 다른 점은 당선자, 후보자, 정당 지도자의 정당 엘리트들을 중심으로 이론을 전개한다는 점이다. 알드리치는 정당을 엘리트들의 제도화된 연합(institutional coalition)이라고 정의한다(Aldrich 1995).

지금까지의 정당 개념 논의에서 알 수 있는 것은 미국 정당의 정의에서 신념의 동질성은 중요하게 다뤄지지 않지만, 당의 이름으로 정권을 획득하려고 한다는 것이 특징이다(Epstein 1967; Janda, Berry, Goldman 2012; Schlesinger 1985). 특히 젠다와 그의 동료들은 정당(political party)이 파

17) 데이비드 매휴(David Mayhew)는 미국의 의원은 오로지 재선을 목표로 하는 자(single-minded reelection seeker)라는 유명한 말을 했다. 그는 의원 행동을 분석하기 위해서 그런 가정(assumption)을 세우고 의원을 관찰했지만, 오늘날 그의 말은 정치인의 행동을 합리적 선택 이론의 입장에서 설명하는 데 많이 언급되고 있다(Mayhew 1974).

벌(faction)과 다른 점이 당의 이름으로 후보를 당선시키려 하는 것이라고 지적하며, 후보자 공천과정의 유무가 정당과 파벌을 구별하는 기준이라고 본다(Janda, Berry, Goldman 2012). 기존의 미국 정당에 관한 논의를 정리하면, 미국의 정당은 선거에 이기기 위해서 같은 당명을 통해서 국민에게 자신들의 정치적 이념과 목표를 알리고 정책대안을 제시하며, 선거를 통해서 시민과 정부의 소통의 창구의 역할을 담당하며, 후보자를 공천하고 정부를 구성하며, 갈등을 조정하고, 공공의 책임성(public accountability)[18]을 다하는 기능을 수행한다(Bibby 2003). 사르토리가 선호하는 간결한 정의를 내리면,[19] 미국의 정당은 정권획득이나 선출직을 목적으로 같은 당명으로 선거에 출마하고 이를 관리하는 정치적 집단이다.

제3절 미국 정당의 변화

1. 유권자연합, 선거, 정당재편성 이론

케네스 젠다는 네 가지 경우에 정당의 신념이 바뀔 수 있다고 주장했다. 첫 번째는 선거 패배로 인한 변화, 두 번째는 외부 환경의 변화로 인한 정당 조직의 변화, 세 번째는 지도자의 목표와 비전에 따른 변화, 마지막 네 번째는 정당을 지지하는 유권자연합의 사회구성의 변화에 따른 변화이다(Janda 외 1994). 미국 정당을 연구하는 학자들은 기존의 균열구조와는 다른 새로

---

18) 모리스 피오리나(Morris Fiorina)는 정부의 책임은 대통령이나 상원의원, 하원의원 등의 정치인이 지는 것이 아니라 각급 단위의 선거를 치른 주체인 정당이 집단적으로 질 수 있다고 주장했다(Fiorina 1980).

19) 사르토리는 많은 학자들이 정당의 개념을 길게 설명하는 것을 비판하면서 정의는 간결하고 최소한의 내용을 담고 있어야 한다고 주장한다. Ibid(Sartori 2005).

운 균열구조가 출현하고 그 갈등 구조에 따라 새로운 유권자연합을 만들어 낼 때 유권자정당의 변화가 오고 다수정당이 바뀌게 된다고 본다.

재편 이론은 하나인 듯 보이나 유권자, 선거, 정부정당의 세 개의 개념이 연결된 이론이다. 갈등이나 균열구조의 변화 혹은 정당의 대응의 결과에 따라서 특정 집단에 속해 있는 유권자의 정당귀속감의 변화나 지지정당의 변화가 (급진적 혹은 점진적으로) 대규모로 발생하는 것이 유권자연합재편성이다. 유권자재편성은 일상적인 설문조사 자료를 통해서 알 수도 있지만 선거를 계기로 표출되고 정치적 영향력을 갖게 된다.

선거재편성은 기존 정당에 투표하던 특정한 유권자집단의 투표행위가 바뀌게 되는 것을 의미한다(Janda 외 2012). 일시적인 투표행태의 변화는 선거재편성이 아니고, 바뀐 투표행태의 유형이 향후의 선거에서도 안정적으로 반복되어 나타나게 될 때 선거재편성이라고 불릴 수 있다. 정당재편은 유권자의 투표행태 변화로 다수당과 소수당의 위치가 바뀌게 되어 정부를 운영하는 여당의 변화가 오고, 그 바뀐 정당정부가 지속성을 가지고 안정적으로 운영되는 것을 말한다. 선거재편과 마찬가지로 단기적인 한 번의 선거 승리를 정당재편이라고 간주하지는 않는다. 정권을 획득한 정당은 새롭게 형성된 유권자연합의 충성심을 유지하고 강화하기 위해 새로운 정책을 펴게 되고 이는 재편된 유권자연합의 지지를 공고화시킨다.

유권자재편성은 자동적으로 발생하는 것이 아니고, 정당의 조응이 있어야 한다(Burnham 1970). 새로운 이슈나 균열을 두고 정당과 유권자의 상호작용이 있어야 유권자재편이 발생할 수 있는 것이다. 찰스 셀러스(Charles Sellers)는 재편은 기존의 형성된 정당귀속감을 가지고 있는 사람들의 일부가 영원히 정당귀속감을 바꿀 때 발생하는 것이 아니고, 젊은 유권자나 새롭게 유입된 유권자들의 정당귀속감 형성과정에서 유리한 정당에게 쏠림현상이 발생할 때 재편이 일어난다고 본다(Sellers 1966). 정당재편 이론은 문맥에 따라, 그리고 강조하는 대상과 단계에 따라, 유권자연합재편성, 선거재편성, 정당재편성 등의 용어를 사용한다. 다음의 〈그림 1-1〉은 재편성 이론을 정리하여 재편성이 일어나는 단계를 정리한 것이다.

〈그림 1-1〉 재편성 경로

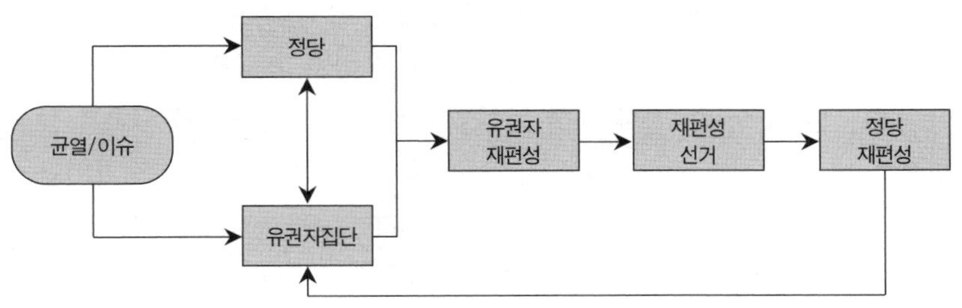

재편성 연구에 가장 큰 영향을 미친 것은 키이의 중대 선거(critical election) 이론(Key 1955)과 샤츠슈나이더의 유권자연합재편(coalition realignment) 이론이다(Schattschneider 1960). 샤츠슈나이더는 1896년 선거와 1932년 선거를 결정적(decisive) 선거로 규정하면서, 이 선거의 결과로 유권자연합의 재편성으로 인한 정당재편(party realignment)이 일어났고, 재편된 정당은 매우 안정적(stable)이고 강력(powerful)했다고 주장했다. 예를 들어서, 1896년 정당재편성의 주요 균열은 전통적인 남북전쟁 재건(Reconstruction) 균열과 새로운 균열인 급진적인 민중(populist) 농민운동이었다. 민주당의 윌리엄 브라이언(William Bryan)이 서부의 급진적 농민운동주의자들과 손을 잡고 민주당 대통령 후보가 되자, 이에 위협을 느낀 남부의 보수적인 유권자들이 대통령직을 공화당에 포기하면서 남부의 더 많은 자치를 대가로 남부를 지배하는 정당이 되고자 공화당 손을 잡게 되었고, 농민운동에 놀란 북부의 민주당 지지자들의 대부분도 공화당을 지지하게 되는 정당의 재편성이 1896년의 선거에서 일어났고, 이는 1932년 뉴딜(New Deal) 연합으로 재편되기까지 미국 정치를 결정지었다(Schattschneider 1960).

브이 오 키이(V. O. Key)는 유권자연합의 급격(sharp)하고 내구적인(durable) 재편을 가져오는 선거를 중대 선거(critical election)이라고 명명하면서, 대표적으로 1896년 선거와 1932년 선거를 비교해서 설명했다. 다른 선거들과 비교하여 1896년 선거와 1932년 선거가 정당 간의 유권자연합의 급격하고 지속적인 재편을 가져왔다는 점에서 다른 선거들과는 다르고, 그런 측면에서 두 선거를 중대 선거라고 부를 수 있지만, 1932년 선거와 달리 1896년 선거는 빈부, 도농 등의 균열에 따른 투표행태를 보인 것이 아니라, 서부의 농민운동에 대한 두려움으로 균열에 상관없이 공화당 쏠림 현상이 나타난 선거로, 새로운 균열구조에 조응하는 새로운 유권자연합을 만들어낸 것은 아니라고 하면서, 1896년 선거는 1932년 선거와는 다른 종류의 중대 선거라고 하였다(Key 1955). 다른 논문에서 키이는 중대재편성만 있는 것이 아니라 다년간에 걸친 재편성(secular realignment)도 있을 수 있다고 그의 이론을 보완하였다(Key 1959).

> "유권자들의 정당소속감이 다년간에 걸쳐 장기적으로 바뀌는 현상이 존재한다면, 정당과정에 대한 새로운 분석틀이 필요하다. (중략) 투표결과는 점진적으로 장기간에 걸쳐 축소되거나 확장 중인 유권자의 소속감의 동향을 정기적으로 기록하는 것에 불과하다. 몇몇 선거는 다른 선거에 비해서 더 광범위하고 내구적인 변화를 담아내기에 중대 선거라고 할 수 있다. 그러나 정당의 부침은 수십년간 지속되어온 (정당소속감 변화의) 동향의 결과이고, 선거는 새롭게 만들어진 정당소속감과 약해지는 과거의 정당소속감의 변화과정을 표시하는 것이다. (중략) 오직 파괴력 있는 사건과 이슈만이 급작스런 변화를 가져온다. 한편, (그런 경우를 제외한) 다른 과정은 연이은 선거를 거치면서 새로운 정당재편과 유권자연합재편을 형성한다."[20]

위에서 보듯이, 키이는 다년간에 걸친 재편성의 가능성을 부정하지 않았고, 그 가능성을 열어두었다. 그는 미래에 더 많은 자료들이 확보된다면 그가 가설로 남겨둔 부분의 검증이 가능할 것이라고 했다(Key 1959). 찰스 셀러스도 키이에 동의하면서, 다년간에 걸친 재편성은 통계자료에 나타나지 않지만, 반드시 고려해야 한다고 주장했다(Sellers 1966).

중대 선거와 정당재편성 이론을 체계화시킨 사람은 제임스 선드퀴스트

---

20) 괄호 안의 단어는 원래 키이의 원문에 적혀 있지는 않았으나, 이해를 돕기 위해서 필자가 추가한 부분이다.

(James Sundquist)와 월터 번햄(Walter Burnham)이다. 번햄은 사회경제적 문제들을 기존의 정치가 풀어갈 수 없는 위기가 발생할 때 정당재편이 일어난다고 주장했다. 새로운 갈등을 기존 정당이 정강을 통해 담아내지 못하고, 제3당이 출현하게 될 때, 기존의 양대 정당은 이 갈등을 조정하기 위해서 변화하고, 중요한 정책의 변화가 발생하며, 정치지도자들의 행태가 바뀌게 된다(Burnham 1970).

번햄은 선거를 두 가지로 분류하였다. 대부분의 선거는 유지 선거(maintenance election)이고, 재편성 선거(realignment election)가 30년 주기에 한 번씩 나타난다고 주장했다. 번햄에 따르면, 유지 선거란 유권자들이 전통적인 정당귀속감과 단기적인 이슈나 후보자와 관련된 단기 변수에 영향을 받아서 투표를 하는 선거이고, 이는 기존의 투표행태의 반복이나 일탈로 나타날 수 있는 선거이다. 때론 유권자의 일탈투표의 결과로 승리 정당이 바뀔 수도 있지만, 정당귀속감의 변화가 없고 일시적인 투표였다는 점에서 기본적으로는 유지 선거이다. 반면에 재편성 선거는 투표행태에 근본적인 변화가 대규모로 발생하고, 그 결과 새로운 유권자연합이 양당에 나타나는 선거이다. 이런 중대재편성(critical realignment) 선거는 미국 정치 전체의 발전에 중요한 변곡점이 되어왔다. 번햄은 미국의 정당체제를 실험기(1789~1820), 민주화기(1828~1856/60), 남북전쟁기(1860~1893), 산업화 시기(1894~1932), 뉴딜기(1932~)의 다섯 가지 시기로 구분하였고, 그 시기별로 투표행태, 지도자와 제도의 관계, 결정 과정의 특색이 다르게 나타난다고 주장했다(Burnham 1976).

캐버나스와 선드퀴스트는 재편은 정당귀속감의 내구적 변화(lasting change)를 의미한다고 했다. 정당제의 정렬(alignment of the party system)은 경쟁적 정당의 힘(strength)을 반영하며, 정당의 힘은 개인 유권자가 속해 있는 특정 집단(인구통계학적 특징, 직업, 종교, 인종, 이념 등)의 정당소속감을 뜻한다고 주장했다. 즉, 특정 정당에 소속감을 느끼는 집단이 많을수록, 그 정당의 힘이 강한 것이다. 캐버나스와 선드퀴스트에 따르면, 정당의 힘은 정당에 표를 던진 유권자의 수가 아니라 정당에 소속감을 느끼는 유권자의 수

(number)이다.[21] 정치권의 의제가 바뀌면서 기존의 의제에 기반을 둔 정당 소속감을 재고하고(reconsider), 정당소속감을 바꿀 때 유권자재편성이 일어나고, 정당재편성이 발생하며 정당의 힘의 균형 변화를 가져온다(Canvanagh and Sundquist 1985).[22] 선드퀴스트는 키이와 샤츠슈나이더가 언급한 1890년대와 1930년대 외에 남북전쟁기인 1850년대를 추가하여 미국의 정당재편성기라고 주장했다(Sundquist 1973).[23]

존 첩(John Chubb)과 폴 피터슨(Paul Peterson)도 선드퀴스트의 견해에 동의하면서, 1860, 1896, 1932년의 선거 결과 여당은 대통령, 상원, 하원 선거에서 모두 승리하였고, 새롭게 재편된 유권자연합의 충성심을 강화할 수 있는 중요한 정책들을 펼칠 수 있었다고 주장했다. 정당재편성은 제도와 정책의 변화와 동반되며, 정책과 제도는 유권자재편을 강화시킨다. 만약 1980년 선거가 정당의 재편을 가져온 선거로 평가받게 된다면, 1980년 선거는 최초로 다수당이 행정부와 상원만을 지배하는 최초가 된다고 보았다(Chubb and Peterson 1985).[24]

선드퀴스트는 키이의 1959년 논문에서 발표되었던 다년에 걸쳐 일어나는 재편성에 대해서 동의하고 있다. 선드퀴스트는 재편은 오래 걸리는 과정으로 중대 선거 시점에 정점에 도달할 수도 있지만, 중대 선거의 시점을 전후해서 오랜 기간에 걸쳐서 일어날 수도 보았다(Sundquist 1983).

---

21) 정당재편을 역사적으로 연구한 시어도어 로제노프는 정당귀속감이 아닌 득표가 정당재편 이론에서 더 중요하다고 본다(Rosenof 2003).

22) 키이(V. O. Key)는 정당귀속감은 일반적으로 안정적이지만, 특정한 이슈 등에 따라 유권자들은 정당귀속감을 재평가하게 된다고 주장했다. V. O. Key(1966) 참조.

23) 최근에 마크 피터슨은 경험적 연구를 통해 선드퀴스트의 이론이 맞다고 주장했다(Peterson 2011). 이 주장은 1896년은 중대 선거와 유권자연합재편 이론에 맞지 않다고 하는 매휴의 주장(Mayhew 2002)과 상반된다.

24) 1932년 유권자재편성 이후로 또 다른 재편성이 발생했는지는 뜨거운 논란이다. 이 주제에 대해 첩과 폴 피터슨은 조심스러운 태도를 취하고 있는데, 그것은 분점정부를 가져오는 선거를 중대 선거로 간주하지 않는 전통적 시각과 관련이 있다. 이 책에서는 점진적 재편성이 1968년 선거에서 시작된 것으로 간주한다.

2. 매휴의 비판

데이비드 매휴(David Mayhew)는 중대 선거론과 재편 이론에는 경험적 유효성(empirical validity), 이론의 부가가치(value-added), 타당성(relevance)의 세 가지 근본적인 문제가 있다고 다음과 같이 비판했다. 첫째, 유효성의 문제는 제일 심각한 문제인데, 선거재편 이론을 검증하기 위해 데이터를 찾는 것도 쉽지 않고 검증 작업 자체를 상식과 약간의 주관에 의지해야 할 정도로 경험적 데이터가 빈약하다. 둘째, 뉴딜이나 남북전쟁의 파급력을 모르는 미국인이 어디 있는가? 굳이 선거재편 이론이 아니어도, 모두가 아는 정도의 이야기를 재편 이론을 통해 주장하는 것은 학문적 기여도가 전혀 없다. 마지막으로, 매휴는 선거재편 이론은 뉴딜연합의 결성 이후 30년이 지났는데도 예상했던 재편의 주기가 발생하지 않았으므로 더 이상 타당하지 않다(cease to be relevant)고 주장했다(Mayhew 2002).

매휴는 재편 이론의 논의들 중에 경험적으로 검증 가능한 부분을 다음과 같이 15가지로 정리하였다. (i) 소수의 재편성 선거와 다수의 비-재편성 선거, (ii) 재편성 선거의 주기성(periodicity), (iii) 갈등구조의 역동성이 가져온 30년 주기의 재편성, (iv) 정당귀속감의 약화/강화가 가져온 30년 주기의 재편성, (v) 재편성 선거에서 나타나는 유권자 관심과 투표율 고조, (vi) 대통령 후보 지명 과정에서의 혼란, (vii) 재편성 직전에 나타나는 제3당 후보의 자극, (viii) 새로운 지배적 균열구조의 대체, (ix) 재편성 선거에서 나타나는 이념의 양극화, (x) 하원의원 선거의 패턴: 전국적 이슈에 따른 재편성 선거와 지역적 이슈에 따른 비-재편성 선거, (xi) 선거재편성과 주요 정부정책 변화, (xii) 선거재편성이 가져오는 장기적인 단점정부(행정부, 상원, 하원), (xiii) 선거재편과 재분배(redistributive)정책, (xiv) 선거재편과정에서 나타난 유권자의 효과적이고 결정적인 투표, (xv) 1896년 체제의 인정(Mayhew 2002).

매휴는 앞선 연구들(Clubb, Flanigan, Zingale 1980; Bartels 1998)을 인용해서 재편성 선거와 비-재편성 선거의 이분법의 문제를 지적했고, 1896년 선거는 재편성 선거가 아니었다고 주장했다(Mayhew 2002). 1836년부터 1964년 선거의 재편성을 연구한 클럽(Clubb)과 그의 동료들의 연구 결과를 이용하여 1896년의 재편성 지수보다 높은 재편성 지수를 보이는 선거들(1836, 1848, 1868, 1976, 1920, 1948, 1964)은 왜 재편성 이론가들이 재편성 선거로 규정하지 않는지 반문하였다(Clubb 외 1980: Mayhew 2002). 또한, 래리 바텔스(Larry Bartels)의 중대 선거 통계를 이용하여 가장 중대 선거의 영향력이 높았던 선거들은 지표상으로 1932, 1880, 1920, 1972년의 순서이고, 1920년과 1972년은 1896년보다 중대 선거 지수가 높은데, 선거 재편성 학자들은 1920년과 1972년을 중대 선거로 분류하지 않는 것은 문제가 있다고 지적한다(Batels 1998; Mayhew 2002). 결론적으로 매휴는 중대 선거와 유권자재편성 이론은 역사적 경험과 부합하지 않는다고 주장한다.

매휴는 유권자재편 이론과 같이 거대 이론(grand theory)으로 미국 선거와 정당을 설명하려고 하는 것은 현실과 맞지 않으며 실패하게 되어 있다고 하면서 이런 우를 범하지 않기 위해서 세 가지를 중요하게 생각해야 한다고 주장했다. 첫 번째는 우연성(contingency)이다. 스캔들, 변덕, 큰 실수, 경기침체, 세계 대전, 테러리스트 공격 등은 때로 같이 발생하기도 하는데 이런 예측하지 못했던 변수들이 선거과정에서 유권자들을 움직이게 한다. 이런 우연성을 무시하고 선거와 잠재적 원인들을 한 세대의 기간으로 분류하려고 하는 것은 심각한 한계에 빠진다고 주장했다.

두 번째는 단기적 전략(short-term strategy)이다. 후보자와 정당은 승리를 위해 유권자를 대상으로 선거전략을 세우고, 그 전략은 때로 유권자로부터 도출되기도 한다. 대체로 전략은 극단적 민중주의보다는 중위 유권자(median voter)에 근접하는 전략이 선택되며, 정당과 후보자는 선거에서 나타나는 재편성의 신호 없이도 유권자로부터의 충격을 수용하게 된다. 매휴는 유권자재편성의 규모로 선거의 중요성, 획기성, 필연성, 유권자의 관심을 지수화할 수 없다고 주장했다. 매휴는 그의 우연성과 단기적 전략 이론을 갠스(Daniel Gans)의 연구 결과를 인용하여 정당화 했다(Gans 1985). 1856년부터 1980년까지의 대통령 선거 자료를 사용하여 재편성 이론을 검중하고자 했던 다니엘 갠스는 대통령 선거 승리의 유형과 지난 선거결과를 통한 다음 선거의 예측력의 관점에서 체계적 지속성을 연구를 했다. 갠스에 따르면 승리의 지속성에는 유형이 없고, 무작위적이라고 주장했다(Gans 1985). 매휴는 지난 대선 결과로 다음 대선 결과를 예측할 수 없는 것이 바로 우연성과 단기적 전략 이론을 뒷받침하는 결과라고 주장한다(Mayhew 2002).

매휴는 마지막으로 유사성(valence)이 중요하다고 했다. 매휴는 이슈를 유권자들 사이의 선호의 차이가 없는 유사성 이슈(valence issue)와 의견의 차이가 뚜렷한 입장 이슈(position issue)로 구분하면서, 유권자재편성 이론은 후자에 기반을 두고 있으나, 현대 정치에서 주요 이슈에 대한 유권자들은 유사한 태도를 갖는다고 주장한다. 예를 들어, 유사성 이슈는 경제적 번영, 전쟁승리, 더 나은 정부 서비스 등인데 대부분의 유권자는 입장의 차이가 없고, 오직 차이는 어느 정당이 그 문제를 더 잘 해결할 것인지의 인식의 차이라고 주장한다. 매휴는 우연성, 전략, 유사성은 선거에서 주요한 위치를 차지한다고 하였다(Mayhew 2002).

매휴는 1860년대와 1930년대를 미국 정치사의 예외(outlier)로 규정하면서, 중대 선거를 통해서만 급격한 유권자재편성이 일어나는 것이 아니고, 점진적 혹은 다년간에 걸친 유권자재편성도 있으며, 호전성(bellicosity), 인종(race), 경제성장(economic growth) 등이 미국 선거를 이해하는 데 필요한 일반적인 소재이지만, 모든 선거에는 그 선거마다의 이야기가 있다고 결론지었다(Mayhew 2002).

매휴의 비판은 미국 정치연구에 기여한 바가 크다. 미국 정치연구의 주류적 접근법인 유권자연합재편 이론이 정당귀속감의 약화, 의회의 정당투표 약화, 유권자연합 붕괴 주장 등으로 미국 정치의 현상을 설명하지 못하고 답보상태에 있었을 때, 발상의 전환을 제시한 셈이다. 예를 들어서, 인종문제를 중요하게 생각하는 남부의 백인들이 빠져나가면서 민주당의 뉴딜연합이 붕괴되고 있고, 최근의 여러 학자들이 1972년 선거를 뉴딜 이후의 새로운 재편성의 시점으로 보고 있지만, 사실상 1960년대 시민권(civil right)

운동을 거치면서 남부 백인의 이탈이 지속적으로 일어났다는[25] 점에서 단일 선거가 아닌 장기간에 걸쳐서 일어나는 유권자재편성을 이해할 필요성을 강조한 점은 높이 살 만하다.

정당재편 이론을 태동시켰던 키이나 샤츠슈나이더는 1960년대의 시민권 운동과 남부 백인의 보수화를 목격하기 이전에 이론을 전개했고, 이를 체계화했던 선드퀴스트의 초기 저작과 번햄의 저작들도 1970대에 발표된 글들 이어서, 뉴딜 이후의 남부의 이탈로 벌어지는 정당의 약화나 유권자연합의 해체 혹은 재편에 대한 충분한 연구가 되어 있지 않았다. 그런 점에서 뉴딜 연합의 붕괴 혹은 약화 이후의 유권자재편성을 설명하지 못하거나 예측하지 못했다고 유권자연합의 재편성 이론이 적실성이 없다고 하는 비판(Mayhew 2002)은 공평하지 않다. 또한 키이의 중대선거론이 중심적 이론으로 알려져 있지만, 그가 중대 선거만 언급한 것이 아니라, 다년간에 걸친 재편성(secular realignment)에 대해서 일찍이 가설을 통해 가능성을 열어두었고, 선드퀴스트도 중대 선거 없는 다년간에 걸쳐 발생하는 재편성에 대해서 언급한 바 있는데, 이 부분에 대해서 소홀히 한 면이 있다.[26]

3. 재편성 이론의 반론

제임스 캠벨(James Campbell)은 재편성 이론을 논하면서 우선적으로 '재편성'의 개념을 재정립할 필요가 있다고 주장했다. 캠벨은 재편성의 개념 정의에 대한 합의가 존재하지 않아서 재편성의 의미가 다양하게 사용되었다고 지적했다. 캠벨은 그동안 학자들이 사용해온 재편성의 개념을 다음과 같이 정리했다. (i) 정치적 이슈에 대한 내구적인 변화(durable change), (ii)

---

25) Norman Schofield, Gary Miller and Andrew Martin(2003) 참조.

26) 제임스 캠벨은 키이가 다년간에 걸친 재편에 관해서 분명이 언급을 했는데도, 재편성이 중대 선거에 의한 급격한 재편성만 있는 것으로 비판가들이 잘못 이해하고 있다고 주장했다(Campbell 2006).

집단이나 지역의 정당소속감의 내구적인 변화, (iii) 정당 간 힘의 균형의 내구적 변화, (iv) 표준투표(normal vote)의 중대한 변화,[27] (v) 다수당의 교체, (vi) 정당귀속감의 변화.

그 외에도 재편은 다른 정치적 변화와 동반되는 것으로 해석되기도 하는 등 너무 다양하고 포괄적으로 사용되어서 오히려 재편성이란 용어에 대한 기피까지도 초래하게 되었다고 지적한다. 캠벨은 재편성을 "연방 선거에서 나타난 정당 간 세력 균형의 내구적이고 중대한 변화"라고 정의하였다. 캠벨은 자신의 재편성 개념이 네 가지 장점을 가지고 있다고 주장했다. 첫째, 기존 연구에서 쓰이던 개념으로 새로 만들어진 개념이 아니다. 심지어 매휴와 같은 비판가들도 사용한 개념이다. 둘째, 재편성의 원인과 결과를 경험적으로 검증할 수 있다. 셋째, 재편성의 크기와 기간의 다양함을 인정한다. 넷째, 몇 번의 선거에 걸쳐서 다년간에 형성되는 재편성 과정을 인식한다(Campbell 2006).

시오도어 로제노프(Theodore Rosenof)는 1968~1972의 재배열(rearrangement)은 정치적 공백기도 아니고 미시건 학파[28]가 주장하는 일탈(deviation)[29]이 아니었다고 하면서, 정당귀속감으로 1960년대의 대급변기 선거 행위를 설명하는 것은 적절하지 않다고 주장했다. 로제노프는 재편 이론의 요점은 키이가 주장한 대로 "선거 유형(electoral patterns)의 내구적 변화"이며 새로운 시대에도 여전히 유효하다고 주장했다(Rosenof 2003). 또한, 로제노프는 재편성 이론은 회고적 이론으로 유용한 것인데, 미래를 예측하는 데 사용하고 평가하는 것은 잘못된 접근법이라고 주장하였다. 로

---

27) 표준투표(normal vote)는 유권자가 정당귀속감만으로 투표했을 때 정당이 얻을 수 있는 득표율이다. 표준투표에 관한 정보는 Converse(1966) 참조.

28) 미국의 투표 연구의 양대 산맥은 컬럼비아 학파와 미시건 학파이다. 컬럼비아 학파는 사회경제적 지위(socioeconomic status)가 투표를 결정한다고 주장하는 데 비해서 미시건 학파는 정당귀속감이 투표에 가장 큰 영향을 미친다고 주장한다.

29) 일탈에 관해서는 Donald Stokes, "Party Loyalty and the Likelihood of deviating Elections," William Crotty et al., eds, *Political Parties and Political Behavior* (Boston: Allyn and Bacon, Inc, 1966) 참조.

제노프에 따르면, 1960대나 70년대 나타나야 할 재편성이 관찰되지 않는다고 번햄의 30년 주기설을 비판할 수는 있으나, 그것이 재편성 이론 자체가 잘못되었다는 것을 입증하지는 않는다고 했다. 또한, 모든 재편성이 뉴딜연합의 형성처럼 드라마틱(dramatic)하진 않기에 뉴딜연합 형태의 연합을 기대하는 것은 지나치며, 오늘날 혹은 미래의 재편성이 과거의 재편성 형태를 재확인하는 것도 아니라고 주장했다(Rosenof 2003).

워렌 밀러(Warren Miller)는 정당귀속감이 여전히 중요하다는 것을 입증하며 로제노프의 주장과 상반된 결과를 내놓았다. 밀러에 따르면 1952년부터 1980년 사이에 남부를 제외한 다른 지역에서 재편이 일어났다는 증거가 없고, 정당귀속감과 투표 사이에는 매우 높은 상관관계가 있으며, 특히 1952년부터 1988년 사이에 정당귀속감에 따른 투표는 지역과 정당에 따라 달리 나타나지만 감소하지는 않았다. 밀러는 남부의 경우 공화당에 속한다고 느끼는 유권자가 줄곧 평균 95% 정도 공화당 대통령 후보에게 투표를 했고, 북부의 경우도 평균 90% 이상 공화당 대통령 후보에게 투표를 했다고 연구결과를 발표했다. 민주당의 경우 공화당보다 정당투표 경향이 다소 낮지만, 30년 동안 정당투표의 크기에 변화가 없었기에 정당귀속감이 재편 이론이나 선거를 설명하지 못한다는 비판에 대응하였다(Miller 1991). 밀러의 주장을 정리하면 남부에서는 키이의 다년간에 걸친 재편성이 발생했지만, 다른 지역의 경우 재편이 일어나지 않았고, 유권자들의 대부분은 정당귀속감에 의해 투표를 한다.

제임스 캠벨은 재편 이론에는 경험적 유효성의 한계가 있다는 매휴의 비판에 반발하여 1868년부터 2004년까지 선거 자료를 분석하였고, 남북전쟁 이후 4번의 재편이 있었다는 것을 경험적 자료로 입증하였다. 첫 번째 재편은 부흥기의 말기인 1874~1876년에 발생했고, 1874년부터 1892년까지 유지 되었다. 그 기간 동안 양당의 세력은 매우 비슷했었고, 의회권력은 민주당이 우세하였다. 두 번째 재편은 1894~1896년에 발생했고, 공화당이 우세정당이 되어 대통령과 의회 모두를 장악하였다. 세 번째 재편은 1930~1932년에 발생했고, 새롭게 민주당이 다수당으로 등극하였다. 이 뉴딜체제는

1968년 점진적 재편이 시작될 때까지 유지되었다. 네 번째 재편은 1968년 남부에서 재편이 일어나기 시작해서 1994년까지 점진적으로 일어났다.

캠벨은 자신의 연구결과가 일반적인 재편 이론과 부합하지만 세 가지 측면에서 다르다고 주장했다. 첫째, 최근의 선거에 지체된(staggered) 재편을 발견했다.[30] 이는 전례가 없었던 형태의 재편이지만 이해할 만한 것으로 과거 남부에 뿌리를 내리지 못했던 공화당이 부상하여 대규모의 공화당 유권자재편이 남부에서 일어난 것과 관련이 있다고 보았다. 둘째, 매휴와 같은 소수의 학자들이 언급한 적이 있었지만 대부분의 학자들이 간과하였던 1874년 재편의 증거를 발견했다는 점이다. 1874년 전에는 의원 선거와 대통령 선거에서 취약했던 민주당이 1874년 이후로 약진하였다. 다른 재편 직전의, 예를 들어서 1893, 1829년의 경제침체 징후가 1873년에도 있었던 영향을 받았을 가능성도 있다. 셋째, 1894년 선거는 상호 배타적 선거 개념인 재편 선거(realignment election)와 일탈 선거(deviation election)의 성격을 모두 가졌고, 단기적·장기적 정치적 변화를 같이 초래했다는 점을 밝혀냈다는 점이다. 캠벨에 따르면 그의 논문에서 주장된 남북전쟁 이후의 선거 재편은 다른 어떤 선거들보다 뚜렷하게 특징적이고, 심지어 매휴가 1896년 재편론을 비판하면서 대안으로 제기했던 선거들보다도 더 확실한 재편 선거였다고 주장했다(Campbell 2006).

4. 순환 이론(Political Cycle Theory)

제임스 레이클리(James Reichley)는 순환 이론(cycle theory)을 적용하여 재편을 설명하고자 했다. 레이클리에 따르면, 일반적으로 1800년, 1828

---

30) 지체된(staggered) 재편이 무엇인지는 그의 다른 책에서 설명이 잘 되어 있다. 지체된 재편은 장기적 재편의 경향이 잠시 지체된 현상을 말한다(Campbell 1997). 장기적으로 남부의 지지정당이 공화당으로 바뀌고 있는 가운데, 1980년대 남부의 연방의회 의원 선거에서 공화당의 약진이 잠시 멈춘 것을 지체된 재편이라고 설명했다.

년, 1860년, 1896년, 1932년의 선거가 재편성을 가져온 중대 선거로 알려져 있지만, 실제로 다수당이 교체된 선거는 제퍼슨의 민주공화당(오늘날의 민주당)이 승리한 1800년 선거, 공화당이 승리한 1860년 선거, 그리고 민주당이 승리한 1932년 선거의 세 가지 경우밖에 없다고 설명했다. 그는 1832년 선거에서 잭슨 대통령은 1800년 선거에서 제퍼슨 대통령이 승리한 모든 주에서 이겼고, 제퍼슨 대통령이 패배한 모든 주에서 졌기 때문에 기본적으로 1800년 재편된 연합을 복귀시킨 것이지 새롭게 재편한 것이 아니라고 봤다. 1896년 선거도 민주당과 공화당이 서로 돌아가며 집권을 하는 경향에서 벗어나지 못한 선거여서 중대재편을 가져온 선거가 아니었기 때문에 중대재편성의 주기는 36년이 아니라, 60~70년 주기라고 했다(Reichley 1994). 레이클리의 논리를 따르면 번햄의 30년 주기설은 1832년과 1896년을 중대 선거로 보았기 때문에 발생한 오류이고, 실제로 중대재편은 60~70년 주기이기 때문에 1960년대 왜 중대재편이 일어나지 않았느냐는 비판은 잘못된 것이다. 레이클리의 계산에 따르면 다음 재편은 1992년에서 2002년 사이에 발생한다. 제임스 캠벨이 남부의 변화에 따른 재편이 1968년에서 시작해서 1994년에 마무리되었다고 주장하는 것과 연관시켜보면, 좀 더 명확하게 이해될 수 있다.

〈그림 1-2〉는 제임스 레이클리의 논문에서서 인용하였다. 그림에서 보듯이 레이클리에 따르면 미국 정치사는 네 번의 순환으로 설명될 수 있다. 한 순환의 끝은 다른 순환의 시작이고, 한 순환은 한 체제를 의미한다. 체제는 안정적으로 보이지만 그 안에는 작용과 반작용에 의한 상호작용이 있고 정점은 작용과 반작용이 가장 극점에 이르는 곳이며, 여기에서 파열음을 내지만 체제의 변환으로 즉각적으로 연결되지는 않는다. 두 번째 순환의 경우 제퍼슨의 민주공화당 우세시대를 열지만, 연방주의자 출신의 민주공화당 대통령 퀸시 애덤스가 있었고 당은 분열하여 민주공화당과 국민공화당 세력으로 갈라지게 된다. 1832년 선거를 통해서 민주공화당은 민주당 시대로 접어들게 되지만, 잭슨 대통령의 제2연방은행 폐쇄에 반대하는 비들(Biddle) 제2연방은행 총재의 도전이 있었으며, 클레이 국민공화당의 도전을 받았고,

〈그림 1-2〉 제임스 레이클리의 순환도

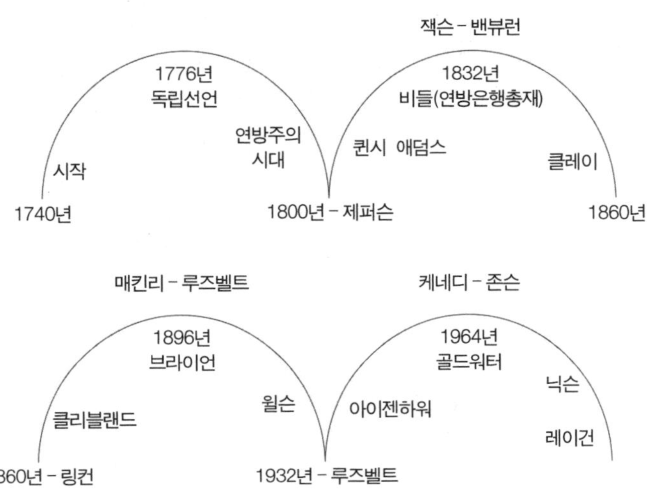

* 출처: 제임스 레이클리(1994), p.23

결국 1860년 민주당 우세체제의 끝과 함께 공화당 우세의 새로운 순환에 들어서게 되는 것이다. 세 번째 순화의 경우 공화당 우세 시대에 클리블랜드 민주당 대통령이 당선이 된 반작용이 있었고, 민주당의 민중운동가인 브라이언의 도전 속에 매킨리 대통령의 당선과 시어도어 루즈벨트 대통령으로 이어지는 공화당 우세시대의 정점을 찍는다. 그 후에 윌슨 민주당 대통령이 집권을 했지만 다시 공화당 집권으로 전환되었고, 프랭클린 루즈벨트 대통령의 뉴딜연합에 의해 세 번째 순환은 막을 내리고 네 번째 순환 고리가 시작되게 된다.

네 번째 순환 고리의 첫 번째 반작용은 전쟁영웅 공화당의 아이젠하워 대통령의 당선이다. 공화당 출신 대통령이 당선되었다고 민주당 우위의 체제가 바뀐 것은 아니다. 이 체제의 정점은 케네디 대통령과 그 후임 존슨 대통령 시기인데, 이 시기엔 골드워터의 민중운동으로 민주당과 공화당이 도전을 받고 정당개혁을 하게 되는 시기이고, 시기의 말기에는 닉슨이나 레이건 같은 공화당 대통령의 출현으로 민주당 우위체제의 막바지가 왔음을 알 수 있다. 앞서서 레이클리는 순환은 육칠십년 주기로 온다고 설명한 바 있다. 그러면 새로운 체제의 시작이자 종말은 클린턴 대통령 이후의 부시 대통령의 집권기가 될 수 있을 것이다. 이론상으로 만약 부시 대통령의 집권으로 공화당 우위 시대가 열렸다면, 오바마 대통령은 반작용으로 볼 수 있을 것이다. 하지만 이는 레이클리의 이론을 적용하여 본 것으로, 순환 이론이 검증되었다고는 볼 수 없고, 하나의 가설로 남아 있다.

제4절 정당의 약화 논쟁

1. 정당의 약화

현대 미국 정치에서 다른 정치제도에 비해서 정당의 역할이 축소되고 있고, 정치적 영향력을 잃어가고 있다고 보는 것이 정당의 약화(declining party) 이론이다. 정당의 약화 이론은 앞서 설명했던 정당 이론들이 변화하는 미국 정치를 설명할 수 있는지에 대한 문제제기라고 볼 수 있다. 정당 약화 이론은 유권자정당의 약화, 정당조직의 약화, 정당정부의 약화에 따른 책임정당의 약화의 차원에서 살펴볼 수 있다.

정당의 약화를 주장하는 학자들은 첫째, 선거전에서 정당보다 대통령 개인의 영향력이 더욱 커지고 있어서 정당 중심이 아닌 대통령 개인 중심의 선거가 되어 정당의 영향력이 약해졌다고 주장한다(Cotter and Hennessy 1964). 후보자 위주의 선거 경쟁은 정당조직보다는 후보자 개인의 조직에 의존하고, 후보자의 선거자금 모금 능력과 후보자의 직접적인 소통이 중요해지면서 선거에서 정당의 역할이 줄어들고 있다고 보는 것이다(Corrado 1994). 특히 대통령 선거과정에서 TV 유세 등을 통한 대통령 후보의 개인적 이미지(McGinniss 1968; Wattenburg 1991)나 역량(Bartels 2002)이 유권자의 결정에 영향을 미치는 중요한 변수로 등장하였다. 선거에서 유권자 동원이나 선거자금 모집, 주요 이슈에 대한 메시지 전달에서 정당보다 대통령 후보가 더 효율적이고 영향력이 있다고 한다면 결국 정당이 가장 중요한 정치제도라는 정당의 탁월성 부분에 근본적인 의문을 제기하게 되는 것이다.

두 번째, 정당조직의 약화가 유권자연합으로서의 정당 실패를 초래했다는 시각이 있다. 긴스버그와 셰프터는 현재 미국 정당은 후보자, 선거에서 당선된 공직자, 활동가의 연합에 불과하며 일반 유권자(rank-and-file voter)와 직접적으로 연계할 수 있는 조직이 결여되어 있다며, 그 현상을 정당조직의 쇠퇴라고 정의했다(Ginsberg and Shefter 1990). 긴스버그와 셰프터는 정당조직의 약화로 유권자의 선거관심이 떨어져서 투표율의 하락을 가져왔고, 유권자의 관심을 못 받는 선거에서 후보자적 요인이 주요한 변수로 떠오르고, 대통령과 의원들은 후보자 개인의 선거운동을 통해서 당선이 되고, 그들은 정당보다는 행정부와 의회제도의 강화를 통해서 상대제도의 약화를 도모하게 되어 행정부와 의회가 대립하는 마비(deadlock)상태가 왔다고 주장했다. 결국 정당조직의 쇠퇴로 정당이 선거에서 제대로 역할을 하지 못하고, 엘리트들이 유권자에게 직접 접근하는 선거가 반복되어 미국 정치가 마비되었다고 주장하는 것이다(Ginsberg and Shefter 1990).

앨런 웨어(Alan Ware)는 주 정당(state party)의 약화를 설명하면서 정당 구조의 약화의 원인으로 네 가지를 들었다(Ware 1985). 첫째, 1950년 당내 갈등의 결과 정당 충성심의 약화를 초래했다. 때마침 다른 형태의 정치활동에 참여할 창구가 많이 열리면서 활동가들이 정당으로부터 탈출(exit)하는 것이 용이해졌다. 둘째, 민주적 근대화(democratic modernization)의 요구와 정치적 압력으로부터 발생한 1960년대 70년대의 제도개혁의 영향이다. 민주적 근대화 요구는 정부정책에 대한 즉각적인 반응을 하지 못하는 주의회(state legislature)의 능력에 문제를 제기했고, 이는 의원의 전문성 제고의 필요성을 증대시켜 주의회 의원의 전문화(professionalization)가 증대되었다. 제도개혁에 대한 정치적 압력은 대통령 후보 지명 방식의 변화를 가져왔고, 이는 대통령 후보 지명 과정에 관여하는 정당의 기회를 과거보다 축소시켰다.[31] 셋째, 공식 정당조직이 카운티(county) 하위 단위까지는 조직되지 않아서 활동가가 다른 활동으로 빠져나가면 공백이 생기고 풀뿌리 조직이 와해되게 되는데, 실제로 후보자 개인의 조직이나 단일이슈 이익집단 등으로 활동가들이 빠져나가게 되었지만 활동가들을 새롭게 충원하지 못했다. 넷째, 1963년부터 1973년까지 등장한 극단적 이슈(issue extremism)는 정치적 합의 밖의 운동으로 발전해 나갔고, 결국 정당이 주도하는 선거경쟁으로 수용되지 못했다.

세 번째, 연방의회에서 의원들의 투표에 정당의 영향력이 약해졌다고 보는 시각이 있다. 호명투표(roll-call voting) 기록을 보면, 의원들이 정당투표를 하지 않는 경향이 높아졌고 결국 정당정부, 책임정당의 의미가 약해졌다. 정당이 의원들을 통제하지 못하고 정당투표를 하도록 영향을 행사하지 못하게 되면서 결국 정부를 구성하는 정당의 결속력이 약해져서 책임정당의 의미가 퇴색하게 되었다.

네 번째, 정당귀속감의 약화와 분할투표로 유권자정당, 선거정당의 약화를 설명하는 시각이 있다(Eldersveld and Walton 2000). 각종 여론조사 자료를 보면 민주당이나 공화당의 정당귀속감을 갖고 있는 유권자가 줄어들고 있고(Ware 1985; Wattenburg 1992; Adrich 1995), 약화된 정당귀속감 때문에, 유권자들이 같은 정당의 후보에게 투표를 하는 일관투표(straight voting)를 하지 않고 대통령 선거와 의원 선거 등에서 다른 정당의 후보에게 투표하는 분할투표(split voting)를 하고 있다(Burden and Kimball 2004). 배리 버댄(Barry Burden)과 데이비드 킴볼(David Kimball)은 분할투표의 원인을 몇 가지로 정리하였다. 가장 널리 알려진 원인은 정당귀속감의 약화이다(Campbell and Miller 1957; Beck 외 1992; Maddox and

31) 스테판 웨인(Stephen Wayne)은 후보자 공천 제도의 변화로 정당이 파벌화되고 지도력을 약화시켰다고 주장한다. 웨인에 따르면 후보자 공천과정에서 극단적 성향의 후보들이 공천이 되고, 온건한 후보를 지지하는 대부분의 유권자들은 지지정당 후보의 연설이나 정책을 받아들이는 데 어려움을 느끼게 된다(Wayne 2002).

Nimmo 1981). 경험적 자료로 입증된 것처럼 정당귀속감이 강한 유권자는 정당귀속감이 약하거나 무당파 유권자에 비해 일관투표를 할 가능성이 더 높다. 두 번째 원인은 단기적으로 유권자에게 영향을 미치는 후보자의 경력, 성품, 능력 등 후보자적 요인이 장기적으로 형성된 정당귀속감과 다른 선택을 하게 만들 수 있다. 세 번째 원인은 의원 선거와 대통령 선거와의 차이와 관련이 있다. 대통령 선거는 정당귀속감에 의한 투표를 하지만, 의원 선거는 교차투표가 일어난다고 주장하며(Brody 외 1994), 그것은 지지정당이 후보를 공천하지 않는 각급 단위의 선거가 있는 것과 연관이 있다고 설명을 한다(Bloom 1994). 네 번째 원인은 후보자적 요인이다. 중요 이슈에 대해 소속 정당과 명확하게 다른 입장을 보이는 후보나 지명도가 높은 후보자 등 후보가 선택 기준이 될 때 분할투표가 많이 일어난다(Madoxx and Nimmo 1981). 마지막 원인은 유권자가 이슈, 정당귀속감, 후보자 평가 등을 종합적으로 고려할 때 분할투표가 일어날 확률이 높다고 주장한다.

종합하여 정리하면, 정당약화론은 후보자 중심 선거 운동, 정당조직의 약화, 정당귀속감과 정당투표의 약화, 의원들의 정당라인을 따르지 않는 투표를 정당이 약해진 증거나 영향으로 보고 있다. 정당약화론자들 사이에도 후보자 위주의 선거와 정당의 약화 사이의 인과관계에 대한 설명이 다른 점을 알 수 있다. TV 등 선거운동과 관련된 기술의 발달로 선거에서의 정당의 역할이 약해졌다고 보는 시각이 있고, 정당조직의 약화로 정당귀속감이 약해지고 그 틈새를 후보자 중심의 선거운동이 파고들어 정당의 약화를 심화시켰다는 시각도 있다.

2. 정당의 시대

정당의 몰락 혹은 쇠퇴를 주장하는 연구들은 정당에 관한 많은 후속 연구를 촉진시켰다. 선거가 정당보다는 후보자-중심으로 진행되고 있다는 것에는 반론이 없지만, 정당이 약화되고 있다는 주장을 반박하는 경험적 연구들이 많이 발표되었다.

첫째, 제임스 레이클리(James Reichley)는 전통적으로 미국 정당의 지방조직이 전국적으로 다 약한 것은 아니고, 지역적 편차가 있었다고 주장한다. 민주당 1당 체제인 남부의 경우 정당의 공조직보다는 민주당의 유력인사들 중심의 개인 조직이 더 강한 영향력을 행사해서 정당조직이 약할 수밖에 없었고, 1910년대 진보운동이 활발했던 위스콘신부터 캘리포니아까지는 정당을 부패의 상징으로 보는 시각이 있어서 정당조직이 발달하지 못했으나, 인구밀집지역인 동북부와 중서부 지역에서는 정당조직이 강했다고 주장했다. 그는 정당을 지역, 주, 전국의 차원에서 살펴보면 1950년대에 비해서 현대 정당의 조직이 약해진 것은 사실이지만, 전국 정당조직만을 보면 유례없이 강하고 효율적인 조직을 이뤄냈다고 했다. 양당은 전국 정당으로 이념적으로 분명한 자이를 보이고 있고, 당원들 사이의 이념이 점점 동질적(homogeneous)이 되어가고 있다고 주장하여(Reichley 1985), 정당조직이 약해지고 있다는 주장에 반박했다.

둘째, 의원들의 의정활동이 더욱 정당 중심이 되고 있다고 주장한다. 데이비드 브래디(David Brady)와 매튜 맥커빈스(Mathew McCubbins)는 정당 카르텔(Party-Cartel) 이론과 조건부정당정부(conditional party government) 이론을 소개하며 정당이 의원들의 의정활동에 중심이 되고 있다고 주장했다(Brady and Mccubbins 2002). 조건부책임정당 이론은 정당이 내부적으로 단합이 잘 되어 있고 양당의 목표가 확연히 구분될 때는 정당이 의원들의 의정활동에 중심 역할을 하지만, 정당이 내부적으로 단합이 안 되고 분열이 있을 때에는 의원들은 소속 상임위원회의 영향을 많이 받게 된다고 주장한다. 정당 카르텔 이론은 의원들은 자신들의 재선에 유권자들 사이에서 정당의 브랜드 가치가 중요하다고 판단하기 때문에 정당의 브랜드 가치를 높이기 위해서 정당이 의원들을 잘 통솔할 수 있도록 정당 지도자들에게 위임을 하고 단체행동을 하게 된다고 설명한다(Cox and McCubbins 1993). 정당 카르텔 이론에 따르면 정당은 언제나 의회의 중심이었다고 한다. 또한, 의원들의 호명투표 데이터들은 정당 라인을 따르는 투표는 증가하고 있고, 정당의 양극화가 의회에서 더욱 심해지고 있다고 보고하고 있다(Aldrich 1995; Coleman 1997; Collie and Mason 2000; Fiorina 1999; Fleisher and Bond 2000; Jacobson 2000; Roberts and Smith 2003; Rohde 1991; Sinclair 2000; Stonecash 외 2003). 퓨 연구소(Pew Research Center)의 드류 드실버(Drew DeSilver)는 의회 안에서의 정당 양극화의 단초는 1970년에서 찾

〈그림 1-3〉 미국 의회의 양극화

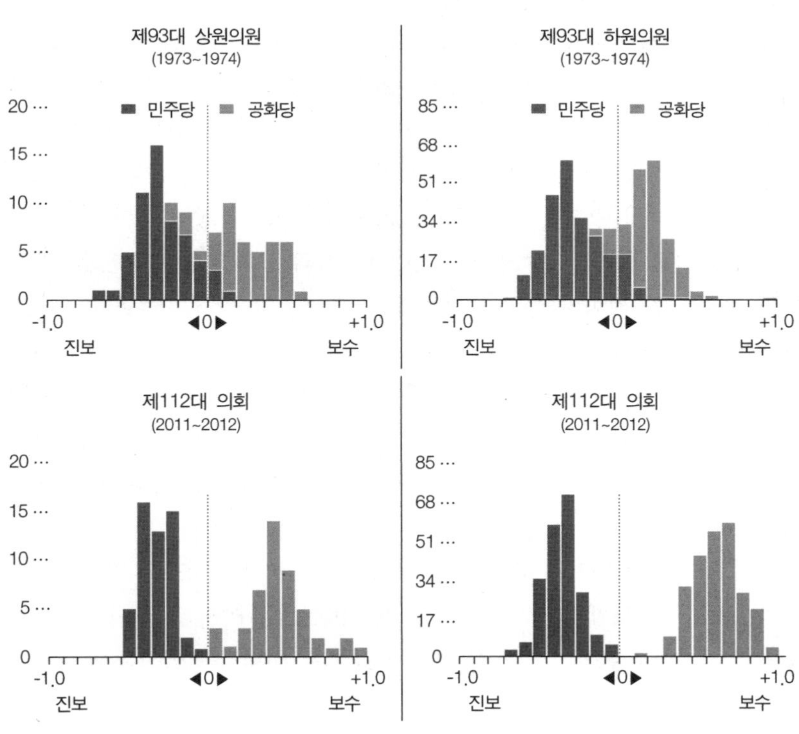

* 출처: Royce Carroll 외 Vteview.com[32]

32) Pew Research에서 재인용, ibid.

을 수 있으며, 그 이후로 양극화의 정도가 눈에 띄게 강화되고 있다고 주장하였다.[33]

〈그림 1-3〉은 미국 의원들의 호명투표 결과를 이념성향으로 환원한 것으로, 양당 의원들의 양극화 경향을 잘 보여준다. 이 그림을 보면 1973~4회기에만 해도 진보적인 공화당 의원들과 보수적인 민주당 의원들이 어느 정도는 중첩되기도 하였지만, 2011~2012년 회기에서 보면, 상·하원 모두 중첩되는 의원이 없이 양극화 경향이 뚜렷이 나타났다.

스톤케시에 따르면 미국 유권자들의 정당귀속감은 오히려 강화되고 있고(Stonecash 2006), 소득불평등의 심화와 정당의 양극화는 유권자의 계급투표 경향을 이끌어내고 있다(Stonecash 2000). 카네스-우로네와 동료들은 선거에서의 득표와 의정활동의 정당투표와의 상관관계를 밝혀내면서, 의회의 법안 처리에서 정당투표를 할수록 다음 선거에서 차점자와의 득표차가 더 벌어지는 경향이 있고, 비교적 경쟁이 약한 지역구나 경쟁이 강한 지역구나 상관없이 적용된다고 주장하였다(Canes-Wrone 외 2002). 이 결과를 스톤케시의 연구 결과와 접목하여 보면, 유권자의 양극화가 의회정당의 양극화를 가져오고, 의회의 정당을 강화하고 있다고 볼 수 있다. 또한, 유권자 투표행태를 연구한 폴 아브람슨(Paul Abramson)과 그의 동료들은 대통령 선거에서 양대 정당의 후보가 아닌 무소속 후보가 지지를 받는 것은 유권자의 정당지지가 약해져서가 아니라 양당 후보에 대한 불만족을 표시하는 것일 뿐, 유권자의 정당지지도는 약해지지 않았다고 발표하였다(Abramson 외 2000).

정당의 약화에 동의하지 않는 학자들에 따르면 미국 정당은 약해지는 것이 아니라, 뉴딜체제의 붕괴과정에서 한 정당으로부터의 충성심이 다른 정당의 충성심으로 옮겨가는 재편 과정에 있으며, 이념의 양극화를 통해서 유

---

33) Drew Desilver(2014), "The polarized Congress of today has its roots in the 1970s" Factank.6.12, http://www.pewresearch.org/fact-tank/2014/06/12/polarized-politics-in-congress-began-in-the-1970s-and-has-been-getting-worse-ever-since/

권자정당과 정부정당 모두 양극화 경향이 있다고 한다. 그들은 정당의 약화를 어느 정도 인정한다고 하더라도 정당의 중요성은 사라지지 않는다고 본다. 예를 들어서, 스테판 웨인은 다음과 같이 말한다(Wayne 2002).

> "제도로서의 정당은 수십 년 전보다 약해졌을 수 있다. 사람들의 정당귀속감도 과거만큼 강하지 않을 수 있다. 정당도 후보자와 유권자들 사이를 효과적으로 중재하지 못할 수도 있다. 정당은 후보자들에게 큰 영향을 미치지 못할 수도 있다. 그러나 정당의 중요성은 변하지 않았다. 조직으로서의 정당이 아니더라도, 유권자들이 주요 이슈를 비교하고, 후보자를 평가하고, 누구에게 투표를 해야 하는가를 결정하는 데 정당은 여과장치(filter)로서 중요한 역할을 한다. 이런 과정에서 정당귀속감은 선거결과의 윤곽을 세우고(frame), 영향(influence)을 미친다. 아직도 미국은 정당의 시대이다(Wayne 2002)."

제2장

미국 정당제의 특성:
양당제

미국은 대표적 양당제(two-party system) 국가이다. 샤츠슈나이더는 영어의 빈약한 어휘 때문에, 사람들은 정당이 다 똑같은 정당인줄 알지만, 미국 정당은 다른 국가의 정당과 차별적인 정당이라고 주장하면서, 미국 정당을 다른 국가의 정당과 차별적으로 만드는 주요한 요소로 세 가지 특성을 들었다. 그중 첫 번째 특성이 양당제이다.[1] 미국의 양당제하에서는 선거에서 승리한 정당이 자동적으로 다수당이 되기 때문에 다수연합을 만드는 수고가 덜어지고, 온건한 정당을 만들어내는 효과가 있다고 샤츠슈나이더는 주장했다.[2] 두 번째 특성은 정당의 분권화된 권력구조와 후보자 공천과정

---

1) 베크와 소로프도 150년간 양당제를 유지하고 있는 미국과 같은 경우는 민주주의 국가들 사이에서 매우 드물다고 주장했다(Beck and Sorauf 1992). 로시터는 전국적으로는 미국이 양당제 국가이지만 일당체제로 볼 수 있는 지역들이 많이 있다고 지적한다. 1956년의 예를 들면, 앨라배마를 비롯한 총 10개 주가 민주당 1당 체제이며, 다른 12개 주도 수정된 1당 체제로 볼 수 있다며, 전국적으로 양당체제이나, 지역적으로는 1당체제인 미국식 양당체제의 특징을 설명했다(Rossiter 1960).

2) 미국의 양당제에 관한 비판은 양당의 차이가 별로 없어서 선택권이 없다는 주장이 대부

에서의 지역 정당 지도자의 역할, 세 번째는 정당체제의 발전에 상응하는 비대한 압력집단(hypertrophy of pressure politics)이다.

정당연구에서 정당제는 원내에 의석수가 있는 정당이나 정부에 참여하거나 위협을 줄 수 있는 정당을 포함한 유효정당의 수를 뜻한다.[3] 그에 따라 각국의 정당 제도를 일당제, 양당제, 다당제 등으로 분류한다. 예를 들어, 오늘날 미국에는 자유당(Libertarian Party), 녹색당(Green Party) 등 많은 정당이 있지만, 연방 상원이나 하원에 의석을 가지고 있는 정당은 민주·공화 2개 정당뿐이고, 원외 정당으로 미국 행정부나 입법부 운영에 위협을 줄 만한 정당이 없어서, 미국은 양당제 국가로 분류된다.

정당제는 사회균열구조의 반영이면서(Lipset and Rokkan 1967), 선거제도의 영향을 받아서 형성된다(Schattschneider 1942). 아렌드 리파트(Arend Lijphart)의 비교연구에 의하면 한 국가의 이슈차원의 수와 유효정당의 수가 비례한다(Lijphart 1999). 즉, 한 국가 내에서 사회계층, 인종, 성, 종교 등

분이다. 그러나 시어도어 로이(Theodore Lowi)의 주장은 소개할 만하다. 로이는 양당제가 자동적으로 다수당을 만들어내는 기능이 있다는 샤츠슈나이더의 주장에 동의한다. 하지만 로이는 1970년대 경제침체 이후 정책을 둘러싼 이념갈등은 격화되었는데 양대 정당은 생산적인 경쟁을 하지 못하고 있다고 지적했다. 특히 분열 이슈(wedge issue)는 정당을 분열시키고 정당 지도자를 옴짝달싹하지 못하게 하고(immobilize), 정당이 마비되면 정부도 작동하지 않게 된다고 주장했다. 이런 마비상태가 되면 정당 지도자들은 유권자를 동원하기 위해 정당 개혁을 해야 하지만, 그보다는 스캔들을 터뜨려서 이를 덮는 전략을 세우는 행태를 보이기에 정당 개혁이 되지 않았다고 주장한다. 또한 로이는 두 정당이 번갈아가며 너무 오랫동안 집권여당의 역할을 했기 때문에 오히려 위축되어왔다고 주장했다(Lowi 1994). 양당제의 긍정적 측면과 부정적 측면에 관해서는 Disch(2002)에 논의가 잘 정리되어 있다.

3) Party System은 한국어로 정당제 혹은 정당체제로 번역된다. 사르토리는 연정참여가능성(coalition potential) 혹은 집권가능성(government potential)과 위협가능성(blackmail potential)을 가진 정당들을 유효정당으로 포함하면서, 연정 가능성에는 의석수의 상대적 크기와 다른 정당들과의 이념적 거리가 중요한 변수가 된다고 했다(Sartori 2005). 이런 구별법은 의원내각제를 채택하고 있는 국가들의 경우에 좀 더 유용하고 한국과 미국과 같은 대통령 중심제 국가의 경우 대통령 선거에 이길 가능성이 있는 정당의 수를 측정하거나, 의회의 의결정족수를 기준으로 연정가능성 혹은 위협가능성을 고려하여 유효정당의 수를 측정하는 방법이 있을 수 있다.

다양한 사회적 균열이 존재하거나 환경, 낙태, 교육, 사회보장제도 등 다양한 이슈차원이 있을수록 유효정당의 숫자가 늘어나는 경향이 있다. 레인 타게페라(Rein Taagepera)와 버나드 그로프만(Bernad Grofman)은 그들의 논문에서 유효정당의 수(N)는 이슈차원의 수(I)에서 1을 더한 수(N=I +1)라는 경험적 연구결과를 얻었다고 발표하였다(Taggepera and Grofman 1985).[4] 그렇지만, 미국의 경우에는 사회균열이 다차원적 형태를 보이고 다양한 이슈가 존재하는데도 다당제로 전개되지 않고, 양당제를 유지하고 있다. 왜 미국이 양당제를 유지하고 있는가를 설명하는 몇 가지 이론들이 있다.

제1절 제도주의 시각

많은 학자들은 미국의 제도에서 양당제 유지의 원인을 찾는다(Beck and Sorauf 1992; Bibby 2003). 미국의 양당제의 유지 원인으로 지목되는 제도로는 선거제도, 대통령 중심제의 정부형태, 예비경선제도의 후보자공천과정, 선거관련법 등이다.

대부분의 제도주의자들은 미국의 단순다수대표제(Simple-majority single-ballot system)가 양당제를 가져왔다는 주장에 공감한다(Schattschneider 1942; Duverger 1967; Beck and Sorauf 1992).[5] 샤츠슈나이더는 정당은 선거를 중심으로 조직되기 때문에 정당제 형성이 선거제도에 의해 영향을

4) 유효정당(N)=이슈차원(I) +1. 예를 들어, 이슈 축이 하나일 때 유효정당은 둘이 되고, 이슈차원이 두 개이면 유효정당은 세 개가 되는 것이다.

5) 단순다수대표제는 두 가지 특징적 요소를 가지고 있다. 첫째는 한 번의 투표로 결정하는 것으로 결선투표와 같은 제2차 투표가 없다는 점이고, 둘째는 과반수 득표가 아니어도 다수득표를 한 사람이 승리한다는 점이다.

받지 않는다면 놀라운 일이라며 선거제도가 미국 양당제의 핵심적 원인이라고 주장했다(Schattschneider 1948). 뒤베르제의 법칙(Duverger's law)에 따르면 소선거구제에서 단순다수대표제를 운영하면 대체로 양당제를 가져온다.[6] 지역구 의석(N=1)을 위해 경쟁하는 유효정당(effective party)의 수는 그보다 1이 많은 N+1이 되고, 따라서 지역구 의원 1명을 선출하는 단순다수대표제의 유효정당의 수는 2로 수렴한다. 단순다수대표제와 소선거구(single member district)를 운영하는 미국의 선거제도에서 승리하기 위해서 일부 군소정당들은 3당의 위치를 유지하기보다는 민주당이나 공화당과 연합하게 된다. 존 비비(John Bibby)는 대통령 선거가 선거인단 선거로 치러지는 것도 양당제 유지의 원인이라고 지적한다. 존 비비에 따르면 미국의 대통령은 선거인단의 과반수를 얻어야 대통령이 되기에 3당 후보가 대통령이 될 가능성이 없고, 선거인단의 승자독식주의(winner-takes all)에 따라 군소정당 후보가 선거인단을 획득하기 어렵기 때문에 양당 중의 한 당과 연합하게 된다고 주장했다(Bibby 2003).

양당제 유지에 영향을 미치는 두 번째 제도는 대통령 중심제이다. 베크와 소로프에 의하면 의원내각제를 운영하는 국가의 경우 연립정부 구성이 가능하여 군소정당도 연립내각에 참여할 수 있지만, 미국처럼 단 하나의 직위인 대통령이나 주지사를 목표로 경쟁하는 경우는 군소정당의 정부 참여 가능성이 없어서, 결국은 양당제로 수렴하는 경향이 있다(Beck and Sorauf 1992). 하지만, 대통령 중심제가 양당제의 필요조건일 수는 있어도 충분조건은 되지 못하는데, 예를 들어서 결선투표제가 시행되고 있는 대통령제 국가의 경우 다당제의 형태를 보이고 있다. 결선투표제는 오히려 다당제 혹은 대통령 후보의 다자대결을 가져올 가능성이 더 높다. 이는 과반수 득표자가 나오지 않을 경우, 상위 2명의 후보자가 재대결을 하게 되므로, 약소정당의 후보를

---

6) 뒤베르제의 법칙의 적실성에 관한 논의는 Riker(1982) 참조. 윌리엄 라이커(William Riker)는 뒤베르제의 법칙이 설명 못하는 나라들도 있지만, 본인이 제안하는 두 가지 조건을 추가하면 설명력이 올라갈 것이라고 주장했다.

지지하는 유권자들이 최초 라운드의 투표에서는 선호하는 후보에게 투표하는 진지한 투표(sincere voting)의 확률이 높아서 다당제가 유지될 가능성이 높다.[7] 예를 들어서, 시장 선거(mayor election)에서 결선투표제를 시행하고 있는 이탈리아나, 대통령 선거에서 결선투표제를 실시하고 있는 프랑스도 다당제 국가이다. 그런 점에서 대통령 중심제만으로는 미국의 양당제를 설명할 수는 없다.

세 번째 제도 변수는 예비경선(Bibby 2003)과 지배적 지역 정당 구조이다. 레온 엡스타인(Leon Epstein)에 따르면 특정 정당이 특정 지역에서 지배적 위치를 가질 때, 제3당 후보로 나서기보다는 지배정당의 예비경선(direct primary)에 참여하는 길을 택하기 때문에 제3당의 발전이 저해된다. 예를 들어서, 1970년 이전까지 전통적으로 남부는 민주당이 지배정당이었고, 북부의 몇 개 주(특히 위스콘신 주)에서는 공화당이 지배정당의 위치를 가지고 있었는데, 그런 지역에서는 지배정당의 예비경선에 참여하는 것이 당선될 확률을 더 높이기에 지역의 지배정당과 연합하게 되고, 전국적으로는 양당제가 유지된다(Epstein 1956). 예비경선제도의 도입으로 특정 지역에서는 본 선거에서보다는 실질적 경쟁이 예비경선에서 이뤄지고, 결국 이는 선거에서 특정 정당의 지배적 구조를 더 강화시키고, 다음 선거에서 유력 후보들의 경선 참여를 유인하고, 이는 다시 당의 지배적 구조를 강화시키는 지역 지배정당의 강화의 순환 고리를 생각할 수 있다.

네 번째 제도 변수는 선거관련법과 규정이다(Bibby 2003). 연방선거운동법(Federal Election Campaign Act)은 양대 정당에 유리하고 군소정당에 불리하게 되어 있다. 예를 들어, 직전 대통령 선거에서 25% 이상의 득표를

---

7) 진지한 투표는 투표자가 제일 선호하는 정책이나 후보자 혹은 정당에 투표하는 것이다. 대비되는 개념은 세련된 투표(sophisticated voting)인데, 투표자가 선호하는 후보나 정책이 승리할 가능성이 낮을 때 좀 더 승리가능성이 높은 차선의 후보나 정책에 투표하는 것을 말한다. 단순다수대표제를 실시할 경우, 본인이 제일 선호하는 후보의 당선 가능성이 낮거나 제일 기피하는 후보의 당선 가능성이 높을 때, 사표 방지심리에서 차선 혹은 차악의 후보에게 투표하는 경향이 있다.

얻은 정당의 대통령 후보는 연방정부의 선거지원금을 법정 최고액까지 받을 수 있지만, 5% 미만을 얻은 정당의 후보는 지원금을 받을 수 없게 되어 있다. 2000년 대선의 경우 두 주요 정당 후보가 받을 수 있는 법정 최고지원금은 6,700만 달러이었지만, 개혁당(Reform Party) 대통령 후보인 팻 부캐넌(Pat Buchanan) 후보는 오직 1,260만 달러밖에 받지 못하였고, 그 후의 대선에서 개혁당은 선거지원금을 받지 못했다.[8] 또한, 대통령토론위원회(Commission on Presidential Debates)의 규정에도 대통령으로 선출될 가능성이 없는 후보를 토론에 초청하지 않을 수 있다고 되어 있고, 실제로 제3당 후보들은 대선후보 토론회에 나가지 못하는 불리함을 안고 대선을 치러야 한다. 그 외에도 제3당 후보들에게 불리한 주법과 규정을 운영하는 주가 많다.

의원 선거의 경우 양당 후보의 이름과 당명은 투표용지에 자동으로 올라가지만, 무소속이나 제3당 후보의 경우에는 유권자들(예를 들어, 펜실베이니아 주의 경우 99,000명)의 서명을 받아서 신청을 해야 후보의 이름이 투표용지에 올라가게 된다. 예비경선에서 탈락한 후보의 출마를 금지하는 주도 있고, 주요 정당과 연합을 해서 주요 정당의 후보로 출마시킬 때 소수정당의 이름을 투표용지에 사용할 수 없도록 하는 법도 있다(Bibby 2003).

선거제도, 대통령 중심제, 예비선거제도, 선거법 등의 제도가 미국의 양당제를 발전시켰다는 제도주의 이론이 가장 폭넓은 지지를 받고 있다.

---

8) 2000년 개혁당의 팻 부캐넌 후보가 선거보조금을 지급받을 수 있었던 것은 1996년 개혁당 대통령 후보였던 로스 페로(Ross Perot) 덕분이라고 볼 수 있다. 백만장자로 개인적 인기가 높았던 로스 페로가 8%의 득표를 하였기 때문에, 2000년 선거에서 개혁당이 대선에서 선거보조금을 지급받을 수 있었다. 개혁당이 1% 이상이 득표를 올린 것은 1996년 로스 페로가 처음이자 마지막이었다.

제2절 범문화론 시각

미국 양당제의 기원에 대해 문화론적 시각에서 설명하는 시각은 세 가지 정도가 되고, 이들을 범문화론으로 분류할 수 있다. 범문화론의 첫 번째 이론은 이원론(dualism)이다. 베크와 소로프가 설명하는 이원론에 따르면 이해관계에 따라 두 가지 진영으로 나뉘어서 대립과 갈등을 하는 이원론적인 성향이 미국 사회에 있다(Beck and Sorauf 1992). 브이 오 키이는 동부의 금융, 상업 세력과 서부 개척주의자들의 세력권(오늘날 중부)의 갈등의 축이 양당의 경쟁을 가져왔고, 훗날 노예제도를 둘러싼 북부와 남부의 갈등, 그리고 도농갈등 등의 축으로 옮겨가며 양당의 경쟁을 가져왔다고 주장한다(Key 1958). 정당뿐만 아니라 정부와 야당, 기득세력과 변혁세력, 자유주의자와 보수주의자 등 민주적 제도 안에서 이런 이분법적 대립과 갈등은 쉽게 발견된다고 하는 천성적 이원론(natural dualism)과 같은 맥락이다(Beck and Sorauf 1992).

비비는 미국 건국 초기의 헌법 수정을 둘러싼 이원적인 갈등이 양당제 형성의 역사적 경로를 만들었고, 그 역사적 경로가 미국 양당제의 유지에 영향을 미쳤다고 설명한다(Bibby 2003). 그러나 베크와 소로프는 이원론적 갈등이 극심한 국가들에서 다당제도 많이 보인다는 점을 들어서 반박하고 있다. 베크와 소로프에 따르면 새로운 갈등이 발생했을 때, 그 갈등을 둘러싼 새로운 정당의 창당으로 이어지지 않는 것은 양당의 적응력(adaptability)과 흡수력(absorption)때문이라고 주장한다. 즉, 미국 정당이 이념이나 원칙을 공유하는 유권자들로만 구성된 폐쇄적 정당이 아니고, 다양한 유권자 연합의 열린 정당이기 때문에 새로운 균열과 이슈를 기존의 정당 내에서 풀어갈 수 있는 적응력이 미국 사회의 갈등을 양당제 안에서 해소할 수 있었다고 보는 것이다(Beck and Sorauf 1992).

두 번째 이론은 문화론(culture theory)이다. 제임스 찰스워드(James Charlesworth)는 미국의 양당제의 원인을 설명하는 여러 가지 이론이 미국 양당제의 원인을 제대로 설명하지 못한다고 지적하면서 다음과 같이 말했다(1948).

> "우리가 양당제를 유지하고 있다면 분명이 원인이 있을 것이다. 그 이유는 공화정치에 재주가 있는 사람들이 정부가 제대로 작동하기 위해서는 정당이 필수불가결하다는 것을 인지했다는데 있다. 이 재주꾼들은 여러 가지의 균열에 상관없이 두 주요 정당을 만들었다. (중략) 미국인의 정치적 재능은 헌법이 아니라, 절차상 불가능해 보이는 장치를 작동하게 만드는 우리의 능력에서 발견된다. 남미 공화국들은 우리 헌법을 답습했지만 운영하는 데 실패했다. (중략) 수년 전 엘리후 루트(Elihu Root)는 양당제는 정치적 성숙도의 징표라고 말했다."

문화론에 의하면 영국인과 미국인은 정치적으로 성숙하고 정치에 재주가 있기(genius for government) 때문에 양당제를 발전시켰다. 베크와 소로프는 문화론을 신용받지 못하는 한물간 '국민성' 이론과 비슷하다고 비판했다(Beck and Sorauf 1992). 카츠와 콜로드니는 양당제 유지의 이유를 이원론에 익숙한 미국 문화 때문이라고 정당화하는 정치인들을 비판하면서, 실제로는 양대 정당 출신의 선출된 직위에 있는 정치인들이 여러 제도적 장벽으로 제3당의 출현을 어렵게 만들고 양당제의 혜택을 유지하기 때문이라고 주장한다. 한편, 카츠와 콜로드니는 미디어의 보도 태도도 양당제 유지에 큰 기여를 한다고 주장한다. 이는 미디어가 집중적으로 양당 후보에 초점을 맞추고 군소정당 후보에 관한 보도를 별로 하지 않기 때문이며, 선거 자금이 부족한 군소정당의 후보는 미디어에 접근할 수 있는 능력이 현저히 낮기 때문에 양당 후보만큼의 기회를 받지 못하고, 이는 투표 결과로 나타난다고 주장한다(Katz and Kolodny 1994).

세 번째 이론은 사회적 합의 이론이다. 문화적 다양성에도 불구하고 일찍부터 미국인들은 기본적인 것에 합의를 봤는데, 대표적인 합의가 헌법, 정부구조, 시장경제, 미국식 사회계층 등이다. 미국인들은 다른 민주주의 국가들을 괴롭히는 근본적 분열이나 합의할 수 없는 정치적 균열을 피해왔고, 새로운 정당을 통해서 문제를 해결하려고 하기보다는 양대 정당들 중의 한 정당과의 타협을 통해서 문제를 해결해왔다고 보는 것이 사회적 합의 이론이다. 결국, 깊은 이념 균열이 없고 근본적인 문제에 대한 논란이 없었기 때문에 미국인들은 두 개의 복합정당을 만들어 왔다(Beckj and Sorauf 1992). 문화론과 사회적 합의 이론을 종합한 설명도 있다. 댄 니모(Dan Nimmo)와 토마스 웅스(Ungs)는 다원주의 문화에서 승리한 정당은 패배한 정당을 없애려 하지 않았고, 패배한 정당은 체제 밖으로 뛰쳐나가지 않고 체제에 충성심을 유지했기에 미국 양당제가 유지되었다고 주장했다(Nimmo and Ungs 1979). 하지만 니모와 웅스의 논리는 왜 다원주의 문화가 다당제로 발전되지 않았는가에 대한 충분한 해답이 되지 못하는 문제가 있다. 니모와 웅스의 설명은 미국의 정당제가 다당제라고 하더라도 해당하기 때문이다.

문화론과 사회적 합의 이론, 이원론은 기본적으로 유사한 접근법이다. 미국인의 이원론적 경향, 정치적 성숙, 혹은 극심한 갈등을 피하고 기존의 정당제 안에서 해결하려고 하는 태도가 양당제를 유지하는 원인이라고 하는 것은 결국 미국의 정치문화 때문이라고 설명하는 것이다.

제3절 구조주의 시각: 정당

앞서 베크와 소로프가 이원론의 문제를 지적하면서 언급한 미국 정당의 특성은 미국 양당제를 설명하는데 중요한 변수이다. 미국 정당의 특성은 선거제도에 조응하여 미국 양당제를 유지발달시키는 데 큰 역할을 해왔다. 미국 정당이 이념이나 신념을 공유하는 정당이 아니고, 같은 정당의 이름으로 선거에서 승리하기 위한 포괄적 유권자연합이기 때문에 사회균열구조가 이념의 다극화를 통한 다당제의 형태로 전개되기보다는 기존 정당제 안에서 유권자연합의 형태를 갖는 우산정당(umbrella-like party)[9]의 형태를 유지하는 데 유권자나 정치인의 저항감이 적다.[10] 해밀턴에 반대하는 연합세력이 민주공화당의 우산 아래 모여들었고, 잭슨 대통령에 반대하는 연합세력이 휘그당으로 연합하였던 것이 우산정당의 예라고 할 수 있다.

이는 앞서 설명한 선거제도와 밀접한 영향이 있는데, 대통령 선거의 경우 전체 50개 주 중에서 48개 주가 승자독식제도(winner-takes-all)를 실시하고 있고, 프랑스와 같은 결선투표제가 없는 점 등이 제3당 후보의 당선을 어렵게 만들기 때문에, 소수세력의 대표가 선거에서 승리해서 대통령을 배출하기는 어렵고, 기존의 정당과 연합하여 자신들의 의제를 설정하고 지지를 얻는 것이 더 유리하기 때문이다. 또 연방의원이나 지자체 의원 선거의 경우에도, 단순다수대표제를 운영하고 비례대표제도가 없기 때문에, 각 지역구의 최다득표자가 아닌 이상, 차점 이하의 득표가 무의미하고, 결국 군소정당이 의회에 진출하여 효과적인 의정활동을 하기 어려운 구조이다. 그 결과 단일이슈정당들, 예를 들어, 1848~1852년의 자유토지당(Free Soil Party) 같은 정당들은 다른 정당과의 연합을 통해서 자신들의 이슈나 정책을 풀어나가고자 한다.[11] 결국 선거제도의 영향을 받은 미국 정당의 구조적 특성이 양당제 유지의 매개체 역할을 하는 것이다.

예비경선제도와 같은 정당 민주화도 양당제 유지에 이론적으로 두 가지 면에서 기여를 한다고 볼 수 있다. 첫째는 정당의 후보자 공천과정의 배타적 구조가 소외된 세력의 제3당 창당의 유인이 되고 일정한 유권자를 동원할 수 있다고 본다면, 경선과 같은 정당 민주화는 불만 세력의 응집력을 약화시켜서 제3 정당 태동을 어렵게 할 수 있다. 두 번째는 엡스타인의 지적대로 지배 정당이 존재하는 지역의 예비경선을 통해서 선거에 참여하는 길이

9) 알드리치가 1972년 이후 미국의 양당이 다양한 유권자연합의 형태를 취하는 경향을 설명하면서 우산형 정당이라고 묘사했다.

10) 윌리암 키페(William Keefe)와 마크 헤더링톤(Marc Hetherington)은 이질적 이념, 유권자연합, 포괄정당(catch-all party), 분산된 권력 등이 미국 정당의 특색이라고 주장했다(William Keefe and Marc Hetherington 2003).

11) 신개척지인 서부지역에 노예제도를 용납하는 것을 반대하는 것이 주요 목적인 자유토지당은 대부분 1856년 공화당에 흡수되었다.

있기 때문에 당선 가능성이 전혀 없는 3당 출마의 동기가 약해지기 때문이다.[12)]

결국 미국의 선거제도와 예비경선제도 도입 등의 정당 민주화, 선거연합으로서의 미국 정당의 성격이 미국 사회 내의 다양한 균열구조에 따른 다양한 정당의 태동과 경쟁의 형태를 갖추는 방향으로 발전해 나가는 것을 억제하고, 정당 연합들을 통해서 사회균열을 풀어가는 양당제의 형태를 유지하게 하고 있다.

예를 들어서, 오늘날 민주당은 여러 가치를 가진 다양한 집단들의 결합체로, 민주당에는 자유주의자, 전통적 좌파, 신좌파, 환경운동가, 여성운동가, 유대인, 천주교도, 흑인, 노조 등 다양한 집단이 공존하고 있다. 반면에 공화당은 보수주의자, 개신교도, 남부 백인, 중산층, 자본가, 시장경제주의자 등을 주요 지지기반으로 한다. 미국 양당제의 두 축인 민주당과 공화당은 정부의 규모, 복지, 세율, 동성애, 낙태, 외교정책 등 다양한 정치·경제·사회적 이슈에 대한 다른 유권자연합의 기반을 가지고 있다.

미국 역사를 보면, 새로운 갈등이나 균열구조는 기존 정당의 정체성과 유권자연합에 영향을 미쳐왔고, 그에 대한 정당과 유권자의 상호작용의 결과에 의해 해체와 재편의 과정을 겪으면서 오늘날의 유권자연합을 형성시켰다. 유권자연합으로서의 정당은 안정적으로 보이지만 갈등과 균열구조의 심각함에 따라 점진적 혹은 급진적 재편의 여지를 가지고 있다.

---

12) 카츠와 콜로드니도 제3당 후보로 나서기보다는 양당 중의 한당을 선택하여 예비경선에 나가는 것이 양당제 유지의 한 이유라고 했다. 카츠와 콜로드니는 이를 정당에 구속된(party-bounded) 후보가 아닌 정당간판을 달고 나가는(party-labeled) 후보라고 주장했다(Katz & Kolodny 1994).

제3장

미국 정당체제

무엇을 기준으로 어떻게 미국 정당제의 시기적 구분을 하는가? 앞서 설명한 대로 정치학에서 정당제를 논의할 때 가장 중요한 것은 유효정당의 숫자이다. 따라서 유효정당의 숫자가 달라졌다면 다른 정당제이다. 그런데 유효정당의 숫자는 같아도 정당이 바뀌었다면, 같은 정당제인가 다른 정당제인가? 예를 들어서 민주당의 경합정당이 1856년 휘그당(Whig Party)당에서 공화당으로 바뀌었다면, 이것은 같은 양당제인가 다른 양당제인가? 다른 양당제라면 다른 정당제로 명명할 수 있는가? 정당명은 바뀌지 않았으나, 정당이 추구하는 이념이나 목표가 바뀌었어도 같은 정당일까? 뉴딜정책을 도입한 민주당은 1932년 이전의 민주당과 같은 정당일까?

정당제를 유효정당의 숫자라는 측면에서 생각한다면 이런 질문들에 대한 대답은 아마도 '같은 양당제'라고 할 수 있을 것이다. 하지만 앞 장에서 소개한 것처럼, 미국 정치를 연구하는 학자들은 선거과정에서 나타난 유권자연합의 재편과 그 결과 형성된 정부여당의 변화와 지속성을 중요하게 생각하여 그 시기를 같은 정당제 기간으로 간주하는 경향이 있다(Burnham 1967;

Cavanagh and Sundquist 1985; Biby 2003). 그런 점에서 미국 정치에서 논의되는 정당제(party system)의 개념은 중의적이다. 첫 번째는 일반적인 의미의 유효정당의 숫자로서의 정당제이다. 미국 정당사에서 삼당(third party)의 약진이 없었던 것은 아니지만, 전체적으로는 양당제를 유지하고 있다. 특히 1854년 공화당이 창당된 후, 민주당과 공화당의 양당체제는 민중운동(populist movements)이나 진보주의 운동(progressive movements)의 영향을 받아서 제3당 후보와 삼파전을 대선에서 벌인 적도 있지만, 대체적으로는 양당제를 유지해오고 있다.

두 번째 정당제의 개념은 유권자연합의 유지, 개편으로 인한 정부를 구성하는 여당(majority party)의 안정성과 변화로 표현되는 정당체제이다.[1)] 시기별로 정당 간의 세력균형, 정부정책, 유권자연합의 특색이 다르다고 보는 재편 이론의 영향을 받아서, 정당체제라고 표현을 할 때는 미국 정치사를 선거, 정당, 정부 구성으로 시기를 구분하는 것이다. 학자들 사이의 각론은 조금씩 다르지만 뉴딜연합의 탄생까지를 제5차 정당체제의 출발로 보는 것에는 큰 차이가 없다. 가장 큰 논란은 1960년대 말 이후의 정당체제가 제5차 정당체제의 연속인지 아니면 새로운 정당체제의 출범인지의 문제이다(Maisel and Brewer 2012).

정당체제의 구분은 선거의 시기와 맞물려 있다. 그것은 선거를 통해 유권자연합이 재편성되고, 그 결과 정당 간의 세력균형의 변화와 여당의 변화가 발생하기 때문이다. 키이와 샤츠슈나이더가 1896년 선거와 진보시대(progressive era), 1932년 선거와 뉴딜을 정당체제의 중요한 분기점으로 설명하고, 선드퀴스트가 1860년 선거와 남북전쟁을 추가하고, 번햄이 1828년 선거와 잭슨 민주주의를 하나의 분기점으로 추가한 뒤로 4개의 분기점과 5기의 정당체제기가 황금률처럼 되어 있었지만, 뉴딜 이후의 정당체제에 대해서는

1) 영어로는 똑같은 party system이지만, 이 책에서는 유효정당의 숫자를 의미할 때는 정당제로, 유권자재편, 선거재편, 정당재편과 관련된 체제를 의미할 때는 정당체제로 구별하여 사용한다.

아직 합의가 존재하지 않는다. 이는 정당의 약화로 불리는 투표율의 저하와 정당귀속감의 약화로 인해 기존의 뉴딜체제로 설명할 수 없는 부분이 발생한 것과 관련이 있다. 기존 유권자연합의 해체와 새로운 유권자연합의 정립을 가져왔는지 여부를 놓고 학자 간의 이견이 있고, 유권자재편성에 대한 시각까지 차이가 있어서 미국 정당체제의 시기 구분은 학자마다 조금씩 다르다. 〈표 3-1〉은 주요한 학자들의 미국 정당제 시기별 구분이다.

이 표를 보면 번햄과 비비는 1796년 이전에 제1차 정당체제가 시작된 것으로 보고 있는 반면에, 젠다는 1796년을 제1차 정당체제의 시작으로 보고 있다. 1796년은 대통령직을 놓고 연방파와 민주공화당이 경쟁을 시작한 시점이다. 정당의 이름으로 정치적 직위에 후보를 공천하는 것을 정당으로 규정하는 젠다의 시각으로는 앞선 대통령 선거에서는 경쟁도 없었고 정당의 이름으로 워싱턴 대통령을 공천한 것이 아니어서 정당체제의 시작으로 간주하지 않았다. 젠다는 후보를 당의 이름으로 공천하지 않는 것을 정당이 아니라 파벌이라고 간주한다.

〈표 3-1〉 미국 정당체제 시기

시기/학자	번햄(Burnham)	젠다(Janda)	비비(Bibby)
제1차 정당체제	1789~1820(실험체제)	1796~1816	1788~1824
제2차 정당체제	1828~1856/60(민주화기)	1828~1852	1828~1854
제3차 정당체제	1860~1893(남북전쟁기)	1856~1896	1856~1896
제4차 정당체제	1894~1932[2](산업주의체제)	1900~1928	1896~1928
제5차 정당체제	1932~(뉴딜체제)	1932~1964	1932~1968
제6차 정당체제		1968~	1968~

2) 번햄은 1991년 발표된 논문에서 4차 정당체제의 시작을 1896년으로 수정하였다. 다른 정당체제의 시기는 그의 초기 저작(Burnham 1976)과 같다. 번햄(Burnham 1991) 참조.

> "파벌은 영국통치하에서도 존재했었다. 식민지 의회에는 영국 총독과 영국의 지배를 지지하는 토리(Tories) 혹은 독립반대파(Loyalists)와 그들의 상대편인 휘그(Whigs) 혹은 독립파(Patriots)가 있었다. 독립 후에는, 헌법을 지지하는 연방주의자(federalists)와 그들의 반대자 반연방주의자(anti-federalists)가 있었다. 이 단계의 집단들은 선거에서 후보를 공천하지 않았으므로 정당이라고 불릴 수 없다(Janda 외 2012)."

젠다는 연방파와 반연방파의 대결 시기를 정당이전 시기(pre-party period)로 본다. 번햄은 제1차 정당체제를 실험기라고 부르며, 이 시기는 정당이전 단계(pre-party phase)와 근대정당의 가교 역할을 한다고 생각했다. 번햄도 연방파와 반연방파를 정당이전의 단계로 보는 점에서 젠다와 같은 시각을 가지고 있지만, 젠다와는 달리 정당체제 이전의 시기로 별도로 두기 보다는 제1차 정당체제기에 포함시켰다. 앞의 표를 보면 세 학자가 동의하는 것은 제2차 정당체제의 시작과 제5차 정당체제의 시작 시기뿐이다. 1928년은 잭슨 대통령의 당선과 잭슨 민주주의의 시작이었고, 1932년은 루즈벨트 대통령의 당선과 뉴딜연합이 시작되었던 시기로, 정당체제의 시작으로 보는데 이견이 없다.

젠다와 비비가 공화당이 창당되어 처음 대통령 선거에 나섰던 1856년을 제3차 정당체제의 시작으로 보는 반면에 캠벨은 공화당 후보인 아브라함 링컨이 대통령으로 당선되었던 1860년을 그 시작으로 보는 점이 다른 점이다. 1856년에는 3명의 대통령을 내었던 휘그당이 몰락하고 공화당이 시작하였다는 점에서 정당의 세력 관계를 보면 새로운 정당체제가 시작된 것이 맞지만, 공화당이 대통령을 내고 향후 정국을 주도한 시점이 1860년이라는 것을 생각하면 1860년을 제3차 정당체제의 시작으로 보는 것도 일리가 있다. 앞서 재편 이론에서 설명되었던 정당재편에서 여당이 바뀌는 시기를 포함하기 때문에 1860년이 더 일리가 있다. 그러나 1856년에 민주당의 상대 정당이 휘그당에서 공화당으로 바뀌었다는 점에서, 비록 다수당은 바뀌지 않았지만 1856년을 시점으로 볼 수도 있다.[3)]

중대 선거와 급격하고 내구적인 중대재편성을 중시하는 재편 이론의 주요학자인 번햄은 1932년 선거로 태동한 제5차 정당체제 이후의 정당체제에 대해서 언급이 없는 반면에, 젠다와 비비는 제6차 정당체제가 1968년에 시작되었다고 본다. 1960년대의 인권운동에 대한 민주당 대통령(케네디, 존슨)의 대응이 남부의 보수적인 백인들의 오래된 민주당 충성심을 흔들기 시작했고, 이는 1968년 공화당 닉슨 대통령의 승리로 나타났다. 남부의 변화를 제6차 정당체제의 시작으로 본다면 1968년 이후의 정당체제와 그 이전의 정당체제에는 분명히 차이가 있다. 뉴딜연합의 출범 이후 1968년 닉슨 대통령이 당선되기 전까지 의회는 민주당 지배하에 있었고, 공화당 출신 대통령은 전쟁영웅 아이젠하워 대통령밖에 없었다. 그런 점에서 민주당 우위의 정당체제가 재편되기 시작했다는 점에서 1968년을 새로운 정당체제의 시작으로 간주할 수 있다.

학자들 간의 이견은 존재하지만, 정리해보면, 건국 직후 알렉산더 해밀턴(Alexander Hamilton)의 연방주의자 대 토마스 제퍼슨(Thomas Jefferson)의 반연방주의자 간의 파벌 대결이 양당제 출범의 전조가 되었고, 미국의 제1차 정당체제에서는 제퍼슨이 이끄는 민주공화당(Democratic-Republican party)과 해밀턴의 연방주의자의 양당 경쟁으로 발전하였다. 연방주의자가 몰락한 이후의 제2차 정당체제(Second Party System)에서는 민주공화당이 민주공화당과 국민공화당(National Republic Party)으로 분열하여, 민주공화당은 당명을 민주당(Democratic Party)으로 개칭하였고, 국민공화당은 휘그당(Whig Party)으로 흡수되어 양당제로 운영되어오다가, 공화당의 출범과 함께 제3차 정당체제가 시작되었다. 남북전쟁 이후 남부의 재건이 마무리되면서, 공화당의 황금시기로 볼 수 있는 진보시대(Progressive Era)의 제4차 정당체제기에 들어서게 되었고, 대공황(Great Depression) 이후 뉴딜 정당체제라고도 불리는 제5차 정당체제가 출범한 후, 1960년대 시민권 운

---

3) 특이하게 잉스트롬과 커넬은 제3차 정당체제의 시작을 1840년으로 보고 있다. 잉스트롬과 커넬이 관심을 가지고 지켜본 것은 선거법과 절차, 그리고 득표였는데, 그들은 1840년은 20년간의 미국 선거제도의 변화에 정점에 있었고, 제3차 정당체제의 시작점이라고 주장했다(Engstrom and Kernell 2014).

동의 영향으로 남부의 뉴딜체제 이탈로 인해 제6차 정당체제가 시작되었다. 제6차 정당체제의 형성은 지속적이고 여러 번의 선거과정을 통해 형성되었기에 앞의 정당체제 구분처럼 한 번의 선거로 형성이 마무리되었다고 볼 수는 없다.

제1절 제1차 정당체제(1796~1824년)

제임스 브라이스는 1796년 대통령 선거에서 연방주의자(federalist)와 민주공화당(Democratic Republican Party)[4]의 두 정당이 원내정당이자 일반 유권자(the people in a large) 정당으로 동시에 나타났다고 주장했다(Bryce 1921). 이는 영국 정당이 원내 정당으로 출발한 것과 다르게, 미국 정당은 출발부터 원내정당의 성격과 선거경쟁의 유권자정당의 성격을 같이 지니고 있었다고 평가한 것으로 볼 수 있다. 브라이스와 같이 1796년을 미국의 제1차 정당체제(first party system)의 시발점으로 보는 학자들은 1796년 선거 이전의 선거에서는 정당의 이름으로 후보자들이 경쟁하지 않았고, 조지 워싱턴(George Washington) 대통령이 도전자 없이 연이어 만장일치로 당선되는 등 정당 간의 선거경쟁이 없었고, 유권자를 대상으로 경쟁하는 선거정당보다는 원내 파벌의 성격이 강했기에 1796년을 제1차 정당체제의 시작으로 본다(Janda 외 2012).

건국 초기 헌법제정에 관한 연방주의자와 반연방주의자 간의 대결을 미

4) 민주공화당을 창당한 제퍼슨과 메디슨은 자신들의 당을 공화당이라고 불렀고, 연방주의자들이 혼란과 무질서 과격의 이미지를 주기 위해서 공화당을 민주공화당이라고 불렀다(Janda 외 2012). 1792년 5월 23일 워싱턴 대통령에게 보낸 편지에서 제퍼슨은 공화당이라는 표현을 처음 썼고, 공화당의 당명은 프랑스 공화국과 프랑스 혁명의 영향을 받아서 제퍼슨이 작명한 것이다(Witcover 2003).

국 원내 정당의 출발로 보는 학자들은 1789년을 제1차 정당체제의 시작으로 본다. 연방주의자와 반연방주의자 간의 대결이 미국 건립과 헌법초안을 놓고 시작되었다는 점에서 정치적 신념이 다른 두 집단의 대결이 1789년 전후로 시작된 것은 사실이다. 정당과 파벌을 엄격하게 구별하는 학자들은 이를 파벌의 시작으로 보고 정당의 시대가 아직 도래하지 않았다고 보지만, 정당과 파벌을 구별하는 데 큰 의미를 두지 않는 경우, 1789년을 제1차 정당체제의 시작점으로 볼 수 있다.

해밀턴이 주도하는 경제 계획안에 대한 반발로 메디슨과 제퍼슨이 민주공화당을 창당한 1792년을 제1차 정당체제의 시작으로 보는 학자들도 있다. 특히 1972년 선거에서 연방주의자당의 지도자 해밀턴이 부통령 선거에 큰 관심을 가지지 않자 민주공화당은 반연방주의자인 조지 클린턴(George Clinton)을 부통령에 당선시키려고 노력을 했다. 결과는 77표를 얻는 존 아담스(John Adams) 부통령이 55표를 얻은 조지 클린턴 후보를 누르고 연임에 성공했다. 대통령 직위를 제외하고 최고 높은 직위를 놓고 두 정당이 최초로 격돌한 1792년을 제1차 정당체제의 시작으로 볼 수도 있다.

이런 시각의 차이는 앞의 장에서 언급한 정당의 개념의 차이와 관련이 있다. 같은 정치적 신념을 공유한 정치적 집단이 정당이라면 연방주의자와 반연방주의자는 정당이라고 볼 수 있지만, 같은 당명으로 선거에 후보를 출마시키지 않았기에 정당의 요건을 갖추지 않았다고 본다면, 미국 역사의 첫 번째 선거인 1789년은 제1차 정당체제 이전의 시기라고 볼 수 있다. 1792년 창당된 민주공화당은 대통령 후보를 공천하지 않았지만 부통령 후보를 내었고, 연방하원의원 선거에서도 남부와 개척지역에서 승리를 거둬서 하원의 다수당이 되었다. 대통령 후보를 내지 않은 것을 빼고는 오늘날 정당의 선거활동과 다르지 않다는 점에서, 제1차 정당체제의 시작으로 볼 수도 있다.

미국의 정당들은 그 출발부터 지역적·계층적 지지기반을 달리했다. 제1차 정당체제기 이전부터 존재했던 미국 최초의 정당인 연방주의자당은 미국 동부 특히 뉴잉글랜드(New England) 지역과 뉴욕(New York)의 상류층, 무역업자, 상공업자의 신사계층(gentlemen)에 지지기반을 두고 있었던 반면에, 1792년 출범한 민주공화당은 지리적으로는 남부와 개척지대의 개척자, 중·소농과 도시거주자에 기반을 두고 있었다(Witcover 2003). 미국의 개척역사와 산업구조의 차이, 사회경제적 구성의 상이성이 두 정당의 지지기반의 지역적 차이를 가져왔고, 이에 따라서 외교정책, 세금제도, 연방은행 창설, 통상정책, 연방의회의 권력, 주의 주권(state sovereignty), 시민권 확대 등에 두 정파가 다른 이해관계를 가지게 되었다.

워싱턴 행정부의 주도세력이었던 연방주의자당이 분열되고 남부농민들이나 개척지역에서 급격하게 늘어난 유권자집단에게 인기 없는 정당이 된 이유는 해밀턴이 주도한 연방은행 창설, 전쟁채무 청산, 국내 산업 보호 등 이른바 해밀턴 경제 계획안 때문이라고 볼 수 있다. 해밀턴의 경제 계획안은 미국 연방의회에 제출한 세 건의 보고서를 총칭하는 말이다. 첫 번째 보고서는 독립전쟁 채권 청산, 두 번째 보고서는 연방은행 창설, 세 번째 보고서는 국내산업 보호정책이었다. 당시 해밀턴과 같은 연방주의자인 메디슨은 해밀턴의 계획에 대해 맹렬히 반대했다.

독립전쟁 경비 충당을 위해 미국연방(federation)의 전신인 미국연맹(Confederation)은 돈을 빌리고 채권을 발행했고, 국내외를 포함한 미국 정부의 총 채무액은 원금과 이자를 합쳐서 7,700만 달러 정도로 추산되었다(Staloff 2005). 그런데 미국의 국내채무 4,000만 달러 대부분은 미국 독립을 위해서 사재를 털어서 전쟁경비를 댄 애국당 출신의 참전용사들에게 진 빚이었다. 미국이 독립을 하게 되자 미연방정부는 이 채권을 떠안게 되었다. 문제는 미국 경기 불황과 인플레이션으로 채권가격이 바닥을 치자, 참전용사들은 휴지조각에 불과하게 된 채권을 북부의 사업가들에게 팔기 시작했고, 북부의 사업가들은 투자의 목적으로 채권을 사들였다. 참전용사들에게 동정적이었던 메디슨은 차별회수(discrimination)를 주장했다(Brock 1974).

메디슨은 채권의 현 소유주에게는 그들이 사들였던 가격대로 정부가 지불하고, 액면가격과 구매가격 사이의 차액은 정부가 원래 소유주에게 지불하자고 주장했다. 그러나 해밀턴은 투자를 장려하고 정부신용도를 높이기 위해 현 소유주에게서 액면가격대로 채권을 회수(redemption)해야 한다고 주장했다. 북부의 사업가들은 해밀턴의 보고서가 발표되자, 서둘러서 남부의 농부들이 가지고 있는 전쟁채권을 마구잡이로 사들였다. 메디슨은 해밀턴 정책을 애국시민과 참전용사에 대한 배신이며, 북부의 돈 많은 사업가들만 배불려 주는 정책으로 매우 불공평하다고 비난하였지만, 해밀턴의 연방주의자가 다수였던 의회는 해밀턴의 안을 통과시켰다. 이 채무청산 프로그램은 또 하나의 갈등을 포함하고 있었는데, 그것은 2,500만 달러에 해당하는 주정부의 채권을 통합해서 연방정부가 인수하는(assumption) 방안이다. 이는 버지니아를 비롯한 대부분의 남부 주들은 주 채무(state debt)를 상당액 갚아서 재무상태가 상대적으로 건전한 상태였는데, 연방정부가 채무를 탕감해주고 세금을 올리게 되면 결국 재무건전성이 좋은 주에게는 매우 불공평한 정책이었다. 이는 빚이 많은 주의 채무를 결국 재무 상태가 좋은 주가 같이 분담해야 되기 때문이다. 또한, 이는 주의 권한을 축소하고 연방정부의 권한을 강화하는 것으로 비춰졌다.

메디슨과 제퍼슨은 연방은행(the first bank of the America) 설립에 관한 재무부장관 해밀턴의 보고서를 놓고 해밀턴과 심각한 갈등을 보였다. 제퍼슨과 메디슨은 헌법이 은행을 세울 권한을 연방의회에 부여하지 않았다고 위헌의 소지가 있다며 워싱턴 대통령에게 서명하지 말도록 설득했다. 메디슨과 제퍼슨, 법무부 장관인 에드몬드 랜돌프(Edmond Randolph)는 헌법에 명시된 권한(enumerated power)외에는 연방의회의 권한이 없다고 주장했고, 그에 대해서 해밀턴은 헌법이 연방의회에게 암시적 권한(implied power)을 주었고, 연방은행 설립은 그에 해당한다고 대통령을 설득했다. 미국 헌법 1장 8조에는 연방의회의 권한이 명시적으로 나열되어 있다. 연방의회는 헌법이 명시하지 않은 권한을 가질 수 없으며, 연방은행 설립은 헌법 1장 8조에 열거된 권한이 아니므로, 연방의회가 연방은행을 설립하는 것은 위헌이고 주의 권리를 심각하게 훼손하는 것이라는 주장이 메디슨과 제퍼슨의 주장의 핵심이었다. 반면에 해밀턴은 헌법 1장 8조에는 연방의회가 열거된 권한을 집행하기 위해 필요하고 적절한(necessary and proper) 법을 만들 수 있다는 규정이 있고, 연방의회가 채무를 해결하고 세금을 징수하는 명시된 권한을 행사하는 데 연방은행 설립은 필요하고 적절하기 때문에 합헌이라고 주장했다. 결국 해밀턴의 주장에 설득된 대통령은 서명을 했고, 해밀턴의 헌법 해석에 동조하는 연방 대법원의 판례들은 오늘날 강한 연방정부의 초석이 되었다.

결국 메디슨이 반연방주의자에 합세하여 민주공화당을 창당하는 등 연방주의자가 분열되는 반면, 민주공화당은 해밀턴 프로그램에 불만을 느끼는 남부와 개척지 주민을 대상으로 점차 세를 넓혀서 권력을 연방주의자로부터 빼앗는 데 성공했다. 민주공화당은 1800년 선거에서 대통령과 의회 다수당 지위를 차지하게 되었고, 이후 연방주의자당은 뉴잉글랜드 지역에서는 여전히 강세를 유지하였으나 다른 지역에서는 쇠락을 면치 못하다가, 2차 정당체제기에 들어와서는 지역적 기반을 같이하는 국민공화당(National Republican Party)과 그 후신인 휘그당(Whig)에 자연스럽게 흡수되었다.[5)]

〈그림 3-1〉은 1788년부터 1818년까지 연방의회의 연방주의자와 반연방주의자의 의석분포를 전국단위와 남부 단위로 나누어 보여주고 있다. 반연방주의자(민주공화당)의 의석수는 1788, 1809년을 제외하고는 지속적으로 증가하는 반면에 연방주의자의 의석수는 민주공화당의 의석수와의 편차가 점점 벌어졌음을 알 수 있다. 인구증가와 개척지의 연방 편입으로 전체 의석수가 증가했음에도 연방주의자의 의석이 감소한 것은 특히 개척지에서 연방주의자에서 지지를 많이 받지 못했다는 것을 보여준다. 남부의석의 분포를 보면 40년간 반연방주의자-민주공화당이 언제나 다수당이었다는 것을 알 수 있다. 연방주의자의 남부 의석은 거의 차이가 없는 데 비해서 반연방주의자의 남부 의석은 1798년을 제외하고는 지속적으로 상승했다. 전국적으로 연방주의자가 다수당이었던 1788년 1790년에도 남부에서는 반연방주의자가 다수당이었다는 것은 두 정파의 지역 기반의 차이를 확인해주는 증

5) 연방주의자의 쇠퇴에는 몇 가지 이유가 있다. 첫째 귀족적 배경의 인사들로 이루어져서 일반인 대상의 지지기반 확충에 관심이 없었고, 둘째 해밀턴 프로그램 등으로 남부와 개척지의 농민들로부터 지지를 받지 못했으며, 해밀턴의 독단에 반대하는 연방파의 이탈과, 갑작스런 해밀턴의 죽음 등이 복합적으로 작용했다.

〈그림 3-1〉 미국 초기 의원분포 변화(전국, 남부)[6]

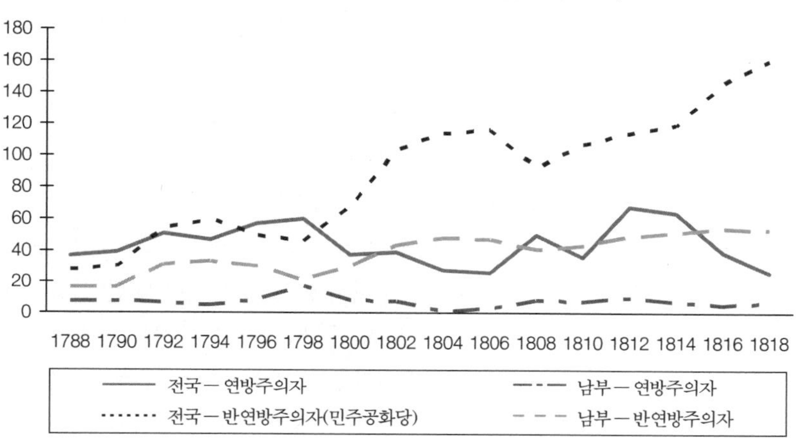

거이다. 연방주의자당의 낮은 인기는 앞에서 설명한 해밀턴의 경제정책에 대한 남부 농민과 중부개척민의 반감을 보여줌과 동시에 동북부의 상업자본이나 명망가의 소수의 지지를 기반으로 정당의 태생적 약점을 보여주는 것이다. 민주공화당이 적극적으로 일반 대중을 대상으로 다가가는 전략을 펼쳤을 때, 연방주의자들은 전통적으로 신사계층이나 사교클럽을 대상으로 표를 모았다.

또한, 1796년 대선부터 연방주의자 당에 내분을 일으켰던 해밀턴의 자충수도 연방주의자당의 몰락에 기여했다. 워싱턴 대통령의 후임을 선출하는 1796년 대통령 선거에서 해밀턴은 당시 부통령이었던 존 아담스를 지지하지 않고, 토마스 피크니(Thomas Pickney)를 지지했다. 그 당시 대통령 선거제도는 선거인단 1명이 2표를 행사하여 과반수를 획득한 최대득표자가 대통령, 차점자가 부통령으로 당선되었다. 만약 모든 연방주의자 선거인단이 연방주의자당 후보인 아담스 후보와 피크니 후보에게 투표하면 동수가

---

6) 1792년 이전은 반연방주의자, 1792년 선거부터는 민주공화당이다.

되게 된다. 아담스 부통령을 싫어하던 해밀턴은 남부 한주의 선거인단에게 아담스-피크니가 아니라 피크니-제퍼슨을 찍도록 유도했다. 해밀턴은 피크니를 대통령, 부통령엔 아담스를 앉히고자 한 것이다. 이 사실이 동부의 연방주의자들에게 알려지게 되어 연방주의당은 내분을 겪었고 해밀턴의 계획은 실패하여 아담스 대통령, 민주공화당의 제퍼슨 부통령이 선출되었다. 이 과정에서 연방주의자당의 아담스 대통령과 해밀턴 사이는 심각하게 금이 가게 되었고, 해밀턴의 지도력은 타격을 입었다. 또, 1800년 선거에서 해밀턴은 연방주의자당 인사들에게 편지를 보내서 아담스 대통령 대신 찰스 피크니(Charles Pickeny) 후보를 선출하도록 독려했고, 그 편지를 입수한 민주공화당에선 그 편지를 이용해 연방주의자당을 분열시키고 아담스 대통령을 공격하였다. 결국 민주공화당의 제퍼슨 부통령과 애런 버(Aaron Burr) 후보가 동수가 되어 하원에서 결선투표가 진행되었는데, 여기서 해밀턴은 제퍼슨 부통령 손을 들어주어 제퍼슨 대통령, 버 부통령을 당선시켰다. 결국 두 번의 대통령 선거에서 해밀턴은 스스로 연방주의자당을 무력화시킨 것이다. 1804년 애런 버 전 부통령과의 결투로 해밀턴이 죽은 후, 강력한 지도자를 잃은 연방주의자당의 리더십 부재도 연방주의자의 몰락에 영향을 미쳤다(Witcover 2003).

제1차 정당체제는 연방주의자 대 반연방주의자의 경쟁으로 시작했고, 반연방주의자의 뒤를 잇는 민주공화당의 창당으로 연방주의자당과 민주공화당의 본격적인 양당체제가 시작되었다가 연방주의자당의 몰락으로 민주공화당 1당 지배체제인 이른바 호감의 시대(Era of good feelings)에 접어들었다.

1815년 이후 연방주의자당이 급속히 약해지고 민주공화당 일당지배체제(Dominant Democratic-Republican Party)가 수립되고 1816년 선거에서 제임스 먼로(James Monroe) 대통령이 당선되면서 호감의 시대가 시작되었다. 먼로 대통령은 당파를 초월하는 미국의 단결과 화합을 강조하였고, 그 시기에는 민주공화당의 일당지배체제였기 때문에 정당과 정당의 갈등은 없었으나, 먼로 대통령 후임 대통령을 선출하는 문제로 당내 갈등이 증폭하였다. 결국 호감의 시대를 끝내고 제2차 정당체제기를 여는 단초는 1824년

대통령 선거에서 마련되었다.[7)]

제2절 제2차 정당체제(1828~1860년)

1824년 민주공화당의 대선후보 선출 코커스(Congressional Nominating Caucus)에서는 재무장관인 윌리엄 크로포드(William Crawford)를 민주공화당의 대통령 후보로 지명하였으나, 코커스의 고질적 문제인 비민주성과 소수만의 의사결정으로 인해 민주공화당 내에서 인정받지 못하였다(Beck and Sorauf 1992).[8)] 결국 대통령 선거에 지역별로 지지계층을 달리하는 4명의 대통령 후보가 출마했는데, 모두가 민주공화당의 후보들이었다. 남부와 중부[9)]는 앤드류 잭슨(Andrew Jackson) 테네시 상원의원을, 뉴잉글랜드 지역은 퀸시 아담스(John Quincy Adams) 국무장관을, 중남부 일부 지역에서는 헨리 클레이(Henry Clay) 하원의장을, 동부에서는 윌리엄 크로포드 재무장관을 후보를 지지하였다.[10)]

---

7) 미국의 제2차 정당체제기가 언제 시작했는가에 대해서도 여러 가지 견해가 있다. 잭슨이 대통령으로 당선되어 잭슨 민주주의를 연 1828년을 시발점으로 보는 학자들도 있고, 잭슨에 대항하는 세력들이 휘그당으로 결집하여 선거를 치룬 1834년을 출발로 보는 시각도 있다. 이 책에서는 잭슨 민주주의의 시발점인 1828년을 제2차 정당체제기 출범으로 본다.

8) 대통령, 부통령 후보를 선출하는 코커스는 크게 밀실 코커스기와 의원 코커스기로 나눌 수 있다. 정-부통령 선출에 관한 법규가 없는 상태에서, 소수의 지도자가 밀실에서 정-부통령 후보를 정하던 밀실 코커스는 의회코커스로 변모하였다가, 1824년을 마지막으로 막을 내렸다(Butttefield 1961).

9) 중부는 현대 미국의 중부를 뜻하는 것이고, 그 당시 미국인의 관점에서는 동부 외의 지역은 미개척 서부로 볼 수 있다. 당시의 관점에서는 서부라고 볼 수 있고, 현대에 기술된 논문이나 책에서도 서부로 기술하고 있으나, 이 책에서의 중부, 서부는 현대적 관점에서의 중부, 서부이다.

10) 해밀턴의 연방주의자들은 크게 쇄락하였지만, 구 연방파 출신의 퀸시 아담스를 지지

〈표 3-2〉 1824년 미국 대통령 선거 결과

후보자	유권자 투표	선거인단 득표	하원 득표
앤드류 잭슨	41.4%	99	7
퀸시 아담스	30.9%	84	13
윌리엄 크로포드	11.2%	41	4
헨리 클레이	13.0%	37	

〈표 3-2〉에서 보듯이, 남부와 중부에서 압도적 지지를 받은 앤드류 잭슨 상원의원은 전국적으로 41.4%의 득표를 얻었고, 11개 주에서 승리하여 99명의 선거인단을 확보하여, 4명의 대통령 후보 중에서 선거인단 확보와 유권자 득표에서 가장 앞섰다. 그러나 앤드류 잭슨은 전체 선거인단 261명 중의 99명의 표박에 얻지를 못하여 선거인단 과반수 획득에 실패하였고, 선거인단의 과반수 득표자가 없을시 하원에서 대통령을 결정하는 선거법에 따라 하원에서 대통령을 선출하게 되었다.

수정헌법 12조에 따라서, 대통령을 하원투표로 결정하게 될 때에는 하원의원 개인이 아닌, 각주가 1표를 행사할 수 있었다. 당시 유권자 투표와 선거인단 확보에서 2위였던 퀸시 아담스는 헨리 클레이 하원의장의 지원으로 하원에서 13개 주로부터 지지를 받아서, 7개 주의 지지를 받은 잭슨 상원의원을 누르고 대통령으로 당선되었고,[11] 그 후 헨리 클레이 하원의장을 국무장관에 임명하였다. 유권자투표에서 가장 많은 득표를 하고, 선거인단 투표에서도 가장 많은 표를 얻었음에도 불구하고 대통령에 낙선한 앤드류 잭슨

하였고, 공화민주당의 제퍼슨 주의자들(Jeffersonian)도 지역적 특성에 따라서 지역의 자율을 중시하는 중부와 경제성장과 경제적 평등을 중시하는 동부 등이 다른 입장을 견지하게 되었다(Schlesinger 1945).

11) 선거인단을 확보하는 유권자 투표에서 11개 주에서 승리하였던 잭슨 상원의원이 하원의 결선투표에서는 7개 주의 지지밖에 받지 못했다. 결선투표는 선거인단 투표 상위 3인을 대상으로 하는 것이어서 클레이 하원의장은 결선투표의 대상이 아니었다.

은 이를 야합이라고 비난하였다(Witcover 2003).[12] 1824년 선거는 민주공화당의 분열로 제1당 체제의 종말을 고하는 선거가 되었다. 결국 앤드류 잭슨을 지지하는 정파와 퀸시 아담스 대통령을 지지하는 정파로 민주공화당이 분열의 조짐을 보이기 시작하여, 파벌의 형태로 당 내에 존재하다가, 끝내 전자는 민주공화당으로 남고 후자는 국민공화당으로 분열되게 되었다.

민주공화당과 국민공화당은 서로 제퍼슨의 정신을 물려받은 정통계승자로 자처했다. 그러나 국민공화당의 경우에 연방주의자들이 지지했던 북부의 이해관계를 반영하는 정책들(연방은행, 산업정책) 등을 주장하는 반면에, 잭슨은 민주공화당은 남부와 새로이 연방에 가입한 중부의 주들의 압도적 지지를 받았다. 1828년 대통령 선거는 투표 자격 조건의 완화와 아담스 대통령과 잭슨 후보의 언론을[13] 통한 상호비방, 스캔들 폭로 등의 노이즈 마케팅을 통한 관심 고조, 그리고 전쟁영웅 잭슨 후보의 개인적 인기로 폭발적 참여의 증가를 가져왔고, 그 결과 1824년의 26.9%에서 투표율이 57.6%로 대폭 상승하였다. 1828년은 선거 경선과정과 선거법 개정과 투표율 상승이라는 점에서 민주 선거의 시작이라고 볼 수 있다.

동부의 공장 노동자와 장인(craftsmen), 남부, 중부, 뉴욕 주의 지지를 얻은 앤드류 잭슨은 유권자의 56%, 선거인단 178표를 얻어서 뉴잉글랜드와 뉴저지, 델라웨어, 메릴랜드의 선거인단 83표에 그친 퀸시 아담스 대통령(국민공화당)의 재선을 막고 대통령으로 선출되었고, 잭슨 민주주의(Jacksonian Democracy)시대를 열었다(Witcover 2003). 인디언 전쟁영웅으로 대중적 인기를 등에 업은 앤드류 잭슨의 민주당과 그에 반대하는 反잭슨 혹은 親아담

12) 잭슨이 비난하는 것처럼 아담스 대통령과 클레이 하원의장이 야합을 해서 클레이 하원의장이 하원의원들에게 영향력을 행사했을 수도 있다. 하지만 클레이 하원의원이 아담스 후보의 정책적 성향이 자신의 입장과 유사하다고 판단하고, 잭슨 상원의원의 능력에 대한 불신으로 아담스 대통령을 지원했을 가능성도 배제할 수 없다(Witover 203).

13) 미국 언론의 역사를 보면 초창기 미국 언론은 특정 정치인이나 정당의 후원을 받는 정파적 언론으로 시작하였다. 언론의 정치적 색깔에 따라 특정 당을 지지하거나 특정 후보를 지지하는 경향이 매우 노골적이었다.

스 진영의 국민공화당의 대결은 1932년 선거에서도 국민공화당의 완패로 나타났다.[14] 한편, 1828년 선거에서 패배한 아담스 대통령은 정계 은퇴를 하지 않고, 연방의회 하원으로 남아서 지속적으로 정치활동을 하였고, 잭슨 대통령도 두 번의 대통령 임기를 마치고 연방 상원의원으로 활동을 하였다. 이는 물러난 대통령은 다시 선거에 출마하지 않는다는 불문율을 깬 것이었다.

국민공화당이 연이은 패배로 잭슨 대통령을 견제하지 못하자 1833년 휘그당이 설립되었고, 1834년 선거를 앞두고 反잭슨 연합이 출범하게 되었는데, 여기에는 국민공화당의 후신인 휘그당, 反메이슨당(Anti-Masonic Party),[15] 민주당의 反잭슨 비주류 이탈세력, 舊연방주의자가 연합하였다. 잭슨 행정부의 일방독주에 대한 견제를 18세기 영국 왕정에 대항하는 의회 중심의 영국 휘그당, 미국 독립전쟁 당시에 영국왕실에 대항하는 독립 애국파의 아메리칸 휘그(American Whig)에 비유하여 反잭슨 연합은 스스로를 휘그당이라고 불렀다(Witcover 2003).[16]

초기 휘그당의 정치적 기반은 동부의 산업자본, 전문직 종사자, 남부의 플랜테이션 농장주들이였다. 제2연방은행(the Second Bank of United States)의 폐쇄에 대한 반대세력,[17] 높은 고율의 관세 불만세력, 주의 주권 주창자 등 잭슨 행정부에 반대하는 세력들이 총 결집한 것이 휘그당이었으나 이는 오월동주와 같이 애매한 동행이었다. 예를 들어서, 북부의 구연방주

---

14) 앤드류 잭슨은 전체 유권자의 55%, 선거인단 275 중 219표를 얻어서 압도적 표차로 재선에 성공하였다(Witcover 2003).

15) 반메이슨당은 미국 최초로 전국전당대회를 개최해서 대통령 후보를 선출하고 정강을 발표한 역사적 정당이다. 반메이슨당은 엘리트들의 비밀 조직인 자유메이슨들이 나라를 지배하고 있다고 믿고 그들을 타도하기 위한 목적으로 뉴욕 주를 중심으로 1828년에 설립되었다

16) 휘그당의 유래와 성격에 대해서는 Holt(1999)와 McCormick(1966) 참조. 앤드류 잭슨 대통령은 휘그에 의해 잭슨왕, 앤드류왕, 앤드류 잭슨왕 등으로 불렸다.

17) 잭슨의 은행정책은 해밀턴의 연방주의 계열의 동부 산업자본과 일부 제퍼슨주의자들의 반대에 직면하였다. 하지만 잭슨은 연방은행에 매우 부정적이었고, 켄터키를 비롯한 중부의 주들도 연방은행을 강하게 반대하였다. 연방은행과 관련된 자세한 내용은 Schlesinger(1945) 참조.

의자 국민공화당 세력은 연방은행, 보호관세를 지지하는 반면에, 남부는 고율의 관세를 반대하고, 주(state)의 주권과 노예제도 유지에 관심이 많았다. 이처럼 분열된 휘그당의 단면을 보여주는 선거가 1836년 미국 대통령 선거였다. 잭슨 대통령의 강력한 민주당 선거 조직을 물려받았으나 대중적 인기가 약했던 반 부렌(Van Buren) 민주당 대통령 후보에 대항하여 아직 전국적 조직을 갖추지 못하였던 휘그당은 각각 지역적 기반에 따라 북부 휘그당, 남부 휘그당, 중부 휘그당으로 각기 다른 대통령 후보를 출마시켰고, 결국 선거에서 패배하였다. 하지만 파벌주의를 자제하고 전국 정당으로 나아가려는 노력으로 1840년 대통령 선거와 의회 선거에서 승리하면서 휘그당은 전국 정당으로 거듭나게 되고, 민주-휘그당의 양당체제가 자리 잡게 되었다.

제2차 정당체제는 민주공화당의 분열로 시작되었고, 민주당과 휘그당이 양대 정당으로 발전된 양당체제이다. 이 기간 동안 휘그당은 1840년과 1848년 대통령 선거에서 승리하였고, 하원에서도 다수당이 되었고, 다른 대부분의 기간은 민주당이 우세하던 기간이었다.

제3절 제3차 정당체제(1860~1896년)

1854년 미국 상원의 영토상임위(Committee of Territory)[18] 위원장 스

---

18) 영토(territory)는 법적으로 준주에 해당하며, 아직 미연방에 가입하지 않아서 주(state)로 인정받지 못하는 미국령을 뜻한다. 그곳은 아직 주가 아니므로, 그곳의 정부는 주정부가 아니라 준주정부이고, 그 준주정부의 문제를 관장했던 곳도 영토상임위다. 영토상임위는 1844년에 설립되어서 활동하다가 1921년에 없어졌다. 주요 업무는 미연방에 가입하기 전의 북미지역에 있었던 영토(준주)의 문제를 다루기 위한 것으로 서부로의 영토 확장에 미연방의회의 관심이 늘게 되면서 설립되었다. 대부분의 미국령인 준주가 주로 승격되어 연방에 편입하게 되자 의원들의 관심도 차츰 줄게 되었다. 영토상임위원회와 후속 상임위원회는 다음 웹사이트 참조. Guide to the Records

테판 더글러스(Stephen A. Douglas)가[19] 캔자스-네브래스카(Kansas-Nebraska) 법안을 상정하면서 노예제도가 국가적 이슈로 부상하였다. 캔자스-네브래스카 법안은 민주-휘그 양당체제에 근본적인 변화를 가져오고(Riker 1988), 이합집산을 통해 결국 제3차 정당체제가 형성되었다. 캔자스-네브래스카 법안은 미주리 타협(Missouri Compromise)을 부정하는 것이었다. 미주리 타협은 1819년 미국령 미주리의 연방 가입 신청으로 발생한 갈등을 해결하기 위해 격론 끝에 1820년 의회에서 북위 36° 30′ 북쪽의 루이지애나 영토 지역에는[20] 영원히 노예제를 금지시키기로 결정하였다. 그런데 캔자스-네브래스카 법안을 제출하면서 더글러스는 비록 네브래스카와 캔자스가 36° 30′ 북쪽에 위치해 있지만 캔자스-네브래스카 주민들이 노예주로 편입할 것인지를 스스로 결정해야 한다는 국민주권(Popular Sovereignty) 원칙을 주장했다.[21]

당초 미주리 타협이 1819년 11개 노예주와 11개 자유주의 균형이 깨지는 것을 두려워한 남부와 북부가 균형을 유지하기 위해서 메인을 매사추세츠로

---

of the U.S. Senate at the National Archives(Record Group 46), http://www.archives.gov/legislative/guide/senate/chapter-12-territories-1844-1921.html. 미국의 영토(준주)가 연방이 되는 단계에 관해서는 다음 웹사이트 참조. Encyclopedia.com, Territorial Governments, http://www.encyclopedia.com/doc/1G2-3401804166.html

19) 서부개발과 차기 대통령직에 관심이 있었던 더글러스는 자신의 출신지역인 시카고를 중부의 대도시로 키우기 위해서 서부로 가는 대륙열차의 출발지로 시카고가 선정되길 바랐다. 하지만 시카고가 출발지로 결정이 되면 경쟁지인 뉴올리언스나 세인트루이스를 지지하는 남부의 지지를 대통령 선거에서 받는 것이 어려워 보였다. 따라서 대통령 당선을 위해서는 남부의 지지가 필요하므로, 남부의 지지를 얻기 위해 캔자스-네브래스카 법안을 제출하였다(Witcover 2003).

20) 루이지애나 영토는 1803년 미국이 프랑스로부터 매입한 지역을 총칭하는 말이다. 미국은 1,500만 달러를 지불하고 당시 미국 영토의 3배에 해당하는 루이지애나 지역을 프랑스로부터 사들였다. 루이지애나 영토는 현재 미국의 15개 주에 걸쳐 있는 지역으로 아칸소, 미주리 등 7개 주 전역과, 루이지애나, 뉴멕시코 주 등 8개 주의 일부에 해당한다.

21) 캔자스-네브래스카 영토는 오늘날의 캔자스와 네브래스카는 물론이고 아이다호, 노스다코타, 사우스다코타, 콜로라도를 포함하는 넓은 지역이다.

부터 독립을 시켜서 자유주(free-state)로 연방 가입을 받아들이고, 미주리를 노예주(slave state)로 연방 가입을 받아들여서 12 대 12의 균형을 지키고자 하는 타협안이었는데(Witcover 2003), 캔자스-네브래스카 법안은 노예주와 자유주의 타협을 실제로 무효화하는 것이었다. 원래 미주리 타협안에 따르면 자유주가 되어야 할 캔자스와 네브래스카가 노예주가 될 수 있는 길을 열어주는 것 자체가 남부의 입장을 반영한 것이었다. 이는 향후 더 많은 준주(미국령)가 미연방에 가입하게 될 때에도 적용이 되는 것이어서, 노예제 확산에 반대하는 북부로서는 받아들이기 힘든 법안이었다. 특히 캔자스의 경우 인접주인 미주리가 노예주이기 때문에, 미주리의 영향을 받을 소지도 있었다.

최악의 경우 캔자스와 네브래스카가 동시에 노예주로 가입을 하게 되면 북부의 자유주와 남부의 노예주의 균형이 완전히 깨지게 되는 것이었다. 북부 자유주들의 맹렬한 반대에도 불구하고 캔자스-네브래스카 법안이 의회를 통과하자,[22] 노예제도를 찬성하는 주민들과 노예제도를 반대하는 주민들이 캔자스와 네브래스카 지역으로 경쟁하듯 이주하여 서로 인구의 우위를 차지하기 위한 갈등을 빚었고, 끝내는 유혈극까지도 벌어졌다.[23]

---

22) 의회의 의석구조상 남부가 북부보다 의석이 많았다. 유권자인 백인 남성은 북부가 더 많았지만, 하원의원은 인구수에 비례하여 선출하는데, 헌법의 3/5 규정 때문에 노예가 많이 있는 남부는 북부보다 더 많은 하원의원을 선출할 수 있었다. 미국 헌법 1장 2조에 보면, 세금을 납부하지 않는 인디언을 제외한 자유민에 다른 사람들의 3/5의 인구를 더한 수에 비례하여 하원의원의 수를 결정한다고 되어 있다. 여기서 다른 사람은 노예를 뜻하고, 총 노예의 3/5이 인구수에 들어가기 때문에, 노예가 많은 주가 다른 조건이 같다면 더 많은 하원의원을 연방의회에 보낼 수 있는 구조가 되어 있었다. 캔자스-네브래스카 법안이 가결되자 북부에서는 최초에 3/5 문구를 헌법에 넣는 것이 아니었다고 후회했다.

23) 피의 캔자스는 bleeding Kansas, Bloody Kansas 등으로 불린다. 캔자스-네브래스카 법에 따라서 거주민(settler)의 투표로 노예주 혹은 자유주의 결정이 되게 되자, 인접주인 미주리 주를 중심으로 남부의 노예주의자들이 대거 이주하게 되고, 이에 반발하여 북부의 노예반대자들이 이주가 급증하면서, 불법 선거, 보궐 선거, 연방의회 조사, 연방의회 조사 결과 불복, 준주 수도(territory capital) 이전 등의 연이은 사건이 일어나면서 양진영의 유혈사태가 벌어졌다.

휘그당은 노예제도에 관한 입장의 차이로, 노예제도를 찬성하는 남부 휘그(Southern Whig)와 노예제도를 반대하는 북부 휘그(Northern Whig)로 분열되었고, 북부의 휘그는 남부의 노예제도를 반대하는 양심휘그(Conscious Whig)와 남부의 노예제도를 묵인하는 면화휘그(Cotton Whig)로 핵분열되었다. 남부의 플랜테이션으로 생산되는 값싼 면화를 원재료로 직물을 만드는 것에 불만이 없었던 북부의 직물공장주들이 남부의 노예제도를 찬성하지 않지만 묵인하자는 면화휘그를 구성하였다. 북부 민주당의 반노예주의자와 양심휘그는 뉴욕을 중심으로 자유토지당(Free Soil Party)[24)]으로 발전하여 노예제도에 반대하였다. 자유토지당에 합류하지 않았던 양심휘그, 그리고 민주당의 노예제도 반대자들과 자유토지당은 캔자스-네브래스카법(Kansas-Nebraska Act)에 반대하여 1854년 공화당(Republican Party)으로 연합하게 되었다(Gould 2003).[25)]

1849년 남부의 주지사 선거(gubernatorial election)에서 남부의 자치권을 주창하는 민주당에 대패한[26)] 남부 휘그당이 선거에서 살아남고 남부의 연방 탈퇴를 늦추기 위해서는 두 가지 선택밖에 남지 않은 듯이 보였다. 하나는, 도망노예제도(fugitive slave law)와 캘리포니아 주 문제[27)] 등에서 북

---

24) 자유토지당은 1848년에 설립되어 1854년까지 뉴욕 주를 중심으로 활동하던 정당으로 미연방에 가입하는 신생 주들에 노예제도가 퍼지는 것을 반대하는 단일이슈정당이었다.

25) 공화당의 출범과 남북전쟁(civil war)과 관련되어서는 Holt(1978) 참조. 이들은 연방의회에서 캔자스-네브래스카 법안이 어떻게 처리되는가를 지켜보다가 만일 캔자스-네브래스카법이 통과된다면 이를 반대하기 위해서 공화당을 창당하기로 결정했었고, 실제로 법이 통과되자 1854년 6월 6일 전당대회를 통해 후보자를 선출하고 정강을 채택했다(Gineapp 1986).

26) 주지사 선거가 치러진 남부의 7개 주에서 민주당이 모두 승리하였다(Holt 1978).

27) 북부로 도망간 노예를 남부의 원래 주로 돌려보내주도록 되어 있었으나, 북부의 주들이 이를 제대로 행사하지 않는다고 남부 주들은 불만이 많았고, 지리적으로 남부에 가까운 워싱턴 DC의 노예제도를 폐지해야 한다는 북부의 주장에 남부 주들은 맹렬하게 반대하고 있었다. 아울러 캘리포니아 주를 노예제도 폐지주로 편입하는 것은 어쩔 수 없이 수용한다고 해도 노예제도를 시행하고 있다는 이유로 남부의 플랜테이션 주인들이 노예를 동반하여 캘리포니아로 이주할 수 없도록 하는 것은 절대로 수용할

부 휘그당을 강력하게 압박하는 것이었고, 다른 하나는 민주당에 편승하는 것이었다. 결국 이들 중 일부가 민주당에 합류하여 오늘날의 공화당과 민주당 양당제의 출범이 이루어졌던 제3차 정당체제가 시작되게 된 것이다.[28)]

1860년 미국 대통령 선거에서 공화당 후보로 나선 아브라함 링컨은 전체 유권자의 39.8%의 득표를 얻는 데 그쳤으나, 전체 선거인단 득표에서 180표를 얻어서 북부 민주당의 스테판 더글러스(Stephen Douglas) 후보와 남부 민주당의 존 브래킨리지(John Breckinridge) 후보, 헌법연합당(Constitutional Union Party)의 존 벨(John Bell) 후보를 물리치고 대통령이 되었다.[29)] 아브라함 링컨의 공화당은 북부 민주당의 스테판 더글러스와 공동으로 뉴저지를 승리하여 선거인단을 나누어 확보했었으나 나머지 동부 전체와 서부의 전체 2개 주를 석권했고, 북부 민주당의 더글러스 상원의원은 미주리에서 승리하였고, 헌법연맹의 존 벨 후보는 메릴랜드, 테네시, 캔터기의 3개 주에서 승리하였으며, 나머지 남부에서는 남부 민주당의 존 브래킨리지 후보가 승리하였다. 공화당의 아브라함 링컨이 대통령으로 취임하기 전, 남부의 7개 주들은 남부의 미연방 탈퇴와 남부연합(Confederate States of America)을 구성하였고, 4개 주가 추가적으로 연방 탈퇴를 선언하여 총 11개 주가 남부연합에 가입하게 되었다.[30)]

〈그림 3-2〉를 보면 켄터키, 미주리, 웨스트버지니아, 메릴랜드, 델라웨어

수 없다는 것이 남부 주들의 입장이었다.

28) 대통령 후보 출마를 놓고 공화당에서 3당인 진보당(Progressive Party)이 분리되었던 제4차 정당체제를 제외하고 제5차 정당체제와 현대 미국 정당체제의 민주당과 공화당의 양당체제는 제3차 정당체제에 뿌리를 두고 있다고 볼 수 있다.

29) 1860년 대통령 선거 직전에, 민주당은 북부 민주당과 남부 민주당으로 분열하고 각각 대통령 후보를 지명했다. 헌법연맹은 1860년에 만들어진 정당으로 남부의 연방탈퇴를 반대하는 휘그와 무지당의 일부가 결성한 정당으로, 헌법수호, 연방수호, 1850년 타협안 지지를 주장했다.

30) 처음 미연방을 탈퇴하고 남부연합에 가입한 일곱 주는 사우스캐롤라이나, 플로리다, 미시시피, 앨라배마, 조지아, 루이지애나, 텍사스이고, 나중에 가입한 4개 주는 버지니아, 아칸소, 노스캐롤라이나, 테네시이다. 이른바 경계주라고 불리는 8개 주 중에서 네 개 주는 추가로 남부연합에 가입하고, 다른 네 개 주는 미연방에 잔류한 것이다.

〈그림 3-2〉 미국의 분할: 남북전쟁

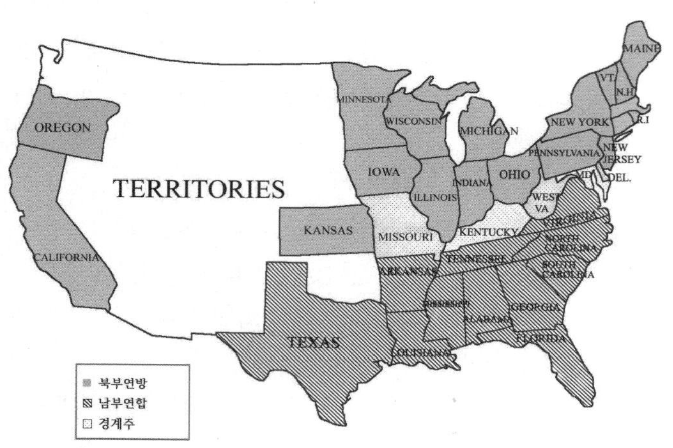

5개 주가 노예주지만 남부연합에 가입하지 않고 미연방으로 남았다. 웨스트버지니아는 원래 버지니아 주의 일부였지만, 버지니아가 미연방을 탈퇴하고 남부연합에 가입하자, 이에 반대하는 지역의 주민들이 버지니아로부터 분리하여 웨스트버지니아 주를 세우고 미연방에 가입하였다. 이들 경계 주(border state)를 기준으로 북쪽은 미국연방 남쪽은 분리해나간 남부연합이 대치하였고, 남북전쟁이 발발하게 되었다. 준주지역은 아직 미국연방 소속이 아니었다.

남부 민주당은 남부의 독립을 지지하였고, 북부 민주당은 전쟁민주당(war democrats)과 평화민주당(peace democrats)으로 나눠지게 되었다. 전쟁민주당은 남부의 미연방 탈퇴를 비난하고, 미연방을 유지하기 위한 미연방정부의 군사행동을 지지한 반면에, 평화민주당은 남부의 미연방 탈퇴에 북부의 책임이 있으며, 남부연합과의 평화적 대화를 통해 노예 문제를 풀어가야 한다고 주장하였다. 1864년 선거에서 공화당의 링컨 대통령은 대선 승리를 위해서 전쟁민주당이 싫어하는 공화당이라는 당명을 버리고 전쟁민주당과 연합하여 국민연합당(National Union Party)을 출범시키고 전쟁민주당의 앤드류 존슨(Andrew Johnson)을 부통령 후보로 지명하였다. 비록 연방차원에서의 정당명은 국민연합당을 사용하였으나, 대부분 주의 공화당은 원래의 당명인 공화당을 사용하였고, 대통령 선거와 상원의원 선거에서 국민연합당은 압승을 거두었다. 링컨 대통령의 암살로 부통령이었던 앤드류 존슨이 대통령직을 승계했으나, 부흥(reconstruction)정책과 전범에 대한 처리, 흑인권리 인정에 대한 갈등으로 국민연합당은 사라지고 구 공화당은 다시 공화당으로 복귀하고, 전쟁민주당은 민주당으로 흡수되었다. 공화당의 거듭된 노력에도 불구하고, 남부 백인사회는 민주당의 일당구조로 정착되었고, 민주당은 북부의 舊평화민주당, 가톨릭 이민자, 미숙련 노동자, 아일랜드, 독일 이민자와 남부 백인의 연합이 되었다. 북부와 서부에서 우세를 보이는 공화당은 상공인, 상업농민, 숙련공, 전문직 종사자, 남부의 해방된 노예의 지지를 받았다.

제3차 정당체제에서 민주당의 그로버 클리블랜드(Grover Cleveland) 대통령이 당선된 1884, 1892년 선거를 제외하고는 공화당은 나머지 대통령 선거에서 승리를 거뒀으나, 연방의회는 민주당과 공화당이 정확하게 반반씩 돌아가며 다수당이 되었기에 대통령은 공화당 우세, 의회는 양당의 백중세를 보이던 기간이었다(Janda 외 2012). 1884년 대통령 선거에서 공화당의 반당공화당원들(Mugwumps)은 클리블랜드 민주당 후보를 지지했다. 이들은 제임스 블레인(James Blaine)이 공화당 대통령 후보 지명을 받자, 블레인을 부패한 인물이라고 비난하면서, 민주당의 개혁적 후보를 지지하기로 하였다.

예를 들어서, 공화당 전당대회 직후, 매사추세츠 개혁 클럽(Massachusetts Reform Club)은 민주당이 전당대회에서 개혁후보를 대통령 후보로 지명한다면 민주당 후보를 지지하겠다며 민주당에 개혁적 후보를 내도록 종용했다(Witcover 2003). 이들의 반란은 1884년 선거의 승패가 달려 있던 뉴욕 주에서 클리블랜드 후보가 승리하는 데 결정적이었다. 민주당 내부적으로 뉴욕 주 최대의 정치머신인 탐마니(Tammny) 머신이 강하게 클리블랜드를 반대하는 내환이 있었지만, 반당공화당원들의 지지로 클리블랜드 대통령이 당선될 수 있었다. 반당공화당원들은 훗날 민주당원이 되거나 어느 당에도 속하지 않는 무소속으로 남게 되었다.

제4절 제4차 정당체제(1896~1932년)

1893년 시작한 경제공황(panic)은 수년간 미국 경제를 강타했고, 이 경제공황은 1930년대의 대공황(Great Depression) 이전 최악의 경제공황으로 기록되었었다. 수년간 공화당은 민주당의 낮은 관세(low-tariff)정책이 미국의 경제성장을 멈추고 오랫동안 경제적 어려움에 빠뜨릴 것이라고 비판했었는데, 경제공황이 현실이 된 것이다(Gould 2003). 실제로 낮은 관세 때문에 미국의 경제가 나빠졌다고 봐야 하는지는 논란의 여지가 있지만, 민주당 대통령인 그로버 클리블랜드 대통령의 두 번째 임기 첫해에[31] 미국 경제가 급작스럽게 나빠지게 되면서 공화당의 경고가 설득력 있게 들렸다.

〈표 3-3〉을 보면, 1890년부터 92년까지 미국의 실업률은 한자리 수 초반이었다. 특히 1892년 실업률은 레버고트(Lebergott)의 계산으로는 3%, 로머(Romer)의 계산은 3.7%였다. 그러나 1893년 실업률은 최고 11.7에서 최저 8.1을 기록했다. 1894년에는 고용상태가 더 나빠져서 레버고트의 추산으로는 18.4%, 로머의 추산으로도 12.3%에 달했다. 레버고트의 추산이 맞는다면 미국의 노동인구 100명 중 18명이 실업상태였다. 중대 선거의 논란이 있었던 1896년의 실업률도 14.5%에서 12.0%로 추산되었다. 결국 경제공황은 여당이었던 민주당에게 큰 부담이 되었고 공화당이 승기를 잡아 1896년 선거에서 승리하게 되었다.

31) 그로브 클리블랜드 대통령은 22대, 24대 대통령으로, 1893년은 그가 24대 대통령으로 백악관에 복귀한 첫해였다.

〈표 3-3〉 미국의 1890~1911년 실업률

연도	레버고트	로머	연도	레버고트	로머
1890	4.0	4.0	1901	4.13	4.59
1891	5.4	4.8	1902	3.67	4.30
1892	3.0	3.7	1903	3.92	4.35
1893	11.7	8.1	1904	5.38	5.08
1894	18.4	12.3	1905	4.28	4.62
1895	13.7	11.1	1906	1.73	3.29
1896	14.5	12.0	1907	2.76	3.57
1897	14.5	12.4	1908	7.96	6.17
1898	12.4	11.6	1909	5.11	5.13
1899	6.5	8.7	1910	5.85	5.86
1900	5.0	5.0	1911	6.72	6.27

* 출처: Romer(1986)[32)]

제3차 정당체제와 제4차 정당체제의 변환기는 미국 산업구조의 전환기였다. 미국 사회가 농업사회에서 산업사회로 넘어가면서 대도시의 형성, 도시 노동자의 폭발적 증가, 철도회사의 파산, 농업시장의 재편, 스탠더드 오일(Standard Oil)이나 유에스 스틸(US Steel)과 같은 거대기업의 탄생, 비영어권 이민 급증 등의 미국의 정치, 경제, 사회지형의 큰 변화를 가져왔다(Bibby 2003).

민주당의 그로버 클리블랜드 대통령은 그의 두 번째 임기를 "불운한 시대(the luckless years)"라고 불렀다(Bane and Parris 1973). 경제공황, 파업, 민주당을 분열시켰던 민중운동, 금본위 제도를 둘러싼 당의 심각한 내분 등

32) 이 표는 당시의 실업률을 추산한 것이다. 전통적인 방법으로 레버고트가 실업률을 계산했고, 그 뒤에 수정된 방법으로 로머가 계산했다(Romer 1986).

으로 클리블랜드 대통령은 제대로 업무를 수행할 수 없었다(Witcover 2003). 1896년 선거에서 은화(silver coin)통화론자인 윌리엄 브라이언(William Bryan)이 민주당의 대통령 후보가 되면서 통화가 대선의 중요한 이슈가 되었다. 금본위제(gold-standard) 유지를 주장하는 공화당과 민주당 지지자들은 은을 조폐국에 가져가고 그에 해당하는 만큼의 은화를 주조해서 유통시키면 너무 많은 돈이 시장에 풀려서 인플레이션을 가져올 것이며, 현물의 가격이 상승하여 채권자의 재산권을 침해하는 불공평한 제도라고 비난하였고, 은화통화론자인 브라이언은 더 많은 통화를 공급하므로 금본위제도가 유지해오던 디플레이션을 종식시키고 인플레이션을 유발하여 가난한 농부들의 삶이 더 나아질 수 있다고 주장했다(Witcover 2003).[33] 은화 통화론(free silver)을 지지하는 서부 은광산주(silver mine owner)와 은광의 노동자, 목장주들은 브라이언의 민주당을 지지하였고, 여기에 민중당(populist party)이 합류하고, 은화당(Silver Party)도 브라이언을 지지했고, 서부의 공화당원들의 은공화당(Silver Republican Party)도 윌리엄 브라이언을 지지하였다.[34] 이에 비해서, 금본위제를 지지하는 남부의 농장주들은 공화당의 윌리엄 매킨리(William McKinley) 후보를 지지하였고, 결국 샤츠슈나이더가 설명했던 1896의 재편성이 일어났다.

---

33) 은화통화론(silver coin, free-silver, silver coinage, free silver coinage)은 당시 미국에서 채굴되던 엄청난 양의 은을 금과 16대 1의 비율로 계산하여 은화를 주조하고 이를 사용하게 하면 더 많은 통화가 시장에 풀리게 되고 이는 인플레이션을 가져와서 농작물 가격의 상승을 유발하여 농민들이 이익을 볼 수 있고, 또한 은행이나 지주로부터 부채를 가지고 있는 농민들이 쉽게 부채를 갚을 수 있는 장점이 있다고 주장했다. 은광 노동자들이나 주인들도 자신들이 채굴하는 은을 가져가서 은화로 만들 수 있으면 경제적으로 이익을 볼 수 있는 것이어서 적극 찬성하였다. 그러나 이는 은행이나 지주의 입장에서는 받아들일 수 없는 일이었다. 참고로 그 당시 은과 금의 시장 가격은 32대 1이었다.

34) 은당(Silver Party)은 네바다 주에서 아주 강세를 보였고, 훗날 민주당에 통합되었다. 공화은당은 국민은당(National Silver Party)이라고도 불리는데 공화당 출신의 은화통화론자들이 공화당을 나와서 세운 당이다. 은화통화론자인 브라이언을 선거에서 지지했으나, 후에 대부분은 공화당으로 돌아가고 일부는 민주당으로 통합되었다.

제4차 정당체제에서는 미국의 경제 부흥과 맞물려 공화당의 약진이 두드러졌고, 진보운동이 여러 분야에서 시작된 시기였다. 공화당의 우세 속에서, 공화당 내부적으로는 통화정책과 관세제도에 대해서 동부의 산업세력과 중서부의 농업 세력의 갈등이 있었다. 미국의 26대 대통령 시어도어 루즈벨트(Theodore Roosevelt)는 공화당 진보진영의 대표주자로 반독점, 기업세, 상속세 등을 주장하여 동부 산업세력 중심의 보수적 공화당 진영과 갈등을 빚었다(Gould 2003). 대중적으로 인기가 있었던 시어도어 루즈벨트 대통령은 윌리엄 하워드 태프트(William Howard Taft)를 후계자로 지목하였고, 태프트가 27대 대통령으로 당선되었다. 태프트 대통령이 자신의 진보정책을 승계하기보다는 당내 보수파의 영향권에 있다고 판단하여, 1912년 시어도어 루즈벨트 대통령은 진보당(Progressive Party)을 창당하고 대통령 후보로 대선에 출마하였다. 루즈벨트는 공화당 후보인 태프트 현직 대통령보다 더 많은 표를 얻었으나 공화당 지지층 표의 분산과 3선 대통령에 대한 거부감으로[35] 민주당의 윌슨(Wilson) 후보에게 고배를 마시고 말았다. 시어도어 루즈벨트 대통령은 미국 대통령 선거역사상 현직 대통령보다 표를 더 얻은 유일한 제3당 후보로 기록되었다.

루즈벨트 대통령의 대선도전이 실패하자 1916년 진보당과 공화당은 회담을 갖고 합당과 대선후보에 대해서 논의했다. 우여곡절 끝에 루즈벨트 대통령을 비롯한 대부분의 진보주의자들은 공화당으로 복귀했지만, 진보당 창당과정에서 이미 공화당의 당권은 태프트와 보수파 손에 넘어갔고, 1932년까지 보수파가 우세를 점하게 되어 공화당의 진보주의 세력은 힘을 잃는 결과를 가져왔다. 오랫동안 보수파는 진보주의자를 대통령이나 부통령후보에 지명하지 않았다. 제4차 정당체제에서 공화당은 진보세력이 약화되어 보수화되게 되었다. 공화당에 돌아가지 않은 진보주의자들은 무소속으로 남아 있

35) 미국 헌법은 대통령의 선수를 제한하고 있지 않지만, 초대 대통령인 워싱턴 대통령이 세운 전통대로 재선 이후에는 불출마하는 것으로 묵시적인 공감대가 형성되어 있었다. 이 묵시적 공감대를 깬 것이 프랭클린 루즈벨트 대통령의 4선이다. 그 후 미국은 대통령이 3선 이상을 하지 못하도록 헌법 개정을 했다.

다가 제5차 정당체제에서 루즈벨트 대통령의 민주당에 합류하였다.

제5절 제5차 정당체제(1932~1968년)

1929년 검은 화요일(Black Tuesday)이 뉴욕의 증권가를 덮치면서, 미국 증시의 폭락을 가져왔다. 1930년 초반에는 이를 회복할 수 있다는 낙관론 속에 정부와 기업이 투자를 늘리는 등 노력을 했지만, 미국 경제는 극도로 악화되기 시작했다. 제4차 정당체제 말기인 1921년부터 1933년까지 공화당은 백악관, 상원, 하원을 모두 장악하고 있었으나 검은 화요일로 시작된 대공황으로 공화당의 황금기는 끝이 나고 민주당이 행정부와 의회에서 지배적 위치를 갖게 되는 뉴딜연합으로 불리는 제5차 정당체제가 1932년 시작되었다. 제5차 정당체제를 가져온 뉴딜연합은 과거의 어떤 재편성이나 정당체제의 시작과 비교할 수 없는 엄청난 변화였다(McSweeney and Zvesper 1991). 이 기간 동안 민주당은 1968년 이전까지 공화당의 아이젠하워 대통령에게 패배한 것을 제외하고는 줄곧 대통령 선거에서 승리하였고, 하원에서는 1995년까지 1947~49, 53~54년의 두 번을 제외하고는 언제나 다수당이었다. 상원도 1980년까지 오직 1947~49, 53~55년의 기간을 제외하고는 압도적으로 민주당이 우세한 체제였다.

대공황에 대한 두 정당의 다른 대처가 결국 민주당 장기 집권 시대를 여는 계기가 되었다(McSweeney and Zvesper 1991). 번햄이 설명한 대로 새로운 이슈가 나타났다고 자동적으로 재편이 되는 것이 아니라, 그 이슈에 대한 정당의 반응이 있어야 하는데(Burnham 1970), 대공황에 대한 민주당과 공화당의 각기 다른 대응은 엄청난 규모의 재편성을 촉발하였다. 대량 실업과 증가한 빈곤의 문제를 연방정부가 해결해야 한다는 압박에 대해서 공화당의 허버트 후버(Herbert Hoover) 대통령의 대응은 미온적이었다.

1932년 공화당 전당대회에서 채택된 정강정책에는 문제 해결을 위한 연방정부의 적극성보다는 개인과, 지방정부, 주정부의 역할을 강조하는 내용이 들어 있었다.

> "우리 국민과 정부가 직면한 중대한 문제는 국가의 경제활동을 복원하고, 공황에 의해 타격을 입은 수천의 미국 가정의 구제(relief)를 위해서 공황을 벗어나는 것이다. 시민들은 그들의 문제에 재적응하기 위한 그들 자신의 용기와 인내, 굳센 노력으로 이 문제를 해결할 수 있고 해결해 나갈 것이다. 현명한 정책을 결정하고 지도력으로 그 회복을 돕는 것이 우리 정당의 책무이다. (중략) 미국 전통과 정부의 원칙에서, 행정부는 구제를 주와 지방정부의 책임으로 여겨왔다. 공립 사립을 막론하고 지역의 서비스제공 기관은 대통령의 영도하에 국가적 차원에서 협력하여 왔다."[36]

위와 같은 공화당의 입장은 많은 시민들을 실망시켰다. 또한, 공화당은 구제 사업에 연방정부 지원을 시도하는 민주당을 비난하면서, 민주당의 이런 입법 활동은 공황과는 관계없는 불필요한 지출로 국고 낭비이며, 국가재정을 악화시키고, 자신들의 지역구에 선심성 예산(Pork-Barrel)을[37] 퍼가는 것에 불과하다고 비판하였다(Johnson and Porter 1973). 맥스위니와 즈베스퍼는 열악한 고용지표와 경제상태 악화로 1932년 선거에서 민주당은 가만히 있어도 대통령이 되었을 것이라고 주장했다. 그들에 따르면 1932년 민주당의 역할은 눈에 띄지 않았으나, 재임기간 동안 프랭클린 루즈벨트 대통령이 주도적으로 민주당을 정책정당으로 만들고, 재편을 가져왔다고 주장했다(McSweeney and Zvesper 1991).

1932년 선거유세 기간 동안 뉴딜(New Deal)이라는 표현을 처음 쓴 프랭클린 루즈벨트 대통령은 공황으로 빚어진 가난과 경제적 궁핍을 해결하기 위해 연방정부의 책임을 더욱 강조하였으며, 그동안 규제받지 않았던 산업

---

36) 1932년 공화당 정강에서 발췌.

37) 선심성 예산(Pork-Barrel)은 의원들이 지역구에 선심예산을 가져가는 활동을 뜻한다.

에 대해서 규제를 시작했고, 농산물 가격의 안정과 노조활동을 활성화시켰다. 연방정부의 적극적 개입은 자유주의(liberalism)라고 불리고, 그에 반대하는 것은 보수주의(conservatism)라고 불리기 시작했다. 자유주의자들이 정부의 개입을 반대하는 것이 자유주의라고 항의하였지만, 이는 무시되었다(McSweeney and Zvesper 1991). 프랭클린 루즈벨트 대통령은 조지 워싱턴 대통령, 제임스 먼로 대통령처럼 당파를 초월한 모든 국민의 대통령이 되길 원했다(Witcover 2003). 프랭클린 루즈벨트 대통령은 위스콘신의 한 연설에서 "우리사회를 결속시키기 위해서는 부자와 가난한사람, 육체노동자와 정신노동자가 자발적이고 자유로운 형제애 속에서 모두의 공공선을 위해서 함께 보조를 맞춰서 노력해야 한다"고 말했다(Miller 1989).

민주당은 정책실현을 통해서 그 정책의 혜택을 보는 집단을 뉴딜연합으로 포섭하였다. 프랭클린 루즈벨트 대통령은 농민을 돕는 일련의 입법들을 통해서 농민의 지지를 이끌어 냈고, 노조 합법화를 통해서 북부의 노동자들이 공화당을 떠나서 민주당에 합류하게 만들었고, 경제 프로그램과 인권운동 등을 통해서 유대인이나 흑인 등 민주당 지지 세력이 아니었던 집단들을 점차 껴안았으며, 자유주의적 지식인들을 민주당에 합류시켰다(McSweeney and Zvesper 1991; Witcover 2003). 뉴딜정책이 가난한 사람들을 위한 방향으로 전개되자, 부자들은 공화당으로 유입되었고, 인종이슈가 도래하면서 남부의 백인들도 공화당 쪽으로 돌아서게 되었다.

다양한 세력을 포함하는 뉴딜연합은 그 다양성 때문에 내부적인 갈등을 안고 있었다. 민주당은 내부적으로 새로 유입된 북부와 서부의 자유주의 세력과 보수적인 남부 세력과의 갈등이 있었다. 이들 남부의 보수적 민주당 의원들은 공화당과 보수연합을 결성해 민주당의 정책라인에 반대하는 입법활동을 하였다. 공화당은 내부적으로 동부의 자유주의자와 중서부의 보수주의자의 갈등이 있었다. 공화당 동부세력은 외교정책에 있어서 국제주의자(internationalist)에 가깝다면 중서부는 전통적으로 고립주의자(isolationist)에 가까웠다. 경제정책에 있어서도 동북부는 자유주의정책(국가개입주의)을 지지하고 중서부는 보수주의정책(시장경제)을 지지하는 경향이 있었다. 민주당은 중서부지역의 진보주의를 중심으로 세를 넓혔고, 공화당은 동북부와 중서부 시골의 유복한 농민을 대상으로 세를 넓혔다. 동북부의 산업세력은 뉴딜의 산업정책을 지지하였으며, 공화당의 대선후보 선정에서 영향력을 발휘하였고, 중서부는 의회에서 강세를 보여 민주당의 보수주의자들과 보수연합을 형성하기도 하였다(McSweeney and Zvesper 1991).

프랭클린 루즈벨트(Franklin Roosevelt) 대통령이 이끄는 민주당은 흑인, 유대인, 가톨릭, 진보주의자, 민중운동가, 노조, 남부의 지지를 하나로 묶는 민주당 유권자연합을 만들어냈고, 이 연합은 양당의 보수주의자와 자유주의자의 이탈로 점진적으로 변화해왔다.

제6절 제6차 정당체제(1968년~현재)

제5차 정당체제가 끝났는가, 끝이 났다면 언제 끝났는가(Maisel and Brewer 2012)? 미국의 정당과 의회를 연구한 학자들은 뉴딜체제로 불리는 제5차 정당체제가 약화되고 있다고 관찰하고 있다. 그러나 그 과정을 해체(dealignment)로 보는 학자들과, 재편(realignment)의 과정으로 보는 학자들의 시각의 차이가 있다. 뉴딜연합의 해체를 주장하는 학자들은 유권자들의 정당소속감이 약해짐에 따라서 유권자연합의 해체과정이 시작되었고 이를 대체할만한 정당소속감이 아직 형성되지 않아서, 후보자 개인이나 이슈에 따라 투표하는 경향이 늘고 이는 분점정부의 출현을 가져오고, 그에 따른 정당정부의 약화가 왔다고 본다. 제6차 정당체제를 주장하는 대부분의 학자들은 1968년을 분기점으로 보지만, 중대 선거와 같은 재편과정은 없었고, 점진적으로 다년간에 걸쳐서 재편이 일어났다고 본다.

남부 백인의 이탈과 북부 진보주의자의 영입 등으로 민주당의 뉴딜연합이 붕괴되고 있는 조짐은 1937년 프랭클린 루즈벨트 대통령의 두 번째 임기가 시작된 직후, 의회의 공화당과 보수적인 남부의 민주당 의원들의 연합체인 보수연합 출현으로 잘 드러났다. 1930~40년대 민주당의 남부 보수주의 의원들은 루즈벨트 대통령의 정책이 지나치게 노조 편향적이고, 복지혜택을 많이 주고, 연방정부와 행정관료의 힘이 강해지는 것을 우려했다. 입법을 막기 위해서 공화당과 연합하여 루즈벨트의 개혁정책들을 상당수 부결시키거나 안건에 올리지 않는 방법으로 소멸시켜 버렸다(Witcover 2003). 본격적인 변화의 조짐은 1960년대 시민권운동(civil right movements) 과정에서 나타났고 1970년대 선거 이래로 계속적으로 나타나고 있다. 특히 1980년대 대선 이래로, 남부의 민주당 기반은 급격하게 약화되어, 오히려 공화당 후보들이 남부에서 우위를 가져가고 있다. 현대 미국 정당이 약화되고 있다는 주장은 1940~50년대의 보수연합의 투표행태나 1960, 70년대 뉴딜연합의 붕괴로 인한 유권자의 연합으로의 정당의 해체가 진행되고 있다고 보고 있지만, 이를 재편의 과정으로 보지 않기 때문에 아직도 미국은 약화된 제5차 정당체제기에 있다고 본다. 하지만 1968년 선거를 변화의 시작으로 보는 학자들은 유권자재편이 장기간에 걸쳐서 일어나고 있고 지금 미국의 정당체제는 새로운 제6차 정당체제라고 본다. 오늘날 미국의 정당체제가 제5차 정당체제와 유사하지 않다고 하는 것에 대부분 동의하고 있다. 1968년을 기점으로 제5차 정당체제의 특징인 민주당 우세가 깨어졌다. 대통령 선거에서는 1968, 1972, 1980, 1984, 1988, 2000, 2004년에 공화당에 대통령을 내어줬고, 연방의회는 상원의 경우 1968년 선거부터 2014년 선거까지 공화당에 아홉 번을 다수당 자리를 내어줬으며, 하원의 경우 일곱 번 공화당이 다수당이 되었다. 특히 대선에서 나타난 공화당의 약진은 견고해 보였던 뉴딜연합의 붕괴의 신호로 볼 수 있다.

뉴딜연합을 성공적으로 가져올 수 있었던 경제이슈들을 약화시키는 다른 사회이슈들이 제5차 정당체제의 말기에 부상했다. 특히 인종 문제는 대통령 후보자의 수사학이나 정당의 정강에 등장했다. 1968년 흑백분리주의자 조지 월리스(George Wallace)의 출현은 중요한 의미가 있다. 민주당 출신의 조지 월리스는 흑백분리자로 공화당과 민주당의 차이가 없다고 비판하며,

자신만이 성공적 분리를 해낼 수 있다고 주장하였다. 조지 월리스는 독립당(American Independent Party) 후보로 출마하여 남부의 5개 주에서 승리하였다. 조지 월리스는 선거인단 득표를 획득한 마지막 제3당 후보였다. 그의 출현은 남부 민주당 지지자들이 인종이슈에서 민주당을 지지하지 않고 다른 대안을 지지할 수 있다는 것을 암시하면서, 향후 남부의 공화당화의 단초를 마련하였다.

제6차 정당 연합의 특징은 이슈차원의 변화와 정당의 대응양식에 따라 재편이 일어났다는 것이다. 공화당이 신보수주의 방향으로 기울면서, 공화당의 주요 지지기반을 동북부에서 남부와 서부로 옮기게 되었다. 시민권운동, 사회이슈, 외교정책에 관한 남부 민주당의 보수적인 태도는 남부의 민주당 이탈과 관련이 있다. 1984년 이후, 대다수의 남부 백인들은 자신들이 공화당 소속감을 가지고 있다고 응답해왔다(McSweeney and Zvesper 1991).

남부는 건국 이래 제퍼슨의 반연방주의자당, 민주공화당, 민주당을 지지하는 이른바 민주당의 핵심연합이었다. 남북의 산업구조와 무역 문제, 그리고 노예해방 이슈로 발생한 남북전쟁(civil war), 20세기 뉴딜연합(New Deal coalition), 미국 역사의 중요한 재편성 과정에서도 남부는 민주당에 대한 충성심을 유지해오고 있었다. 뉴딜의 노조정책과 복지정책이 동북부의 노조와 진보적 지식인들을 뉴딜연합의 중요한 연합으로 유치해올 때, 남부라는 집토끼가 빠져나가기 시작했다. 남부의 뉴딜연합 이탈은 하루아침에 일어나지는 않았지만, 제5차 정당체제의 막을 내리고 제6차 정당체제의 시작을 알리는 것이다.

그러나 민주당이 흑인과 여성, 노조의 지지를 받는 정당으로 변모하면서 보수적인 남부는 최근의 대통령 선거에서 보수적 성향의 공화당 후보의 텃밭으로 변해버렸고, 진보적 동북부는 반대로 민주당 후보의 지지기반이 되어버리는 등 미국 정당의 지역기반의 변화가 지속적으로 일어나고 있다. 가족중심의 전통적 미국 가치로 돌아가자는 공화당의 선거전략의 영향으로 남부의 기독교 백인 유권자들의 민주당 이반이 가속화되고 있는 것과 낙태, 동성애 등의 사회적 이슈를 민주당이 선점하면서, 그 반대 급부로 보수적인 유권자들을 공화당이 끌어들이고 있는 것이 주요 변화의 원동력이 되고 있다.

제6차 정당체제는 매우 동적이나 정적인 체제이다. 중대선거와 같은 변곡점이 없었다는 점에서는 정적이지만, 지속적으로 재편성이 일어나고 있다는 점에서는 동적이라고 볼 수 있다. 미국의 정당체제는 새로운 이슈와 균열들이 나타나고, 그에 대한 유권자와 정당의 반응에 따라서 앞으로도 변화의 가능성이 있다.

제 2 부

미국의 정강정책

제4장 정강정책을 보는 시각

제5장 정강정책 수립과정

제6장 2016년 정강정책 정치

제4장

정강정책을 보는 시각

제1절 정강정책의 기능

양대 정당이 아닌 3당이나 무소속 대통령 후보 개인의 인기가 아무리 높고 기존의 양대 정당에 대한 불만이 높더라도, 아직까지 미국에서 무소속이나 제3당 대통령을 기대하기는 어렵다. 그만큼 현 미국의 양대 정당인, 민주당과 공화당에 이점을 주는 제도적 장치가 건재하며, 제3당 후보의 당선 가능성이 현실적으로 거의 없다는 현실 의식과, 양당의 우산 아래서 문제를 풀어가려고 하는 미국식 정당체제가 견고하다는 것이다. 그러면 이러한 민주당과 공화당의 정강정책은 과연 어떠한 내용을 담고, 무엇을 지향하고 있는 것인가?

정당은 지지층을 결집시키고 외연을 확대하기 위해서 중요 이슈들에 대해 공청회 등을 통해 의견을 청취하고, 대통령 후보의 의견을 반영하여 정강정책을 만든다. 정강정책은 대통령 선거뿐만 아니라 동시에 치러지는 각급 단위의 선거에서 유권자들의 선택에 필요한 정보를 전달한다. 해롤드 라스웰(Harold Lasswell)과 아브라함 캐플란(Abraham Kaplan)은 정당을 "포괄적 이슈를 조직적으로 서술하고(formulate), 후보자를 공천하는 집단"이라고 정의한다(Lasswell and Kaplan 1950).[1] 여기서 포괄적 이슈를 조직적으로 서술하는 것이 정강정책을 수립하는 것이라고 할 수 있다. 과거 자유토지당이나 반-메이슨당 같은 단일이슈정당의 경우는 단 하나의 이슈에 대해서만 정강정책을 만들지만 이는 예외적인 사례이고, 미국의 민주당과 공화당과 같은 유권자연합정당은 정당안의 다양한 세력의 의견을 수용하는 과정에서 포괄적 이슈를 다루는 정강정책을 수립하게 되는 것이다.

정강정책은 그 정당의 핵심가치와 정책방향을 알려주는 선언적 정체성(Maisel 1993)으로 안정적이고 장기적인 제도(institution)이다. 미국의 정당은 4년에 한 번씩 열리는 전당대회(National Party Convention)에서 정당의 정강(platform)을 통과시킨 후, 대통령 후보를 지명한다. 주요 이슈에 대한 정당의 공식적인 입장을 정강(Platform)이라고 하며, 정강은 여러 개 혹은 수십 개의 정책(plank)으로 이루어진다(Janda 외 2012).

정당의 정강은 그 정당의 정체성과 향후 입법 활동에 대한 예고, 그리고 대통령 선거전에서의 주요 이슈에 대한 정당의 공식적인 입장을 표명하는 것으로 4년간 유효하며, 4년 후 열리는 전당대회에서 다시 정강을 수정 통과시킨다. 정강은 정당 내의 다양한 세력들의 타협과 양보를 통해서 결정되며, 지지기반의 분열을 최소화시키며 새로운 지지기반을 창출하고자 하는 정당의 집합적 노력의 산물이다. 2012년 공화당 전국대회 의장이었던 레인스 프리버스(Reince Priebus) 정강정책은 대통령 후보의 공약이 아니고, 공화당 전체의 공약이라고 말한바 있다.[2]

---

1) 이 책은 교육적 목적으로 디지털 버전으로 공개되어 있다. Harold Lasswell and Kaplan, *Abraham Power and Society* (1950), http://www.policysciences.org/classics/power_society.pdf

2) Suzy Khimm, "Do party platforms really matter?" *The Washington Post* (2012년 8월 23일), https://www.washingtonpost.com/news/wonk/wp/2012/08/23/do-pa

제2절 정강정책은 중요한가?

2012년 선거 기간 중에 크리스천 사이언스 모니터와 한 인터뷰에서 공화당의 존 베이너(John Boehner) 하원의장은 "지금까지 정강정책 읽어본 사람 만난 적이 있나? 나는 한 사람도 보지 못했다"고 하였다.[3] 이 말은 곧 인구에 회자되기 시작했고, 심지어 정강정책이 중요하지 않다는 의미로도 받아들여졌다. 그러나 같은 날 퓨리서치(Pew Research)는 오히려 국민들은 대통령 후보 수락연설보다 정강정책 발표에 관심을 더 많이 가지고 있다고 발표했다.[4] 퓨리서치에 따르면 국민의 52%가 공화당의 정강정책이 무엇인지를 알고 싶어 했고, 이는 미트 롬니의 대통령 후보 수락 연설을 궁금해 하는 44% 보다 더 높은 숫자였다.

미국 정치에서 정강이 중요한가? 이 주제는 학자들뿐만 아니라 언론에서도 늘 다루는 논란거리이다. 미국의 복스(VOX)는 2016년 7월 12일 기사에서 정강이 중요한지를 8명의 정치학자들에게 물어보고, 그 대답을 게재했다.[5]

> "리 판이(Le Panye) 교수는 복스와의 인터뷰에서 1980년부터 2004년까지 공화당과 민주당의 정강정책을 비교하여 그중에서 정책으로 수립될 수 있는 직접공약과 의원들의 투표기록을 연구하였는데, 25년 동안 약 82%의 투표가 정

---

rty-platforms-really-matter/

3) Daniel Disalvo and James Ceaser, "Do Party Platforms Still Matter?" *The Atlantic* (2016년 7월 13일), http://www.theatlantic.com/politics/archive/2016/07/party-platform-national-convention/491147/

4) Paul Bedard, "Speaker Boehner: Slash Convention, party platform," *Washington Examiner* (2012년 8월 27일), http://www.washingtonexaminer.com/speaker-boehner-slash-convention-party-platform/article/2506056; Disalvo(2016), ibid.

5) Jeff Stein, "We asked 8 political scientists if party platforms matter. Here's what we learned," *Vox Policy & Politics* (2016년 7월 12일), http://www.vox.com/2016/7/12/12060358/political-science-of-platforms

강정책과 일치하였다고 주장하였다. 그런 경향은 과거보다 더 뚜렷해지고 있고, 상원과 하원 모두 정강정책과 일치하는 투표를 하고 있다는 점에서 정강정책은 중요하다고 리 판이는 주장하였다. 댄 우드(Dan Wood) 박사는 다른 사람들의 연구를 인용해서 의원들은 당선되면 약속한 것을 이행하려고 노력하고, 정당의 정강정책과 연방예산과 밀접한 관련이 있다고 설명하였다. 보스톤 대학의 데이비드 홉킨스는 정강정책은 열혈활동가를 만족시키기 위한 것으로 당선된 뒤에 그대로 하지 않는다고 자신을 처벌할 길이 없다는 것을 대통령이 잘 알고 있다고 말했다. 테리 파인(Terri Fine)은 자신의 선거에 불리하다고 생각하면 대통령 후보자는 언제든지 정강과 거리를 둘 수 있다고 주장했으나, 엘리자베스 시마스(Elizabeth Simas)는 유권자들이 후보를 판단할 때 정당의 정책에 대한 인식에 기반을 두기 때문에 정강정책은 후보자 판단에 중요한 역할을 한다고 주장했다(Vox Policy & Politics)."

존 사이즈(John Sides)는 워싱턴포스트와의 인터뷰에서 유권자들은 정강정책에 관심이 없고, 대통령 후보자의 이슈 태도에 관심이 있다고 주장하였다. 하지만 같은 지면에서 베이츠 대학의 스테판 엥겔(Stephen Engel) 교수는 정강은 정당의 지지기반의 반영이고, 집권하게 되었을 때 이익집단이 영향력을 행사 할 수 있게 하는 도구라고 주장했다. 데이비드 캐롤(David Karol)도 같은 지면에서 정강은 정치인을 책임지게 만든다고 주장하였다.[6)] 위에서 살펴본 것처럼, 정강정책이 중요한지에 대한 미국 언론의 논란은 뜨겁고, 정강정책이 중요하지 않다고 하는 인식도 후보 위주의 기사에만 관심을 보이는 미디어가 가져온 부작용일 수도 있다(Azari and Engel 2007).

정강이 대통령 후보, 연방의회 의원이나 후보에게 법적인 구속력도 없고 때때로 애매한 표현들이 많으며, 주 정당의 정강(state party platform)과 다르기도 하고(Keefe와 Hetherington 2003),[7)] 민주당과 공화당의 정강이

6) Khimm(2012), ibid.

7) 키페와 헤더링톤은 정강을 채택하고 다음 정강을 채택하는 4년의 공백기 동안 정강정책의 집행을 주도할 수 있는 기구가 없기 때문에 정강정책은 4년이 아닌 2년마다 작성되고, 이를 중간 선거에 출마하는 의원들의 선거운동과 연계되어야 한다고 주장한다 (Keefe and Hetherington 2003), ibid.

별 차이가 없다는 지적(Polsby 1971; Polsby and Wildavsky 2004)도 있지만, 두 정당의 정강정책은 역사적으로 시종일관 매우 달랐다. 정강은 정당의 이념의 변화를 담아내며(Gerring 1998), 후보자, 정당, 유권자 사이의 고정핀(linchpin)의 역할을 한다(Ross 2002). 1976년과 1980년 공화당의 정강을 연구한 줄리아 아자리(Julia Azari)와 스테판 엥겔(Stephen Engel)에 따르면 정강은 정당 내의 세력판도에서 어느 파벌이 상대적으로 우세한지를 알려주는 신호의 기능을 하며, 관련된 이슈에 관한 정당의 책임성에 대한 유권자의 기대감을 창출하여, 기존 정책의 변화를 유도하는 역할을 한다는 주장도 있다(Azari and Engel 2007).

1840년부터 1936년까지의 민주당과 공화당의 정강정책을 연방 차원과 각 주 차원에서 분석한 에릭 잉스트롬(Erik Engstrom)과 사무엘 커넬(Samuel Kernell)은 양당의 정강엔 분명한 차이가 있다고 주장했다(Engstrom and Kernell 2014). 또한 정강정책을 경험적으로 연구한 학자들에 따르면 실제로 대선에서 승리한 정당은 정강정책의 상당수를 입법하고 집행하는 경향이 있다고 한다(Pomper 1968; Ginsberg 1976; Fishel 1985). 이안 버즈(Ian Budge)와 리차드 호퍼버트(Richard Hofferbert)는 연방정부의 지출 우선순위는 의회 다수당의 정강정책과 밀접한 연관이 있고, 의회 다수당이 백악관까지 장악했을 경우는 이런 경향이 더 뚜렷하게 나타난다고 주장했다(Budge and Hofferbert 1990).

린 로스(Lynn Ross)는 연구를 통해서 2000년 대선에서 민주당의 앨 고어(Al Gore) 후보는 98번, 조지 부시(George Bush) 후보는 44번이나 그들의 선거유세에서 정강에 대해 언급하며, 후보자가 정강을 통해 유권자와 소통했던 예를 보여줬다. 대통령 후보자가 개인적으로 동의하지 않는 정강정책들에 대해서는 언급하지 않겠지만, 그렇지 않은 정강정책은 대통령 후보의 유세 속에도 나타나고 있다는 증거로 볼 수 있다.

정당의 공식적인 정책방향과 이념을 지지자들과 일반 국민들에게 널리 알린다는 점에서 선거에서 정강정책은 중요한 역할을 한다. 선거가 끝난 이후에도 정강은 정책의 가이드라인으로, 소속 정당의 대통령이 정강과 다른 입장을 취하게 된다면 입법과정에서 대통령은 소속 정당의 지지를 받지 못할 가능성이 높기에 대통령도 가급적 소속 정당의 정강과 배치되는 경우를 피하게 된다.

때로 정당의 입장을 대변하는 정강과 대통령 후보의 입장이 다르기도 하지만, 정강은 정당의 정체성으로 때로는 점진적인 혹은 급진적인 변화를 통해서 일반 유권자나 지지자들과 소통하여 왔다. 미국의 역사를 보면 정강에 대한 분열이 정당의 이합집산과 유권자연합의 변화를 가져왔던 것을 알 수 있다. 정강정책에 본인들의 정치적 지향을 반영시키려는 대통령 후보의 노력은 때로 실패하기도 하고 성공을 거두기도 하였고, 그 과정에서 불만을 갖는 세력들은 당을 뛰쳐나가 새로운 정당을 만들기도 하였다.

현대 정치의 중심에 있는 정당의 지속성과 변화는 4년마다 갱신되는 각 정당의 정강을 통해서 가장 잘 알 수 있으며, 정강정책의 수립 과정은 다양한 이해가 충돌하고 이를 타협과 때로는 표 대결로 풀어가는 미국 정치의 축소판이라고 할 수 있다.

제5장

정강정책의 수립과정

제1절 정강정책의 초기 역사

반-메이슨 당은 단일이슈정당(single-issue party)으로 전국 정당의 면모를 갖추지 못한 미약한 군소정당이었지만, 미국 정치사에 큰 족적을 남겼다. 1831년 9월 반-메이슨당(Anti-Mason, 혹은 Anti-Masonic Party)에 의해 미국 최초의 전당대회가 열렸고, 미국 정당사 최초로 대통령 후보를 전당대회에서 지명했고, 미국 정당 최초의 공식 정강을 통과시켰다. 이는 다른 정당들에게도 큰 영향을 끼쳐서 정당 개혁을 이끌어냈다. 같은 해 12월 국민공화당(National Republican Party)도 전당대회를 개최해서 대통령 후보를 결정했고, 다음 해 1832년 민주당(Democratic Party)도 전당대회를 실시하여 대통령 후보를 결정하였다(Witcover 2003). 미국의 최초의 공식적인 정강인 반-메이슨 당의 정강(platform)은 하나의 정책(plank)으로 되어 있었는데 그것은 반-메이슨 당이 단일이슈정당으로 자유메이슨(Free-Mason)에 반대하는 것 외에는 관심이 없었기 때문이다(Haynes 2012).[1] 국민공화당은 공식적인 정강을 통과시키는 대신에 참석한 각주의 대의원들이 지역의 유권자들을 대상으로 대통령 후보 지명의 이유를 설명하는 문서를 작성하기로 결정하였다. 1832년 첫 번째 민주당 전당대회에서 규칙위원회(Rules Committee)에 의해서 대통령 후보와 부통령 후보의 투표 결과가 발표되었고, 다른 위원회로 하여금 전당대회 결정을 시민들에게 알릴 결의안을 만들도록 위임되었으나, 시간의 촉박함과 난제에 대한 이견으로 위원회는 그 소임을 다하지 못하였다(Standwood 1898).[2]

미국 역사에서 첫 전당대회가 열린지 9년이 지난 1840년 전당대회에서 민주당은 당명을 민주-공화당(Democratic-Republican Party)에서 민주당(Democratic Party)으로 공식적으로 변경하였고, 민주당 최초의 공식적인 정강정책을 결의안(resolution)이라는 이름으로 발표하였다.[3] 그 다음 대선이 있었던 1844년에는 휘그당(Whig Party)도 공식적인 정강정책을 발표하였고, 1854년 창당된 공화당(Republican Party)은 첫 전국전당대회가 열린 1856년부터 정강정책을 발표해왔다.[4] 그 후로 지금까지 미국의 양대 정당

---

1) 국민공화당의 소장파의원들이 발표한 결의안을 첫 번째 정강이라고 보는 학자들도 있다. 하지만 이것은 정당대회에서 공시적으로 통과된 것이 아니기 때문에 공식 정강이라고는 볼 수 없다.

2) 스텐우드에 의하면 명목상으로는 시간의 촉박함으로 인해 위원회가 결의안을 내지 못한 것처럼 보이지만, 실제로 가장 뜨거운 이슈였던 제2연방은행(Second Bank of the US) 재인가에 관해 언급을 하면 펜실베이니아를 선거에서 잃을 것 같고, 은행 문제를 다루지 않는 결의안은 아무런 의미가 없어서 결의안을 채택하지 않는 전략을 위원회가 세웠을 가능성이 높다. 실제로 앤드류 잭슨(Andrew Jackson) 대통령은 연방은행 반대주의자였고, 그의 반-은행(anti-bank) 정서에 반발한 국민공화당은 제2연방은행 이슈를 주요 선거 쟁점으로 만들었다.

3) 민주공화당에서 민주당으로 당명을 바꾼 해가 1832년으로 나오는 책이나 논문들도 있으나, 국민공화당에 대한 반발로 스스로를 민주당이라고 불리길 좋아하고 그렇게 불렸지만, 1840년 전당대회에서 공식적으로 당명이 민주당으로 바뀌었다(Witcover 2003).

4) National party platforms, 1832-1932, *Editorial research reports 1932* (Vol.I) (Washington, DC: CQ Press, 1932), http://library.cqpress.com/cqresearcher/cqresrre1932011300

인 민주당과 공화당은 4년에 한 번씩 전당대회를 개최하고, 정강정책을 발표해오고 있다. 모든 주의 선출된 대의원(delegate)들과 당연직 대의원들(super delegate)이 다 모이는 전당대회(National Convention)는 두 정당의 최고의결 기구지만, 전당대회 기간이 짧고 4년에 한 번밖에 열리지 않아서 실제로 주요 업무는 전국위원회가 담당한다.

민주당은 1848년 민주당 전국위원회(Democratic National Committee)를 구성했고, 공화당은 1856년 첫 번째 전당대회에서 전국위원회 위원장과 위원을 임명했다. 두 정당의 전국위원회의 임기는 원칙적으로 4년이고, 위원회는 전당대회의 전반적 운영과 정강정책, 선거자금에 관한 업무를 관장해오고 있다.[5] 전국위원회 위원장은 보통 대통령 후보에 의해 지명이 되는데 선거에 승리하여 여당이 되면, 전국위원회 위원장은 정당에 대한 대통령의 메신저의 역할을 하게 된다(Katz 1994). 전국위원회는 전당대회와 관련한 주요한 업무를 관할하기 위해서 몇 개의 주요 위원회를 두고 이를 통하여 일을 세부적으로 진행시킨다. 대의원의 신임장(credential)을 심사하고 자격유무를 결정하는 신임위원회(Credential Committee), 전당대회 임원 선출을 책임지는 상설조직위원회(Permanent Organization Committee), 전당대회 규정과 절차를 정하는 규칙위원회(Rules Committee), 그리고 정강정책의 초안을 작성하는 정강정책위원회(Platform Committee) 등의 중요한 위원회가 있다(Beck and Sorauf 1992; Wayne 1992).[6]

초기의 민주당의 정강정책은 오랫동안 유사한 방법으로 만들어져왔다. 전당대회에서 정강정책위원회가 임명이 되고, 임명된 정강정책위원회는 관련 단체나 개인의 발언을 공청회에서 듣고, 그 전당대회의 짧은 기간 동안,

---

5) Democratic National Committee, Democratic Party, https://www.democrats.org/organization/the-democratic-national-committee

6) 정당마다 위원회의 이름과 성격은 조금씩 다르다. 공화당은 2012년 통과되고 2014년에 수정된 내부 규정에 따라 9개의 위원회를 전국위원회 밑에 둘 수 있다. Republican Rules, amazoncloud, https://s3.amazonaws.com/prod-static-ngop-pbl/docs/Rules_of_the_Republican+Party_FINAL_S14090314.pdf

심지어 임명된 지 하루 만에, 정강정책을 작성하고 이를 통과시켜야 했다. 새로운 정강정책에 대해 숙고할 수 있을 정도로 충분한 시간이 주어지지 않은 이유로 정강정책의 큰 변화를 기대할 수 없었고, 또한 두리뭉실한 표현들이 많아서 명료하게 정당의 입장이 일반 유권자나 지지자들에게 전달되지 못하는 문제가 있었다. 이미 합의가 존재하는 이슈들에 대해서는 문제가 없었지만, 새로운 이슈에 대해서는 합의 도출이 어려웠고 중언부언하는 정강이 되기도 하였다(Ford 1900).[7] 정강정책위원회가 있었지만, 시간의 촉박함이나, 준비 부족 등으로 때로 백악관 참모나 개인이 초안을 작성하여 이를 정강정책위원회에 제출하고 이를 논의하고 통과시키는 경우도 있었다.[8] 또한, 경선과정을 포함하여 1년 이상 선거를 준비해온 대통령 후보자의 선거공약보다도 더 짧은 시간에 정강을 결정해야 하는 제도의 맹점으로 대통령의 선거공약이 대중의 관심을 더 끌었던 것도 사실이다.[9]

위와 같은 제도적 맹점을 해결하기 위해서 1928년 유력한 민주당 대통령 후보였던 알프레드 스미스(Alfred Smith)는 전국위원회에 편지를 보내서, 전당대회 일정이 촉박하여 정강정책에 대한 충분한 숙고가 되지 못하므로, 명료하고 일관된 정강을 위해서 미리 정강초안을 전국위원회에서 준비해달라는 요청을 하였으나 이는 묵살되었고, 1928년 정강정책도 획기적 변화 없이 전통적인 방법으로 채택되었다. 그러자 전당대회에서 민주당 대통령 후보로 지명된 후, 알프레드 스미스 후보는 '금주법[10] 집행에 양심적으로

---

7) Henry Jones Ford, *The Rise and Growth of American Politics* (New York: Macmillan Company, 1900), https://archive.org/details/riseandgrowtham00fordgoog

8) Ibid., National Party Platforms 1832-1932. 1916년 민주당의 정강의 초안은 윌슨 대통령의 백악관 참모에 의하여 작성되어 제출되었고, 1924년 공화당도 비슷한 경로로 정강이 채택되었다.

9) 정강은 사실 원점에서 시작하는 것이 아니라, 이미 존재하고 있는 정강을 개정하는 것이어서 공약을 만들어내는 대통령 후보 선거 팀과는 다른 입장이라고 볼 수 있다. 특히 과거 정강이 몇 개의 세부정강정책(plank)으로 구성되어 있고 변화의 요구가 크지 않을 때, 하루 만에 정강을 작성하고 통과시키는 것이 불가능한 일은 아니었을 것이다. 하지만 현대 정치에서 다양한 이해를 조정하고 다양한 목소리를 수용하여 제대로 정강을 수정하는 것을 하루 만에 끝낸다는 것은 불가능에 가깝다.

노력한다.'는 민주당 정강에 반대한다고 선언하였다.[11]

1928년 전당대회의 정강정책 논란이 있은 지 3년 후인 1931년, 민주당 전국위원회 의장인 존 라스콥(John Raskob)은 위원회를 소집하여 정강에 들어갈 몇 가지 내용을 제안하고는, 그 제안에 대해서는 당장 결정하지 말고 1932년 전당대회까지 숙고해보자고 안을 내었다. 이는 3년 전에 알프레드 스미스가 전국위원회에 제안하였던 것과 같은 결정이었다. 뜨거운 감자였던 금주법에 대한 정강을 포함한 라스콥의 제안은 당 내에 큰 논란을 불러일으켰다. 논란 끝에 민주당은 전국대회 위원장은 정강정책위원회에 정강의 제안을 할 수 있으며, 마찬가지로 정강정책위원회는 정강정책과 관련한 제안들을 차별 없이 받을 수 있다고 결론을 지었다.[12] 이 결과 전당대회 기간 전에도 정강정책에 대한 제안을 할 수 있는 길이 열렸고, 정강은 전당대회에서 최종 결정되지만 그 전에 정강안에 대해서 시간을 두고 고려할 수 있게 되었다.

1920년 공화당의 전국위원회는 정강정책자문위원회(Advisory committee of policies and platform)의 19개 소위원회를 통해서 각종 설문조사를 통해서 공화당원들이 원하는 정강정책의 세부 자료를 모아서 이를 272쪽에 달하는 정강정책 보고서를 집필하여 정강정책위원회에 전달하게 하였다.[13]

---

10) 금주법(prohibition law)은 1919년에 통과되어, 1920년부터 효력이 발생한 미국 수정헌법 18조의 금주조항을 말한다. 미국은 수정헌법 18조에 의하여 1920년부터 1932년까지 금주령을 실행하였다. 그에 따라서 미국 내에서의 주류 제조, 판매, 수입, 수송 등이 금지되었고, 미국 밖으로의 수출도 금지되었다. 이에 대해 금주령을 옹호하는 금주주의자(dry)와 금주령 폐지를 주장하는 반금주주의자(wet) 간의 치열한 논쟁이 계속되었다. 알프레드 스미스 후보는 강경한 반금주의자로 1928년 민주당의 정강에 반대했다. 결국, 이 논쟁은 반금주의자의 승리로 귀결되었고, 1933년 수정헌법 21조에 의해서 18조가 완전히 폐기되었다.

11) Ibid., National Party Platforms 1832-1932.

12) Ibid., National Party Platforms 1832-1932.

13) Advisory Committee on Policies and Platform, 〈Reports of Sub-Committees〉 1920 New York. 디지털 판은 다음의 사이트에서 볼 수 있음. https://ia902604.us.archive.org/10/items/reportsofsubcomm00repurich/reportsofsubcomm00repurich.pdf

정강정책위원회에서 이를 검토하여 정강정책 초안을 작성하였다. 방대한 보고서에도 불구하고 실제 정강정책에 반영된 것은 많지 않았기에 정강정책에 미친 효과는 크지 않았지만, 태프트(Taft) 대통령 계열의 보수적 공화당 진영과 시어도어 루즈벨트 대통령을 따라서 진보당으로 탈당했다가 다시 복당한 진보적 공화당 진영 사이에 화합의 분위기를 형성하는 부가적 효과를 거두었다.[14] 하지만 이런 시도는 지속되지 못하고 1920년 단발성으로 끝나게 되었다.

1937년 공화당은 연이은 선거의 패배에 충격을 받아서, 1940년 선거를 대비하여 정강정책을 만들고자, 프로그램 위원회(Committee on Program)를 신설하여, 철저한 조사를 통하여 정책의 기초자료를 만들고자 했다. 215명의 위원들은 전국의 카운티(county) 단위로 설문조사를 실시하였고, 지역 단위로 35개의 풀뿌리 회의를 조직하였고, 1938년 여름에는 5일간 라운드 테이블 회의를 갖고 지역 풀뿌리 회의에서 올라온 주제들을 검토하였다. 1940년에 보고서를 제출하였고, 그중 일부는 정강정책으로 채택이 되었다(Patch 1952). 하지만 이 또한 실험에 그치게 되었다.

1943년 공화당은 전후 위원회(Post-War Committee)를 통해서 외교-내정에 관한 정책대안을 연구하도록 지시하였다. 위원들은 매키낵 섬(Mackinac Island)에서 이틀 동안 회의를 하고 매키낵 헌장(Mackinac Charter)을 발표하고, 8명의 위원들을 지명하여 더 폭넓은 연구를 하도록 결정했다. 매키낵 헌장은 공화당의 정강정책에 그대로 반영이 되었고 다른 국내 정책들도 다수 정강정책에 반영이 되었다. 지속적으로 모임을 갖고 활동을 하도록 되어 있던 전후위원회의 처음이자 마지막 성과물이었고, 이 또한 공화당의 한차례 실험으로 끝났다(Patch 1952).

---

14) B. W. Patch, Party platforms, *Editorial research reports 1952* (Vol.I) (Washington, DC: CQ Press, 1952), Retrieved from http://library.cqpress.com/cqresearcher/cqresrre1952060600

제2절 전당대회, 전국위원회, 정강위원회

전당대회는 민주·공화 양당의 최고 의결기관이다. 전당대회에서는 규정을 수정하고, 정강을 채택하고, 전국위원회 임원을 선출하고, 대통령 후보를 지명한다. 전당대회에서 다음 전당대회까지의 일들을 주관하는 것은 전국위원회다. 전국위원회는 전당대회를 진행하고, 선거 자금을 모금하고 지원하고, 정강정책을 확정한다. 전국위원회는 앞서 말했던 것처럼 정강위원회를 두고 있다.

1. 민주당

민주당 정강위원회는 당연직인 정당지도자와 주별로 선출된 대의원으로 구성되는 상임위원회다. 민주당의 2016년 규정을 보면 당연직 위원은 25명이고 주와 미국령 등에서 선출된 대의원은 162명으로 총 187명이다. 대통령 후보 진영은 본인들에게 할당된 추천인 몫만큼 후보자들을 추천할 수 있고, 각 주의 대의원들은 그 명단 중에서 자기 주를 대표할 정강위원을 선출한다. 공화당의 경우 주의 인구수와 상관없이 모든 주에서 남녀 1명씩 대표로 보내는 반면에 민주당의 경우는 주의 인구와 평균 민주당 득표율, 직전 두 번의 대선 선거결과 등 다양한 공식에 의해서 위원을 분배한다. 예를 들어서, 2016년에 알라스카는 한 명의 대의원을 선출할 수 있는 데 비해서, 캘리포니아는 20명을 선출해 보냈다. 남녀 성비에 관해서는 각각의 주와 워싱턴 DC, 각각의 미국령의 대표의 수가 짝수인 경우는 남녀 동수여야 하고, 홀수일 경우에는 남녀의 차이가 한 명만 차이나도록 규정에 명시되어 있다.

규정에 따르면 정강위원회는 정강의 초안을 작성하고 이를 전국전당대회에 추천하는 역할을 한다. 정강위원회 위원장은 전국대회 위원장과 상의하여 정강정책을 확정하는 데 필요한 모든 일정을 결정하도록 되어 있다.

2016년의 경우 전국위원회 데비 와서만 슐츠(Debbie Wasserman Schultz) 의장은 단넬 말로이(Dannel Malloy) 코네티컷 주지사와 애틀랜타 전 시장인 셜리 프랭클린(Shirley Franklin)을 정강위원회 공동위원장으로 임명했다. 정강위원회 위원장은 첫 번째 회의 30일 전에 서면으로 회의의 주제와 장소 일시 등을 공지하도록 되어 있다. 첫 번째 회의 전에 전국대회 위원장은 정강위원회 위원들에게 첫모임에서 관심 있게 다뤄야 할 주제들에 대한 개요를 담은 문서를 배포할 수 있다고도 되어 있다.

규정에는 전국정당대회 의장은 정강위원회 위원장과 상의하여 15인의 정강초안소위원회(Platform Drafting Committee) 위원을 임명하며, 전국위원회 위원장이 정강초안소위원회 위원장을 임명하도록 되어 있다. 규정은 또한 투표권이 없는 소위원회 위원을 대통령 후보 진영에서 1명씩 지명하여 보낼 수도 있다고 명시하고 있다. 규정에는 정강초안소위원회는 정강위원회 소속의 소위원회이지만, 소위원회 위원이 반드시 정강위원회 위원 중에서 선출될 필요는 없다고 적혀 있다. 정강초안소위위원회의 책무는 정강위원회의 승인과 감독아래서 정강의 초안을 작성하는 것이다. 정강위원회 위원의 25% 이상이 요구할 때는 소수의견 보고서도 같이 전국전당대회에 제출되어야 하도록 되어 있다.

2. 공화당

공화당의 정강위원회에는 50개 주와, 미국령, 워싱턴 DC에서 한 명의 남성대의원과 한 명의 여성대의원을 보내도록 되어 있다. 주의 전당대회에서 한 명을 선출하고 선출된 사람의 성별에 따라서 다른 한 명은 추가로 선출되는데 주집행위원회에서 선발할 수도 있고, 동료 대의원들이 선출할 수도 있다. 2016년 정강위원회의 경우 총 112명의 대의원으로 구성되어 있다. 전국대회 의장은 정강위원회 의장과 2인의 공동의장을 임명하는데, 주지사, 상원의원, 하원의원 중에 한 명씩 임명하는 것이 관례이다. 2016년 정강위원회

의장은 존 바라소(John Barrasso) 상원의원, 공동 의장에는 메리 폴린(Mary Fallin) 오클라호마 주지사와 버지니아 폭스(Virginia Foxx) 하원의원이 임명되었다.

정강위원회는 4년에 한번 공화당 전당대회에서 정강의 초안을 작성하는 일을 하는 비상설위원회다.[15] 정강위원회는 소위원회를 둘 수 있는데, 2016년에는 경제, 안보, 정부개혁, 가족, 천연자원, 헌법소위원회의 6개의 소위원회를 두었다. 민주당과 다르게 공화당에는 정강초안소위원회가 별도로 존재하지 않는다. 대신 6개의 소위원회가 존재하여 주제별로 정강정책을 논의하고 이를 수합하여 정강의 초안을 작성한다.

전국대회 대의원들은 정강위원회에 서면으로 정책을 제안할 수 있다. 정강위원회에서 제안된 정책들을 심의하고 이를 작성하는 데에는 사실상 몇 달이 걸린다. 정강위원들의 과반수 찬성으로 정강으로 채택되어 정강위원회를 통과하며, 전국전당대회 전체 대의원의 과반수로 통과된다. 만약 과반수를 받지 못하면 다시 회의를 해서 재차 정강정책 초안을 제출해야 한다.[16] 공화당은 민주당에 비해서 정강위원회 위원의 숫자가 적다. 그것은 공화당이 앞서 설명한 대로 주별로 동수의 위원을 선발하는 데 비해서 민주당은 인구나 득표에 비례해서 위원을 선발하기 때문이다. 주의 크기와 상관없이 동수의 대표를 파견한다는 점에서 작은 주의 목소리에도 귀를 기울일 수 있는 장점이 공화당 선발 방식에 있고, 민주당은 인구나 득표 비례에 따르므로 좀 더 다수 시민의 대표성을 확보한다는 점에서 장점이 있다.

---

15) The Republican Platform and RNC Platform Committee, 2016. BollotPedia, https://ballotpedia.org/The_Republican_Platform_and_RNC_Platform_Committee_2016#cite_note-5

16) Ibid.

제3절 정강정책 정치사

정강정책의 결정과정은 첨예하게 이해관계가 다른 진영이 있을 경우, 전쟁과 같다. 결정된 정강정책에 실망하여 탈당하기도 하고, 지명된 대통령 후보자나 정강정책을 지지하지 않고 독자적인 움직임을 보이기도 하며, 대통령 후보는 공개적으로 정강정책을 비난하기도 한다. 정강정책을 둘러싼 갈등은 정강정책 정치다. 갈등을 조정하는 것도 정치의 한 기능인데, 정강정책을 둘러싼 갈등이 어떤 형태로 전당대회와 선거에 영향을 미쳤는지 몇 가지 역사적 사례로 설명하고자 한다.

1896년 미국 선거에서 가장 뜨거운 이슈였던 통화에 대해서 신진세력의 은화통화론과 기존의 금본위제의 타협점을 찾던 공화당은 타협을 포기하고 기존의 금본위제를 고수하는 정강정책으로 결정했다. 핸리 텔러(Henry Teller) 상원의원은 금본위제 정책 문구를 제거하고 은화통화로 바꿔야 한다고 수정제의 했다. 압도적 다수에 의해 은화통화가 부결되자 핸리 텔러 상원의원은 33명의 다른 대의원들과 함께 전당대회에서 퇴장했고(Patch 1952), 은화통화를 지지하는 공화당지지자들을 모아서 은화공화당을 창당하게 되었다. 반면에 민주당의 경우 강력한 은화통화론자인 윌리엄 제닝스 브라이언이 대통령 후보로 선출되었고 은화통화론이 정강으로 채택되었으나 178명의 대의원이 정강에 대한 투표 거부를 하였다. 이 부분은 앞서 샤츠슈나이더와 키이가 설명했던 1896년 재편성의 과정과 일치한다. 결국 브라이언과 서부 민중주의 연합에 반감을 가진 남부가 공화당과 연합하여 재편이 일어났다고 하는 것은 은화통화론과 밀접한 관련이 있다.

정강정책과 대통령의 알려진 갈등 중에서 제일 오래된 일은 1904년 민주당 대통령 후보였던 알톤 파커(Alton Parker)와 그의 화폐정책일 것이다. 1904년 민주당의 정강정책에는 화폐에 관한 언급이 전혀 없었다. 이에 알톤 파커는 민주당 대통령 후보로 지명된 후, 전당대회에 전보를 보내서, 그는 자신이 금본위제도의 확신자로 만약 대통령 선거에서 승리하게 되면 그대로 실천할 것이라고 주장했다. 덧붙여 말하기를 만약 전당대회의 과반수가 자신의 의견에 동조하지 않는다면 대통령 후보 지명을 거부할 것이라고 경고했다. 민주당 지도부는 “정강에 아무런 표현이 없으므로 대통령 후보 지명을 거부할 필요가 없다”고 회신했다.[17)]

그리고 앞의 절에서 설명한 대로 24년 후인 1928년 민주당 전당대회에서 공정하게 금주법을 집행하겠다(an honest effort to enforce)는 문구에 반대한다고 민주당 대통령 후보 지명자인 알 스미스(Al Smith)는 전보를 보냈다. 민주당 내에서 금주파와 반금주파 간의 갈등이 심하던 때에, 정강정책을 주도적으로 작성하던 금주파에 반발하였던 것이다. 당내 갈등을 봉합하고자 대통령 후보는 반금주파에서, 부통령 후보는 금주파에서 선출하는 이상한 타협을 낳았던 1928년 전당대회였다.

1948년과 1952년 민주당 전당대회의 뇌관은 시민권운동[18)]에 관한 정강정책이었다. 1948년 제출된 정강초안에 대체로 만족했던 남부의 대의원들은, 미네아폴리스 시장인 허버트 험프리(Hubert Humphrey)가 정강에 “트루먼 대통령이 이 문제에 대해 강한 신념을 가질 것을 요구하고, 의회는 트루먼 대통령을 도와서 헌법에 열거된 모든 권리들을 보장받을 수 있도록 촉구”하는 내용을 추가하자는 수정제안이 투표 끝에 통과되자 미시시피 대의원과 앨라배마 대의원들은 회의장을 박차고 나갔다. 13개 남부주 대표들은 별도의 모임을 가졌고, 만약 민주당 전당대회에서 트루먼 대통령이 후보로 지명되고, 시민권 프로그램들이 정강에 들어가게 된다면, 남부 별도의 대통령 후보와 부통령 후보를 내자고 논의했다. 그리고 주권민주당(States' Rights Democratic Party)을 급조해서 스톰 서먼드(Storm Thurmond) 사우스캐롤라이나 주지사를 대통령 후보로 벤자민 트래비스 레이니(Benjamin Travis Laney) 아칸소 주지사를 부통령 후보로 선출하였다.

---

17) National Party Platforms(1932).

18) 시민권운동(Civil Right Movements)은 흑백분리를 반대하고 흑인과 백인을 분리하지 않고 동등하게 차별 없이 대해야 한다는 일종의 흑인인권 운동이다. 흑백분리주의가 팽배한 남부 지역의 백인들이 받아들이기 힘든 요구였다.

1952년 전국대회 의장 프랭크 매키니(Frank Mckinney)는 이번에는 양쪽의 타협이 있을 것이라고 예고하였었다. 그러나 트루먼 대통령은 5월 17일 민주행동을 위한 미국인(Americans for Democratic Action)의[19] 연설에서 비타협적인 페어딜(Fair Deal)[20] 정강정책을 요구하면서, 그의 민주당은 시민권 운동을 강력하게 지지한다고 주장했다. 결국 타협은 물 건너갔고 격렬한 싸움만 남게 되었다. 1948년 트루먼 대통령은 의회에 루즈벨트 대통령 때 만들어진 평등고용실천위원회(Fair Employment Practice Committee)[21]의 상설화를 요청했으나, 보수연합의 반대로 부결되었다. 유력한 대통령 후보 중의 한 명이었던 리처드 러셀(Richard Russell)은 만약 자신이 대통령 후보가 되고, 평등고용실천위원회 의무화가 정강에 들어간다면, 자신은 정강을 따르지 않을 것이라고 말했다.

반면, 다른 두 명의 대통령 후보들은 의무적인 평등고용실천위원회에는 반대하지만 정강에 채택된다면 따르겠다고 했다. 루이지애나, 미시시피, 사우스캐롤라이나의 민주당 조직은 만약 정강이나 대통령 후보가 자신들의 견해와 맞지 않으면 독자행동을 하겠다고 경고했다(Patch 1952). 결국 1952년 전당대회에서도 인종 문제를 놓고 민주당 내부의 갈등은 높아져 갔다. 이런 움직임이 결국 뉴딜연합의 붕괴를 촉진시키는 요인이 되었다.

가장 최근의 큰 사건은 밥 돌(Bob Dole) 공화당 대통령 후보가 자신이 제안한 문구가 거부된 체로 정강이 발표되자, 본인은 그 뒤로 정강을 보지도

19) 민주행동을 위한 미국인은 프랭클린 루즈벨트 대통령 사망 후에 루즈벨트 대통령의 뜻을 기려서 뉴딜정책을 계승하고자 하는 목적으로 만들어진 비정부단체이다.

20) 페어딜(Fair Deal)은 트루먼 대통령의 정책 슬로건으로 뉴딜의 자유주의 정신을 계승하여 시대환경에 맞게 발전시킨 정책이념이다. 페어딜에는 시민권 운동, 전 국민 의료보험제도, 복지제도, 교육, 노동, 주거, 농업 등 다양한 정책 대안들이 포함되어 있다. 남부의 보수적인 민주당 의원들과 공화당 의원들의 보수연합에 의해 의회에서 통과되지 못한 법안들도 많이 있다. 대표적인 것이 전 국민 의료보험제도이다. 오바마 대통령에 의해 실현되었지만, 이를 최초로 시도한 대통령은 트루먼 대통령이었다.

21) 1941년 루즈벨트 대통령이 방위산업체와 정부에 인종 등에 의한 차별적 고용의 금지를 목적으로 만들어진 조직으로, 고용의 흑인차별을 완전히 종식시키지는 못했지만 상당히 개선시켰고, 남부의 분리주의자들이 싫어하는 기구였다.

않았다고 해서 인구에 회자된 사건이다.[22] 낙태에 비타협적인 정책을 고수해온 공화당에 밥 돌 후보가 관용선언(declaration of tolerance)을 문구에 추가하자고 제안을 했으나 공화당은 이를 거부하였다. 이에 실망한 밥 돌 후보가 인터뷰에서 그 뒤로 정강을 보지도 않았다고 말했고, 언론에 의해서 대통령 후보자가 정강정책에 관심이 없는 예로 많이 사용되었다. 하지만 뉴욕타임즈와의 후속 인터뷰에서 밥 돌 후보는 그는 정강정책을 존중하고, 그가 중요하다고 생각하는 정강정책은 다 읽어보았고, 그가 중요하다고 생각하는 대부분의 정강정책은 다 승인했으며, 그가 반대하는 정책들은 그에 해당하지 않는다고 말했다.[23]

지금까지 몇 개의 예를 살펴본 것처럼, 정강정책 수립과정은 정당을 때로 치유하기 힘든 갈등에 빠뜨리기도 하고, 또 대통령 후보와 당의 관계에도 긍정적 혹은 부정적 영향을 주기도 하는 등, 대표적인 정당의 이익표출과 갈등조정과정이다. 그 과정을 통해 미국 정당의 변화와 유지가 이루어지고 있는 것이다.

---

22) Khimm(2012), ibid.

23) Frank Bruni, "Dole Rejects a Party Plank," *The New York Times* (1996년 8월 24일), http://www.nytimes.com/1996/08/24/us/dole-rejects-a-party-plank.html

제6장

2016년 정강정책 정치

2016년은 4년 전에 비해서 정강정책을 둘러싼 논의가 훨씬 뜨겁다. 그것은 비주류라고 할 수 있는 민주당의 버니 샌더스(Bernie Sanders) 후보와 도널드 트럼프(Donald Trump) 후보의 약진으로 정강정책을 대폭 수정해야 한다는 요구가 많았기 때문이다. 특히 공화당의 경우에 트럼프 후보의 급진적인 대선 공약들이 공화당의 정강정책으로 들어갈 것인지의 여부가 초미의 관심을 끌었고, 민주당의 경우 버니 샌더스 후보의 영향으로 진보적 내용을 담느라고 과거에 비해 좌편향적인 내용이 많이 담기게 되었다는 평가를 받는다.[1] 과거 어느 때보다 정강정책 작성에 논란이 많았던 2016년 정강정책 수립 과정에서 벌어진 정강정책 정치를 살펴보자.

---

1) 샌더스 후보는 2016년 민주당 정강정책이 민주당 역사상 가장 진보적인 정강정책이라고 주장했다(Disalvo 2016), ibid.

제1절 2016년 민주당 정강정책 정치

〈그림 6-1〉은 2016년 민주당의 정강정책이 어떤 과정을 통해서 결정되는지를 보여준다. 지역별 공청회를 거쳐서 정강초안소위원회에서 초안을 만들고 정강위원회의 승인을 받아서 전당대회의 승인을 받으면 2016년 민주당 공식 정강정책이 되는 것이다.

2016년 1월 22일 민주당 전국위원회 데비 와서멘 슐츠(Debbie Wasser man Schultz) 의장이 정강정책을 심의하고 제출할 정강위원회 공동위원장으로 단넬 말로이(Dannel Malloy) 코네티컷 주지사와 애틀랜타 전 시장인 셜리 프랭클린(Shirley Franklin)을 임명하였다. 그러자 5월 27일 버니 샌더스 후보는 단넬 말로이 주지사와 셜리 프랭클린 전 시장을 즉각 다른 사람으로 교체해야 한다고 주장했다.[2] 샌더스는 두 사람이 편파적이고 친 클린

〈그림 6-1〉 2016년 민주당 정강정책 결정과정

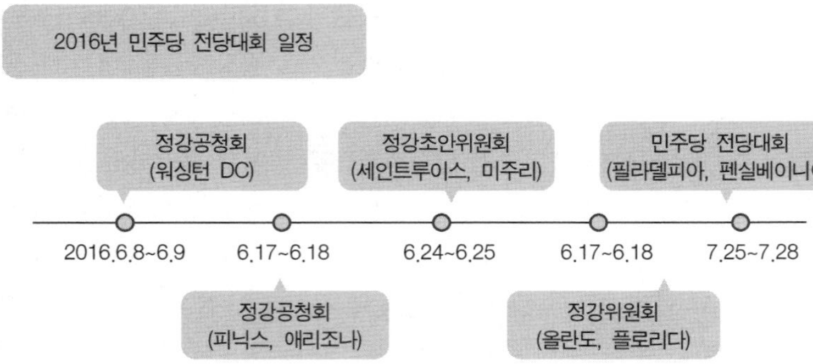

2016년 민주당 전당대회 일정

정강공청회
(워싱턴 DC)
2016.6.8~6.9

정강공청회
(피닉스, 애리조나)
6.17~6.18

정강초안위원회
(세인트루이스, 미주리)
6.24~6.25

정강위원회
(올란도, 플로리다)
6.17~6.18

민주당 전당대회
(필라델피아, 펜실베이니아)
7.25~7.28

---

2) 버니 샌더스의 주장은 그의 변호사 편지에 자세하게 나와 있다. berniesander.com 참조. https://berniesanders.com/wp-content/uploads/2016/05/Bernie-2016-Letter-to-DNC.pdf; David Weigel and Anne Gearan, “Sanders wants Democratic rules committee co-chairs removed. The DNC says, ‘no.’,” *The Washington Post* (2016년 5월 28일), https://www.washingtonpost.com/news/post-politics/wp/2016/05/28/dnc-rejects-sanderss-challenge-of-rules-committee-co-chairs/

턴 진영이며, 샌더스 후보 자신에 대해 과거에 공격적인 발언을 했었기에 공정하게 정강정책을 만들 수 있다고 생각하지 않는다며 교체를 요구했다. 이에 전국위원회는 두 사람의 임명은 절차상 아무 하자가 없으므로 교체할 수 없다고 샌더스 후보의 요구를 거절하였다. 정강위원회 공동위원장 임명부터 샌더스 후보 진영에서 신경전을 펼친 것이다. 그만큼 2016년 민주당 정강정책 수립에 샌더스 후보 진영이 얼마나 깊은 관심을 가지고 있는지를 보여주는 단면이기도 하다.[3)]

2016년 민주당(Democratic Party)은 열린 민주당을 목표로 민주당 정강정책에 대한 일반 당원들의 서면, 온라인, 혹은 동영상 제안을 받았을 뿐만 아니라, 민주당의 정강정책을 심의하고 초안을 작성하는 민주당 정강초안소위원회(Democratic Platform Drafting Committee)에 대통령 후보자들이 현재 확보한 대의원 수에 따라서 11명의 위원을 배려하였다.[4)] 정강초안소위원회 구성은 민주당 전국위원회 의장(chair of Democratic National Committee)의 소관사항인데, 데비 와서멘 슐츠(Debbie Wasserman Schultz) 의장은 전례 없이 5명의 버니 샌더스(Bernie Sanders)계 위원과 6명의 힐러리 클린턴(Hilary Clinton)계 위원을 지명해주도록 두 후보자에게 요청을 했다. 민주당 경선에서 돌풍을 일으키고 있는 사회민주주의자 버니 샌더스 상원의원은 이에 화답하여, 2016년 5월 23일, 급진적 흑인 사상가 코넬 웨스트(Cornel West),[5)] 기후변화 열성 운동가인 빌 맥키벤(Bill Mckibben),

3) 샌더스 상원의원은 와서만 슐츠 의장도 클린턴에 가까운 인사로 중립적이지 않다고 사퇴해야 한다고 수차례 주장한 바 있다. 위키리스트가 슐츠 의장의 이메일을 폭로하면서 슐츠 의장이 예상했던 대로 중립적이지 않았다고 샌더스 상원의원 지지자들의 비난이 폭등하고 여론이 악화되자, 전당대회를 하루 앞둔 7월 24일 슐츠 의장은 사퇴하였다. 다음의 기사 참조. Jonathan Martin, "Debbie Wasserman Schultz to Resign D.N.C. Post," *The New York Times* (2016년 7월 24일), http://www.nytimes.com/2016/07/25/us/politics/debbie-wasserman-schultz-dnc-wikileaks-emails.html?&hp&action=click&pgtype=Homepage&clickSource=story-heading&module=first-column-region®ion=top-news&WT.nav=top-news&_r=0

4) 2016 Democratic Platform, https://demconvention.com/platform/

5) 코넬 웨스트는 프린스턴 대학에서 철학 박사학위를 취득하였고, 미국 사회민주주의자

의회 진보 코커스(Congressional Progress Caucus) 공동의장인 키스 엘리슨(Keith Ellison) 하원의원,[6] 아랍계 미국인 재단(Arab-American Institute)의 설립자이자 회장인 제임스 족비(James Zogby),[7] 미국 원주민 인권 옹호주의자 데보라 파커(Deborah Parker)를 정강정책 초안위원회(Platform Drafting Committee)의 위원으로 추천했다.[8] 추천위원 수를 정하는데도 샌더스 상원의원은 한 차례 편지를 슐츠 의장에게 보내서 자신이 추천한 후보가 더 많이 위원에 들어가야 한다고 역설한 바 있다.[9] 정강정책을 작성하는 정강초안소위원회에 한 명이라도 더 자신의 위원들을 넣어서 자신이 원하는 정책들을 민주당의 공식 정강정책으로 만들고 싶어 하는 샌더스 상원의원의 의지를 여기에서도 엿볼 수 있다.

샌더스 상원의원이 지명한 5명의 위원들은 모두 저명한 진보주의 운동가로 미국 원주민, 무슬림, 흑인, 환경, 팔레스타인 등의 의제를 설정하고 이를 추진할 것으로 기대되었고, 샌더스 상원의원은 자신이 지명한 위원들을 통해서 진보적인 민주당의 정강정책 작성을 이끌어내는 변혁운동을 도모하고

(Democratic Socialists of America)의 회원으로, 하버드 대학, 예일 대학, 프린스턴 대학에서 강의를 하였고, 현재 프린스턴의 명예교수이자 연합신학대학(Union Theology Seminary)의 교수이다.

6) 키스 엘리슨 하원의원은 2006년 보궐 선거로 당선되어 성경이 아닌 코란에 손을 얹고 선서한 것으로 전국적인 지명도를 얻었다. 미국의 당선자들은 성경에 손을 얹고 선서하는 것이 관례였으나, 무슬림 인권운동가인 키스 엘리슨은 성경 대신 코란을 선서의 도구로 사용하였다.

7) 제임스 족비는 팔레스타인의 권리를 옹호해온 대표적 인물로 민주당의 친이스라엘정책에 변화를 가져올 것으로 기대되었다.

8) Jeff Stein, “How Bernie Sanders is using the “platform committee” to change the Democratic Party from within,” *Vox Policy & Politics* (2016년 5월 24일), http://www.vox.com/2016/5/24/11760754/bernie-sanders-plaform-cornel-west

9) 버니 샌더스 후보는 최초에 슐츠 의장이 약속한 4명보다 적은 3명이 배정된 것에 불만을 터뜨리면 그가 확보한 대의원 수가 더욱 증가할 것이라며 더 많은 위원을 보장해 달라고 편지를 보냈고, 이를 슐츠 의장이 받아들여서 최종 숫자가 결정되었다. Bernie Sanders, berniesander.com, https://berniesanders.com/wp-content/uploads/2016/05/Sanders-Letter-to-DNC-5.6.16.pdf

자 한 것이다.

샌더스계의 5명, 클린턴계의 6명, 그리고 슐츠 전국위원회 의장이 지명한 4명으로 구성된 15인의 정강초안소위원회에는 이외에도 투표권 없는 위원을 한 명씩 양쪽 대통령 후보 진영에서 더 차출하였고, 행정적으로 이를 뒷받침할 집행위원을 슐츠 의장이 지명하여 총 18명으로 구성되었다. 민주당의 정강정책 초안위원회는 워싱턴 DC(Washington, DC)와 피닉스(Phoenix)에서 각각의 공청회를 통해 114명의 증언을 들은 후, 6월 24일부터 25일까지 세인트루이스(Saint Louis)에서 이틀간의 회의 끝에 합의와 투표를 통해 결정된 정강정책 초안을 6월 25일 발표하였다.[10)]

발표된 민주당의 정강정책에는 샌더스 상원의원의 진보적 주장이 일정 부분 받아들여져서 과거와 비교하여 진보적인 정강정책의 초안을 민주당이 만들었다는 평가를 받고 있으나, 샌더스 상원의원은 키스 엘리슨 의원이 제출한 정강정책 개정안인 "환태평양경제동반자협정(TPP: Trans-Pacific Partnership) 반대"가 부결된 데 대해서 강하게 비판을 하였다.[11)] 샌더스 상원의원은 클린턴 상원의원과 자신이 반대하는 TPP협정에 대해서 클린턴 상원의원이 지명한 위원들이 후보자 뜻에 반하는 투표를 하였는지 이해할 수 없다고 비판하였다.[12)]

---

10) Democratic Party, "Democratic Platform Drafting Meeting Concludes"(2016년 6월 25일), https://demconvention.com/news/democratic-platform-drafting-meeting-concludes/

11) U.S. Uncut, June 26, 2016. TTP에 대해서 국무장관시절 힐러리 클린턴 상원의원은 지지의사를 표명하였으나, 그에 대한 반대가 심해지자 입장을 TTP 반대로 바꾸었다. TTP 지지는 현 오바마 대통령과 차별성을 보이지 못한다는 점에서 부담이 되었다. 하지만, 민주당의 정강정책 초안위원회는 TTP를 반대하는 정강정책은 오바마(Obama) 대통령의 업적을 민주당이 스스로 부정하는 것으로 보이는 것이 부담되고 민주당의 분열을 초래할 것을 우려하여 이를 부결시킨 것으로 볼 수 있다. Hugh Wharton, "The DNC Just Torpedoed the Majority of Bernie Sanders' Agnda," U.S. Uncut (2016년 6월 25일), http://usuncut.com/politics/sanders-dnc-plat form-commit tee-fight/

12) Release Press, "Clinton Delegates Vote Against Clinton Stands on Trade," bern ie sanders.com(2016년 6월 24일), https://berniesanders.com/press-release/clint

또한 샌더스 상원의원계의 빌 맥키벤 위원은 클린턴 상원의원 진영의 정강정책 초안위원들이 기후변화와 환경 문제에 미온적이어서 정강정책 초안이 환경 문제를 충분히 반영하지 못했다고 비판했고,[13] 이에 대해서 클린턴 상원의원계 위원인 캐롤 브라우너는 그렇지 않다고 정면으로 반박하는 등, 정강정책을 둘러싼 두 진영 간의 논란은 계속되었다.[14] 발표된 정강정책 초안은 7월 8일 9일 양일간에 걸쳐서 열리는 전체 정강정책위원회 회의(Full Platform Committee Meeting)의 승인을 받았다. 이어 전당대회에 개정안이 상정되고 대통령 후보 지명전에 최종 승인받았다.

정강정책은 대통령 후보라고 마음대로 바꿀 수 없는 정당의 정체성으로, 정강정책 초안위원회에서 논의되고, 각 주의 대표들이 모인 전체 정강정책위원회에서 통과가 되어야 한 정당의 정책이념으로 전당대회에서 최종 승인 대상이 된다. 민주당의 정강정책은 역대 가장 진보적이라는 평가를 받으며 전당대회에서 승인이 되었다. 앞서 미흡함을 비난했던 샌더스 후보도 진보적 내용이 많이 들어갔다고 상당한 만족감을 보였다.

왜 힐러리 클린턴 상원의원 진영과 샌더스 상원의원 진영은 정강의 문구 하나하나에 신경을 쓰고, 장외 설전을 펼쳤는가? 때로 당내 경선은 아이디어의 전쟁이기도 하지만 정강의 자구 문제를 둘러싼 대의원과 그 정당을 지지하는 이익집단 간의 경쟁이기도 하기에(Fine 1995; Janda, Berry, Goldman

---

on delegates-vote-clinton-stands-trade/

13) Bill Mckibben, "The Clinton Campaign Is Obstructing Change to the Democratic Platform," *Politico Magazine* (2016년 6월 27일), http://www.politico.com/magazine/story/2016/06/ hillary-clinton-2016-democratic-platform-213993

14) 캐롤 브라우너 전 백악관 고문에 따르면 샌더스 진영이 제출한 환경 관련 9개 안건에 대해 논의를 통해서 4개 안건은 통과되었고, 1개 안건은 브라우너 위원이 제한한 안으로 대체 통과되었으며, 4개 안건이 부결되었다고 전했다. 브라우너 위원은 2016년 민주당 정강은 환경 문제에 대해 과거에 비해 매우 진일보한 역사적인 정강으로, 샌더스 진영의 비판은 근거 없다고 일축하였다. Carol Browner, "The Truth Behind the Democratic Platform Debate," *Politico Magazine* (2016년 6월 29일), http://www.politico.com/magazine/story/2016/06/democratic-party-platform-debate-hillary-clinton-213998

2012), 함부로 양보할 수 없는 중요한 대결이다. 그러나 전당대회에서 샌더스 후보의 지지선언을 약속받기 위한 클린턴 후보의 양보가 있었고, 자신의 지지를 담보로 하여 원하는 것을 최대한 얻으려는 샌더스 후보의 전략도 통했기에 전향적인 2016년 민주당 정강정책이 발표될 수 있었다.

제2절 2016년 공화당 정강정책 정치

정당의 정체성은 대통령의 얼굴이 아니라 정강정책에 있다. 예를 들어서, 현재 미국 선거에서 극우적 발언으로 세간의 관심을 모으는 도널드 트럼프 후보가 미국 공화당의 정체성을 대표한다고 볼 수는 없다. 트럼프 후보는 레이건(Reagan) 대통령 이후 큰 변화가 없는 공화당의 정강정책을 비판하며 개혁을 요구해왔다.[15] 공화당은 정강정책 작성단계에서 도널드 트럼프 후보와 긴장관계에 있다고 볼 수 있다. 공화당의 전국위원회(Republican National Committee) 레인스 프리버스(Reince Priebus) 의장이 5월 24일 임명한 정강정책위원회가 정강정책의 초안을 공식적으로 논의하기 전에,[16]

---

15) CNN April 21. 예를 들어서, 낙태에 관해 공화당 정강은 예외를 인정하지 않고 있는데, 예외적 낙태를 허용해야 한다는 부시 대통령, 존 매케인 상원의원, 미트 롬니 상원의원 등의 역대 공화당 대통령 후보들의 주장이 공화당 정강에 반영되지 않았다. 트럼프는 세 가지 예외적 낙태가 허용되도록 정강이 바뀌어야 한다고 주장했다. David Wright, "Trump: I would change GOP platform on abortion," CNN(2016년 4월 21일), http://edition.cnn.com/2016/04/21/politics/donald-trump-republican-platform-abortion/

16) GOP 2016, "RNC Announces Platform Committee Leadership," Press Release(5월 24일), https://www.gop.com/rnc-announces-platform-committee-leadership/ 미국 공화당의 정강정책위원회의 공식 이름은 2016 공화당 전당대회 결의안 위원회(2016 Republican National Convention Committee on Resolutions)이지만, 관례적으로 정강정책위원회(Platform Committee)라고 불린다.

레인스 프리버스 의장에 의해 위원회 위원장으로 임명된 존 바라소(John Barrasso) 상원의원은 위원장 임명 두 주 전에 트럼프 후보와 만나서 정강정책에 대해 얘기를 나눈 것으로 알려졌다. 그 자리에서 존 바라소 상원의원은 "과거 어떤 대통령 후보도 공화당의 정강정책을 완전히 수용하지는 못했지만, 우리는 완벽한 수용을 당신으로부터 기대한다."고 압박을 가했고, 동석했던 한 인사에 따르면 트럼프 후보는 자신은 정강정책을 어설프게 고칠 생각은 없다고 대답했다.17)

〈그림 6-2〉를 보면 공화당은 민주당처럼 여러 차례 지역별 정강공청회를 갖지는 않았고 일정도 훨씬 간소해 보인다. 대신 그림에는 없지만 공화당은 정강위원회 밑에 경제, 안보, 정부개혁, 가족, 천연자원, 헌법소위원회의 6개의 소위원회를 두었다. 이 여섯 개의 소위원회가 어떤 일정 속에서 어떻

〈그림 6-2〉 2016년 공화당 정강정책 결정과정

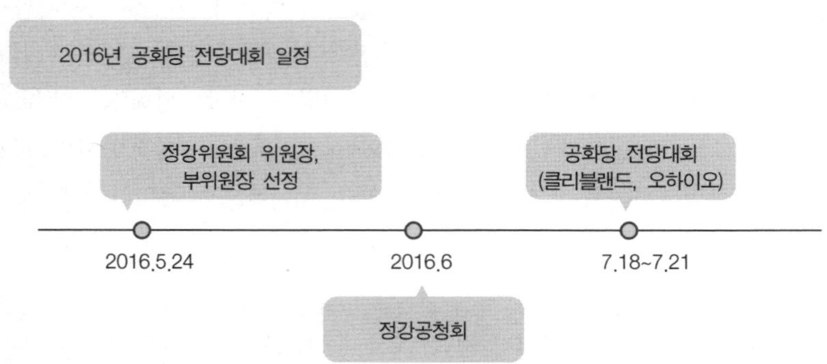

17) *New York Times* May 24(2016). 바라소 상원의원의 정강정책위원회위원장의 하마평이 있어서 본인도 공식적으로 임명 전에 자신이 위원장이 될 것을 알았을 것이고, 정강정책위원회의 본격적인 활동에 앞서서 공화당 대통령 후보가 확실시되는 트럼프 후보를 만나서 정강정책에 대한 의견을 조율할 필요성을 느꼈을 것이다. Jennifer Steinhauer and Maggie Haberman, "Senator John Barrasso to Lead G.O.P. Platform Committee at Convention," *New York Times*(2016년 5월 24일), http://www.nytimes.com/2016/05/25/us/politics/senator-john-barrasso-to-lead-gop-platform-committee-at-convention.html?_r=0

게 정강을 논의했는지는 공개적으로 알려지지 않았다.

과연 공화당의 정강정책이 어떻게 변화할 것인가는 정강정책위원회 손에 달려 있었다. 50개 주와 미국 영토의 남녀대표 1인씩으로 구성되어 있는 공화당 정강정책위원회는 전국의 공화당 지도자들을 대표한다. 이들은 트럼프 후보의 과격한 발언이 공화당의 공식 입장으로 비쳐지는 것에 대한 우려를 하고 있지만, 대통령 후보의 의견을 완전히 무시할 수도 없는 딜레마에 빠져 있을 것으로 추측되었다. 우리나라의 경우 대통령 후보의 후광효과가 너무 강력하고, 대통령 후보 이외의 정당지도자의 힘이 미약하여 미국의 경우와 직접 비교하기는 어렵지만, 미국의 경우 대통령 후보의 뜻과 다른 정강정책이 여러 번 수립된 적이 있다. 연임이 가능한 미국의 대통령은 최대 8년의 임기를 가질 수 있지만, 미국의 양당은 150년 이상 미국 정치의 주역으로 정당의 정체성을 시대의 변화에 따라 유연하게 변화시키며 존재해왔다. 대통령의 연임은 재선으로 제한되어 있지만, 연방의원이나 주의회 의원들의 임기는 제한되어 있지 않으므로, 정당 지도자들로 구성되어 있는 정강정책위원회는 당면한 선거 승리 외에도 장기적인 목표와 가치를 정강정책에 담아 유권자의 분열을 최소화하고 단합시키는 것을 중요하게 생각한다.

이번 공화당 정강위원회의 특징 중의 하나는 처음으로 레즈비언 위원을 선출한 것이다.[18] 레이첼 호프(Rachel Hoff)는 정강에 수정안을 제출했다. 동성결혼을 합법화하자는 것이 아니고 공화당 내에서 동성결혼에 대해서 신중한 대화(thoughtful conversation)를 장려할 수 있도록 하는 몇 문장을 넣으려고 했으나 전체 112명 중에 30표의 찬성만을 얻어서 부결되었다. 공화당이 동성애주의자를 정강위원회로 선출했지만, 아직까지 동성애를 공식적으로 논의하거나 인정하는 수준까지는 가지 않았던 것이다. 이처럼 대선

---

18) Jeremy Peters, "G.O.P. Platform Committee Welcome First Gay Member but Not Gay Marriage," *The New York Times* (2016년 7월 11일), http://www.nytimes.com/2016/07/12/us/politics/rachel-hoff-gop-issues.html?_r=1

후보가 아니더라도 많은 집단이나 단체는 정강에 자신들의 의견을 관철시키고자 최선을 다한다. 2016년도 예외는 아니었다.

2016년 공화당 정강은 사회이슈에 관해서는 트럼프보다 더 보수적이고, 외교나 경제정책은 트럼프 후보의 입장을 많이 반영한 것으로 평가받고 있다.[19] 이것은 매우 뜻밖의 소식으로 공화당 정강위원회가 외교정책에 전격적으로 트럼프의 의견을 받아들였고, 트럼프 후보보다 더 보수적인 정강위원회 위원들이 사회정책 전쟁에서 승리했다는 말이 되기 때문이다. 물론 트럼프 후보가 정강정책 전쟁에서 유리한 위치를 점하고 있다는 신호들은 여러 차례 잡혔었다. 예를 들어, 바라소 위원장은 밖에서 보는 것과 달리 정강위원회는 트럼프 후보 진영과 협력이 매우 잘되고 있다는 인터뷰 발언 같은 것이 대표적인 예라고 할 수 있다.[20]

하지만 실제로 정강정책을 보고 기사를 보면 트럼프보다 더 보수적인 정책으로 소개된 정책은 낙태 반대정책이고, 그것은 전통적인 공화당 정책이었다. 그런 점에서 낙태 찬성의 트럼프 후보의 입장보다 보수적일 수는 있지만, 공화당의 정책노선에서 크게 달라지지 않았다. 그리고 트럼프가 승리한 외교정책은 전통적인 자유무역지지 노선과 달리 보호무역의 요소를 도입한 것을 말하는데, 그것은 러스트 벨트의 노동자들을 흡수하기 위한 정책으로, 정강정책 작성 시에 많은 논란이 있었을 것으로 추측할 수 있다. 대신 환태평양동반자협정에 반대한다는 트럼프의 의견은 정강정책에 반영되지 않았다. 언론의 논평은 단편적인 한두 가지의 정책을 보고 속단한 것일 수도 있다. 실제로 2016 공화당 정강정책을 과거의 정강정책과 비교해보면 확실히 보수화된 정책도 있지만, 별 차이가 없는 정책들이 대부분이다.

---

19) Bernie Becker, "Social conservatives win on GOP Platform," *Politico* (2016년 7월 16일), http://www.politico.com/story/2016/07/gop-platform-social-conservatives-225782

20) David Jackson, "Republicans open platform hearings, as party prepares nominate Trump," *USA Today* (2016년 7월 11일), http://www.usatoday.com/story/news/politics/elections/2016/07/11/donald-trump-republican-party-platform-hearings/86937194/

2016년 정강정책 정치는 양당이 중위 유권자들을 향해 중앙으로 모이는 것보다는 유권자연합의 외곽으로 움직이는 정치행태를 보였다고 볼 수 있을 것 같다. 2016년 정강정책 정치는 주류 정치인이 아닌 비주류 정치인의 등장으로 매우 뜨거웠다. 과거보다 정강정책에 쏠린 관심은 매우 컸으며, 정도의 차이는 있지만, 민주당은 왼쪽으로, 공화당은 오른쪽으로 옮겨간 것으로 보인다. 이번 공화당에서 정책으로 채택한 글래스-스테겔법(Glass-Steagall Act of 1933)은[21] 민주당의 샌더스 의원이 지지하던 정책이었다는 점에서 다소 의외인 부분도 있다.[22]

공화당은 샌더스 의원이 예선에서 클린턴 후보를 끝까지 괴롭혔던 클린턴 후보의 약점을 알고 있는 듯하다. 그런 점에서 선제적으로 샌더스 후보와 비슷한 정책을 내서 클린턴 후보에게서 승리를 하겠다는 맞춤형 정강정책이 글래스-스테겔법 부활 정책이었을 것으로 볼 수 있다. 민주당의 부통령 후보로 진보적인 인물이 아닌 중도적인 팀 케인(Tim Kaine) 상원의원을 지명한 것으로 알려지자 샌더스 상원의원 지지자들은 민주당이 말로만 진보적이고 실제로는 그렇지 않다고 실망을 한 틈새를 노려서 전당대회에서 부통령 선출에서 반란을 일으키라고 주문했던 트럼프는 슐츠 민주당 전국대회 위원장이 사퇴한 날에도 샌더스 지지자들을 힐러리에게서 떼어놓는 글을 트위터에 올렸다.

> "나는 데비 와서만 슐츠가 과대포장되었다고 늘 말해왔다. 민주당 전당대회는 쪼개졌고, 샌더스는 지쳤다. 아무런 에너지도 남지 않았다."
>
> _트럼프의 트위터[23]

21) 글래스-스테겔법에 대한 자세한 내용은 Neil Irwin, "What Is Glass-Steagall? The 82-Year-Old Banking Law That Stirred the Debate," *The New York Times* (2015년 10월 14일), http://www.nytimes.com/2015/10/15/upshot/what-is-glass-steagall-the-82-year-old-banking-law-that-stirred-the-debate.html?_r=0 참조.

22) Becker(2016), ibid.

23) 재인용(Martin 2016), ibid.

트럼프는 샌더스의 지지자들을 빼오기 위한 전략에 집중하고 있는 듯이 보인다. 정강에 일부 그런 부분이 들어 있고 그 부분은 전통적인 공화당과 거리가 있는 정강들이다.

경선 효과는 경선을 치르면서 당내 승리를 위해서 후보자들이 전체 국민의 중앙을 향해 경쟁하기보다는 경선 승리를 위해서 당의 중앙을 향해 경쟁하다 결국 전체 유권자의 중앙으로부터 멀어지게 되기 때문에 본선에서 승리할 가능성이 낮아지는 것을 의미한다.

민주당의 진보적인 정강정책은 다소 클린턴 후보를 미국의 중위 유권자로부터 멀어지게 만들 수 있다. 그걸 만회하고자 중도적인 팀 케인 상원의원을 부통령 후보로 지명했지만, 이는 샌더스 진영의 반발을 사게 되었다. 공화당은 사실 치열한 전투가 없었기에 공화당의 중앙으로 트럼프 후보가 움직인 게 아니라 트럼프 후보의 주도적인 선거전으로 공화당을 특정 정책에서 상당히 오른쪽으로 움직였다.

그런 점에서 민주당도 공화당도 평소의 정강정책과는 조금 다른 모습의 정강정책을 채택했는데, 이것이 미국 유권자 눈에 어떻게 비쳐질 것인가가 이번 선거의 관건이라고 볼 수 있다. 2016년 양당의 정강정책 정치의 결말은 과거와는 달라진 양당의 신호거나 일탈일 것이다.

제 3 부

시대별 정강정책 비교 분석

제 7 장 제2차 정당체제 시기 정강정책 분석

제 8 장 제3차 정당체제 시기 정강정책 분석

제 9 장 제4차 정당체제 시기 정강정책 분석

제10장 제5차 정당체제 시기 정강정책 분석

제11장 제6차 정당체제 시기 정강정책 분석

제7장

제2차 정당체제 시기 정강정책 분석

제1절 미국 주요 정당의 최초 정강정책 분석

미국 민주당은 1840년 최초의 정강정책을 발표했고, 휘그당은 1844년에, 공화당은 1856년에 발표하였다. 각 정당의 첫 번째 정강정책 발표 시기가 달라서 직접적인 비교는 어렵겠지만, 첫 번째 정강정책이 어떻게 출발하였고 어떤 특색을 가졌는지를 살펴보는 것도 의미가 있을 것이다. 앞서 언급한 대로 정강정책 작성은 문구, 표현을 놓고 싸우는 싸움이다. 그런 점에서 표현 하나 하나가 중요한 경우에는 원문을 그대로 분석에 사용했고, 정책의 내용이 중요할 때는 과감하게 내용의 핵심만 설명하였다.

1. 최초의 민주당 정강정책(1840년) 연구

최초의 민주당 정강정책은 1840년 전당대회에서 채택이 되었다. 전문이나 다른 부분이 없고 9개의 정책으로만 되어 있는 정강은 1856년까지 향후 16년간 민주당 정강의 기본이 되었다. 새로 개정된 정강정책들은 이 아홉 개의 정책을 포함하고 다른 정책들을 추가하는 형식으로 되었었다.

1840년 민주당 정강정책을 분석하여 보면 아홉 개의 정책 중에서 여덟 개가 연방정부와 연방의회의 권력에 제한을 두려는 시도이고, 마지막 하나가 이민정책에 관한 것이었다. 이는 민주당의 정체성과 관련이 있다. 연방주의자가 강한 중앙정부와 반이민정서로 이민권자들의 시민권취득을 어렵게 하고 기본권 보장을 받지 못하도록 하는 법안들을 만들어냈다면, 그에 반대하는 사람들이 민주당을 지지했다. 그런 점에서 1840년의 정강은 전통적 민주당 지지기반의 정치지향과 일치한다고 볼 수 있다. 다음은 1840년 민주당 정강의 첫 번째 정책에 해당한다.

> "다음과 같이 결의한다. 미국 연방정부는 오직 헌법에 기초한 제한된 힘을 가지고 있으며, 정부의 각 부처들도 권력의 교부(grants)를 매우 엄격하게 해석해야 하며, 의심스러운 헌법의 힘을 사용하는 것은 부적절하며 위험한 행동이다."

여기서 제퍼슨의 열거된 권한 이론의 전통을 읽을 수 있다. 제퍼슨은 헌법이 명시한 권한 외에는 연방정부에게 다른 권한이 없다고 믿는데 그것이 열거된 권한이다. 이에 반하여 해밀턴은 열거된 권한을 행사하기 위해서 필요한 권한을 헌법이 부여하고 있다고 주장하는데 그것이 내재적 권한이다. 연방주의자들은 헌법에 명시되지 않은 권한들을 내재적 권한으로 사용하여 연방정부의 권력을 강화하고 영역을 넓혔다. 제퍼슨의 전통을 주장하는 민주당은 헌법이 명시하지 않은 권력의 사용을, 의심스러운 헌법의 (힘의) 사용이라고 규정하면서, 이는 부적절하며 위험하다고 경고하고 있다. 이는 위헌 가능성이 있음을 내비치는 것이다. 결국 연방정부의 영역을 제한적으로 해석함으로써 주정부와 지방정부의 주권을 강조하는 논리이다.

> "다음과 같이 결의한다. 헌법은 연방정부에게 국토개발의 연방 체제를 시작하고 수행하는 권한을 주지 않았다."

위의 두 번째 정책은 제퍼슨의 반연방주의—민주공화당—민주당을 잇는 중요한 정책지향이다. 중상주의자인 해밀턴은 광활한 영토에 교통수단의 발전 없이 따로 살아가고 있는 미국인들을 하나로 연결하는 철도나 고속도로나 운하 등의 국토개발을 주창했지만, 제퍼슨은 다수에게 세금을 거둬서 소수에게 이익이 돌아가는 정책이라며 반대한 바 있다. 예를 들어서, 민주당은 국토개발이라는 이름 아래 철도 노선 등을 설계하고 그 철도 노선에 들어가는 땅 주인이 이득을 보는 구조를 부정부패라고 비난한다. 실제로 워싱턴 대통령이 주창한 포토맥(Potomac)강 개선 사업은 워싱턴 대통령 소유의 토지를 많이 포함하고 있었다. 이런 전통에서 정부가 세금을 거둬서 국토개발하는 것을 못마땅하게 생각하는 정당이 민주당이었다. 하지만, 국민들은 교통의 발달로 더 많은 상거래를 할 수 있고, 그들이 미국인으로 연결되었다고 하는 인식이 높아져서, 민주당의 이런 반대는 시민들의 눈높이와는 잘 맞지 않을 수 있었다.

막상 민주당이 집권을 하고 나서는, 국토개발을 완전히 반대만은 하지 않았다. 민주당의 메디슨 대통령과 먼로 대통령은 연방정부의 주의 권한 침해 가능성에 대한 염려와 헌법이 의회에게 부여하지 않은 국토개발권에 대한 우려로 어떤 국토개발은 승인을 하고, 어떤 국토개발은 거부권을 행사하기도 하였다. 잭슨 대통령의 경우도 국토개발이 연방적 특성을 가졌는지, 지역적 특성을 가졌는지를 승인의 중요한 판단 근거로 삼았다. 메디슨 대통령과 잭슨 대통령은 헌법 개정 없이 연방의회가 국토개발을 추진하는 것을 위헌의 소지가 있다고 판단하기도 하였다. 잭슨 대통령은 하야 직전까지도 연방의회에 압력을 가해서 국토개발을 위한 자금 지원을 주정부에게 하고, 주정부가 주도권을 가지고 국토개발을 할 수 있도록 했지만, 이는 주정부가 감당

할 수 있는 재정 능력을 넘어서는 부분이었다(Witcover 2003). 그런 점에서 국토개발에 대한 권한을 연방정부가 갖고 있지 않다는 선언은 민주당 대통령들이 지키기 힘든 현실이기도 했다.

더욱이 1837년의 공황(Panic)으로 대규모 실업이 발생했을 때, 실업자 구제를 위해 국토개발사업 진행을 요구하는 의견들이 있었음에도, 마틴 반 부렌(Martin Van Buren) 민주당 대통령은 아무런 조치를 하지 않았고, 1840년 선거에서 민주당 필패를 예측케 할 정도의 민심이반을 가져왔다. 그런 점에서 1932년 민주당이 대공황이 왔을 때 적극적으로 연방정부가 나서겠다고 해서 제5차 정당체제를 여는 뉴딜연합을 가져왔던 것과 1840년 민주당의 대응은 비교가 된다. 뉴딜의 핵심도 국토개발사업이었기 때문이다. 국토개발과 민주당의 원칙은 야당일 때와 여당일 때가 조금 다른, 일관성이 결여된 원칙이기도 하지만, 연방정부의 권한 강화에 반대하는 일관된 민주당의 노선에서 보면 이해가 된다. 다음은 민주당의 세 번째 정책이다.

> "다음과 같이 결의한다. 헌법은 연방정부가 지역의 국토개발 때문에 발생했거나 주의 다른 사업목적으로 발생한 몇 개 주정부의 채무를 직, 간접적으로 인수할 권한을 연방정부에게 주지 않았다. 그러한 채무 인수는 공평하지 않고 상책도 아니다."

위의 주장도 해밀턴과 메디슨이 갈라지게 되었던 해밀턴의 경제 프로그램에 대한 메디슨과 제퍼슨의 반발과 유사하다. 결국 연방정부가 특정 주의 채무를 인수하기 위해서는 채권발행이나 조세에 의해 재원을 마련할 테고, 그것은 채무가 거의 없는 재무 건전성이 양호한 주에게는 세금을 더 내야하는 불공평한 조치이기 때문이다. 그런 점에서 제퍼슨주의자들은 주정부의 부채에 연방정부가 개입하는 것을 반대하는 것이다. 이것은 앞의 국토개발을 반대하는 것과도 연관이 있다. 국토개발 비용으로 채무를 많이 지게 된 주들이 있었고, 이 주들을 구제해주기 위해 연방정부가 채무의 인수를 제안해서는 안 된다는 논리라서 국토개발을 반대하는 논리와 맥을 같이 한다.

다음은 네 번째 정책이다.

> "다음과 같이 결의한다. 사법부와 완벽한 정책들은 연방정부가 산업의 한 부분을 성장시키고 다른 부분에 손해를 입히거나, 일부의 이익을 도모하기 위해서 다른 일부의 이익에 손상을 입히는 것을 금지하고 있다. 이 나라의 모든 시민과 모든 계층은 평등권과 외국의 침략과 국내의 폭력으로부터 인명과 재산을 튼튼하게 보호받을 것을 요구할 권리가 있다."

위의 정책은 연방정부의 중립을 촉구하는 정책이라고 볼 수 있다. 그런데 노예제도와 관세가 가장 큰 논점이었던 시대상황을 고려해보면 북부의 제조업과 남부의 플랜테이션 농업 중 어느 한쪽에 손해를 입히고 다른 쪽에 이익을 주는 연방정부의 정책은 안 된다는 주장이다. 예를 들어서, 관세를 올려서 북부의 제조업을 보호하는 것은 남부의 면화 등 농산물 수출을 막고, 영국 등지의 제조물품을 수입해서 쓰는 남부에게는 불리하기 때문이다. 다음은 다섯 번째 정책이다.

> "다음과 같이 결의한다. 고정된 경제(rigid economy)를 강제하고 실현하는 것은 모든 정부 기관의 의무이다. 필수적인 정부 지출을 부담하는 것 이상으로 더 많은 세입 예산을 올려서는 안 된다."

고정된 경제의 개념이 무엇인지를 알기위해서는 제퍼슨이 고정된 경제에 대해서 무엇이라고 했는지를 알아야 한다. 토마스 제퍼슨은 공공의 기여(public contribution)와 모든 불필요한 비용의 완전한 제거의 고정된 경제(rigid economy)가 더 정직하고 덜 억압적인 정부로 나아가게 할 것이라고 주장했다. 제퍼슨은 고정된 경제가 투명하고 자유로운 정부의 조건이라고 보았다. 그것은 고정된 경제하에서는 불필요한 정부 지출이 전혀 없고, 자발적인 공공의 기여가 활발하게 이루어지기 때문에 세금을 많이 거둘 필요도 없어지는 것이다. 오늘날의 민주당과는 많이 다르지만, 제1차 정당체제 그리고 제2차 정당체제의 민주당의 입장은 작은 정부와 낮은 세율을 지지했다고 봐야 할 것이다. 다음은 여섯 번째 정책이다.

> "다음과 같이 결의한다. 연방의회는 연방은행을 세울 권한을 가지지 않는다. 우리는 은행은 제일 중요한 국익에 치명적으로 적대적이며, 공화주의와 국민의 자유에 위험하고, 국가의 업무를 집중화된 돈의 권력의 조종하에 두고, 법과 국민의 의지 위에 두려 한다고 믿는다."

은행에 대한 반대는 민주공화당을 민주당과 국민공화당으로 분열시키는 주제였고, 잭슨 대통령의 신념으로, 잭슨 대통령의 후계자를 자임하는 반 부렌 대통령에게도 거부할 수 없는 주제이다. 이는 1840년에도 중요한 선거 쟁점이었다. 연방은행 폐지를 '1837년 공황'의 주범으로 생각하는 휘그당과 달리 잭슨 대통령의 반-은행 정서를 공유하는 민주당은 은행은 부자들에게 이익을 줄 뿐 일반 시민들에게는 도움이 되지 않는다는 논리를 지속적으로 유지하고 있다. 다음은 일곱 번째 정책이다.

> "다음과 같이 결의한다. 헌법 아래에서 연방의회는 몇 개 주 내의 제도를 간섭하거나 조종할 권한이 없다. 그리고 그런 주들은 헌법이 금지하지 않는 한 그들에게 속한 모든 문제를 적절하게 그리고 유일하게 판단할 수 있다. 노예해방주의자 혹은 다른 사람들이 연방의회로 하여금 노예 문제에 간섭하게 만들려고 하는 모든 노력들, 혹은 그 과정 속에서 취하고 있는 초기 진행은 가장 위급하고 위험한 결과를 초래할 수 있다고 계산된다. 그런 모든 노력들은 사람들의 행복을 감소시키고, 미국연방의 안정과 영구성을 위험에 빠뜨리며, 우리 정치제도의 어떤 친구들로부터도 지지되어서는 안 된다."

위의 일곱 번째 정책에는 노예제가 분명하게 언급되어 있고, 헌법이 금지하지 않는 각주의 제도들에 대해서는 연방의회가 간섭할 권리가 없으며, 노예해방주의자들이 연방의회를 움직여 남부 노예주에 압박을 가하려고 한다면 최악의 경우 연방이 깨질 수도 있다고 경고하고 있다.

이것은 단순히 연방정부가 주의 전통적인 제도에 간섭할 수 있느냐의 문제를 넘어서 연방탈퇴 가능성을 언급한 아주 강력한 메시지라고 볼 수 있다.

근본적으로 이런 조류에는 분리(secession)와 무효화(nullification)가 주의 권리라고 믿는 남부의 사상이 영향을 미치고 있다고 볼 수 있다. 무효화는 미연방은 주들의 계약에 의해 설립된 국가이고, 계약의 주체로서 주는 설립자의 위치를 가지며, 연방법과 연방정부가 헌법을 위반했는지를 최종적으로 판결할 수 있는 주체도 각 주이며, 주는 헌법을 위반하는 연방법을 거부하고, 무효화할 수 있는 권한을 가지고 있다고 주장하는 이론이다.

분리도 이와 비슷한 논리구조로 되어 있다. 주가 서명하여 연방이 되었으니, 주가 결정하면 탈퇴할 권리도 있다고 주장하는 것이다. 이런 두 가지 이론 위에서 일곱 번째 정책은 노예제도에 대한 연방정부의 간섭이 초래할 위험에 대해서 경고하고 있다고 볼 수 있다.

다음은 여덟 번째 정책이다.

> "다음과 같이 결의한다. 연방은행으로부터 정부의 돈을 분리시키는 것은 정부의 자금의 안전성을 위해 필수적인 요소이며 시민들의 권리이다."

위의 주장은 잭슨 대통령이 1932년 선거에서 당선되자 제2연방은행의 연장을 불허하고 제2연방은행에 있던 연방자금을 전부 회수했던 것과 관련이 있다. 연방은행을 만들어서는 안 된다는 내용이 여섯 번째 정책이었다면 여덟 번째 정책에서는 정부의 자금을 연방은행에 두지 않는 것이 안전하고 시민들의 권리라는 주장을 하고 있다. 다음은 마지막 정책이다.

> "다음과 같이 결의한다. 제퍼슨에 의해서 독립선언서에 수록되고, 헌법에서 비준되고, 우리를 자유의 땅이자, 압박받는 모든 민족의 피난처로 만들었던 자유주의 원칙들은 민주적 신념의 중요한 원칙이었다. 그리고 시민으로 만드는 현재의 특권, 우리 중에 땅을 소유하게 만드는 특권을 없애려는 모든 시도들은 우리의 법률에서 외국인법과 선동법(Alien and Sedition Laws)이 사라져갔던 것과 같은 정신에 의하여 저항받게 될 것이다."

아홉 번째 정책은 이민정책과 이민자 차별 금지에 관한 주장이다. 일반적으로 외국인법과 선동법(Alien and Sedition Laws)은 존 애덤스 대통령과 연방주의자가 집권하던 1798년에 통과된 네 개의 법률을 뜻한다. 이 법률들은 이민자들의 국적취득 연한을 5년에서 14년으로 늘리는 귀화법(Naturalization Act)과 전쟁이 발발하게 되면 교전국 출신의 남성들을 체포 구금하거나 추방시킬 수 있는 외국인 적법(Alien Enemies Act), 시민권이 없는 외국인이 정부 전복음모를 꾀하고 있다고 의심이 들 경우 대통령이 이를 추방할 수 있도록 하는 외국인 친구법(Alien Friends Act), 정부를 모욕하거나 반대하는 발언을 금지하는 것을 골자로 하는 선동법(Sedition Act)으로 구성되어 있다.[1)]

이 법률들은 연방주의자가 민주공화당을 약화시키기 위한 목적으로 진행하기도 했고, 안전한 국가가 경제에 도움이 된다는 해밀턴의 중상주의적 생각이 실현된 것이기도 하다. 민주공화당이 정권을 잡은 뒤에는 대부분 폐지되었듯이, 그러한 시도들이 있다면 똑같은 방법의 저항을 받을 것이라는 경고이다.

미국 거대 정당의 첫 번째 정강을 요약 평가하면, 연방정부와 연방의회에 대한 견제, 노예제도에 대한 연방정부 개입 반대, 반 이민정책 반대 등이다. 정강이 만들어지기 이전의 전통적 민주당의 입장과 크게 달라진 것이 없어 보인다. 반-이민정책 거부 같은 것도 이민자의 인권 문제이기도 하지만 원래 이민자들이 시민권을 획득해서 민주당에 투표할까 두려워한 연방주의자들의 협소한 이기심이 작용하여 만든 법이 귀화법이기 때문에 사실상 민주당으로서는 기꺼이 투쟁해야 할 이유가 있는 의제라고 볼 수 있다.

1) Constitutional Rights Foundation(2003), http://www.crf-usa.org/bill-of-rights-in-action/bria-19-4-b-the-alien-and-sedition-acts-defining-american-freedom.html

2. 최초의 휘그당 정강정책(1844년) 연구

1840년 선거에서 승리한 휘그당은 승리를 만끽할 사이도 없이 비극을 맞았다. 대통령으로 당선된 윌리엄 해리슨(William Harrison) 대통령이 취임 한 달 만에 갑작스레 서거하는 바람에 존 타일러(John Tylor) 부통령이 승계했으나, 그의 정치노선이 휘그당과 맞지 않았다. 그는 휘그당이 제안한 법률안에 거부권을 몇 차례 행사했고, 의회에서 재의결되어 대통령의 거부권이 무효화된 첫 번째 대통령이자, 소속정당에서 대통령 재임 기간 중에 출당된 최초의 대통령이다. 휘그당은 1840년 선거에 승리했지만 또다시 야당의 위치에서 선거를 치르게 되었다. 휘그당의 정강은 총 4개의 정책으로 이루어져 있으나, 세 가지 정책은 대통령 후보와 부통령 후보 지명에 관한 이야기라 실제는 1개의 정책으로 이루어져 있다. 휘그당 정강이 민주당에 비해 미비해 보이는 것은 휘그당은 반-잭슨 연합으로 잭슨 대통령과 그의 후임 반 부렌 대통령에 반대하는 사람들의 연합이어서 통일된 정강을 갖추기에는 여력도 없고, 필요성도 크게 느끼지 못했을 것이다.

한편 바로 그런 점이 휘그당의 시대가 오래가지 못하고 공화당의 시대로 넘어가게 되는 계기가 되었을 수가 있다. 민주당이나 후에 창당되는 공화당에 비해 휘그당의 정강정책이 미비한 점을 지적하지 않을 수 없다. 1840년 선거에서 비록 인기 없는 민주당 현직 대통령 마틴 반 부렌과 1837년 공황 덕에 승리를 했다고는 하지만, 대통령 선거에서 승리한 경험이 있는 정당의 첫 번째 정강정책이 후보 소개가 3/4이고, 1/4만 실제정책이라는 것은 국민에게 휘그당의 특색을 차별적으로 보여줄 부분이 별로 없다고도 해석되기 때문이다.

휘그당 정강 중에서 정책에 관한 부분은 경제와 정치개혁이다. 휘그당 4개의 정책(plank) 중에 두 번째에 해당하는 정책으로 휘그당이 유권자들에게 내놓은 유일한 정책대안이라고 할 수 있다. 경제에 관한 부분은 관세를 통해서 정부의 필요한 경비를 충당하고 국내 노동자를 보호하자는 주장과 공유지 판매 수입을 분배하자는 주장인데, 정책 본문에서는 그것을 요약하면 잘 통제되는 통화(well regulated currency)로 포함될 수 있다고 주장한다. 대통령 단임제와 행정 불법(executive usurpations)에 대한 개혁으로 행정부는 모든 공공서비스의 기관들에게 권한을 나눠주면, 잘 규제되고 현명한 경제(well regulated and wise economy)에 의해서 효율성이 제고될 것이라고 주장했다. 이런 이해하기 힘든 수사학으로 이루어진 정강정책이 국민들에게 얼마나 설득력 있게 다가갔을지 매우 의심스러운데, 예를 들면 잘 규제되고 현명한 경제가 무엇인지 쉽게 알기 어렵고, 행정개혁이 어떻게 잘 규제되고 현명한 경제에 의해서 효율성을 제고할 수 있는지도 알기 어렵다. 마찬가지로 당시 미국 행정부의 주요 수입원이 관세와 공유지 매각 대금인데, 그것으로 통화량을 조절하겠다고 하는 말이라면, 어떤 방식으로 통화량을 조절하겠다는 것인지가 불명확하다. 휘그당의 주요 지지기반이 뉴잉글랜드 지역의 산업, 상업 자본이어서 관세를 주장하고 보호무역을 주장하는 것은 이해가 된다.

대통령 단임제와 행정개혁을 추가한 것은 눈에 띄는 부분이다. 이때까지는 대통령 임기에 제한 자체가 없었는데 단임제를 주장한 것은 지나치게 강력한 대통령의 출현으로 장기집권까지 하게 될 것에 대한 우려가 있었다고 볼 수 있다.

3. 최초의 공화당 정강정책(1856년) 연구

공화당은 캔자스-네브래스카 법령 통과에 자극을 받아서 출범한 신생정당으로 미국령 캔자스가 노예주로 연방에 편입되는 것을 반대하는 연합정당이다. 이들은 근본적으로 미주리 협약이 지켜져야 한다고 믿는 휘그당, 자유토지당, 구 연방주의자 세력 등이 연합한 정당으로 공식적으로 정강정책을 발표한 해는 1856년이다. 첫 번째 정강정책은 서문과 9개의 정책으로 이루어져있다.

> "(생략) 과거의 정치적 분열과 다툼에 상관없이, 미주리 협약 폐기를 반대하고, 현 행정부의 정책에 반대하고, 노예제도를 자유로운 미국령에 확산시키려는 정책에 반대하고, 캔자스를 자유주로 미연방에 편입하는 것을 지지하며, 워싱턴과 제퍼슨의 원칙으로 연방정부가 돌아가야 한다고… (후략)"

위는 서문의 일부를 발췌한 것이다. 서문에 공화당의 방향과 정체성이 잘 나와 있다. 공화당은 과거 정치적으로 다른 진영의 사람들이 미주리 협약 폐기를 반대한다는 공통관심사로 뭉친 정당이다. 미주리 협약을 파기한 것이 현 정부의 정책이고, 미주리 협약 폐기는 미국령 준주들에 노예제도를 확산시키는 결과를 초래할 것이라고 우려하고 있기 때문에 그에 반대하는 것이 공화당 창당의 목적인 것이다. 창당선언문이 아니라 정강정책의 서문이지만, 공화당이 무엇을 목표로 하고 있는지가 분명히 나타나 있다. 캔자스를 자유주로 미연방에 편입시켜야 한다고 주장하고, 현 정부는 워싱턴과 제퍼슨의 원칙을 위배하고 있다고 주장한다. 여기서 워싱턴과 제퍼슨의 어떤 원칙을 정부가 어떻게 위반하고 있는지는 상세히 설명되어 있지 않다. 하지만, 참여자 중에는 연방주의자도 있고, 국민공화당 출신들도 있으므로 이들을 한데 묶을 수 있는 정신적 지주가 워싱턴과 제퍼슨일 것이라고 추측할 수 있으며, 건국정신을 표현한 것이라고 볼 수 있다. 이는 첫 번째 정책에서 그 실마리를 찾을 수 있다.

> "다음과 같이 결의한다. 독립선언서에서 공표되고, 연방헌법에서 구체화된 사상들을 유지하는 것은 우리의 공화주의 제도를 유지하는 데 필수적인 요소이다. 따라서 연방헌법, 주들의 권리, 주들의 연합(union of states)은 반드시 유지되어야 하고 유지될 것이다."

첫 번째 정책을 보면 공화주의 제도를 유지하는 데 필수적인 요소가 헌법, 주들의 권리를 인정하는 것, 그리고 주들의 연합이라는 것이다. 그것이 독립선언서와 헌법에 나타나 있는 사상이며, 앞서의 서문에서 언급한 워싱턴과 제퍼슨의 사상이다. 여기에서 주목해야 할 것은 주들의 연합은 반드시 유지되어야 할 것이고 유지될 것이라고 강조한 것이다. 이 주장은 노예제도에 관한 연방정부의 간섭이 있으면 탈퇴할 수도 있다고 암시한 1840년 민주당의 첫 번째 정강정책과는 상당히 다르다. 16년의 시차를 두고 발표된 정강이라 단순 비교는 어렵지만, 민주당이 주들의 연합을 강조하면서 그 연합의 안정성이 훼손될 수 있다고 경고를 하는 데 비해서 공화당은 반드시 함께 가야 하고 갈 것이라고 주장을 하고 있다. 공화당은 어떤 경우에도 미연방이 깨져서는 안 되고, 그렇게 안 될 것이라고 보는 것이다. 표현에 "must and shall"이라고 되어 있는 것은 단순히 미연방이 보존될 것이라는 예측보다는 그렇게 만들겠다는 의지가 강하게 엿보이는 표현이다.

> "다음과 같이 결의한다. 우리의 공화주의 선조들처럼, 모든 인간은 양도할 수 없는 생명권, 자유권, 행복 추구권을 가지고 있고, 연방정부의 주된 목적과 차후의 설계는 법적인 영토 아래 모든 사람들의 기본권을 보장하는 것이라는 것을 자명한 사실로 받아들인다. 우리의 공화주의 선조들이 모든 미국령(National Territory)에서 노예를 해방했을 때, 적절한 법적 절차 없이 누구도 생명이나, 자유나, 재산을 빼앗길 수 없다고 정했듯이, 미국령(준주 포함)에 노예제도를 실시하려고 하는 목적으로 헌법을 위반하려고 하는 어떤 시도들에도 대항하여 노예제도를 금지하거나 노예제도를 확산시키는 것을 금지함으로써 헌법을 수호하는 것이 우리의 의무이다. 우리는 준주의 입법부나 어떤 개인, 혹은 개인들의 연합, 혹은 연방의회가 미국의 준주에 노예제도의 합법적 존재를 인정하는 권위를 부정하며, 현재의 헌법은 유지되어야 한다."

위는 두 번째 정책으로 캔자스나 네브래스카뿐만 아니라 장차 미연방으로 편입할 준주들에 노예제도를 용인해서는 안 된다고 하는 주장이다. 이 주장의 근거는 공화주의 선조와 존 로크(John Locke)의 사상에 기반을 둔다. 미국 건국의 아버지들이 미국에 도입한 민주주의는 로크의 사회계약론에 기반을 둔다. 로크의 사회계약론에 기반을 두고 독립선언문이 작성되었고, 미국 헌법이 작성되었다. 로크는 모든 인간에게는 양도 불가능한 기본권이 있다고 믿고, 그 양도 불가능한 기본권을 지키기 위해서 국가를 만들었다고 보며, 국가가 그 기본권을 지키지 못할 때에는 국가를 전복할 권리가 국민에게 있다고 본다.[2] 공화당은 준주에 있는 모든 사람은 똑같이 기본권을 가지고 있고, 이는 공화주의 선조들이 준주의 노예를 해방하면서 실현된 것으로 본다. 누구도 그 기본권을 앗아갈 수 없는데, 노예제도를 용인함으로써 그 기본권을 앗아가려는 것은 위헌이라고 주장하는 것이다. 공화당에서 언급하는 공화주의 선조들의 노예해방은 미연방의 헌법이 제정되기 이전, 미국이 연맹규약(Articles of Confederation)의 적용을 받던 시기 체결된 북서조례(Northwest Ordinance)를 의미한다고 봐야 할 것 같다. 북서조례에 의하면 당시 미국의 유일한 준주였던 북서지역에 관한 규칙을 정하면서 Article 6조에 북서지역에는 노예가 없을 것이라고 명시하고 있다.[3] 북서조례는 헌법이 제정되고, 미국 연방의회에서도 인정을 한 바 있다. 즉, 과거의 선례가 준주의 노예제도를 인정하지 않는 것이고, 그것이 미국의 공화정신이며, 그 정신을 지키는 것이 공화당의 책무라고 주장하는 것이다.

첫 번째 정책과 두 번째 정책을 설명하면서 공화주의 선조라는 표현을 반복해서 쓰고 있다. 마이클 홀트(Michael Holt)는 제2차 정당체제의 붕괴 원인과 남북전쟁의 원인으로 휘그당의 몰락과 공화당의 등장을 하나의 요인으로 설명을 하면서, 두 번째 요인은 국민들이 가지고 있던 공화정에 대한 기대를 민주당이나 휘그당이 만족시키지 못하였기 때문이라고 설명했다(Holt 1978). 홀트는 기성 정치인에 대한 불신과 공화정에 대한 기대를 공화당이 대안으로 등장하여 지지를 얻을 수 있었다고 설명하고 있다. 그런데 공화당이 정책을 설명하면서 그 근거를 공화주의 선조에 둔다는 것은 홀트의 설명과 맥을 같이 하는 면이 있다.

---

2) 미국 독립선언서에도 열방에게 독립선언의 타당성을 설명하는 대목에, 이런 사상이 잘 나타나 있다.

3) 북서 조례 원문은 Yale Law School Northwest Ordinance(July 13, 1787), http://avalon.law.yale.edu/18th_century/nworder.asp 참조. 북서지역은 오늘날의 미시건, 오하이오, 일리노이, 위스콘신, 인디애나, 미네소타에 해당하는 지역이다.

> "다음과 같이 결의한다. 헌법은 준주정부에 대한 주권을 연방의회에 부여했다. 의회가 그 힘을 행사하는 데 있어서 올바르고 필수적인 의무는 준주 안에서 야만의 쌍둥이 유물을 금지시키는 것이다. 하나는 일부다처제(polygamy)[4]이고 다른 하나는 노예(slavery)제도다."

위는 세 번째 정책이다. 두 번째 정책이 원칙과 이상론이라면 세 번째 정책은 문명사회와 야만사회를 나누는 이분법적 접근법에 기반을 두었다. 앞선 두 번째 정책에서는 모든 준주에는 노예가 없다고 선언하였다. 그것은 선조들이 준주의 노예를 다 해방하였고, 이는 모든 인간의 기본권을 인정하는 행위였기에, 새롭게 노예제도를 실시하려는 것은 선조들의 정신과 헌법을 위배한다고 하는 주장이었다. 그런데 여기서는 일부다처주의와 노예제도를 야만의 유물이라고 지적하면서 미국과 같은 문명사회가 절대 인정해서는 안 되는 야만적인 제도로 규정하는 것이다.

> "다음과 같이 결의한다. *좀 더 완전한 연방(union)을 이루고, 정의를 세우며, 국내의 평화를 지키고, 공통의 안전을 제공하며, 일반복지를 향상하고, 자유의 축복을 굳건히 하기 위해 국민들에 의해 제정되고 인정된 헌법*은 모든 국민의 재산권과 생명권, 자유권을 보호하기 위한 많은 조항들을 포함하고 있는 반면에, 캔자스 주민들은 귀중한 헌법의 권리를 부정당하고 폭력적인 방법으로 빼앗겼다. (중략) 이 모든 일들이 현 행정부의 인지, 허락, 조달 아래 이루어져 왔다는 것, 이것은 헌법과 미연방과 인류에 대한 중대 범죄(high crime)라는 점에 주목하여 우리는 현 행정부, 대통령, 그의 참모들, 정부요원(agent), 지지자, 변호자, 그리고 범행 사전 사후의 종범을 국가와 세계 앞에서 규탄한다. 그 후

---

4) polygamy는 한 명의 배우자가 여러 명의 배우자를 갖는 것으로, 일부다처제 혹은 일처다부제가 된다. 1830년대 뉴욕에서 시작한 몰몬교가 1830년대 40년대에 오하이오, 미주리, 일리노이를 떠돌다가 네브래스카, 유타 테리토리로 이전하였다. 1852년 몰몬교가 일부다처제를 실시하자 큰 논란이 되었다. 공화당 정책에서 말하는 일부다처제가 몰몬교의 일부다처제를 뜻하는 것이다. 1890년 몰몬교는 공식적으로 일부다처제의 종식을 선언하지만, 근본주의적 몰몬교도들은 아직도 일부다처제를 유지하는 것으로 알려져 있다. 몰몬교의 공식이름은 예수 그리스도 후기성도 교회(The Church of Jesus Christ of Latter-day Saints) 혹은 예수 그리스도 말일성도 교회이다.

이 흉악한 범죄의 실제 주범들과 그들의 협력자들을 적절하고 분명한 징벌로 다스리는 것이 우리의 불변의 목적이다."

위의 네 번째 정책을 보면 캔자스 사태에 공화당이 얼마나 비분강개하고 있는지를 알 수 있다. 중략된 부분은 공화당이 고발하는 구체적인 범죄 사실들이다. 앞의 제3장 제3절에서 언급한 피의 캔자스 사태에 대해 공화당은 그 모든 것이 현 정부의 책임이라고 비난하고 있다. 공화당은 여기서 헌법은 국민들에 의해 만들어진 것으로 보고 있다. 이탤릭체로 쓰인 부분은 헌법전문에 있는 내용을 공화당 정강이 그래도 인용한 부분이다. 이것은 주(state)가 헌법에 서명했다고 하는 분리론자들의 사상과는 다른 관점이다. 헌법이 국민들에 의해 작성되었다고 한다면, 주가 맘대로 헌법을 부정하거나 헌법에 서명한 것을 무효로 하고 연방을 탈퇴할 수 없는 것이다. 그 점을 강조하기 위해서, 또 국민의 기본권이 얼마나 중요한지를 강조하기 위해서 공화당이 자신들의 정책에 헌법 전문의 내용을 적어 놓은 것이다.

공화당은 캔자스 유혈사태가 연방정부의 인지와 묵인, 그리고 조달로 인해 벌어졌다고 연방정부를 직접원인제공자로 지목하고 있다. 공화당이 구체적으로 고발하는 내용들을 열거해보면, (i) 무장 세력에 의한 캔자스 준주 침범, (ii) 찬탈된 권력에 의해 세워진 허위의 입법, 사법, 행정부 관리들, 그들을 유지시켜주는 정부의 무력 등이 어우러져서 폭압적이고 위헌적인 법률들의 통과 및 집행, (iii) 무기를 소지할 권리가 침해되고, (iv) 투표권과 공무담임권을 위해 이상한 선서를 강요받으며, (v) 중립적인 배심원에게서 빠르고 공개재판을 받은 권리가 훼손당하고, (vi) 비합리적인 수색과 압수로부터 재산을 지킬 권리를 빼앗겼으며, (vii) 적절한 법적 절차 없이 생명, 자유, 재산을 빼앗기고, (viii) 연설과 언론의 자유를 빼앗겼으며, (ix) 그들의 대표를 선출할 권리가 소용없게 되었으며, (x) 살인, 강도, 방화가 부추겨지고 장려되고 있으며, 범인들은 아무 처벌 없이 방면되고 있다. 열거된 사안들은 캔자스에서 일어나고 있는 유혈사태를 공화당이 얼마나 심각하게 받아들이고 있는지를 보여준다.

캔자스 사태는 아무런 준비 없이 캔자스-네브래스카 법안이 통과되었음을 보여주는 예라고 할 수 있다. 주민투표에 의해 그 주가 자유주로 편입할지, 노예주로 편입할지 결정한다는 국민주권의 사상은 명분이 있지만, 결국 북부의 자유주와 남부의 노예주로부터 이민 경쟁이 일어나고, 비록 원래 개척자만 투표권이 있다고 명시했지만, 그것을 무시하고 투표가 이뤄지게 되고 그것을 인정하는 측과 인정하지 않는 측의 대결이 벌어지고, 그 과정에서 유혈사태가 날 것에 대한 아무런 예비조치가 없었던 연방정부의 무책임한 결정이었다. 그런 점에서 공화당의 주장은 나름 일리가 있는 측면이 있다. 공화당은 정부와 대통령 등을 규탄하며 중대범죄(high crime)라는 표현을 사용했다. 미 헌법 2장 4조에 보면, 대통령의 탄핵 사유가 반역, 뇌물, 혹은 다른 중대범죄(high crime)와 경범죄(misdemeanor)라고 명시되어 있다. 결국 캔자스 사태가 대통령의 탄핵 사유에 해당하는 무거운 죄라고 공화당은 주장하는 것이다.

> "다음과 같이 결의한다. 현재 캔자스를 격랑으로 몰고 가는 내란을 끝내고 시민들에게 주어진 권리와 특권을 향유할 수 있는 가장 효과적인 방법으로, 캔자스는 현재의 자유 헌법 상태로 미연방으로 즉각 편입되어야 한다."

위의 정책은 공화당의 정강에 있는 다섯 번째 정책이다. 공화당 전당대회가 열린 1856년 당시의 캔자스 주 헌법을 유지한 상태로, 미국 연방으로 받아들이자는 주장은 결국 자유주로 받아들이자는 주장이다. 왜냐하면 1855년 캔자스 토피카에서 노예제도를 금지하는 캔자스 주 헌법의 초안을 만들었고, 주 헌법은 아직 미국 정부의 공식적인 인정을 받지 못했지만, 그것이 유일한 캔자스의 헌법초안이었기 때문에, 공화당 주장에 따르면 캔자스는 자유주로 연방에 편입되게 되는 것이다. 노예제도를 반대하는 토피카 헌법(Topeka Constitution)은 1856년 미연방의회에 송부되고, 노예제도를 찬성하는 민주당의 프랭클린 피어스(Franklin Peirce) 대통령의 비난을 받았지만, 하원을 통과하였다. 그러나 상원의 해당분과 상임위 더글러스 위원장이 캔자스-네브래스카법에 따라 캔자스 주민들이 결정하라고 다시 돌려보내게 된다.

> "다음과 같이 결의한다. 오스탕드 선언(Ostend Circular)에 나와 있는 노상강도의 변명은 맞을 수도 있지만, 미국의 외교정책의 어떤 부분에서도 일고의 가치가 없으며 그것을 찬성하는 어떤 정부나 혹은 국민들을 불명예와 부끄러움에 빠뜨리게 될 것이다."

위의 정책은 여섯 번째 정책으로 외교정책에 관한 정책이다. 오스탕드 선언은 미국이 스페인으로부터 쿠바를 사들이는데, 스페인이 이를 거부하면 무력을 사용해서라도 관철시키자는 문건이다. 프랭클린 피어스(Frnaklin Pierce) 대통령의 외교라인들인 국무장관 윌리엄 머시(William Marcy), 주스페인 미국 대사인 피에르 소울레(Pierre Soule), 주영 미국대사 제임스 부케넌(James Buchanan), 주프랑스 미국대사 존 메이슨(John Mason)이 벨기에의 오스탕드에서 비밀 회담을 갖고 그 결과를 1854년 피어스 대통령에게 보고한 문건이 바로 오스탕드 선언이다. 주 스페인 미국 대사인 피에르 소울레가 회담에 대해 떠벌이면서, 이 소식이 퍼지게 되었고, 미국 하원은 대통령에게 그 문건을 공개하라고 압박을 했다. 미 하원의 압박으로 공개된 문건이 가져온 파장은 엄청난 것이었다. 북부 자유주들과 유럽의 국가들은 이 계획에 대해 반대했다. 무력사용을 불사하는 쿠바합병은 남부 노예주들의 오랜 숙원이었다. 노예제도가 있는 쿠바를 미국의 주로 편입시키면 미국 의회에서 노예주의 발언권이 강화되고 이는 노예주에 이익을 줄 것으로 생각되었기 때문이다. 공화당은 정강에서 그런 행위를 노상강도의 짓이라고 신랄하게 비판하면서 그런 행위를 용납하는 정부와 국민은 국제적으로도 비난받을 것이라고 지적하고 있다.

> "다음과 같이 결의한다. 태평양까지 가장 편리하고 실제로 통행할 수 있는 기차 노선은 전체 국가의 이익에 의해 필연적으로 요구된다. 연방정부는 철도 건설에 즉각적이고 효율적인 원조를 제공해야 한다. 또한, 보조로, 기차노선을 따라서 즉각적인 이민자 도로(emigrant road) 건설을 지원해야 한다."

위의 정책은 일곱 번째 정책으로 철도 건설에 관한 부분이다. 태평양 철도 건설에 대해서는 공감대가 형성되었지만 여러 노선이 물망에 올랐으나, 결정이 되지 못한 상태에서, 공화당은 두 가지를 노선의 우선 고려 요건으로 들고 있다. 하나는 편리성, 두 번째는 통행성이다. 편리하고 실제로 통행할 수 있는 노선을 결정해서 철도 건설에 들어가고 정부는 이에 전폭 지원을 하라는 주장이다. 이민자 도로는 동부나 중부, 남부 등에서 서부 개척지를 향해 이민을 떠날 때 이용하는 도로이다. 보통의 이민이 마차에 짐을 싣고 가족 단위 혹은 종교단체나 친지 단위로 이동을 하는 것이었는데, 짐승의 습격, 인디언 습격, 강도의 습격, 장기간의 이주 기간, 이동경로의 난이도 등으로 안전이 문제가 되는데 철도를 놓으면서 그 철길을 따라서 이민자 도로를 건설해준다면 좀 더 서부 이민을 용이하게 하고 이민자들의 안전을 지킬 수 있는 방안이 되는 것이다.

> "다음과 같이 결의한다. 기존의 통상을 보호하고 편의를 도모하기 위해서 국가적 특성(national character)의 강과 항구를 개선하고자 의회가 예산을 지출하는 것(appropriations)은 헌법에 의해 권한을 부여받았고, 시민들의 삶과 재산을 보호하기 위한 정부의 의무에 의해 정당화된다."

위의 정책은 여덟 번째 정책이다. 공화당은 국토개발에 대해 찬성을 하고, 그것을 위한 예산 지출을 헌법과 정부의 책무로 정당화시킨다. 여기서 단서는 그 강과 항구가 지역적인 특성을 지닌 것이 아닌 국가적 특성을 지녀야 한다는 것이다. 그런데 이 구분이 항상 쉽지가 않다. 민주당의 잭슨 대통령이 그 문제를 지적하며 하원에 검토해볼 것을 요구했고, 하원은 국가적 특성과 단순히 주차원의 특성이 차이가 있지만, 그 차이는 대통령이 아니라 의회가 결정하는 것이라는 답변을 내놓았다.[5] 공화당의 정책은 무엇이 국가적이고 무엇이 지역적인지를 논하지는 않았고, 연방정부가 연방적 특성

5) U.S., Congress, House, House Report 77, 21st Cong., 2d sess.(10 February 1831), p.7.

을 지닌 국토개발에 예산 편성을 하는 것은 헌법이 부여한 권리라고 주장을 한 것이다.

> "다음과 같이 결의한다. 다른 주제들에 관해서 우리와 관점이 다르더라도, 이 정강에서 선언한 신념들을 지지하는 모든 정파의 사람들의 협력과 가입을 환영한다. 우리 국가의 헌법과 우리 제도의 정신이 시민들의 평등한 권리와 양심의 자유를 보장한다고 믿으며, 우리는 시민들의 안전을 헤치는 모든 입법에 반대한다."

위의 정책은 정강의 마지막 정책으로 아홉 번째 정책이다. 여기서 공화당은 유권자재편성을 요청하고 있다. 다른 문제에 대한 이견이 있더라도 공화당이 천명한 준주로의 노예제도 확산 반대, 캔자스의 자유주 편입, 쿠바 강제 편입 반대, 철도 개발, 국토개발에 지지하면 공화당을 중심으로 새로운 유권자연합을 형성하자는 주장은 노예 문제가 정국의 핵심 갈등으로 등장해서 기존의 민주당 우위의 제2차 정당체제를 끝내는 4년 뒤의 선거를 마치 예측하는 것 같다. 공화당은 창당 이후 첫 번째 정강으로 공화당의 정체성과 목적을 분명하게 밝혔다.

제2절 민주당 정강정책의 변화(1840~1856년)

1844년부터 1856년까지 발표된 민주당 정강은 1840년도 정강에 기초하고 그 이후에 시대 상황에 맞게 새로운 정책들이 추가되었다. 1844년 정강에 서문이 추가되었고, 그 서문은 1848년, 1852년, 그리고 1856년 정강에 반복되어 사용되었다. 다음의 표는 제2차 정당체제기 동안 민주당 정강의 변화를 보여준다.

〈표 7-1〉에는 연속해서 두 번의 정강정책에 똑같은 단어와 문장으로 표

〈표 7-1〉 민주당 정강정책 변화(제1차 정당체제)

<table>
<tr><th>1840년</th><th>1844년</th><th>1848년</th><th>1852년</th><th>1856년</th></tr>
<tr><td colspan="5">- 연방정부 권한은 헌법에 명시됨.
- 헌법은 국토개발권을 연방정부에 주지 않음.
- 헌법은 연방정부의 주정부 채무 인수 권한 주지 않음.
- 연방정부가 산업의 한 부분을 성장시키고 다른 부분에 손해를 입히거나, 일부의 이익을 도모하기 위해서 다른 일부의 이익에 손상을 입히는 것을 금지함.
- 필수적 지출 충당하는 것 이상의 세금 인상 반대.
- 헌법은 연방의회에 은행설립 권한 주지 않음.
- 헌법은 연방의회가 주의 노예 문제에 간섭할 권한을 주지 않음.
- 연방정부 자금을 연방은행으로부터 분리시켜야 함.
- 이민자들의 시민권 취득과 자산 소유 차별 금지함.</td></tr>
<tr><td></td><td colspan="4">서문
미국의 민주주의는 미국 대중의 지성, 애국심, 정의에 기반을 둔다. 우리의 이것을 자랑스러운 정치적 신념으로, 민중의 의지로부터 설립되고 지지되어온 정부의 도덕적 요소로 간주한다. 이것은 연방주의(federalism)와 대비된다.</td></tr>
<tr><td></td><td colspan="4">공유지 매각대금은 헌법에 의해 정해진 용도로 사용되어야 한다.
대통령의 거부권 유지</td></tr>
<tr><td></td><td></td><td colspan="3">헌법적 자유, 평등, 동포애를 확증하고 발전시키는 국민의 정당으로, 모든 독점과 다수의 희생을 대가로 소수에게 혜택을 주는 배타적 법을 반대한다.</td></tr>
<tr><td></td><td></td><td></td><td colspan="2">- 노예 문제의 논의를 재개하려는 어떤 시도도 반대한다.
- 1789년 켄터키, 버지니아 결의안 지지</td></tr>
</table>

현된 정강만을 보여주고 있다. 멕시코 전쟁의 경우 1844년 정강에 나오고, 1848년 정강에도 나오지만 표현의 차이가 있어서 완전히 똑같이 기술되어 있지는 않아서 생략하였다. 〈표 7-1〉에서 보면 서문에 미국의 민주주의는 소수의 지성에 기반을 둔 것이 아니라 대중(mass)의 지성과 애국심, 정의에 기반을 두었다는 표현이 나온다. 그리고 소수의 지성에 기반을 둔 정부는 연방주의로 국민의 의사를 마비시킨다고 적혀 있다. 민주당이 이미 사라진

해밀턴의 연방주의자 당을 상대로 싸우는 것과 같은 착각이 들 정도의 서문이긴 하지만, 과거 미국 정당의 초창기에 연방주의자당은 지식인과 중상계급에 기반을 두고 국민의 지성을 믿지 않았던 것에 비해서 제퍼슨은 일반 민중들을 중심으로 민주공화당을 발전시켰던 것을 보면 이 주장이 과하지는 않다. 아마도 휘그당을 귀족정당이라고 비난함과 동시에 민주당의 대중성을 돋보이게 하는 선언일 것이라고 평가할 수 있다.

1844년부터 1856년 정강까지 지속적으로 나오는 정책은 공유지 매각대금에 관한 것과 대통령 거부권에 관한 것이다. 1844년 민주당 정강부터 1856년 정강까지 민주당은 공유지 매각대금을 헌법이 정한 국가적 사안에 숭고하게 사용되어야 하며, 헌법에 어긋나며, 적절한 정책이 아니기에, 최근에 통과된 법을 반대하고, 매각대금을 주에 분배하는 어떤 법들도 반대한다고 주장했다. 여기서 최근에 통과된 법이 지칭하는 법은 아마도 1841년 발효된 우선매수법(Preemption Act)일 것이다.

우선매수권법은 연방정부가 연방정부의 땅의 공개판매에 들어가기 전에, 그 땅에 살고 있는 불법거주자에게 우선 매수권을 부여하고 매우 싼 값으로 최대 160에이커까지 구매할 수 있도록 하는 법이다. 이는 이후에 미국연방에 가입하게 되는 모든 주들에 차례로 적용이 되었다. 신청자격은 세대주거나, 21세 이상의 독신이나 과부, 미국 시민이거나 시민권을 획득하려는 사람, 그리고 14개월 이상 거주자다.[6] 싼값에 공유지를 불하하는 것을 남부에서는 전반적으로 반대한다. 노예를 사용한 플랜테이션 농업을 위해서는 넓은 땅이 필요한데, 이 땅들을 가난한 사람들에게 싼값에 정부가 넘기는 것은 남부 농장주의 이익에 반하는 법이다. 또한 우선매수법에는 주정부에게 국토개발을 조건으로 연방정부가 공유지를 무상으로 넘기는 조항도 들어 있다. 이 또한 앞서의 정책에서 보았듯이 민주당이 반대하는 정책이다.

---

6) 법령 전문 참조. Minnesota Legal History Project, http://www.minnesotalegalhistoryproject.org/assets/Microsoft%20Word%20-%20Preemption%20Act%20of%201841.pdf

대통령 거부권 유지는 민주당의 정적 헨리 클레이(Henry Clay)가 대통령 거부권에 대해 부정적 의견을 가지고 거부권을 약화시키려고 하는 것에 대한 민주당의 반응이다. 헨리 클레이는 국민공화당을 만들어서 민주공화당을 나갔고, 그 이후로는 휘그당의 실세로서 역할을 했다. 헨리 클레이는 한 편지에서, 대통령의 거부권을 상·하원 각각 2/3의 찬성으로 무효화시키는 것은 부담이 너무 크며 1/2의 찬성으로 바꿔야 하고, 대통령의 주머니 속의 거부권(pocket veto)[7]을 견제하기 위한 조치들이 필요하다고 역설했다(Clay 1988). 클레이는 휘그당 부통령이었다가 해리슨 대통령 서거로 대통령직을 승계한 존 타일러 대통령의 거부권 행사에 대한 불만이 많았다. 민주당은 헨리 클레이와 휘그당에 주장에 대해서 대통령의 거부권은 필요하며 이를 무효화하기 위한 조건이 2/3 정도는 되어야 한다고 주장하는 것이 이 정책이다.

1848년에 처음 정책으로 채택되어 그 후 1852년 1856년 정책으로 계속 등장하는 것이 독점과 소수자를 위한 법 반대 정책이다.

> "낡은 세상(Old World)의 왕관을 끌어내리고 독재의 폐허 위에 공화국을 세우는, 민족 자결의 힘과 능력, 그리고 국민주권의 위대한 정치적 진실의 최근 발전을 보면서, 우리는 국민정당으로 우리 민주당에 지워진 고귀하고 숭고한 의무와 책임감을 느낀다. 우리 당은 다수를 희생시켜서 소수에게 이익을 주려는 배타적 법과 모든 독점에 지속적으로 저항하며, 우리 사이의 헌법적 자유와 평등, 동포애를 유지 발전시킨다. 이 위대하고 진보적인 국민들의 능력과 열정 안에서 과거 현재 미래의 연방을 유지할 정도로 폭넓고 강한 헌법의 타협과

---

7) 주머니 속의 거부권은 대통령이 의회를 통과한 법안에 대해 10일 안에 서명을 해서 승인을 하든지, 이유를 써서 의회에 돌려보내는 거부권을 행사하든지 하지 않고 법안을 죽일 수 있는 특수한 경우를 말한다. 대통령이 법안을 전달받고 10일 안에 서명하지 않거나 거부하지 않으면 자동으로 법이 된다. 그런데 만약에 그 10일 안에 의회가 휴회를 하게 되고, 대통령이 아무런 조치를 하지 않으면 자동 소멸하게 된다. 그것을 주머니 속의 거부권이라고 한다. 대통령은 가끔 본인이 내키지 않는 법안들을 국회의 회기 일정을 보아가며 슬그머니 주머니 속의 거부권을 행사하여 법률안을 폐기시키기도 한다.

자유, 평등, 동포애의 신념을 고수함으로써 이를 해낼 수 있다.”

위에서는 유럽 등 구대륙에서 성장하는 민족자결주의나 국민주권주의, 그리고 공화주의에 고무된 민주당의 모습을 알 수 있다. 그리고 그걸 보면서 민주당의 책임이 얼마나 큰지 새삼 깨달았다고 주장한다. 여기서 강조하는 것은 헌법의 대타협 정신과 자유, 평등, 동포애의 신념이다. 민주당 정책은 헌법을 타협의 산물로 보고, 그 타협은 다양한 이해관계를 포용할 수 있을 만큼 충분히 넓고 또한 강하다고 주장한다. 그리고 헌법의 타협정신은 미래의 연방도 지켜줄 것으로 보고 있다. 헌법은 큰 주, 작은 주, 노예주, 자유주 모두가 조금씩 양보해서 이룬 타협이었다는 점에서 민주당은 그런 타협정신을 지속적으로 고수해야 한다고 주장하는 것이다. 그리고 민주당은 독점과 소수자를 위한 배타적 입법에 반대한다고 주장하며, 그것은 자유, 평등, 동포애에 맞지 않는다고 암시하는 것이다.

1852년과 1856년에는 노예제를 논의를 재개하려는 어떤 시도도 반대한다고 되어 있다. 앞에도 노예제에 관한 정책이 있지만, 아예 논의 재개 자체를 반대한다고 하는 강한 정책을 추가함으로써, 노예제가 의제가 되는 것에 대한 부담을 표현하고 있다. 남부의 민주당의 경우 노예주와 자유주가 미주리 타협이나 도망노예법 등으로 이미 타협을 본 사안을 재론하는 것 자체가 불합리하며 불공평하다고 생각할 수 있을 것이다.

1852년의 정책에 1789년 켄터키 버지니아 결의안(The Kentucky and Virginia Resolution)을 지지한다는 정책이 새롭게 등장하고 이는 1856년에도 등장한다. 켄터키 버지니아 결의안이라는 것은 토마스 제퍼슨 부통령(당시)과 메디슨이 1788년 작성하고 1789년 버지니아 주의회에 제출한 결의안이다. 연방정부가 외국인법(Alien law)과 선동법(Sedition law)을 만들고, 연방차원에 제지가 불가능해지자 제퍼슨 부통령(당시)과 메디슨이 주의회에 제출하여 이것을 막고자 한 것이다(Witcover 2003). 켄터키 주의회와 버지니아 주의회는 외국인법과 선동법이 위헌법령이라고 결정했고, 이게 켄터키 버지니아 결의안의 요체이다. 결의안에 따르면 연방법이 연방헌법을 위반했을 때 이를 판단하고 공표할 의무가 주의회에 있다고 한다. 여기서 주의 주권이 다시 한번 부각되었고, 단순히 외국인법과 선동법뿐만 아니라, 연방의회가 만든 법을 주의회가 위헌으로 결정하고 이를 무효화할 수 있다는 논리로 발전하게 된 것이다. 1852년 시점에 켄터키 버지니아 결의안이 민주당의 정강으로 들어간 것은 노예제도에 관한 어떤 연방법도 연방헌법에 맞지 않는다고 판단하면 주가 그것을 위헌으로 결정하고 무효화할 수 있다는 논리적 근거를 두기 위함이다. 제퍼슨 대통령과 메디슨 대통령이 연방의회의 월권을 제어하고 주의 권리를 지키고자 하는 노력을 많이 했지만, 조지 워싱턴 대통령이 예측했듯이 주의회가 연방법률의 위헌을 심판하고 무효화하는 것은 연방해체로 가는 길을 여는 것이었고(Chernow 2005), 그런 점에서 남북의 분열과 남북전쟁에 법리적 논리적 근거를 제퍼슨 대통령과 메디슨 대통령이 제공한 것은 틀림없다.

1852년과 1856년 민주당 정책에서 켄터키 버지니아 결의안을 지지한다고 공언한 것은 향후 연방의회에서 만에 하나 노예 관련 입법이 될 경우 이를 위헌이라고 판정하고 무효화시킬 수 있다는 것을 암시하는 다단계 전략을 세웠음을 알 수 있다. 첫째 전략은 노예 문제는 재론치 말자. 두 번째 전략은 노예 문제는 주의 전통적 제도의 문제로 헌법이 연방의회에게 관여할 권한을 주지 않았다. 세 번째 전략은 노예 관련 연방법이 연방헌법을 위반했을 때(왜냐하면 연방헌법이 연방의회에 그런 권한을 주지 않았으므로), 주의회는 위헌 결정을 내리고 이를 무효화할 수 있다. 노예 문제가 새로운 갈등이 아니었고 지속적인 갈등이었지만, 1852년과 1856년 사이에 점점 갈등이 고조되고 민주당에서도 민주당 내의 북부의 의견은 받아들여지지 않고 남부의 의견이 지배적으로 표출되면서 기존의 민주당-휘그당의 정당체제로는 노예 문제에 적극적인 북부의 세력을 포용하기 어려워 보이는 게 민주당의 정강이었다.

제3절 민주당과 공화당의 정강정책 비교(1856년)

1856년은 제2차 정당체제의 마지막 선거였다. 향후 미국 양당제의 한 주역이 되는 신생정당 공화당과 전통의 민주당의 정강을 비교해보자.

〈표 7-2〉 1856년 민주당과 공화당의 정강정책 비교

민주당	쟁점	공화당
- 연방의회는 주의 노예제도에 관여할 권한이 없음 - 노예제도의 재론 반대	노예제도	
- 캔자스 주민의 뜻에 따라서 주에 편입	캔자스	- 캔자스 주민의 기본권 침해 - 캔자스 자유주로 편입되어야 - 현 행정부 책임져야
- 세금 인상 반대 - 공유지 판매 수입 헌법에 맞게 사용 - 정부의 형평성 있는 정책 - 연방은행 세울 권리 없음 - 연방자금과 연방은행 분리	경제	
- 연방정부는 국토개발 권한이 없음 - 대서양-태평양 도로 진행	국토개발	- 국토개발에 대한 예산편성 적절 - 철도 사업 진행
- 자유무역, 자유 항해 - 먼로선언 유지 - 멕시코 만 지배권 확보 - 운하 건설 노력하는 타국 응원	외교	- 힘으로 쿠바 획득 반대
	연방	- 헌법, 주권(state right), 주의 연명
- 연방의회의 주, 준주, 워싱턴 DC의 노예제도 불간섭 - 노예제 여부에 상관없이 준주의 동일한 권리 인정	준주	- 모든 준주에서의 노예해방은 공화주의 선조의 뜻이자 헌법 정신 - 연방의회는 일부다처제와 노예제를 준주에서 추방해야 함
- 1789년 켄터키 버지니아 결의안 - 1850년 타협안 - 헌법에 열거된 연방정부 권리 - 이민자 차별 금지 - 종교와 출생지에 따른 차별 금지	이민, 타협	- 미주리 타협

〈표 7-2〉는 1856년의 민주당과 공화당의 정강정책을 비교한 표이다. 눈여겨 보아야 할 대목은 민주당이 노예제도와 관련된 직접적인 정책을 발표한 반면에 공화당은 준주, 특히 캔자스와 관련된 노예제도를 언급할 뿐 기존의 노예제도를 실시하고 있는 주들이나 다른 노예 문제를 언급하고 있지 않다는 사실이다. 공화당은 준주에 노예를 인정하지 않는 것은 미국헌법이 제정되기 이전부터 선조들이 북서조례를 통해서 결정한 사실이라는 정통성을 주장하고 있다. 1856년 노예해방론자들이 기존 남부의 노예제도를 공격하거나 폐지해야 한다고 주장하는 단계는 아니고 준주의 문제를 미주리 원칙에 따라서, 북서조례의 전통에 따라서 노예를 인정해서는 안 된다고 주장하는 것이다. 이에 비해 민주당은 노예제도의 언급 자체가 적절치 않다고 주장하는 것이다.

민주당은 노예제도와 같은 전통적 제도들은 주의 관할이지 연방정부의 관할이 아니며, 마찬가지로 준주도 다른 일반 주들과 같은 권리를 누릴 수 있으므로, 그 준주의 노예 문제 또한 그 준주 주민들이 알아서 해결하도록 해야 한다는 주장이다. 같은 맥락에서 노예제도를 연방의회 내에서나 바깥에서 재론하는 것을 반대한다고 주장한다. 또한 자유토지당이나 공화당을 다음과 같이 비난하고 있다.

> "헌법 아래에서 미국연방을 유지하는 것을 가장 중요한 현안이라고 생각하는 모든 사람들의 협조와 동료애를 요구하며, 준주의 무장저항과 반역을 선동하는 모든 파벌적 정당(sectional party)과 정강정책(platform)은 시민전쟁과 연방의 분리를 초래할 수 있기 때문에 강력하게 비난한다. 미국 민주주의는 캔자스와 네브래스카를 설립한 기본법(organic law) 안에 담겨 있는 원칙들이 노예 문제의 건전하고 안전한 해결책을 구체화하고 있다고 인정하고 받아들였다. (중략) 그것은 주(state), 준주(territory), 워싱턴 DC의 노예에 연방의회가 불간섭하는 것이다."

위의 민주당 정책을 보면 캔자스에서의 소란의 책임을 그것을 선동하는 정당과 그 정강정책에 있다고 비난하고 있는 것을 알 수 있다. 공화당의 정책은 캔자스에서의 유혈사태의 책임이 현 정부와 대통령, 그의 참모들에게 있다고 주장하는 데 비해서 민주당은 그것을 선동하는 정당과 정강에게 책임을 돌리고 있다. 여기서 주목해야 할 필요가 있는 것은 민주당 정책이 기본법(organic law)을 언급했다는 것이다.

미국법전(US Code)에 따르면, 미국의 기본법은 독립선언문, 연맹규약, 북서조례, 헌법을 뜻한다. 민주당은 위의 기본법 사상의 보수적인 해석은 주, 준주, 워싱턴 DC의 노예 문제에 연방의회가 간섭하지 않는 것이라고 주장한다. 그런데 앞의 1절에서 살펴본 것처럼, 북서조례는 미국 준주에서의 노예를 모두 해방하고 인정하지 않고 있다. 물론 북서조례는 도망노예는 원래의 주로 돌려보내야 한다는 주장도 하고 있다. 결국 공화당은 북서조례의 미국령 준주에서 노예는 없다는 조항을 인용하는 반면에 민주당은 같은 조례의 도망노예법(fugitive slave law)을 강조하는 것이라고 볼 수 있다. 도망노예법은 노예제도가 합법인 주의 노예가 노예제도가 없는 자유주나 준주로 도망을 가게 되면 원주인에게 돌려줘야 한다는 법이다. 헌법보다 몇 달 일찍 체결된 북서조례는 그런 면에서 노예주와 자유주의 의견을 절충한 조례라고 볼 수 있다.

공화당과 민주당 모두 미국의 기본법에서 자신들의 주장의 정당성을 가져오고 있다. 민주당은 불관여가 기본법의 정신이라고 하고, 공화당은 준주의 노예 불인정이 기본법의 정신이라고 한다. 민주당은 준주도 주와 똑같은 권리를 가지고 자신들의 결정을 할 권리가 있다고 주장하며 노예 문제로 준주의 주민을 선동하는 정당과 정강정책을 비난한다. 공화당은 준주도 주와 똑같은 권리를 가지고 있는데 미국 행정부의 불법적인 묵인, 지시, 조달 등으로 그 권리가 묵살되고 있으므로, 즉각적으로 미 행정부는 이런 불법행위를 중지하고 책임져야 한다고 주장하고 있다.

민주당이 존중되어야 한다고 주장하는 1789년 켄터키 버지니아 결의안은 자체적으로는 노예제도를 언급하는 것은 아니지만 실제로는 노예제도를 언급하는 내용으로 이해해야 한다. 연방의회가 노예제도에 관한 법률을 제정하게 되면 이는 헌법이 연방의회에게 준 권한이 아니므로, 이를 주의회가 위헌판결을 내리고 무효화할 수 있다는 것을 암시하며, 어떤 경우에도 주의회가 이를 번복할 수 있다는 주장인 것이다. 1850년 타협은 5개의 법안을 말하는 것으로 노예 문제와 관련되어 민주당과 휘그당이 1850년 타협을 본 내용을 말한다. 1850년 타협은 텍사스의 노예주 편입과 캘리포니아의 자유주 편입을 결정하고, 텍사스가 주장하는 영토를 뉴멕시코에 넘기는 대가로 텍사스의 빚을 미연방이 떠맡으며, 뉴멕시코 준주는 국민주권의 원칙에 따라서 스스로 노예제의 허용과 불허 여부를 결정하며, 도망노예법을 강화하고, 워싱턴 DC의 노예판매를 금지한다는 내용이다(Witcover 2003).

노예 문제가 불거지고 노예 문제를 의회에서 어떻게 결정하느냐가 중요해진 이후, 관심사는 노예주(slaver state)와 자유주(free state)의 연방정치에서의 힘의 균형이었다. 북위 36° 30′위의 준주를 자유 준주, 아래를 노예 준주로 규정하고, 미주리를 노예주, 메인을 자유주로 받아들여서 양쪽의 숫자를 균등하게 맞추려는 1820년의 미주리 타협도 그러한 시도 중 하나라고 볼 수 있다. 공화당은 이 타협을 따라야 한다는 주장이고, 민주당은 미주리 타협은 캔자스-네브래스카법으로 폐지되었으니, 캔자스-네브래스카법에 명시되고, 1850년 타협에서 결정되었던 것처럼 국민주권에 따라 준주의 주민투표에 따라 결정하자는 주장이다. 그리고 도망자 노예법이 1850년 타협에서 강조되었듯이 준수되어야 한다고 민주당은 주장한다.

> "주의 연합의 기초와 번영과 확장, 그리고 탁월한 자유정부는 완벽한 종교의 자유와 태어난 곳과 계급을 상관하지 않는 것에 있다. 종교적 의견과 출생지에 기반을 둔 어떤 정당도 국가적, 헌법적, 미국식 원칙에 부합하는 것으로 인정될 수 없다. 19세기 미국에서 가톨릭과 외국출생자에 대한 정치적 십자군은 과거의 미국 역사나 현재의 미국 역사, 혹은 미국의 국민 정부의 특징인 관용과 방대한 자유의 조화의 측면에서도 합리화될 수 없다."

이민자들과 타 종교에 배타적인 정당과 세력에 대한 비판도 민주당의 중요한 정책이다. 위에서 민주당이 비난하는 정당은 무지당(Know Nothing Party)인데, 무지당은 가톨릭 아이리시들을 반대하는 백인 기독교 중심의 정당이다. 무지당의 다수는 4년 후인 1860년 헌법연합당에 합류하게 된다. 1856년 민주당 정강에서 민주당의 유권자연합은 이민자와 가톨릭을 포함하고 있다는 것을 알 수 있다. 민주공화당 시절부터 귀족주의적인 연방주의자당이 이민자들의 국적취득을 어렵게 해서 민주공화당 지지표의 확산을 늦추려고 했던 것을 고려해보면, 민주당은 시작부터 이민자들의 지지를 받는 정당이었고, 이는 대기근이 아일랜드를 휩쓸고 간 이후에 폭발적으로 증가한 아이리시 이민자들도 반-가톨릭, 반-이민 정서를 반대하는 민주당의 주요한 유권자연합임을 보여주는 정책이다. 이에 대해 공화당은 별다른 언급이 없다.

경제정책에 대해서도 민주당은 여러 가지 정책 대안들이 있는 데 비해서 공화당은 전혀 언급이 없다. 그것은 공화당 정강에서 밝혔듯이 미주리 타협안을 지지하고 캔자스가 자유주로 편입되어야 한다는 주장에 동의하는 모든 사람들의 정당이 공화당이어서, 다른 주제에 관해서는 내부적 교통정리가 되어 있지도 않았고, 그럴 필요도 없었다고 봐야 한다. 제1장에서 논의했듯이 미국의 정당이 선거에서 같은 이름으로 승리를 쟁취하려는 정치적 집단이라는 면에서 다른 주제에 관해서는 공화당 내에도 다양한 사상을 가진 연합이 존재한다고 봐야 할 것이다. 민주당 정강에서 나타나는 민주당의 유권자연합은 노예주의자, 주의권리 주창자, 남부, 이민자, 가톨릭 등이다.

국토개발에 대해서는 공화당이 국토개발에 연방의회 예산을 책정하는 것은 헌법적 행위로 지지한다고 하는 반면에, 민주당은 헌법이 연방정부에 국토개발을 할 권한을 주지 않았다고 주장한다. 그런 차이점에도 불구하고 대서양과 태평양을 잇는 교통망에 대해서는 양당이 모두 지지하고 있다. 민주당은 연방정부의 힘을 제한해야 한다는 전통적인 주 중심(state-centric) 사상을 따르지만 도로 건설과 같은 중요한 사업에 대해서는 이를 지지하는 모순된 태도를 보인다.

제8장

제3차 정당체제 시기 정강정책 분석

제1절 1860년 정강정책 연구

1. 1860년 민주당 정강정책 비교

1860년은 공화당의 아브라함 링컨 후보가 대통령으로 당선되고, 공화당이 정권을 잡은 해이다. 링컨 대통령의 승리는 민주당 분열의 어부지리의 결과라고도 볼 수 있다. 민주당이 북부 민주당과 남부 민주당으로 나뉘어 표가 갈리게 되었고, 남부 휘그당과 무지당 등이 협력하여 헌법연합당을 만들어서 4파전이 된 것이 공화당 승리의 계기였음은 부인할 수 없다.

1860년 민주당의 전당대회가 열리기 전에 남부의 7개 주(앨라배마, 조지아, 플로리다, 미시피시, 루이지애나, 텍사스, 아칸소)의 대표들은 뷰캐넌 대통령의 주선으로 회합을 가졌다. 그 회담에서 그들은 만약 1860년 정강에 준주의 노예를 연방정부가 보장한다는 문구가 정강정책에 들어가지 않으면 탈당을 하자고 논의를 하였다. 전당대회가 열리고, 남부는 노예제도를 연방 정부가 법으로 보장하는 조항을 포함한 정강정책을 다수 올렸으나, 북부 민주당원들에 의해 모두 부결되었다. 격론 끝에 앨라배마의 윌리엄 얀시(William Yancy)가 민주당이 고유한 제도(Peculiar institution)를 보호한다는 입장을 공식적으로 취하자고 제안했다. 고유한 제도란 노예제로를 완곡하게 표현하는 표현인데, 이에 오하이오 주의 상원의원인 조지 푸(George Pugh)가 "남부의 신사분들, 여러분들은 우리를 잘못 판단하였습니다. 우리는 그렇게 하지 않을 것입니다."라고 이를 거부하자 얀시의 뒤를 따라서 남부의 대의원들이 퇴장하였다. 남부의 대의원들이 불만의 표시로 전당대회에서 퇴장함에 따라서, 정족수가 미달된 민주당은 다시 전당대회를 열기로 하고 해산하였다. 남부의 민주당원들은 별도의 회합을 통해 독자적인 정강정책을 만들고 대통령 후보를 선출했으며, 더글러스와 북부의 민주당원들도 다시 소집된 전당대회에서 정강정책을 통과시키고 대통령 후보를 선출했다(Witcover 2003).

미국의 대통령이 되기 위해서 남부의 지원을 받고자 캔자스-네브래스카 법안을 제출했고, 르콤튼 헌법에 대해 비난함으로써 북부의 지지를 받고자 했던 더글러스는 본인이 제출했던 캔자스-네브래스카 법안으로 인한 준주의 노예 문제로 결국 민주당의 와해를 초래했고, 노예 문제에 대해 좀 더 확실한 보장을 받고 싶어 했던 남부 민주당의 요구와 그 요구를 받아들일 수 없었던 북부 민주당의 온도차이가 민주당의 분당을 가져온 것이다. 그런 점에서 노예제도는 공화당과 민주당의 차이보다, 민주당의 남부와 북부의 차이를 더 크게 만드는 균열이었다고도 볼 수 있다. 정강정책을 둘러싼 대립이 당을 파국으로 몰고 가는 일이 더러 있지만, 1860년의 경우처럼 현직 대통령이 전당대회 이전에 정강정책의 갈등을 예상하고 분당을 기획하는 것도 특이한 경우이다.

북부 민주당과 남부 민주당의 정강정책은 모두 1856년 민주당 정강정책에 기반을 두고 몇 가지만 추가하는 형식으로 되어 있다. 과거의 정강정책과 다른 점은 1856년이나 1840년 정강정책을 다시 적지 않고, 1856년 정강정책을 수용하고, 새로운 몇 가지만 추가한다고 밝히고 정강을 시작한다는 점이다. 두 민주당의 분열과정이 시끄러웠지만, 의외로 1860년 정강정책은 대동소이하고 북부 민주당의 경우 두 가지만 추가가 되어 있다. 제3차 정당체제의 시작을 알리는 1860년 선거를 준비하는 민주당의 정강정책을 비교하여 보자.

〈표 8-1〉은 1860년 남부 민주당과 북부 민주당의 정강정책을 비교한 것이다. 공통정책을 보면 민주당의 전통적인 정책기조와 크게 다른 것이 보이지 않는다. 1856년 정강정책에서 먼로주의를 지지했던 민주당이 명예로운 방법으로 쿠바를 미국영토에 편입시키는 것을 찬성한다는 점은 확실히 달라진 점이긴 하다. 그렇지만 원래 민주당 지도부가 비밀리에 추진하던 무력을 불사하는 쿠바영토 획득에 대해서 공화당이 1856년 정강에서 비판한 데 비해서 민주당은 1856년 정강에서 아무런 언급 없이 먼로주의 찬성을 주장하고, 멕시코 만의 지배적 위치 확립이라는 상호 모순적인 태도를 취했던 것에

〈표 8-1〉 1860년 민주당 정강정책 비교

	북부 민주당	남부 민주당
공통정책	-정부는 이민자와 미국출생자를 충분하고 완벽하게 보호 -신속한 태평양 철도 건설을 위해 합헌적인 정부 지원 필요 -스페인과 미국을 명예롭게 하는 방법으로 쿠바를 미국영토로 합병 찬성 -도망노예법을 무효로 하는 주의회의 입법은 위헌	
준주의 노예제도	-민주당은 준주의 노예제도에 관해서 준주의회의 권한과 특성, 연방의회의 권한과 의무에 대한 연방 대법원 판결을 준수할 것임 -준주의 노예제도에 관한 연방 대법원의 판결은 모두에 의해 존중	-연방의회의 법에 따라 조직된 준주정부는 임시기구임. 연방의회나 준주의회는 미국 시민의 사람이나 재산을 침해하거나 파괴할 수 없음
준주의 재산권		-준주의 재산권과 시민의 권리를 보호하는 것은 연방정부와 부속기관의 책무
준주의 연방 가입		-준주는 노예제도와 상관없이 다른 주와 같은 권리를 가지고 연방 가입

서 달라진 것은 틀림없다. 무력불사론을 최소 공식적으로 지지하지 않는 방향으로 1860년에 결정된 것으로 보아야 할 것이다.

정강정책상에서 북부 민주당과 남부 민주당이 온도 차이를 보이고 있는 것은 준주 문제이다. 북부 민주당은 민주당 내에 이견이 존재함을 북부 민주당 정강에서 다음과 같이 밝히고 있다.

> "현행 미국의 헌법 아래서, 준주의 노예제도에 관한 준주의회의 권력의 범위와 특성, 연방의회의 권력과 의무에 관해 민주당 내에 다양한 의견이 존재한다."

민주당의 다양한 의견이 존재하여 어느 쪽으로도 쉽게 결론을 내릴 수 없는 북부 민주당은 결국 연방 대법원 판결을 해결책으로 찾은 듯이 보인다. 북부 민주당은 결국 연방 대법원의 판결을 기다리고, 그 판결이 무엇이든지 승복하자는 정책을 세웠고, 현재 캔자스에서 진행되는 사태에 대해서 다른 의견을 뚜렷이 표명하지 않고 있다. 그에 비해서 남부 공화당은 분명하고도 강한 정책방향을 제시하고 있다.

첫째는 준주에 재산이나 노예를 가지고 있는 미국 시민의 권리는 연방의회나 준주의회에 의해서 침해될 수 없다. 이는 준주의 주민뿐만 아니고, 준주에 재산을 가지고 있는 시민들의 재산도 보호받아야 한다는 주장이다. 이 부분은 노예 주인이 노예를 데리고 준주로 이주했을 때, 준주에서 재산권 행사를 하지 못하도록 연방의회나 준주의회가 입법할 수 없다는 주장이다.

두 번째는 첫 번째 주장을 다시 한 번 독립된 정책으로 강조한 것에 지나지 않지만, 헌법적 권위가 닿는 곳이라면 어디라도, 준주의 재산권과 사람의 권리를 행정부와 부속기관이 보호해야 한다는 주장이다.

세 번째 주장은 국민주권에 의한 의사 결정이라는 표현은 직접적으로 사용하지 않았지만, 다른 주와 동등한 권리를 가지고 주에 편입해야 된다고 주장하고 있다. 여기서 다른 주와 동등한 권리를 누린다는 것이 기본권을 의미하는 것일 수도 있지만, 그보다는 국민주권으로 노예제도를 선택하거나 거부할 권리를 뜻한다고 봐야 할 것이다. 왜냐하면 바로 뒤에 나오는 표현이 "준주 헌법이 노예제도를 인정하거나 금지하든지 상관없이"라는 표현이 있기 때문인데, 결국은 주민투표에 의한 주 헌법 채택, 그 헌법에 따른 노예제도 존폐 결정, 그리고 그 결정을 존중받으며 연방 가입의 수순으로 읽히기 때문이다.

결국 준주의 노예제도에 대해서 주민의 의견을 존중하고 현행 주의 헌법에 따라서 결정되어야 하는지, 연방 대법원의 판결을 기다려야 하는 것인지의 차이를 제외하고는 북부 민주당과 남부 민주당의 차이가 정강정책에서는 크게 드러나지 않는다. 사실 노예제도에 대한 입장말고는 남부 민주당과 북부 민주당을 가르는 다른 균열이 존재하는 것은 아니기 때문에, 다른 정책에서 두 정강정책이 유사해 보이는 것은 당연하다고 할 수 있다.

2. 1860년 공화당 정강정책 연구

공화당은 4년 전인 1856년의 정강보다 조금 더 다양한 주제들을 다루고 있다. 이는 정당으로서 점차 자리 잡아 가면서 연합정당의 모습을 띠고 있는 증거라고 할 수 있는데, 공화당 정강에서도 지난 4년간의 정당발전에 대해 자랑스러워하고 있음을 다음과 같이 알 수 있다.

> "지난 4년간 미국의 역사는 공화당의 조직의 타당성과 필요성, 그리고 공화당의 영속성을 입증해왔다. 과거 어느 때보다도 공화당을 영구적인 존재로 만든 대의는 평화롭고 합법적인 승리를 요구한다."

위에서 설명하는 것처럼 4년 전 전당대회에 비해서 공화당은 조직적인 측면에서도 발전했고, 노예제를 둘러싼 갈등 국면의 한쪽 축으로서 공화당의 입지는 많이 달라졌다. 그리고 공화당은 평화롭고 합법적인 방법으로 공화당이 승리하는 것이 대의라고 주장한다. 그리고 공화당이 잠시 나왔다가 사라지는 다른 정당들과는 달리 앞으로도 존재할 영구적인 정당이라는 믿음을 강조하고 있다. 1860년 선거가 치러지기 전이었지만, 공화당은 민주당의 파트너로 휘그당이 아니라 공화당이 등장할 것이라는 예고를 하는 것과 같다.

> "독립선언서에서 공표되고, 연방헌법에서 구체화된 사상 '모든 사람들은 평등하게 창조되었고, 창조주에 의해서 양도 불가능한 기본권을 부여받았으며, 기본권 중에 생명권, 자유권, 행복추구권이 있고, 이런 기본권을 보장하기 위해서 사람들 사이에 정부가 설치되었고, 모든 주권은 피통치자로부터 나온다.'고 하는 사상을 유지하는 것은 우리의 공화주의 제도의 유지에 필수적이다, 연방 헌법, 주의 권리, 주의 연합(union of states)은 반드시 유지되어야 하고 유지될 것이다."

위의 정책은 1856년의 정책 두 개를 합쳐놓았으면서도 좀 더 논리적으로 정교하게 다듬어졌다. 1856년 정강이 미국 연방 헌법의 서문을 인용하였다면, 1860년의 공화당 정책은 독립선언문을 인용하였다. 위의 인용표시가 된 부분은 공화당 정강정책 원문에서 인용표시가 된 부분으로, 토마스 제퍼슨이 기초한 독립선언문의 한 대목이다.[1] 토마스 제퍼슨 대통령은 민주당을 창당한 정치인이다. 그런 점에서 민주당의 뿌리가 토마스 제퍼슨 대통령의 정치철학에 있다고 말할 수 있는데, 공화당의 정강이 토마스 제퍼슨 대통령이 기초한 독립선언문을 인용하는 것은 단순히 문장에서 표현하는 가치를 알리는 것 이상으로 민주당을 지지하는 유권자들에게도 미국 건국사상이 온전히 공화당의 정책 속에 담겨 있음을 알리는 효과가 있다고 볼 수 있다.

위에서는 로크의 사회계약론이 어떻게 미국의 건국사상을 통하여 공화당까지 연결되는지를 보여준다. 1856년 정강에서도 로크의 사회계약론이 나타나기도 했지만, 1860년 정강에는 조금 더 명료하게 표현되고 있다. 모든 인간은 평등하게 창조되었다는 말은 노예나 자유인, 준주의 주민이나, 미국 연방에 속한 주의 주민이나 모두가 평등하게 창조되었다는 의미이기 때문에

---

1) 독립선언문에는 문장과 문장을 쉼표(,)와 that으로 연결하는 데 비해서 1860년 공화당 정강은 (;)으로 연결하는 것이 다른 점이다.

준주의 주민이나 노예가 차별받지 않을 권리가 있음을 천명하고 있다. 또한, 양도 불가능한 기본권은 창조자에게서 부여받은 것이기 때문에 인간이 그것을 마음대로 빼앗을 수 없다. 그중에 생명권과 자유권, 행복추구권은 기본권의 중심을 이루며, 사람들은 그 권리를 보장받기 위해서 정부를 수립했고, 정부의 모든 권한은 피통치자로부터 나오기 때문에 피통치자의 기본권을 보장하지 못하는 정부는 정당하지 않은 정부가 되는 것이다. 이 정강에는 나오지 않지만 독립선언문에는 인용된 문장 바로 다음에 "정부가 그 목적에 해가되면, 국민들은 정부를 바꾸거나 없애고 새 정부를 구성할 권리를 가진다."라는 문장이 따라 나온다. 공화당이 거기까지 논리를 전개한 것은 아니나, 로크의 사회계약론이 미국 공화주의의 요체라고 강조하고 있다. 그리고 로크의 사회계약론에 입각한 사상들을 지키는 것이 미국의 공화주의 제도 유지의 필수인데, 공화주의 제도란 헌법, 주의 권리, 주의 연합이며 그것은 반드시 유지되어야 한다고 주장한다.

주의 권리를 주창함으로써 기본적으로 주의 권리를 주장하는 민주당과 다르지 않고, 연방을 주의 연합으로 인정한다는 것도 같은 맥락으로 주를 존중하며, 미국연방은 결국 주들의 연합이라는 점을 강조하고, 헌법 아래에서 주권을 존중받는 주들의 연합으로 미국 공화주의가 유지되는 것이다. 강경한 남부 민주당 중심으로 연방 탈퇴론이 나오는 가운데 공화당은 연방을 지키는 것이 공화주의라고 주장하고 있다.

> "미국이 경험한 전례 없는 인구 증가, 물적 자원의 경이로운 발전, 부의 빠른 증가, 행복과 대외적인 명예는 주의 연합 덕분이다. 우리는 출처가 어디든지 상관없이 연합의 분리계획을 혐오한다. 민주당 의원들은 그들의 동료로부터 어떤 꾸짖음도 받지 않고 박수갈채 속에 종종 연방의 분리를 협박했지만, 우리 공화당 의원들은 연방분리를 협박하거나 지지하지 않았다는 것을 축하한다. 우리는 그들의 지배(ascendency)가 민중들에 의해 전복되었을 경우, 연방분리의 협박을 하는 것을 자유정부의 중대한 원칙을 부정하는 것이며, 계획된 반역의 공개적 인정이라고 비난한다. 연방분리를 협박하는 것에 대해서 성난 민중들이 엄중히 꾸짖어 영원히 침묵시키는 것은 당연한 의무이다."

위의 정책에서 공화당은 노예제도에 대해 연방의회가 간섭하는 입법을 하면 연방을 탈퇴할 수도 있다고 협박하는 남부 민주당 의원들을 비난하고 있다. 그런 발언을 하는 의원과 그런 발언을 묵과하는 민주당 동료 의원들에 대해서 비난하고 있다. 미국이 이룬 발전이 주들이 연합하여 이룬 성과물들인데, 연방을 탈퇴하겠다고 협박하는 것은 발전의 시계를 거꾸로 돌리자는 것이며, 이에 대해 국민들은 엄중히 꾸짖어야 한다고 주장하고 있다.

지배가 민중들에 의해 전복된다는 말은 다음과 같이 해석될 수 있다. 연방 선거결과 대통령이 바뀌거나 의회의 다수당이 바뀌는 경우, 노예 문제가 연방의회 의제로 나와서 남부주의 의도대로 되지 않았을 경우가 하나의 경우이다. 1860년 선거시점에서 행정부과 상원은 민주당이 주도하고 있었으나, 하원은 공화당이 다수당이었다. 창당한지 몇 년 안 된 신생정당이 빠르게 성장하여 미연방의회 하원의 다수당이 된 것이다. 그런 부분에서 노예주들은 압박감을 느꼈을 것이고, 다가오는 선거의 결과가 노예주들이 원하는 방향으로 나오지 않을 때를 노예주의 지배가 민중들에 의해 전복(popular overthrow)된다는 표현을 썼을 것으로 생각해볼 수 있다. 여기서 민중들에게 엄중히 꾸짖으라는 것은 다가오는 선거에서 공화당에 투표하여 분리주의자들에게 민심을 알게 해주라는 것으로 해석할 수 있다. 물론 선거에서 투표하는 것 이외에도 여러 가지 방법으로 민심을 표출할 수는 있겠으나, 일반적으로 결정적이고 돌이킬 수 없는 민심의 표출은 선거라는 점에서, 그리고 전당대회는 선거전에 정강을 발표하고 대통령, 부통령 후보를 지명하는 자리라는 점에서 선거혁명에 대한 요구라고 보는 것이 타당할 것이다.

> "주의 권리를 침해하지 않는 것, 특히 각 주가 주의 제도들에 대해서 배타적으로 결정하고, 그에 따라 명령하고 통제하는 것을 침해하지 않는 것은 우리의 정치조직의 성숙함과 인내심이 의존하는 힘의 균형에 필수적인 것이다. 우리는 주나 준주의 무장 세력이 그 어떤 구실로도 불법적으로 다른 주나 준주에 침략하는 것을 중대한 범죄라고 비난한다."

위는 캔자스-네브래스카법 발표 이후, 수년간 지속되어온 캔자스 유혈사태에 대한 비난이다. 외부 무장 세력은 노예주에서 온 세력, 특히 인접주인 미주리에서 온 노예주의자 세력을 뜻한다. 1856년 5월 21일 미주리 주민들이 캔자스 준주를 침범해서 자유주 호텔을 불사르고, 신문사 사무실 두 곳을 파괴했으며, 주민들의 집과 가게를 약탈한 사건이 있었다. 1855년에는 자유주 출신의 시민 두 사람이 총격으로 피살되었으며, 1856년엔 미연방의회 상원에서 사우스캐롤라이나의 하원의원이 노예해방론자인 공화당 상원의원을 피습하는 등, 캔자스와 관련된 유혈 사태는 캔자스 내에서뿐만 아니라 중앙정치 무대에서도 칼부림으로 이어졌었다. 자유주 주민들도 캔자스 유혈사태에 가담하여 노예주의자들을 피습하는 일이 발생하고, 1856년엔 수천 명의 무장한 노예주의자들이 캔자스로 진주했으며, 미주리의 노예제도 활동가들인 주경계의 깡패들(Border Ruffian)이 캔자스의 오사와토미(Osawatomie)를 공격해서 이른바 오사와토미 전투가 벌어지기도 했고, 1858년엔 조지아 주의 노예제도 옹호 지도자인 찰스 해밀턴(Charles Hamilton)이 무장병력을 이끌고 캔자스에 침입하여 11명의 자유노예주의자를 포로로 잡아다가 총살시키는 학살사건까지 벌어지게 되었다. 공화당은 이런 일련의 사태들을 강력하게 규탄하고 있다. 하지만 노예주로 돌아간 그들은 대부분 아무런 처벌도 받지 않고 여생을 다 보냈다.

> "현재의 민주당 행정부는 (몇 가지 점에서) 우리의 최악의 염려를 훨씬 넘어섰다. (첫째,) 시위하는 캔자스 주민들에게 악명 높은 르콤튼(Lecompton) 헌법을 필사적으로 강요하는 것이 증명하듯 정파적 이익의 부당한 요구에 무한이 순응하고 있다, (둘째,) 주인과 종의 개인적 관계를 사람들의 무자격의 재산(unqualified property)을 포함하는 것으로 해석을 하고 있다. (셋째,) 순수한 지역적 이해에서 비롯된 극단적 주장을 연방의회와 연방법원의 간섭을 통해 육지와 바다 모든 곳에 강요하려는 시도를 하고 있다. (넷째,) 신뢰하는 국민에 의해서 위탁받은 권한의 일반적이고 한결같은 남용을 하고 있다."[2)]

---

2) 괄호와 괄호 안의 내용은 필자가 독자의 이해를 돕기 위해서 추가한 부분이다.

위에서는 현재의 민주당 행정부를 최악의 행정부 이하라고 비난하고 있다. 왜 현 민주당 행정부가 최악인지 네 가지 이유로 설명하고 있다. 정파적 이익(sectional interests)은 사실상 남부 노예주의 이익을 표현하는 말이다. 남부 노예주의 이익은 노예주를 늘리고, 새로 편입되는 주에서도 노예를 이용한 플랜테이션 농장을 운영하는 것을 뜻한다. 캔자스 주민들도 반기지 않는 르콤튼 헌법을 캔자스 준주에 강요하고 있는 것이 그 증거라고 공화당은 주장한다. 르콤튼 헌법을 이해하기 위해서는 토피카 헌법(Topeka Constitution)을 알아야 한다. 광범위한 부정 선거에 의해서 구성된 캔자스 주의회 문제와 자유주의 개척자에 대한 위협에 대처하기 위해서 자유주의자들이 토피카 헌법 대회(Topeka Constitutional Convention)를 1855년 캔자스의 토피카에서 개최했고, 노예제도를 불인정하는 캔자스 헌법의 초안을 만들었다. 그 헌법 초안을 헌법이 만들어진 장소의 이름을 따서 토피카 헌법이라고 한다. 앞에서 설명한 대로 1856년 토피카 헌법은 연방정부로 송부되고 하원을 통과하였으나, 상원의 소관 상임위원장인 스테판 더글러스 국토위원장이 캔자스-네브래스카법에 따라서 주민들이 의사결정을 하라며 다시 캔자스로 돌려보내게 되었다. 1858년 캔자스의 자유주의 의회에서 토피카 헌법을 재의결해서 다시 미연방의회로 보냈지만, 미 연방의회는 아무런 후속 조치가 없었다.

토피카 헌법의 진행과정을 지켜본 캔자스 의회는 1857년 캔자스 수도 예정지인 르콤튼에서 노예제도를 인정하는 헌법을 만들기 위한 대의원 투표를 실시하였지만, 캔자스 주민의 절대 다수를 차지하는 자유주의자들은 투표를 거부했다. 그 이유는 직전에 치러진 캔자스 의회투표가 부정투표였는데 투표에 참여함으로써 부정투표의 결과로 조직된 의회의 정통성을 인정하는 것이라고 판단하여 투표불참을 결정한 것이다. 결국 노예주의자들이 일인일표 이상을 행사하기도 하고, 원래 주민만 투표할 수 있었으나, 많은 미주리 주의 주민들이 투표를 하는 불법투표가 자행되었고, 부정투표의 결과 르콤튼 헌법을 기초하는 대의원들은 대부분 노예제도를 지지하는 사람들이었다. 그들에 의해 르콤튼 헌법의 초안이 마련되고 캔자스 주민투표에 회부되었는데, 그 과정에서 노예주의자들은 주민투표를 요구하는 것은 헌법의 일부이고, 준주의 주지사와 주의회는 그 권한을 헌법대회 회장에게 넘겨야 한다고 주장했고, 주지사와 새로 선출된 자유주의자 의회는 이를 거부하였다. 결국 주민 투표가 따로 따로 진행되어서, 노예주의자들이 진행한 투표에서는 6,226명이 찬성한 것으로 나와서 통과되었고, 준주지사가 실시한 투표에서는 10,226명이 반대하여 부결되었다. 노예주의자들이 진행한 르콤튼 헌법의 주민투표는 노예제도가 있는 주를 선택하거나 향후 노예를 들여올 수 없는 주를 선택하느냐의 투표여서 실제로 노예 없는 주는 선택할 수 없었으며, 그 투표조차 부정투표가 만연했다. 연방정부로 르콤튼 헌법이 송부되자, 민주당의 제임스 뷰캐넌 대통령은 르콤튼 헌법을 지지했고 상원에서도 통과되었으나, 민주당의 스테판 더글러스 상원의원이 공화당을 도와서 하원에서 부결되었다. 이 과정에서 르콤튼 헌법을 지지하지 않은 더글러스 의원은 뷰캐넌 대통령이 이끄는 남부 민주당과 틈이 생기게 되었다(Holt 1978). 많은 부정투표의 결과가 폭로됨에 따라 미연방 하원은 캔자스 준주에 주민투표를 다시 실시할 것을 명령했고, 재투표한 결과 11,300 대 1,788의 압도적 반대로 르콤튼 헌법은 캔자스 준주에서 부결되었다. 공화당은 이 부분을 지적하며 캔자스 주민이 싫어하는 르콤튼 헌법을 밀어붙이는 민주당 행정부를 비판했던 것이다. 그리고 민주당 행정부의 이런 만행에는 남부 노예주의 이해관계가 배경에 있다고 판단한 것이다.

두 번째, 현 행정부는 주인(master)과 종(servant)의 개인적 관계를 물적인 관계로 보고 있다고 비난한다. 공화당은 주인과 노예라는 표현대신 종이라는 표현을 사용했는데 이는 노예가 강제적이고 비자발적인 노동을 제공하는 반면에 종은 자발적인 노동을 제공하는 존재로, 누군가의 소유물이 아니라는 것을 강조하기 위해서인 듯하다.

세 번째, 연방과 주의 분리를 주장하는 사람들의 논리가 아니더라도 일반적으로 연방은 연방적 사안에 대해서 관여를 하며, 온전히 주의 관할인 사안에 대해서는 연방이 관여하지 않는다. 이는 연방 법원의 경우에도 마찬가지여서, 연방법원은 원칙에 따라 주법원과 역할을 분담하여 수행한다. 연방법원은 연방법을 위반한 민사, 형사 소송, 정부를 소송대상으로 한 민사소송, 서로 다른 주의 주민들 간의 75,000달러 이상의 민사소송을 관할로 하고, 다른 소송은 주 법원의 관할이다(Janda 외 2012). 그런데 순수하게 지방적인 이익에 관한 주장을 연방정부가 연방의회와 연방법원의 손을 통해 일반적인 미국 국토에 관철하려고 하는 시도는 명백하게 잘못되었을 뿐만 아니라 위헌의 소지까지 있다고 주장하는 것이다.

네 번째, 현 행정부의 권력 남용은 로크의 사회계약론에 따르면 충분히 정권교체의 이유가 될 수 있다. 국민에 의해 위임받은 권력을 남용하는 것은 선거혁명을 통한 정권교체의 합리적 이유가 되는 것이고, 그런 점에서 현 민주당 행정부는 국민의 기본권(캔자스 주민의 생명권, 자유권, 행복추구권)을 지켜주지 못한 책임으로부터 자유로울 수 없으며, 그런 판단 실수의 이면에는 남부 노예주의 이권을 연방의회와 연방법원의 힘으로라도 다른 지역에 관철시키려고 한 지역적 이해(sectional interests)가 있는 것이다.

> "연방정부의 모든 정부에 만연해 있는 부주의한 국고의 낭비를 국민들은 경계심을 가지고 공정하게 지켜보고 있다. 특혜를 즐기는 도당들에 의해 공적 자금이 체계적으로 약탈당하는 것을 억제하는 것은 엄격한 경제와 회계책임으로 돌아가기 위해서 긴요한 책무이다. 연방의 대도시에서 최근에 번지기 시작하는 기만과 부패는 행정부의 완전한 교체가 왜 절대적으로 요구되는지를 보여준다."

위에서는 현재 민주당 행정부에 만연된 부패와 공적자금의 약탈 등을 정권교체가 아니고서는 고칠 수 없을 정도로 심각하다고 비판하고 있다. 미국은 엽관제(spoils system)[3]를 채택하여 운용하던 국가이다. 엽관제에 따라

3) 엽관주의는 미국에서 발달한 관료임용제도로, 연방주의자가 장악하고 있는 행정부를 바꾸기 위해서 토마스 제퍼슨 대통령이 도입했고, 잭슨 대통령이 구 엘리트들을 몰아내고 새로운 관료들을 충원하기 위해 사용하였다. 이는 선거에서 이긴 정당이 중앙, 지방 관료들을 교체하는 논공행상의 성격도 있었고, 그것을 대가로 하여 선거전에서 지지계층을 확보하는 도구로도 사용되었다. 잭슨 대통령 시대의 엽관제도는 관료독점주의를 평화적으로 분쇄하고 새로운 시대에 어울리는 사람들을 충원하는 긍정적 측면

서 집권 정당이 바뀌면 하위말단의 관료까지 다 바뀌는 것이 당시 미국의 정치제도였던 점을 감안하면, 당시 민주당의 장기집권으로 인한 부패가 만연했고, 이는 통째로 들어내지 않으면 안 될 정도로 심각했다는 것을 말해준다. 여기서 주목할 만한 것은 엽관제 자체를 폐지하는 주장까지 나아가지는 않았고, 정권교체를 통해서 관료들까지 다 물갈이해야 한다는 주장에 머물러서, 엽관제 자체에 대한 비판이나 대안제시가 되지 않았다는 것이다. 즉, 공화당 정권이 들어서서 공화당 사람들로 채워지면 부패가 없어질 것이라고 생각하는 것은 부정부패를 엽관제의 문제로 보는 것이 아니라 민주당의 문제로 보는 문제의식의 발로이기 때문이다.

> "헌법과 그 강제력으로 미국의 모든 준주에 노예를 확장시킨다고 하는 새로운 헌법의 교조(dogma)는 헌법 그 자체의 명백한 조항이나, 법 해석(contemporaneous exposition), 혹은 입법, 사법의 전례와 모순되며, 의도가 매우 혁명적이며 국가의 평화와 화합을 파괴하는 위험한 정치적 이단(heresy) 사상이다."

위의 정책에서는 헌법으로 준주에 노예제도를 강제할 수 있다고 헌법을 해석하는 것의 문제점을 지적하고 있다. 첫째, 헌법이나 다른 법과 모순되며 둘째, 사법부의 법해석과도 모순되고, 셋째, 과거 입법부나 사법부의 전례와도 모순되며 넷째, 궁극적으로는 국가의 평화와 화합을 파괴하는 정치적 이단 사상이라고 비난하고 있다. 즉 어떤 면에서도 헌법이 준주에 노예를 강제할 수 없다고 하는 주장하며, 그런 주장은 국가의 평화와 화합을 깨는 위험하고 급진적인 사상이라고 비판하고 있다. 이는 연방 대법원의 드레드 스

도 있었다(Schlesinger 1945). 그러나 선거와 관련된 논공행상에 불만을 가진 찰스 기테오우(Charles Guiteau)가 1881년 제임스 가필드(James Garfield) 대통령을 살해하고, 엽관제 폐단에 대한 국민 여론이 높아지자 엽관제를 폐지하는 펜들턴 공무원 개혁법(Pendleton Civic Service Reform Act)이 1883년 입법되면서 공식적으로 중지되었다. 펜들턴법은 공무원을 엽관제가 아닌 업적주의(merit system)로 채용하기 위한 시험제도를 도입하고, 정치적 이유로 공무원을 파면시킬 수 없으며, 연방정부를 대상으로 정치헌금 모집하는 것을 금지하였다.

콧(Dred Scott) 판결에 대한 비난이다.

> "미국의 모든 준주의 평상적인 조건은 자유(freedom)이다. *우리의 공화주의 선조들이 모든 미국령 준주(National Territory)에서 노예를 해방했을 때, 적절한 법적 절차 없이 누구도 생명이나, 자유나, 재산을 빼앗길 수 없다고 정했듯이, 미국령(준주)에 노예제도를 실시하려고 하는 목적으로 헌법을 위반하려고 하는 어떤 시도들에 대항하여 노예제도를 금지하거나 노예제도를 확산시키는 것을 금지함으로 헌법을 수호하는 것이 우리의 의무이다. 우리는 준주의 입법부나 어떤 개인, 혹은 개인들의 연합, 혹은 연방의회가 미국의 준주에 노예제도의 합법적 존재를 인정하는 권위를 부정한다."*

위의 이탤릭체로 표시된 부분은 1856년 공화당 정강정책에 있던 표현이고, 서두의 한 문장만 1860년 정강정책에 추가되었다. 일반적인 준주의 조건은 자유라고 표현하는 것은, 현재 캔자스의 주민들의 자유가 박탈되어 있다는 주장을 함축하고 있다. 앞서의 정강정책에서 캔자스의 유혈사태와 혼란에 의한 자유주의자 거주민들의 불안을 정상적인 준주의 상태로 볼 수 없다는 질책이 담겨져 있다. 또한 어떤 경우라도 준주에 노예제도를 확산시키려는 어떤 시도도 강력하게 막겠다고 하는 공화당의 결연한 의지를 1856년에 이어 1860년에 재천명하고 있다.

> "우리는 타락(perversions)한 사법권의 도움을 받아 우리나라 국기 아래에서 아프리카 노예시장이 재개되었다는 것을 우리 국가와 우리 세대에 심한 모욕이며 인류에 대한 범죄로 낙인찍는다. 우리는 저질스러운 인신매매를 완전히 최종적으로 폐지하기 위한 즉각적이고 효율적인 방책마련을 연방의회에 촉구한다."

공화당은 위의 정책에서 노예 매매가 다시 성행하고 있는 것에 대해 반인륜적인 범죄라고 규탄하면서 이를 의회가 나서서 막아야 한다고 주장한다. 노예제도와 노예매매는 조금 다른데, 대표적으로 1850년 타협에 의하면 워싱턴 DC의 노예제도는 존속되지만 노예매매는 금지하도록 되어 있다. 그런 면에서 노예매매는 노예제도 자체보다는 남부와 북부가 타협을 볼 여지가 좀 더 있는 부분이라고 볼 수 있다.

> "캔자스 네브래스카 준주지역에서 노예를 금지하는 준주의회의 법률에 대한 연방정부가 임명한 주지사들에 의해 시행된 최근의 투표결과에서 캔자스-네브래스카 법률 안에 표현되어 있는 국민주권과 불간섭의 자랑스러운(boasted) 민주적 원칙들의 실례를 발견할 수 있고, 또한 그곳에 있는 사기와 부정행위를 발견하였다."

위의 공화당 정책은 캔자스-네브래스카 법률을 법률(act나 law)이라고 부르지 않고 법률안(bill)이라고 부르며 법률 자체에 대해 불편한 심기를 표시하고 있다. 국민주권과 불간섭의 민주적 원칙들도, 앞에 자랑스러운(boasted)이라는 표현으로 수식하며 중의적으로 표현했다. 주지하다시피, 공화당은 미주리 타협을 대체하는 캔자스-네브래스카법에 대한 거부감이 높은 편이다. 하지만 실정법은 미주리 타협이 아니라 캔자스-네브래스카법이고, 그 법의 대의명분은 연방의 불간섭과 주의 주민이 스스로 운명을 결정하는 국민주권 사상이다. 연방 불간섭과 국민주권 사상을 잘못되었다고는 할 수 없지만, 미주리 타협에 의해 자유주로 편입되어야 할 주가 국민주권과 연방 불간섭이라는 이름으로 포장되어 노예주로 편입될 가능성이 발생한 것에 대한 공화당의 불편한 심기가 "자랑스러운(boasted)"이라는 표현에 함축되어 있다. 한편, 국민주권 사상을 따른 공정한 주민 투표에 의해서 자유주 편입을 캔자스 주민이 결정했다는 점에서 "자랑스러운"이라는 긍정적 표현을 사용했다고도 볼 수 있다. 캔자스 주민들이 투표 주체에 따라서 여러 번 선거와 투표를 치렀고, 그중 노예주의자들이 주도한 투표가 온갖 불법이 횡횡한 선거였다는 점을 또한 공화당은 비판하는 것이다.

> "캔자스는 캔자스 주민들에 의해 만들어지고 통과되었으며, 연방 하원을 통과한 헌법에 의거해서 즉각적으로 연방에 편입해야 한다."

위의 정책도 앞선 정책들의 연장선상에 있다. 여기서 언급한 헌법은 1856

년 정강에서도 언급한 적이 있는 토피카 헌법을 말한다. 토피카 헌법이 노예제도를 금지하고 있고, 그것은 미국 연방하원까지 통과하였고 캔자스 주민들이 통과시킨 주의 헌법이니, 토피카 헌법에 의거해서 캔자스는 자유준주이고, 자유준주의 상태로 미국 연방에 가입하는 것이 즉각적으로 이루어져야 하며, 이는 캔자스의 권리라고 본다.

> "수입관세로 연방정부의 지원 예산을 충당하면서, 건전한 정책은 전체 국가의 산업이익의 발전을 장려하도록 수입관세의 조정을 요구한다. 우리는 노동자의 자유임금과 농산물의 유리한 가격, 제조업자와 기술자의 기술, 노동, 기업에 적절한 대가, 국가의 상업 발전과 독립을 보장하는 국가무역 정책을 추천한다."

위는 공화당의 무역, 경제정책이다. 1856년보다 정당의 외연이 넓어졌음을 알 수 있다. 관세를 정부의 지출에 필요한 예산을 확보하는 용도 외에 국내산업 발전을 위해 적절하게 조정해야 한다고 주장한다. 미국 제조업의 경쟁력을 생각할 때, 이는 관세를 낮추자는 주장으로 보기는 힘들고, 미국 제조업의 발전을 위해 관세를 높이는 것을 생각해볼 수 있다. 여기서는 관세를 높여야 한다고 명시적으로 주장하지는 않지만, 관세의 목적이 정부의 세입증가에만 있는 것이 아니라 국내산업 보호에 있다는 주장이므로 결국 관세 증가를 암묵적으로 표현하고 있다고 볼 수 있다. 국가 무역과 관해서는 구체적으로 어떤 정책을 요구하는지는 불명확하지만, 노동자, 농민, 숙련기술자, 기업인, 상업의 이익 증대를 주장한다는 점에서 조금 공화당이 목표로 하는 혹은 이미 만들어진 유권자연합의 성격을 엿볼 수 있다. 농민은 민주당의 출범과 함께 민주당의 주요지지 세력이었는데, 유리한 농산물 가격을 공화당 정책에 언급함으로써 농민들을 최소한 중립적이라도 만들고자 하는 문구라고 볼 수 있다. 자유임금, 기술, 노동, 기업 등을 언급하고, 상업 발전을 중요한 목표로 제시하는 것에서 북부의 제조업 노동자와 상공업자가 공화당의 주요한 지지 세력이라는 것을 이 정책에서 알 수 있다.

"우리는 실제로 개척자에 의해 점유된 공유지를 다른 사람에게 팔거나 처분하는 것과 개척자를 국가보상금을 애원하는 빈민으로 간주하는 무료-공여농지(free-homestead policy)의 어떤 시각에도 반대한다. 우리는 이미 하원을 통과한 완벽하고 만족스러운 공여농지 정책(homestead measures)을 의회가 통과시켜줄 것을 요구한다."

위의 정책은 공화당의 전신 중의 하나인 자유토지당이 지속적으로 주장했고, 공화당이 승계하여 주장하는 정부공여농지 정책을 촉구하는 내용이다. 1858년 공화당이 주도하는 공여농지 법안이 하원을 통과했으나, 상원에서 부결되었고, 1859년에는 상·하원을 통과하였으나 제임스 뷰캐넌 대통령의 거부권으로 부결되었다. 북부는 가난한 농부들이 서부와 개척지역의 땅을 무료로 불하받아서 자기 땅을 소유할 수 있도록 하자고 주장하는 반면에, 남부의 노예 주인들은 자신들이 넓은 땅을 불하받아서 노예를 이용한 플랜테이션 농업을 하고 싶어 했기 때문에, 가난한 농민에게 땅을 조금씩 나눠주는 정책을 반대하였었다. 나중에 남부는 공여농지 정책으로 더 많은 유럽인이 미국으로 이민을 오게 되고, 남부의 가난한 농부들이 서부로 빠져나갈 것을 우려해서 찬성하지 않았다. 결국 공여농지법은 남부가 이탈하여 의회를 나간 뒤, 1862년에 통과되어 100년 이상 미국의 공여농지 정책의 기준이 되었다.

이 정책에서 공화당은 개척자가 실질적으로 공유지를 점유하고 있는 경우 타인에게 매수나 처분을 하는 것을 반대하고 있다. 이 주장은 1841년의 우선매수법과 유사한 취지의 주장이라고 볼 수 있다. 우선매수법에서는 정부가 공유지를 처분할 때는 공유지를 실질적으로 사용하거나 점유하고 있는 개척자에게 우선 매수권을 주도록 되어 있기 때문이다. 그리고 무상으로 농지를 공여한다고 개척자를 거지 취급해서는 안 된다고 경고하고 있다. 이 법안은 북부의 독일계 이민자들의 주장을 대폭 수용한 것으로 공화당이 북부의 독일계 이민자들을 유권자 동맹으로 포용하는 정책이기도 하다(Witcover 2003).

"공화당은 지금까지 이민자들에게 부여되어 왔던 시민권의 권리가 축소되거나 기능을 못하도록 귀화법이나 주법의 변화를 가져오는 것에 반대한다. 출생지에 상관없이 모든 계층의 시민들의 권리는 완벽하고 효과적으로 보호돼야 한다고 주장한다."

외국인 이민자들에 대한 차별 없는 정책은 전통적으로 민주당이 주장해오던 정책인데, 이 부분이 공화당 정책으로 1860년에 들어가 있다. 이는 소수의 무지당(Know-Nothing party) 출신의 공화당 지지자들에게는 달갑지 않은 소식이겠지만,[4] 1856년 민주당 정강정책에서 지적하였듯이 특정종교와 출생지로 정당을 만들고 타종교와 이민자를 배척하는 무지당의 정책을 수권정당을 목표로 하는 공화당 입장에서는 수용할 수 없었고, 노예의 인권을 중시하는 공화당이 이민자의 인권을 중시하지 않는 것도 논리상 문제가 많게 된다. 앞서 토지공유지정책도 북부의 독일계 이민자들의 의견을 받아들여서 작성한 만큼 공화당도 북부 이민자들을 중요한 유권자집단으로 생각하고 있다는 것을 재차 확인해준다. 이 정책도 몇 개 북부 주에서 귀화법을 강화하려는 움직임을 반대한다는 이민자들의 의견을 반영하여 정책에 추가된 부분이다(Witcover 2003).

"기존의 통상을 보호하고 편의를 도모하기 위해서 국가적 특성(national character)의 강과 항구를 개선하고자 의회가 예산을 지출하는 것(appropriations)은 헌법에 의해 권한을 부여받았고, 시민들의 삶과 재산을 보호하기 위한 정부의 의무에 의해 정당화된다."

"태평양철도의 건설은 전 국가의 이해에 의해 불가피하게 요구된다. 연방정부는 건설에 효과적이고 즉각적인 지원금을 교부해야 한다. 거기에 그 예비적 조치로 일일 육상 우편제도는 즉각적으로 설치되어야 한다."

위의 두 정책은 서부의 요구들 받아들여서 작성된 정책이다(Witcover

---

4) 무지당은 노예 문제로 두 갈래로 나뉘게 되어, 소수의 노예해방론자들은 공화당에 흡수되었고, 나머지는 헌법연합당으로 흡수되어 사라지게 되었다.

2003). 서부는 하수정비와 철도건설이 시급한 상황이었고, 공화당이나 민주당 모두 놓칠 수 없는 연합의 파트너였던 것이다. 1860년 공화당 정강정책도 다른 정책적 이견에 관계없이 공화당 정강정책에 찬성을 하면 공화당의 깃발 아래 뭉치자는 주장으로 마무리짓는다. 이제 노예 문제뿐만 아니라 이민자정책, 경제정책, 토지공여지정책, 국토개발정책 등 다른 주요한 국내외 이슈들에 대해서 공화당의 정체성을 찾아가기 시작한 정강정책이 1860년 정강정책이라고 볼 수 있다.

3. 1860년 민주당과 공화당의 정강정책 비교

재편성 선거로 알려진 1860년 공화당과 북부 민주당, 남부 민주당의 정강정책 중에서 입장이 크게 엇갈리는 부분을 비교해보면 다음과 같다.

〈표 8-2〉를 보면 남부 민주당은 르콤튼 헌법을 채택한 캔자스의 국민주권 원칙에 따라서 캔자스 주의 연방 가입을 허락해야 한다고 주장하는 반면, 북부 민주당은 토피카 헌법을 채택한 캔자스 주민에 따라서 노예주로 즉각적으로 연방 가입을 해야 한다고 주장한다. 그에 비해서 북부 민주당은 연방 대법원의 판결을 따라야 한다고 주장한다. 공화당은 앞 절에서 설명한 대로 연방법원의 판결을 주에 적용시키는 데 찬성하지 않는다. 연방대법원의 관할권은 대사, 장관 등 공직자를 대상으로 하는 소송이나, 주 대법원을 거쳐서 올라온 소송으로 연방적 문제에 대해서만 심리를 하게 되어 있다

〈표 8-2〉 1860년 민주당과 공화당의 정강정책 대립 이슈

이슈	공화당	북부 민주당	남부 민주당
준주의 연방 가입	자유주 즉각 편입	연방 대법원 판결	국민주권 원칙
준주와 연방 관계	연방은 주권을 침해할 수 없음	연방 대법원 판결	준주의 재산권 보호는 연방의 책임

(Janda 외 2012). 연방적 문제는 헌법, 연방법, 국제조약이 다루는 문제를 뜻한다. 그런데 남부 노예 주인들의 정파적 이해관계에 기반을 둔 순수한 지역적 주제에 대한 판결을 연방정부가 내리고 그 연방 대법원 판결을 다른 준주에 적용시키는 것은 문제가 있다고 공화당은 보고 있다.

공화당이 지적하고 있는 문제가 있는 연방대법원 판결은 1857년 3월 드레드 스콧 판례이다. 당시 연방대법원은 부모가 노예로 미국에 수입되고 판매된 흑인(negro)은 노예이든 자유인이든 상관없이 미국 시민이 아니며, 따라서 미국 연방 법정에서 소송을 제기할 수 없고, 미국이 설립된 이후에 얻은 미국령 준주의 노예를 연방정부가 규제할 권리가 없다고 판결하였다.[5] 미국 대법원 역사 최악의 수치로 일컬어지는 이 판결은 공화당을 매우 실망시켰고, 연방 대법원 판결에 대해 공화당은 더 이상 신뢰하지 않게 되었다. 이 판결에 따르면 흑인은 자유인이라도 미국 시민이 아닌 것이다. 이민자도 시민이 되는데 자유인인 흑인은 부모가 팔려온 노예라서 시민의 자격을 받지 못하게 되는 것이다. 그리고 연방헌법이 제정되고 연방정부가 설립되기 이전의 미국령 준주에 통용되었던 북서조례는 미국 건국 이후 미국이 취득한 영토에는 해당하지 않고, 연방정부가 노예제도에 대한 일체의 규제를 할 수 없게 되는 것이다. 이런 상황에서 연방 대법원의 판결을 기다리자고 하는 북부 민주당의 입장은 공화당이 보기에는 남부 민주당과 크게 다르지 않은 입장인 것이다.

드레드 스콧 판결은 1860년 민주당 분당의 한 원인을 제공하기도 하였다. 1858년 일리노이 주 상원의원 선거에서 현직자인 민주당 스테판 더글러스 상원의원과 공화당의 아브라함 링컨 후보와의 토론이 있었다. 전국적인 지명도를 가지고 있었던 차기 민주당 유력 대통령 후보인 더글러스와 무명에 가까운 링컨의 선거전은 전국적 관심을 끌었다. 링컨은 토론회에서 드레드 스콧 판례로 인해 노예 주인이 노예를 데리고 준주로 들어가는 것을 막을

---

5) Justia 참조. Scott v. Sandford, https://supreme.justia.com/cases/federal/us/60/393/ *"Bleeding Kansas"; A Failure of Compromise* (2007) Culver City: MindSparks.

수 없게 된 점을 지적하면서, 더글러스 상원의원에게 준주가 주의 자격을 얻기 전에 준주의 주민들이 노예를 막을 방법이 있는지를 물었다. 그것은 드레드 스콧 판례가 더글러스의 국민주권 원칙을 침해하였다는 점을 지적하는 것이었다. 그 질문에 대해 더글러스는 "대법원 판례가 어떻게 되는지 상관없이, 준주의 주민들은 그들이 원하는 대로 결정할 수 있다"고 대답하며, 준주의 주민들은 투표에 따라 노예제도를 부정할 수 있다고 첨언했다. 이 답변은 남부의 민주당원들을 실망시키는 답변이었다(Witcover 2003).

연방과 주의 관계에 있어서, 공화당은 연방이 준주의 권리를 침해할 수 없다고 주장하고 있고, 북부 민주당은 연방대법원의 판결을 기다려야 한다고 하며, 남부 민주당은 직접적인 언급은 없으나, 준주의 재산권이나 인명을 보호하는 것이 연방의 책임이라고 주장하고 있다. 드레드 스콧의 대법원 판결을 부정하는 더글러스의 북부 민주당이 연방대법원 판결을 기다려봐야 한다는 것은 논리적 모순일 뿐만 아니라, 근본적인 해결책이기보다는 미봉책에 불과해 보였다.

제2절 1864년 정강정책 연구

1. 1864년 민주당 정강정책 연구

1864년의 민주당 정강은 제2차 정당체제를 일관하던 정강정책을 재인용하지 않고 완전히 새로 쓴 것과 같은 단절성을 보인다. 제3차 정당체제에서 소수당으로 출발하는 민주당의 입장과 노예제도를 둘러싸고 남부 민주당이 남부연합으로 분리되어 나가 전쟁을 치른 점, 남부의 조직이 와해된 점 등이 새로운 민주당으로 나아가게 하는 필연적 조건이 되었다.

> "과거에 그랬듯이 미래에도 우리는 우리의 힘과 안보, 인간 행복의 견고한 기반으로서의, 그리고 북과 남 모든 주의 복지와 번영에 동등하게 공헌하는 정부 형태로서의 합헌적 연방을 확고한 충성심으로 고수할 것이다."

위의 정강은 1864년 민주당 정강정책의 첫 번째 정책이다. 일종의 서문의 역할을 하는 이 정책에서 민주당은 과거 남부연합이 독립을 선언하고 미연방을 나갔을 때에도 미연방에 남아 있었듯이 미래에도 변치 않는 충성심으로 합헌적 연방을 지지한다고 주장하고 있다. 민주당 정강에 따르면 연방은 인간 개인으로서는 행복의 기초이며, 개별 주에게는 번영과 복지의 기반이다. 1864년은 아직 남북전쟁이 끝나지 않은 시기로 민주당은 미연방의 정통성을 주장하고 연방에 대한 충성심을 강조하는 것은 어찌 보면 당연하게 생각될 수도 있다. 미국의 지나온 번영과 발전의 역사에는 미국이 연합된 국가였기에 가능했다는 것을 암시하며 미연방이 개별 주의 경제적 번영과 주민들의 복지에 중심적 역할을 한다고 주장한다.

> "군사적 필요성이라는 구실로 전쟁권력이 헌법위에 있었던 지난 4년, 전쟁으로 연합을 복원하려는 실패의 세월을 보낸 후에, 미국인의 여론처럼, 이 전당대회는 지난 4년간 헌법은 모든 부분에서 무시되어왔으며, 공공의 자유와 사적 권리들이 모두 짓밟히고, 국가의 물질적 번영이 본질적으로 훼손되었다고 명백하게 선언한다. 정의, 박애, 자유, 공공복지는 주들의 대표자 회의나 다른 평화적 수단에 의해 적대를 멈추기 위한 즉각적인 노력들을 요구하며, 그러한 노력이 경주된다면 가능한 빠른 순간에 미국연방의 기초 위에 평화가 회복될 것이다."

북부 민주당은 남부가 남부연합으로 탈퇴하자 이를 평화적 협상에 의해 문제를 풀어야 한다는 평화민주당과 전쟁을 불사하더라도 연방을 유지해야 한다는 전쟁민주당으로 갈라지게 된다. 당명을 가진 정당으로까지 발전하지는 않았지만, 파벌로서 존재하였고, 1864년 선거를 앞두고 전쟁민주당 계열은 공화당과 연합하여 국민연합당을 창당하였다.[6] 결국 민주당에 남은 것은 평화민주당 계열이 대부분이었다. 그러나 평화민주당도 전쟁을 지지하고 평화회담으로 전쟁을 종식시켜야 한다는 온건한 평화주의자와, 전쟁은 실패고, 당장 전쟁을 끝내야 한다는 강경한 평화주의자, 일명 반전북부민주당원(Copperhead)으로 나뉘게 되었다.[7] 온건한 평화주의자는 1863년 개티스버그 전투의 승리로 북부가 승기를 잡았다고 판단하며, 이제 평화회담을 통해 승리를 공고히 하고 통합하자고 주장을 했다. 이들은 민주당의 화합을 위해서 대통령 후보는 민주당을 하나로 묶을 수 있는 인물을 대통령 후보로 추천하고자 했고, 결국 경선을 통해 전쟁민주당의 조지 맥클란(George McClellan) 장군을 대통령 후보로 추천했다. 이 정강정책은 이른바 평화 정강정책으로 조지 맥클란 장군은 이를 거부한 정강정책이다.

위의 정책에서 보듯이 전쟁에 의해 미연방을 다시 복원하겠다는 것을 실패한 노력으로 간주하며 그동안 헌법의 권위는 땅에 떨어졌으며, 공적 자유와 사적 권리들은 보장받지 못하였고, 물질적 번영도 뒷걸음질쳤다고 비난하고 있다. 그리고 아직도 평화적 수단에 의해 연방이 다시 합쳐지고 그 위에서 평화가 회복될 수 있다고 주장하고 있다. 이 정책에는 온건한 평화민주당보다는 반전북부민주당원의 의견이 반영되었다고 볼 수 있다. 전쟁을 실패라고 규정하고 가능한 빨리 평화적 수단으로 미연방을 복원하자고 하는 것이 바로 반전북부민주당원의 주장이다. 그런 점에서 이 정책에서는 온건한 평화민주당 계열의 의견은 나타나지 않았다.

> "켄터키, 메릴랜드, 미주리, 델라웨어에서 치러진 최근 선거에 연방의 군 당국이 직접 관여한 것은 비난받아 마땅한 위헌적 행위이며, 다가오는 선거에서 그런 행위가 반복된다면 우리의 영향력 아래의 모든 수단과 권력을 동원하여 저항할 것이다."

---

6) 국민연합당은 링컨 대통령의 암살 이후 전쟁민주당계열의 앤드류 존슨 대통령이 대통령직을 승계하고, 전후 정책에 대한 갈등으로 다시 공화당은 공화당으로 돌아가고 전쟁민주당도 대부분 민주당에 복귀하게 된다.

7) 강경한 반전북부민주당원을 지칭하는 살모사는 공화당에서 이들을 독한 살모사 같다고 해서 조롱조로 부른 이름이지만, 이들은 독한 살모사가 아니라 자유를 상징한다고 하면서 그 이름을 자랑스러워했다. 반전북부민주당은 평화민주당에서도 강경파에 속한다.

위의 정책은 아직도 게릴라 전쟁이 지속되고 있는 켄터키 지역을 포함한 4개 주의 군사정부의 선거개입을 비난하며, 재발 시에는 민주당이 온 힘을 다해 이에 저항하겠다고 하는 주장이다.

> "민주당의 목표와 목적은 연방과 온전한 주의 권리를 유지하는 것이기에 다음과 같은 행위들이 미연방의 복원과 피통치자의 동의로부터 나오는 정당한 권력의 불멸성을 고의적으로 방해하는 것으로 간주한다고 선언한다. 고의적 방해로 간주되는 행위는 헌법에 의해 부여되지 않은 행정부의 특별하고 위험한 권리침해, 폭동이 없는 주에서 군법을 시민법 위에 두는 행위, 완벽한 시민법의 존재에도 불구하고 미국 시민에 대한 군대의 자의적인 체포, 구금, 재판, 판결을 하는 것, 언론의 자유를 억압하고, 피난처(asylum)의 권리를 부정하며, 주권(state rights)을 공개적으로 무시하고, 여느 때와 다른 고용선서를 요구하며, 자기 방어를 위해서 총기를 소지할 권리를 부정하고 간섭하는 행위이다."

위의 정강정책은 공화당과 민주당의 바뀐 위치를 보여주는 격세지감을 느끼게 한다. 총기를 소지할 권리를 부정하고 간섭하는 행위에 대한 비난은 1856년 공화당이 민주당 정권을 향해서 캔자스 준주의 주민들의 권리가 침해되었다고 비난한 정책과 유사성을 띤다. 권력이 피통치자로부터 나온다는 것은 1860년 공화당의 정강정책에 수록된 내용으로 로크의 사회계약론에 기반을 둔 사상이다. 주권을 무시하고 행정부가 권리를 침해한다고 비난하는 것도 1860년 캔자스 준주에 대한 공화당의 논조와 비슷하다. 8년 전인 1856년 그리고 4년 전인 1860년 캔자스 준주에 대한 민주당 정권에 대한 공화당의 비판이 1864년 남부연합의 구영토인 남부 주들을 점령하고 있는 공화당 행정부에 대한 비판과 크게 다르지 않아 보인다. 캔자스 준주는 캔자스 유혈사태를 겪고 있는 중이었고, 남부는 1864년 현재 남북전쟁을 치르고 있다는 공통점 아닌 공통점도 있다. 링컨 대통령은 남부의 게릴라식 항쟁이 계속되자 더 많은 비상대권을 군부에 부여했고, 그에 따라 영장 없는 수색, 구금 등이 군 당국에 의해 이뤄지고 있어서 정상적인 법체계는 사실상 중지된 상황이었다. 그런 부분에 대해서 민주당이 강력하게 비난하고 있는 것이다.

위의 내용 중에 여느 때와 다른 고용선서를 요구한다고 비난하는 내용이 있다. 고용선서는 1863년 링컨 대통령의 계획 중의 일부였는데, 실제로는 미연방을 벗어날 뜻이 없었지만, 남부연합의 압박으로부터 어쩔 수 없이 남부연합이 된 남부인이 많다는 주장에 설득된 링컨 대통령은 미국연방에 충성맹세를 하면 오직 백인 인구 10%만으로도 주정부를 구성할 수 있는 권리를 주고자 했다. 하지만 이 계획은 아주 인기가 없었고, 남부에서도 환영받지 못하였다(Gould 2003).

> "행정부가 동료 시민들을 보살펴야 할 책무를 무시하고 있는 것은 부끄러운 일이다. 이들 동료시민들은 오랫동안 그리고 지금도 고통 속에 시달리고 있는 전범들이다. 공공정책과 일반적 박애의 측면에서 행정부는 가혹한 비난을 받아 마땅하다."

위의 정책은 공화당 행정부의 전쟁포로 처우에 대한 비난이다. 민주당은 남부 전쟁포로를 같은 미국 시민으로 행정부는 시민을 존중해야 할 의무가 있는데 이를 무시하고 있다고 주장한다. 포로 수용시설이나 여러 가지 면에서 공화당 행정부를 공공정책과 박애정신이 형편없는 정부라고 평가하는 것이다.

> "민주당은 전쟁터와 해역에서 있어왔고 지금도 있는 우리 육군과 해군에 마음속으로부터 진심으로 위문한다. 목적을 이루는 날, 그들은 모든 보살핌과 보호를 받을 것이며, 공화국의 용감한 군인으로 고결한 영예를 얻을 것이다."

위의 마지막 정책은 미국 육군과 해군을 고무하고 격려하는 내용이다. 이는 미국이 멕시코 전쟁이나 크고 작은 전쟁을 치를 때마다 전통적으로 해왔던 찬사이다.

지금까지 살펴본 것처럼 민주당의 1864년 정강정책은 남북전쟁을 실패라고 규정하고, 행정부의 전쟁노력과 전쟁에서 파생된 모든 문제에 대해서 비판하는 야당의 입장을 견지하고 있다. 남북전쟁의 종착점이 가까워오는 시점에서 다른 주제들에서는 언급이 거의 없었으며, 포로인권, 중지된 번영, 침해된 주의 권리, 땅에 떨어진 헌법 등이 주요 정책 이슈였다. 이 정강정책은 자기 정당의 대통령 후보로부터 거부된 정강이라는 측면에서 통합된 민주당의 정강정책으로 보기보다는 평화민주당, 특히 반전북부민주당원들의 의견이 많이 반영된 정강정책이라고 평가할 수 있다.

2. 1864년 공화당 정강정책 연구

1864년은 공화당이 정권을 잡고 전쟁을 치르는 중에 나온 정강정책이다. 민주당 정강정책과 마찬가지로 전쟁에 관한 정책이 많이 할애되어 있다.

> "모든 적들에 대항하여 미연방의 결속과 헌법과 법률의 최고 권위를 지키는 것이 모든 미국 시민의 최고의 의무이다. 정치적 의견의 모든 차이는 옆으로 치워두고, 공동의 감정에 고무되고 공통의 목표를 추구하는 우리는 연방의 시민으로서 다음과 같이 맹세한다. 정부의 권위에 날뛰는 반란군들과의 전투에 무력으로 지원하며, 반란군 병사(Rebels)와 반역자들(traitors)이 보여준 모든 범죄에 대한 징벌을 가하는 일에 우리가 가진 모든 힘을 다해 할 수 있는 일을 다한다."

민주당이 동료시민이라는 표현을 쓰고 반역이라는 말을 쓰지 않는 데 비해서 공화당 정강정책에서는 분명하게 반란군과 반역자라는 표현이 나오고 있다. 민주당이든 공화당이든 각자가 가지고 있는 정치이념이 다르더라도 그것은 옆으로 밀어두고 단결하여 남부 반란군을 패퇴시키자는 것이 이 정책이다. 그런 점에서 공화당이 전쟁민주당을 받아들여서 국민연합당을 창당한 것도 다른 정치적 차이는 뒤로 미루고 국론을 통일하여 단합하자는 취지에 부합하는 행동이다. 1856년 정강에서는 캔자스 준주를 노예주로 받아들이는 것에 반대하는 모든 세력의 단결을, 1860년 정강에서는 노예 문제와 공화당 정강정책에 찬성하는 모든 세력을 초청하였고, 1864년에는 남북전쟁에서 남부연합에 대항하는 모든 세력의 단합과 협조를 요구하고 있다는 점에서 공화당은 분명하게 노예제도, 남북전쟁 등을 축으로 하는 새로운 균열구조에 따른 재편의 한 주축 세력임을 알 수 있다.

> "우리는 반란군이 무조건 항복을 하고 미국 연방의 헌법과 법률에 충성하며 돌아오지 않는 한, 반란군과 타협하거나 그들에게 어떤 평화협정도 맺지 않는다는 미국 정부의 결정을 지지한다. 우리는 정부가 이런 입장을 견지하고, 국가와 자유 제도에 대한 미국인들의 불멸의 헌신과 영웅적 용기, 자기희생적 애국주의에 전적으로 의존하여, 완전히 반란군을 진압할 열정으로 전쟁을 속행하도록 요구한다."

위의 정강정책은 절대 타협도 평화협정도 없고 남부의 무조건 항복밖에 전쟁을 멈추는 길이 없다고 강하게 천명하고 있다. 또한, 남북전쟁에 임하는 시민들의 덕목을 찬양하면서, 시민들의 협조를 구하고 있다. 공화당은 남북전쟁을 중도에 멈출 생각이 전혀 없어 보이며, 정부에게 흔들리지 말고 비타협전쟁을 고수하도록 요구하고 있다.

> "노예가 반란의 원인이었고, 지금 반란군의 전력을 만들어낸다. 노예제도는 언제나 어디서나 공화당 행정부의 원칙에 적대적이었다. 정의와 국가안보는 공화국 영토에서의 철저하고 완전한 노예제도의 근절을 요구한다. 우리는 국방을 위하여 엄청난 악에 치명상을 가하는 것을 목표로 삼아왔던 정부의 선언과 법령을 지지하고 옹호한다. 게다가 우리는 헌법 조항들에 순응하는 국민들에 의해 만들어진 헌법 수정—미국의 관할이 미치는 곳에서의 노예의 존재를 끝을 내고 영원히 금지하는 헌법 수정—을 찬성한다."

위의 정책은 1863년 링컨 대통령이 발표한 노예해방 선언(Emancipation Proclamation)[8)]을 찬성하며, 그에 기초한 헌법 수정을 찬성한다는 주장이다. 노예해방 선언은 남부군의 수중에 있는 주의 노예들을 해방한다는 내용이다. 이를 통해서 북군은 흑인 병사를 충원할 수 있었으며, 남부군의 큰 부분을 차지하는 흑인들을 동요시키고 남부군 조직을 흔들려는 링컨 대통령의 전략적 구상이 담겨 있었다(Gould 2003). 그리고 노예해방 선언은 남북전쟁의 패러다임을 바꾸는 엄청난 역할을 하였다. 노예해방 선언 전의 남북전쟁은 연방을 유지하기 위한 전쟁으로 북군에 큰 동기부여가 되지 않았다면, 노예해방 선언 이후의 남북전쟁은 인류애와 평등, 노예해방의 가치를 위해 전쟁을 하는 동기부여가 되었다는 점에서 노예해방 선언 이전의 남북전쟁은 미연방의 통일 전쟁이고 그 이후의 전쟁은 노예해방 전쟁이 되어서 북군에게 도덕적 우위를 확보하게 해주었다.[9] 위의 정책에서도 노예해방 선언을 엄청난 악에 치명상을 가하는 행위로 보고 있다. 링컨 대통령의 노예해방 선언은 전략적인 면이 분명히 있었다. 그러나 그것보다는 미연방 내의 공화당과 민주당을 설득하기 위한 명분의 측면도 있다. 1862년 링컨 대통령이 노예해방 선언을 내각에 제시했을 때 내각 중 누구도 심각하게 받아들이지 않았었고, 전투에서 승리하고 그 선언을 강제할 수 있을 때 발표하도록 연기해달라는 요청에 안티에탐(Antietam) 전투에 승리할 때까지 기다렸다가 승리하고 5일 후에 발표한 점을 보면,[10] 내부적으로 노예해방을 꺼리는 보수주의자들에게 전쟁승리에 필요하다고 전략을 측면을 과도하게 강조한 측면도 있으리라 생각된다.

링컨 대통령의 노예해방 선언은 그 대상이 이미 북군이 점령한 남부 주에는 해당하지 않고, 발표시점에서 남부군 지배하의 주에만 해당하는 점에서 진정한 노예해방이 아니라는 평가절하가 있는 것도 사실이다(Gould 2003). 하지만 앞서 언급한대로 보수파를 껴안고 가는 전략적 접근법의 가능성도 배제할 수 없을 것 같다. 노예해방 선언도 급진적이라고 꺼리는 사람들이

---

8) 노예해방 선언 원문은 ourdocuments.gov. Emancipation Proclamation(1863), https://www.ourdocuments.gov/doc.php?doc=34&page=pdf 참조.

9) Civil War Trust 참조. "10 Facts about the Emancipation Proclamation," http://www.civilwar.org/education/history/emancipation-150/10-facts

10) Ibid.

많았는데, 이미 점령한 지역의 노예까지 해방하게 되는 것은 기 점령지역의 동요와 민심안정에 도움이 되지 않을 수 있다고 판단했을 가능성도 열어두고 생각해볼 필요가 있을 것 같다.

공화당의 노예해방정책은 결국 수정헌법 13조로 1865년 통과되었고, 징벌적 강제 노역을 제외하고는 미국에서 노예나 강제노역은 금지되었다. 네 번째 정강정책은 민주당과 같이 육군과 해군을 칭송하는 내용이다. 다섯 번째 정책은 링컨의 노예해방 선언을 지지하고, 노예들도 미연방의 군인이 될 수 있다는 내용, 링컨 대통령은 잘할 것이라는 내용들이다. 여섯 번째 정책에서는 의회에서의 조화가 일반 복리후생에 중요하기 때문에 공화당의 정강정책을 지지하는 사람들만이 신뢰받을 수 있고, 그런 점이 신정부의 특성이 될 것이라고 주장하고 있다. 일곱 번째는 정부는 피부색에 상관없이 전쟁에 참여한 모든 사람들에게 빚을 졌고, 전범들에겐 즉각적이고 충분한 배상이 청구될 것이라는 내용이다. 여덟 번째는 외국인 이민자와 난민들은 자유 공평의 정책에 의해 장려되고 촉진될 것이라는 내용으로 1860년 공화당 정강에 이민자에 대한 정책이 신설된 이후 연이어 이민자들을 지지하는 정책이 채택되어 있다. 빠른 철도 건설을 독려하는 것이 아홉 번째 정책이다. 철도 건설은 서부의 개척자들이 원하는 정책으로 민주당과 공화당 모두가 서부의 개척자들에게 공을 들이고 있음을 알 수 있다(Witcover 2003). 열 번째 주장은 공공채무에 대해서 국가가 선언한 약속은 지켜져야 하고, 공공지출은 더욱 줄이며, 공평한 세금제도의 정착이 필요하고, 연방 화폐의 사용을 장려하고 신용을 유지하는 것이 충성스런 주의 의무라고 설명되어 있다. 마지막으로는 서반부에 있는 공화정을 전복하려는 유럽국가의 어떤 시도에 무관심하지 않다고 하는 정부정책에 동의한다는 내용으로 되어 있다.

3. 민주당과 공화당의 정강정책 비교(1864년)

공화당은 링컨 대통령의 노예해방 선언을 지지하고 이에 바탕을 두고 헌법 개정을 하겠다고 정책을 내었지만, 민주당은 노예에 관해서는 단 한마디도 하지 않고 있다. 1856년, 1860년 정강정책에서 노예제도에 관한 연방정부의 개입에 대해 비난하던 민주당은 1864년 정강정책에서는 노예제도를 회피하고 있다. 이는 앞서 설명한 대로 1863년 링컨 대통령의 노예해방 선언 이후로 전쟁이 노예해방을 둘러싼 도덕적 가치의 전쟁으로 탈바꿈되었지만, 민주당은 여전히 전쟁을 연방을 회복시키려는 실패한 노력으로 치부하면서 노예 문제를 언급하지 않고 있다.

노예제도를 찬성하는 남부가 남부 민주당으로 갈라져서 남부연합 소속이 된 이후, 북부 민주당의 관심은 평화적 수단에 의한 연방통합이냐, 아니면 전쟁에 의한 연방통합이냐의 통합 방법론이었다. 상당수의 전쟁민주당이 공화당과 연합하여 떨어져 나가고 평화민주당만 남은 상태에서, 남북 갈등을 초래한 노예 문제는 민주당에게는 피하고 싶은 주제였을 것이다. 한편 공화당은 고향을 지켜야 한다는 남부의 동기부여에 비해 훨씬 약한 동기인 "연방유지"의 사명으로 전쟁을 하는 북군에게 사기를 고양시키고 도덕적 우위에 설 수 있게 하는 것이 노예해방이었기 때문에 노예해방을 전면에 두는 정강정책을 세웠다고 볼 수 있다. 1860년 공화당 정강에서 캔자스의 자유주 편입 주장을 하고 노예주 확산 시도를 비난하긴 했지만, 직접적으로 노예해방을 정책으로 내세운 적이 없었다는 점에서 1864년 노예해방을 전격적으로 주장한 공화당 정강은 노예 문제에 관해서 공화당의 진일보된 모습을 보여주고 뉴딜연합의 태동 전까지 흑인을 공화당의 주요한 유권자연합으로 확보하게 해주었다.

남부가 무조건 항복할 때까지 흔들리지 않고 전쟁을 속개한다는 공화당의 정책은 공화당과 전쟁민주당의 합작품인 것이다. 그에 비해 평화민주당과 반전북부민주당이 지배하는 민주당은 평화협정 체결을 더 나은 대안으로 보고 있다. 민주당은 전쟁을 완전한 실패로 보고 있다. 앞서 설명한 대로 공화당과 민주당에게 전쟁은 연방을 다시 통합하는 방법 중의 하나였고, 민주당은 전쟁은 실패한 방법이라고 질타하고 있다. 전쟁을 끝내자는 민주당과 남부가 무조건 항복할 때까지 끝까지 가야 한다는 공화당은 첨예한 대립을 보이고 있다. 민주당이 전쟁포로를 동료시민으로 박애와 공공정책의 차원에서 대해야 한다고 주장하는 반면에 공화당은 그들을 반란군, 반역자라고 표현하고 있고, 전쟁배상을 물려야 한다고 주장하고 있다. 여기에서 우리는 향후 민주당과 공화당의 갈등의 조짐을 읽을 수 있는데 그것은 전범처리 문제이다. 대부분이 동료민주당원인 남부군의 전범을 처벌하기 싫어하는 민주당과 반드시 처벌하고 배상을 받겠다고 하는 공화당은 남북전쟁이 종전된 후에도 두 당이 이 문제를 놓고 평생선을 걸을 것을 암시하고 있다.

제3절 중대재편(1860년) 전후의 정강정책 비교

1860년은 제2차 정당체제에서 제3차 정당체제로 넘어가는 재편 선거였다. 1856년, 1860년, 그리고 1864년의 민주, 공화당의 정강의 변화 과정을 살펴보면 재편 선거는 1860년에 일어났지만, 재편의 도화선은 스테판 더글러스 상원의원이 미주리 협약을 파기하고 이를 대체하는 캔자스-네브래스카 법안을 제출하고 이 법안이 의회에서 통과되자 이에 반대하는 세력이 공화당을 창당한 것이었다.

공화당은 1856년 정강에서 “과거의 정치적 분열과 다툼에 상관없이, 미주리 협약 폐기를 반대하는 사람들이 현 행정부의 정책에 반대하고, 노예제도를 자유로운 미국령에 확산시키려는 정책에 반대하고, 캔자스를 자유주로 미연방에 편입하는 것을 지지하며, 워싱턴과 제퍼슨의 원칙으로 연방정부가 돌아가야 한다고 주장하기 위해” 모인 정당이라는 것을 밝혔다. 그것은 분명한 재편의 신호탄이었다. 비록 1856년 선거에서 공화당이 승리하지는 못했지만, 공화당은 과거 균열을 대체하는 새로운 균열, 즉 미주리 타협 수호를 중심으로 미국 정당체제의 판을 새로 짜는 시도를 했기 때문이다. 그런 면에서 1856년의 공화당은 일면 단일이슈정당인 것처럼 보일 수도 있다. 하지만 과거의 반-메이슨당처럼 완전한 단일이슈정당은 아니었다. 캔자스의 자유주 편입과 관련되지 않은 정책으로는 1856년 정강에는 국토개발(연방의회 예산 배정 적절, 철도 건설), 쿠바의 무력 병합 반대가 있다. 철도건설은 민주당도 주장하는 정책이어서 크게 민주당과 다르지 않지만, 쿠바의 무력 병합을 반대하는 것은 민주당의 지도부의 외교정책에 반대하는 것이고, 국토개발에 연방의회 예산을 배정하는 것이 적절하다는 주장도 민주당과는 다른 입장이었다. 1856년 공화당 정강의 말미에, 공화당의 정강정책에 동의하는 모든 사람의 협력을 구한다고 되어 있다. 그것은 미주리 타협을 수호하기 위해 모인 공화당이 최소한 쿠바 문제와 국토개발을 포함한 캔자스 준주의 문제제기에 동의하는 사람들을 대상으로 공화당의 문을 활짝 열겠다고 선언한 것이다.

공화당이 1856년에서 다른 주의 노예 문제를 언급하지는 않고 오직 캔자스를 자유주로 받아들여야 한다는 주장을 펼쳤었고, 1860년 정강에서 노예판매를 비난했고, 1864년에 링컨의 노예해방 선언을 지지하는 변화 과정을 겪었다. 물론 북부를 중심으로 노예제도를 폐지하는 주들이 늘고는 있었지만, 연방 정당의 차원에서 노예제도를 유지하고 있는 주의 노예제도를 폐지해야 한다는 주장은 이미 전쟁을 겪고 있는 와중에, 대통령의 노예해방 선언이 있고 난 뒤 1864년 정강에 나온 것이다. 공화당의 정강의 측면에서 제3차 정당체제 재편은 1864년 정강으로 마무리되었다.

민주당의 1856년 정강에는 노예 문제는 주의 문제이므로 연방정부가 이를 간섭할 수 없으며, 헌법이 부여하지 않은 권리로 연방의회가 위헌적으로 주의 노예 문제를 간섭하면 주의회는 이를 위헌으로 결정할 수 있고, 캔자스는 캔자스-네브래스카법에 따라 주민이 원하는 대로 연방 편입이 허락되어야 한다고 되어 있었다. 여기서 민주당이 받는 압박이 왜 공화당의 정강과는 연관이 잘 안 되는지 실마리를 찾을 수 있다. 민주당은 남부의 노예제도에 대해서 연방의회가 간섭할 권한이 없다는 주장을 하지만, 공화당의 정강 어디에도 남부의 노예제도를 연방의회가 간섭해야 한다는 주장이 나오지 않는다. 그것은 노예해방주의자들의 개별적 의정 활동을 통한 남부주의 노예제도에 대한 압박이 있었고, 그에 대해 민주당이 반응하는 것이라고 본다면, 아직 전국 정당으로서의 공화당은 남부 주의 노예제도까지 관심을 가지지 않았다는 것을 보여준다. 그것은 공화당이 연합세력을 늘리기 위해 미주리 타협 고수라는 단순한 카드를 제시하면서 노예해방론자들을 포함한 다양한 세력들을 포용하려고 했기 때문이고, 그 안에는 여러 가지 다양한 세력들이 있었다고 봐야 한다. 1860년 공화당 정강에도 미국영토에서의 노예판매 금지를 넘어서는 주장은 나오지 않는 것으로 보아서, 공화당을 구성하는 연합세력의 공통 관심사는 남부의 노예제도 폐지를 포함하는 수준은 아니었다고 봐야 할 것이다.

민주당은 1860년 분당을 겪으면서 노예제도를 옹호하는 남부 민주당이 이탈한 뒤로도 북부 민주당의 노예제도에 관한 정강은 앞서 설명한 데서 크게 벗어나지 않는다. 1864년 제3당 정당체제로 재편된 이후의 민주당 정강은 노예 문제를 전혀 다루지 않는다. 이는 노예제도를 옹호하던 남부 민주당의 이탈로 전쟁의 분위기 속에서 노예제도를 언급할 정도의 여유가 민주당에 있지 않았다고 봐야 한다. 〈표 8-3〉은 남부 노예 문제에 대한 민주, 공화당의 정강정책 비교표이다.

1856년, 1860년, 1864년의 민주당 정강정책에서 변하지 않는 부분은 주의 권리를 주창하고, 연방정부의 권력 남용을 견제하고 있는 부분이다. 이는 토마스 제퍼슨 이래로 민주당이 지속적으로 주장하는 부분인데, 헌법이 연

〈표 8-3〉 남부 노예 문제에 관한 민주당과 공화당의 정강정책 비교

남부 노예 문제	1856년	1860년	1864년
민주당	주의 관할	주의 관할	언급 없음
공화당	언급 없음	노예판매 반대	노예해방

방정부에 부여한 권한 이외의 권한을 사용해서는 안 된다는 주장이다. 그런 점에서 연방정부, 특히 대통령의 권한이 증대되게 되는 역사적 사건인 링컨 대통령의 노예해방 선언에 대해서 민주당이 일체의 언급이 없었다는 점은 의외라고 볼 수 있다. 노예해방 선언문은 군 통수권자인 대통령의 행정명령으로, 평상시가 아닌 전쟁 상태이긴 하지만, 대통령의 행정명령으로 노예가 해방된다는 것 자체가 연방정부의 권한 행사이고, 그것은 과거 노예제도가 주별로 존속하거나 폐지되었다는 점을 고려할 때 분명히 헌법이 부여하지 않은 연방정부의 월권으로 비판할 수도 있었을 테지만, 민주당은 1864년 정강에서 이에 대해 아무런 언급을 하지 않았다. 이는 노예해방 선언이 가져온 링컨 대통령의 도덕적 우위와 북부의 도덕 전쟁에 대한 마땅한 대응 방안이 없었거나, 노예해방이 전쟁승리를 위한 전략적 필수요건이라는 주장에 대해 민주당이 전쟁에 비협조적으로 비쳐지는 것에 대한 부담이 있었거나, 아니면 당 내의 분열과 혼란, 대선후보 찾기 등으로 제대로 된 정강정책을 만들 시간이 없었던 것이 이유였을 것이다.

〈표 8-4〉는 정강정책과 관련된 유권자연합의 변화도이다. 정강정책에 반영이 되었다고 그걸 바로 유권자연합으로 볼 수는 없지만, 최소한 그 유권자연합을 대표하는 누군가에 의해 정강정책에 포함되었다는 점에서 잠재적 유권자연합으로 볼 수 있을 여지는 있다. 예를 들어서, 칼 슈르츠(Carl Schurz)

〈표 8-4〉 제3차 정당체제의 잠재적 유권자연합

정당 유권자연합	1856년	1860년	1864년
민주당	반연방주의자, 플랜테이션 농장주, 가톨릭, 아일랜드 이민자, 서부, 남부, 주권주의자, 은행반대자	반연방주의자, 주권주의자, 이민자	주권주의자
공화당	미주리 타협 옹호자, 서부, 쿠바무력지배 반대자	준주 노예제도 반대자, 서부, 이민자, 북부, 노동자, 제조업자, 상인	노예해방자, 흑인, 서부, 이민자

는 북부의 독일계 이민자를 대표하는 인사로 공화당의 정강정책 작성에 서부공유지정책이 들어갈 수 있도록 했는데(Witcover 2003), 이를 공화당에서 받아들였다는 것은 독일계 이민자들의 이익을 공화당에서 집약해서 표출했다고 볼 수 있다. 민주당이 가톨릭과 아이리시 이민자를 연합으로 인정하는 것과 비슷한 논리라고 볼 수 있다.

1856년 정강에는 공유지 문제나 철도 건설 문제 등 서부개척민들의 이익을 대표하는 정책이 공화당에 없어서, 같은 해 대통령 선거에서 공화당은 북부의 11개 주에서 승리했지만, 서부의 캘리포니아는 민주당이 승리했었다. 1860년 선거에서는 새로 편입한 오리건과 캘리포니아 두 주와, 북부에서 서부를 잇는 라인을 공화당이 다 승리했다. 1864년 선거에서는 서부해안 3개 주와 마찬가지로 북부에서 서부를 잇는 주들 특히 지금의 중서부, 당시의 서부를 공화당이 다 승리할 수 있었던 것에서 위의 정강정책이 목표로 했던 유권자연합이 실제로 선거에서 나타났다는 것을 알 수 있다.

제4절 1892년 정강정책 비교

1896년 선거에 의해 재편이 일어나기 전 1892년은 제3차 정당체제를 이끌어왔던 기존의 균열구조(남부부흥과 노예)아래서 치러진 제3차 정당체제의 마지막 선거라고 볼 수 있다. 제3당 정당체제기 동안 대통령 선거에서는 공화당이 우세했지만, 연방의원 선거의 결과는 체제 전체적으로 볼 때 백중세였었다. 양당의 정강정책을 몇 가지 분야로 나눠서 비교하여 보면 다음과 같다.

〈표 8-5〉는 1892년 두 정당의 경제부분 정강정책만을 정리한 표이다. 일명 매킨리 관세(Mckinley Tariff)로 불리는 관세법에 대해 두 정당은 찬성과 반대로 나뉘고 있다. 민주당은 원자재와 값싼 공산품이 소비되도록 민주당 의회가 노력하고 있다고 주장하면서, 매킨리 관세의 철폐를 주장했다. 민주

〈표 8-5〉 1892년 경제 분야 정강정책 비교

민주당	경제/무역	공화당
- 연방재정 이상의 관세는 위헌, 관세 부가 반대, 원자재, 값싼 공산품 소비 되어야 함	관세법 (Mckinley)	- 관세 찬성, 양모, 납, 납원석 관세 철폐 반대, 미국에서 미생산 물품 무관세, 국내 산업 보호를 위해 관세 필요
- 농산물 수출국 간의 호혜무역보다는 선진국과의 호혜무역 필요	호혜무역	- 호혜무역은 공화당 정책의 승리로 미국의 농공산품 수출 증대
- 엄정한 반-트러스트법 집행 찬성	독점금지법 (Sherman)	- 반-트러스트법 집행 - 반-트러스트법 보완
- 금, 은 복본위제 찬성, 셔먼은구매법 반대	통화제도	- 제한과 법 조항 안에서 금, 은 복본위제(bi-metalism) 찬성
- 주(state) 은행에 대한 세금 철폐	주 은행	
- 철폐	사치세	

당에 따르면 매킨리 관세제도가 실시된 이후로, 비율로 보면 10명의 노동자의 임금이 감소되었고, 한 명의 노동자의 임금만 상승하였을 뿐이었으며 매킨리 법 때문에 경제적 어려움이 발생했다고 주장했다. 민주당은 더 나아가서 연방정부의 필수불가결한 예산 충당의 목적 이외의 목적(국내 산업보호)을 위해 관세를 부과할 권리를 헌법이 주지 않았다고 주장하며, 공화당 행정부의 보호무역 관세는 위헌적 요소가 있다고 주장했다.

민주당은 외국산 자원에 수입관세를 부과한 30년 동안, 관세 때문에 미국 잉여 농산물의 수출에 타격을 입었다고 주장하면서, 미국 시골의 가정과 농장은 25억 달러의 주택자금 부채를 지고 있다고 주장한다. 민주당은 서양의 다른 농산물 수출 국가의 경우 주택자금 부채가 일인당 평균 165달러이고, 다른 지역의 농산물 수출 국가의 상황도 비슷하다고 주장하면서, 미국의 농가를 위해서라도 수입관세 부과를 중단해야 한다고 주장했다.[11] 이런 민주

11) 여기서 미국의 농가의 주택자금 부채는 총액으로 나오고, 다른 국가는 일인당 평균으

당의 전략은 농산물 가격 하락, 임금상승을 요구하는 노동자 시위 등을 매킨리 관세와 연결시키고자 하는 선거전략이었다(Gould 2003).[12] 민주당은 높은 관세는 독점 대기업에만 이익이 되고, 노동자들에게는 아무 이익이 없었다고 호소했다(Witcover 2003).

그에 비해서 공화당은 보호무역주의(the American doctrine of protection)를 재차 확인하고 있다. 공화당은 다른 국가들의 보호무역정책도 점차 늘고 있는 상황 속에서 미국의 번영은 현명한 세수확보법들 때문에 가능했다고 주장한다. 이 당시에 미국 정부의 세수는 주류세, 사치세, 그리고 관세에 의존했다. 공화당에 따르면 사치품목을 제외하고, 미국에서 생산할 수 없는 모든 물품은 무관세로 들여오되, 모든 수입된 물품은 미국산 물건과 경쟁하기 때문에, 미국의 인건비와 외국의 인건비의 차액만큼을 관세로 부과해야 한다고 주장한다. 1890년 매킨리 관세제도 실시 이후, 공산품의 일반 가격이 하락했다고 주장했다. 공화당은 매킨리 관세제도를 폐지하려는 민주당의 노력을 비난하면서, 민주당은 몇 개 주의 주력 생산품인 양모, 납, 납원석의 관세를 없애려고 하고 있는 것을 유권자들이 현명하게 심판해 달라고 주장했다.

1860년 미국 공화당 정강에 정부의 재정 수입을 충당하기 위해서, 그리고 미국의 산업을 보호하기 위해서 관세를 사용한다고 나와 있었던 것과 연결시켜 보면, 민주당이 주장하는 '지난 30년'이란 결국 공화당이 관세제도를 통한 국내산업 보호를 정강정책으로 수립했던 1860년대부터 1890년대까지

로 나와서 직접 비교가 어렵다. 1862년 당시 미국 인구가 약 3,400만 명이었던 점을 고려해보면, 물론 다 농부는 아니겠지만, 농가의 주택자금 부채는 일인당 73.52달러 정도로 계산된다. 민주당 정강에 나오는 서양의 농업수출국의 농가부채도 전체 인구로 나눈 것인데, 그런 점에서 미국 농가의 주택자금 부채가 서양의 다른 나라에 비해 심한 것처럼 민주당이 얘기하는 것은 사실 관계의 좀 더 정확한 확인이 필요하다.

12) 1892년 카네기 철강회사에서 노동자 임금을 삭감했고, 이에 대해 노조가 파업에 들어갔고, 유혈사태까지 이르렀다. 카네기 회사의 임원인 앤드류 카네기(Andrew Carnegie)와 헨리 클레이 프릭(Henry Clay Frick)이 유명한 공화당 사업가인 점을 이용해서, 민주당은 관세정책과 대기업이 보통의 노동자들에게 한 짓을 보라며 상황을 이용했다(Gould 2003).

공화당은 국내산업 보호를 목적으로 관세를 통한 보호무역을 해왔다는 것을 알 수 있다. 공화당은 국내 제조업, 광산 보호의 보호를 주장하고, 민주당은 그것이 소비자의 권리를 훼손하고, 오히려 실질임금 하락을 가져왔다고 주장한다. 민주당은 보호무역의 피해자가 농민과 노동자임을 강조하고 있다. 공화당은 휘그당의 전통 속에서 미국 사회를 상호 의존적인 생산자의 네트워크로 보고 있다. 따라서 보호무역에 의해 얻는 이익은 특정 계급에게만 편중되는 것이 아니라, 시장과 일자리를 지킴으로써 모든 미국인이 혜택을 보는 것이라는 봤다(Gould 2003).

관세와 불가분의 관계를 가지고 있는 부분이 호혜무역이다. 호혜무역은 국가 간의 협정을 통해서 일반 관세보다 낮은 관세율로 수출입을 하는 무역을 말하는데, 민주당은 공화당이 고수하는 호혜무역은 말뿐인 호혜무역으로 농산물 수출 국가끼리의 무역으로 실제로 선진국과의 호혜무역이 아니라고 비난했다. 미국이 선진시장에 진출할 수 있도록 제대로 된 호혜무역을 해야 한다고 공화당을 비난했다. 공화당은 이에 대해서 미국의 농공산품이 새롭게 확장된 시장에 막대한 수출의 증가를 보였다고 주장하면서, 현재 미국 행정부에 의해 실행된 미국의 법이 실질적으로 미국을 세계 무역을 통제하는 위치로 만들었다고 주장했다.

반독점법에 관한 민주당의 주장은 트러스트의[13] 폐해는 심각하기 때문에 트러스트는 법으로 규제해야 된다고 믿는 점에서 공화당과 다르지 않다고 볼 수 있다. 민주당은 미국의 트러스트(Trusts and Combinations)는 자유무역의 생명인 자유경쟁을 가로막는 공화당 행정부의 금지적 증세(prohibitive taxes)[14] 때문에 발생했다고 비난하면서, 법에 의해 트러스트의 폐해는

---

13) 트러스트는 일반적으로 독점의 최고단계라고 볼 수 있다. 같은 업종의 회사들이 수평적으로 결합하는 것이 하니라, 하나의 회사로 수직 통합되어 시장의 거대 독점으로 군림하게 된다.

14) 앞서 설명한 것처럼 주세, 사치세, 관세의 세 가지 세금 밖에 없었기 때문에, 여기서는 관세로 인해 국내 산업이 외국 기업과 자유경쟁하지 않고 트러스트가 되었다고 주장하는 것으로 볼 수 있다.

줄어들 수 있기 때문에, 트러스트를 예방하고 통제할 수 있는 엄정한 법집행을 요구했다. 공화당 정강정책은 민주당과 마찬가지로 셔먼반독점법의 용어를 사용하지 않았다. 민주당과 유사하게 트러스트의 위험을 경고하고 기존의 법이 그 위험에 대한 대비를 잘하고 있지만, 만약 기존 법의 약점이 발견된다면 이를 보강하는 후속입법으로 트러스트 문제를 해결해야 한다고 주장했다. 향후 미국의 반독점금지법의 모태가 되는 셔먼반독점법에 대해 양당의 입장이 비슷한 것은 증가하는 독점과 트러스트에 대한 우려가 양당에서 모두 커졌기 때문이다. 그런 점에서 양당 모두 입법의 필요성을 알고 있었고, 후속입법을 통해서라도 반드시 폐해를 줄여야 한다는 생각이었다.

통화제도는 1892년보다는 1896년 선거에서 훨씬 중요한 비중을 가지게 되고 정당재편의 기폭제가 되지만, 1892년 민주당 정강에서도 은화통화론자의 주장이 발견된다. 민주당은 정강정책에서 셔먼은구매법(Sherman Silver Purchase Act)은 미봉책으로 법을 제안하고 지지했던 사람들은 부끄러워해야 할 것이라고 비난하였다. 셔먼은구매법은 은화통화론자와 금본위자사이의 타협으로 미국 정부가 은을 의무적으로 사들여야 하는 양을 대폭 증가시키는 법이었다. 이 법의 집행을 통해 물가를 상승시키고 부채를 갚을 때 값이 떨어진 화폐를 사용하여 부채를 갚을 것으로 기대된 법이었다(Gould 2003).

민주당은 은화통화론자의 입장을 받아들여서 은화와 금화의 동시 사용을 주장하는 정책을 발표했다. 민주당은 은과 금을 현물이나 주조된 화폐나 차별 없이 통화로 사용해야 하며, 금과 은의 교환 비율은 국제협약을 따르거나, 의회의 입법을 통해서 결정함으로써 금과 은의 교환성과 호환적 화폐가치를 유지하도록 해야 한다고 주장했다. 민주당은 통화의 등락에 가장 취약한 농부와 노동자 보호를 위해서 반드시 금, 은 복본위제가 필요하다고 역설하였다. 이는 서부에서 세를 넓혀가고 있는 자유 은화(free silver)정책을 민주당이 수용한 것이다. 이는 민주당 내부에 분열의 씨앗을 심는 정책이기도 했다. 왜냐하면 동부는 금본위제를 지지하기 때문에, 이 정책에 대해서 썩 내켜 하지 않았기 때문이다(Witcover 2003).

공화당의 화폐정책도 이와 유사하고, 금, 은, 종이 화폐가 모두 동등하다고 역설하였다. 공화당은 전통적으로 미국인들은 복본위제를 선호해왔고, 공화당도 '제한과 규정' 속에서 금과 은의 복본위제(bi-metalism)를 요구한다고 주장했다. 금, 은, 종이 화폐에 상관없이 화폐의 구매력(purchasing power)과 부채 상환 능력(debt-paying power)이 비슷해질 것이라고 예측하였다. 생산자, 농부, 노동자의 국가로서 정부에 의해 발권된 모든 화폐, 종이화폐나 동전화폐 모두 현물화폐와 같은 가치를 지니게 될 것을 요구했다. 공화당은 또한, 국제회의를 통해서 금과 은 사이의 교환가치를 현명하게 정해야 한다고 주장했다. 여기에서 '제한과 규정' 속에서라는 표현은 아마도 셔먼은구매법을 뜻하는 것으로 봐도 크게 틀린 해석은 아닐 것이다. 왜냐하면 제한 없이 정부가 은을 구매해야 한다는 주장을 받아들이지 않고, 정부의 구매량을 정한 것이 셔먼은구매법이기 때문에, 바로 그 법조항과 제한 속에서 복본위제를 지지한다고 해석할 수 있기 때문이다. 공화당 내에는 은의 무한 통화가 금의 가치를 하락시키고 금본위제를 손상시킬 것이라는 우려가 있었고, 그런 우려 속에 나온 타협안이 셔먼은구매법이다. 그런 점에서 셔먼은구매법이라는 용어는 공화당이 사용하지 않았지만, 셔먼은구매법에 반대하지 않는 것만은 틀림없다.

민주당은 주 은행(state bank)에 부과되는 10%의 세금을 철폐해야 한다고 주장하는 반면에 공화당은 그에 대해서 아무런 정책을 제시하지 않았다. 1863년의 국립은행법으로 국립은행이 설립되면서, 국립은행이 주 은행과의 경쟁에서 살아남도록 주 은행에 높은 세금을 부과했었다. 연이어 1865년과 1866년의 미국의 국립은행법(National Bank Act)에 따르면 주 은행들은 은행이 지급한 어음이나 어음의 순환에 참여한 은행은 지불된 어음의 10%의 세금을 납부해야 했다. 민주당은 어음에 붙는 10%의 세금을 없애야 한다고 주장하는 것이다. 없애야 한다는 주장의 근거는 설명되어 있지 않은데, 두 가지로 추측해볼 수 있다. 첫째는 어음에 붙는 세금이 너무 가혹하여 주 은행 설립이 활발하게 되지 않으니, 어음세를 없애서 주 은행 설립을 용이하게 하자는 취지로 볼 수 있다. 두 번째는 1880년대부터 수표의 유통으로 어음의 사용이 대폭 줄었고 이에 따라 주 은행의 설립도 증가했으니 유명무실한 어음세를 없애자는 취지로도 볼 수 있다.

민주당은 개인의 시민권을 침해하는 사치세를 없애자고 주장한다. 앞서 설명한 대로 미국 연방정부의 물품세는 관세와 사치세, 주세인데, 민주당이 말하는 사치세는 별 다른 언급이 없지만, 주세와 사치세를 포함하여 사치세를 말하는 것이라고 볼 수 있다. 이는 앞서 관세 부분에서 설명했던 대로, 미국 소비자의 선택권강화, 규제적 세금을 낮춰서 경쟁체제를 만들자는 주장과 관련이 있다. 이에 대해서 공화당은 별다른 정책이 없다. 별다른 정책이 없다는 것은 현상유지를 하자는 주장이라고 볼 수 있다.

두 정당은 흑인의 투표권 확대에 대해서 확연하게 다른 입장을 보이고 있다. 〈표 8-6〉에서 보듯이 민주당은 연방정부가 흑인의 투표권 확대를 남부 주에 강요하는 것을 반대한다고 되어 있고, 공화당은 참정권은 출생지나 피부색, 빈부에 관계없는 기본권으로 반드시 공정하고 평등하게 실현될 수 있도록 강제해야 한다고 주장했다.

> "연방정부의 선거 통제는 (중략) 모든 투표소에 연방의 권위로 무장한 수많은 부보안관들의 배치, 연방당국에 의해 지명되고 조종되는 투표 집계위원들, 몇몇 주에서의 시민들의 선거권 폭동, 집권당에 대한 유색인의 예속, 모두의 안전과 행복을 위험에 빠뜨리는 지금은 잠잠해진 인종혐오의 부활을 의미한다."

위의 인용된 부분은 민주당의 정강정책이다. 민주당은 흑인이 투표하는 것에 두려움과 거부감을 가지고 있는 남부 백인들을 강제법안(Force Bill)에

〈표 8-6〉 1892년 투표권과 인종 문제 정강정책 비교

민주당	공화당
- 선거에 관한 연방정부 개입 반대 - 연방정부 개입은 주권 침해 - 강제법안(Force Bill) 반대 - 인종혐오 부활 경고	- 연방정부 개입 필요 - 참정권은 인간의 기본법 - 공정한 선거를 위해 최선 - 남부주의 폭동 반대

대한 반감으로 하나로 묶을 수 있었다는 점에서 전략적으로 매우 긴요한 정책이었다. 강제법은 랏지법안(Lodge Bill)이라고도 불리는데, 강제법의 주요한 목적은 투표권이 주어졌음에도 불구하고 거의 대부분의 남부 주에서 투표할 수 없었던 흑인들이 실제로 투표할 수 있도록 연방정부가 개입하는 법안이었다. 이 법안은 공정한 선거가 될 수 있도록 연방정부에게 권한을 주고, 시민들의 요구가 있을시 연방순회법원에서 선거감시 요원을 임명하여 공정 선거 관련 활동을 할 수 있도록 하는 법안이었다(Gould 2003).

> "미국의 모든 시민들이 공공 선거에서 자유롭고 제한되지 않는 투표를 할 수 있어야 하며, 모든 표는 집계되고 투표한 대로 결과가 나와야 한다고 주장하며, 빈부, 출생지, 흑인이나 백인에 상관없이 헌법이 보장한 시민주권을 보장할 수 있는 법을 제정하고 이를 집행하기를 요구한다. 법아래서 공정하고 평등하게 보호되며 모든 시민을 정의롭고 평등하게 대표할 수 있는 자유롭고 정직한 선거는 공화국 제도의 기초이다. 공화당은 모든 주에서 청렴한 선거와 투표권의 무결함이 보장되고 보호될 때까지 이 노력을 멈추지 않을 것이다."

위의 공화당이 보는 남부의 불공정 선거는 위에 민주당이 보는 주권 침해 선거와는 완전히 시각이 다름을 알 수 있다. 당시 남부는 대부분의 흑인이 재산이 없고, 문맹인 점을 이용해서, 투표세(poll tax)를 납부해야 투표자격을 주거나 문맹시험(literacy test)을 통과해야 투표권을 주었기에 실제로 거의 대부분의 남부 흑인들이 투표할 수 없었다.[15] 1871년 조지아 주가 투표세를 도입한 이후 남부의 다른 주가 이를 답습했고, 1882년 사우스캐롤라이나 주가 문맹시험 제도를 도입한 후 마찬가지로 다른 남부주들로 퍼져나갔다. 그뿐만 아니라 유권자 등록을 여러 번 하도록 하고 흑인에게는 정보를 주지 않아서 투표 등록하지 못하도록 하는 방법, 폭력 사용에 의한 억압,

15) 문맹시험은 노골적으로 흑인을 대상으로 하고 있다. 할아버지 예외조항은 할아버지가 투표권이 있었을 경우 문맹시험을 면제해주도록 하고 있는데, 결국 할아버지가 투표권이 있었던 가난하고 교육수준이 낮은 백인은 투표할 수 있어도, 할아버지가 노예여서 투표권이 없었던 흑인들은 투표할 수 없도록 되어 있었다.

민주당 표가 아닌 표는 집계하지 않는 등 각종 부정 투표가 당시 남부에서 횡행했었다. 공화당은 모든 미국 시민이 동등한 투표권을 가져야 하고, 투표된 표는 모두 집계되어야 한다고 하는 참정권과 공명 선거의 차원에서 이 문제를 접근하기도 했지만, 대부분의 남부 흑인들이 공화당을 지지하는 공화당의 유권자연합이었기 때문에 남부에서의 균형을 맞추기 위한 당 전략 차원에서도 랏지법안의 통과가 매우 중요한 의미를 가졌던 것이다. 하지만, 민주당은 흑인이 공화당에 투표해서 주요 지지기반인 남부를 잃을 수는 없는 노릇이었기에 맹렬하게 강제법을 비난했다(Witcover 2003).

1890년에 의회에 제출된 랏지법안은 하원을 통과하였으나, 상원에서 부결되었다. 이는 앞서서 언급한 셔먼은구매법이 통과된 것과 관련이 있다. 그것은 공화당 내의 공화당 은통화주의자(Silver Republican)들이 민주당 남부의 셔먼은구매법 지지를 조건으로 랏지법안을 부결하는 데 힘을 보탰기 때문이다(Gould 2003). 결국 남부 흑인의 투표권 확대를 목적으로 했던 랏지법안은 민주당의 정강정책이 주장한 대로 사라졌고, 1964년 24차 수정헌법이 통과될 때까지 남부 흑인의 투표권은 실질적으로 보장되지 못한 채 남겨졌다. 그리고 남부에서의 공명 선거를 위해 끝까지 노력하겠다는 공화당의 약속도 랏지법안의 부결과 함께 실현되지 못하였다.

〈표 8-7〉은 남부의 투표권이나 경제 관련 정강정책을 제외한 다른 국내 이슈에 대한 두 정당의 정강정책을 비교한 표이다. 민주당이 미시시피강 유역과 수로를 개선하여 수로를 이용한 저렴한 운송수단의 개발을 정책으로 주장하는데 비해서, 공화당은 별다른 국토개발의 정책을 발표하지 않았다.

민주당은 공화당의 공유지불하정책이 필요한 서민들 대상으로 공유지를 불하하는 게 아니라, 철도건설부지로도 들어가고, 비거주자 외부인이나 국내외 기업과 기업연합(syndicate)들에게 불하되어 실제로 땅이 필요한 개척자들에게 제공되지 않았다고 비판하면서, 민주당은 그렇게 국내외 회사와 기업연합에게 불하되었던 1억 에이커의 땅을 되찾아 개척자에게 돌려주었으며, 앞으로 지속적으로 그런 노력을 경주할 것이라고 주장했다. 공화당은 일반 공유지에 대한 정책은 별도로 발표하지 않았고 정부가 소유하고 있는

〈표 8-7〉 1892년 기타 국내 정강정책 비교

민주당	이슈	공화당
- 미시시피강과 수로 개선	국토개발	
- 공화당 정부의 공유지정책 비난 - 민주당은 회사와 기업연합으로부터 되찾아와 국민들에게 돌려줌	공유지	- 황무지를 주와 준주에 양도 - 개척자에게 양도, 개척, 점유
- 보통 교육 확대 - 공립학교 주 예산 지원 - 무상 공립초등학교 - 교육의 자유 - 친권과 양심교육에 대한 주 간섭 반대	교육	- 모든 교육기관 승인 - 종교와 국가의 분리
	우정서비스	- 무료 배달 서비스 확장 - 우편요금 1센트로 인하
	폭음	- 폭음 규제법 지지
- 상해군인, 미망인, 부양가족을 위한 복지 찬성 - 연금 당국 무력, 부패, 부정직	복지	- 퇴역군인 복지제도 쇄신
- 범죄자, 극빈자, 중국이민자, 계약 노동자 이민 반대 - 근면한 유덕자 이민 제한 반대	이민	- 범죄자, 극빈자, 계약노동자 이민 반대
- 계약된 죄수 노동반대 - 15세 미만 아동 노동 금지 - 철도, 운송 노동자 보호	노동	- 운송 노동자 보호 - 광산, 제조업 노동자 보호

황무지 처분에 관한 정책을 발표했다. 공화당은 황무지가 지리적으로 속해 있는 주나 준주에 황무지를 양도하고, 개인들이 이를 점유하고 개간할 수 있도록 개인에게도 양도해야 한다고 주장했다.

교육정책에 대해서는 민주당이 양심교육과 부모의 친권이 침해되지 않도록 주정부는 관여해서는 안 된다는 주장을 하는데 비해서, 공화당은 모든 종류의 교육기관을 승인하고, 종교의 자유는 인정하지만, 교회와 국가는 분리되어야 한다는 주장을 했다. 이는 특정 종교단체가 설립한 학교가 정부로부터 특별한 대우를 받는 것을 금지하고, 특정 종교의 가르침을 국가를 통해 일반화하거나 강요하지 못하도록 하는 조항이라고 볼 수 있다.

민주당은 우정사업에 대한 정책이 없는 반면에 공화당은 무료배달 서비스의 확대와 우편요금 인하의 정책을 주장하고 있다. 무료 배달 서비스는 집배원이 집까지 우편을 배달하는 서비스로 대도시에서는 실시되고 있었지만, 시골의 경우는 멀리 떨어진 개인주택까지 배달하지 않아서, 동네에서 다시 유료의 배달 서비스를 받아야 했다. 이에 대해서 공화당은 대도시 시민만 혜택을 보는 무료배달 서비스를 확대하여 시골 마을까지 확대하는 정책을 지지한다고 했다. 무료배달 서비스는 동네에서 우편배달을 하는 상인들의 이해와 배치되는 정책이다. 이들의 입장에서는 무료배달 서비스로 인해 일거리가 없어지고 축소되는 것이 달갑지 않기 때문이다.

민주당과 공화당이 동의하는 정책은 범죄자, 거지, 계약노동자의 이민을 반대한다는 것이다. 특히 민주당은 계약노동자와 중국 이민자가 미국 노동자의 임금을 떨어뜨리고 미국노동의 질을 떨어뜨린다고 비난하면서, 좀 더 엄중한 법집행을 요구하고 있다. 그러면서도 민주당은 근면하고 성실한 이민자는 받아들여야 한다고 주장했다. 공화당은 특정 국가 출신의 이민자를 지칭하지 않았던 반면에 민주당은 중국 이민자에 대한 엄중한 법 집행을 요구하였는데, 여기에는 민주당의 인종적 편견이 있다고 생각할 수 있다. 주로 철도 건설, 광산 등에 투입되었던 중국인 노동자들의 이민을 10년간 금지하는 중국인 배제법(Chinese Exclusion Act)[16]이 1882년 통과되었고, 10년만인 1892년에는 게리법(Geary Act)[17]이 통과되어 중국계 이민자들을 더욱 핍박하게 되었다. 게리법은 중국인 노동자들에게 언제든지 외국인 등록증을 소지하고 다니게 강제하고, 만일 미소지시에는 추방이나 1년간 강제노역에 처한다고 되어 있다. 이 중국인 배제법이나 게리법은 서부 백인의

16) Legisworks 참조, http://legisworks.org/congress/47/session-1/chap-126.pdf
17) Legisworks 참조, http://legisworks.org/congress/52/session-1/chap-60.pdf

정서적 적대감을 반영한 법으로, 인종차별적인 법이며, 민주당은 서부 백인의 중국인 노동자 인종 혐오를 인정하고 지지하는 정책으로 서부 백인을 유권자 동맹으로 다시 확보하려고 했다고 볼 수 있다.

민주당은 15세 미만의 미성년 노동자가 공장에서 일을 할 수 없도록 하고, 죄수들이 계약 근로를 하지 못하도록 규정해야 한다고 주장했다. 그리고는 철도 노동자들을 보호할 수 있는 연방의회와 주의회의 입법을 촉구하면서 공화당의회는 그에 대해 아무런 움직임도 없고, 오히려 공화당은 상원에서 임금 노동자를 보호하는 입법을 부결시켰다고 비난하였다. 공화당은 철도뿐만 아니라 운송 산업의 노동자들을 보호할 수 있는 입법을 연방의회에 요구하며, 연방법의 대상이 아닌 주의 광산과 제조업 노동자들을 보호할 수 있는 입법을 주의회에 건의한다고 주장했다.

공화당은 폭음(intemperance)의 폐해를 줄이고 예방하고 도덕성을 고양시킬 수 있는 현명하고 적법한 노력에 동감한다고 주장했다. 이에 대해서 민주당은 특별한 정책을 발표하지 않았다. 공화당은 주류세를 부과하여 연방의 재원을 마련함과 동시에 주류 소비를 줄이려고 했었던 전통적인 공화당의 정책을 고수하고 있는 것으로 보아야 한다. 특히 청교도 사회에서 폭음은 배척되어야 할 악으로 매도되었던 점을 고려해보면 동북부의 청교도들이 공화당의 주요한 유권자연합인 것으로 볼 수 있다.

1892년 선거 결과 민주당은 남부를 석권하고 동부의 몇 개주와 캘리포니아에서 승리하였고, 민중당 후보가 농업지역, 광산지역이 있는 서부와 중서부의 5개 주에서 승리하였으며, 공화당은 패퇴하였다. 캘리포니아와 서부, 그리고 동부 몇 개 주의 공화당 이탈에는 관세를 노동자 임금하락과 농산물 가격정책 하락과 연결시키는 민주당의 정강정책과 선거운동의 영향이 컸으며, 관세정책에 대한 국민적 피로도도 작용을 하였다. 은화 통화주의자에 대한 소극적 태도로 서부의 지지 세력을 잃었고, 셔먼은매수법으로 동부의 금본위자들을 잃었으며, 남부 흑인의 참정권도 확보하지 못한 공화당은 제3차 정당체제 마지막 선거에서 패배하게 되었다.

제9장

제4차 정당체제 시기 정강정책 분석

제1절 1896년 정강정책 비교

1896년은 제3차 정당체제를 마무리하고 제4차 정당체제를 시작한 재편선거가 있었던 해였고, 1893년 경제공황의 후유증과 통화제도, 진보적 민중주의의 결합 등이 폭풍의 핵으로 등장한 해였다. 민주당의 당권이 은통화론자들에게 완전히 넘어간 것을 반영하는 것이 통화 정책이다.

"우리는 연방 헌법에 은과 금을 같이 미국의 통화로 명명되었다는 사실과 헌법에 의거하여 최초로 미국 연방의회를 통과한 법에서 은화를 통화로 정하고, 금을 은화의 교환비율에 따라 금을 자유 통화로 주조하도록 했었다는 것에 주목해야 한다. 은화를 통화로 사용할 수 없도록 한 1873년의 법은 국민들이 알지도 못했고 승인도 하지 않았던 법으로, 금값 상승과 그에 따른 상품 가격 하락, 공공과 민간 부분의 세금과 부채의 급격한 증가, 국내외 채권자 계급의 부의 증대, 산업의 쇠퇴와 국민의 궁핍을 가져왔다. 우리는 산업 노동자들의 번영(prosperity)을 어려운 시절(hard time)의 마비상태(paralysis)로 빠르게 가두고 있는 단본위제에 반대한다. 금의 단본위제는 영국의 정책이고, 금 단위본제(gold monometallism)를 채택하는 것은 다른 국가를 영국의 재정적 노예(servitude)로 만드는 것이다. 그것은 단지 비미국적(un-American)인 것이 아니라, 반미국적(anti-American)이다. 1776년 미국의 독립선언문에 공포되고 미국 독립전쟁의 승리로 얻은 자유에 대한 용기와 사랑을 억압함으로써만 금 단본위제를 억지로 실시할 수 있을 것이다. 우리는 다른 국가의 도움이나 동의를 기다리지 않고, 은과 금의 현재 법률 교환가치인 16대 1로 자유롭고 제한 없는 주조를 요구한다. 우리는 표준 은화가 금과 동등하게, 정식적인 법적 통화가 되어, 모든 공적·사적 부채를 갚는 데 사용될 수 있기를 요구한다. 우리는 사적 계약에 의해 어떤 종류의 법정 화폐를 폐지하는 것을 예방할 수 있는 입법을 요구한다."

위의 정강정책은 1896년 민주당의 통화 관련 정책이다. 민주당은 은화통화론을 주창하면서, 금본위제는 미국을 영국에 예속시키는 제도로, 금 단독본위제는 매국적 행위라고 주장하고, 미국 독립선언서의 정신을 훼손시키고, 독립전쟁의 승리로 얻은 자유를 압박받는 것이라는 주장을 하고 있다. 민주당 정강정책은 금 단독본위제를 매국이라 매도하고 있다. 이는 매우 강한 표현으로 금 단독본위제 주창자와 같이 공존하기 힘든 정강정책이다. 또한, 금값 상승, 미국 생산품 가격 하락, 부채와 세금 증가, 산업의 쇄락, 국민의 궁핍의 원인이 금 단독 본위제며, 이 제도는 채권자들의 배만 부르게 해주는 제도라고 비판하고 있다. 1873년 법은 민트법(Mint Act) 혹은 주화법(Coinage Act)라고 불리는 법으로 그간 통용되던 은과의 주조를 금지하고 금 단독 본위제를 사용하도록 한 법이다.[1)]

"공화당은 건강한 화폐를 위한 정당이다. 공화당은 1879년 발효된 금태환법(redemption of specie payments)을 입법했다. 그때부터 모든 달러(dollar)는 금과 같이 동등하게 취급받아왔다. 우리는 우리 국가의 신용을 훼손시키고 우리의 화폐 가치를 떨어뜨리는 모든 정책에 반대한다. 그에 따라 우리는 지구상

1) Legisworks 참조, http://legisworks.org/sal/17/stats/STATUTE-17-Pg424.pdf

의 지도적 상업 국가들의 국제적 동의 없이는 은의 자유주조를 반대한다. 공화당이 합의 도달을 위해 최선을 다하겠다고 공언한 국제 합의가 이루어질 때까지 금본위제는 반드시 유지되어야 한다. 은과 종이 화폐는 금과 동등하게 유지되어야 하며, 우리는 현재의 기준과 세계의 대부분의 계몽국가들의 기준으로, 동전이나 종이 돈이나 상관없이 모든 화폐를 유지하는 정책을 지지한다."

금태환법(Secie redemption Act)은 1875년 입법되어 1879년부터 실시되었다. 금태환법은 남북전쟁때 미국 정부가 발권한 종이돈(Greenback)을 가져가면 금으로 바꿔주는 제도로, 종이돈, 현물, 동전 등이 모두 동등한 가치를 가지도록 한다는 공화당의 주장대로, 이 정책이 발효되고 종이돈을 금으로 바꿔준다는 교환가치에 대한 확신이 서자, 교환을 요구하는 사람들이 줄게 되었다. 〈표 9-1〉은 양 정당의 통화정책을 비교한 것이다.

민주당은 예전처럼 금과 은을 같이 사용하는 복본위제로 돌아가야 한다고 역설하면서 금본위제에 반대한다고 하는 반면에, 공화당은 금본위제를 지지하며 은의 자유통화를 반대했다. 공화당은 선진국의 국제회의에서 통화문제에 대한 합의가 나올 때까지는 금본위제를 고수해야 한다고 주장하는 반면에, 민주당은 국제회의 결과에 상관없이 당장 복본위제를 실시하고 은을 은화로 주조할 수 있어야 한다고 주장했다. 여기서 민주당은 은화통화론자와 연합을 하였고, 공화당은 금본위제지지자들과 연합을 하였음을 알 수

〈표 9-1〉 1896년 통화 정강정책 비교

민주당	공화당
- 금과 은의 자유 주화제(free coinage)[2)] - 금본위제 반대, 단본위제 반대 - 국제회의 결과 상관없이 당장 시행 - 16대 1의 교환비율로 복분위제 실행	- 금태환법 - 은의 자유화폐 반대 - 금본위제 지지 - 국제회의 결과 기다려야 함

2) 자유 주화제는 금이나 은을 주조국에 가져가면 그에 해당하는 금화나 은화로 주조하여 주는 것을 말한다.

〈표 9-2〉 1896년 무역, 관세 정강정책 비교

민주당	공화당
-관세법 개정 반대 -세수목적으로의 관세 찬성 -품목과 산업에 차별 없는 동등한 관세 -매킨리 법 반대 -예산 적자 충족을 위한 관세 제한적 인정 -예산 적자 충당을 공평하게 부담시킴	-현재 관세제도는 파당적 -국내 산업 보호(제조업) 목적 관세 -수입품 관세 부과 -민주당의 자유무역 비판 -상호호혜무역 금지 반대 -국적 함선 이용 의무제

있다.

〈표 9-2〉에서 볼 수 있듯이, 민주당 정권은 낮은 관세의 현 제도 유지를 주장하는 반면에 공화당은 국내 산업을 위해서 현 관세제도를 개혁해야 주장한다. 위의 표는 전통적으로 자유무역을 주장하는 민주당과 보호무역을 주장하는 공화당의 정책 차이를 잘 보여준다. 민주당은 클리블랜드 민주당 대통령 정권이 개혁한 관세제도가 다시 공화당의 고관세제도로 돌아갈 것을 우려하고 있다. 특히 공화당 대통령 후보로 윌리엄 매킨리 후보가 유리한 상황에서, 매킨리법을 다시 도입하는 것에 대해서 민주당은 분명하게 반대 의사를 표시했다.

사실 민주당은 통화 문제를 주요 정책으로 준비했지만, 공화당은 보호무역을 주요 정책으로 준비하였었다. 민주당은 기본적으로 연방정부의 지출을 충당하기 위한 수준에서 관세를 부과해야 하며, 국내 산업보호를 위해서 관세를 부과하는 것은 반대하는 반면에, 공화당은 국내산업 보호를 위해 관세제도는 꼭 필요하다고 주장했다.

"우리는 보호무역 정책이 미국 산업 독립의 교두보이며, 미국 발전과 번영의 기초라는 것을 강조한다. 진정한 미국 정책(true American policy)은 외국상품에 대해 관세를 부과하고, 국내 산업을 장려한다. 이 정책은 세수의 부담을 외국 상품에 지우며, 미국생산자를 위한 미국 시장을 확보한다. 이 정책은 미국 노동자의 기준 임금을 유지시키며, 농장을 위해 공장을 준비시킴으로써 미국 농부들이 외국의 수요와 가격에 덜 의존적으로 만든다."

위는 공화당의 정강정책이다. 공화당은 보호무역정책을 미국 산업의 해외의존도를 줄이고 독립을 하는 교두보라고 주장하며, 관세를 통해 연방정부의 수입을 증대시키고 국내 산업을 장려하는 일석이조의 효과가 있다고 주장했다. 공화당은 경제공황이 결국은 보호무역을 하지 않았고, 호혜무역을 하지 않은데 있다고 보고 있다.

민주당은 공화당의 매킨리법은 이미 실패로 들어난 정책으로, "트러스트와 독점의 원인이며, 다수를 희생하여 소수를 부유하게 만들었을 뿐"이라고 비판하고 있다. 민주당의 이런 비난은 1892년의 민주당 정강정책과 매우 유사하다. 민주당은 1895년 미국 대법원이 이자, 배당금 등에 대한 소득세가 위헌이라고 판결하여 연방수입의 감소가 발생할 수 있다고 인정은 하지만, 민주당 정권에서는 적자가 아니었으며, 연방대법원이 결정을 번복할 때까지는, 의회가 행정부의 예산 충당의 부담을 공평하게 분담할 수 있도록 최선을 다해야 한다고 주장했다.

공화당은 설탕산업의 예를 들어서 민주당의 자유무역을 공격했다. 공화당은 민주당 행정부가 미국의 설탕생산자들에게 믿음을 갖지 못하였다고 비난했다. 설탕수입으로 미국소비자가 연간 1억 달러를 지불하고 있는데 공화당은 보호무역이 미국의 소비자들이 미국에서 생산된 설탕을 소비하는 것을 유도하게 될 것이라고 주장하며, 거의 모든 분야에 보호무역을 통해 미국의 모든 산업과 노동자를 보호하겠다고 주장했다.

또한 무역을 위한 해상운송업의 보호를 위해서, 미국국적 상선 의무정책도 지지한다고 주장했다. 미국인에 의해 소유된 미국 배에, 미국 노동자들이 생산한 물건을 선적하여, 미국 국기 아래 미국인 선원이 탑승하는 것은 무역에서 미국 선박의 수출물품 선적률을 증가시킬 수 있을 것이라고 주장했다.

공화당은 상호호혜무역정책과 보호무역정책은 미국 정책의 쌍둥이라고 주장하며, 공화당이 체결한 상호호혜무역협정을 파기한 민주당 행정부를 비난했다. 공화당에 따르면, 상호호혜무역협정 파괴로 미국 상품은 다른 나라

항구에 묶여 있는데, 상호호혜무역협정의 갱신과 연장을 통해 다른 나라와 미국 간의 통상의 균형이 맞게 되고, 미국의 농산품과, 목재, 공산품이 더 확장된 시장을 확보하게 될 것이라고 주장했다. 1892년 민주당 정강정책은 공화당 행정부의 상호호혜무역정책은 명목상이고 실제로 미국이 도움이 될 수 있는 선진 국가와 맺은 협약은 없다고 비난한 바 있다. 결국 민주당 행정부는 과거 공화당 행정부가 맺었던 상호호혜무역협정을 백안시했다고 볼 수 있다. 보호무역에서 평균 관세 이하로 상호 무역을 하는 협정이 상호호혜무역협정이기 때문에, 민주당의 자유무역정책하에서는 사실상 상호호혜무역협정이 불필요하다고 볼 수 있다.

〈표 9-3〉은 비대칭적이다. 공화당은 보호무역 정강정책에 집중하고, 다른 경제정책은 특별히 제시한 것이 없었다. 민주당은 화폐 문제와 더불어 다른 경제 이슈들을 제기하고 있지만, 사회 문제에 관해서는 주제 교통위원회 권한 강화 외에는 특별히 언급한 것이 없었다. 민주당은 원래 철도 교통의 부정승차를 감시하기 위해 만들어진 주간 교통위원회(Interstate Commerce Commission)의 권한을 확장해서 철로의 통제를 확실히 하고 시민들을 강도와 압박으로부터 지켜야 한다고 주장했다. 민주당의 정치관련 정

〈표 9-3〉 1896년 경제, 정치, 사회 정강정책 비교

민주당	공화당
- 트러스트와 카르텔 규제 - 작은 정부에 의한 연방정부 지출 감소 - 국립은행 어음 발행 반대 - 수익성 국가 채권 발행 반대 - 금융 신디케이트 비판 - 철도 기금 관련한 특혜적 차별 반대	
- 주간 교통위원회(ICC) 권한 강화 - 대통령 3선 금지	- 자유, 구속 없는 투표와 공정한 집계 - 적법한 절차 없는 피고인 린치, 살인 금지 - 폭음 예방 및 감소 - 여성의 평등권(동등임금, 기회균등, 치안)

책은 대통령의 3선을 금지하는 정책으로, 재선이 불문율이었지만 이를 법제화하자는 주장이었다.

민주당의 다른 경제 관련 정강정책에서는 트러스트와 카르텔의 경우, 좀 더 엄격한 연방정부의 규제가 필요하다고 주장했다. 그리고 연방정부의 방만한 재정 운영 때문에 세금이 증가하고, 시민들은 세금을 내면서 실업상태에 있다고 비판하면서, 그 문제를 해결하기 위해서 불필요한 정부 사무실을 철폐하는 등 연방정부 지출을 줄여야 한다고 주장했다. 민주당은 국립은행이 어음을 마치 화폐처럼 발행해서 사용하는 것은, 헌법이 연방의회에 준 화폐제조권을 침해하는 것으로 국립은행의 어음 발행을 반대한다고 주장했다. 또한, 이자가 붙는 수익성 국가 채권은 금융 신디케이트의 이익을 증대시키고, 그 이익으로 연방정부에 금을 제공함으로써, 금본위제를 유지하고 있다고 비판하며 이자가 붙는 국가 채권 발행을 금지해야 한다고 주장했다. 태평양 철도 기금과 관련해서 특정 채권자의 편익을 봐주려 하는 공화당의 입법을 막아냈고, 향후에도 막을 것이라고 주장하며, 누가 채권자인가에 관계없이 공평한 기금 모집이 되어야 한다는 정책을 발표했다.

공화당은 남부의 흑인 투표권 문제를 다시 제기하였다. 자유롭고 구속 없는 투표가 되어야 하며, 투표한 대로 집계되어야 한다고 집계, 개표 과정의 투명성을 요구했다. 또한, 적법한 법 절차 없이, 기소되거나 의심받는 피고에게 린치를 가하거나 죽음에 이르게 하는 비합법적인 선고를 야만적 행위라고 비난했다. 또 공화당은 1892년에 이어서 폭음 예방 및 감소에 노력하겠다고 주장했다. 1896년 공화당 정강정책에서 눈에 띄는 부분은 여성의 평등권을 공식적으로 공화당 정강정책에 담았다는 사실이다.

> "공화당은 여성의 권리와 이익에 늘 주의를 기울이고 있으며, 여성들에게 기회균등, 동일노동 동일임금, 가정의 보호가 허용되어야 한다고 믿고 있다. 우리는 민주당과 민중당(Populist Party)의 손에서 국가를 구하는 데 여성의 협조를 환영하고 여성이 더 폭넓고 유용한 분야로 진출하는 것을 지지한다."

위의 내용은 공화당의 여성 관련 정책이다. 1896년은 여성 참정권 운동이 활발하게 일어났지만, 아직 여성참정권이 부여되지 않았던 시기였기에 여성의 투표를 기대하는 정책은 아니었다. 하지만 주요 정당이 여성의 동일노동 및 동일임금이나 기회균등을 주장하는 것은 백인 남성 지배의 미국 사회에서 신선한 일이었다. 여성 투표권이 주어지지는 않았지만, 이 정책은 여성을 잠재적 유권자연합의 일원으로 초대하는 초대장 같은 역할을 했다고 봐야 한다.

〈표 9-4〉는 두 정당의 외교정책을 비교한 것이다. 두 정당은 모두 먼로 독트린을 지지한다고 주장했다. 먼로 독트린은 아직 유럽 열강만큼의 힘을 갖지 않은 미국이 자신과 미주대륙에 대한 유럽 열강의 간섭을 배제하고자 하는 선언으로, 미국이 유럽에 관심을 갖지 않고, 간섭도 하지 않는 것처럼, 유럽도 미국과 미주에 간섭하지 말라는 게 핵심이다. 민주당은 스페인에 항쟁하는 쿠바인들을 응원한다고 하였지만, 공화당은 쿠바와 스페인의 갈등에서 미국의 역할이 중요하다는 주장을 한다. 공화당에 따르면 스페인은 쿠바를 통제할 힘을 잃었기에 쿠바에 있는 미국인의 생명과 재산권을 스페인이 보호할 수 없고, 결국 미국이 나서서 쿠바에 있는 자국민의 생명과 재산권을 지키는 중요한 역할을 해야 한다는 논리였다.

미국의 군사력과 안보에 관해 민주당은 별다른 정책을 제시하지 않는 반

〈표 9-4〉 1896년 외교, 안보 정강정책 비교

민주당	공화당
- 먼로 독트린 - 쿠바 투쟁 지지	- 먼로 독트린 - 서인도 제도 해군기지 건설 - 하와이 섬은 미국의 통제하에 있어야 함 - 서반부에 대한 관심 - 터키에서 미국인 생명권, 재산권 보호 - 쿠바 사태 개입 준비 - 해군력 증강 - 미국이 주도적으로 니카라과 터널 개발

면에 공화당은 해군력 증강과 항구, 해안 방어체제의 완성을 요구하면서, 대니쉬섬(Danish Islands)[3]을 구매해서 서인도 제도에 해군기지를 건설해야 한다고 주장하고 있다. 무역을 위해 상선구축의 필요성을 강조한 공화당은 안보를 위해서 해군력 증강과 해군기지 건설을 요구하고 있다. 이는 미국의 공화당이 해군 강화를 통한 안보와 무역의 안정을 꾀하려는 시도라고 봐야 할 것 같다.

공화당은 아르메니안 학살[4]에 대해 비판하면서 미국은 아르메니아인을 돕기 위해 최선을 다하겠다고 공언했다. 그리고는 터키에 있는 미국인의 신변과 재산권이 위험에 빠진 것을 두고, 미국 시민과 재산권은 어떤 위험이 있거나 어떤 대가를 치르더라도 반드시 보호해야 한다고 주장했다. 공화당은 또 니카라과 운하를 미국이 소유하고, 공사를 진행하고, 운영해야 한다고 주장했다. 니카라과 운하에 대한 미국의 관심은 제3차 정당체제에서도 지속적으로 있었으나, 결국 파나마 운하의 건설로 흐지부지되고 말았다.

민주당의 1896년 국토개발정책은 1892년 국토개발정책과 같다. 미시시피강 유역의 하천을 개선하고 수로를 확보하여 저렴한 교통수단의 이용을 가능하게 하자는 주장이다. 이에 대해 공화당은 국토개발에 대한 별도의 정책을 준비하지 않았다. 개척자에게 주는 무상공여지정책에 관해서 민주당은 특별한 정책이 없었고 공화당은 원래의 무상공여지정책으로 조속히 돌아가는 것을 지지하며, 하원에서 통과되고 상원에 계류 중인 법이 빨리 통과되길 바란다고 주장했다.

〈표 9-5〉는 두 정당의 이민정책과 국가 조정위원회 설립에 관한 정책으

3) 오늘날의 버진 아일랜드(Virgin Islands)로 덴마크로부터 미국이 1917년에 구매했다. 버진 아일랜드를 미국령에 편입시키려는 노력은 1867년부터 있었고, 그 후로도 미국과 덴마크 정부의 협상이 간헐적으로 있었다. U.S. Department of State Archive, "Purchase of the United States Virgin Islands, 1917," http://2001-2009.state.gov/r/pa/ho/time/wwi/107293.htm

4) 여기서 언급한 아르메니안 학살은 1895년에서 1896년까지 일어났던 하미디안 학살(Hamidian massacres)을 가리키는 것으로 그 기간에 오토만 제국에 의해 살해된 아르메니아 사람은 최소 10만에서 최대 30만 명까지로 추산되고 있다.

〈표 9-5〉 1896년 이민, 노동 정강정책 비교

민주당	공화당
-극빈자 이민 금지 -노동중재 위원회 찬성	-문맹자 이민 금지 -국가 조정위원회 설립 찬성

로 두 정당의 차이가 거의 없다. 민주당은 극빈자 이민이 자국 노동시장에 해를 끼치고 노동자의 임금 하락을 가져오기 때문에, 극빈자 이민을 금지해야 한다고 주장하는 반면에, 공화당은 입국 심사때 읽고 쓰지 못하는 이민자는 입국을 불허해야 한다고 주장했다. 이는 결국 비영어권 이민자나 극빈자들의 입국을 어렵게 하는 정책으로 볼 수 있다. 양당이 보호하고자 하는 것은 노동시장의 미국인 노동자였다.

공화당과 민주당은 2개 이상의 주의 걸친 고용주와 노동자가 쟁의에 들어가게 될 때 이를 중재할 수 있는 기구가 필요하다고 의견을 모았다. 공화당은 국가 조정위원회(National Board of Arbitration)라는 명칭을 사용하였고, 민주당은 기구의 이름은 없었지만 같은 취지의 중재기구를 지지했다. 이는 미국의 연방체계의 특수성과 관련이 있다. 복수의 주에 회사가 있고, 노동자들도 복수의 주에 있을 경우에는 특정 주에서 이 문제를 해결할 수가 없는 연방적 요건을 구성하게 되는 것이기 때문에, 이에 대해 연방차원에서 중재할 수 있는 기구를 필요로 하는 것이다.

제2절 1900년 정강정책 비교

제4차 정당체제 시기에 접어든 후 첫 번째 선거가 1900년 선거였다. 1898년 미국-스페인 전쟁과 그에 따른 파리조약으로 미국이 쿠바를 스페인으로부터 독립시키고, 푸에르토리코, 괌, 필리핀 등을 손에 넣었다. 이에 과거 어느 때보다도 미국의 외교정책에 대한 공화당과 민주당의 정강정책의 차이가 눈에 띄게 달랐던 해가 1900년이었다.

민주당은 공화당의 초기 정강정책에 사용하였던 사회계약론과 주권재민의 논리를 1900년 정강정책에서 사용하고 있다.

> "우리는 모든 정부는 사람들의 협력으로 설립되었으며, 피통치자의 동의로부터 정당한 권력이 나오며, 피통치자의 동의에 기반을 두지 않는 어떤 정부도 전제국가이고, 정부의 물리력을 어떤 사람에게라도 강제하는 것은 공화국의 방법을 제국주의(imperialism) 방법으로 대체하는 것임을 재차 선언한다. 우리는 미국 국기가 있는 곳에는 헌법이 적용된다(Constitution follows the flag)고 믿는다. 그런데 그 존립과 권한을 헌법에 의존하는 행정부와 의회가 헌법을 넘어서고 위반하는 행위를 하고 있는 것을 우리는 비난한다. 우리는 어떤 국가도 반-공화국(half republic)과 반-제국(half-empire)으로 동시에 오랫동안 있을 수는 없다고 주장하며, 우리는 미국의 제국주의 외교정책이 국내의 독재로 빠르고 돌이킬 수 없게 이끌 것이라고 미국인들에 경고한다."

위는 민주당의 1900년 정강정책의 일부이다. 민주당은 미국-스페인 전쟁의 결과로 미국이 획득한 푸에르토리코를 점령하는 것을 제국주의라고 비난하고 있다. 민주당은 공화당 행정부와 의회가 헌법기관으로 헌법에 그 존립과 권한을 의존하고 있음에도 초헌법적인 행위를 하고 있다고 비난하며, 이는 헌법을 위반하는 것이라고 주장한다. 미국의 헌법은 미국의 독립선언 발표 후에 미국을 독립된 국가로 설계하는 설계도다. 당시 미국의 국력을 생각할 때, 아마 건국의 아버지들은 미국이 다른 나라를 복속시켜서 자국의 영토로 편입시킨다는 것을 생각하지도 못하였을 것이고, 그런 이유로 헌법은 미국의 해외 영토에 관한 어떤 명시적 조항도 가지고 있지 않다. 단, 의회와 행정부의 권력이 헌법에 명시된 권력이라고 해석하는 민주당의 전통적 시각에서는 미국의 푸에르토리코 점령은 헌법을 위반하는 행위라고 볼 수 있다. 그런데 헌법에 명시되지 않은 내재적 권한을 주장하는 경우, 헌법에 명시되지 않더라도 헌법에서 명시한 목적을 이루기 위한 수단적 권한을 주었다고 주장하고 푸에르토리코 점령도 그런 경우라고 주장할 수도 있다. 그렇지만 미국의 푸에르토리코 점령을 제국주의라고 비난하며, 헌법이 그런 권위를 주지 않았다는 민주당의 주장은 타당한 면이 있다(Capo-Rodriguez 1916).[5]

민주당은 해외에서의 미국의 제국주의적 행태는 미국 내에서의 독재로 이어질 것이라고 경고하고 있다. 민주당은 어떤 국가도 공화국과 제국의 복합 형태로 오래 존재하지 못했다고 지적하며, 결국은 공화국이 되거나 제국이 될 텐데, 현 공화당 행정부의 제국주의 행태는 제국으로 갈 가능성이 더 많고, 이는 미국이 독재국가가 될 가능성이 있다는 것을 보여준다는 주장이다. 다소 강한 주장 같기도 하지만, 헌법을 무시하는 국가의 의사결정 행태가 반복되어진다면 결국 법치국가의 존립근거가 약해진다고 볼 수 있다. 위에서 민주당은 미국 국기가 있는 곳은 미국 헌법의 적용을 받는다는 주장을 했다. 이 말은 푸에르토리코에 미국 국기가 꽂혔다면, 그곳은 미국 헌법의 적용을 받고, 푸에르토리코 주민의 동의 없는 물리적 통제는 결국 헌법 위반이라는 주장이다. 이 논리는 굉장히 중요한 논리인데, 1901년 미 연방 대법원 판결에 따라, 미국령 푸에르토리코는 헌법의 적용을 받지 않고, 연방의회가 그에 관한 법률을 만들어야 한다는 유권해석이 나왔다.[6]

---

5) 페드로 카포-로드리구에즈(Pedro Capo-Rodriguez)는 미국이 물리력으로 다른 나라의 영토를 복속시키는 것은 헌법이 준 권한이 아니라고 지적한다.

6) Downes 대 Bidwell 사건에서 미 연방 대법원은 미국령이라고 해서 미국헌법의 적용을 꼭 받게 되는 것이 아니라, 연방의회 관할로, 연방의회가 관계 법령을 제정할 권리가 있다고 판결했다. Justia, Downes v. Bidwell 182 U.S. 244(1901), https://supreme.justia.com/cases/federal/us/182/244/case.html

〈표 9-6〉 1900년 민주당과 공화당의 정강정책 비교

민주당	이슈	공화당
- 은, 금의 16:1 복본위제 유지	통화	- 자유로운 은화 주조 반대 - 금본위제 유지
- 관세법 개정으로 독점 해결 - 딩리(Dingly) 관세법 반대	무역, 관세	- 보호관세(미국 노동자보호) - 딩리 관세법 찬성 - 호혜주의 강조
- 독점, 트러스트 반대 - 기업의 개인자유 침해 반대 - 주제 교통법(ISC law) 지지 - 국립은행 어음 발행 반대 - 전쟁세(war tax) 반대	경제	- 독점 반대 - 이자율(interest rate) 인하 - 전쟁세 인하 - 내각에 상공부 신설
- 황무지 관개시설 지지	국토개발	- 황무지 관개시설 지지 - 도로와 고속도로 개선
	여성, 노동	- 여성의 자원봉사, 간호 감사 - 노동자 교육 기회 확대 - 아동 노동 제한 연령 높임 - 죄수 계약 노동반대 - 노동 보험 체계
- 푸에르토리코법 반대 - 쿠바 독립 지지, 필리핀 독립 지지 - 해외 섬 구매 반대 - 먼로선언 지지 - 군국주의(militarism) 반대 - 미국-영국 동맹 반대 - 군국주의, 제국주의 반대 - 니카라과 운하 건설 지지 - 헤이-파운스포드조약 반대	외교 국방	- 먼로 독트린 지지 - 사모아 획득 지지 - 하와이 병합 지지 - 푸에르토리코, 쿠바, 필리핀 해방 - 쿠바 독립 지지 - 영국과 남아공 평화 지지 - 이스트메인 운하 건설 지지 - 해군력 강화, 상선 - 중국 등 아시아 시장 개척 지지
	우정사업	- 지방 우편배송 확대
- 직접 선거에 의한 상원선출 지지 - 노동부 신설 찬성	정치	- 동등한 투표권 지지
- 중국 배제법 지지 - 모든 아시아인에게 적용	이민	- 외국 노동자의 이민 제한 고려

〈표 9-6〉은 1900년 민주당과 공화당의 정강정책을 비교한 표이다. 민주당은 지속적으로 복본위제를 주장하고 있고, 공화당의 주장에 따르면, 민주당이 복본위제에 매달려 경제를 망쳤을 때, 공화당은 금본위제와 보호관세로 유례없는 번영을 이루어냈다고 했다. 공화당에 의하면, 공화당의 금본위제와 보호관세 덕분에 공화당 집권 3년 동안 수출이 증가하고 수입이 감소하여, 총 14억 8,353만 7천여 달러의 무역흑자를 냈다고 했다.

민주당과 공화당 모두가 독점의 폐해를 지적하면서 독점 문제 해결을 중요한 정책으로 내놓았다. 민주당은 독점은 미국의 보호관세와 현 공화당 정부 정책의 필연적 귀결이라고 공화당 행정부를 비판하면서, 독점 문제를 해결하기 위해서 현재의 관세제도를 수정해야 한다고 주장했다. 민주당은 독점품목은 무관세 리스트에 올려서 해외 물건의 수입으로 독점을 깨뜨려야 한다고 주장했다. 공화당은 보호관세는 미국 노동자 보호법이라고 명명하면서, 보호관세로 인해서 미국 기업과 미국 노동자들의 번영이 확보되었다고 주장한다.

딩리 관세법(Dingly Act)은 과거 공화당 행정부의 매킨리 관세가 민주당 행정부의 윌슨-고먼 관세(Wilson-Gorman Tariff)법으로 대체된 뒤에, 다시 정권을 잡은 공화당이 보호관세를 부활한 법이다(Taussig 1897).[7] 민주당은 딩리 관세법은 공화당이 특정의 소수에게 혜택을 주도록 교묘하게 설계된 법이라고 비난하면서, 이 법은 트러스트를 장려하는 법이라고 비난하였다. 그에 대해서 공화당은, 딩리법은 전쟁경비를 충당하는 데 충분한 재원을 공급하고 있다고 응답했다. 공화당은 딩리법에 따라 미국의 전쟁부채가 약 4천만 달러 감소할 것이라고 예측했다. 그러면서 공화당은 2% 국채 할증금[8]과 딩리법에 의해서 공화당이 전쟁세 인하를 주장할 수 있게 되었다고 주장했다. 1898년 미국 의회는 미국-스페인 전쟁경비 충당을 위해서 미국

7) 자세한 내용은 Taussig(1897) 참조.

8) 국채가 액면가격보다 높은 가격으로 거래되는 것을 뜻한다. 공화당은 이게 공화당 정부에 대한 국민의 신뢰를 보여주는 것이라고 주장한다.

정부가 국채를 발행할 수 있는 권한을 주는 전쟁재원법(War Revenue Act)을 통과시켰다. 전쟁재원법은 일반적으로 각종 전쟁세를 부과하는 법으로 알려져 있지만, 연방정부가 전쟁채권을 발행할 수 있도록 허락하는 조항도 있었다. 따라서 공화당은 전쟁재원법에 의한 전쟁채권 판매와 딩리법에 의한 관세 수입으로 전쟁재원법에 따라 부과되는 전쟁세를 낮출 수 있게 되었다고 주장하는 것이다.

민주당은 1896년 정강정책과 마찬가지로 국립은행이 어음을 발행하는 것을 폐지해야 한다고 주장한다. 민주당은 화폐 발권은 미국의회의 권한인데 화폐의 역할을 하는 어음을 국립은행이 발행하는 것은 헌법 위반이라는 1896년의 주장을 반복해서 하고 있다. 금본위제를 뒷받침하는 금융 신디케이트 뒤에는 국립은행의 어음 발행이 있다고 보는 민주당의 문제인식이 지속적으로 국립은행의 어음발행을 반대하게 만들고 있다. 공화당은 이자율을 낮추겠다는 정책을 폈다. 이자율은 채권과 반비례적인 관계에 있어서, 이자율을 낮추면 채권 거래 가격이 오르게 되는데, 공화당이 국채가격 유지를 위해 이자율을 낮추자고 했다고 보기는 어렵고, 향후 이자율 조정을 통한 금융정책으로 고용, 물가 등의 문제를 풀겠다는 신호탄으로 봐야 할 것 같다. 공화당의 정강에는 "이자율이 생산과 기업 활동에 유력한 요소라는 것을 깨달았다"라는 표현이 있다. 그런 점에서 이자율을 통한 통화정책을 강조했다고 봐야 할 것 같다.

1900년 공화당의 정강정책은 먼로선언을 지지한다고 했지만, 민주당이 지적한 것처럼 그것은 허울뿐이 사기성 정강정책일 뿐으로, 미국의 제국주의적 팽창노선이 1900년도 공화당 정강정책에 나와 있다. 민주당과 공화당 모두 미국의 영향력 증대에는 찬성하나 민주당은 평화로운 방법에 의한 미국의 영향력 증대를, 공화당은 군사력에 의한 영향력 증대를 각각 주장했다. 공화당은 미국이 스페인과의 전쟁을 통해 승리함으로써, 스페인 지배하에 있던 쿠바, 푸에르토리코, 필리핀에 자유를 찾아줬다고 주장했다. 자유를 찾아준 만큼, 질서유지에 대한 미국의 책임이 막중하다고 공화당은 주장했다. 그러나 민주당은 이를 군국주의라고 비난하면서 쿠바는 즉각 독립시켜줘야 하고, 푸에르토리코에 진주한 미국이 주민의 동의도 없는 상태에서 미국연방의회가 푸에르토리코에 세금부과 등을 강제하는 것에 반대했다. 아울러 필리핀도 미국의 관할이 아니며, 미국 시민이 아니라고 주장했다. 공화당은 독일과의 협상을 통해 미국령 사모아를 획득하였고, 하와이를 미국에 편입시켰다. 하와이 공화국을 미국에 복속시킨 역사는 미국의 먼로주의에 부합하지 않는 제국주의 팽창 역사의 단면을 보여준다. 하와이 공화국을 무력으로 전복시킨 미국인들은 당시 미국의 민주당 대통령이었던 클리블랜드 대통령에게 하와이를 미국에 편입시켜 줄 것을 요구했지만, 클리블랜드 대통령은 하와지 주민들이 원치 않는다는 이유로 거부했었다. 1898년 사탕수수 농장주들의 이익을 반영하여 하와이 주민들의 반대에도 불구하고 공화당 행정부는 하와이를 미국령으로 편입시켰다. 민주당은 버진 아일랜드를 미국이 덴마크 정부로부터 사들여서 영토 확장을 하는 것을 반대하고 있는데, 공화당의 1896년 정강에서 나왔던 섬 구매에 의한 영토 확장이 1900년 공화당 정강에는 나오지 않았다. 하지만 민주당이 경고하고 있다는 것은 공화당의 계획 속에 있다는 것을 암시하는 것이다.

민주당이 니카라과 운하 건설을 지지하는 반면에 공화당은 파나마 운하 건설을 지지하고 있는 점이 다르지만, 둘 다 미국이 소유하고, 건설하고, 운영해야 한다고 주장하는 점은 같다. 공화당은 아시아 시장, 특히 중국의 문호개방을 통해 미국이 해외시장 개척을 할 수 있도록 미 행정부가 노력을 해야 한다고 주장했다. 1900년 공화당의 정강에는 우리가 주목할 만한 표현이 있다.

> "새로운 시장은 증가하는 잉여 농산물을 위해 필수적이다. 새로운 시장, 특히 아시아 시장을 열고 유지하는 데 모든 노력이 경주되어야 한다. 통상과 식민지 건설의 모든 노력을 중국의 문호 개방정책에 쏟고 있는 행정부의 성공적인 노력은 따뜻하게 격려받아야 한다."

위의 표현은 공화당 정강정책에서 파나마 운하의 건설을 주장하는 문장

바로 연이어 나오는 문장들이다. 파나마 운하의 목적이 미국의 잉여농산물의 수송 통로를 위해 필요하고, 잉여 농산물의 판매를 위해 새로운 시장이 필요하다고 역설했다. 그리고 새로운 시장의 제1 후보지가 아시아 시장, 특히 중국 시장이었다. 과거 북부의 가난한 농부나 이민자들이 서부로 이주하여 개척지를 가질 수 있도록 후원했던 공화당 정권이 이제 자영농 중심의 정당에서 잉여농산물을 수출하는 부농 중심의 유권자연합으로 바뀌고 있다는 신호가 바로 이 정강정책이다. 공화당은 미국의 수출입 물품을 적재한 선박의 10대 중 9대가 외국 국적의 선박라고 개탄하면서, 상선 건조를 통해 미국 상품을 미국 국적의 선박에 적재하고 미국 해군이 이를 보호하는 체제가 되어야 한다고 주장했다.

민주당과 공화당은 미국 노동자 보호를 위해서 값싼 노동력의 미국 유입을 막아야 한다고 주장을 하며, 민주당은 중국인 이민을 제한하는 중국배제법의 지속적 지지를 표시했고, 이를 모든 아시아인에게도 적용해야 한다고 주장했다. 아시아 시장을 원하는 공화당과 아시아인의 미국 이민을 반대하는 민주당은 자국의 노동자를 보호하면서, 자국의 상품 수출은 늘리고 싶어하는 미국의 이중적 단면을 보여준다고 할 수 있다. 1900년 민주당은 아시아계 이민을 반대하고, 흑인의 참정권을 제한하는 것에 대한 아무런 언급을 하지 않고 있는데, 이는 뿌리 깊은 인종편견의 사상이 1900년 민주당 정강정책에 남아 있는 증거라고 할 수 있다.

제3절 1896년 중대재편 전후의 정강정책 비교

3번의 전당대회와 12년의 세월 동안 민주당과 공화당의 정강정책은 어떻게 변했고, 제3차 정당체제에서 제4차 정당체제로 넘어오면서 양당은 어떻게 잠재적 유권자연합의 이익을 정강정책에 반영하고 있는지를 살펴보자.

〈표 9-7〉 중대재편(1896년) 전후 통화 정강정책 비교

	1892년	1896년	1900년
민주당	금은복본위제	금은복본위제	금은복본위제
공화당	금은복본위제	금본위제	금본위제

앞에서 살펴보았듯이 1892년에 양당의 온도 차이는 있었지만, 근본적으로 금은 복본위제를 민주당과 공화당이 지지하였고, 이는 지속적인 민주당의 정책이었지만, 1896년 정강정책에서부터 공화당은 금본위제를 지지하였다. 이는 제4차 중대재편을 가져온 주요 갈등이 통화정책에 있었음을 보여주는 증거라고 할 수 있다. 1892년 선거에서 패배했던 공화당은 1896년 금본위제의 입장을 취하면서 자유 은통화론을 주장하는 서부의 농민운동에 대한 두려움을 가지고 있는 기득권층 즉, 지주, 상공인, 금융가를 공화당의 유권자연합으로 묶을 수 있었다.

노예 문제는 제2차 정당체제를 붕괴시키고 제3차 정당체제를 초래한 주요 균열이었다. 제3차 정당체제의 1892년에 남부 흑인의 투표권은 매우 중요한 주제였다. 공화당은 남부 흑인의 투표권이 실제적으로 보장되게끔 많은 입법 노력을 했고, 민주당에서는 이를 주권 침해로 맹렬하게 비난하면서 공화당이 제안한 랏지법안을 1892년 선거의 주요 쟁점으로 만들었다. 그러나 1896년 공화당 정강에서부터 남부 흑인의 참정권 문제는 지속적으로 언급은 되지만 과거와 같은 열의를 찾아볼 수 없었고, 그에 따라 민주당 정강에서는 아무런 언급을 하지 않았다. 결국 흑인 문제는 제4차 정당체제에서

〈표 9-8〉 중대재편(1896년) 전후 남부 흑인 참정권 정강정책 비교

	1892년	1896년	1900년
민주당	적극적 우회 반대		
공화당	적극적 주장	주장	주장

〈표 9-9〉 중대재편(1896년) 전후 노동 문제 정강정책 비교

	1892년	1896년	1900년
민주당	죄수 노동반대 15세 미만 아동 노동 금지 철도, 운송 노동자 보호	노동 중재위원회	노동부 신설
공화당	운송 노동자 보호 광산, 제조업 노동자 보호	국가 중재위원회	죄수 노동반대 아동 노동 연령 노동자 보험 노동자 교육

주요 균열이 아니었다는 것을 양당의 정강정책이 보여주고 있다.

〈표 9-9〉는 민주당과 공화당의 노동정책 변화를 살펴본 표이다. 흥미로운 사실은 1892년 민주당이 주장했던 계약죄수 노동반대와 15세 미만 아동 노동금지가 1900년 공화당의 정강에 보인다는 사실이다. 1900년 정강에서 공화당은 계약죄수 노동을 반대하며, 근로 가능한 아동의 법정 연령을 더 높여야 한다고 주장했다. 그리고 노동자 보험의 문제와 노동자 교육의 문제를 주요 정책으로 채택하였다. 이는 산업화 시대가 시작되면서 보호무역과 전쟁의 과실을 미국의 기업과 노동자가 나누면서 공화당의 주요 유권자연합 세력으로 등장했다는 것을 보여준다. 민주당은 1896년에 이어 1900년도에도 노동 관련에서는 정부부설 신설 외에는 특별한 정책을 내놓지 않았었다.

사실 계약죄수 노동을 반대하는 것은 죄수의 인권보다는 죄수 노동이 일반 노동자의 임금 등에 부정적으로 영향을 미칠 것에 대한 노동계의 두려움을 반영한 정책이라고 볼 수 있다. 이는 아동 노동의 경우와도 비슷하다. 아동보호와 아동 인권의 측면도 있겠지만, 그보다는 성인 노동자의 임금에 부정적 영향을 미치는 것에 대한 반감이 1892년에는 민주당 정책으로 1900년에는 공화당 정책으로 나타난 것이다.

미국은 이민 국가이다. 이민자들이 세운 국가이고, 계속적인 이민자의 유

〈표 9-10〉 중대재편(1896년) 전후 이민자 관련 정강정책 비교

	1892년	1896년	1900년
민주당	범죄자, 극빈자, 중국이민자, 계약 노동자 이민 반대 근면한 유덕자 이민 제한 반대	극빈자 이민 금지	중국 노동자 이민 제한 아시아 노동자 이민 제한으로 확대
공화당	범죄자, 극빈자, 계약노동자 이민 반대	문맹자 이민 금지	외국 노동자 이민 제한 고려

입으로 발전한 국가이다. 그런데 그 기조가 달라지고 있는 것을 〈표 9-10〉은 보여준다. 어떤 정당도 과거처럼 무제한적인 이민을 찬성하지 않고 있다. 민주당이 범죄자, 극빈자, 계약 노동자 이민 반대에서 중국이나 아시아계 이민자 제한으로 바뀌었고, 공화당이 문맹자 이민 금지에서 국내 노동자 보호를 위하여 외국 노동자 이민제한을 고려하겠다고 바뀌었다. 민주당의 이민 제한 정책이 다소 아시아를 목표로 변하고 있다면, 공화당의 경우 좀 더 포괄적 이민 제한으로 움직이고 있다고 볼 수 있다. 이제 이민은 미국의 노동시장에 미치는 부정적인 요소로 인식되고 있는 것이다.

〈표 9-11〉에서 볼 수 있듯이 민주당은 여성에 관한 별다른 정책이 없었다. 1892년의 공화당도 마찬가지였다. 그러나 1896년 정강과 1900년 정강에서 공화당은 여성에 대한 관심을 표명하고 있다. 특히 1896년 남성과 여성의 동일 노동, 동일 임금을 주장하고, 기회의 균등을 주장한 것은 상당히 중요하다. 1900년에도 미국-스페인 전쟁에서 보여준 미국 여성들의 구호기

〈표 9-11〉 중대재편(1896년) 전후 여성 문제 정강정책 비교

	1892년	1896년	1900년
민주당	없음	없음	없음
공화당	없음	동등임금, 기회균등	구호자원봉사, 간호

구의 자원 봉사, 병원의 간호 노력에 공화당은 경의를 표한다고 주장했지만, 동일 노동, 동일 임금을 주장하던 1896년보다는 다소 약해진 느낌이다. 미국 노조의 역사를 보면 백인 남성 중심의 노조로 시작을 했고, 여성과 흑인의 가입을 받아주지 않았던 적이 있었다. 그런 점에서 자원봉사나 간호에서의 여성 진출을 축하한다고 하는 것은 동일 노동, 동일 임금을 주장하는 것에 비해서 다소 후퇴한 듯이 보이는 것도 사실이다. 1896년 정강에서 민주당과 민중당으로부터 나라를 구하기 위해 여성의 협조가 절실하다고 여성을 공화당 연합의 일원으로 초대한 후, 1900년에도 여성에 대한 언급을 정강정책에서 함으로써, 이를 재확인했다고 볼 수 있다.

〈표 9-12〉는 정강정책 분석에 기초한 유권자연합을 보여준다. 위의 유권자연합은 왜 제4차 정당체제에서 공화당이 지배적 위치를 차지하고 있었는지를 보여준다. 민주당은 은통화론이 강한 서부의 농민, 광산주, 광산 노동자와 남부의 연합이고, 북부는 금 본위자를 중심으로 보호무역의 혜택을 받는 상공업자, 노동자, 부농 등의 연합으로 다수를 점할 수밖에 없는 구조였다.

〈표 9-12〉 중대재편(1896년) 전후의 잠정적 유권자연합

	1892년	1896년	1900년
민주당	자유 은통화론자(서부의 농부, 광산노동자, 광산주) 남부 노동자, 소비자	자유 은통화론자 남부 보호무역주의 반대자	자유 은통화론자 남부 보호무역주의 반대자
공화당	흑인 제조업자	금본위론자 흑인, 여성 제조업자, 금융권 팽창주의자 보호무역주의자	금본위론자 흑인, 여성 노동자, 부농 제조업자, 금융권 팽창주의자 보호무역주의자

제4절 1928년 정강정책 비교

1928년은 공화당 지배의 제4차 정당체제의 말기이다. 1928년 선거는 공화당이 행정부와 의회를 같이 지배하던 시기의 선거였다. 민주당은 정강의 서문에서 전국 정당으로서의 정강정책이 지역의 민주당 정책을 구속하지 않는다는 표현을 사용했다. 이는 전국적 이슈와 다를 수 있는 지역 이슈에 대해서 지역 정당이 전국 정당의 정강정책에 구속되지 않아도 된다고 하는 선언이다. 이 선언은 매우 의미가 있다. 미국 정당은 지역 정당의 연합으로 볼 수 있는데, 지역의 이슈에 대한 지역민들의 의지가 전국 정당의 정강과 다를 수 있는 현실을 반영한 것이다. 민주당의 경우 남부에서 거의 1당 우위 체제를 유지하고 있는데, 예를 들어서, 흑백차별 철폐와 같은 것을 중앙당에서 정강정책으로 정하게 되면, 백인 위주의 남부 민주당은 반발할 수 있기 때문에, 정강의 서문에 아예 못을 박은 것이다.

> "전국 정강정책의 기능은 일반 원칙과 정당의 정책을 선언하는 것이다. 그러므로 우리는 지역의 이슈나 입법의 세부사항의 측면에서 우리 정당을 구속하는 것을 당연한 것으로 여기지 않는다."

정강정책이 의미가 없다거나 정당의 약화를 주장하는 학자들이 지적하는 부분이 정당의 정강정책이 그 정당의 특정 지역의 정강정책과 다르다거나(Keefe and Hetherington 2003), 의회의 의원들이 정당 투표를 하지 않는다는 지적을 하는 것에 대해서 이 서문이 대답을 하고 있다고 볼 수 있다. 1928년의 민주당 정강정책은 지역 정당이 전국 정당의 정강과 다른 입장을 가질 수 있도록 공식적으로 허용했다. 이런 일이 가능한 것은 앞서 몇 차례 말했던 것처럼, 미국의 정당은 선거의 승리를 목적으로 같은 당명으로 모인 정치적 연합체이기 때문이다. 대부분은 전국 정당의 정강정책을 따르지만, 자기 지역의 특수 이익이나 여론과 상충되는 부분에 대해서는 따르지 않아도 된다고 하는 선언이다.

〈표 9-13〉은 양당의 경제 관련 정강정책을 비교하였다. 민주당은 민주당이 만들었던 연방준비제도(Federal Reservation system)는 위대한 업적이었지만, 현재의 연방준비제도는 주식시장의 투기꾼의 이익을 위해서 운영이 되고 있다고 비난하면서, 농민, 월급쟁이, 상인, 제조업자, 그리고 건설적인 사업을 하는 모두의 이익에 이바지 하도록 운영되어야 한다고 주장했다. 민주당은 감세를 위한 민주당의 노력이 번번이 공화당에 의해서 의회에서 막혔다고 주장하면서, 언제나 특권층을 위해서 다수 대중들을 희생시킨다고 공화당을 비난하고 있다. 민주당은 민주당 행정부가 감채기금(sinking fund)을 만들어서, 현세대나 다음세대에 세금압박 없이 합리적 기간 안에 미국의 부채가 청산되도록 했으나, 공화당 정부는 필요 이상의 세금을 부과했고, 미국 재정의 흑자는 공화당 행정부의 낭비 행정을 증가시켰다고 비난하면서, 세금을 더 낮춰야 한다고 주장했다.

공화당은 1921년부터 1928년까지 공공부채가 64억 1,100만 달러 정도 줄었다고 하면서, 공화당은 현재의 법테두리 안에서 국가 부채를 가능한 한 빨리 줄이는 노력을 계속할 것이라고 주장했다. 민주당은 민주당 행정부의 감채기금 때문에 국가부채가 줄었다고 주장하는 데 비해서 공화당은 공화당

〈표 9-13〉 1928년 경제, 무역 분야 정강정책 비교

민주당	이슈	공화당
- 연방준비제도 비판 - 세금 인하	재정, 세금	- 국가부채 감소 - 감세 및 전쟁세 폐지 실시
- 독점 방지, 소상공인 배려	독점	
- 관세 인하(독점 원인) - 윌슨의 관세위원회 복원	관세	- 보호관세 - 고임금 완전고용의 근원
	무역	- 보호관세에 의한 무역흑자
	해외 채권	- 외국의 채무국과 협의 중

행정부의 노력으로 줄었다고 주장하는 점이 다른 점이다. 공화당은 감세도 계속 진행 중이고, 감세의 효과가 나타나면 연간 10억 달러 이상의 감세 효과가 있을 것이라고 주장했다. 공화당은 감세정책은 네 가지 독립된 정책으로 이루어지고 있는데, 그중에 전쟁세는 거의 폐지된 것과 마찬가지라고 주장했다. 민주당은 더 감세할 수 있는 여력이 있는데 공화당의 방해로 감세가 미진하다고 주장하는 데 비해서, 공화당은 감세정책이 궤도에 올랐고, 앞으로도 지속적으로 감세할 것이라도 주장했다.

민주당은 공화당 행정부의 집권 기간 동안 반독점법은 무시되고, 위반되고, 방치되었고 그 결과 트러스트와 독점에 의해 빠르게 국가 경제가 조종되고 있다고 주장했다. 반독점에 관한 민주당의 지적이 항상 민주당의 정강정책에 들어가 있었던 반면에 공화당은 반독점정책이 별도로 발표되지 않았다. 이는 과거 반독점법을 입안했던 공화당의 약해진 반독점 정서를 보여준다고 해석할 수 있을 것이다. 민주당은 독점으로 인해 많은 중소상공인들이 폐업까지 하고 있다고 주장하며, 반-독점법 집행을 강력하게 해야 한다고 주장했다.

공화당의 보호무역과 보호관세는 제4차 정당체제 동안 민주당의 관세 인하 주장과 극단에 서 있었다. 민주당은 보호관세제도가 미국의 독점을 키웠고, 지금도 보호관세가 모두에게 공평하게 혜택이 돌아가는 것이 아니라 특정 대상에게만 돌아가기 때문에 불공평하다고 주장했다. 민주당은 윌슨 대통령의 관세위원회(Tariff Commission)를 다시 부활시켜야 한다고 주장했다. 보호관세가 미국 경제에 도움이 되는가에 대한 논란은 제4차 정당체제 동안 계속되어왔다. 민주당의 윌슨 대통령은 관세위원회를 신설해서 전문가들로 하여금 미국의 보호무역이 미국 경제에 미치는 영향을 조사하도록 했었는데(Schnietz 1994),[9] 민주당은 관세위원회를 통해서 보호무역의 허와 실을 엄중하게 따져봐야 한다고 주장하는 것이다. 그에 비해서 공화당은 보

---

9) 관세위원회는 오늘날의 미국 국제 통상위원회의 전신이다. 관세위원회에 대해서는 슈나이쯔의 논문을 참조(Schnietz 1994).

호관세는 미국 노동자와 기업을 위해 필수적인 제도로, 미국 번영의 기초라고 주장하고 있다. 공화당은 1922년 38억 달러 수출에서 1927년에는 48억 달러로 수출액을 증가했으며, 1927년 4억 달러의 무역 흑자를 냈다고 주장했다, 또한, 공화당은 공화당 행정부가 해외의 채무국과 채권 회수방안을 논의 중이며, 채무를 탕감해주는 것은 절대로 있을 수 없는 일이라고 주장하고 있다.

〈표 9-14〉는 민주당과 공화당의 노동과 광업 분야 정강정책을 비교한 표이다. 민주당은 노동자는 반-트러스트법의 적용대상이 아니므로, 반-트러스트법을 적용해서는 안 되고, 제외해야 한다고 주장했다. 노동쟁의에 남용되는 강제 명령에 대해서 양당은 모두 비판하고 있다. 양당 모두 노조 협상권을 인정해야 한다고 주장하고 있다. 공화당은 보호관세 덕분에 미국인 노동자들은 세계에 유래가 없는 실질 임금(real wage)을 받고 있어서 여가생활을 즐길 수 있지만, 다른 외국의 노동자들은 생활 임금(living wage)을 받는 것을 목표로 하고 있고, 미국인 노동자의 삶을 부러워하고 있다고 주장했다. 공화당은 현재의 고임금 완전고용상태는 보호무역 관세의 덕분이고, 공화당 행정부는 지속적인 임금상승을 위해 노력하겠다고 했다.

민주당은 실업을 중대한 이슈로 보고 이에 대해서 정부에 실업자들을 도울 수 있는 과학적 방법을 연구하고, 건설 프로젝트에 실업자를 고용하는

〈표 9-14〉 1928년 노동, 광업 분야 정강정책 비교

민주당	이슈	공화당
- 노조 협상권 인정 - 노동자는 반-트러스트 법 적용 제외 - 노동쟁의에 강제 명령 남용 비판 - 죄인노동 상품 관할권은 도착 주 - 실업자를 위한 정부 건설 프로젝트	노동, 실업	- 노조 협상권 인정 - 강제명령 남용 비판 - 고임금 - 임금 상승 노력
- 규제 완화 - 정부의 홀대 비판	광업	- 규제 완화, 연구 지원 - 석탄 산업의 안정화

등의 방책이 필요하다고 주장하며, 실업의 폐해는 전쟁의 폐해와 같다고 주장했다. 실업 문제에 대해서 공화당은 특별한 정책을 내놓지 않고 있다. 이는 4년 후 재편 선거가 있었던 1932년의 공화당 정강정책에서도 실업에 대한 미온적인 태도가 유권자재편을 가져오는 계기가 되었는데, 1928년 정강정책에 이미 그런 전조가 보이고 있다고 할 수 있다.

다른 경제 이슈로는 민주당은 죄인이 생산한 상품이 다른 주로 배송되었을 경우 그 생산품에 관한 관할권은 도착 주에 있다고 주장했다.

민주당과 공화당은 광업의 중요성을 지적하고 있다. 민주당은 광업은 농업과 마찬가지로 공화당 정권아래에서 지속적으로 차별대우를 받아왔고, 규제에 신음하고 있다고 지적하며 규제 철폐를 주장했다. 공화당도 규제 철폐를 약속하면서, 특히 선탄산업의 안정화의 중요성을 지적하였다. 양당이 모두 규제가 문제라고 인식하는 점은 동일하다고 하겠다.

양당은 현재 미국 농민의 상태가 매우 어렵다는 사실에 공감하고 있다. 그러나 두 정당이 생각하는 농업의 어려움의 원인과 해결 방법에 차이가 크게 있다. 민주당은 기본적으로 보호관세가 기업이나 노동자들을 보호하는 것만큼 농업과 목축업을 보호하지 않아서 발생한 문제라고 지적한다. 민주당에 따르면 국가적 번영의 기초인 농업과 목축업에 대해서 지난 50년간

〈표 9-15〉 1928년 농업 분야 정강정책 비교

민주당	이슈	공화당
-농업, 목축업 홀대 정책 비판 -농민 구호법 거부권 행사 비판 -소수에게 혜택주는 보호무역 비판 -농산물 출하량 감소정책 반대 -농업 구제 법안 마련 -신용 대출 원조 지지 -연방 농업위원회 설립 촉구 -생산가격과 소비가격 차액 감소 -농업 보조금 반대 -조합 마케팅 협회 창설	농업	-농민은 새로운 환경에 적응해야 함 -농민의 집단 구매, 협동 판매 -농민 대상 저금리 대출 -농부들에게 우편 무료 배송 서비스 -잉여농산물 수출 위해 선적위원회 -정부 지원으로 마케팅 체제 지원 -연방 농업위원회 설립 -보호관세 -농업과 다른 산업과의 경제적 평등

공화당 행정부가 상대적으로 한 일이 없고, 공화당 행정부가 선호하는 산업에만 자의적인 도움을 주었다고 주장했다. 민주당은 공화당 행정부가 농업구제를 주장하는 것에 적대감을 가지고 있으며, 농민조합의 권리를 부정하고 있다고 비난하고 있다.

민주당에 따르면 수년간 공화당은 농민과 노동자 사이에 균형 있는 조건을 만들겠다고 했지만, 그것은 지켜지지 않았다고 했다. 민주당은 공화당 대통령이 두 번이나 농민구호법에 거부권을 행사한 것을 비판하며, 값싼 농산물을 생산하는 농민에게는 세계 시장 가격을 강요하면서 소수에게만 특혜를 주는 보호 무역을 비판했다.

민주당은 잉여 농산물의 해결책으로 공화당이 내놓은 농산물 출하량 감소정책을 반대했다. 민주당은 다른 구제방안 없이 농산물 출하량만 감소시키는 공화당의 정책은 농업의 지속적인 디플레이션을 가져와서 농가에 주름살을 지게 하고, 미국 전역의 기업과 노동자에게 부정적 영향을 끼칠 것이라고 경고했다. 민주당은 농업은 650만 개인 자영업자들에 의해 유지되므로 산업처럼 생산 조율이 쉽지 않다고 인정하면서, 기업과 노동자에게 정부가 개입했듯이, 잉여 농산물 해결을 위해서 정부가 개입해야 하며, 기업과 노동자가 집단 교섭이나 보호관세의 도움을 받았듯이, 농업도 효과적인 정부의 지원을 받아야 한다고 주장했다. 민주당은 농업과 다른 산업을 동등하게 취급하여 보호관세가 적용돼야 한다고 주장했다.

민주당은 정부가 최소한 상업선박에게 보조금을 주는 것과 비슷한 신용대출 보조금을 협동조합에 줘야 한다고 주장했다. 연방준비위원회가 은행과 기업가를 돕듯이, 농산물과 목축업 생산물 판촉을 도울 수 있는 연방농업위원회(federal farm board)와 같은 기구를 설치해야 한다고 요구했다. 민주당은 농산물 생산 가격과 소비자 가격의 차이를 줄일 수 있는 정부의 노력이 필요하다고 역설하면서도, 농업보조금은 반대했다. 그리고 농산물의 홍보나 판매 기술이 부족한 농부들을 위한 마케팅 조합 같은 기구를 만들어서 농가 소득을 올리고 농민의 구매력을 상승시켜야 한다고 주장했다.

"모든 농민들은 외국과의 경쟁, 국내 시장의 복잡성, 노동 문제, 지속적인 지방세와 주세의 증가에 의해 초래된 새롭고 난처한 상황에 대항할 것이 요구된다."

위의 문장은 1928년 공화당 정강정책에 나오는 대목이다. 민주당이 농업의 어려움을 공화당의 농업 홀대 때문이라고 주장하는 데 비해서, 공화당이 생각하는 원인은 다 외부적인 것이다. 공화당은 주세와 지방세가 올라서 농민이 어려워졌고, 외국과의 경쟁이 어려워졌고, 국내 시장이 복잡해졌으며, 노동 문제가 있었기에 농업이 어려워졌다고 주장한다. 어디에도 공화당 행정부나 의회의 잘못은 나오지 않는다. 공화당은 농민의 집단 구매와 협동판매 권리를 인정한다고 했지만, 민주당에 따르면 공화당은 농민 조합을 구성하는 것에 대하여 공화당이 적대적이라고 주장했다. 원래 농민 운동은 제3차 정당체제에서 서부를 중심으로 급격하게 일어났고 독자적 후보를 출마시키기도 하였으나, 제4차 정당체제에서는 은화통화론자인 민주당 대통령 후보를 지지하면서 후에 민주당의 유권자연합이 되었었다. 그런 점에서 공화당과 민주당의 대 농업정책의 차이가 부분적으로 설명될 수 있다.

민주당은 농업정책에 대한 요구를 하는 반면에 공화당은 주로 진행되고 있는 정책을 나열하고 있다. 공화당은 연방 농업 대출(Federal Farm Loan) 제도를 통해 농민 대상으로 저금리 대출의 특혜를 주고 있고, 신용은행(Credit Banks)을 통해 농민들에게 즉각적인 대출이 가능하다고 주장했다. 대도시에서만 운영되는 무료 우편배달 서비스를 농촌까지 지속적으로 확대하고 있다고 주장했다.

공화당은 보호관세를 강화하여 보리, 밀가루, 유제품 등에 대한 관세를 인상할 것이고, 다른 품목들에 대해서도 관세위원회에서 검토 중이라고 주장했다. 민주당과 마찬가지로 공화당도 마케팅 체제 정립에 지원을 아끼지 않겠으며, 마케팅 다각화가 필요시에는 정부 지원도 하겠다고 약속을 했다. 그리고 농산물이 해외시장에 진출하는 데 제일 큰 걸림돌이 선박의 부족이라고 지적하면서 대통령은 선박위원회(Shipping Board) 선박을 긴급히 재점검하도록 지시했다고 강조하였다. 그리고 미국 농업의 이익이 농업과 다

〈표 9-16〉 1928년 외교, 안보 분야 정강정책 비교

민주당	공화당
- 전쟁, 군군주의, 정복과 제국주의 반대 - 남미의 선거 등 국내 정치 개입 반대 - 군축을 위한 국제조약 지지 - 평화와 정의를 위해 다른 나라와 협력 - 혁명, 전쟁, 혼란 중인 국가와 협정 반대 - 먼로 독트린 - 필리핀 독립 지지	- 전쟁을 중재와 협력으로 전환 - 국제 중재를 위한 육자 범 미주회의 - 외국의 미국인과 미국 자산 보호 요구 - 멕시코에서의 미국인 전투 지지 - 니카라과 질서회복을 위해 미군 파병 - 중국 불간섭하나 도울 수 있음 - 불간섭 원칙과 국제연맹 거부

른 산업과 경제적으로 평등의 기초 위에 있다고 농업정책을 마무리짓는다.

외교 문제는 양당이 많은 차이를 보이는 부분이다. 민주당은 기본적으로 공화당 정권을 불법적인 전쟁을 자행하며, 군국주의정책을 추진하고, 다른 나라를 침략하는 제국주의적 정책을 펴고 있다고 간주했다. 공화당은 전쟁을 주요 외교 수단으로 사용하던 시기는 지났고 이제 화해와 협력의 시대로, 그것을 위해 공화당이 노력하고 있다고 주장했다. 전쟁에 대한 미국인의 피로도를 생각할 때 전쟁에 대한 비난은 공화당도 인지하고 있는 증거라고 볼 수 있다.

민주당은 남미의 선거나 국내 정치에 미국이 개입해서는 안 된다고 주장하며, 다른 나라가 혁명이나 전쟁 중에 있거나 내부적 혼란에 빠져 있을 때 협정을 맺어서 미군이 진주하여 그 문제에 개입하는 것을 반대한다고 분명히 하였다. 민주당은 니카라과에 들어간 미군의 경우가 거기에 해당한다고 지적했다. 그에 대해 공화당은 니카라과 질서회복과 선거를 위해 미군 해병이 니카라과에 진입했으며, 이는 니카라과에 있는 미국인과 미국 자산 보호를 위해서 필수적인 것으로, 이는 세계 어느 곳에 있든지 미국 시민의 생명권과 재산권을 지켜야 하는 미국 정부의 의무라고 주장했다. 공화당은 육자 범 미주회의(Six Pan American Conference)가 국제 중재를 통한 평화협력의 예라고 주장하며, 그 회의에서 미국 내에 있는 다른 나라 사람들의 생명과 재산을 미국 정부가 보호하듯이, 타국에 있는 미국인의 생명권과 재산권

을 보호해야 한다고 주장했다.

공화당이 주장하는 외국에 있는 미국인의 생명권과 미국 자산 보호는 사실상 세계 모든 국가에 미군을 파병할 수 있는 명분이 될 수 있는 위험성이 있다. 대표적으로 공화당 정강정책에 나오는 멕시코, 니카라과, 중국이 그 경우이다. 공화당은 정강정책에서 멕시코와의 친선을 강조하면서, 멕시코에 있는 미국인의 싸움을 지원하겠다고 했다. 멕시코와의 우의에 손상을 입히지 않으면서 멕시코 땅에서 멕시코와 싸우는 미국인을 지원한다는 것은 멕시코의 주권을 침해하겠다는 말과 다르지 않다. 공화당은 중국의 불행에 동정을 표하면서, 미국은 중국 내에 거주하는 미국인의 생명과 재산권을 지키기 위해 군사를 파병했을 뿐 중국 정부에 내정간섭은 한 번도 하지 않았다고 주장하면서, 미국이 무슨 일을 해야 하는지가 분명해지게 되면 중국을 기꺼이 도울 준비가 되어 있다고 주장했다. 자국민 보호를 명분으로 타국에 군사를 보내는 행위는 제국주의와 군국주의의 전형적인 예라고 할 수 있다. 그런 점에서 민주당이 공화당 행정부를 제국주의, 군국주의라고 비난하는 것이 이해가 된다.

민주당은 국제사회와 협력하여 군축협상을 해야 하며, 과거 맺은 군축협상의 실효성이 문제가 되니 이를 개정해서라도 군비 경쟁, 전쟁준비 경쟁을 끝내야 한다고 주장했다. 공화당은 군축에 대해 특별한 정책적 대안을 제시하지는 않았다. 민주당은 먼로선언의 유지를 주장하면서 필리핀을 즉각적으로 독립시켜야 한다고 주장했다.

여성 이슈는 앞에서 살펴본 것처럼 공화당이 선점한 부분이었다. 오래전에 공화당이 주장했던 동일노동 동일임금정책이 1928년 민주당 정강정책에서 언급이 되었고, 산업에서의 여성 착취를 반대하며, 정치와 정부의 영역에 남성과 여성의 정치적 평등을 민주당이 주장하고 있다. 여성 분야에 있어 후발주자인 민주당이 제4차 정당체제의 막바지에서 여성 참정권이 부여된 후 여성을 주요한 유권자연합으로 인지하기 시작했다고 볼 수 있다. 공화당은 4년 전 전국위원회 위원으로 여성들을 임명한 후 훌륭하게 전국위원회 활동을 해왔다고 칭찬하면서 더 많은 여성의 공화당 활동을 요구했다. 그러

〈표 9-17〉 1928년 여성, 아동 분야 정강정책 비교

민주당	공화당
-남성과 여성의 정치적 평등 -아동 착취로부터 아동 보호가 국가적 의무 -산업에서의 여성 착취 반대 -동일노동 동일임금	-공화당에 대한 여성의 노력 -법무, 외교, 사법, 재무부 등 여성 임용 -여성의 정당 활동 격려

면서 공화당 행정부가 행정부 내의 법무부, 외교부, 재무부 등 여러 곳에 여성을 고용했으며, 법원에서도 여성을 고용했다고 주장했다. 그러나 산업체에서의 여성 고용을 독려한다는 내용은 민주당이나 공화당 정강정책 어디에도 나타나지는 않았다.

그 외의 정책 분야에서, 민주당과 공화당은 수로교통 발전의 필요성에 대해 공감하고 그에 대해 양당이 노력하겠다고 선언했다. 도로 건설 필요성도 민주, 공화 양당이 모두 공감하고, 이에 대한 정부의 노력을 요구했다.

제10장

제5차 정당체제 시기 정강정책 분석

제1절 1932년 정강정책 비교

1932년은 과거의 정당재편의 규모를 뛰어넘는 엄청난 규모의 재편이 일어난 선거였다. 그리고 탄생한 제5차 정당체제가 아직도 지속되고 있다는 주장도 있고, 제6차 정당체제로 넘어갔다는 주장도 있을 만큼 미국 역사에 큰 영향을 끼친 뉴딜연합이 민주당에 탄생한 해였다. 대공황이 미국을 강타했을 때 공화당의 반응과 민주당의 반응은 다르게 나타났다.

> "우리 국민과 정부가 직면한 중대한 문제는 국가의 경제활동을 복원하고, 공황에 의해 타격을 입은 수천의 미국 가정의 구제(relief)를 위해서 공황을 벗어나는 것이다. 시민들은 그들의 문제에 재적응하기 위한 그들 자신의 용기와 인내, 굳센 노력으로 이 문제를 해결할 수 있고 해결해 나갈 것이다. 현명한 정책을 결정하고 지도력으로 그 회복을 돕는 것이 우리 정당의 책무이다."

위는 공화당의 1932년 정강정책 서문이다. 서문에서는 미국이 겪고 있는 경제적 어려움을 설명하면서, 시민들의 자구 노력을 믿으며, 공화당은 그것을 돕겠다고 주장하고 있다. 돕는 것은 주체가 아니라 보조적 역할에 그치는 것인데, 미국 대공황의 여파는 심각한 것이어서, 미국 행정부의 적극적 역할을 기대했던 시민들에게는 다소 실망스러운 서문임에 틀림없다. 공화당은 대공황은 세계적 현상이라고 할 뿐, 미국의 구조적 문제나 정책적 실패에서 그 원인을 찾지 않았다. 공화당은 유럽발 악재가 미국을 수렁으로 빠뜨렸다고 주장하고 있다. 공화당에 따르면 1930년의 대가뭄은 대통령의 지도력 아래 적십자와 정부의 협력으로 거의 극복되었고, 미국 경제는 1931년까지 거의 회복될 것으로 예상되었으나, 중유럽에서 발생한 위기가 전 세계의 신용구조를 무너뜨리고 미국의 회복 기회를 날려버려서 미국이 어려움에 빠졌다고 주장하고 있다.

그러나 대공황의 어려운 시기를 대통령의 지도력으로 극복 중이라고 공화당은 주장했다. 노조와 기업을 설득해서 협약을 이끌어냄으로써 노동쟁의를 줄였고, 정부와 기업의 건설 사업을 통해서 노동자의 임금은 유지되었고, 공황기간 동안 대통령이 지도력을 발휘하여 해고 대신에 비상근 고용으로 대체하여 실업을 줄였다고 주장했다. 그 결과 유사한 다른 공황시기에 비해, 파업과 사회적 소요가 줄었다고 공화당은 행정부의 노력을 높게 평가하고 있다. 그런데 민주당은 대공황이 공화당 행정부의 실정 때문이라고 지적하고 있다.

> "전례 없는 경제 사회적 위기 속에서, 민주당은 세계대전 이후 우리 정부가 추구해온 경제적 고립주의, 독점기업 배양, 공공의 이익을 희생으로 사적 이윤을 위한 신용의 팽창과 축소 등의 파멸적 정책이 초래한 결과라고 비난한다. 이런 정책에 책임이 있는 자들은 우리 국민들에게 평화, 번영, 행복을 가져다 줄 수 있는 역사적 기회를 거부하고, 전쟁승리의 과실을 방치해왔다. 그들은 우리의 대외무역을 황폐화시켰다. 우리 상품의 가치를 파괴하고, 우리의 금융체제를 마비시키고, 수백만의 사람들의 평생의 저축을 도둑질하고, 수백만의 실업자를 양산하고, 가난을 창궐하게 하고, 이런 평화 시기에 우리 정부에 재정적

재난을 초래했다. (중략) 유일한 희망은 정부의 경제정책의 변화에 달려 있다."

위는 민주당의 1932년 정강정책의 서문이다. 서문에서 민주당은 공화당의 경제정책, 무역정책, 관세정책, 금융정책 등이 대공황을 가져왔다고 비난하고 있다. 그리고 정부의 경제정책의 변화를 통해서 고용이 회복되고, 시민들을 영구적으로 구제를 할 수 있고, 국민의 행복을 되찾아주고, 세계의 금융, 산업, 농업, 상업의 리더로서의 미국의 위치를 회복시킬 것이라고 민주당은 주장한다. 대공황이 중유럽에서 발생한 세계적인 재앙이었지만 대통령과 현 행정부가 최선을 다하고 있다는 공화당의 진단과, 대공황의 원인은 공화당 정부의 실정에 있다는 민주당의 입장은 큰 차이를 보이고 있다. 대공황의 징조들은 여러 나라에서 산발적으로 나타났지만, 전 세계를 공황으로 몰아넣은 것은 1929년 미국 주식시장의 붕괴였음을 부인할 수 없다. 또한, 미국의 보호관세법이 국가 간의 무역전쟁을 불러일으켜서 과잉 생산된 물건을 수출하지 못하고, 각국의 실질 구매력의 하락을 가져왔다는 점에서 공화당의 보호관세가 대 공황의 한 원인이었음도 부인할 수 없다. 그런 점에서 공화당의 정강정책에 나와 있는 주장보다는 민주당의 정강정책의 주장이 조금 더 현실성 있게 들린다.

민주당의 정강정책에 대한 확고한 입장은 1928년과 좀 달라졌다고 볼 수 있다. 1928년 정강정책에서는 정강은 선언으로 정당의 지역과 세부적인 법안을 구속하지 않는다고 했었던 것에 비해 1932년에 정강정책은 대 국민 약속으로 정권을 잡으면 반드시 지켜야 한다고 다음과 같이 주장했다.

"우리는 정당의 정강정책은 정당이 정권을 잡았을 때 정당이 충실하게 지켜야 하는 국민과의 계약이라고 믿는다. 또한 국민들은 그들에게 정강정책의 승낙을 요청받았을 때 계약에 적혀 있는 단어들을 알아야 할 권리가 있다고 믿는다."

1932년 민주당 정강정책에서 민주당은 정강정책은 국민과 정당의 계약이며, 국민들은 그 내용이 무엇인지 알아야 할 권리가 있다고 주장했다. 1932

년 선거에서 정강정책의 중요성이 새롭게 강조되었고, 이 표현은 1928년의 정강정책과는 궤를 달리하는 표현이라고 볼 수 있다. 물론 1928년의 정강정책은 내부단속용이라고 보고, 1932년 정강을 외부용이라고 본다면 상호 배치되는 않는 주장이라고 볼 수도 있지만, 원래 정강정책의 출발이 시민과 지역의 정당지지자에게 전당대회에서 결정된 주요 정책을 설명하는 것이었다는 것을 생각해보면, 대내용, 대외용으로 나누어볼 수는 없고, 민주당의 입장이 변했다고 볼 수밖에 없을 것 같다. 이는 민주당이 정강정책을 정권교체의 선봉으로 내세우고 시민들에게 정강정책에 따라서 지지를 해달라고 호소하는 것으로, 유권자들이 정강정책을 알고 투표하게 된다면, 민주당이 승리할 수 있을 것이라고 하는 판단을 내렸을 것이다. 그리고 내부적으로도 정강의 구속력을 강조함으로써 전국 정당으로서의 결속력을 높이고 오랫동안의 공화당 지배체제를 무너뜨려야 한다는 사명감 같은 절박함도 느낄 수 있다.

〈표 10-1〉은 연방정부의 재정 지출에 관한 양당의 정강정책을 비교한 것이다. 전통적으로 연방정부의 방만한 재정지출을 비난했던 민주당은 불필요한 정부기구를 폐쇄하고, 구조조정을 통해 직제를 통합하며, 불필요한 지출을 줄임으로써 연방지출의 최소 25% 삭감을 요구했다. 그러면서 각 지역의 민주당 주정부 또한 그와 비례하는 결과를 이루도록 열심히 노력하겠다고 했다. 또한 연방정부는 지출에 필요한 예산을 엄중하게 계산하고, 그에 해당하는 만큼의 세금을 납세자 능력에 맞게 부과하여, 국가 부채를 현 수준으로 유지하는 것을 지지한다고 주장했다. 민주당은 실업자 구제에 필요한 재원

〈표 10-1〉 1932년 양당의 정부재정 관련 정강정책 비교

민주당	공화당
- 정부 지출 25% 삭감, 주정부도 노력 - 불필요한 기구 폐지/축소 - 국가부채 유지 - 주정부의 실업구제 노력에 연방정부 지원 - 연방정부 건설사업 확장 요구	- 불필요한 정부 지출 감소 - 연방, 주, 지방정부 균형 재정 - 부흥금융공사 권한 확대로 대출 늘림

을 주정부가 충당하지 못할 때 연방정부가 이를 지원해야 하며, 수로 공사나 홍수 조절과 같은 공공의 이익을 위해 필요한 연방정부의 건설사업의 확장이 요구된다고 주장하였다.

공화당은 정부 지출의 감소 필요성에 동의하면서 연방, 주, 지방정부가 모두 균형예산을 편성해야 한다고 주장했다. 공화당은 민주당이 주장했던 구조조정, 행정부 조직 통폐합 등에 관한 특별한 정책이 없었다. 제6차 정당체제에서 공화당이 작은 정부를 주장하고 더 많은 주의 권한을 요구하고 있는 것을 생각해보면 과거의 공화당과 현재의 공화당은 비슷한 점도 있지만 다른 점도 많다는 것을 알 수 있다. 공화당은 부흥금융공사(Reconstruction Finance Cooperation)의 권한을 확대해서 필요한 자금 대출을 용이하게 하겠다고 주장했다. 부흥금융공사는 행정부로부터 독립된 기관으로 대출을 돕는 기관이다. 부흥금융공사가 이 표의 성격에 정확하게 맞지 않지만, 이 표에 넣은 이유는 민주당이 주정부의 실업구제 노력에 연방정부가 지원해야 한다고 주장한 것과 비교하기 위해서이다. 공화당은 부흥금융공사의 권한 확대를 통해서 주정부의 구호 사업에 최대 3억 달러를 지원하도록 하겠다고 주장했기 때문에 이 표에 분류하였다.

1932년 민주당은 제4차 정당체제에서처럼 강하게 금, 은 복본위제를 요구하지는 않지만 국제회의에서 은화 통화를 포함한 통화제도에 대한 근본적인 논의를 해야 한다고 주장했다. 공화당은 영국이 금본위제를 포기했고, 다른 나라들도 금본위제에서 이탈하고 있지만, 미국은 금본위제를 유지할 것이고, 국제회의를 통해서 국제 통화에 대한 논의를 해야 한다고 주장했다.[1] 공화당에 따르면 국제회의에서는 은화 유통과 환율 등에 대한 금융정책에 대한 전반적인 논의가 있을 예정이었다. 공화당은 많은 나라들이 금본위제를 폐지하고 있는 국제 환경의 변화를 말하면서도, 공화당 정부에 의해

1) 대공황을 초래한 보호무역의 뒤에는 금본위제가 있다고 지적하기도 한다. 금본위제가 대공황을 초래했는가에 대한 논의가 많이 있지만 베리 아이켄그린(Barry Eichengreen)과 더글러스 어윈(Douglas Irwin)은 금본위제가 보호무역을 통해서 대공황을 가져왔다고 주장한다(Eichengreen과 Irwin 2009) 참조.

〈표 10-2〉 1932년 경제 분야 정강정책 비교

민주당	이슈	공화당
- 은화 유통 - 통화제도 국제회의 개최 - 주식, 채권에 대한 정보 공시 - 예금주 보호 - 규제 필요한 곳에 연방정부 규제	은행, 통화	- 은행법 개정 - 금본위제 유지 - 통화제도 국제회의 개최 - 주택은행 창설 - 부흥금융공사 권한 확대
- 경관세 - 상호호혜관세협정 - 무역 촉진을 위한 국제회의	관세	- 보호관세
- 독점 타파	독점 기업	

도입되고 유지되어온 금본위제를 유지하겠다고 천명했다.

민주당은 국내외 주식투자자나 채권보유자의 이익을 위해서 정확한 정보를 제공해야 한다고 주장했다. 또한 연방정부의 모든 역량을 집결하여, 2개 이상의 주에서 증권을 판매하는 지주회사를 규제해야 하며, 주 경계를 넘어서 영업하는 전력, 수도 등의 공익기업을 규제해야 하고, 상품과 증권의 교환을 규제해야 한다고 주장했다. 또한 민주당은 영업중지된 은행에 예금한 예금주의 자산을 보호하기 위한 방책을 신속하게 마련해야 하며 연방은행에 예금한 예금주들을 보호하기 위해서 연방은행 활동을 면밀하게 지도해야 한다고 주장했다. 이는 미국 은행의 도산이 잇달아 발생한 상태에서 예금주들을 보호하기 위한 조치였다.

공화당은 은행법을 개정하여 예금주들을 보호하고, 관계된 모든 사람들을 보호할 수 있도록 감독 기관의 감독 기능을 강화하겠다고 주장했다. 그런데 이 주장의 이면에는 미국의 은행이 모두를 위한 은행이 아니었다고 하는 시인이 함축되어 있다. 공화당은 "일반적으로 관계된 모든 사람들을 위한 건전한 기반 위에 은행 구조를 세우겠다."고 말했는데, 그것은 과거에 그렇지 않았었다고 하는 얘기와 같다. 민주당이 지속적으로 지적해온 은행 신디케이트, 다수를 희생하고 소수를 위한 금융이라는 지적이 전혀 근거 없는 지적은 아니었다는 공화당의 고해성사라고 볼 수 있다.

공화당은 주택은행 창설을 통해 주택마련을 돕겠다고 주장했다. 공화당은 최근의 주택보유를 꺼리는 경향에 대해 우려를 하면서, 장기주택융자 제도를 연방, 주, 지방차원에서 수립하여 시민들이 주택보유를 하는 것을 용이하게 하며, 현재 주택보유자에게 불리하게 되어 있는 세제를 개선하여 주택보유자의 부담을 덜어주겠다고 주장했다.

공화당은 앞에서 언급했던 부흥금융공사를 통해서 대출을 용이하게 하겠다고 주장했다. 정부의 정치하부 조직이나 사기업이 고용을 늘리거나 부채청산을 통해 동시에 고용을 늘릴 수 있는 건설적 프로그램을 추진하는 경우 부흥금융공사를 통한 대출을 할 수 있도록 하겠다고 주장했다. 또한 농산물 보호를 위해 부흥금융공사가 농가에 농가대출을 함으로써, 농산물 가격과 대출가격의 안정화에 기여하겠다고 주장했다. 또한, 부흥금융공사를 통해 연방농업위원회에 대출을 해줌으로써, 농업조합에 대한 대출의 만기일을 연기하도록 해주고, 미국 농산물을 살 구매력이 없어서 살 수 없었던 해외 지역에 농산품을 수출할 수 있도록 대출을 해주겠다고 주장했다.

공화당은 미국 번영이 보호관세에서 비롯되었다고 하면서 보호관세제도를 유지하겠다고 주장한 반면에, 민주당은 경쟁관세(competitive tariff)를 도입해야 한다고 주장했다. 민주당은 행정부 예산을 맞출 정도의 관세를 경쟁관세라고 설명하고 있다. 즉, 관세위원회의 연구 결과에 따른, 보호 목적의 관세가 아니라 행정부 세수를 맞출 정도의 관세를 요구하며, 다른 국가와의 호혜관세협정을 맺고, 국제회의를 통해 보호무역 기조를 타파하고 무역을 복원시켜야 한다고 주장했다. 민주당은 독점에 대한 강력하고 불편부당한 법집행으로 중소기업과 노동자들을 보호해야 한다고 주장했다. 공화당은 독점에 대한 특별한 대책을 1932년 정강정책에서는 발표하지 않았다.

> "미국 전통과 정부의 원칙에서, 행정부는 구제를 주와 지방정부의 책임으로 여겨왔다. 공립 사립을 막론하고 지역의 서비스제공 기관은 대통령의 영도하에 국가적 차원에서 협력하여 왔다."

위의 문장은 공화당의 실업과 구제 문제 정강정책의 내용이다. 공화당은 원래 구제는 주와 지방정부의 책임이라고 설명한다. 민주당도 그런 표현은 사용하지 않았지만, 주의 기본 책임이라는 점을 전제에 두고, 구제에 부족한 부분을 연방정부가 여신지원을 하든지, 건설 프로젝트를 만들어서 도우라는 입장이었다. 공화당도 마찬가지의 입장이지만 표현을 보면 연방정부의 적극성이 정부의 지도력 정도로 국한되는 느낌을 준다. 주가 최선을 다해도 재정적으로 할 수 없는 부분은 연방정부가 열심히 돕겠다는 표현이 아니라, 원래 주와 지방정부의 책임이지만, 대통령의 지도력으로 민간과 관이 협력하여 문제 해결을 하자는 것은 약간의 차이가 있다.

〈표 10-13〉을 보면 노동과 고용에는 양당이 차이가 거의 없고, 복지에서 차이가 있고, 농업정책에서도 큰 차이가 없어 보인다. 공화당은 민주당과 동일하게 주중 근로일수를 단축하고 근로 시간을 단축해야 한다고 주장하고, 앞서 설명한 대로 어려운 시기를 대통령의 지도력으로 노동쟁의 감소, 임금유지, 비상근 노동대체 등으로 잘 견디고 있다고 주장했다. 그리고 공화당은 노동부 산하의 고용복지부(Employment Service)의 활동을 확대해서 실업 문제 해결을 해야 한다고 주장했다. 민주당도 해고 대신에 노동시간을 단축하고, 주중 근로 일수를 단축하는 방법으로 일자리를 보전하자고 주장

〈표 10-3〉 1932년 노동, 고용, 농업 정강정책 비교

민주당	이슈	공화당
- 근로 시간 단축 - 공공 근로 계획 수립 - 주중 근로 일수 단축 - 실업보험, 노인보험	노동, 고용, 복지	- 단체 협약 찬성 - 각종 노동 관계법 지지 - 주중 근로 일수, 근로 시간 단축 - 노동부의 고용복지부 활동 강화
- 저리의 농업자금 대출 - 협동조합 운동 확장 - 비용초과 가격정책 - 농업위원회 비판	농업	- 농업은 나아지고 있는 중 - 연방농업위원회 - 보호관세 - 세금 제도 정비(연방, 주, 지방) - 협동조합

하고 있다. 또한, 연방정부는 공공 근로 계획을 미리 세워야 한다고 주장했다. 공공 근로 계획을 세우는 것이 고용복지부의 할 일이라는 점에서 양당의 정책에 큰 차이가 없다.

농업에 관해서 민주당은 저리의 농업자금 대출을 해줘야 하고, 협동조합 운동을 확장하고, 법이 정해준 테두리 안에서 국내시장에서 생산비용을 초과하는 가격을 유지할 수 있는 정책을 실시해야 한다고 주장했다. 그에 비해서 공화당은 1928년 공화당의 정강정책에 있었던 것처럼 연방농업위원회가 구성이 되어 많은 지원을 하고 있고, 보호관세와 더불어 농업부분의 상황 개선의 두 쌍두마차로서 역할을 하고 있다고 주장했다. 또한, 세금 제도를 정비하여서 연방, 주, 지방의 중복적 세금을 줄이는 것이 필요하다고 했고, 협동조합이 좋은 성과를 거두고 있다고 주장하고 있다. 노동과 농업에 관해서 공화당은 어떤 변화를 요구하기보다는 현 행정부의 실적을 칭송하고 상태가 좋아지고 있다고 일관되게 주장하고 있다. 외형적으로는 농업정책에 두 당의 차이가 별로 없어 보인다.[2] 협동조합을 지원하는 것이나, 저리의 농업자금 대출을 강조하는 것은 유사하다. 그런데 공화당은 공화당 행정부의 노력으로 농민의 상황이 좋아지고 있다고 주장하는 데 비해서 민주당은 공화당 행정부의 정책의 부정적 영향으로 농민이 가장 피해를 크게 입은 집단이라고 보고 있고, 농업위원회의 방종과 잘못된 정책 등을 비판하는 문제의식이 다른 것이다. 공화당이 잘하고 있다고 하는 농업위원회를 민주당은 잘못하고 있다고 비판하고 있다.

〈표 10-4〉는 양당의 외교, 군사, 안보 정강정책을 비교한 것이다. 군사 안보 측면에서 민주당은 지속적으로 국제협약을 통한 군축을 주장하고 있고, 공화당도 외국과의 협정으로 군축을 진행하고 있으며, 해군 강국 3개국이 전투함 군축은 유례없는 성공이라고 주장하면서, 육군의 경우에도 자립, 자존, 국가안보를 지킬 수 있는 최소한의 병력수준으로 감축했다고 주장했다.

---

2) 공화당의 농업정책이 조금 더 낫다는 주장도 있다(Bendiner 1935).

〈표 10-4〉 1932년 외교, 군사·안보 분야 정강정책 비교

민주당	이슈	공화당
- 평화와 중재에 의한 갈등 해결 - 타국 내정간섭 금지 - 조약과 재정적 의무에 대한 믿음 - 켈로그 조약 찬성 - 서반부에서의 먼로 독트린 - 필리핀 독립	외교	- 국제연맹과 협조하나 주권 우선 - 켈로그 조약 찬성 - 법과 협력으로 문제 해결 - 국가정책으로의 전쟁 반대 - 남미에 제국주의적 야심 없음
- 군축을 위한 국제협약	군사, 안보	- 외국과의 협정으로 군축 진행 - 전투함 군축협정 성공 - 국가안보에 필요한 최소 수준

공화당은 그간의 호전적인 정책을 버리고 켈로그 조약을 통해서 법과 협력으로 문제 해결을 하고, 국가정책으로서의 전쟁에 반대한다고 주장했다. 그것은 민주당이 오랫동안 주장해오던 주장과 같다. 공화당은 국제연맹에 가입하지는 않았지만, 협조하고 있고, 그렇지만 최종결정은 주권국 미국이 하는 것이라고 주장했다. 공화당은 미국이 남미에 제국주의적 야심을 가지고 있지 않으며, 상대국의 요청에 의해 군사를 파병했을 뿐이라고 주장하고 있다. 민주당은 미국은 타국의 내정에 간섭해서는 안 되며, 서반부에서 먼로주의를 반드시 지켜야 한다고 주장했다. 그리고 공화당이 지속적으로 침묵을 지키고 있는 필리핀 문제를 언급하며, 필리핀을 독립시켜야 한다고 주장했다. 그리고 모든 조약은 신성한 것으로 반드시 지켜야 할 의무가 있고, 국가 간의 재정적 약속도 반드시 이행되어야 하며, 다른 나라가 미국에 진 빚을 없애주는 것은 절대 안 된다고 주장하고 있다.

수정헌법 18조의 금주법은 오랫동안 논란의 대상이 되어 왔다. 공화당은 내부적으로 합의를 모으는 데 실패하여 정강정책에 금주법 찬성이나 반대를 정확하게 설명하지 못하고, 이것은 정당의 당파심의 문제가 아니라고 하면서 절차에 따라서 헌법 개정안을 제출하고, 이에 따라 찬성하든지 반대하든지를 결정하자고 주장했다. 그에 비해서 민주당은 수정헌법 18조의 폐지를

주장하면서 금주법 폐지에 따른 후속절차까지 정강정책으로 만들어 발표했다. 이는 1860년 정강정책을 떠올리게 한다. 공화당은 준주에서의 노예제도 강요 금지, 캔자스의 자유주 편입을 주장했지만, 민주당은 내부적으로 이견이 많이 있다고 설명했었다. 이제 72년 만에 역사가 바뀌어서 공화당은 금주법에 내부적으로 이견이 많이 있다고 하고, 민주당은 정강정책으로 철폐를 주장하였다. 1932년의 공화당의 수정헌법 18조 관련 정강정책은 공화당의 금주법을 이끌어냈던 금욕주의적 청교도들이 더 이상 공화당의 당론을 마음대로 할 수 없는 상황이 되었다는 것을 알려줌과 동시에 공화당의 유권자연합이 깨어지는 신호탄이라고 볼 수 있다. 그리고 경제적 이유와 같은 다른 균열과 갈등이 금주와 같은 종교적 금욕주의 균열을 밀어냈다는 것을 의미하기도 한다.[3)]

제2절 1936년 정강정책 비교

제5차 정당체제에서 민주당이 정권을 잡고 치르는 첫 번째 선거가 1936년 선거였다. 그리고 본격적인 뉴딜연합이 시작되고, 민주당 남부의 일부가 공화당과 연합하여 보수대연합을 이루는 뉴딜 2기 정부를 출범시켰던 선거였다. 벤디너(Bendiner)는 양당이 진보와 보수의 이념대결을 할 수도 있었지만, 양당 모두 내부의 갈등을 절충하여 타협된 정강정책을 발표했다고 평가하였다(Bendiner 1935).

---

3) 대표적인 예가 찰스 에드워드 코우린(Charles Edward Couglin) 신부의 라디오 프로그램이다. 원래 신학을 주요 콘텐츠로 라디오 방송을 하던 코우린 신부는 1930년 초에 정치와 경제 문제를 방송하는 것을 바꾸었고, 그의 라디오 방송의 인기는 매우 높아서 청취율이 33%에 이를 때에도 있었다. 종교에서 정치, 경제로 주요 갈등의 축이 옮겨갔음을 알려주는 예라고 할 수 있다.

민주당은 공화당의 지난 실정과 민주당 행정부가 이뤄낸 성과들을 비교하면서 정강정책을 시작했다. 현대 사회에서의 정부는 시민에 대해 피할 수 없는 의무를 지는데, 그것은 가정과 가족을 보호하는 것, 모든 사람에게 기회의 민주주의를 제공하는 것, 그리고 재난에 의해 고통받는 사람들을 도와주는 것이라고 설명하며, 정강정책을 그 세 가지 측면에서 세부적으로 나누어 기술하고 있다. 공화당은 미국은 곤경에 빠져 있으며, 역사상 처음으로 정치적 자유와 개인의 기회, 그리고 자유시민의 보전이 정부에 의해 위협받고 있다고 주장했다. 극명하게 다른 정치적 수사로 시작한 양당의 정강정책을 민주당이 분류한 방식에 따라서 비교한 첫 번째 표가 〈표 10-5〉이다.

〈표 10-5〉는 민주당의 가족과 가정 보호에 관한 정강정책에 따라서 그에 해당하는 공화당 정강정책을 찾아서 비교한 표이다. 민주당은 가족과 가정을 위한 첫 번째 정책으로 강도와 유괴범을 근절하고, 시민들을 착취하고 사취하는 부유한 범법자들의 행동을 근절시키겠다고 주장했다. 그리고 일반 시민들의 저축과 투자 보호를 위해서, 채권을 판매할 때 정확한 정보를 제공하도록 요구하며, 투기 목적으로 돈을 빌리는 것을 억제시키고, 주식이나 물건 가격의 가격을 조작하는 것을 금지하며, 전력회사가 전횡을 저지르는 관습을 억누르며,[4] 5천만 은행계좌의 보험을 통해서 시민의 번영을 위한 안전장치를 만들겠다고 민주당은 주장했다.

돈과 은행에 관한 공화당의 정강정책은 어떤 위험 속에서도 건강한 화폐를 지키는 것이 중요하다고 강조하면서, 건강하고 안정적인 통화에 필요조건은 균형예산이라고 주장했다. 공화당은 달러화의 평가절하를 반대하고, 헌법이 의회에 준 화폐주조와 통화가치에 관한 권한을 돌려받기 위해서 권한을 행정부에 위임한 모든 법을 철폐해야 한다고 주장했다. 그리고 공화당은 통화의 안정화를 위해서 다른 나라들과 협력할 것이라고 주장했다. 민주

---

4) 전력 회사는 대표적 트러스트로 대공황의 원인을 조사한 연방통상위원회에 따르면 그 폐해가 심각해서, 1935년 전력공사법(Public Utility Holding Company Act)에 의해서 영업을 한 주에서만 하게끔 제한받았다. 전력공사법 원문 U.S. Securities and Exchange Commission, https://www.sec.gov/about/laws/puhca35.pdf 참조.

〈표 10-5〉 1936년 가족과 가정 부분 정강정책 비교

민주당	이슈	공화당
- 유괴범과 강도 퇴치	치안	
- 채권 정보 공시 - 투기 목적 대출 제한 - 가격 조작 금지 - 수도, 전력회사 전횡 금지 - 은행 예금 보험	저축과 투자 (화폐와 은행)	- 균형 예산 - 달러의 평가절하 반대 - 행정부 위임법 철폐 - 전력회사 규제 찬성 - 외국과 통화 협조
- 사회보장법 - 노인연금 - 실업보험 - 고아 - 장애인 - 맹인	노인연금과 사회보장제도	- 부과방식(pay-as-you-go) - 65세 초과 노인 보조금 수령 - 주의 부담 비례한 연방지원 - 직접세 수입을 재원 - 노인연금제도 문제
- 유통마진 최소화	소비자	
- 저렴한 가격에 전력 공급	시골 전기	
- 저소득자 주택마련 및 개선	주택	
- 참전용사와 가족 배려	퇴역 군인	

당이 일반 시민의 눈높이에서 정강정책을 만들었다면, 공화당은 국가운영자의 눈높이로 거시정책에 관한 정강정책을 만들어서 전력회사 규제 외에는 교차되는 것이 별로 없다. 공화당도 주제 간 전력회사[5]에 대한 연방 규제가 필요하다고 주장했다.

노인연금과 사회보장에 관해서 민주당은 사회보장법(Social Security Act)로 알려진 노인연금과 실업보험의 기초를 놓았다고 주장했다. 사회보장법에 의해 만들어진 프로그램의 정식 명칭은 노인 생존자보험(old Age, Survivors Insurance) 프로그램이고, 같이 패키지로 묶여서 통과된 프로그램이 실업보험(Unemployment Insurance)이다.[6] 이 프로그램의 주요 목적은 가

5) 2개 주 이상에 걸쳐서 운영하는 전력회사를 지칭하고, 연방법의 대상이 된다.

장이 은퇴나 사망했을 때 본인이나 가족들이 연금혜택을 받아서 생활할 수 있도록 하고, 실업보험도 직장인이 직업을 잃게 되었을 때, 실업급여를 받아서 생활할 수 있도록 하는 사회안전망이었다. 그리고 사회보장법은 그 외에도 장애인, 맹인, 고아를 보호할 수 있는 프로그램들을 포함하고 있었다. 민주당은 사회보장법으로 앞서 말한 사회적 취약계층이 보호받을 수 있을 것이라고 주장했다. 노인보험은 은퇴 이후의 삶을 보장하는 성격도 있지만, 은퇴 이후의 삶이 보장되므로 은퇴를 은연중 장려하여 실업률을 낮춰보려는 의도도 있었다.

공화당은 노인연금제도가 부과방식으로 운영되어야 한다고 주장하며,[7] 65세 초과 노인의 최저생계비 보조로 지급되어야 하며, 최소한의 기준을 만들어서 주가 부담하는 만큼, 연방이 주의 부담금에 비례해서 지급해야 한다고 주장했다. 또한 모두에게 부담이 공평하게 돌아갈 수 있도록 직접세를 재원으로 해야 한다고 주장하며 뉴딜의 계획은 문제가 많아서 제대로 작동하지 않을 것이라고 비판했다.

민주당은 소비자로서의 가정을 지키기 위해서는 생산자가 받는 가격과 소비자가 지불하는 가격의 차이를 최대한 줄여서 생산자와 소비자 모두를 낫게 만들어야 한다고 주장했다. 그리고 전력 공사를 지속적으로 해서 저렴한 가격에 농촌에도 전기가 들어가고 있다고 했고, 수입이 미미한 저소득자

---

6) 실업보험은 기업인들의 강력한 반대에 부딪쳤지만, 루즈벨트 대통령이 비교적 지지가 많은 노인연금과 패키지로 묶어서 통과시킬 수 있었다. 그 대신에 전 국민 의료보험이 빠지게 되었고, 트루먼 대통령, 존슨 대통령, 클린턴 대통령 등 루즈벨트 대통령 이후로 카터 대통령을 제외한 모든 민주당 대통령이 전 국민 의료보험 도입을 시도했으나 실패했다가 오바마 대통령 때 와서 실시되었다.

7) 부과방식(pay-as-you-go)의 원래 의미는 납입한 만큼 수령한다는 뜻이지만, 실제로 노인연금 수령자들이 낸 돈을 모았다가 그것을 연금으로 수령하는 것은 아니다. 알고 보면, 은퇴한 노인들을 현재의 노동자들이 지원하는 형태이다. 하지만 부과방식은 미국인의 정서에 잘 맞는 표현이다. 재직 중 불입한 보험료를 은퇴 후 보험금으로 수령한다고 하는 것은 본인의 노력을 중시하는 문화에서 연금제도에 대한 저항을 줄일 수 있었다. 그래서 미국의 복지제도는 사회보장제도보다는 사회보험제도라고 보는 것이 맞다.

를 보호하기 위한 연방정부의 노력이 필요하다고 했다. 민주당에 따르면, 집의 소유권을 잃을 뻔했던 약 200만 명 이상을 연방정부가 지켜줬으며, 환경이 나쁘고 지저분한 집이 아닌 적당하고 양호한 집을 소유할 권리가 모든 시민에게 있고, 일반 기업들도 더 많은 주택을 건설하도록 독려하고 있다고 주장했다. 민주당은 퇴역군인과 그 부양가족에게 적절한 대우를 해줘야 한다고 주장하면서 가정과 가족 보호에 관한 정강정책을 끝마쳤다.

〈표 10-6〉은 민주당의 표현을 따라 분류한 표이나, 주제는 농업, 노동, 기업, 경제 집중 등 경제민주화의 영역이다. 민주당은 민주당 집권 기간 동안 농산물 가격은 상승하였고, 농가부채는 감소하고, 농가 소득은 두 배로

〈표 10-6〉 1936년 기회의 민주주의 설립을 위한 양당 정강정책 비교

민주당	이슈	공화당
- 농산물 가격 상승 - 부채 감소와 소득 증대 - 비옥해진 농토 - 전력공급과 도로 건설 - 토지 보존과 가정 할당법 - 저리 장기 대출 - 가격 조절용 비축 농산품 - 계절적 잉여 농산품을 위한 대출 - 수요에 따른 생산품 출하 - 농업 협동조합 - 열악한 농지 구매 처분	농업	- 뉴딜 규제 중심 정책의 폐해 비판 - 경제적 생산과 소비 증가 - 구매한 열악한 토지 공적 용도 사용 - 신종 개발 농부에 실험적 지원 확장 - 농산품의 공업적 사용 촉진 - 저리 장기 대출 - 농산물 교환의 호혜조약 반대 - 효율적 관세를 위한 보조금 지급 - 단기 재해 피해자 지원 - 협동 마케팅 - 정치적 중립의 농업 기구 - 수입 육류, 유제품 검역 강화
- 임금 상승과 근로시간 단축 - 저임금 여성, 아동 노동 근절 - 집단 교섭권과 노조 설립의 자유	노동	- 저임금 여성, 아동 노동 근절 - 집단 교섭권과 노조 설립의 자유 - 공무원의 월권 예방
- 저금리, 대출 연기 - 파괴적 경쟁으로부터 보호	기업	- 헌법 안에서의 정부 규제 찬성 - 자유기업, 사적 경쟁, 기회의 평등
- 교육 기회부여, 건설적인 직업 제공	청소년	
- 민법, 형법 조항 집행 - 반-트러스트법의 효율성 제고	경제 집중	- 민법, 형법 조항 집행

증가했다고 주장했다.

> "농부는 15센트의 옥수수, 3센트의 돼지, 2.5센트의 소고기, 5센트의 양모, 30센트의 보리, 5센트의 면화, 8센트의 설탕 때문에 더 이상 고생하지 않아도 된다."

위의 표현은 민주당의 정강정책에 나오는 표현이다. 민주당은 과거 공화당 행정부 시절의 낮은 농산물 가격 시대의 대표적 농산물 가격을 언급하며, 농산물 가격 인상으로 농부들은 낮은 농산물 가격에 대해서 더 이상 걱정하지 않아도 된다고 주장하였다. 농업 부분에 대한 정책을 살펴보면 민주당과 공화당의 정책이 완전히 같은 부분은 저리 장기 대출 요구밖에는 없다.

주제는 같으나 정책의 취지와 목표가 다른 정책들은 열악한 토지 구매에 관한 부분과 토지보존 부분 정도이다. 민주당은 공급 과잉에 의한 잉여 농산물을 줄이고 농업 생산성을 높이기 위해서 약 천만 에이커의 열악한 농토를 구매해서 농사를 짓지 못하는 땅으로 바꾸었고 그 정책을 통해서 적절한 토지의 이용과 농촌의 재활을 돕게 될 것이라고 주장했다. 공화당의 관심은 구매한 토지를 목적에 맞게 잘 사용해야 한다는 것에 있다. 공화당은 그 토지들을 강이나 호수의 유역 보호나, 홍수 예방, 재식림(reforestation), 혹은 야생의 보전 등의 적절한 공적인 용도로 사용해야 한다고 주장했다.

민주당은 잉여 농산물을 줄이고 토지의 생산성를 유지하기 위해서 토지보존 및 가정할당법(Soil Conservation and Domestic Allotment Act)을 통과시켰다. 이 법은 농작물 중 지력을 감퇴시키는 농작물을 기르지 않게 되면 정부가 자금을 지원하도록 하여 토지의 지력을 보존하고 농산물 출하량을 줄이는 효과를 기대했었다. 공화당은 지력에 도움이 되는 농작물과 지력을 감퇴시키는 농작물의 균형을 맞추고 생산성을 영구적으로 향상시키고자 하는 취지는 좋지만, 뉴딜정책이 낙농업을 망쳤듯이 너무 규제가 심하다고 비판했다. 또한 공화당은 농산품의 경제적 생산과 소비증가는 풍요에 기반을 두어야지, 부족에 기반을 두면 안 된다고 하면서, 간접적으로 공화당 행정부의 잉여 농산물 줄이기 정책들을 비판했다.

잉여 농산품에 대한 민주당의 정책은 두 가지로 볼 수 있다. 하나는 정부가 가격조절용으로 비축하는 것이다. 가격이 오르면 이를 시장에 내놓아서 소비자 부담을 덜고, 가격이 내리거나 유지되면 정부가 구매하는 것이다. 다른 하나는 계절적 잉여 농산물에 대해서 대출을 해줌으로써 농민들이 그 고비를 넘길 수 있도록 돕는 것이다. 공화당의 정책은 민주당의 정책과 다른데, 공화당은 수출 가능한 잉여 농산품이 생산되었을 경우, 그 농산품이 국내시장에서 소비되는 소비량과 연동하여 보조금을 주고, 그 지급된 보조금을 기준으로 효율적인 관세율을 정할 수 있다고 주장했다. 공화당의 목적은 효율적 관세에 있다고 볼 수 있다.

공화당은 공업용 목적의 농산물 구매를 지지했고, 신종 농산물을 개발하는 농부에게 실험적으로 지원금을 주자고 주장했으며, 수입되는 육류와 유제품에 대한 검역을 강화하여 낙농업을 보호해야 한다고 주장했다. 공화당에 따르면 다른 나라의 경우 미국에서 요구하는 수준의 위생 검열을 받지 않았을 것이기 때문에 미국 수준의 검역을 해야 하며, 그렇지 않으면 미국 시장의 낙농업 제품의 가격은 크게 하락할 것이라고 했다.

공화당은 또한 농산품을 매개로 한 호혜협정에 반대했다. 호혜협정은 두 국가가 평균 관세 이하로 지정된 품목에 대해서 상호 무역을 허락하는 것인데, 농산품이 그 협정의 대상이 되면 외국산 농산품이 미국에 들어올 수 있을 것을 우려해서 호혜협정을 반대한 것이다.

민주당은 민주당 행정부가 노동자의 근로시간 단축과 임금 상승의 효과를 가져왔고, 저임금 여성, 아동 노동을 금지하였고, 그 결과 청소년이 학교에 남아서 학업을 계속하고, 졸업 후 건설적인 직업을 갖게 되었다고 주장했다. 공화당도 저임금 여성, 아동 노동을 반대한다는 점에서 민주당과 뜻을 같이하고 있다. 집단 교섭권과 노조 설립의 자유도 양당이 다 지지하는 정책들이었다. 그리고 독점기업에 대해서 반-독점법에 있는 형법상, 민법상 처벌 규정대로 처벌해야 한다고 양당이 주장하고 있다. 독점의 폐해에 대해서 양당이 공감하고 있다고 볼 수 있다.

민주당은 어려운 기업에게 저금리 대출과 대출상환 연장을 통해 회생을 돕고, 파괴적 경쟁으로부터 보호할 것이라고 주장했다. 그에 비해서 공화당은 헌법 안에서 기업을 규제할 필요가 있는 경우가 있다고 동의하면서도 기본적으로 미국은 자유 기업, 사적 기업, 기회의 평등체제를 가지고 있는 국가적 전통을 잘 지켜야 한다고 주장했다.

〈표 10-7〉을 보면 민주당은 실업은 국가적 문제라고 선언하고, 민주당 정권에서 500만 명이 재취업을 했다고 주장하고, 민주당의 목표는 기업들이 적정임금을 지급하며 최대 고용을 할 수 있도록 돕는 것이고, 보조적으로 주정부, 지방정부의 공공사업을 통해서 고용을 증대할 것이라고 주장했다. 공화당은 실업은 원래의 회사에 재취업하는 것이 근본적인 해결책이라고 하면서 현 행정부의 각종 규제가 실업 문제를 악화시키고 있다고 비판하고

〈표 10-7〉 1936년 실업, 헌법, 공무원 임용, 시민권, 정부재정 관련 정강정책 비교

민주당	이슈	공화당
- 실업은 국가적 문제 - 500만 재취업 - 기업의 적정임금의 최대 고용 - 주, 지방정부 공공사업	실업	- 재취업 - 각종 규제 철폐 - 생산단가 상승시키는 뉴딜 철폐 - 적법한 기업 활동 장려 - 기업과의 고용경쟁에서 정부 철수
- 헌법 안에서 문제 해결 방안 모색 - 필요시 연방헌법, 주헌법 개정	헌법	- 헌법, 지방자치, 연방헌법 권위 유지
- 업적주의 임용 확대 - 공무원법(civil service law) 확대	공무원	- 무경험, 무능력자 임용 비판 - 머신 정치 비난 - 뉴딜의 엽관주의 폐지, 업적주의 복원
- 연설, 출판, 라디오, 종교의 자유 - 평등권	시민권	- 종교, 연설, 출판, 라디오, 집회, 청원, 이유 없는 수색과 압수로부터의 면제
- 국가 채권 이자율 최저 - 국가 채권 가격 상승 - 안정적 통화 구축 성공 - 정부 지출 감소 노력 - 균형 재정과 정부 부채 감소 목표	정부 재정	- 국가 부도 위험 - 낭비 멈추고 균형 재정 - 연방세 수정하고 주, 지방세와 조정 - 정치적, 징벌적 조세제도 반대

있다. 그리고 뉴딜정책이 생산단가를 상승시키고, 생활비를 증가시키며, 구매를 제한하고, 거래량을 감소시키고, 재취업을 방해한다고 비판하며, 이를 철폐하라고 주장했다. 또한 공화당은 정부가 적법한 기업 활동에 장애물이 되기보다는 장려가 되어야 한다고 주장했다. 그리고 정부는 사적 기업과 고용의 경쟁에서 물러나라고 주장하고 있다.

헌법 개정과 위헌 논란은 1936년 선거의 핵폭풍이 될 잠재력이 있었으나, 미풍에 그친 주제라고 볼 수 있다(Bendiner 1935). 민주당은 공화당의 정강정책의 실현 가능성 없는 주장을 비판하며 헌법 문제에 관한 정책을 설명한다.

> "공화당은 전적으로 개별주의정책으로 많은 긴급한 국가 문제를 해결할 수 있다고 정강정책에서 제안하고 있다. 우리는 가뭄, 황사, 홍수, 최저임금, 최대근로 시간, 아동 노동, 산업체의 근무 조건, 독점적이고 불공정한 기업 관행이 독립적인 48개 주의 입법부, 행정부, 법원에 의해 배타적으로 적절하게 해결될 수 없다는 것을 알고 있다. 필연적으로 주의 경계를 넘나드는 거래와 활동은 주와 연방의 처리를 요구한다. 우리는 헌법의 테두리 안에서 입법을 통해서 이러한 문제들을 해결할 방법을 모색해왔고, 앞으로도 지속적으로 모색할 것이다."

위의 민주당의 정강정책은 천재지변과 근로 조건, 독점 기업과 같은 문제는 개별주가 단독으로 문제를 해결할 수 없다고 지적하면서, 민주당은 헌법 안에서 합법적으로 그러한 문제들을 해결해 왔고, 해결할 것이라고 주장하고 있다. 미국 역사에서 행정부의 권한 확대를 가져온 첫 번째 큰 계기가 남북전쟁이라면, 두 번째 계기는 뉴딜정책이다. 뉴딜정책은 몇 번 법원에서 위헌 판결을 받기도 하였고, 그럴 때마다 민주당 행정부와 의회는 대체입법을 통해 문제를 피해갔었다. 헌법이 부여한 대통령과 행정부의 권한으로 국가적 위기를 헤쳐 나갈 수 없다면 차라리 헌법 수정을 해서라도 문제를 풀어야 한다는 진보진영과 헌법을 수호하는 것이 대통령의 책무이므로, 뉴딜정책의 위법적 요인들을 제거해야 한다는 보수진영의 논란이 민주당 내부에서조차 있었다(Bendiner 1935). 공화당은 미국 체제는 헌법, 지방자치, 법을 해석하는 연방대법원의 권위로 구성되어 있으며, 행정부와 입법부의 독단적인 권리 침해에 대해서 시민들의 권리를 보호하는 최종 보호자가 연방대법원이라고 주장했다. 그리고 연방대법원의 권위를 훼손시키려는 어떤 시도에도 반대한다고 주장했다.

민주당은 헌법 안에서 통상을 제한하고, 공중보건을 보호하고, 경제적 안정의 안전장치를 마련하는 것이 가능하지 않다면, 주의회가 주헌법을 수정하고, 연방의회가 연방헌법을 수정하는 방법을 모색할 것이라고 선언했다.

공무원 임용과 관련하여, 민주당은 업적주의 원칙에 따른 공무원 임용을 확장해야 한다고 주장하면서, 국가 비상사태 발생으로 잠시 멈췄던 공무원법을 다시 적용해야 한다고 주장했다. 이에 대해서 공화당은 뉴딜은 업적주의 원칙을 무시하고 엽관주의 시대로 회귀시켰다고 비난하면서, 현재 민주당에 의해 임용된 공무원은 경험이 없고, 무능하다고 주장했다. 그리고 민주당 정권의 공무원 임용을 머신 정치라고 비난했다.

시민권에 대해서는 두 정당의 정강정책에 큰 차이가 없다. 정부 재정에 대해서 민주당은 정부발행 채권의 이자율이 감소하고, 채권이 높은 가격으로 거래되고 있으며, 성공적으로 안정적인 통화를 구축했다고 자평하고 있다. 민주당은 지속적으로 정부 지출을 줄여서 균형재정과 부채 감소의 목표에 도달하겠다고 주장했다. 그에 비해 공화당은 뉴딜정책으로 국가부도의 위험에 빠졌다고 비난하고 있다. 공화당은 현 조세제도를 수정해서 징벌적 목적이나 정치적 목적으로 세금을 거둬서는 안 된다고 주장하고 있다.

민주당은 무역을 별도의 항목으로 두고 정강정책을 발표하지 않았고 외교정책의 한 부분으로 무역 문제를 다루고 있다. 민주당 루즈벨트 행정부 대외정책 기조는 '좋은 이웃 정책(good neighbor policy)'이다. 좋은 이웃 정책은 다른 나라에 대한 내정간섭을 하지 않고, 다른 나라 간의 분쟁에 개입하지 않으며, 언제나 호혜의 원칙에 따라 선의로 다른 나라와의 관계를 유지하는 것을 주요한 목표로 한다. 좋은 이웃 정책의 주요 대상국은 중남미 국가이고, 과거 공화당 행정부의 군사 개입, 내전 개입 등과는 궤를 달리하는 정책이라고 볼 수 있다. 여기에서 호혜의 원칙에는 무역과 경제 문제에 대한 미국의 기대가 들어 있다. 민주당은 호혜협정으로 미국 상품에 대한 관세, 봉쇄, 쿼터의 무역 장벽을 낮추고자 했다. 따라서 좋은 이웃 정책은 단순히 불간섭, 불개입, 중립의 외교정책일 뿐만 아니고, 무역정책이기도 했던 것이다. 민주당은 외국 정부의 보조금을 지급 받거나, 값싼 노동력을 이용해서 미국에 값싼 물건이 들어오는 것을 막겠다고 선언하면서, 미국의 농업과 제조업 등의 보호를 위해 노력하겠다고 했다.

공화당은 상호호혜무역법 폐지를 요구했다. 공화당은 상호호혜무역법은 쓸모없고 위험스럽다고 주장하면서, 미국의 농업과 산업을 황폐화 시킬 것이라고 비난했다. 상호호혜무역법의 유지는 농부와 월급쟁이의 손해로 이어지게 될 것이라고 경고했다. 그러면서 공화당은 탄력관세제도 도입을 요구했다. 공화당에 따르면 탄력관세로 인해서 국제 무역을 증진시키고, 통화를 안정시키며, 농업과 산업의 적절한 균형을 유지할 수 있을 것이라고 예측하였다. 또한 공화당은 공청회나 입법부의 승인 없는 상호호혜무역 비밀 협상을 비난했다.

공화당은 미국의 외교정책에 대해 말하면서, 미국은 국제연맹에 가입하지 않을 것이고, 국제 재판소에 가입하지 않을 것이며, 외국과의 동맹도 맺지 않을 것이라는 입장을 밝혔다.

제3절 중대재편(1932년) 전후의 정강정책 비교

공화당 우세의 시기였던 제4차 정당체제에서 뉴딜의 지배체제인 제5차 정당체제로 넘어오는 과정에서 양당의 주요 정강정책에 어떤 변화가 있었는지 살펴보자.

〈표 10-8〉은 외교, 안보정책의 변화를 비교한 표이다. 1928년 민주당은 공화당 행정부를 제국주의, 군국주의라고 비판을 하였고, 다른 나라의 내정

〈표 10-8〉 중대재편(1932년) 전후 외교, 안보정책 변화 비교

	1928년	1932년	1936년
민주당	제국주의 군국주의 반대 내정 간섭 반대 필리핀 독립 군축 먼로주의	켈로그 조약 찬성 필리핀 독립 군축	좋은 이웃 불간섭, 불개입, 중립, 상호호혜주의
공화당	미국인과 미국 자산 보호 니카라과 파병 국제연맹 가입 반대	켈로그 조약 찬성 군축	국제연맹 가입 반대 국제재판소 가입 반대

에 간섭하는 것을 반대한다는 입장이었다. 그것은 1932년 1936년에도 이어지고 있다. 공화당은 1928년에 다른 나라의 요청에 의해서, 그리고 미국민과 미국인 재산 보호를 위해서 다른 나라에 군사를 보내야 한다는 입장이었으나 1932년부터 입장이 조금씩 바뀌기 시작했다.

1928년 민주당이 군축을 주장했고, 뒤이어 1932년에는 두 정당이 모두 군축을 주장하게 되었다. 군축은 전쟁에 대한 우려뿐만 아니라, 무기개발과 전투력 유지에 드는 국민의 세금 부담의 압박 때문에 그 필요성에 대해 양 정당이 공감했다고 봐야 할 것 같다. 1932년에는 양당이 다 외교적 수단으로서의 전쟁을 포기하는 켈로그 조약을 찬성하였다. 공화당은 국제연맹 가입과 국제재판소(World Court) 가입에 반대하면서 미국의 문제는 미국이 푼다는 고립주의적 입장을 취하고 있다.

〈표 10-9〉는 무역과 관세에 관한 두 정장의 정강정책의 변화를 보여주고 있다. 공화당은 1928년 1932년 보호관세를 주장하다가 1936년 탄력적 관세를 주장하고 있고, 마찬가지로 보호무역을 1928년과 1932년에 주장하다가 1936년에는 강하게 보호무역을 주장하고 있지는 않다. 하지만 기본적인 정책적 주장의 배경에는 보호무역의 기조가 깔려 있다고 볼 수 있다.

민주당은 1928년에는 공화당 정권의 관세를 낮춰야 한다고 주장하며 보호무역이 실제로 미국 경제에 어떤 영향을 끼쳤는지를 전문가로 구성된 관

〈표 10-9〉 중대재편(1932년) 전후 관세 무역정책 변화 비교

	1928년	1932년	1936년
민주당	관세 인하 관세위원회 복원	경쟁관세 상호호혜 무역협정	상호호혜 무역협정
공화당	보호관세 보호무역	보호관세 보호무역	탄력적 관세 상호호혜협정 반대

세위원회에서 연구 조사시킬 필요성이 있다고 주장했다. 정권을 획득한 뒤에는 보호관세제도를 경쟁관세로 대체하면서, 다른 나라와의 상호호혜 무역협정을 통해 무역 장벽을 낮추려는 시도를 1932년부터 하고 있다.

〈표 10-10〉 중대재편(1932년) 전후 농업정책 변화 비교

	1928년	1932년	1936년
민주당	보호무역 비판 출하량 감소정책 반대 농업 구제 법안 마련 신용 대출 원조 지지 연방 농업위원회 설립 생산가격과 소비가격 차액 감소 농업 보조금 반대 조합 마케팅 협회 창설	저리의 농업자금 대출 협동조합 운동 확장 비용초과 가격정책 농업위원회 비판	토지 보존과 가정 할당법 저리 장기 대출 가격 조절용 비축 농산품 계절적 잉여 농산품을 위한 대출 열악한 농지 구매 처분
공화당	농민의 집단 구매, 협동 판매 농민 대상 저금리 대출 잉여농산물 수출을 위한 선적위원회 정부 지원 마케팅 체제 연방 농업위원회 설립 보호관세 농업과 산업과의 경제적 평등	연방농업위원회 보호관세 세금 제도 정비 (연방, 주, 지방) 협동조합	저리 장기 대출 농산물 교환의 호혜조약 반대 효율적 관세를 위한 보조금 지급 단기 재해 피해자 지원 협동 마케팅 정치적 중립의 농업 기구 수입 육류, 유제품 검역 강화

〈표 10-10〉은 양당의 농업정책의 변화를 비교한 표이다. 농업부분에 대한 양당의 관심은 1932년도에 다소 약해졌다가, 다시 1936년도에 관심이 증가하고 있음을 알 수 있다. 농업은 특히 가뭄과 황사의 피해를 심하게 보았기에 국가적 차원에서의 정책적 배려와 지원이 필요했었다. 공화당이 농업 보호를 위해서 보호관세를 운영해야 한다고 1928년 1932년에 주장했고, 1936년에는 효율적 관세를 부과하자고 주장했다. 민주당은 1928년에 보호관세를 반대했고, 그 뒤로는 관세에 대한 언급은 별도로 하지 않고 있다. 단지 상호호혜조약에 따라서 관세 장벽을 낮춘다고 하였는데, 이는 공화당이 지적한 대로 미국 물건에 대한 관세도 낮아지지만, 미국에 들어오는 물건에 대한 관세도 낮아지기 때문에 품목 선정에 따라 농업에 도움이 될 수도 있고, 반대로 농업에 치명타가 될 수도 있다.

1928년에 농산물 출하량 감소는 농가의 디플레이션을 심화시킬 뿐이라고 반대했고, 정부 보조금 지급을 반대했던 민주당이었지만, 1936년에는 잉여 농산물 감소를 위해 농지를 매수하고, 지력을 감퇴시키는 농작물 경작을 하지 않으면 보조금도 주는 정책을 지지하는 등 입장이 변한 것을 알 수 있다.

〈표 10-11〉에서 보듯이 1928년에는 양당이 모두 사회보장제도에 관한 정강정책이 없었다. 그러나 1932년에 민주당이 실업보험과 노인보험을 정책으로 발표하였고, 1936년에는 사회보장법에 따른 노인보험, 실업보험, 장애자, 맹인, 고아를 보호할 수 있는 사회보장제도를 민주당의 정책으로 발표하였다. 1932년까지 사회보장제도에 무심했던 공화당은 1936년에 노인보험에 관해서만 제한적으로 지지하는 입장을 보였다. 이 부분은 뉴딜재편이

〈표 10-11〉 중대재편(1932년) 전후 사회보장제도 정강정책 변화 비교

	1928년	1932년	1936년
민주당	없음	실업보험, 노인보험	노인보험, 실업보험 장애자, 맹인, 고아
공화당	없음	없음	노인보험

복지재편으로 경제적 취약층을 민주당의 잠재적 유권자연합으로 포함하고 있다는 것을 보여주는 증거이기도 하다.

〈표 10-12〉를 보면 1928년 두 정당은 노동 협상권을 인정하고 노동쟁의 발생 시 강제명령 남용을 공통적으로 비판하고 있다. 민주당은 실업자를 위한 정부 건설 프로젝트를 요구하고, 노동자를 반-트러스트법 적용대상에서 제외해야 한다고 주장하는 반면에, 공화당은 노동자 임금 상승을 위해서 노력하고 있다고 주장했다. 1932년에는 민주당이 실업자보험과 노인보험을 추가한 것이 큰 변화라고 볼 수 있다. 1932년에는 주중근로일수 단축과 근로시간 단축을 양당에서 같이 주장했다. 1936년에는 저임금 여성과 아동노동 근절이 중요한 이슈로 떠올라서 양당에서 공통적으로 저임금 여성노동과 아동노동 근절을 정책으로 내세웠다.

〈표 10-13〉은 12년의 정강정책에 기반을 둔 잠재적 유권자연합의 변화표

〈표 10-12〉 중대재편(1932년) 전후 노동 분야 정강정책 변화 비교

	1928년	1932년	1936년
민주당	노조 협상권 인정 반-트러스트법 제외 강제 명령 남용 비판 정부 건설 프로젝트	근로 시간 단축 공공 근로 계획 수립 주중 근로 일수 단축 실업보험, 노인보험	임금 상승 근로시간 단축 저임금 여성, 아동 노동 근절 집단 교섭권과 노조 설립 500만 재취업 기업의 적정임금의 최대 고용 주, 지방정부 공공사업
공화당	노조 협상권 인정 강제명령 남용 비판 임금 상승 노력	단체 협약 찬성 각종 노동 관계법 지지 주중 근로 일수 단축 근로 시간 단축 노동부의 고용복지부 활동 강화	저임금 여성, 아동 노동 근절 집단 교섭권과 노조 설립 공무원의 월권 예방 재취업 각종 규제 철폐

〈표 10-13〉 중대재편(1932년) 전후 잠정적 유권자연합 변화

	1928년	1932년	1936년
민주당	반-보호무역주의자 농민, 실업자, 남부 평화주의자, 여성	실업자, 노인, 노동자, 농민, 금주법 반대자, 반독점, 평화주의자, 여성	실업자, 노인, 노동자, 농민, 경제적 취약계층, 반독점 사회보장제도 수혜자
공화당	보호무역주의자, 여성 팽창주의자, 부농 군수업자, 노동자	농민, 노동자, 기업인, 평화주의자, 여성	고립주의자, 주권주의자, 노동자, 농민, 반독점 사회보장제도 수혜자

이다.

〈표 10-13〉은 두 당의 정강정책에 기반을 두고 잠정적 유권자연합을 작성한 것이다. 양당에 중복된 집단이 있는 것은 양당에서 그 집단의 이해관계를 대표하는 정강정책을 발표했기 때문이고, 실제로 5:5로 그 집단이 나뉘어 있다는 뜻은 아니다. 예를 들어 노동자, 농민은 양당에서 다 중요한 우군으로 판단하고 있지만, 부농을 제외한 독립 자작농이나 소작농의 경우 경제적 취약계층에도 속하기 때문에 실제로는 민주당의 유권자연합으로 보는 것이 타당할 수 있다. 마찬가지로 인종이 특별한 이슈로 나오지 않은 상태에서 흑인은 대부분 경제적 취약자이기 때문에 뉴딜정책의 영향을 받아서 민주당의 유권자연합을 구성하는 주요한 세력이 되었다. 그리고 똑같은 주장을 여당과 야당이 할 때, 그 주장을 입법하고 집행하는 것은 여당이기 때문에 야당은 유권자연합 형성에서 불리할 수밖에 없다. 그래서 판을 바꿀 수 있는 새로운 갈등이나 균열의 축이 발생하고 거기에 따른 정당의 정강정책이 다를 때 만성적 야당이 여당의 위치에 오를 수 있는 것이다.

그게 아니라면, 여당과 각을 세우고 여당의 정강정책과 다른 주장을 함으로, 反-여당 성향의 유권자연합을 형성하는 전략을 세우는 방법도 있다. 하지만 1932년 대통령 선거에서 전체 48개 주 중에서 42개 주를 민주당에 내준 공화당으로서는 대중적 인기 없는 정강정책을 고집할 수도 없는 딜레

마에 빠졌다고 볼 수 있다. 따라서 위의 표에서 보여주는 것과는 달리 실제로 1936년 공화당의 유권자연합은 소수의 금욕주의적 청교도, 실업보험을 싫어하는 기업가, 보호무역의 특혜를 누리던 계층밖에 없었다고 봐야 할 것 같다.

제4절 1964년 정강정책 비교

제6차 정당체제가 1968년에 시작되었는가의 논란은 많이 있지만, 여기에서는 정강정책의 분석 목적을 위해서 1968년을 장기적 재편이 시작되는 시기로 보고 1964년 선거를 제5차 정당체제기의 마지막 선거로 간주한다. 1964년 선거는 케네디 대통령의 죽음 이후 존슨 부통령이 대통령직을 승계하고 존슨 대통령이 처음으로 대통령 후보로 출마한 선거이며, 민주당이 백악관, 상원, 하원을 모두 장악한 상태에서 치른 선거였다.

존슨 대통령은 44개 주와 워싱턴 DC에서 승리했고, 동북부에 뿌리를 둔 공화당의 중심이 점차 남부와 서부로 옮겨오면서 보수색이 짙어지기 시작했고, 강력한 반공주의자이며 보수주의자인 공화당 대통령 후보 베리 골드워터는 선벨트 지역의 남부 4개 주와 애리조나에서 승리했다. 골드워터는 선거에 승리하기 위해서는 남부의 백인 남성을 주요한 공화당의 유권자연합으로 만들어야 한다고 역설했었다(Goldwater 1975). 비록 선거에서 대패하긴 했지만, 공화당 대통령 후보가 남부의 선벨트에서만 승리함으로써, 공화당이 남부 백인 남성들을 유권자연합으로 만들 수 있는 가능성을 보여준 선거였다(Gould 2003). 그런 점에서 골드워터의 시도가 제6차 정당체제를 거쳐서 남부백인을 공화당의 주요한 유권자연합으로 만드는 시금석이 되었다.

민주당은 케네디 대통령 암살을 회상하면서 한 국가, 한 국민(One Nation, One People)을 주장하면서 1964년 정강정책의 서문을 시작하고 있다. 그리고 민주당은 정강정책을 화합의 계약(covenant of unity)이라고 선언하였다. 공화당은 민주당을 비난하면서 자유는 인류의 가장 귀중한 자산으로 이를 지켜내야 한다고 했다. 그리고 공화당의 그런 믿음을 구체화하여 정강정책을 제출했고, 정강정책은 미국에게 공화당이 하는 엄숙한 약속(solemn bond)이라고 선언하였다. 1932년 민주당 정강정책에 등장했던, 국민과의 약속이 이제 1964년에는 양당에 모두 등장하게 되었다.

〈표 10-14〉는 민주당과 공화당의 안보 정강정책을 비교한 것이다. 제4차 정당체제에서와 비슷하게 공화당은 안보 분야에 많은 정책을 내어놓고 있고 민주당의 정책은 상대적으로 간단하다. 1964년 민주당의 정강정책이 공화

〈표 10-14〉 1964년 안보 분야 정강정책 비교

민주당	공화당
- 대륙간탄도미사일, 잠수함미사일 증가 - 전략적 핵무기 우위 유지 - 국지전을 억제할 수 있는 군사력 강화 - 경비절감 프로그램 유지 - 군인에 적절한 보수와 적절한 주택 지급 - 베트남 전쟁은 북베트남 침략에 대한 대응	- 선진 무기 체제 연구 지체 비난 - 새로운 주요 전략 무기 체제 발명 실패 - 탄도미사일 방어체제 약화 비난 - 안전장치 없는 핵실험 금지조약 비난 - 안보 관련 보도 정책은 알권리 침해 - 국방예산 증가 비판 - 군지도부와 민간 지도자의 신뢰 약화 비판 - 무기 결정에 정치적, 경제적 고려 비판 - 신병 모집 제도 재검토 - 군사적 우위 유지 - 군사 연구 개발 촉구 - 군대 사기 고양과 전문가의식 고취 필요 - 경비절감 프로그램 조사 필요 - 대 잠수함, 우주, 항공, 게릴라전 대비 필요 - 두 번째로 좋은 무기정책 폐기 - 합참총장과 국가안전보장회의 역할 복귀 - 핵실험 수행 - 우방국 상호안보 부담을 더 분담시켜야 함 - 해외주둔 병력을 무기로 점진적 대체

당의 약 2배 분량인 점을 고려해보면 민주당과 공화당의 전체적 정강정책안에서 안보의 상대적 중요성이 다름을 할 수 있다. 민주당은 공화당 행정부 시절보다 평화에 근접했다고 보는 데 비해 공화당은 곧 군사적 우위를 빼앗기고 미국의 안보를 위험에 빠뜨릴 것이라고 경고하고 있다.

> "핵무기 시대의 세 번째 10년의 시작점에서, 평화의 유지는 전쟁을 수행할 힘과 전쟁을 피할 지혜를 필요로 한다. 평화의 추구는 최고의 지성, 명확한 비전, 강한 현실감을 요구한다. 지난 4년간 우리나라가 끈기 있게 이런 자질을 발휘하고 사용해왔기 때문에, 세계는 1960년보다 더 평화에 가까워졌다."

위의 문장은 민주당의 정강정책에 나오는 대목이다. 민주당은 공화당 행정부 시절과 비교하여 세계는 더 평화스러워졌는데, 전쟁 목적의 군사력이 아니라 평화목적의 군사력 증강으로 미국의 힘이 강해지고 전쟁을 피할 수 있을 만큼 지혜를 발휘했기 때문이라고 주장했다.

민주당은 민주당 행정부 시절에 대륙간탄도미사일과 폴라리스 잠수함 미사일의 수가 증가했고, 전략적 핵무기에서 미국은 다른 나라들보다 우위에 있다고 주장했다. 그리고 국지전을 억제할 수 있는 군사력을 강화할 필요성이 있다고 역설했다. 민주당은 현재 경비절감 프로그램을 실시하고 있는데 이것은 국방예산에 투입된 달러당 가치를 높이는 동시에 국방예산을 줄일 수 있다고 주장했다.

공화당은 민주당이 경비절감 프로그램을 운영한다고 했지만 실제로 국방예산 지출은 증가했고, 군사력 약화를 가져왔기 때문에 경비절감 프로그램을 조사할 권리를 보장해야 한다고 주장했다. 공화당은 민주당이 선진무기체제에 대한 연구를 등한히 했고, 새로운 주요 전략 무기 체제 연구개발에 실패했으며, 탄도미사일 방어체제를 약화시켜서 공화당 행정부가 물려준 군사적 우위를 1970년대에 가면 빼앗길 정도의 위기로 빠뜨렸다고 비난했다. 또 핵실험에 대한 최소한의 안전장치도 없이 핵실험 금지조약에 서명을 해서 앞으로의 핵실험을 어렵게 했다고 민주당 행정부를 비난하고 있다. 민주당 행정부에서 군지도자와 민간인 지도자 간의 소통과 신뢰가 많이 약해졌다고 비난하면서, 합참의장과 국가안전보장회의의 위상과 역할을 복원시켜야 한다고 주장했다. 또 군사적 고려가 중요한 무기의 개발에 정치적·경제적 고려를 해서 최고의 무기를 장착하지 못했으며, 두 번째로 좋은 무기정책은 겉으로는 경제적인 결정 같지만 군사력을 약화시키는 정책으로 당장 폐기해야 한다고 주장했다. 또 공화당은 민주당 행정부가 안보와 관련된 언론 보도를 통제하여 국민의 알권리를 침해했다고 주장하고 있다. 그리고 상호안보 부담의 관련국 분담률을 더 높여야 하며 해외 주둔 미군을 줄이고 무기로 대체해 나가야 한다고 주장했다.

〈표 10-15〉에서 군축에 관한 민주당과 공화당의 정강정책을 비교하였다. 민주당은 검증과 통제 가능한 효과적 국제 군축협상을 통해서 미국 납세자의 부담을 경감시켰고, 핵무기 목적의 핵생산을 감소시켰고, 우주에서 핵무기 사용을 금지시켰다고 주장했다. 군비경쟁을 멈추거나 되돌려서 핵공포로부터 벗어나기 위한 모든 노력을 경주하겠으며, 1961년 세계 최초로 군축부서(Arms Control and Disarmament Agency)를 신설하여 평화부서의 역할을 하게 했다고 주장했다. 그러나 공화당은 군사적 고려 없는 군축협상을 비난하고, 특히 소련과 같은 공산주의 국가가 야욕을 가지고 있는 상태에서 미국의 일방적 군축은 국가 안보를 위태롭게 하는 일이라며 반대했다. 그리고 공화당은 절대로 일방적인 군축을 하지 않을 것이라고 선언했다.

제4차 정당체제부터 공화당은 군사력 증강이나 군사력을 통한 문제 해결

〈표 10-15〉 1964년 군축 문제 정강정책 비교

민주당	공화당
- 검증과 통제 가능한 효과적 국제 군축협상 - 핵무기 목적의 핵생산 감소 - 군비경쟁 중지로 핵공포 시대의 종식 - 세계 최초의 군축부서 신설	- 군사적 고려 없는 군축협상 비난 - 미국의 일방적 군축은 국가안보 위협 - 공화당은 일방적으로 군축하지 않을 것임

에 중점을 두어 왔고, 민주당은 평화적 방법에 의한 문제 해결을 강조했던 관점의 차이가 전통적으로 있었지만, 제5차 정당체제인 뉴딜체제에서는 그 관점의 차이가 줄어들거나 사라지는 듯싶다가, 뉴딜 말기인 1964년에 다시 뚜렷하게 양당이 안보와 군축의 주제에 관한한 대척점에 서 있음을 보여주고 있다.

〈표 10-16〉은 복지 관련 정강정책을 비교한다. 퇴역군인의 사회보장제도, 특히 직무와 관련되어 부상을 입은 상이용사들의 복지에 관해서 민주당은 몇 가지 정책을 제안하고 있다. 첫 번째는 군인생명보험(National Service Life Insurance) 프로그램이다. 이 제도는 생명보험에 가입했다가 자격을 상실한 상이군인들과 그들의 가족에게 생명보험을 제공하는 것이다. 두 번째는 공정하고 공평한 연금제도를 통해 상이군인과 그 가족들에게 도움을 주는 정책이다. 세 번째 정책은 직무와 관련된 부상으로 장애인이 된 군인에게 장애수당을 인상해주는 제도이다. 이 제도가 실시되면 첫해에, 약 9,800만 달러 정도의 비용이 발생할 것이라고 민주당은 예측했다. 민주당은 장기적인 실업상태에 있는 경우 추가적으로 13주 동안 혜택을 주는 일시적 장기실업 보상법의 실행으로 약 2,800만 명의 실업자가 8억 달러 정도의 보조금을 받게 될 것이라고 주장했다. 민주당은 1961년의 사회보장제도 수정법에 의

〈표 10-16〉 1964년 복지 관련 정강정책 비교

민주당	이슈	공화당
- 퇴역군인 사회보장 체제 - 은퇴노동자 혜택 확장 - 실업 금여	사회 보장 (social security)	- 역진세, 불공평한 프로그램 - 사회보장법 개정 필요 - 퇴역군인 연금제도 개선
- 민영 은퇴 보험 가입 권유 - 가난과의 전쟁	일반 복지 (welfare)	- "가난과의 전쟁" 비판
- 노인 주택 마련 지원 - 양로원 건축 예산 - 노인 차별 고용 반대	노인 (elderly)	- 노인 의료보험료 지원 - 노인 의료 완전보상

해서 은퇴한 노동자가 받을 수 있는 혜택의 최소액을 인상시켜서 약 530만 명이 혜택을 볼 것이라고 주장했다.

공화당은 현재 사회보장제도의 운영 주체는 불필요한 프로그램까지 확장하고 있고, 역진세적 성격의 보험료를 징수해서 가난한 사람이 부자를 도와주고 있는 셈이라고 비난하였다. 공화당은 사회보장법 개정을 통해서 연금혜택의 감소는 없으면서도 더 높은 수입을 올릴 수 있도록 해야 한다고 주장했다. 공화당은 특히 제1차 대전 참전용사, 재활시설, 양로원을 주목하여, 직무무관연금(non-service-connected pension)을 개정해서 저소득 연금수령자의 혜택을 올려야 한다고 주장했다.

가난과의 전쟁은 민주당 행정부가 선포한 사회복지 프로그램인데, 공화당은 이를 비판하고 있다. 공화당은 가난과의 전쟁은 기존의 42개의 가난관련 프로그램과 중복되거나 모순된다고 주장하면서, 가난과의 전쟁은 주정부, 지방정부, 민영프로그램을 건너뛰어 연방의 집중을 가져올 수 있는 위험한 프로그램이라고 비판했다.

노인과 관련해서 민주당은 노인 주택마련을 돕고, 양로시설 예산을 올렸다고 주장했다. 그리고 고용시장에서 노인을 차별해서는 안 된다고 주장했다. 공화당은 주로 노인의 의료서비스에 관한 정책을 수립하였는데, 공화당은 세금공제나 다른 수단을 이용해서 노인들의 의료보험료 부담을 도와줘야 한다고 주장했다. 또한, 공화당은 민주당의 보편적 의료지원 계획에 따르면 경제적 형편에 상관없이 모든 노인에게 의료비용의 아주 일부만 지원하게 되는데, 그보다는 경제적 형편이 어려운 노인들의 모든 의료비용을 전액 부담하는 의료지원 프로그램이 필요하다고 주장했다. 민주당이 보편적 복지를 주장하는 반면에 공화당은 도움이 필요한 사람들을 돕는 선별적 복지정책을 주장하는 점이 두 당의 다른 점이다.

〈표 10-17〉을 보면 공화당이 제5차 정당체제에서 주장하는 자유기업의 중요성을 민주당도 언급하고 있다. 민주당은 지속적으로 탄력 있는 재정, 금융, 부채정책을 펼쳐야 하며, 저금리정책을 유지해야 한다고 주장하고 있다. 또한, 기술의 발전과 자동화로 인해 다수에게 혜택을 주면서 소수를 희

〈표 10-17〉 1964년 경제 관련 정강정책 비교

민주당	이슈	공화당
- 자유기업 체제 - 지속적인 유연한 재정, 금융, 부채정책, 저금리정책 - 완전고용 - 기술발달로 희생되는 사람 없어야	경제 일반	- 행정부의 과도한 시장 개입 비판 - 기업가 정신 위축 - 사업의 개업, 폐업 권리 박탈 비판 - 분규 시 연방정부 불법 개입 비판
- 물가 안정 연 1.3%	인플레이션	- 물가 상승(3년 6개월 5%) 비판
- 완전고용 근접	고용	- 매달 실업률 감소 목표에 미달 - 장기, 청년 실업 증가 - 일자리 미스매치
- 512개의 재정지원 프로젝트 승인 - 경제기회법 - 아팔라치	특별 구제	
- 세금 감세 고려	세금	- 개인, 기업세 감세 요구 - 전쟁세 폐지 요구 - 현금 등 개인소득공제 폐지 비판
- 균형 재정 - 물가 안정 중요 - 미국 달러 신용 유지 - 1965년 예산 요청액 전년 대비 감소 - 대부분의 예산 구멍 제거	국가 예산	- 연방 예산 지출 감소 요구 - 4년간 예산 적자 비난 - 고비용의 예산 낭비

생시켜서는 안 된다고 주장했다. 그런데 그것을 예방하거나 예상되는 소수의 희생자들을 어떻게 돕겠다는 정책은 없다.

공화당은 행정부의 과도한 시장 개입을 비판하며, 민주당 행정부의 시장 개입 등으로 기업가 정신이 위축되어서 공화당 행정부 시절과 비교하면 신규 사업체의 숫자가 줄었다고 주장했다. 공화당은 사업을 시작하는 것도 폐업하는 것이 기업가의 기본권인데 현 행정부는 국가노동관계위원회(National Labor Relations Board)를 통해서 그 권리를 빼앗았다고 비판했다. 또한,

철강가격 분규에서 보듯이 국가권력이 개입해서 국가가 원하는 대로 순종을 강요했다고 비판하고 있다.

민주당은 물가가 안정되어 물가 인상률이 연 1.3% 이하로 떨어졌다고 주장하는 데 비해서 공화당은 물가가 지난 3년 반 동안 5%가량 올랐다고 비판했다. 민주당은 연간 지표를 내어놓고 공화당은 3년 6개월의 지표를 내어놓은 것 외에 큰 차이는 사실상 없다.

공화당은 장기실업과 청년실업 증가에 우려를 하고 있고, 숙련된 노동자들이 부족한데도 수천 개의 일자리는 비어 있다고 행정부를 비난하고 있다. 그에 비해 민주당은 완전고용에 매우 가까운 상태까지 왔다고 주장하고 있다.

민주당은 감세를 고려하겠다고 했지만, 공화당은 전쟁세 철폐와, 개인 소득세와 기업세의 감세를 주장하고, 기부금이나 헌금을 세금공제에서 배제한 것은 잘못이라며 민주당 행정부를 비판하고 있다. 또한 공화당은 예산 지출 감소를 주장하고 있다. 전반적으로 오늘날 공화당의 모습과 비슷한 정체성을 보여주고 있다고 볼 수 있다. 세금 감면, 예산 축소가 제6차 정당체제에서 공화당의 정체성과 같은 정책들인데 제5차 정당체제의 말기에도 그런 주장이 나왔다. 물론 언제나 야당은 예산 축소를 주장하고, 여당은 잠잠한 편이다. 그것은 제3차 정당체제나 제4차 정당체제가 모두 마찬가지였다. 그런 점에서 제5차 정당체제기의 상당기간 야당이었던 공화당이 정부예산 지출 감소를 주장하는 것은 공화당이어서가 아니라 야당이어서 한 주장일 수도 있다.

앞서 살펴본 주제 외에 공화당은 양성평등에 대해 별다른 정책 발표가 없었던 것에 비해서, 민주당은 남녀의 기회의 평등과, 동일노동 동일임금을 주장하고 있다. 인종 문제에 대해서는 공화당과 민주당이 큰 차이가 없다. 민주당이 KKK와 같은 극단적 집단을 반대한다는 정책이 있는 정도이다. 공화당 정강정책의 특징은 전형적인 냉전시대의 국가정책을 요구하고 있는 것이다. 공산주의와의 적대적 관계를 상정하고 군사적 우위, 비밀 회담 반대, 공산주의 국가 불신 등이 공화당의 외교정책의 기조를 이루고 있다.

〈표 10-18〉 1964년 무역 관련 정강정책 비교 분석

민주당	공화당
- 다른 나라와 경제적 관계 강화 - 무역확장법 — 50% 관세 감소 - 피해산업에 대출, 세금환불, 기술지원 - 불공정 관세, 비관세 장벽 제거(과일, 채소) - 농산물 등 유럽시장 진출 기회 - 장기섬유협정은 섬유와 의류 산업 보호	- 민주당 정부의 국제 무역 협상력 비판 - 외국의 차별적이고 제한적인 무역관행 제거 - 육류수입으로 낙농업 이중고(가축가격 하락) - 수입 증대로 인한 피해산업 보호 장치 필요 - 평화를 위한 식량 프로그램아래서 장기 외상판매를 통해 잉여농산물 우방국에 판매 - 공산국을 약하게 하는 교역만 찬성

〈표 10-18〉에서 양당은 외국의 불공정한 무역 관행을 비판하고 있다. 민주당은 다른 나라와 경제적 관계를 강화하고 협정을 통해서 불공정 관세, 비관세 장벽을 제거해야 한다고 주장했다. 공화당은 민주당 정부의 국제 무역 협상력을 비판하면서, 민주당 정부의 무능하고 위약한 협상력으로 미국 기업에 주어진 역사적 기회를 잃어버리고 있으며, 미국 농업의 번영에 긴요한 시장을 쉽게 포기했다고 비판했다. 또한 공화당은 폭발적 수입의 증대로 돌이킬 수 없는 피해를 입은 산업을 안전하게 보호할 수 있는 정책을 수립해야 하며, 대표적으로 국가의 보호가 필요한 피해 산업은 소고기, 돼지고기, 섬유, 석유, 유리, 석탄, 제재목, 철강 등이라고 나열했다. 그리고 민주당 정부의 저곡물가 정책으로 가축가격이 급락한 상황에서 폭발적 육류 수입량 증가는 가축농가에 이중고가 되고 있다고 비판하고 있다. 공화당은 평화를 위한 식량(Food for Peace) 프로그램을 통해서 우방국에 미국산 잉여 농산물을 판매하여 우방국의 식량안보도 높이고 미국 농산물 수출을 늘리자고 주장하면서, 그것을 위해서 우방국에게 장기 외상을 주고 그것을 미국화폐인 달러로 정산하도록 하자고 제안했다. 공화당은 또한, 공산주의 국가와의 교역은 그 국가를 강하게 만드는 방법으로 이뤄져서는 안 되고, 그 나라를

약화시키는 방법으로 교역이 이뤄져야 한다고 주장했다.

민주당은 무역확장법(Trade Expansion Act)은 대통령에게 최대 50%까지 관세를 인하할 수 있는 권한을 주었고, 수입으로 인한 피해 산업에 대출, 세금 환불, 기술 지원 등을 통해 도움을 줄 수 있게 했고, 미국의 수출액이 많이 증가했다고 주장했다. 그리고 민주당 행정부의 노력으로 불공정 관세나 비관세 장벽을 낮춰서 미국산 과일과 채소, 다른 농산물들의 수출이 증가했다고 주장했다. 그리고 장기섬유협정(Long Term Cotton Textile Agreement)은 미국에 수입되는 섬유의 가격을 세계 시장가격과 동일하게 만들어서, 국내 섬유산업과 의류산업을 보호할 수 있게 되었다고 주장했다.

제11장

제6차 정당체제 시기 정강정책 분석

제1절 1968년 정강정책 비교

1968년의 선거는 미국 독립당의 조지 왈러스(George Wallace)가 출마하여 민주당의 허버트 험프리(Herbert Humphrey) 부통령과 공화당의 리처드 닉슨(Richard Nixon) 후보가 출마한 삼파전이었다. 이 선거에서 공화당의 닉슨이 승리함으로써 제6차 정당체제의 긴 재편기가 시작되었다고 볼 수 있다. 1968년 선거에서 100년 이상 민주당의 텃밭이었던 남부에서 민주당은 텍사스 한 주만 승리하고 전패를 하였다. 100년의 충성심이 하루아침에 사라지는 것이 아니기 때문에 제6차 정당체제의 재편은 1968년 선거에서 마무리가 되지 않고, 재편이 시작되었다고 볼 수 있다.

"나중이 아니라 지금이 질서의 초석인 정의와 평등의 획득을 통해 우리사회 조직을 강하게 해야 할 때다. 나중이 아니라, 지금이 인간에게 주어진 자연권을 모든 시민에게 보장함으로써 법치주의를 바로 세울 때다. 나중이 아니라 지금이 다시 인간의 애국심의 깃발을 펄럭이고, 그 깃발 아래서 우리를 다시 헌신함으로써 세계의 평화를 가져올 때다. 나중이 아니라 지금이 과거의 다툼에 소모되었을 힘을 미국의 미래를 위한 힘으로 적용할 때다. 지금이 우리가 원하는 미래를 만들 수 있는 정돈된 발전을 진행시킬 때다."

위의 문장들은 민주당의 1968년 정강정책 서문의 일부이다. 민주당은 급변하는 세계 환경 속에서 미국은 강한 사회조직, 법치주의, 애국심, 힘의 집결이 필요하다고 하면서 애국심에 호소하고 있다.

"수만 명의 젊은이가 베트남에서 죽거나 부상을 당했다. 많은 젊은이들이 우리사회에 대한 믿음을 잃고 있고, 우리의 시내(inner cities)는 절망의 중심이 되고 있다. 수백만 명의 사람들은 질 낮은 교육, 실업, 심각한 과소고용, 양호한 주택을 살 수 없는 가난의 순환의 덫에 붙잡혀 있다. 인플레이션은 국내외에서 달러의 가치를 약화시키고 있고, 그것은 모든 가정, 실업자, 농부, 은퇴자와 한정된 수입과 연금으로 생활하는 사람들의 수입을 반 토막 냈다. 오늘의 미국은 미래에 대해 불투명하고, 최근의 과거에 대해 절망했다. 미국이 긴급하게 필요로 하는 것은 새로운 지도력, 용기와 이해력을 갖춘 지도력이다."

위의 문장들은 공화당의 1968년 정강정책 서문의 일부이다. 공화당은 해결책이 지도자의 교체라고 주장했다. 공화당이 그리는 미국의 미래는 정권이 바뀌지 않으면 희망이 없는 미래이다. 민주당도 현재의 상태를 좋은 상태라고 묘사하지는 않았다. 하지만 민주당은 "변화의 소용돌이는 퇴보가 아니라 탄생의 소용돌이"라고 묘사했다. 민주당이 그 재탄생을 이뤄낼 것이라고 주장했던 것이다. 앞에 인용한 서문은 전체 서문이 아니라 일부이기는 하지만, 민주당이 정의, 평등, 자연권, 단합과 같은 단어를 사용한 데 비해서 공화당은 죽음, 절망, 경제적 곤궁 등에 대해 강조를 하고 있다. 물론 야당인 공화당이 여당의 실정을 부각하기 위해서 더 어둡고 암울한 단어를 사용하는 것이 전술적으로 나은 선택이겠지만, 기본권에 대한 언급이 전체 서문에 전혀 나오지 않았다. 서문을 관통하는 단어는 리더십이었다. 링컨 대통령의 리더십, 아이젠하워 대통령의 리더십, 리더십 교체를 통해 문제를 풀자는 표현들이 공화당의 핵심 메시지였던 것이다. 다른 가치가 서문에 나오지 않은 것은 1856년 기본권, 사회계약론으로 시작했던 공화당의 정강과 비교했을 때, 인간의 기본권 측면에서는 다소 퇴보한 느낌이 든다. 여전히 공화당이 기본권을 중시하지만, 더 이상 공화당의 중심 가치라고 선언하지 않는 것은 상대적 중요도가 최소한 1968년 선거에서는 그리 크지 않았다고 볼 수 있다.

미국 정당의 정강은, 어느 정당이 여당이든 야당이든 상관없이, 여당은 항상 행정부의 업적을 칭송하고, 야당은 행정부의 실정을 부각시키려고 한다. 〈표 11-1〉을 보면 군사 부분에 있어서 민주당은 잘하고 있다는 주장이고, 공화당은 문제가 많다고 비판하고 있다. 공화당은 1964년에 이어서 국가안전보장회의의 활성화를 주장하고 있다. 두 정당의 큰 차이는 군축 문제에서 드러난다. 공화당은 군축에 대한 정책을 발표하지 않았다. 1964년 정강에서 공화당은 민주당 행정부의 군축협상을 비난하고 공화당은 미국의 일방적인 군축을 하지 않겠다고 선언한 바 있다.

민주당은 국방과 군축은 국가안보의 쌍둥이 원칙이라고 주장하면서, 미

〈표 11-1〉 1968년 국방, 군축 관련 정강정책 비교

민주당	공화당
- 군사력과 군사기술 우위 - 안보와 평화를 위한 균형 잡힌 방어체제 - 전략 핵무기 능력 우위 - 연구 개발 노력 - 국방과 군축은 쌍둥이 원칙 - 핵확산 금지와 핵전쟁회피의 공동 관심 - 크렘린과 핫라인 유지 - 핵실험 금지, NPT - 대 미사일 요격무기 배치 억제 조약 - 전략무기 동결을 위해 노력	- 소련과의 좁혀진 군사력 차이 비판 - 억압되고 지체된 연구 개발 비판 - 잠수함 개선 지체 비판 - 부족한 대-잠수함 격퇴 능력 비판 - 폴라리스-포세이돈의 억제 능력 향상 지지 - 주요 기술 혁신 필요 - 첩보 능력 향상 필요 - 국방예산의 합리적 사용 필요 - NSC 활성화지지 - 실효성 있는 상선 대체 계획 수립 요구

국과 소련은 핵확산 금지와 핵전쟁회피라는 공통관심사가 있기 때문에 군축에 관련된 협상이 잘 진행되고 있다고 주장하면서, 크렘린과는 핫라인을 유지하고 있어서, 유사시에는 양국의 수장이 대화를 통해서 빠른 해결책을 찾을 수 있다는 것을 암시하고 있다. 민주당에 따르면 미국과 소련은 대 미사일(anti-missile) 요격 무기 배치하는 것을 억제하는 조약을 맺었으며, 전략무기 동결을 위해서 노력할 것이라고 주장했다. 이런 협상은 양국의 신뢰를 바탕으로 할 수 있는 것인데, 공화당의 냉전적 사고로는 믿을 수 없는 국가를 믿고 군축협상을 하는 민주당 행정부를 이해하지 못하는 것이라고 볼 수 있다.

앞서 1964년 민주당 정강정책을 설명하면서도 말했지만, 군축은 경제적 부담을 완화하는 효과가 있다. 그런 점에서 군축을 단순히 군사적인 면에서 뿐만 아니라, 경제적 측면에서도 바라볼 필요가 있다. 하지만 공화당은 국방에 관한 결정은 군사적 고려 외에 정치적·경제적 고려가 개입되어서는 안 된다는 입장을 1964년 정강정책에서 분명히 밝혔었다. 하지만 무기를 개발하고 구매하는 돈은 결국 납세자가 부담해야 된다. 납세자는 안보도 원하지만 납세부담을 줄이기도 원하기 때문에, 완전히 경제적 고려를 배제하고 군사적 결정을 내리기는 쉽지 않다.

〈표 11-2〉를 보면 공화당의 전통적인 보호무역 기조는 과거 제4차 정당체제에 비해서 상당히 누그러졌다는 것을 알 수 있다. 그러나 민주당이 자유무역협정에 중점을 준다면, 공화당은 자유무역협정을 지지하면서도 피해산업에 세금, 보조금 등의 각종 혜택을 주자고 주장하고 있다. 민주당은 무역확장법(Trade Expansion Act)을 통해 자유무역을 강화할 수 있다고 주장하는 데 비해, 공화당은 민주당 행정부가 무역확장법을 너무 엄중히 실행해서 문제라면서, 무역확장법에 의해서 수입보조금을 지급할 수 없어서 고통 받는 산업, 생산자, 노동자를 위한 폭넓은 정부의 지원이 필요하다고 역설했다.

민주당은 자유세계의 다른 나라의 안보를 지키느라 재정적자를 몇 년간 냈지만, 미국 정부는 국내 시장의 디플레이션을 피하고 일방적인 무역제재

〈표 11-2〉 1968년 무역 관련 정강정책 비교

민주당	공화당
- 무역은 경제 안정에 필수 - 무역확장법에 의한 자유무역 - 우방국과의 호혜적 관세 인하 혹은 철폐 - 비관세 장벽의 호혜적 제거를 위한 협상 - 개도국의 수출 증가 필요성에 관심 - 통상과 투자에 공정한 국제 경쟁 규칙 - 불공정 수입경쟁 수정 가능 조항 강화 - 재정적자에도 무역에 일방적 조치 않았음 - 투자 제한 철폐, 여행 장려 - IMF를 통한 금융위기 감소 노력	- 전략적 상품 수출허가 금지 - 수출입 물품에 외국과 동등한 세금 - 자유세계와 자유무역 - 비관세 장벽 낮추기 위한 노력 필요 - 국제적으로 공정한 노동 기준 - 차별적 불공정 무역으로 미국 실업 발생 - 공정한 경쟁을 위한 협정 노력 필요 - 세금 개혁을 위한 미국 상품 경쟁력 강화 - 낡은 기계 비과세로 산업경쟁력 강화 - 너무 엄정한 무역협정법 비판

를 가하지 않는 책임 있는 대응을 해왔다고 주장했다. 양당 모두 관세장벽과 비관세장벽을 낮추기 위해서 노력을 해야 한다고 주장했고, 공화당은 국제적으로 공정한 노동 기준의 수립으로 불공정 무역의 관행을 없애야 한다고 주장했다. 공화당은 미국의 낡고 오래된 기계들이 문제라고 지적하면서, 미국 산업의 경쟁력 강화를 위해서 동등한 비과세 혜택을 주어야 한다고 주장했다. 이 부분은 정강정책만으로는 분명하지가 않다. 낡은 기계를 새 기계로 교체하게 될 때 교체 비용을 비과세로 처리해야 한다는 주장인지, 아니면 낡은 기계로 인한 생산성 저하에 대한 수입의 결손을 비과세해야 한다는 것인지 분명하지는 않지만, 국제 경쟁력 강화를 위해서 낡은 기계를 사용하고 있는 산업에 비과세 혜택을 줘야 한다는 주장임에는 분명하다.

민주당은 수출 증대를 필요로 하는 개도국에 대한 특별한 관심을 가져야 한다고 말해서, 개도국이 미국에 수출을 하거나, 일반적 수출확대를 하는데 미국 정부가 호의적으로 대해야 한다는 것을 암시했다고 볼 수 있다.

기본적으로 자유무역을 표방한다는 점에서 1968년 양당의 무역 관련 정책은 비슷하다. 그런데 그 안을 들여다보면, 민주당이 자유무역, 호혜적 관세, 비관세 장벽 철폐, 불공정 무역 관행 근절, 미국의 해외 투자 제한 철폐

등에 관심을 기울이고 있다면, 공화당은 자유세계와의 자유무역, 관세, 비관세 장벽 철폐, 국제적 노동기준을 수출국에 요구하기, 수입 피해 산업 돕기, 수출입 상품에 외국과의 동등한 세금정책 등에 중점을 두고 있다. 그런 점에서 공화당의 자유무역은 보호무역의 잔재가 남아 있는 자유무역 옹호론이라고 봐야 한다. 과거 1936년 공화당 정강정책에서 육류와 유제품 수입이 국내 산업에 미치는 악영향을 비판하면서 해외 낙농업 제품에 미국에서 요구하는 같은 수준의 위생검열을 통해 수입을 규제해야 한다고 주장하던 것과, 1968년 정강정책에서 국제적 노동 기준을 수출국에 요구해야 한다는 주장 모두 국내 산업보호를 위한 주장이라는 점에서 근본적으로 달라지진 않았다고 볼 수 있다.

〈표 11-3〉은 두 정당의 고용, 직업교육, 복지 부분 정강정책을 비교한 것이다. 실업자를 위한 민주당의 계획은 3단계로 나눠져 있다. 1단계가 미국 고용의 중추인 민간기업의 취업을 늘리기 위해서 연방정부와 기업이 협

〈표 11-3〉 1968년 고용, 직업교육, 복지 부분 정강정책 비교

민주당	공화당
- 민간기업 직업기회 프로그램 실시 - 청년과 노인을 위한 지방 직업교육 지원 - 주, 지방정부, NGO 취업 지원 - 연방정부가 고용 - 영주권자가 시민권자 임금 낮추지 말 것 - 실업보험 현대화 필요 - 생활비 상승에 맞게 연금혜택 조정 요구 - 공적 부조 최저 연령 낮춰야 함 - 자영업자에게 세금 우대(사회보장혜택 보조) - 수혜자 기준과 혜택, 연방기준으로 정해야 - 부양 아동 수 제한 철폐 - 복지 수급자가 직업을 갖도록 장려책 마련 - 탁아소 지원 - 식량 프로그램 확대로 기아 근절 - 노인의료보험이 처방약 포함해야 됨	- 직업교육을 위해 고용주 세금 공제 - 개별적인 직업교육 연계, 체계화 필요 - 무료 탁아소 지원 - 궁핍한 지역 주민의 자영업 장려 - 주택과 중소기업의 화재보험 지원 - 식량 프로그램 통합 운영 필요 - 가정, 소기업 대상 피해 보장제도 실시 - 생활비 상승과 자동 연동된 사회보장 체제 - 보편적 사회보장혜택 적용 연령 72세에서 65세로 점진적 인하 - 민간연금제도 확장과 개선 노력

력하여 만성적 실업자(hard-core unemployed)에게 직업교육을 제공하는 민간기업 직업기회(Job Opportunities in the Business Sector) 프로그램을 만들었고 이를 통해 고용 문제가 해소될 것이라고 민주당은 주장했다. 2단계가 근로능력이 있으나 일자리를 찾지 못하는 사람들을 위해서 지역청년단(Neighborhood Youth Corps)을 포함한 직업 교육 프로그램 등을 통해서 주정부, 지방정부, NGO가 나머지의 일자리를 공급하는 것이다. 3단계는 마지막 단계로, 그래도 취업을 못한 사람은 연방정부가 발주한 사업이나 연방정부 지원을 받은 주정부나 지방정부의 사업을 통해 연방정부가 일자리를 제공하는 것이다. 공화당은 현재 너무 많은 직업교육 프로그램이 따로 따로 운영되고 있다고 지적하면서, 이를 통합해서 운영해야 한다고 주장했다.

민주당은 영주권 노동자가 시민권 노동자의 임금이나 근로조건을 낮춰서는 안 된다고 주장했으나, 어떻게 그걸 정책화할 것인가의 구체적 정책대안의 제시는 없었다. 민주당과 공화당이 생활비 상승에 자동으로 연동해서 사회보장혜택을 받을 수 있도록 해야 한다고 주장했다. 민주당은 여기에 사회보장보험뿐만 아니라, 공적 부조도 포함시켜야 한다고 주장했다. 민주당은 또한, 공적 부조의 최소연령도 사회보장보험과 보조를 맞춰서 낮춰야 한다고 주장했다. 민주당은 실업보험도 현실과 매우 동떨어져 있다며 현재 상황에 맞게 실업보험의 조항들을 현대화시켜야 한다고 주장했다.

민주당은 주별로 상이한 기준과 지급액수 때문에 사회보장 프로그램들의 혼선이 발생한다고 지적하면서, 연방정부가 자격조건과 혜택액수의 기준을 정해줘야 한다고 주장했다. 이는 미국 시민이면 어느 주에 살든지 상관없이 똑같은 기준과 혜택액수가 정해져야 한다는 명분을 가지고 있으나, 주의 주권(sovereignty)과 부딪칠 수 있는 부분으로 주의 권리를 침해했다는 논란이 벌어질 가능성이 있는 주장이다. 공화당은 소득에 관계없이 사회보장보험을 수령할 수 있는 연령을 72세에서 65세로 점진적으로 내리겠다고 주장했다. 1954년 수정법에 의하면 72세 이상의 노인은 소득에 상관없이 일률적인 사회보장혜택을 받게 되어 있는데 공화당은 이 연령을 65세로 낮추겠다고 주장하였다.

민주당은 식량 프로그램을 통해서 미국에서 기아가 종식될 수 있도록 하겠다고 주장하며 학교 급식과 식량 배급표 프로그램이 중추적 프로그램이 될 것이라고 설명했다. 공화당도 식량 프로그램의 중요성을 인식하고 있는데, 공화당은 식량 프로그램의 통합 운영을 주장하였다.

대다수 미국인이 원하지만 의회에서 시원스레 통과가 되지 않는 법 중의 하나가 총기규제에 관한 법률이다. 두 정당은 이 주제를 깊이 다루지는 않았지만, 분명한 온도의 차이가 표현에서 느껴진다. 민주당은 효율적인 연방, 주, 지방의 총기 규제법의 입법을 촉진시키겠다고 주장한 반면에, 공화당은 다음과 같이 표현했다.

> "책임 있는 시민이 합법적인 목적으로 총기를 수집하고, 소유하고, 사용할 수 있는 권리를 보호하고, 주의 일차적 책임을 유지시키며, 무분별한 총기의 입수가능성을 규제하는 연방의회의 입법은 주가 주의 책임을 다 할 수 있도록 돕는 데 필요하다."

〈표 11-4〉에서 공화당은 총기규제를 찬성은 하지만, 이는 무분별한 총기의 입수가능성을 규제하는 것이고, 책임 있는 시민은 합법적 목적으로 총기를 모으고, 소유하고, 사용할 수 있는 권리는 보호된다고 주장했다. 또한, 연방은 보조적인 역할이고, 책임의 우선순위는 주에 있다고 강조하고 있다. 그에 비해 민주당은 연방, 주, 지방 입법부가 다 입법을 해야 한다고 주장하는 점이 다르다.

〈표 11-5〉를 보면 두 정당 모두 최저임금제를 찬성한다. 민주당은 인상을 원하고, 공화당은 형평성 있는 최저임금제를 요구하고 있다. 민주당은 생활

〈표 11-4〉 1968년 총기소유 관련 정강정책 비교

민주당	공화당
- 효율적인 연방, 주, 지방의 총기규제법 촉구	- 총기 무분별한 입수규제법

〈표 11-5〉 1968년 최저임금제에 관한 양당의 정강정책 비교 분석

민주당	공화당
- 향상되는 생활수준에 맞춰서 경제적 하위층에게 더 공평한 몫을 보장하기 위해서 최저임금을 올려야 한다	- 경제 사다리의 최하층에 있는 사람들의 실업을 과도하게 증가시키지 않는 범위에서 형평성 있는 최저임금제를 지지한다

수준이 향상되기 때문에 경제적 하위 계급의 노동자들에게 더 공평한 몫을 보장할 수 있도록 그에 따라 최저임금을 올려야 한다고 주장했다. 그에 비해서 공화당은 최저임금을 과도하게 올리면 실업이 발생하고 그 실업의 피해는 경제적 최하층에게 돌아가기 때문에, 형평성 있는 최저임금제를 지원한다고 주장했다. 여기서 형평성 있는 최저임금이란 공정한 임금을 지불하면서도 실업을 늘리지 않는 임금수준을 말한다. 공화당은 최저임금 인상에 따른 실업에 대한 우려로 최저임금 인상에 내켜 하지 않는 모습이고, 민주당은 일반 국민의 생활수준 향상에 상응하는 최저임금의 인상이 있어야 한다고 주장하고 있다. 최저임금에 관한 온도차이가 두 정당 사이에 있음을 보여주는 표현이었다. 미국의 특징이기도 하고 냉전시대의 영향이기도 하지만 두 정당 모두 경제 계급(economic class)이라는 표현을 사용하지 않고, 민주당은 경제적 척도의 하위층(at the bottom of the economic scale)이라는 표현을, 공화당은 경제적 사다리의 하위층(the lowest rung of the economic ladder)이라는 표현을 사용하였다. 하지만 결국 두 용어가 가리키는 것은 경제적 계급이다.

〈표 11-6〉은 두 정당의 소수자에 대한 정강정책을 비교한 것이다. 양 당 모두 미국 원주민과 에스키모에 대한 관심을 표명하고 있다. 공화당은 미국 원주민과 에스키모가 미국의 사회에 편입할 수 있는 동등한 기회를 가져야 한다고 주장했다. 민주당은 연방-원주민 협력 프로그램을 통해서 원주민 사회를 재활성화할 수 있도록 원주민에 의해 소유되고 운영되며 연방이 지원하는 프로그램을 확장시키겠다고 주장했다. 공화당은 미국 사회의 도시와

〈표 11-6〉 1968년 사회·경제적 소수자 및 인권 관련 정강정책 비교 분석

민주당	공화당
- 히스패닉 미국인 지원 ― 교육, 고용 - 연방-원주민 협력 프로그램 - 소수자 우대정책 - 시민권 법, 투표법 적용	- 흑인, 멕시칸-아메리칸, 원주민 고통 - 차별 철폐 - 원주민, 에스키모인 동등한 기회

농촌의 어려움을 설명하면서 가장 고통받는 미국인이 흑인, 멕시칸-아메리칸, 원주민이라고 했지만, 구체적으로 어떻게 그 고통을 해결해주겠다는 정책은 나와 있지 않다.

민주당은 케네디 대통령이 제정하고, 존슨 대통령이 행정명령으로 보완한 소수자 우대정책에 의해서 사회적 약자들에 대한 차별 없는 고용을 주장했다. 또한, 스페인어를 사용하는 미국인들에 대해서 이중 언어 교육법(Bilingual Education Act)을 실행할 재정지원을 하고, 연방과 주정부에 이중 언어 사용자를 교육하고 임용하는 것을 확장하겠다고 주장했다. 공화당은 그에 대해 특별한 정책을 제시하지 않고 있다. 민주당은 시민권법과 투표법의 실행을 통해 차별 없는 미국을 만들어야 한다고 주장했다.

민주당은 정강정책 전체에서 평등이라는 단어를 네 번 사용했고, 인종이라는 말을 다섯 번 사용한 데 비해서 공화당은 평등은 두 번, 인종은 세 번 사용했다. 단어의 빈도수가 절대적인 기준은 아니지만, 〈표 11-6〉과 관련지어 생각해보면 민주당이 흑인을 비롯한 소수자의 평등권에 공화당보다 상대적으로 더 기울이고 있다고 판단할 수 있다. 특히 스페인어 이중 언어 사용자에 대한 민주당의 정책은 이들을 민주당의 주요 유권자연합으로 확고히 할 수 있는 정책이라고 볼 수 있다. 하지만 모든 스페인어 사용 미국인이 이 정책에 영향을 받는다고 단정할 수는 없다. 1968년 정강정책에는 두드러지게 나와 있지 않지만 1964년 공화당 정책에는 공산주의 국가에 대해 강경한 정책들이 많이 있었는데, 이는 공산주의 쿠바에서 미국으로 망명하거나 이주한 쿠바계 미국인들의 지지를 받을 수 있는 정책이었다는 점에서 쿠바

계 미국인들도 스페인어 사용 미국인이지만, 냉전시대인 점을 고려해보면 민주당의 정책이 모든 스페인어 사용 미국인들을 유권자연합으로 끌어들일 수 있다고 장담하기는 어렵다.

〈표 11-7〉은 양정당의 보건, 의료 분야 정강정책을 비교 분석한 표이다. 의료비 상승에 대한 양당의 우려는 공통적이다. 미국은 오바마케어가 되기 전까지 유일하게 전 국민 의료보험제도가 없는 OECD 국가였다. 높은 의료비용은 미국의 오래된 문제였다. 공화당은 민영 건강보험 확대를 주장하고 있다. 노인연금의 보조를 위해서 민간연금을 권유했던 민주당은 보건, 의료 분야에서는 민영 건강보험 프로그램을 언급하지 않고 있다. 민주당과 공화당은 의료인의 부족에 대해서 공감하고 있다. 공화당은 의사, 간호사, 기타 병원 직원 등의 공급을 늘려야 한다고 주장했고, 민주당은 관련 대학의 정원을 증가하고 시설을 확대해서 더 많은 의료진을 공급해야 한다고 주장했다. 현실적으로 의료인을 수급하는 방법은 관계 대학의 증설이나 확대로 더 많은 의료인을 공급하는 방법과 의료인의 이민을 받아들이는 방법이 유일한 방법인데 민주당은 국내 공급을 늘리자는 정책을 펼치고 있다. 공화당은 어떤 방법으로 의료진을 늘려야 하는지 구체적으로 설명하고 있지는 않다.

공화당은 모든 미국인이 충분한 치료를 받아야 할 권리가 있다고 믿지만,

〈표 11-7〉 1968년 보건, 의료 분야 정강정책 비교 분석

민주당	공화당
- 의료비용 감소를 위해 노력 - 심장병, 폐암, 유아사망, 정신병 연구 증대 - 의대, 치대 등 의료 교육기관 확대 - 장애자에게 사회보장법에 따른 의료 혜택 - 산모, 어린이 건강센터 - 자발적 산아계획 정보센터 - 주가 운영하는 통일된 의료 프로그램 필요 - 고령자 의료보험에 준하는 산모의료체제	- 급격한 병원비 상승(16%) 비판 - 민영 건강보험 확대 - 정부 병원 프로그램 재검토 필요 - 의료진 증대정책 - 의료, 양로 시설 건설 - 병원 근대화 재정 지원 - 초기 진단 예방체제 - 정신병 치료 지원 - 전통적 의사-환자 관계 보호 - 장애자 교통 방해시설 제거

전통적인 의사-환자 관계와 의료인의 완전성(integrity)을 반드시 보호해야 한다고 주장했다. 이는 의사와 진료기관의 독립성을 위해 과도한 정부의 규제나 간섭, 지도 등은 피해야 한다는 주장이다. 의사협회는 번번이 민주당의 전 국민 의료보험제도의 도입 시도를 방해해온 공화당의 주요 유권자연합이었던 점을 고려해보면 공화당의 이런 정책 견해는 의사나 의료기관의 이해를 반영한 예라고 볼 수 있을 것 같다.

1968년 선거는 민주당의 분열이 더 이상 봉합될 수 없다는 것을 보여준 선거였다. 민주당 주지사인 조지 왈러스(George Wallace)가 대선 목적으로 당을 나가서 제3당 후보로 출마하였고, 전당대회는 민주당 역사상 가장 혼탁하고 비민주적인 전당대회였다. 일반 평당원들과 지지자들은 그들의 의사가 반영되는 전당대회를 원했고, 지방 정당의 보스들은 자신들의 고집을 바꾸지 않았으며, 전당대회는 폭력과 혼란 속에서 치러졌다. 뉴딜 이후 최대의 민주당 분열 속에 치러진 1968년 선거에서 참패한 민주당은 당의 분열을 진정시키고 하나로 통합하고 일반 당원들의 의사가 반영될 수 있는 제도 개혁을 위해서 맥거번-프레이저 위원회(McGovern-Fraser Commission)를 만들어서 정당개혁에 대한 보고서를 제출하도록 하였다(Witcover 2003). 1968년은 민주당 개혁 전의 마지막 선거였던 것이다.

제2절 1972년 정강정책 비교

1968년 선거에서 승리한 공화당의 닉슨 대통령이 재선을 노렸던 선거가 1972년 선거로, 1968년에는 야당이었던 공화당이 반대로 여당으로 바뀌어서 치르는 선거였다. 여야가 바뀌었다는 점에서 양당의 입장에는 변화가 있었다. 1968년 민주당의 정강정책에서나 1972년 공화당의 정강정책에서는 하나로 통합되는 미국을 주장했다. 여당의 입장은 대통령과 행정부 중심으로 연합하는 것이고, 야당의 입장은 행정부 수반을 교체해야 한다고 주장하는 점이 다르다. 그런 점에서 여당이 자랑하는 세계는 회복되거나 발전되는 세계이고, 야당이 묘사하는 세계는 후퇴된 세계이다.

> "회의론과 냉소주의가 미국 전역에 퍼져 있다. 국민들은 기회주의적 정치인들이 만든 정치적 상투어로 가득한 정강정책에 대한 회의에 빠져 있다. 국민들은 장밋빛 미래가 다가오고 있다는 생각에 냉소적이다. 정치과정 전반에 대한 미국인들의 회의감과 냉소는 어디에서 온 것일까? 우리 전통, 역사, 헌법, 우리의 삶 모든 것은 미국이 국민에게 속해 있다고 말해주지만, 국민들은 더 이상 그것을 믿지 않는다. 국민들은 정부가 많은 국민을 위하지 않고 소수의 특권층을 위하여 일한다고 믿고 있고, 그 믿음은 옳다. (중략) 국민은 무엇을 원하는가? 그들은 세 가지를 원한다. (첫째) 국민은 살만한 가치가 있다고 느끼게 만드는 개인 삶을 원한다. (둘째) 국민은 모든 사람의 이익을 신장시키는 제도의 사회 환경을 원한다. (셋째) 국민은 모든 사람들의 이익을 위해 사용되는 자원의 물리적 환경을 원한다. (중략) 시민들의 피부색이나 연령, 성별 때문에, 혹은 교육을 받을 기회가 없었다는 이유로, 혹은 시민들의 상태에 대한 숙명론 때문에 시민들을 제한하는 장벽들을 없애야 한다."

위는 민주당 정강정책의 서문이다. 민주당은 1972년 미국 사회의 특징으로 회의론과 냉소주의를 들고 있다. 정부는 다수의 국민을 위하지 않고 소수를 위해서 일한다고 하는 회의론에 민주당은 동의하고 있다. 그리고 피부색이나 성별 등에 따라 차별받지 않을 권리를 강조하고, 각종 차별을 가져오는 장벽들을 없애야 한다고 주장한다.

> "겁에 질린 우리 국민들은 우리 도시가 불타고, 범죄가 크게 늘고, 대학이 혼란에 빠졌던 것을 보았다. 실패로 끝난 가난과의 전쟁과 같은 재정의 광상곡을 생산한 뒤죽박죽의 사회적 실험주의는 전쟁의 압력(베트남 전쟁)과 더불어 세금과 생활비를 상승시켰다. 근로자는 그들의 생활수준이 떨어지거나 그대로며, 자신들이 인플레이션의 희생자라는 사실을 알았다. 국가적 차원에서, 복지 지출은 통제 불가능한 수준으로 폭발적으로 올랐다. (중략) 지금 4년 후, 새로운 정책과 새로운 프로그램을 가진 새로운 지도력은 합리성, 질서, 그리고 희망

의 세상으로 회복시켰다. 더 이상 폭력과 분열로 휘청거리지 않고 우리는 더 조용한 바다 위를 안정적인 조타수와 함께 제대로 된 방향으로 진행 중이다."

공화당은 민주당 시절을 혼란으로 묘사하면서, 그 혼란을 바로잡고 미국의 일상을 회복한 공화당 행정부의 공로를 주장하고 있다. 민주당 시절의 반전운동, 히피문화, 시민권 운동 등을 공화당은 분열과 무질서로 규정하고, 공화당 행정부의 3년간의 시절을 질서의 기간으로 묘사하고 있다.

1972년 두 정당의 서문을 비교하여 보면 공화당은 질서를 중시하고 복지지출을 부정적으로 바라보는 데 비해서, 민주당은 평등을 중시하고 소수를 위한 정책을 비판적으로 바라보고 있음을 알 수 있다. 1972년 선거는 워터게이트 스캔들이 있었지만,[1] 공화당의 리처드 닉슨 대통령의 압승으로 끝난 선거였다. 민주당의 조지 맥거번(George McGovern) 후보는 매사추세츠와 워싱턴 DC에서만 승리를 했을 뿐 49개 주를 닉슨 대통령에게 내준 선거였다. 미국의 온 영토가 붉게 색칠된[2] 1972년 선거는 1968년 선거가 일시적 공화당 바람이 아니라 재편의 시작이었음을 알리는 선거였다. 민주당의 대패에는 닉슨 대통령이 중국을 방문하고 소련과 군축협상을 하고, 월남에서 대부분의 군을 철수시키는 등 외교성과의 영향도 있었지만, 민주당의 자중지난과 맥거번 후보가 극좌파로 알려져 있었던 점이 크게 작용을 했다고 볼 수 있다.

---

1) 1972년 선거는 미국 역사에서 밝혀진 가장 더러운 선거였다. 여론조사에서 공화당의 닉슨 대통령은 민주당의 어떤 후보와 대결을 해도 다 승리하는 것으로 나왔지만, 민주당의 에드먼드 머스키(Edmund Muskie) 후보와는 동률인 것으로 나왔었다. 닉슨 대통령의 재선위원회는 민주당의 유력후보 에드먼드 머스키 선거운동 본부에 스파이를 보내고, 조작으로 그를 경선 중도에 낙마시켰다. 닉슨 대통령의 재선위원회는 또한, 민주당 선거본부에 도둑들을 들여보냈다가 잡히고, 이를 닉슨 대통령이 은폐하려고 했던 사건으로 결국 탄핵 직전에 닉슨 대통령이 사임하였다(Witcover 2003). 외교업적 때문에 불법 선거를 하지 않았어도 이겼을 것이라는 추측들도 많았지만, 머스키 후보가 민주당 대통령 후보로 나왔다면 선거결과는 알 수 없었을 것이다.

2) 미국의 공화당은 붉은색, 민주당은 푸른색으로 상징된다. 선거결과를 보여줄 때 주의 선거인단을 확보한 정당의 색깔로 표시한다.

맥거번이 주도한 민주당 개혁으로 대통령 후보 지명과정에서 영향력이 줄어든 당 내의 주류 세력들은 맥거번에 대한 반감을 가지고 있었고, 쪼개질 대로 쪼개진 민주당의 맥거번 후보는 당 지도자들의 지지를 받지 못해서 결국 단기필마로 선거전을 치러, 대패를 당하게 되었다. 사실 1972년 공화당 서문에서 민주당 시절을 혼란으로 묘사한 것도 맥거번의 이미지와 1968년 민주당 전당대회에서의 폭력을 혼란에 연관시켜 민주당에 타격을 주려고 했던 전략적 측면이 있었을 것이다. 더욱이 반전정책으로 공화당 행정부를 공격하던 민주당에게 이미 대부분 베트남에서 미군이 철수해 버렸기에, 뭘 더 이상 해보기 힘든 상태에 이르게 했다. 결국, 공화당의 평화외교정책으로 인한 대중적 인기와 닉슨 대통령 재선운동본부의 부정, 민주당의 와해 등이 겹쳐서 민주당에게 행운이 없는 한 이기기 어려운 선거였다.

> "예산 삭감은 무기와 병력 감축 협상을 파괴하고, 우리 우방국과의 신뢰의 위기를 만들며, 우리의 산업과 기술력에 손상을 입히고, 유럽과 중동을 불안정하게 만들고, 우리나라의 국방을 직접적으로 위험에 빠뜨린다."

위의 표현은 공화당의 정강정책의 문장이다. 공화당은 민주당의 예산 삭감 주장을 단순히 삭감(reduction)으로 표현하지 않고 대폭 삭감(meat-ax slash), 후려치기(slash) 등으로 표현한다.[3] 그리고 이를 민주당 좌파의 주장이라고 하면서 프레이밍하고 있다. 냉전시대, 그리고 매카시즘의 광풍이 분지 20년 정도 밖에 지나지 않은 미국에서 좌파의 프레이밍은 아주 강력한 무기가 될 수 있었다. 공화당은 예산 낭비보다 더 위험한 것이 예산 삭감이라고 주장했다.

〈표 11-8〉은 민주당과 공화당의 1972년 국방 관련 정강정책을 비교 분석한 표이다. 민주당은 효과적인 억제력을 보유하기 위해서는 강력한 군사력이 필요하다는 점에서 공화당과 동의하고 있다. 그러나 민주당은 군사 안보

---

3) 삭감보다는 후려치기가 어감을 더 잘 살릴 수 있다.

〈표 11-8〉 1972년 국방 관련 정강정책 비교 분석

민주당	공화당
-효과적인 억제력 위해 강력한 군사력 필요 -군사력은 다른 중요한 부분과 함께 고려 —교육, 주택, 환경, 실업보험, 복지 -국방예산 낭비 비판 -마약, 포기, 인종혐오가 군사력 저하 현재의 필요성에 따른 예산 편성 -신무기의 단순성과 효율성 강조 -낭비적 신무기 개발 비판 -SALT를 구실로 국방예산 증대 반대 -해외 기지와 주둔 병력 감소 -군 사기와 전통 교육 -군 개혁, 신 예산, 인도차이나 전쟁개입 중단으로 국방예산 감소 -군수사업 종사자를 위한 새 일자리 창출 -징병제 철폐 -국제적 군축협정은 안보에 도움 -SALT 중요, 신속한 비준 필요 -질적인 군축을 시작할 때 -모든 핵실험을 금지하는 종합계획 수립 -NPT 준수 역설 -화학전쟁협정서의 즉각적인 비준 -유럽에서 미군과 소련군의 상호 감축 -상호 예산 삭감, 개도국에 무기 이전 통제	-민주당 신좌파가 안보 능력 저해 비판 -강한 미국만이 적과 협상을 할 수 있음 -군현대화 필수 -다양한 전투기 개발, 폭격기 개선 -잠수함, 잠수함 미사일 체제 개발 -다탄두 전략 미사일 능력 개선 -대-미사일 방어 포함 전략 방어체제 강화 -군사 기술 연구 개발 예산 최대 -주 방위군에 최신무기 지급 -지휘 통신 수단 개선 -민주당이 주장하는 무기 감축 반대 -예산 삭감은 오용보다 위험 -닉슨 독트린→책임과 부담을 분담→ 동맹국 군사력 증진과 더 많은 부담금 -예산 삭감으로 인한 고립주의 반대 -징병제 반대 -국방예산 삭감(예산 32%, 6.4% GNP) -소련과 SALT 군축 회담 -핵 억제력 유지 -우방국의 자주국방 도움

는 다른 중요한 분야와 함께 고려하여 예산 책정을 해야 하지만, 현재 미국의 국방예산은 교육, 주택, 환경, 실업보험, 복지 부분의 예산보다 많다고 하면서, 예산의 낭비를 줄이고 과거의 관행에 의거해서 국방예산을 편성하지 말고, 현재의 필요에 따라서 국방예산을 수립해야 한다고 주장했다. 공화당은 편성된 1973년도 국방예산은 정부 예산의 32%, GNP의 6.4% 정도로 상당히 비중이 줄었다고 반박했다. 또한, 강한 군사력이 안보에 필요하다는 인식을 과거에는 두 정당이 공유했으나, 민주당 좌파는 미국의 국방예산을

삭감하여 미국의 안보를 위태롭게 하려 한다고 비판했다.

공화당은 닉슨 독트린으로 아시아의 우방국들이 자주국방 능력을 신장하고, 유럽 국가들도 나토분담금을 더 내서, 국방예산 삭감이 가능했다고 주장했다. 공화당은 닉슨 독트린의 핵심은 책임과 부담을 분담하는 것에 있다고 지적하며, 미국은 우방국들의 자주 국방 능력 신장을 돕겠다고 주장했다. 1972년 정강정책에서 민주당은 닉슨 독트린에 대하여 별다른 평가를 하지 않았다. 그것은 기본적으로 닉슨 독트린에 반대할 명분이 약했거나, 민주당의 생각과 크게 다르지 않았기 때문이라고 추측해볼 수 있다. 민주당은 인도차이나 전쟁에서 미군을 철수시키고, 군의 정신 무장을 새롭게 하는 개혁을 하고, 민주당이 주장하는 국방예산 편성이 되면 전체적으로 국방예산이 줄 것이라고 자신했다.

1968년에 이어서 1972년에도 민주당은 NPT 준수를 핵 확산을 제어할 수 있는 핵심 제도로 생각하고 있고, 화학전쟁협정서(Protocol on Chemical Warfare) 비준을 요구했다. 민주당의 맥거번 대통령 후보는 대표적인 반전(anti-war) 운동가로 전쟁회피를 위해서는 군축이 중요하다고 생각하고 있었다. 민주당은 SALT가 군축의 완성이 아니라 첫 걸음이라고 하면서, 유럽에서 우방국의 동의하에 미국과 소련이 같이 감축을 하고, 소련과 미국이 상호 방위비 예산을 삭감하고, 개도국에 무기를 수출하는 일을 통제하자고 주장했다. 이런 주장들이 공화당의 입장에서는 유럽을 불안정하게 만들고, 동맹국의 신뢰를 잃고 궁극적으로 미국의 안보를 위태롭게 하는 정책인 것이다. 공화당은 SALT를 통해서 군축에 진전이 있었으며 앞으로도 내실 있는 군축을 하겠다고 주장했다.

민주당은 당장 필요하지 않은 무기구매를 선결정하지 말 것과 신무기 개발에 쓸데없이 예산 낭비하지 말라고 비판하면서, 앞으로 미국 경제는 군수산업에 의존하지 않고도 발전해야 하며, 국방예산 감소로 예상되는 군수산업 일자리 감소를 대비해서, 군수산업 종사자들을 재교육하고 이직을 용이하게 하도록 도와야 한다고 주장했다. 이런 주장들은 군수산업을 공화당의 유권자연합으로 만들 가능성이 매우 높은 주장들이다. 지속적으로 군축을

〈표 11-9〉 1972년 국제 경제에 대한 정강정책 비교 분석

민주당	공화당
- 자유무역으로부터의 후퇴 반대 - 국내 일자리 기업 보호와 상호 무역관계 - 닉슨 행정부의 고실업률정책 종식 요구 - 피해 노동자 구제를 위한 포괄적 정책 수립 - 선진국에 더 높은 노동기준 요구 → 저임금 노린 미국 자본 유출 방지 - 외국의 저임금 착취 반대 - 호혜적인 무역장벽 축소 → 미국시장에 진출하는 외국의 대미국 무역장벽 불허 - 국제 통화체제 개혁 지지 - 미국 농산물 수출 신장을 위한 노력 - 다른 산업 교역국의 공해 통제	- 스미소니언협정에서 미국달러 가치 조정으로 미국 상품 수출 경쟁력 강화 - 지속적인 국제 통화체제 개혁 - 미-소 정상회담 통한 곡물 수출 (17% 증가) - 교역국 보복과 국내 일자리 감소를 피하는 국내산업 보호(철강, 소고기, 섬유, 신발) - 노동자, 기업, 마을 재적응 지원 - 반-덤핑, 반-보조금 법을 통한 공정경쟁 - 국내 산업 생산성 경쟁력 강화 - 일자리 감소시키는 해외공장 건설 반대 - 다국적 기업의 투자 문제 공정하고 효과적으로 처리

주장하는 민주당과 신무기 개발을 주장하는 공화당의 차이는 군수산업과 군부의 강경론자들이 어느 당을 지지해야 하는지 선택을 쉽게 해준다.

1972년 양국의 국제경제 정강정책은 비슷한 점들이 많다. 자유무역 기조를 유지하면서 국내산업과 일자리 보호를 위해서 정책들을 펼쳐야 하며, 국제 통화 제도의 개혁과 안정을 강조하는 공통점이 있다. 공화당은 1972년 11월 G-10회의에서 스미소니언협정(Smithsonian Agreement)을 맺어서 미국의 달러가 절하되어 수출 경쟁력이 생겼다고 주장한다. 미국의 달러가치 하락으로 각국에서 달러를 금으로 교환해가면서 미국의 금보유량에 문제가 발생하게 되자, 닉슨 대통령이 1971년 8월에 일방적으로 달러의 금태환을 중지시켰다.[4] 결국 국제 통화 문제를 해결하기 위해서 워싱턴 DC의 스미소니언

4) 앞서 제4차 정당체제에서 금본위제, 복본위제 등의 논란이 있었고, 다른 나라들이 금본위제를 폐지하고 있다고 설명한 바 있다. 1944년 세계 각국은 회의를 통해서 다른 나라들은 금본위제를 철폐하고, 미국의 달러를 기축통화로 하는 금태환제도를 실시하고 각국의 화폐는 미국 달러당 교환가치로 고정되게 되었다. 이때 결정한 것이 금 1온스

에서 G-10이 회의를 하고 협정을 맺었다. 스미소니언협정에 따라서 미국의 달러와 금의 교환가치를 금 1온스(ounce)당 35달러에서 38달러로 조정하였고, 회담 참여국인 일본, 독일, 프랑스, 영국, 이탈리아의 화폐가치 절상을 통해서 미국의 다른 나라에 대한 수출경쟁력이 증가하게 되었다.

민주당과 공화당은 미국 자본의 유출로 국내 일자리 감소에 대한 우려를 공통적으로 하고 있다. 공화당은 미국 자본이 미국에 수출할 목적으로 인건비가 싼 국가에 공장을 세우고 미국에 수출하는 것을 금지해야 한다고 주장했다. 마찬가지로 민주당도 미국의 자본이 노동기준이 약하고 인건비가 싼 국가에 유출되는 것은 미국의 일자리와 산업에 타격을 입히는 것이라고 지적하고 있다.

민주당과 공화당은 국제경제에서 공정경쟁을 위해 각각 정책을 제시하고 있다. 민주당은 선진 산업국가와의 공정한 무역을 위해서 세 가지를 제시하고 있다. 첫째, 선진국에 더 높은 노동기준을 요구해야 한다고 주장했다. 민주당에 따르면, 노동생산성보다 훨씬 낮은 임금을 지불하는 선진국은 불공정 경쟁을 미국인 노동자에게 강요하기 때문에, 이들 선진국들에게 더 높은 노동기준을 따르도록 요구해야 하며, 미국 자본이 해외로 유출되어 국내외 노동자를 착취하는 것을 제한하는 방법을 찾아야 한다고 주장했다. 둘째, 민주당은 교역 상대국과 호혜적으로 무역 장벽을 낮추도록 협상해야 한다고 주장했다. 미국 시장에 진출하는 외국은 더 이상 미국 생산품에 대해 무역장벽을 쳐서는 안 된다고 주장했다. 즉, 미국에 수출하려면, 미국산 물건의 수입에 무역장벽을 유지해서는 안 된다는 주장이다. 세 번째는 교역상대국인 산업국가가 공해 통제를 할 수 있는 기본 규정을 만들어서 그들 국가가 환경을 훼손시키며 교역의 이점을 얻어서는 안 되도록 해야 한다고 주장했다.

공화당의 접근 방법은 약간의 차이가 있다. 공화당은 반덤핑, 반보조금법을 통해 불공정 관행을 근절하겠다는 입장이다. 반덤핑(anti-dumping)과

당 35달러였다. 이 체제를 브랜트우드체제라고 하는데, 이 브랜트우드체제는 닉슨의 금태환 금지에 의해 사실상 종식되었다.

반보조금(countervailing duties)은 현재까지도 미국의 국내 산업 보호를 위한 중요한 관세이다. 덤핑은 공정한 가격보다 낮게 미국에 수출할 때, 미국의 기업이 불공정 관행에 대해 미국의 국제무역위원회(International Trade Commission)에 제소를 하고, 국제무역위원회가 타당성 조사를 해서 타당하다고 판단되면, 미국 상무부에 조사를 의뢰하고, 상무부 조사 결과 덤핑 판결이 나면, 국제무역위원회가 세관에 의뢰해서, 세관이 수입물품의 통관을 보류시키고 원래가격과 수출가격의 차액을 관세로 납부하게 되는 것이다. 반덤핑은 미국에 수출하는 특정 기업을 대상으로 하는 데 비해서 반보조금 관세는 국가를 대상으로 한다. 어떤 국가가 자국 기업이 미국에 수출을 할 수 있도록 보조금을 주는 경우 덤핑 제소의 경우와 마찬가지의 절차를 따라서 처리에 들어간다.[5)]

공화당은 교역 상대국과 몇 개의 협정을 맺어서 미국의 산업과 노동자를 보호하고 있는데, 철강, 소고기, 섬유, 신발 산업이 대표적인 경우라고 설명했다. 공화당은 이런 협정들은 상대 교역국의 보복을 피하고 국내 일자리 감소를 줄이는 방법으로 매우 긴요한 정책이라고 주장했다. 또한, 변화하는 무역환경에 따라 피해를 입은 노동자, 기업, 마을이 재적응에 성공할 수 있도록 정부가 지원하는 사업을 개선할 필요가 있다고 주장했다. 민주당도 피해 노동자 보호를 위해 포괄적 대책을 정부가 마련해야 한다고 주장하면서, 미국 농산물 수출을 위해 노력해야 할 것이라고 지적했다.

민주당과 공화당 접근법의 차이는 민주당은 무역교역국의 정책 변화(국제적 노동기준 채택, 공해 관련 입법, 호혜적인 무역장벽)를 추구하고, 공화당은 반덤핑, 반보조금 관세를 통해서 문제를 해결하려고 하는 점에 있다. 어느 정책이 무역 상대국 입장에서 덜 압박적인 정책인지는 그 국가의 국내 여건에 따라 다르다고 할 수 있다. 우리나라의 경우 1980년대 미국의 반덤

---

5) U.S. Customs and Border Protection, "Anti-Dumping(AD) and Countervailing duties(CVD)," https://help.cbp.gov/app/answers/detail/a_id/216/~/anti-dumping-(ad)-and-countervailing-duties-(cvd)

핑 관세에 앨범 산업이 도산하는 등, 반덤핑, 반보조금 관세는 공정한 무역을 위한 미국의 자구책일 수도 있지만, 교역 상대국에게는 미국의 횡포로 비쳐질 수 있는 면이 있다. 전통적으로 보호무역을 주장했던 공화당과 전통적으로 자유무역을 주장했던 민주당의 입장이 정책대안의 선택에는 차이가 있지만, 국내 산업과 일자리 보호를 하면서 자유무역 기조를 지킨다는 공감대를 형성하고 있다. 이것은 향후 레이건 정부 시절 슈퍼 301조로 불리는 민주당의 급격한 보호무역주의정책과 이를 막으려는 공화당의 엇갈린 행보(Shoch 2001)의 예고편처럼 두 당이 교차로 지점에 스쳐가는 1972년 정강정책이었다.

〈표 11-10〉은 양 정당의 여성, 소수자, 히스패닉 관련 정강정책을 비교 분석한 것이다. 여성에 관해서는 양 정당의 정강정책이 대동소이하다. 민주

〈표 11-10〉 1972년 여성, 소수자, 히스패닉 관련 정강정책 비교 분석

민주당	이슈	공화당
- 복지혜택 차별 철폐 - 여성에 대한 불공평한 세금 제거 - 공평한 직업 교육 - 남녀평등권 수정헌법 지지 - 시민권위원회 성차별 조사 권한 - 정부와 법절차에서 성차별 폐지 - 동일노동 동일임금 - 정부 고위직 여성 임명 - 모든 근로 여성에게 임산부 혜택 - 여성에 대한 경제적 차별 폐지	여성	- 동등한 권리, 책임, 기회 - 동등한 고용 기회 지지 - 탁아시설 비용 세금 공제 - 능력에 따라 지불하는 탁아시설 - 동일도동 동일임금(공정임금기준법) - 시민권위원회 성차별 조사 권한 - 남녀평등권 수정헌법 지지 - 정부 고위직 여성 임명 - 정부와 법절차에서 성차별 폐지 - 여성에 대한 경제적 차별 폐지
- 장애인 채용, 고용, 교육 차별 반대 - 소수 우대정책 - 세입자 집단 협상권 부여 - 가난한 사람 조직 지원 - 복지권(Welfare rights) 조직 인정	소수자	- 교육, 취업의 인종 차별 철폐 - 장애인 채용, 고용 차별 반대 - 소수자 기업인 지원 - 고위관직에 소수자 임명 - 평등한 투표권
- 이중 언어, 이중문화 교육 재정 확충 - 교사연수와 교육과정 개발, 채용	히스패닉	- 이중 언어 교육 - 연방, 지방정부 채용 - 고용 지원 프로그램 실시

당은 모든 근로여성에게 임산부 혜택을 줄 것을 요구했고, 독신 여성이나, 부양가족이 있는 여성에게 불공평한 세금제도의 개선을 요구했고, 복지혜택에 있어서 여성 차별을 철폐하라고 주장한 점이 공화당과 다른 점이다. 공화당은 탁아시설 이용에 대한 세금 공제를 해주고, 능력에 따라 지불하는 탁아시설의 확충을 지지했으며, 여성이 동등한 권리와 기회, 책임을 가지고 있다고 주장한 점이 민주당과 다른 점이다. 나머지 여성 관련 정책은 두 정당이 똑같다. 두 정당 모두 남녀평등권 수정헌법을 지지한다고 선언했는데, 공화당은 공화당이 남녀평등권 수정헌법을 지지한 최초의 전국 정당이라고 자랑을 했다. 그러나 남녀평등권 수정헌법은 수차례에 걸쳐 시도되었고, 1972년 상, 하원을 통과하여 주의회에 송부되었으나, 1977년까지 헌법 수정에 필요한 38개 주의회의 비준을 받지 못하고 35개 주의 비준만 받았고, 그 후로 마감시한을 연장하였으나, 추가로 비준한 주가 없어서 자동 폐지되고 말았다.[6] 두 전국 정당의 노력은 그 정당의 15개 지역 정당에 의해서 수포로 돌아가고 만 것이다.

남녀평등권 헌법수정안의 패배에서 보았듯이, 미국의 지역 정당은 지역의 문화와 이념, 여론에 따라서 중앙당과 다른 입장을 보인다는 것이 특징이다. 미국의 정당은 유권자연합정당인데, 유권자가 지역적으로 사회, 경제, 문화, 종교 등의 다른 특성을 가지고 있기 때문에 지역연합정당의 성격도 무시할 수 없다. 남녀평등권 헌법 수정안을 통과시키지 않은 15개 중에 남

6) 미국의 헌법을 수정하기 위한 절차는 헌법 수정안 제안 단계와 비준 단계의 두 단계가 있다. 그런데 제안을 할 수 있는 방법이 두 가지가 있고, 비준을 하는 단계가 두 가지가 있어서, 실제로 네 가지 방법이 있고, 그중에 선택을 해서 진행시킬 수가 있다. 헌법 수정의 제안은 연방의회 상, 하원의 2/3 찬성으로 제한하는 방법이 있는데 지금까지 33개의 수정안이 이 방법을 선택했다. 남녀평등권 수정헌법도 여기에 해당한다. 또 다른 헌법 수정의 제안은 전체 주의회의 2/3의 찬성으로 연방의회가 전국대회를 여는 방법이 있는데, 이 방법으로는 단 한 번의 헌법 수정안도 시도되지 않았다. 비준에는 3/4의 주의회의 찬성으로 비준이 되는 방법이 있다. 대부분 이 방법을 선택하나 남녀평등권 수정헌법은 이 고비를 넘지 못하여 소멸되었다. 다른 비준의 방법은 주의 3/4에서 헌법대회를 개최하여 비준하는 것이다. 금주법을 폐지시켰던 21차 수정헌법이 이 방법으로 비준된 유일한 경우이다.

부의 11개 주가 포함되어 있다. 동북부 주는 모두 헌법 수정안을 통과시킨 것과 비교해보면 남부의 보수성과 동북부의 진보성을 알 수 있다.

소수자 권익보호와 관련하여 민주당은 그 집단을 대표할 수 있는 조직을 만들고 단체 협상권을 줘야 된다고 주장했다. 민주당이 주장한 집단은 세입자 집단, 가난한 사람들의 집단, 복지수급자들의 집단이다. 공화당은 차별 없는 고용을 주장하고 있고, 연방정부의 주택 건설 프로젝트에 3,500명의 소수자를 채용했다고 주장하며, 말뿐인 차별폐지는 그만두고 진정으로 차별을 폐지해야 한다고 주장했다. 공화당은 소수자가 기업을 창업하고 확장할 때 자금 대출을 용이하게 해주는 등을 통해서 도움을 줘야 한다고 주장했다.

1968년 민주당의 정강정책에서 주장했던 히스패닉에 대한 특별한 교육, 고용기회 확대가 1972년에는 공화당 정강정책에도 채택이 되어서, 양 정당 사이의 히스패닉에 관한 정책에 근본적인 차이가 없어졌다.

제3절 1968년의 완만한 재편 전후 정강정책 비교

제6차 정당체제기는 민주당의 와해와 함께 왔지만, 민주당의 와해와 이념에 의한 양극화가 시간을 두고 천천히 이루어졌기 때문에, 중대재편이라고 불리지는 않는다. 그런 점에서 1964, 1968, 1972년의 정강정책 변화 비교 분석은 앞의 중대재편 전후의 분석과는 공통점과 상이점을 같이 가지고 있을 것이라고 가정해볼 수 있다.

1964년과 1968년은 민주당이 여당으로 치른 선거였고, 1972년은 공화당이 여당으로 치른 선거였다. 그리고 미국 역사상 가장 더러운 전쟁 중의 하나인 베트남 전쟁이 선거에 영향을 미쳤던 시기였다. 1964년 시작한 미국의 월남전 개입은 결국 공화당 행정부에 의해 공식적으로 종전되게 된다. 베트남 전쟁은 미국 사회의 반전 운동, 병역기피 등의 문제를 야기했고, 월남에 파병된 군사들은 마약과 하극상에 규율이 엉망이었다. 민주당이 미국 군사력의 과제는 신무기가 아니라, 군대 내의 인종차별, 마약 등의 문제라고 지적했던 것은 그와 관련이 있다.

> "1964년 8월, 공산주의자 함선의 미국 구축함에 대한 정당하지 않은 공격에 직면하여, 존슨 대통령은 적대적 함선과 지원 시설에 대한 즉각적인 보복공격을 명령했었다. 그때 존슨 대통령은 '우리 미국은 절대 잊지 않을 것입니다. 그것이 우리가 이 공격에 대해 행동으로 대답해 왔던 이유입니다.'라고 말했다."

위의 문장은 민주당의 1964년 정강정책에 나오는 표현이다. 중간에 인용 표시는 존슨 대통령의 연설을 민주당 정강정책에서 인용한 부분이다. 1964년 8월 이른바 통킹만(Tonkin Bay) 사건을 계기로 미국은 북베트남에 폭격을 하고, 본격적으로 베트남 전쟁에 참전하게 되었다. 그 열기가 그대로 전해지는 민주당의 1964년 정강정책이었다. 여기서 민주당은 북베트남이 정상적인 임무를 수행하던 미국 구축함에 대해서 부당한 공격을 했고, 그런 공격에 인내한다면, 계속적인 불법 공격이 자행될 것이기 때문에, 미국은 그것을 멈추기 위해 보복을 했다고 주장했다. 민주당은 미국의 공격은 정당한 보복이라고 선언하고 있다. 그런데 이제는 다 밝혀진 사실이지만 미국에 엄청난 물적·인적 피해를 초래한 베트남 전쟁의 구실이었던 통킹만 사건은 미국의 조작이었었다.[7] 그 조작이 미국의 젊은이들을 죽음으로 몰아가고, 세계 통화체제를 무너뜨리고, 미국 경제를 수렁에 빠뜨리며, 베트남을 아비

---

7) 미국이 발표한 통킹만 사건에 따르면 8월 2일 공해를 순찰 중이던 미국 구축함 매덕스(Maddox) 호가 북베트남의 공격을 받았고, 이틀 후, 8월 4일 매덕스 호를 도우려 급파된 미국 구축함 터너 조이(Turner Joy) 호가 또다시 북베트남의 공격을 받았다고 보고하였고, 존슨 대통령은 북베트남에 보복 공습을 지시하고, 그날 저녁 TV 연설을 했으며, 8월 7일 상하원이 결의안을 통과시켰다. 그러나 사실은 공해상에서 순찰한 것이 아니라 북 베트남을 염탐했었고, 터너 조이호에 대한 북베트남의 아무런 공격도 없었다는 것이 훗날 밝혀졌다. Jesse Greenspan, "The Gulf of Tonkin Incident 50 Years ago," *History*(2014년 8월 1일), http://www.history.com/news/the-gulf-of-tonkin-incident-50-years-ago

〈표 11-11〉 재편(1968년) 전후 베트남 전쟁 관련 정강정책 변화 비교 분석

	1964년	1968년	1972년
민주당	북베트남 침략에 대한 보복전쟁	명예롭고 안정적인 화해를 통한 베트남전 종식 일방적 미군 철수 반대 파리회담 지지 북베트남 폭격 중지 미군 우방국 군대 철수 남베트남 정부 선거 남베트남 군 무장 훈련 자주국방 강화 도움 토지 개혁 등 지지 베트남 미군기지 철수 베트남 정치 불개입	인도차이나 개입 중단
공화당	베트남전 승리로 적절한 시기에 종전	베트남 전쟁의 탈미국화 남베트남의 책임 증가 베트남 평화 계획 북베트남과의 평화 협상	93% 병력 철수 지상군 모두 철수 사병 동의없는 파병 금지 남베트남 원조

규환의 전쟁터로 만들고, 대한민국의 젊은이도 낯선 땅 베트남에서 죽어가게 했다는 것을 생각해보면, 이 전쟁의 책임은 민주당 정권의 패배로만 끝나서는 안 되는 것이었다. 그리고 공화당의 부시 정권이 9·11 테러의 배후인 알 카에다를 지원하고, 대량살상무기를 소유하고 있다고 비난하며 이라크를 공격했지만, 실제로 이라크가 대량살상무기를 가지고 있지 않았던 것으로 들어난 이라크 전쟁을 떠올리게 한다.

베트남 전쟁을 일으켰던 민주당의 정강정책은 베트남 전쟁이 예상보다 길어지고 진전이 없자, 해마다 달라지는 것을 알 수 있다. 1968년 민주당의 정강정책에서는 명예로운 방법으로 전쟁을 종식시켜야 한다고 주장하고 있다. 미군의 일방적인 철수 주장에는 반대하면서 북베트남과의 협정을 통해서 미군을 철수시켜야 한다고 주장했다. 그리고 북베트남에 대한 폭격을 중지하고, 미군과 우방국 군대를 철수시키고 남베트남군의 무장과 훈련을 도

와서 남베트남이 자주국방 할 수 있도록 접근해야 한다고 주장했다. 그리고 남베트남의 모든 정파가 참여하는 민주적인 선거를 통해 정부를 구성하고, 토지 개혁 등 필요한 개혁정책을 지지하며, 미국은 북베트남에 미국이 베트남에 미군 기지를 둘 계획도 없고, 또한 베트남 내정에 간섭할 의도가 없다는 것을 확실히 밝혀야 한다고 주장했다. 그리고 1968년 5월 10일 프랑스 파리에서 시작된 북베트남과의 회담을 지지했다. 그리고 야당으로 치르는 1972년 선거를 위한 정강정책에서 인도차이나 전쟁에의 미군 개입을 중지시키라고 주장하였다. 민주당은 1964년에는 정당한 전쟁으로 베트남 전쟁을 그렸고, 1968년에는 월남전에서 명예롭게 발을 빼야 한다고 주장했고, 1972년에는 철군을 주장하게 되었다. 그런 점에서 1968년을 기점으로 민주당은 종전과 미군 철수로 정책 방향을 잡았다고 볼 수 있다. 1968년 베트남 관련 정강정책의 문구는 민주당 전당대회를 유혈사태로 몰고 간 엄청난 사건의 기폭제였다.

1968년 민주당 전당대회 전에, 테드 케네디(Ted Kennedy) 상원의원은 북베트남에 대한 폭격을 무조건 중지하고, 남베트남에서 모든 외국군대의 상호 철수 협상을 하라고 요구했다. 베트남 정강정책을 놓고 테드 케네디의 제안을 지지하는 자유주의적 평화주의자와 험프리 부통령과 행정부를 지지하는 매파 사이에 긴장이 고조되었다. 험프리 부통령 진영은 폭격 중지에 "만일 전쟁터에 있는 우리 군사의 생명을 위험에 빠뜨리지 않는다면" 폭격을 중지한다는 조건을 삽입하기를 원했다(Humphrey 1991). 미군과 동맹군의 철수도 국제사회가 감시하는 자유 선거가 남베트남에서 치러지고 전쟁이 종식된 후에 철수한다는 표현으로 바꾸길 원했다. 격론 끝에 잠시 휴회가 되자 대의원들은 시카고의 센트럴 파크로 나가서 설전을 계속했고, 경찰은 곤봉으로 이들을 진압했다. 3시간 후 속개된 대의원회에서 '1,527과 3/4표' 대 '1,041과 1/4표'로 행정부 안이 통과되자, 가족이 베트남에 가 있는 민주당 지지자들의 실망은 대단했고, 분노로 가득한 대의원들과 시위대들은 격앙되기 시작했다. 결국 시카고 경찰 폭동(Chicago Police riot)이라고 알려진 경찰의 무자비한 진압으로 유혈 사태가 일어나게 되었고, 그 장면이 미국 전역에 생중계 되면서 민주당 전당대회의 폭력사태는 전국적 이슈가 되었다(Witcover 2003). 다음이 문제의 1968년 민주당의 베트남 관련 정책 내용이다.

- 폭격: 전쟁터의 우리 병사의 목숨을 위태롭게 만들지 않을 때 북베트남에 대한 폭격을 중지한다. 이 행동은 북베트남의 반응을 고려해서 결정할 것이다.
- 철수: 북베트남과 즉각적인 종전 혹은 적의의 중단과 남베트남에서의 미국과 동맹국, 북베트남이 침투시킨 병력을 포함한 모든 외국군대의 철수를 협상한다.

위에서 보면 즉각적이고 무조건적인 폭격의 중지가 아니라, 험프리 부통령 진영이 주장했던 폭격 중지의 조건이 달려 있다. 결국 1968년 민주당은 베트남 전쟁에 관한 정책으로 심각한 내분에 빠지게 되었다.

1972년 민주당의 정강정책에는 분량의 측면에서 베트남 관련 정강정책이 많이 나오지는 않는다. 단순하게 미군철수를 주장하고 있다. 반전주의자 맥거번 대통령 후보의 베트남 전쟁 반대는 주요한 정치 공약이었다. 하지만 공화당 전당대회가 열릴 때까지 93%의 미군은 이미 철수했고, 지상군은 한 명도 남아 있지 않았으며, 정식 휴전협정은 1973년에 맺어졌지만 사실상 공화당 행정부의 국무장관 헨리 키신저(Henry Kissinger)의 북베트남과의 대화 노력은 민주당의 반전운동의 방향을 잃게 만드는 치명타였다(Witcover 2003).

공화당은 1964년 정강정책에서 베트남 전쟁을 확전하지 말고 반드시 승리하여 공산주의 세계에 경고를 줘야 하며, 적절한 시기에 종전을 하고 남베트남의 안보를 보장해야 한다고 주장했었다. 공화당이 미군 철수를 주장하지는 않았지만, 적절한 시기의 종전을 주장했었던 것이다. 그리고 미국과의 갈등이 있을 때 반드시 자유의 승리로 끝난다는 경종을 울려야 한다고 주장했었다. 1968년 공화당의 정강정책에서는 베트남 전쟁은 베트남인의 손에 맡겨져야 한다는 탈미국화(de-Americanization)를 주장했다. 그리고 남베

〈표 11-12〉 재편(1968년) 전후 안보 분야 정강정책 변화 비교 분석

	1964년	1968년	1972년
민주당	전략, 핵무기 우위 국지전 억제 군사력 강화 경비절감 프로그램 유지 검증과 통제 가능한 효과적 국제 군축협상 핵무기 목적의 핵생산 감소 군비경쟁 중지로 핵공포 시대의 종식 세계 최초의 군축부서 신설	군사력과 군사기술 우위 안보와 평화를 위한 균형 잡힌 방어체제 전략 핵무기 능력 우위 연구 개발 노력 국방과 군축 쌍둥이 원칙 핵확산 금지와 핵전쟁 회피의 공동관심 크렘린과 핫라인 유지 핵실험 금지, NPT 대 미사일 요격무기 배치 억제 조약 전략무기 동결을 위해 노력	국방 외 다른 분야 고려 낭비적 신무기 개발 비판 국방예산 증대 반대 해외 기지와 병력 감소 군수사업 종사자를 위한 새 일자리 창출 징병제 철폐 국제적 군축협정 SALT 지지 모든 핵실험 금지 NPT 준수 화학전쟁협정서 유럽에서 미소 상호 감축 미소 상호 예산 삭감 개도국에 무기 이전 통제
공화당	핵실험 금지조약 비판 군사적 우위 유지 군사 연구 개발 촉구 경비절감 프로그램 조사 대 잠수함, 우주, 항공, 게릴라전 대비 필요 무기결정시 경제적 고려 비판 합참총장과 국가안전보장 회의 역할 복귀 미국의 일방적 군축은 국가안보 위협	좁혀진 군사력 차이 비판 지체된 연구 개발 비판 잠수함 개선 지체 비판 부족한 대-잠수함 격퇴 능력 비판 폴라리스-포세이돈의 억제 능력 향상 지지 주요 기술 혁신 필요 첩보 능력 향상 필요 국방예산의 합리적 사용 NSC 활성화지지 실효성 있는 상선 대체 계획 수립 요구	군현대화 필수 다양한 전투기 개발, 폭격기 개선 잠수함, 잠수함 미사일 체제 개발 다탄두 전략 미사일 능력 개선 대-미사일 방어 포함 전략 방어체제 강화 군사기술 연구개발 예산 주 방위군에 최신무기 지휘 통신 수단 개선 민주당의 무기 감축 반대 닉슨 독트린 징병제 반대 소련과 SALT 군축 회담 핵 억제력 유지 우방국의 자주국방 도움

트남이 스스로의 국방에 더 큰 책임감을 가지고 임해야 하며, 북베트남과의 평화회담을 지지했다. 1968년 민주당과 공화당 모두 베트남에서 발을 빼고 북베트남과의 평화회담을 지지했다는 공통점이 있다. 1972년 공화당은 북베트남과의 대화에 많은 진전이 있었다고 주장했다.

〈표 11-12〉에서 보듯이, 군축과 관련해서 민주당은 12년 동안 지속적으로 군축을 지지하고 있고 그 강도가 점차 강해지며, 다양한 분야의 군축을 요구했다. 반면에 1964년에는 미국의 사려 없는 일방적인 군축을 비난했던 공화당은 1968년에 특별한 언급이 없었고, 1972년에는 닉슨 대통령의 SALT를 업적으로 자랑하고, 앞으로도 의미 있는 군축을 해나가겠다고 주장했다. 공화당의 입장변화는 집권여당으로 군축에 대한 필요성과 책임감을 느껴서 바뀐 점도 있고, 실제로 월남전 등으로 국방예산이 너무 많이 소모되고 핵전쟁에 대한 국민의 불안감을 인식한 결과이기도 하다.

1972년 공화당 정강에 나온 닉슨 독트린은 미국 외교정책의 큰 변화였다. 닉슨 독트린의 요지는 미국의 동맹국과 우방은 스스로의 자주 국방력을 신장하고, 미국은 기술, 자문, 무기를 지원하는 것이다. 그러나 닉슨 독트린은 실제 닉슨 대통령이 의도한 바가 아니었고, 언론이 붙인 이름이었으며, 실제 정책은 닉슨 독트린과 매우 달랐다고 비판을 받기도 한다(Kimball 2006).[8] 제프리 킴볼(Jeffrey Kimball)은 닉슨 독트린은 미국의 정책 가이드라인이나 거대 담론도 아니었으며, 실제로 닉슨 대통령은 자기가 한 말대로 실행할 생각이나 계획도 없었다고 주장하면서, 원래 닉슨 독트린의 내용은 닉슨 대통령의 독창적인 주장이 아니고 존슨 행정부 시절 평화주의자들의 주장이었다고 비판했다. 그리고 베트남 문제도 다른 수단으로 뜻을 이룰 수 없자, 할 수 없이 닉슨 독트린에서 언급한 대로 접근한 것이라고 평가절하했다. 닉슨 대통령의 독창적인 생각이 아닐지라도 1964년 공화당의 정강정책에서 이미 공화당은 해외주둔 미군을 무기로 대체하는 것을 제안한 바 있다. 그리고 1968년에는 두 정당이 모두 평화회담과 남베트남의 자생을 주장했다

8) 닉슨 독트린에 관한 자세한 내용은 킴볼 참조(Kimball 2006).

〈표 11-13〉 재편(1968년) 전후 국제 경제, 무역 정강정책 변화 비교 분석

	1964년	1968년	1972년
민주당	다른 나라와 경제적 관계 강화 무역확장법 – 50% 관세 감소 피해산업에 대출, 세금 환불, 기술지원 불공정 관세, 비관세 장벽 제거(과일, 채소) 농산물 등 유럽시장 진출 기회 장기섬유협정은 섬유와 의류 산업 보호	무역확장법 자유무역 우방국과의 호혜적 관세 인하 혹은 철폐 비관세 장벽의 호혜적 제거를 위한 협상 개도국의 수출 증가 필요성에 관심 통상과 투자에 공정한 국제 경쟁 규칙 불공정 수입경쟁 수정 가능 조항 강화 재정적자에도 무역에 일방적 조치 않았음 외국 투자 제한 철폐 IMF를 통한 금융위기 감소 노력	자유무역 국내 일자리, 기업 보호와 상호 무역관계 강조 피해 노동자 구제를 위한 포괄적 정책 수립 선진국에 더 높은 노동 기준 요구 호혜적인 무역장벽 축소 국제 통화체제 개혁 지지 미국 농산물 수출 신장을 위한 노력 다른 산업 교역국의 공해 통제
공화당	민주당 정부의 국제 무역 협상력 비판 외국의 차별적이고 제한적인 무역관행 제거 육류수입으로 낙농업 이중고(가축가격 하락) 수입 증대로 인한 피해 산업 보호 장치 필요 평화를 위한 식량 프로그램 통해 잉여농산물 우방국에 판매 공산국을 약하게 하는 교역 찬성	전략상품 수출허가 금지 수출입 물품에 외국과 동등한 세금 자유세계와 자유무역 비관세 장벽 낮추기 위한 노력 필요 국제적 노동 기준 필요 차별적 불공정 무역으로 미국 실업 발생 공정한 경쟁을 위한 협정 노력 필요 세금 개혁을 위한 미국 상품 경쟁력 강화 낡은 기계 비과세로 산업 경쟁력 강화 너무 엄정한 무역협정법 비판	미국달러 가치 조정으로 미국 수출 경쟁력 강화 국제 통화체제 개혁 미-소 정상회담 통한 곡물 수출(17% 증가) 교역국 보복과 국내 일자리 감소를 피하는 국내 산업 보호(철강, 소고기, 섬유, 신발) 노동자, 기업, 마을 재적응 지원 반-덤핑, 반-보조금 국내 산업 생산성 일자리 감소시키는 해외 공장 건설 반대 다국적 기업의 투자 문제 공정하고 효과적으로 처리

는 점에서 닉슨 독트린이 공화당에게 낯선 정책은 아니었다.

킴볼의 주장이 설득력이 있다 치더라도, 1972년 미국 시민들에게 언론을 통해 알려진 수사적인 "닉슨 독트린"은 지루한 월남과의 전쟁을 끝내고 과도한 국방비 지출을 하지 않아도 되며, 한 번도 가본 적이 없는 외국에 파병의 두려움을 떨칠 수 있다는 점에서 유권자들에게 충분히 매력적이었다. 그리고 반전과 평화를 부르짖는, 공화당이 민주당 좌파라고 부르는, 자유주의적 민주당 후보에게 치명타를 입힐 수 있는 좋은 수단이었다.

〈표 11-13〉은 국제경제정책에 대한 양당의 정책 변화 과정을 보여준다. 무역에 관한 양당의 기본 원칙은 국내 일자리와 산업을 보호하면서, 불공정무역 관례를 폐지하고, 자유무역을 유지하는 것이다. 1968년 민주당 정강정책에서, 민주당이 재정적자에도 불구하고, 미국의 일방적인 제재를 취하지 않았다는 표현이나, 1972년 공화당 정강정책에서 외국의 무역보복을 피하면서 국내 산업을 보호한다는 표현은 자유무역 기조가 무너져서 관세전쟁과 같은 보호무역의 폐해가 발생하는 것을 두려워하고 있다는 것을 암시한다.

1964년 공화당은 공산국가를 강하게 만들 수 있는 무역은 안 된다고 반대했고, 1968년에는 전략 무기 수출 허가를 반대했었으나, 1972년에는 소련과의 대화를 통해서 소련에 곡물 수출을 했고, 이는 곡물 수출의 17% 증가를 가져왔다고 주장했다. 무역관계에서도 동서 냉전의 틀을 유지하던 1964, 1968년이었다면, 1972년 공화당의 무역정책에서는 많이 완화되었음을 알 수 있다.

1968년 공화당의 정강정책 중에는 국제적으로 공정한 노동 기준을 마련해야 한다는 내용이 있었다. 1972년 민주당 정강정책에서는 1968년 공화당의 주장을 똑같이 하고 있다. 또, 1968년 민주당의 정강정책에는 미국 자본의 외국 투자 제한을 풀겠다는 내용이 있었지만, 1972년에는 미국 자본의 역외진출로 인한 국내 일자리 감소와, 해외 공장설립을 통한 미국 수출로 미국 경제에 미치는 악영향에 대한 우려를 두 정당 모두 표명하고 있다.

〈표 11-14〉는 양정당의 이민정책의 흐름을 보여준다. 양당은 기본적으로 인종, 출생지에 따른 이민 차별을 반대하는 이민법(1965)을 지지한다. 그리

〈표 11-14〉 재편(1968년) 전후 이민 정강정책 변화 비교 분석

	1964년	1968년	1972년
민주당	인종, 출생지에 따른 차별 철폐 친척 상봉 지원 쿠바 난민, 홍콩 난민	국가할당제 제거	멕시코 국경 마을 경제 수준 향상 프로그램 언어를 시민권 자격 요건에서 제외
공화당	가족 상봉 지원	인종, 출생지에 따른 차별 철폐 친척 상봉 지원 여권법 위반자 여권 발급 중지	비차별 이민정책 지지 불법 이민 금지 노력

고 이민법에서 규정한 대로 가족의 이산을 강요하지 않고 상봉할 수 있도록 하자는 데 동의를 하고 있다. 1968년에 민주당은 국가(national origin)에 따른 이민 할당제의 제거를 주장했고, 같은 해 공화당은 여권 규정을 위반한 사람에게 다시 여권을 발급하는 일을 중지해야 한다고 주장하고 있다.

1972년 민주당은 미국-멕시코 국경 위원회를 부활시켜서 멕시코 국경의 미국 마을과 멕시코 마을의 경제 수준을 끌어올리는 정책을 통해서 경제적 이유로 미국으로 불법이민을 오는 것을 막고, 기업이 국경 너머로 도망가지 못하도록 해야 한다고 주장했다. 이런 주장은 멕시코의 불법이민자 수를 줄이고, 미국 기업이 비싼 임금과 규제를 피해 멕시코로 탈출하는 것을 막자는 취지라고 봐야 한다. 또한, 민주당은 시민권 자격 필수 요건에서 언어를 제외해야 한다고 주장했다. 읽고 쓰는 능력 시험을 통해 입국을 시키자는 정책은 1896년의 공화당의 정강정책에 처음 등장했었다. 언어 자격 요건 자체가 영어권 국가의 이민자에게 특혜를 준다는 점에서 사실상 차별정책이라고 볼 수 있는데 민주당은 언어를 자격요건에서 폐지하자고 주장했다.

1972년 공화당은 1965년의 이민법을 적극 지지하나, 불법 이민을 근절시키는 노력을 증가해야 한다고 주장했다. 민주당과 공화당의 1972년 이민정책은 합법이민에서는 차별 조항을 없애고, 불법이민을 규제하자는 공감대를

형성하고 있었다고 볼 수 있다.

공화당은 노사관계에 대한 정강정책을 독립된 소제목 밑의 주제로 다루지 않았지만, 민주당은 이를 독립된 소주제로 다루면서, 노사관계에 대한 민주당의 깊은 관심을 표명했다. 1964년 민주당은 자유로운 단체 협약은 미국 경제 체제의 필수적인 요소라고 주장했고, 이 주장은 1968년 1972년 민주당 정강정책에도 지속적으로 나왔다. 기본적으로 양당은 노사분규에 정부나 제3자가 개입하는 것을 반대하고, 노사 자율적인 협약을 통해서 문제를 풀어야 한다는 입장이다. 민주당은 1964년 연방공무원 노조 인정을 주장한 이후, 1972년에는 공무원의 집단 교섭권을 인정해야 한다는 주장을 했다.

공화당은 1968년 국익과 관련된 노사 분규를 해결할 수 있는 효율적 방안이 모색되어야 한다고 주장했고, 1972년에는 연방정부 공무원과의 노사관

〈표 11-15〉 재편(1968년) 전후 노사관계 정강정책 변화 비교 분석

	1964년	1968년	1972년
민주당	자유로운 단체 협약 연방공무원 노조 인정	강하고 독립적인 노조, 단체 협약은 필수 노동관계법 재검토 – 의무적 오픈숍 폐지, 농민, 비영리단체 포함, 피케팅 규제 제거, 신속한 결정, 노사 간 효율적 의사소통, 조조원 차별하거나 단체 협약 거부회사와 연방정부 거래 금지	자유로운 단체 협약 의무 중재 반대 비영리 단체 포함 오픈숍 법제화 반대 피케팅 금지 반대 공무원의 집단교섭권
공화당	제3자 개입 최소화하는 단체 협약 책임감 필요	노사분규에 정부 개입 반대 의회가 인정한 경로를 통한 정부 참여 인정 국익과 관련된 노사분규에 관한 효율적 방안	파업과 직장폐쇄 없는 관계 진전 노사분규 2 원칙: 건강과 안전, 정부 개입 없는 단체 협약 연방정부 공무원과의 노사관계 주시

계를 주시하고 있다고 설명했다. 1968년 공화당은 오직 의회가 인정한 경로를 통해서 정부가 노사분규에 관여를 해야 하며, 의회 몰래 뒤에서 행정부가 간여해서는 안 된다고 주장했다.

민주당은 1968년 정강정책에서 노사관계법(National Labor Relations Act)의 개정을 검토 중이라고 하면서, 몇 가지가 개정내용에 반드시 포함되어야 한다고 주장했다. 첫째, 주정부가 의무 오픈숍 입법을 할 수 있도록 되어 있는 법 조항을 폐지해야 한다.[9] 오픈숍은 기업체에서 비노조원을 취업시킬 수 있도록 하는 것을 말하는데, 주정부가 오픈숍을 의무입법으로 제정하면, 그 주의 모든 사업장이 비노조원을 취업시킬 수 있게 되며, 그것은 노조의 교섭력과 단결력을 약화시킬 수 있어서 노조에게 불리한 법이고 노조의 약화를 가져온다고 민주당이 판단을 했었던 것 같다. 둘째, 농민도 노조를 만들 수 있어야 하고, 비영리 단체의 노동자들도 노조를 만들 수 있도록 법 개정이 되어야 한다고 주장했다. 셋째, 평화로운 피케팅을 규제하도록 되어 있는 조항을 철폐해야 한다고 주장했다.

1972년 공화당은 정강정책에서 노사분규 2대원칙을 발표했다. 공화당은 시민의 안전과 건강이 우선이며, 정부 개입 없는 단체 협약을 지지한다는 2대 원칙이었다. 공화당은 정부의 개입 없는, 직장 폐쇄나 파업 없는 평화로운 노사관계를 지지했다.

노사관계에서 민주당은 상대적으로 공화당에 비해 친-노조 성향이며, 노사관계에 대한 관심이 더 크며, 노사관계에 대한 관심이 세월이 흐르면서 더 커지고 있다는 것을 알 수 있었다.

〈표 11-16〉의 비교표를 보면 민주당과 공화당의 중소기업정책에 대한 관심의 차이를 알 수 있다. 공화당은 민주당에 비해서 중소기업 관련 정책이 더 많았으며, 특히 1968년을 기점으로 그 차이가 증가하였다. 1964년 민주

---

9) 오픈숍은 사업주가 비노조원을 고용할 수 있는 제도를 말한다. 클로즈숍은 사업주가 오직 노조원만 고용할 수 있는 제도를 말하며, 유니온숍은 사업주가 비노조원을 고용할 수 있으나, 취업이 되면 노조원이 되고, 노조원의 신분을 유지해야 하는 제도이다.

〈표 11-16〉 재편(1968년) 전후 중소기업 관련 정강정책 변화 비교 분석

	1964년	1968년	1972년
민주당	소기업 투자법 특별 세금, 납입자본 투자, 장기 대출	지역 기업 지원 기술 혁신 지원	농촌지역 중소기업 지원 친-기업 감세가 기업에 손해
공화당	세무기록 보관 의무제 비판 세제, 규제 단일화 납입자본 장기 대출 주정부 프로그램 정부조달사업과 수출 기회 확충	합법적 기업 보호 가난한 지역의 기업설립과 소생 폭동에 의한 기업 손실 보험 찬성 기술 지원 경제적 보상책	중소기업청 — 대출 증가, 소수자 기업 지원, 연방조달사업 계약, 자본격차 해소, 공동체 개발 프로그램 지원 특별 프로젝트 팀 세금, 이자 혜택 벤처캐피탈

당은 소기업 투자법을 통해서 소기업에 특별 세금 혜택에 대한 고려를 하고, 납입자본 투자와 장기 대출을 가능하게 했다고 주장했다. 그리고 1968년에는 지역 기업을 지원하고 기술 혁신을 지원한다는 기업 일반에 대한 정책을 발표했고, 1972년 정강정책에서 민주당은 공화당 행정부의 친-기업 감세제도가 기업에 더 많은 손해를 가져왔다고 비판하였다. 그리고 농촌지역에 더 많은 중소기업이 설립될 수 있도록 혜택을 줘야 한다고 주장했다.

공화당은 1964년 정강정책에서 세무기록을 의무보관하게 하는 것은 중소기업에 추가적인 비용을 발생시켜서 중소기업의 상황을 어렵게 만들 뿐이라고 비판했고, 연방, 주, 지방이 각각 운영하는 조세제도와 규제를 단일화해야 한다고 주장했다. 또한, 정부의 조달사업이 중소기업이 더 많이 참여하고, 수출의 기회도 많이 가질 수 있도록 정부가 지원해야 한다고 주장했다. 1972년 공화당 정강에서는 중소기업청(National Small Administration)을 통해서 여러 가지 방법으로 중소기업을 돕는 정책을 발표했다. 중소기업청을 통해서 중소기업 대출이 증가했고, 소수자 기업을 지원하여, 실제로 많은 소수자 기업이 대출을 받을 수 있었으며, 연방조달 사업에 참여할 수 있었고, 중소기업안의 자본격차를 줄일 수 있었다고 주장하고 있다. 또한 중소기

〈표 11-17〉 재편(1968년) 전후 스페인어 사용 미국 시민 정강정책 변화 비교 분석

	1964년	1968년	1972년
민주당	없음	교육, 고용 지원	이중 언어, 이중문화 교육 재정 확충 교사연수와 교육과정 개발, 채용
공화당	없음	없음	이중 언어 교육 연방, 지방정부 채용 고용 지원 프로그램

업청을 통한 공동체 개발 프로젝트를 통해서 성장 마인드가 있는 공동체가 산업단지와 쇼핑센터를 건설함으로써 스스로를 도울 수 있도록 했다고 주장했다. 또한 대통령이 특별연구팀(Task Force)을 조직하여 중소기업 활성화 방안에 대한 연구를 시켰다고 설명했다. 그리고 중소기업투자은행(Small Business Investment Company)을 활성화해서, 새롭게 기업을 시작하는 기업인들에게 벤처 캐피탈을 제공할 수 있도록 해야 한다고 주장했다.

〈표 11-17〉은 스페인어를 사용하는 미국 시민에 대한 양당의 정강정책의 변화를 보여주고 있다. 1964년에는 두 정당 모두 별다른 정책을 발표하지 않았다. 그리고 1968 공화당은 특별한 정책대안이 없었으나, 민주당은 교육과 고용을 지원해야 한다고 주장했다. 1972년에는 두 정당 모두 히스패닉에 대한 정책을 강조하고 있는 점을 보면, 히스패닉을 중요한 정치적 연합군으로 묶으려는 두 정당의 경쟁이 본격화되었다고 말할 수 있다.

〈표 11-18〉은 두 정당의 정강정책에 기반을 두고 작성한 잠정적 유권자 연합 변화표이다. 주권주의자는 주로 남부 백인들로, 연방정부의 간섭을 줄이고자 하는 정책을 지지하는 유권자집단이다. 주권주의자의 뿌리는 제2차 정당체제의 남부에 있다. 남북전쟁 패배로 주의 주권을 주장하는 목소리가 약해졌다가 제5차 정당체제 말부터 다시 목소리를 내기 시작했다. 이들은 흑인의 인권을 강요하고, 남부의 분리정책을 불법화하는 연방정부에 대한 불만으로 주의 주권을 주장하기 시작하였다. 그리고 이들은 원래 민주당 유권연합의 일부였으나, 1968년 시작된 민주당의 정당개혁에 대한 많은 불만

〈표 11-18〉 재편(1968년) 전후 잠정적 유권자연합 변화

	1964년	1968년	1972년
민주당	군축주의자, 노조, 흑인, 남부, 자유무역주의자	군축주의자, 노조, 히스패닉, 반전주의자, 반공주의자, 자유무역주의자	평화주의자, 여성, 히스패닉, 노조, 전 국민 의료보험 지지자, 복지 수급자, 자유무역
공화당	반공주의자, 중소기업, 주권주의자, 자유무역주의자	반공주의자, 중소기업, 주권주의자, 남부, 자유무역주의자	평화주의자, 군수산업, 여성, 히스패닉, 중소기업가, 전 국민 의료보험 반대자, 의사, 보험회사, 주권주의자, 자유무역주의

을 가지고 있었다. 정당개혁을 주의 정당의 주권을 인정하지 않고 중앙당에 예속하라는 압력으로 받아들였다(Witcover 2003). 맥거번위원회의 전 위원 중의 한 사람은 “당신이 원하는 것이 전국 정당이 주 정당의 주권(state party sovereignty)을 대체하는 것이라면, 그렇다고 말해라.”고 했다(Wade 1973). 이들의 반발이 거셀수록, 민주당 유권자연합의 다른 구성원들, 특히 흑인의 불만은 역으로 커져갔다. 미시시피의 흑인 민권 운동 지도자인 애론 핸리(Aaron Henry)는 “우리는 인종주의자나 보수적인 주 후보들을 지지할 수 없다. 우리가 전국 정당의 일부이거나 아니면 우리는 민주당원임을 그만두어야 한다.”고 주장했다(Wade 1972).

1960년대 그리고 1970년대 민주당과 공화당에는 보수주의자와 자유주의자, 혹은 진보주의자의 불안정한 동거가 지속되고 있었다. 그런 점에서 1968년 선거를 기점으로 이합집산이 지속적으로 일어나게 된 것은 불안전한 유권자연합이 서서히 새로운 유권자연합으로 재편성하는 과정이었다. 특히 흑인 문제에 민감하고, 연방정부를 믿지 못하는 남부는 더 많은 주의 권리를 요구해서 스스로의 길을 찾아야 한다는 생각이 있었고, 그들을 목표로 공화당이 움직이고 있었다(Gould 2003).

제4부

현대 미국 정치와 정강정책

제**12**장 2000년 정강정책 비교

제**13**장 2004년, 2008년 정강정책 비교

제**14**장 2012년 정강정책 비교

제**15**장 2016년 정강정책 비교 분석

제**16**장 미국 정당의 변화와 지속성:
2012년 2016년 정강정책 비교

제**17**장 결론

제12장

2000년 정강정책 비교

2000년 선거는 조지 부시(George W. Bush) 공화당 후보와 민주당의 앨 고어(Al Gore) 부통령이 맞붙은 선거로 플로리다 재개표 문제가 대법원까지 갔었던 선거였고, 유권자 투표에서 승리한 민주당의 고어 부통령이 선거인단 확보에서 져서 공화당의 부시 후보가 대통령에 당선된 선거였다. 2000년 선거 당시 백악관은 민주당, 상·하원은 공화당이 다수당이었던 분점 정부였었다. 양정당의 주요 정강정책에는 어떤 유사점과 차이점이 있는지, 그리고 이들이 선거에서 동원하고자 했던 유권자연합은 누구였는지를 정강정책 분석을 통해서 살펴보기로 하자.

정강정책의 서문은 정당의 가치, 역사, 비전, 그리고 국민을 대상으로 한 호소를 담고 있다. 앞서 살펴보았던 정강정책의 서문들은 일반적으로 여당의 경우 밝은 현실과 미래를, 야당의 경우에는 어두운 현실과 교체의 필요성을 역설하는 메시지를 담고 있었다. 2000년 양당의 서문이 그리는 2000년 미국은 그리 어둡지 않다. 그것은 클린턴 행정부 시절의 경제적 번영으로 인한 과실을 국민들이 즐기고 있는 현실을 인정하면서 정강정책을 작성했기 때문일 것이다. 2000년 정강정책은 앞서 살펴보았던 정강정책들과는 달리, 정당의 양극화시기에 작성되었다. 과거 제5차 정당체제에서는 정당라인을 넘어서 의회 내에서 대보수 연합이 구성되기도 했고, 제6차 정당재편으로 넘어오는 시기에는 분리주의자, 인종주의자가 흑인 인권운동가와 함께 같은 민주당에 있기도 했지만 재편을 거치면서 상대적으로 당내 갈등은 과거에 비해 약해졌다. 하지만 미국의 정당이 선거를 승리로 같은 당의 이름으로 모인 유권자집단의 연합이라는 점에서, 당내 구성원 모두가 모든 정책에 동의하는 것은 아니다.

> "우리나라의 다양성이 이 정강정책에 반영되었다. 우리는 우리 의제에 충분히 동의하는 모든 사람의 지원과 참여를 요청한다. 어떤 식으로든, 모든 공화당원은 반대자다. 동시에, 우리는 가치중립적이지(morally indifferent) 않다. 여기 많은 부분에서 링컨 대통령은 우리의 모범이 된다. 그는 치유(healing)와 신념(conviction)의 이야기를 했었다. 우리 아이들의 미래를 위한 위대한 계획 속에서 우리는 함께 가기 위해, 우리도 그렇게 할 것이다."

위의 내용은 공화당의 2000년 정강정책의 서문의 일부분이다. 1860년 민주당 정강정책에서 민주당 내에 이견이 존재한다고 밝혔던 것처럼 2000년 공화당은 정강정책에서 공화당이 다양한 집단의 유권자연합이라는 것을 밝히고, 서로가 서로에게 동의하지 않는 점들이 있지만, 각자가 충분히 동의하는 의제에 관해서는 모든 지원과 참여를 요청한다고 하고 있다. 제5차 정당체제 시기에서 민주당의 뉴딜연합이 다양한 집단의 유권자연합으로 그 안에 갈등이 존재했다면 제6차 정당체제에서 2000년 선거 전까지 8번의 대통령 선거에서 5번을 승리한 공화당 안에 다양한 유권자연합이 존재하고 있음을 선언하는 정강정책이다.

공화당 정강은 다양한 유권자연합이 "함께(together)" 가야 한다고 주장한다. 두 번의 대선에서 연이어 민주당에 패해한 이유를 다양한 공화당의 유권자연합이 함께하지 못했기 때문이라고 판단하고 있음을 보여준다. 예를 들어서, 1996년 선거에서 공화당의 밥 돌 대통령 후보는 낙태를 반대하는

(pro-life) 공화당의 정강정책에, 관용은 미덕이고, 낙태에 대해서도 관용이라는 문구(tolerance clause)를 넣어달라고 정강정책위원회에 요청했으나 거부되었고, 관용은 미덕이라는 말도 빠지게 되었다. 공화당 내의 보수적 기독교 연합은 환영을 하고 공화당 내의 낙태 찬성자(pro-choice)들은 실망했던 예가 있었다.[1] 그런 점에서 2000년 선거에서는 단합을 통한 선거 승리를 이루자는 호소라고 볼 수 있다.

2000년 공화당의 정강정책의 서문에서는 특별히 , "자유(freedom)", "제한된 정부(limited government)", "가족(family)", "믿음(faith)", "개인의 책임감(personal responsibility)"의 단어들을 사용하여 공화당의 중심가치가 어디 있는지를 암시하고 있다. 제한된 정부는 주의 책임과 지방의 책임을 강조하고, 민간영역을 강조하고, 개인의 책임감을 강조하는 공화당의 가치를 엿보게 한다. 공화당은 미국의 전통가치가 가족, 믿음, 개인의 책임감, 자유 등이라고 주장하고, 그 전통 가치로 돌아가 위대한 미국을 재건하자는 슬로건으로 104대 의회(1995~1996)부터 의회를 지배하고 있었다. 이는 보수적인 중서부와 남부의 기독교인들을 공화당의 주요 유권자연합으로 묶을 수 있는 정치적 수사학이었다.

2000년 공화당 정강정책의 서문에서는 공화당이 중점적으로 추진할 정책을 알 수 있다. 공화당은 교육개혁, 사회보장제도 강화, 군사 무기 개발, 힘의 외교, 동맹국과의 관계 강화, 세제 개혁, 종교자선단체 지원, 전통적 문화의 강화에 헌신하겠다고 선언했다. 공화당의 개인적 책임감 강조와 제한된 정부 강조는 연방정부가 많은 프로그램을 통해서 경제적 약자들을 돕는 것에 대한 우회적 반대표시라고 볼 수 있다. 공화당은 정부는 종교자선단체를 지원하고, 종교자선단체는 빈곤과 사회 문제 해결에 나서는 것을 선호한다. 복지는 지역사회의 업무이지 국가의 업무가 아니라고 하는 미국의 전통적인 사상이 들어가 있는 표현이다.

---

1) Robert Shogan, "Abortion Foes Shred Dole's Tolerance Clause," *LA Time* (1996년 8월 6일), http://articles.latimes.com/1996-08-06/news/mn-31790_1_dole-s-tolerance

그에 비해서 2000년 민주당 정강정책의 서문에서는 특별히 중점을 두는 정책 분야에 대한 설명은 나오지 않는다. 서문에서 민주당은 반복해서 번영(prosperity), 발전(progress), 평화(peace)를 얘기한다. 지난 8년간 민주당 정권이 이뤄 놓은 번영과 발전을 후퇴시키지 않기 위해서 민주당의 지도력이 필요하다는 것이 서문의 중심내용이다.

2000년 민주당의 정강정책 서문은 민주당이 지난 8년간 무엇을 했고, 그 기간 동안 어떤 유권자 지지층을 확보했을지를 보여주는 내용이 나온다. 민주당은 서문에서 일자리 창출, 임금 상승, 주택보유율 상승, 흑인 실업률 최저, 히스패닉 실업률 최저, 범죄율 최저, 빈곤층 최저, 아동 빈곤 최저, 빈부격차 감소 등을 지난 행정부에서 성취한 업적으로 소개하고 있다. 경제적 번영으로 인해 경제적 취약 계층의 고통이 많이 해소된 것이 민주당이 자랑하는 업적이고, 그 말은 결국 민주당 정권의 잠재적 유권자 동맹은 저소득계층, 흑인, 히스패닉 등이라는 것을 알 수 있다. 민주당의 서문에서도 시민들의 자원봉사 활동을 통해 범죄율이 저하되고 치안이 확보되었다고 시민들에게 공을 돌리기도 했다. 민주당은 민주당 정강정책이 공개적으로 시민의 참여 속에서 만들어졌다는 것을 밝히며 민주당은 국민의 정당이라고 선언했다.

> "이 정강정책은 어두운 비밀의 방에서 작성되지 않았다. 대신 쌍방향의 소통과 모든 주제를 논의하는 공개적이고 민주적인 절차를 통해서 밝은 낮에 만들어졌다. 정강정책은 대면으로, 서면으로, 혹은 인터넷을 통해서 자신들의 생각과 아이디어, 믿음, 그리고 희망을 정강정책에 담고자 했던 전국의 수천만 명의 일반 시민들의 목소리와 민주당 지도자들의 현명한 안내로 작성되었다. 이것은 21세기 정당을 위한 21세기 정강정책이다. 국민의 정당을 위한 국민의 정강정책이다."

앞의 내용은 민주당 정강정책 서문의 후반부의 내용이다. 민주당은 정강정책이 밀실의 타협에 의해서 작성되지 않고 모든 시민들의 참여 속에서 공개적으로 작성되었으며, 그런 점에서 민주당의 정강정책은 국민의 정강정책이라고 주장하고 있다. 지금까지도 민주당은 이런 방식으로 정강정책을 작성하고 있다.

제1절 외교 정강정책 비교

2000년 민주당의 정강정책은 향후 민주당 정부의 외교정책은 전진적 개입(Forward Engagement) 전략이라고 밝혔다.

> "지난 세기 동안, 우리가 전쟁을 피하기 위해서는 위험을 억제할 수 있는 충분한 힘을 가지고 있어야 하며, 충분한 선견지명으로 평화 시기에 미리 투자를 해야 한다는 것을 우리는 배웠다. 우리가 직면한 새로운 글로벌 도전에 이 교훈을 적용할 시기가 되었다. 그것은 전진적 개입(forward engagement) 전략이다. 전진적 개입은 문제가 위기로 발전하기 이전 초기 단계의 문제들을 포착하고, 문제의 근원을 가능한 한 최대로 면밀하게 조사하고, 이런 위협이 현실화되면 가능한 한 빨리 이 위협을 처리하기 위한 힘과 재원을 확보하는 것을 의미한다."

민주당은 지구화(globalization)가 국제 문제와 국내 문제의 경계를 없앴으며, 국제 문제와 국내 문제가 상호 연동되어 가고 있다고 문제를 인식하고 있다. 이런 상황은 과거 세기에는 존재하지 않았던 상황이고, 이런 새로운 문제를 해결하기 위해서는 새로운 접근 방식이 필요하며, 그 전략이 전진적 개입전략이라고 주장했다.

> "우리 시대의 임무는 다르다. 그러나 우리국가의 가치들은 변하지 않았다. 우리는 제국주의를 거부했던 것처럼, 시야가 좁은 고립주의를 거부한다. 우리는 힘으로 다른 나라를 지배하지 않을 것이며, 우리의 무관심으로 그들을 배신하지도 않을 것이다. 우리의 외교정책은 미국의 품격을 반영하는 정책이 될 것이다. 겸손한 진정한 힘(modesty of true strength), 겸손한 진정한 위대함(humility

> of real greatness), 이것이 미국의 강한 심장이다. 그리고 그것이 우리 행정부의 정신이 될 것이다."

위는 공화당 정강정책에서 조지 부시 후보자의 말을 인용하여 공화당의 외교정책을 설명한 부분이다. 민주당의 정강정책에는 공화당에는 고립주의와 일방주의가 있다고 비판하였지만, 공화당의 정강정책에서는 국제주의를 표방하고 일방주의를 거부하고 있다. 또한 국제협력과 공존의 필요성을 공화당은 주장했다.

> "대부분의 미국인들은 미국 혼자서 번영을 누릴 수 없다는 것을 알고 있다. 그들은 더 많은 국가가 정치적 경제적 자유, 인간의 존엄성, 법치주의에 대한 믿음을 공유하고, 더 많은 국가들이 자유의 동료애 속에 미국에 협력할 때 미국이 더욱 안전해진다는 것을 알고 있다."

위의 내용은 공화당의 정강정책에 나오는 표현이다. 이는 미국 중심의 협력이 미국 안보와 번영에 중요한 요소라는 인식을 국민들이 공유하고 있다는 것을 선언하는 것이고, 동시에 당 내의 고립주의자들을 압박하는 표현이라고 볼 수 있다.

공화당의 중동 정책에는 네 가지 우선순위가 있다고 정강정책에서 주장하였다. 지역평화, 이스라엘 안보, 페르시아만 석유 확보, 대량살상무기 위협 감소가 그 네 가지이다. 〈표 12-1〉은 두 정당의 이스라엘, 중동 관련 정강정책을 비교 분석한 것이다. 기본적으로 두 정당은 친-이스라엘정책을 편다는 점에서 공통점이 있고, 중동평화를 외교정책의 중요한 목표로 세우고 있으나, 이스라엘의 안보가 중요하다고 보고 있다. 민주당은 이스라엘을 지원하는 이유가 이스라엘과 미국은 가치를 공유하고, 지역의 유일한 민주주의 국가이기 때문이라고 주장하며, 공화당도 이스라엘이 지역의 참민주주의를 실행하는 유일한 국가이기 때문에 지원해야 한다고 주장하고 있다. 양당이 모두 이스라엘의 수도가 예루살렘이라는 것을 지지하고, 주변국가에 비해서 군사력의 질적 우위 유지 필요성에 공감하고 있으며, 이스라엘과 요

〈표 12-1〉 2000년 이스라엘, 중동 외교 정강정책 비교 분석

민주당	이슈	공화당
- 이스라엘의 안보(가치관, 민주주의) - 이스라엘 군사력 우위 유지 - 이스라엘-요르단 평화조약 - 예루살렘은 통합된 수도 - 이스라엘의 레바논 철군 환영 - 이스라엘, 팔레스타인 일방주의 반대 - 이스라엘 팔레스타인 평화 노력	이스라엘 외교	- 이스라엘 안보, 안전(민주주의) - 이스라엘 군사력 우위 유지 - 예루살렘 수도 지지 - 이스라엘 선거 중립 - 중동 평화협상 지지 - 팔레스타인 독립선언 반대 - 이스라엘과 평화협정 맺는 국가 지원 (요르단, 이집트)
- 이란의 대량살상무기 획득 중지 - 사담 후세인 축출, 군사행동 가능 - 이스라엘, 요르단, 이집트 지역 무역 촉진	기타 중동 외교	- 지역 평화 - 페르시아만 석유 안정 - 대량살상무기 위협 감소 - 사담 후세인 반대연합 재건 - 이라크 제재 계속 - 이라크 자유화법 실행 요구 - 유럽과 협조하여 이란에 대해 일방적 조취를 취해야 함 - 석유 값 안정 위한 대중동정책

르단의 평화조약을 찬성하고, 팔레스타인의 일방적인 국가독립선언을 반대하였다. 상대적으로 민주당이 이스라엘과 팔레스타인의 평화 협상과정을 공화당보다 더 중시한 점이 다를 뿐이다.

두 정당 모두 이란[2]과 이라크를 중동 평화의 위협 요소로 보고 있다. 민주당은 이란의 대량살상 무기 획득과 배송을 중지시키겠다고 하고, 사담 후세인 축출을 위해서 필요하다면 군사 행동도 서슴지 않겠다고 주장했다. 공화당은 민주당이 말로만 사담 후세인을 축출한다고 하면서도 실제로는 소극적이거나 소 잃고 외양간 고치는 격이었다고 비판하면서, 공화당이 정권을 잡으면 와해된 사담 후세인 반대연합을 재건하고 제재를 통해 이라크를 압박하

2) 이란은 이스라엘-팔레스타인 평화협정을 반대하고, 대량살상무기와 장거리 미사일 개발을 추진하고, 유대계 이란인의 인권을 유린한 혐의를 양당으로부터 받고 있다.

여 이라크가 대량살상무기를 생산하지 못하도록 막겠다고 주장하며, 이라크 자유화법(Iraq Liberation Act)[3]의 완전 집행을 요구했다. 또한 공화당 행정부는 말이 아닌 행동으로 이란에 일방적인 조취를 취하겠다고 선언했다.

정강정책을 놓고 보면 민주당이 석유 문제를 언급하지 않는 데 비해서, 공화당은 페르시아만의 석유확보가 중동 정책의 우선순위라고 하며, 석유수출기구(OPEC)가 공모하여 국제 유가를 올리면 공화당 대통령은 참지 않을 것이라고 선언했다. 공화당은 석유수출기구의 중심국가인 사우디아라비아와 다른 온건한 아랍 국가들과의 친선을 회복하고, 그 호의적 관계에 바탕을 두고 석유수출기구의 일방적 유가인상을 못하도록 하겠다고 주장했다.

〈표 12-2〉를 보면 한반도의 안보에 한국, 미국, 일본의 공조가 필수적이라는 데 양당이 동의하고 있다. 민주당은 북한의 핵무기 개발이나 장거리 미사일 실험에 대한 우려와 함께 한국의 안보 지원을 약속했고, 공화당은 좀 더 강하게 유사시 한국 지원의지를 다음과 같이 밝히고 있다. 다음의 내용은 공화당이 한국에 관한 정책을 설명하는 내용 중 일부이다.

> "미국은 미국과 미국의 우방에 대한 대량살상무기 사용을 포함한 적국의 공격을 좌절시키고, 억제하고, 방어할 수 있는 모든 필요한 방책을 취할 것이고, 우리의 약속을 지킬 것이다."

민주당과 공화당은 중국과 대만 관계에 있어서 기본적으로 하나의 중국(one china) 정책을 지지하고 있다. 그렇지만 무력으로 중국이 대만을 압박하거나 공격해서는 안 된다고 주장했다. 두 정당 모두 대만관계법(Taiwan Relations Act)을 지지한다고 주장했다. 대만관계법은 미국의 딜레마를 보여주는 법이다. 미국은 대만을 독립적 국가로 인정하지 않는다. 이것이 하나의 중국 정책이다. 그렇지만 오랜 우방이고 민주주의 국가인 대만을 모른

3) 이라크 자유화법은 1998년 공화당 의원들에 의해서 제안되고 민주당 대통령인 빌 클린턴 대통령의 서명으로 통과된 법으로, 사담 후세인의 축출을 위한 노력을 지원한다는 것이 핵심이다.

〈표 12-2〉 2000년 아시아 지역 정강정책 비교 분석

민주당	이슈	공화당
- 남북한 정상 회담 지지 - 북한 핵무기 개발 중단 - 북한 장거리 미사일 실험 중단 - 미, 한, 일 협조 필수 - 한국 안보	한국 외교	- 한국 동맹 강화, 북한 제재 - 공격 억제 지원 - 한국, 일본과 협의 대응
- 중국과 대만의 평화 유지 - 공정한 무역 - 인권, 자유, 종교, 티베트 논의 - 중국과의 관계 개선 유지 - 대만관계법 - 하나의 중국 정책 지지	중국 외교	- 중국은 전략적 경쟁자 - 대만에 대한 무력사용 반대 - WTO 가입지지 - 인권탄압, 무기개발 반대 - 대만지지 및 안보 지원 - 대만관계법 - 하나의 중국 지지
- 일본과 상호 안보 선언, 공정무역 - 호주와의 친선 - 동티모르 평화 노력 동참 호소 - 인도-파키스탄과 평화적 해결 - 중국, 일본과의 공정한 무역	일반 아시아 외교	- 일본, 한국, 호주, 태국, 필리핀 - 인도, 필리핀과의 친선 유지 - 미일 동맹 중요, 개방경제 - 미국-호주 동맹 중요 - 베트남 참전 실종자/포로/유해 - 베트남의 소수자 징벌 반대 - 인도-파키스탄 갈등 안정화 - 미얀마의 민주주의 촉구

척할 수도 없는 상황에서 1979년 통과된 법이 대만관계법이다. 대만관계법은 미국과 대만의 비공식적 관계를 인정하고, 대만의 안보를 위한 미국의 지원을 약속하고 있으며, 양안관계를 대화로 해결하고, 현 상황을 일방적으로 깨려는 어떤 시도에도 반대한다고 명시하고 있다.[4] 2000년 공화당의 정강정책은 유사시 중국이 무력을 행사하면, 대만관계법에 따라서 미국은 대만의 자주국방을 위해서 돕겠다고 선언했다.

민주당은 공화당이 아직도 시대착오적 발상으로 중국을 적대시하려고 하

4) U.S. Department of State, U.S. Relations with Taiwan Fact Sheet(2015년 2월 12일), http://www.state.gov/r/pa/ei/bgn/35855.htm

지만, 미국과 중국의 관계가 악화되는 것은 아무런 이익도 없고 미국의 안보와 번영에 부정적 영향을 미친다고 주장했다. 공화당은 2000년 정강정책에서 중국은 전략적 동반자가 아니라 전략적 경쟁자라고 지적하며, 나쁜 의도(ill will)를 가지고 중국 문제를 다루지 않겠지만, 또한 환상(illusion)을 가지고 중국 문제를 다루지도 않겠다고 명시했다. 공화당은 중국의 인권 문제를 비난하고 위험스러운 무기를 만드는 것에 대한 우려를 표시했다. 민주당도 중국의 인권 문제를 포함한, 자유, 종교, 티베트 문제를 중국과 논의해야 한다고 주장하며, 그런 문제는 지엽적 문제가 아니라 매우 중요한 문제라고 지적했다.

중국은 미국의 아시아 정책의 중심이 아니라고 선언한 공화당이 정강정책에서는 일본, 한국, 호주, 태국, 필리핀이 중요한 국가라고 밝히고 있다. 민주당은 일본, 한국이 미국의 중요한 우방이라고 하면서, 특히 일본과는 상호 안보선언(Joint Security Declaration)을 이끌어내고 일본과 아시아의 민주주의 확산을 논의하고, 공정무역 신장의 논의까지 다양한 주제들을 일본과 논의해야 한다고 주장했다. 양 정당 모두 인도와 파키스탄의 갈등이 안정적으로 해결되기를 바라고 있으며, 공화당은 베트남전의 실종자, 포로, 희생자 유골 문제를 베트남과 협의해야 한다고 주장했다. 공화당은 또 베트남전에서 미국편에 섰다고 베트남 정부에 의해 징벌 성격의 차별을 당하고 있는 소수자들을 차별하지 말라고 주장하고 있다.

〈표 12-3〉은 양당의 국제기구 관련 정강정책의 유사성과 차이점을 보여준다. 양당은 모두 유럽연합(EU)와 북대서양조약기구(NATO)와의 협력유지를 중요하게 생각하고 있다. 유럽의 안보와 안정, 번영, 민주주의의 핵심이 이들 기구와의 협력에 달려 있다고 생각하는 것이다.

민주당은 세계무역기구, 국제통화기금, 세계은행의 개혁을 통해서 노동기준, 인권, 환경보호가 그들 기구의 핵심가치가 되도록 하겠다고 주창하면서, 이 국제기구들은 투명성, 책임성, 시민과의 소통을 개선해야 한다고 주장했다. 공화당은 UN이나 국제사업제판소가 미국의 주권을 침해해서는 안 된다고 주장하며, UN이 이스라엘을 차별하고 있다고 비난했다. 공화당에 따르

〈표 12-3〉 2000년 국제기구 관련 정강정책 비교 분석

민주당	공화당
- UN과의 협력 강조 - 세계무역기구(WTO), 국제통화기금(IMF), 세계은행(World Bank) 개혁과 해당 기관 정책들의 효과적 집행 강조 - EU, NATO와 협력 유지	- 국제기구, 비정부기구 연계 아프리카 지원 - UN과 국제사법재판소 미국 주권 침해 반대 - UN의 이스라엘 차별 반대 - 낙태 관련 국제단체 지원 반대 - EU, NATO와 협력 유지

면 UN은 이스라엘을 위원회에 배정하지 않고 있는데 공화당 행정부를 이를 해결할 것이며, 마찬가지로 이스라엘의 적집자사인 다윗의 붉은별(Magen David Adom)을 인정하지 않는 국제적십자사의 차별도 해결할 것이라고 주장했다.5)

또한 공화당은 국제 프로그램에서 가족의 권리를 보호하며, 낙태와 관련된 기구들에 대한 자금지원을 하지 않겠다고 주장했다. 국제기구로부터의 주권 침해를 반대하는 공화당의 정책노선은 오래된 전통적인 정책노선이라고 볼 수 있다. 제4차 정당체제에서 민주당의 윌슨 대통령 당시 미국의 국제연맹 가입을 반대한 것도 공화당이었다. 2000년 선거가 끝나고 난 다음 해 2001년 부시 행정부는 교토의정서 실행에 관심이 없다고 표명하였는데, 이것도 결국 자국의 이익에 반한다고 여겨지는 국제합의나 조약, 기구 등에 대해서 미국이 가입하거나 따를 의무가 없다고 생각하는 이 정강정책과 부합한다고 볼 수 있다.

5) Magen David Adom은 2006년에 국제적십자사의 정식 회원이 되었다. 국제적십자가가 회원가입을 거부했던 명분은 다윗의 붉은별 상징 때문이었다. 국제적십자사가 거부한 상징은 노란색 바탕의 붉은색 선의 다윗별을 그려 놓은 것이었다. 2000년 미국 적십자가사 상징(emblem) 문제로 이스라엘의 가입을 거부하는 국제적십자사에 대한 재정지원을 끊었다. 결국 2006년 국제적십자는 상징 문제를 우회 해결할 수 있는 길을 열어 놓고 이스라엘 적십자사를 회원으로 받아들이게 되었다.

양당은 기본적으로 유럽 정책에서 제일 중요한 것은 EU, NATO와의 긴밀한 협조라고 생각하고 있다. 민주당은 북아일랜드, 영국, 아일랜드가 맺은 성금요일 합의(Good Friday Accord)[6]의 실행을 돕고, 삼국이 맺은 합의를 위한 정치적 경제적 지원을 계속하겠다고 주장했다. 에게 해(Aegean) 주권을 놓고 위험한 긴장관계에 있는 그리스와 터키의 긴장완화를 위해 노력하겠으며 사이프러스에 있는 터키계 주민과 그리스계 주민 사이의 갈등을 해소할 수 있는 결의를 주도하겠다고 했다. 민주당은 세르비아가 도살자 슬로보단 밀로셰비치(Slobodan Milosevic)로부터 자유로워지는 날을 기대하고 있으며, 그 일을 반드시 끝낼 것이라고 주장했다. 민주당은 정강정책에서 밀로셰비치가 보스니아와 코소보에서 자행한 인종청소를 민주당의 군사적 외교적 노력으로 중지시켰다고 주장하며, 공화당은 미 행정부의 이런 노력을 초기에는 반대하다가, 지금은 발칸반도의 흩어진 사회를 재건하려는 노

〈표 12-4〉 2000년 유럽 지역 정강정책 비교 분석

민주당	공화당
- 북아일랜드, 영국, 아일랜드의 평화 유지 - 아르메니아 사태 평화적 해결 지원 - 그리스 터키 긴장 완화 - 슬로보단 밀로셰비치의 세르비아 통치 반대 - 군사 외교적 압박으로 인종청소 중단 - 러시아의 체첸 정책 반대 - 러시아의 언론 자유 억압 반대 - 러시아와 상호 신뢰와 공감대 형성 노력	- 북아일랜드 협정지지, 미국기업투자 장려 - 동유럽 국가들의 민주화 노력 지지 - 폴란드, 체코, 헝가리 NATO 가입 지지 - 우크라이나, 아르메니아 지지 - 러시아와 주변국의 화해 필요 - 사이프러스 평화적인 안정 지지 - 세르비아 사태 초기 대응 실패 비판 - 밀로셰비치와 협상 대신 체포 - 러시아와의 협력 강화 - 러시아 민주화 노력에 외부 개입은 실수 - 러시아의 대이란 핵무기 기술 수출 반대

6) 성금요일 합의는 1998년 4월 10일 영국, 아일랜드, 북아일랜드가 맺은 국제협약으로 영국 체제 안에서의 북아일랜드, 북아일랜드와 아일랜드, 아일랜드와 영국 관계를 명시한 협정이다. 민주당은 이 협정을 미국이 주선하여 이뤄낸 성과라고 정강정책에서 설명하고 있다.

력을 하는 행정부를 방해하고 있다고 비판했다. 민주당은 러시아의 시장경제 진입의 어려움을 이해한다고 하면서도, 러시아의 체첸 정책과 언론자유 억압을 비판했다. 그렇지만 양국이 공통의 목표와 신뢰를 구축하는 것이 모두에게 도움이 될 것이라고 주장했다.

공화당은 구 공산권 동유럽 국가들의 민주화 운동을 지지하고, 발칸반도에 평화유지군을 주둔 시키는 것을 지지하면서 유럽 국가들의 협력을 촉구하였다. 그리고 발칸반도 문제가 심각해진 것에는 현 민주당 행정부의 무능력과 잘못된 정책으로 적절한 시기를 놓쳤고, 동맹국들의 협력을 이끌어 내지 못했기 때문이라고 비판했다. 공화당이 정권을 잡으면 밀로셰비치와는 어떤 협상도 없으며, 그를 체포하고 교도소에 가두겠다고 주장했다. 또 미국이 러시아와의 화해에만 신경쓰지 말고 러시아가 그 주변국들과도 화해하도록 외교정책을 추진해야 한다고 주장했다. 공화당은 또한, 러시아의 민주화는 외부적 압력으로 해결되지 않는다고 민주당 행정부를 비판하면서, 러시아는 체첸 침략에서 교훈을 얻었을 것이며, 이란에 핵무기 기술을 수출해서는 안 된다고 주장했다. 공화당은 민주당과 마찬가지로 성금요일협정을 지지하면서, 미국 민간 기업이 북아일랜드에 투자함으로써 북아일랜드의 발전과 회복에 도움을 주어야 한다고 주장했다.

민주당은 남아프리카 공화국 정부를 적극 지지하며, 아프리카 성장 기회법(African Growth and Opportunity Act)을 통해서 문제를 해결해야 한다고 주장했다. 아프리카 성장 기회법은 아프리카 국가들이 경제 개방을 하고

〈표 12-5〉 2000년 아프리카 정강정책 비교 분석

민주당	공화당
- 남아공 정부 지지 - 나이지리아 민주주의 회복 지지 - 보츠와나의 안정적 민주주의 지지 - 짐바브웨 최근 선거 희망 - 아프리카 성장 기회법	- 경제통합, 안보지원, 자유 지지 - 수단 문제에 관심을 갖고 지켜볼 것 - 짐바브웨 법치주의 훼손 비판 - 앙골라 정치범 석방 민주정부 수립 - 국제기구, NGO와 협력하여 문제 해결

시장경제체제를 도입할 수 있도록 미국 정부가 인센티브를 주는 법으로 2000년 통과가 되었다.[7] 민주당은 구체적으로 앞으로 무엇을 하겠다는 정책이 아니라 주로 지금까지 이렇게 되었다라고 하는 진행상황에 대한 보고적 성격의 정강정책이었고, 공화당은 주로 무엇을 하겠다는 진정한 의미의 정강정책이었다.

공화당은 아프리카 국가들이 시장경제체제의 도입, 중산층 성장, 민주화의 과정에 있지만, 이런 이행 과정은 단순하지 않다고 지적하면서, 공화당은 경제 통합, 안보 지원을 통해서 그리고 자유를 지지함으로써 아프리카 개도국의 이행을 돕겠다고 주장했다. 수단의 경우 노예판매를 하고 기독교인을 박해하기 때문에 미국이 예의주시해야 한다고 주장하며, 법치주의를 거부한 짐바브웨 정부에게는 유감을 표시했다. 또, 공화당은 정강정책에서 앙골라는 정치범을 석방하고 민주정부를 수립해야 한다고 주장하였다. 공화당이 유감을 표시한 짐바브웨의 경우, 민주당은 최근 짐바브웨 선거에서 다민족 국가로서의 짐바브웨의 희망을 보았다고 엇갈린 평가를 하고 있다.

공화당은 아르헨티나, 브라질, 칠레, 멕시코가 자유주의 우방국으로서 미국에게 중요하며, 이들 국가와 협력할 때 주권, 민간주도, 다자행위, 자유정치, 시장경제, 법치, 다양성의 원칙에서 접근해야 한다고 주장했다. 공화당은 이 중에서도 멕시코가 제일 중요하다고 강조하며, 멕시코의 무역, 투자 장벽을 낮추기 위해 노력해야 하며, 양국의 협조 아래 양국의 국경 지역의 교육과 공공서비스를 향상시켜야 한다고 주장했다. 그리고 NAFTA를 통해 자유무역을 확장시키고, 공동의 통상 기준을 세우며, 갈등을 조정할 수 있는 비전을 갖자고 주장했다. 또한, 정치경제 개혁은 미국의 이웃으로부터 시작해야 한다고 선언했다.

쿠바에 대한 특별한 언급이 없는 민주당과 달리 공화당은 쿠바 문제에 대해 여러 정강정책을 발표하였다. 첫째, 쿠바 정부는 양심수를 석방해야

7) International Trade Association, "African Growth and Opportunity Act," http://trade.gov/agoa/

〈표 12-6〉 2000년 중남미 정강정책 비교 분석

민주당	공화당
- 멕시코 민주화 지지, 재정 위기 도움 - 멕시코 국경통과 버스 트럭 금지—안전, 노동기준 확립 때까지 - 페루-에콰도르 국경 분쟁 해소 - 과테말라 내전 종식	- 아르헨티나, 브라질, 칠레, 멕시코 중요—주권, 민간주도, 다자행위, 자유정치, 시장경제, 법치, 다양성 - 멕시코 무역, 투자 장벽 숙소, 국경 지역 공동 노력 - NAFTA 확대 - 쿠바 양심수 석방, 민주 선거 촉구, 쿠바 반체제 지원, 쿠바 경제지원 반대, 대쿠바 방송, 쿠바인 정착법(1966)원칙 지지

한다. 둘째, 쿠바는 민주 선거를 실시해야 한다. 셋째, 미국 정부는 쿠바의 반체제 운동을 지원해야 한다. 넷째, 공화당이 정권을 잡으면 어떤 형태의 경제 지원도 쿠바에 하지 않을 것이다. 다섯째, 쿠바를 향해 방송을 지속적으로 함으로써, 쿠바의 국민들에게 검열되지 않은 정보를 제공해야 한다. 여섯째 1966년 통과된 쿠바인 정착법(Cuban Adjustment Act)의 원칙들을 지켜야 한다. 쿠바인 정착법은 쿠바난민들에게 미국 정부가 영주권을 부여하도록 된 법이다. 공화당은 이 법의 원칙을 지켜야 한다고 주장했는데, 그것은 과거의 난민에 대한 언급이 아니라, 현재, 그리고 장차 쿠바로부터 발생할 난민에게 영주권을 줘야 한다는 주장이다.

민주당은 앞서 아프리카의 경우와 마찬가지로 무엇을 하겠다는 공약보다는 클린턴-고어 행정부가 해온 성과 위주로 설명을 하고 있다. 멕시코 정책을 설명하면서 민주당은 환경기준, 식품안전, 노동자 보호의 안전장치를 마련해야 한다고 주장하면서, 멕시코가 적절한 안전 기준과 공정한 노동기준을 세울 때까지 국경을 통과하는 트럭과 버스의 운행을 금지해야 할 것이라고 주장했다. 나머지 정강은 클린턴 행정부의 업적을 열거한 것에 지나지 않는다.

제2절 안보 정강정책 비교

일반적으로 민주당과 공화당이 차이를 많이 보이는 부분이 안보 부분이다. 안보에 대한 기본 인식과 중대 국익에 대한 관점은 유사하지만, 그것을 이루기 위한 접근 방법이나 군사정책에 대해서는 양당이 인식을 달리하는 경우가 적지 않았던 것을 앞의 제6차 정당체제 정강정책 분석에서 알 수 있었다.

민주당은 2000년 현재 미군의 훈련, 무기, 대비태세, 능력 모두 최고수준이라고 주장하는 데 비해서 공화당은 대비태세, 사기, 능력 모두 심각한 상태라고 주장하며, 민주당 행정부의 예산 삭감으로 공급되는 무기나 장비의

〈표 12-7〉 2000년 국방, 군사력 부분 정강정책 비교 분석

민주당	공화당
-훈련, 무기, 대비태세, 능력 모두 최고	-대비태세, 사기, 능력 저하 문제 심각
-부시 행정부의 예산 삭감을 돌려놓음	-국방예산 진주만 습격 이전 수준 비판
-신무기 예산	-군현대화 예산 대폭 증강지지
-군인 연봉 증가, 복지 혜택 증가 노력	-낮은 연봉, 낙후된 무기, 예산 부족 비판 -제대자 증가, 신병 모집 감소 비판
-퇴역 군인 복지 혜택 강화	-퇴역 군인 복지 혜택 강화 노력
-제한적인 국가 미사일 방어 시스템 수립	-효율적 미사일 방어체제
-발달된 무기, 기밀정보, 정보시스템 구축	-정보부 능력 강화, 핵무기 기술 보안 강화
-전진적 개입 — 군사, 정치, 경제 -비재래식 교전 대비 -미래를 위한 연구개발 투자 -통상적이지 않은 공격에 대비해 군대와 국방 정비	-군수산업 복구 -목적 없는 잦은 작전 수행 비난 -동성애는 군복무와 공존할 수 없음 -주 방위군 강화, 징병제 반대 -여군의 지상군 전투병력 면제 -남녀합동 기초훈련 반대 -대량살상무기 이슈 러시아, 중국과의 협조

예산 부족으로 군 사기가 저하되었다고 비판하면서 국내 총생산 대비 국방비 예산이 진주만 습격사건 이전 수준으로까지 내려갔다고 주장했다. 그에 대해서 민주당은 부시 행정부가 시작한 국방예산 감축을 민주당 정부가 돌려놓았다고 주장했다. 실제로 미국 국방예산을 보면 부시 행정부에서부터 삭감되기 시작했고, 클린턴 행정부에서도 지속적으로 감소하였다. 클린턴 행정부에서 예산삭감을 돌려놓았다는 말은 사실이 아니고, 절대적 예산은 진주만 습격전과 비할 수 없이 증가했는데도, 그것을 국내 총생산 대비 국방비 예산으로 설명하는 것도 공정하지 않은 비교라고 할 수 있다.8)

두 정당은 현재 군에 대한 진단과 예산 부분에 대한 인식이 다름에도 불구하고, 은퇴군인의 처우나 현재 복무 중인 군인에 대한 처우가 일반 시민들에 비해 많이 못하다는 것을 공통적으로 인식하고 있다. 양당 모두 퇴역군인 복지 혜택 강화를 항목별로 주장하고 있고, 군인 연봉 증가와 복지 혜택 증가를 정책으로 내놓고 있다. 공화당은 군인의 처우가 나빠서 제대자 수가 역대 최고 수준으로 증가했고, 신병 모집에 어려움을 겪고 있다고 설명하면서 이 모든 것이 예산 부족으로 인한 것이라고 민주당 행정부를 비판하고 있다.

현대전이 정보전쟁이라는 것을 양당 모두 인식하고 있다. 공화당은 민주당 행정부에서 홀대받고 있는 정보관련 부처의 능력을 강화시켜야 한다고 주장하며, 행정부의 핵무기 기술 보안에 허점이 생겨서 중국과 같은 나라가 무기를 개발할 수 있었다고 비판하고 있다. 공화당이 정권을 잡게 되면 기술유출과 같은 일은 절대로 발생하지 않게 하겠다고 주장했다.9)

---

8) Data360.org, “Defense Spending U.S.-Annual,” http://www.data360.org/dsg.aspx?Data_Set_Group_Id=539; Usgovernmentspending.com, “US Defense Spending History,” http://www.usgovernmentspending.com/defense_spending 참조.

9) 알라모스 국립연구소의 대만계 미국인 리웬호(Weon Ho Lee)가 미국의 핵탄두 관련 기밀을 중국에 넘겨서 중국이 핵탄두 실험을 하였다는 혐의로 기소되었던 사건을 말한다. 리웬호는 53개의 혐의로 기소되었으나, 증거불충분으로 52개의 기소는 기각되고, 나머지 한 건에 대해서 유죄인정하고 풀려났다. 리웬호는 연방정부와 언론을 대상으로 민사소송을 제기했고, 배상금과 사과를 받고 소송취하를 하였다.

공화당은 미국의 미사일 방어체제가 취약하다고 지적하며, 시설을 한 곳에 집중하지 말고 이동식 시설을 갖추어 효율적인 방어 시스템을 갖춰야 한다고 주장했다. 민주당은 제한된 국가 미사일 방어 시스템을 갖추겠다고 하면서, 거기에는 네 가지 원칙이 있다고 주장했다. 상대 위협의 성격과, 기술적 가능성의 검토, 비용, 국가 안보에 대한 종합적 영향을 고려해서 국가 미사일 방어 시스템을 갖출 것이며, 국가 안보에 대한 종합적 영향에는 군축이나 탄도요격미사일조약(Antiballistic Missile Treaty)[10]에 미치는 영향을 포함하여 고려해야 한다고 주장했다.

민주당은 전진적 개입은 미국의 전략으로 군사, 정치, 경제의 종합적인 능력을 발휘하여 국가안보의 위협 요인을 사전에 찾아내 이를 예방하고 무력화시키는 것이라고 설명했다. 공화당은 군수산업을 다시 활성화시키고 예전 수준으로 회복시켜야 한다고 주장했다. 군수산업 확장은 공화당이 전통적으로 주장하는 정책으로 공화당과 군수산업의 밀착관계를 보여주는 단면이라고도 볼 수 있다.

공화당은 남녀 신병을 같은 막사에서 생활하게 하고, 남녀합동 기초훈련 관행을 금지하는 카세바움위원회(Kassebaum Commission)[11]의 권고안을 지지한다고 주장했다. 공화당은 또 동성연애는 군복무와 공존할 수 없다고 주장하며, 군에서 사회실험을 하려는 시도는 절대 안 된다고 비판했다.

민주당은 종합적 실험금지조약(Comprehensive Test Ban Treaty)의 비준을 공화당이 지배하는 상원이 방해했다고 비판하며, 민주당 행정부는 다

---

10) 탄도요격미사일조약의 내용은 Arms Control Association, "The Anti-Ballistic Missile (ABM) Treaty as a Glance," https://www.armscontrol.org/factsheets/abmtreaty 참조.

11) 1997년 12월 6일 국방부 장관에게 제출된 보고서로, 남녀 합동 관련 이슈들에 대해 조사하고, 그에 기초한 건의사항을 정리한 보고서이다. 이 보고서에서는 남녀 병영을 분리 운영하고, 기초군사 훈련에서 성별로 독립된 부대 단위로 운영할 것을 권고하고 있다. 또한, 성과 관련된 조롱을 하지 못하도록 지휘 감독하길 권고했다. 보고서 원문 참조. U.S. Department of Defense, "Report of the federal advisory committee on gender-integrated training and related issues to the secretary of defense," http://www.dod.gov/pubs/git/report.html

〈표 12-8〉 2000년 군축, 비확산 관련 정강정책 비교 분석

민주당	공화당
- 종합적 실험금지조약 조속 타결 - NPT 갱신 - 화학무기협정 비준 - 생물무기협정	- 탄도요격미사일조약 수정 촉구 - 종합적 실험금지조약 반대

시 제출해서 비준을 받을 것이라고 주장했다. 민주당의 전략은 비확산 전략이라고 볼 수 있다. 생화학무기와 핵무기의 확산을 막기 위해서 국제회의와 협약을 통해 국제적 공감대를 형성하는 것이 미국의 안보와 직결된다고 보는 관점이다. 그러나 공화당은 탄도요격미사일조약은 미국과 소련이 맺은 조약으로 소련이라는 나라는 존재하지도 않는데, 아직도 시대에 뒤떨어진 조약에 발목이 잡혀서 다른 국가나 테러단체가 미사일로 미국을 공격할 때 이를 방어할 수 없게 되었다며 민주당 행정부를 비판하고, 탄도미사일조약에 대한 비판을 강하게 했다. 실제로 선거에 승리한 부시 대통령은 탄도요격미사일조약 탈퇴를 선언하게 된다. 마찬가지로 공화당은 종합적 실험금지

〈표 12-9〉 2000년 테러리즘, 사이버공격, 국제범죄 관련 정강정책 비교

민주당	공화당
- 테러리즘 대처를 위한 국내외 협력 강조; 정보, 기밀 공유, 계획 개발 - 지방, 주, 연방의 대테러 전략 수립 - 테러네트워크: 재정, 지원, 훈련 분쇄 - 인터넷과 컴퓨터 보안 강화 - 테러공격은 끝까지 추격 심판 - 피의자의 권리 보호; 절차의 공정함 보장 - 민족적 선입견 배제 - 콜롬비아의 마약밀수 문제 해결 - 마약밀수 문제의 차단, 처벌정책뿐만 아니라 실질적 생계대안 제시 중요	- 테러리스트에 대한 무관용정책 - 테러 후원국 고립, 압박, 처벌, 개인 테러리스트 처벌 - 테러리즘에 대처하는 외국 정부 지원 - 지방, 주, 연방의 테러 대비 태세 훈련 - 국제범죄에 대한 연방법 집행기관의 권한 - 사이버 공격에 대비한 외국 정부, 민간 영역과의 협력

조약도 미국의 국방력을 약화시킬 뿐이라면서 비준을 하지 않았고, 이를 정강정책에서도 주장하고 있다.

냉전의 종식 이후, 소련의 붕괴로 더 이상 강대국 사이의 핵전쟁과 같은 위험이 사라지고 핵무기와 첨단 무기의 접근 가능성 증가로 테러리스트 집단의 위험성이 고조되면서 안보의 기본적 전략의 재수립이 필요한 시기가 되었다는 것이 민주당의 입장이라고 볼 수 있다. 민주당은 테러리즘 대처를 위해 국내외 협력을 강조하고 있다. 공화당도 테러리즘과 싸우는 외국 정부를 지원하고, 국내 각급 단위의 정부가 테러에 대한 준비를 강화해야 하며, 국제범죄에 대한 연방법 집행기관의 권한을 강화해야 한다고 주장했다. 사이버 공격에 대비한 정책의 필요성도 양당이 공유하고 있다.

민주당은 테러리스트는 엄중히 처벌하지만, 피의자의 권리는 보호되어야 하며, 절차의 공정함을 잃지 말아야 한다고 주장했다. 또한, 아무리 국가적 위험에 처하게 하는 테러리스트라고 할지언정, 민족적 선입견을 가지고 자동적으로 유죄의 확신을 가지고 대하는 행위는 있어서는 안 된다고 주장했다. 국제 마약 문제에 대해서 민주당은 콜롬비아의 마약 밀수 문제를 반드시 해결하겠다고 주장하면서, 마약 문제는 근본적으로 경제 현실의 반영이라고 지적했다.

> "우리는 다른 범죄기업처럼, 마약거래도 근본적으로는 희망 없는 경제 상황을 반영한다는 것을 반드시 기억해야 한다. 다른 실질적 대안이 없는 상태에서 농부들은 마약을 경제적 생존의 수단으로 경작하는 유혹에 빠져왔다. 앨 고어와 민주당은 생존을 위한 다른 대안에 대한 강력한 투자가 병행되지 않는 금지와 기소는 성공하지 못한다는 것을 알고 있다. 우리는 법치주의를 확장하고, 부패와 싸우며, 민주적인 통치(governance)를 개선하는 노력을 반드시 할 것이다."

위의 내용은 민주당 정강정책의 일부이다. 민주당은 마약경작을 하는 농부의 어려움은 미국 경제의 어두운 단면이라고 지적하면서, 정부와 민주당은 경제적으로 취약한 계층의 실질적인 생존 수단을 강구해서 마약재배와 같은 범죄를 하지 않도록 해야 한다고 주장하고 있다.

제3절 경제, 무역 정강정책 비교

1992년 선거의 주요 쟁점은 경제였다. 당시 대통령이었던 조지 부시 대통령은 쿠웨이트 전쟁에서 승리한 공적에도 불구하고, 경제 상황의 악화로 결국 재선에 실패하고 빌 클린턴 민주당 후보에게 패배하였었다. 그리고 클린턴 행정부는 경제회복의 공을 인정받아서 손쉽게 재선에 성공하였었다. 2000년 선거에서 민주당과 공화당은 경제 이슈에서 대립을 보였다.

> "빌 클린턴과 앨 고어는 민간영역이 경제성장의 엔진이라는 것을 알고 있었지만, 그들은 프랭클린 루즈벨트가 말했던 '국가 공동체'—정부를 통해 행동—가 큰 차이를 만든다는 것 또한 알고 있었다. 오늘날 이 새로운 생각의 성공은 분명하다. (중략) 지난 십 년간, 글로벌 지식기반 경제의 탄생은 미국인의 삶을 송두리째 바꿔놓았다. 산업사회에서 지식사회로 이행하는 시기에, 어떤 사람들에게는 이 이행이 어려운 문제임에 틀림없다. 민주당은 경제적 성공과 안정에 필요한 새로운 수단들로 모든 미국인을 무장시키는 일을 선도할 것이다. (중략) 시시때때로 공화당은 미국에 번영을 가져다주는 생각들을 반대해왔다. 시시때때로 그들의 주장이 틀렸다는 것이 증명되었다. 그러나 그들의 참혹한 기록들은 그들을 멈추지도 못하고, 늦추지도 못하였다. 민주당의 성공적인 기록에도 불구하고 공화당은 지금, 미국인들에게 재정적자, 불확실, 부채, 경기하락의 세월, 즉, 경기후퇴, 압류, 정리해고의 시대를 생각하게끔 하는 퇴보를 제안하고 있다."

위의 내용은 민주당의 정강정책의 일부분이다. 민주당은 글로벌 경제와 지식기반 경제를 새로운 시대적 흐름으로 보고, 이 새로운 도전에 모든 국민이 잘 대처해서 경제적 안정과 성공할 수 있도록 민주당이 선도하겠다고 주장하고 있다. 그리고 공화당이 제안하는 정책들은 과거의 경제침체기로 국가 경제를 퇴보시킬 것이라며 경고하고 있다.

민주당은 세금을 많이 삭감했고, 특히 학생을 둔 저소득층, 대학생, 직업기술이나 정보기술 등을 배우는 평생 교육 프로그램 수강생, 소상공인, 복지

〈표 12-10〉 2000년 조세 관련 정강정책 비교 분석

민주당	공화당
- 저소득층 부모, 대학생, 평생교육 프로그램, 소상공인, 복지수급자 고용회사 감세 - 중산층 감세 - 감세가 필요한 사람들에 대한 감세 - 중소기업 감세	- 감세, 과세 간소화, 국세청 역할 축소 - 세금 구간 조정, 아동 세금 공제 2배로 증가, 상속세 폐지, 연구개발 공제 상설화, 양도소득세 인하, 전화세 폐지 - 세금 인상은 양원 2/3 찬성으로 개정 요구 - 소급세 반대, 종교, 자선 단체 세금부과 반대

수급자를 고용하는 회사 등에 감세 혜택을 주었다고 주장했다. 민주당에 따르면, 민주당의 감세정책에 따라서 약 90%의 중소기업이 세금 혜택을 받았다고 주장했다. 세금 삭감의 규모가 작지 않았다고 주장하는 민주당은 공화당이 주장하는 감세는 상위 1%만 혜택을 받는 감세로 국가 재정을 파탄에 빠뜨린다고 비판하면서 중산층에게 감세 혜택을 주는 방법을 모색하겠다고 주장했다. 그리고 민주당은 감세가 필요한 사람들을 찾아내서 그들에게 감세 혜택을 줌으로써, 교육비, 병원비, 주택비 등등에 더 많은 돈을 투자할 수 있도록 하겠다고 선언했다.

공화당은 2000년 정강정책에서 감세, 세제 간소화, 국세청 역할 축소를 주장했다. 공화당은 현재의 세금 구간을 하위 4단계로 전환해서 저소득자에게 세금혜택을 줘야한다고 주장했다. 또, 아동 세금 공제를 현재의 2배로 증가해서 1,000달러를 공제해야 하며, 상속제(death tax)를 폐지하고, 양도소득세(capital gains tax)를 인하하고, 전화세(phone tax)를 폐지해야 한다고 주장했다. 또한 회사가 연구개발에 쓴 돈에 세금을 공제하는 제도인 연구개발 공제를 상설법으로 전환하자고 주장했다. 연구개발세금공제(Research & Development Tax Credit)는 한시법으로 기한이 되면 소멸되는 법이지만, 지속적으로 연방의회가 연장 및 재연장을 해온 법인데, 공화당은 이 법을 한시법이 아닌 상설법으로 바꾸자고 주장하는 것이다. 공화당은 또, 세금 인상에 관한 법률 개정은 양원 각각 2/3의 찬성으로 통과되게끔 법을 수정

〈표 12-11〉 2000년 무역, 세계경제 분야 정강정책 비교 분석

민주당	공화당
- 무역 적자 감소 - 자동차산업 적자 감소, 제조업 부흥 - 세계무역기구와의 협업 - 시장개방, 환경, 노동, 인권 기준 - 무역협정 모니터 - 법인세의 해외 회피 방지	- 시장개방 위한 다자간 협상 - 신속협상권 부여 - 자유무역, 관세 인하와 비관세 장벽 제거 - 외국의 미국산 상품에 대한 규제 반대 - 미국의 비교우위 유지 - 불공정한 경쟁 반대 - 농업과 서비스에 관한 세계무역기구(WTO) 협정 활성화

하자고 주장했으며, 소급적 성격의 세금부과는 반대하고 국가에 많은 기여를 해온 종교 자선단체에 세금을 부과하는 것에 반대했다.

민주당은 공화당의 세제개혁을 따르게 되면, 국가부채의 증가, 사회보장제도, 노인의료보험제도(Medicare)를 약화시키고, 아동 교육과 노동자 기술교육에 대한 투자의 축소를 가져온다고 반대하였다.

양 정당은 자유무역의 중요성을 강조하고 있다. 민주당은 자유무역을 통해서 무역적자가 감소되고, 자동차 산업과 제조업이 부흥했다고 주장했다. 그리고 시장개방을 통한 무역협정 안에는 환경 기준, 노동 기준, 인권 기준 등이 국제수준에 맞게 향상될 수 있도록 하고 있다고 주장했다. 무역협정을 잘 준수하고 있는지 모니터 하고 있으며, 법인세를 내기 싫어서 해외로 조세회피하는 것을 방지해야 한다고 주장했다.

공화당은 현 정부의 리더십의 부재 때문에 신속 협상(fast track negotiation)에 실패해서 미국의 자유무역에 지장이 생겼다고 비판하면서, 차기 공화당 대통령에게 신속협상권이 주어진다면, 자유무역을 더욱 확대하겠다고 주장했다. 또한, 시장개방을 위한 다자간 협상을 추진하겠다고 선언했고, 공화당은 미국산 물품에 대한 관세, 비관세 장벽을 낮춰서 미국산 자동차, 중기계, 섬유 등 미국산 공산품이 다른 나라 시장에 진출할 길이 더 이상 막히지 않게 하겠다고 주장했다. 공화당은 정강에서 교역 상대국이 사이비

과학을 이용해서 미국산 수입을 막는 행위에 대하여 강경한 대응을 하겠다고 했다. 또한 농업과 서비스업에 관해서는 세계무역기구와의 협의를 통해서 문제를 풀어나가겠다고 했다.

민주당과 공화당의 정강정책은 구성부터가 상이하다. 전통적으로 공화당은 중소기업을 위한 소제목이 있고, 그 제목 밑에 중소기업에 관한 공화당의 정책을 발표한다. 2000년 정강정책도 마찬가지로 그 전통을 따라서 중소기업에 대한 정책이 발표되었다. 그에 비해 민주당은 중소기업에 대한 특별한 소제목이 없다. 그리고 발표하는 정책의 양도 부족하다. 그런 면에서 공화당이 중소기업에 대해 상대적으로 신경을 많이 쓴다고 볼 수 있다. 민주당은 스타트업 기업과 중소기업의 연구, 실험 세금을 공제해야 한다고 주장했는데, 연구, 실험 세금 공제는 공화당이 세제개혁 부분에서 주장한 부분과 같다고 볼 수 있다.

공화당은 중소기업이 수출을 용이하게 할 수 있도록 정부가 정책적 지원을 하며, 제조물 책임법(Product liability law)의 개혁을 통해서 중소기업의 부담을 덜어주며, 시급한 행정 간소화가 필요하다가 주장했다. 또한, 공화당은 미국 국세청이 중소기업을 차별하고 있는데, 이를 시정해야 한다고 주장했다.

〈표 12-12〉에 두 번째 줄은 온라인 기업 활동에 관한 것이다. 공화당은 인터넷 이용료 세금(Internet access tax)을 영원히 철폐해야 한다고 주장했다. 공화당은 또한 IT 전문 인력 부족을 해외 노동자로 채우려고 하지 말고, 국내 대학에서 더 많은 IT 관련 인력을 수급할 수 있도록 대학 등 IT 관련 교육기관에 연방자금을 지원하고, 대학의 창의력을 존중하여 일체의 간섭을 하지 않을 때, 인력 수급 문제가 해소될 수 있을 것이라고 주장했다. 그리고 국내외 저작권 침해로부터 저작권을 보호하고 세금개혁을 통해서 연구와 혁신에 박차를 가할 수 있도록 하겠다고 주장했다. IT 산업과 인터넷 개발에 정부의 개입은 기업의 자유로운 활동과 창의력에 방해가 되므로 정부의 개입을 반대한다고 공화당은 또한 주장했다. 민주당은 온라인 판매를 면세로 하고 온라인에서의 소비자의 사생활을 보호하며 의료기록 등이 유출되지 않도록 해야 한다고 주장했다.

〈표 12-12〉 2000년 경제 분야 기타 정강정책 비교 분석

민주당	공화당
- 스타트업과 소상공업의 연구, 실험 세금 공제 상설화 - 중소기업 연금 과정 간소화	- 중소기업을 위한 수출확장, 제조물 책임법 개정, 행정 간소화, 중소기업 차별 금지, 소상공업자들의 건강보험 확충
- 온라인판매 면세 - 사생활 보호	- 인터넷 이용료 세금 영구적 폐지 - 연방교육예산지원으로 IT인력 교육 - 세금 개혁으로 연구와 혁신 속도 증가 - 저작권 보호 - 정부 개입 제한, 사생활 보호
- 연방지출 삭감 - 규제 간소화 - 불필요한 프로그램 폐지 - 행정 간소화	- 기준선 예산 폐지 - 부분 거부권 대통령에게 부여, 국채탕감 - 상설 잠정세출결의안 제안 - 정부 "긴급 지출"의 기준 수립
- 국채 상환	- 저축과 투자 장려

정부 재정정책에 관해서, 공화당은 자의적으로 지출을 증가시키는 기준선 예산(baseline budget)을 폐지하라고 주장했다. 또한, 대통령의 부분 거부권을 부여하고, 대통령이 부분 거부권을 행사하여 절약된 예산으로 국가부채 탕감을 위해 쓰겠다고 주장했다. 또한, 정부중지(government shutdown)를 막기 위해서 상설잠정세출결의안(Permanent Continuing Resolution)을 통과시키자고 주장했다. 잠정세출결의안은 매년 정부가 제출하는 예산안에 대해서 의회가 통과를 시키지 않아서 정부가 중지되게 되면 전년도 예산에 맞춰서 일단 예산을 쓸 수 있도록 세출결의안을 통과시키는 것을 말하는데, 공화당은 아예 이것을 상설화해서 매년 정부중지의 위험을 되풀이하지 말자고 주장했다. 또한, 긴급 지출의 조건을 법적으로 명확하게 해야 한다고 주장했다.

민주당의 정부재정 관련 정강정책은 클린턴 행정부가 했던 대로 지속적으로 연방정부 지출을 삭감하고, 각종 규제를 간소화하고, 불필요한 프로그램을 폐지하며, 행정 간소화를 통해서 더 나은 서비스를 국민에게 제공하겠

다고 주장했다. 공화당이 예산, 지출 관련에 관한 정책에 초점을 맞췄다면 민주당은 전반적인 예산지출 삭감과 관련되고 행정서비스와 관련된 정책이라고 볼 수 있다. 민주당은 공화당이 제한하는 세금삭감은 정부의 부채 상환능력을 감퇴시키고, 국가 부채를 늘리는 결과를 초래한다고 비판하면, 민주당 행정부는 국가 부채를 청산하겠다고 주장했다.

제4절 사회 정강정책 비교

미국 선거철이면 항상 뜨겁게 다뤄지는 이슈가 교육, 낙태, 동성애이다. 두 정당은 특히 낙태와 동성애 이슈에서 상당히 다른 모습을 보인다. 앞 절에서 살펴보았듯이 공화당은 낙태를 지지하는 국제기구나 NGO에 재정지원을 해서는 안 된다고 주장했고, 동성애는 군대와 병존하기 어렵다고 주장했었다.

〈표 12-13〉에서 보듯이 낙태에 관한 두 정당의 정강정책에는 큰 차이가 있다. 민주당은 2000년 정강정책에서 낙태를 찬성하지만, 낙태율을 줄이는 것이 중요하고, 원하지 않는 임신을 하지 않는 것이 중요하다고 강조하면서, 여성의 선택권을 존중한다고 했다. 원치 않는 임신을 줄이기 위해 피임연구

〈표 12-13〉 2000년 낙태 정강정책 비교 분석

민주당	공화당
- 낙태 찬성, 여성의 선택권 존중 - 피임 연구 지속, 가족계획과 교육	- 낙태 반대 - 부분출산낙태금지법 남용 방지 - 피임, 낙태관련 학교병원 서비스 반대 - 인권 관련 헌법 수정 운동 - 미국 가치 지키는 법관 임명 - 국가 예산으로 낙태지원 반대

를 지속하고 가족교육과를 통한 교육을 증가시키겠다고 밝혔다.

공화당은 낙태는 수정헌법 14조에서 명시한 인권을 유린하는 행위라고 주장하면서 낙태를 반대했다. 공화당은 연방법원이 주의 부분출산낙태금지법(Partial Birth Abortion Ban Act)[12)]을 금지시키는 결정은 모두의 양심을 놀라게 했다면서, 헌법 수정 운동에 돌입하고, 앞으로 가족의 중요성을 아는 미국적 가치를 가진 사람만 판사로 임용해야 한다고 주장했다. 그리고 헌법 수정 운동에 동참하는 단체에는 지원을 아끼지 않겠다고 했다. 그리고 학교 보건소나 학교병원과 같이 학교에 기반을 둔 병원(school-based clinics)에서 낙태나 피임 관련 상담이나 시술 등을 금지해야 한다고 주장했다. 또한, 국가 예산으로 낙태를 지원하는 것에 반대한다고 분명히 했다.

〈표 12-14〉 중 첫 번째 줄은 학부모 선택권과 학교 경쟁에 관한 두 정당의 정강정책을 비교한 것이다. 두 정당 모두 학부모에게 학교를 선택할 권한을 주겠다고 주장했다. 이는 학군제를 실시하면서 집근처에 있는 학교에 학생들을 자동으로 배정하면서 발생한 공립학교의 경쟁력 약화 문제를 해소하고, 학부모에게는 학교 선택권을 주어 자녀의 교육권을 보장하는 것을 목표로 한다. 민주당은 성과가 없는 학교는 폐교시키고, 공화당은 안전관리에 실패한 학교는 더 안전한 학교로 자유롭게 전학가게 허락하고, 학부모들에게 학교에 관한 정보를 전달하여 학부모들이 자녀의 학교 선택에 도움을 얻도록 하며, 저소득층 학생에게 실질적인 학교 선택권을 주겠다고 주장했다. 공화당에 비해서 민주당은 폐교조치까지 단행하는 강력한 정강정책을 발표하였다.

그 다음은 교사에 관한 부분인데 공화당의 정책이 주로 교사를 보호하고, 재정지원을 하는 쪽이라면, 민주당은 교사의 처우를 개선하고 교사들의 끊임없는 자기 노력을 요구하고 있는 점이 다르다고 하겠다. 공화당은 교실안팎에서 교사들이 존경을 받지 못하고, 잦은 소송의 대상이 된다고 개탄하면서, 교사들을 소송의 방패막이를 해줄 수 있는 법률 지원을 제공해야 한다고

---

12) 부분출산낙태금지법이란 임신 말기의 낙태를 금지하는 법을 말한다.

〈표 12-14〉 2000년 교육 정강정책 비교 분석

민주당	공화당
- 학부모에게 공립학교 선택권 부여 - 성과 부진 학교 폐교	- 학습부진 학생의 학교 선택권 - 위험한 학교에서 안전한 학교로 전학 허용 - 저소득층 학생의 학교 선택권 기회 제공 - 홈스쿨링 선택권 보장
- 교사들의 능력 엄격한 검증과 대우 개선 - 교사 적응, 지속적 발전 필요 - 교원 자격증 자동갱신 반대, 퇴출 가능, 21세기 교사단 창설로 교원 확보, 교원 임금 인상	- 소송으로부터 교사를 보호할 수 있는 특별 법률 보호 프로그램 실시 - 교사 대출금 상환면제 프로그램 확대, 교사 세금 공제, 병사-교사 프로그램 확대
- 주의 책임: 졸업률, 자퇴율, 학업 성취도 성과에 따른 주정부 지원정책	- 주정부/지방정부/가족 주도의 교육정책 지지 - 교육격차 해소하는 주 연방 자금 지원
- 4학년 읽기 시험과 8학년 수학시험 실시, 통과 못하면 졸업 불가, 8학년 컴퓨터 교육	- 주 주도의 읽기교육 강화
- 방과 후 학교 확대 및 세금 공제	- 종교, 공동체 방과 후 학교 지원-인성교육
- 장애학생 동등한 교육기회 보장	- 장애학생 지원 프로그램 지원
- 차터스쿨 확충/비전통적 공립학교 설립	- 차터스쿨(Charter School) 설립/확충
- 교내 총기소지 금지, 무관용 원칙	- 총기소지 학생, 총기 제공하는 어른 기소
- 고등학교와 대학교 중간의 교육기관 마련 - 대학교육의 보편화 - 대학등록금 세금 공제, 학자금 예금 특혜 - 평생교육, 기술발전 교육	- 수학, 과학 교육 강화, 전공 학생 특혜, 수학, 과학, 공학 전공자 저소득층 학교 교원으로 유도 - 대학등록금 인하 방안 연구 - 의무적 학생회비 반대, 학생 신문 활동 지지
- 공교육과 공립학교의 역할 강조 - 투자와 책임 모두 중요, 학교 교육 최신 시설로 개선, 교사 대 학생 비율 축소 - 인종 간 학업 성취도 차이 감소 목표 - 학부모의 교사역할 강조, 2차 기회 학교 중요 - 질 좋은 유치원 문턱 낮추기, 인성교육 강조 - 이중 언어 학생 지원, 차별 반대	- 연방 프로그램을 5개의 교부금으로 전환 - 수업시간에 소란스러운 행위에 대한 무관용 - 교내 학생들의 자발적 종교행위 보장 - 여성 차별 반대 타이틀 IX 지지 - 교육예금계좌 확대

주장했다. 교사의 경제적 어려움을 해소해주기 위해서 공화당은 교사 대출금 상환면제(Teacher Loan-Forgiveness) 프로그램 확대와 교사 세금 공제를 제안했다. 교사 대출금 상환면제 프로그램은 교사로 5년 이상 근무하거나 저소득층에게 교육 서비스를 제공하는 업종에 5년 이상 근무하면, 대학생 때 받았던 대출금의 상환을 면제해주는 프로그램이다.[13] 공화당은 병사-교사 프로그램을 확대하여 전역한 군인들이 교실에 투입되어 학생들을 훈육하고, 부족한 교사의 공급을 늘리자고 주장하였다.

민주당은 공화당의 교사 대출금 상환면제 프로그램과 병사-교사 프로그램의 성격을 동시에 가지고 있는 21세기 교사단을 하자고 주장했다. 21세기 교사단은 교사를 하고 싶어 하는 재능있는 사람들을 대상으로 대학 학비나 학자금 융자를 갚을 수 있도록 경제적 지원을 하며, 현재 다른 직업이 있는 경우에는 직업전환 상여금을 지급하는 프로그램이다. 이 프로그램을 통해서 양질의 교사를 확보할 수 있다고 민주당은 주장했다. 공화당의 교사 대출금 상환면제 프로그램은 교사가 되어 일정 기간 근무한 후에 교사의 대출금 상환을 돕는 프로그램인 반면에, 민주당의 21세기 교사단은 교사가 되려는 사람의 학자금을 지원해주는 점이 다르다.

민주당은 교사 자격증은 자동 갱신이 되는 것이 아니고 중간 점검을 하겠다고 하면서, 능력이 없는 교사는 퇴출시키겠다고 주장했다. 또한 교사들의 능력을 엄격하게 검증하며, 교사들의 임금인상 등을 통해 처우를 개선하겠다고 주장했다.

양당은 연방 헌법에 따라서, 교육은 주정부, 지방정부, 학부모가 중심이고 연방은 보조적 역할을 하는 것이라는 데 동의하고 있다. 민주당은 졸업자 비율, 자퇴자 비율, 학업 성취도는 전적으로 주정부의 책임이라고 하면서, 이 성과가 좋은 주에는 상여금을 지급하고, 성과가 나쁜 주에는 주정부에

13) 전액 면제는 아니고, 2016년 현재 최대 17,500달러까지 상환을 면제해준다. Federal Student Aid, https://studentaid.ed.gov/sa/repay-loans/forgiveness-cancellation/teacher

보조금을 주지 않고 직접 보조금을 필요로 하는 학교에 지급하겠다고 발표했다. 공화당은 교육격차가 큰 문제라고 지적하면서, 교육격차를 해소하는 주에게는 성과금을 지급하겠다고 주장했다. 양당 모두 주정부가 교육정책에 더욱 적극적으로 나서주길 바라고 일괄지원이 아니라 차등지원을 통한 교육성과의 개선을 꾀하고 있다.

차터스쿨 지원, 장애학생 지원, 교내 총기소지 엄벌 등에 양당의 입장은 별 차이가 없다.

교육과정과 관련해서 민주당은 읽기교육, 수학교육, 컴퓨터교육에 중점을 두고 있고, 공화당도 읽기 교육에 관심을 기울이고 있다. 이는 미국 초등학생의 읽기 능력이 떨어지기 때문인데, 미래의 시민이자 노동자로서 읽기 능력의 부족은 심각한 문제를 사회에 초래하기 때문에 양당이 모두 신경을 쓰고 있다.

민주당은 고등학교 졸업하고 대학에 입학하기 전에 저소득 가정의 학생들을 대상으로 기회전문학교(Opportunity Academies)를 설립하여 대학 입학 전에 수학, 읽기, 쓰기, 학습법 등을 집중교육하고, 그 학생들이 대학생활의 성공의 가능성을 향상시키자고 주장했다. 이는 기존 프로그램의 확장이 아니라, 완전히 새로운 프로그램을 제안했다는 점에서, 주장하는 내용 면에서도 흥미로운 주장이었다. 민주당이 과거 고등학교 교육이 보편교육이었듯이, 대학교육을 누구나가 다 받을 수 있는 보편교육으로 만들어야 하고, 대학생들의 경제적 부담을 경감시킬 방법을 연구해야 한다고 주장했다. 또한, 직장인들도 지식경제 사회에서 평생교육을 받고, 기술교육이나 훈련을 받을 수 있도록 지원해야 한다고 주장했다.

공화당은 이공계 대학교육의 강화를 주장했다. 수학, 과학 교육을 강화하고, 수학이나 과학의 난이도가 있는 과목을 수강하는 학생들에게는 특별한 혜택을 주며, 수학, 과학, 공학 학생들이 저소득층 지역의 교사를 희망할 수 있도록 유도해야 한다고 주장했다. 대학생의 재정 부담을 덜어주자는 점에도 공화당은 동의하고, 대학교 신문사 활동을 적극 장려하며, 학생회비의 의무징수는 학생들의 자유권을 헤친다고 반대하였다.

양당은 학생들의 인성교육에 많은 관심을 가지고 있다. 공화당은 방과 후 학교 프로그램을 이용하여 종교단체나 지역단체에서 학생들의 인성 교육을 받을 수 있는 기회를 확대해야 한다고 주장했고, 민주당도 학교에서 지식 전달만 하는 것이 아니라 인성교육을 제대로 시켜야 한다고 주장했다.

2차 기회학교(second opportunity school)는 문제 학생이나 부적응 학생이 원래의 학교를 떠나서 두 번째 학교로 가는 것을 말하는데, 이런 학교에는 첫 번째 학교에서 적응하지 못하거나 문제가 있었던 학생들이 주로 모인다. 민주당은 문제가 있었던 학생들의 지도에 2차 기회학교의 역할이 중요하다고 강조하였다. 민주당은 또한, 학생들의 인종에 따라서 학업 성취도에 차이가 많이 발생한다고 지적하고, 영어가 부족한 이중 언어 학생들이 차별을 받거나, 영어를 잘한다는 이유만으로 이점이 있는 교육은 안 된다고 주장하였다.

공화당은 정부의 간섭 없이 학생들이 자발적으로 종교 활동을 할 수 있도록 학교는 장소를 제공해야 한다고 주장했다. 또한, 수업시간에 소란스러운 행위는 무관용(zero-tolerance)의 원칙으로 엄중히 훈육해야 한다고 주장했다.

브래디법(Brady Bill)은 총기구매자의 신원을 조회하여 위험한 자에게 총기가 팔리지 않도록 하는 법이다. 양당이 모두 표현은 다르지만 브래디법을 찬성하고 있다. 공화당은 총기소지는 수정헌법 2조가 보장한 권리라면서,

〈표 12-15〉 2000년 총기 관련 정강정책 비교 분석

민주당	공화당
- 총기로비 반대 - 브래디법과 공격무기금지법 지지 - 합법적 총기소유자 이외의 총기소유 반대 - 총기 관련 범죄 엄격한 형 집행 - 총기구매 신원조사 철저 - 총기 안전 검사 시행	- 현재의 총기법 집행 - 신원조회 찬성 - 연방 면허증, 국가 총기 등록제도 반대 - 마약, 총기 관련 범죄 엄격한 법 집행 - 청소년 총기 소유 범죄 자동 구속 - 총기 소지는 헌법이 보장한 권리, 개인 책임

준법하는 시민들에게 연방 면허증을 강제하고, 국가 총기 등록 제도를 실시하는 것은 헌법이 보장한 인권을 유린하는 것이라 반대한다고 주장했다. 민주당에 이에 대해서 총기관계법 통과에 가장 장애요인이었던 총기로비를 반대한다고 선언했고, 공격무기금지법(Critical Assault Weapon Ban Law)을 찬성하였다. 공격무기금지법은 총기류 제조업자들이 반자동화기와 자동화기를 민간용으로 만들지 못하도록 하는 법이다. 이 법은 한시법으로 1994년 통과되었고, 2004년까지 유효한 법이었다. 2000년 정강정책에서 민주당은 이 법을 지지하나, 공화당은 직접적으로 공격무기금지법을 거론하지 않고, 개인의 총기소유 자유를 들어서 간접적으로 반대하고 있다.

〈표 12-16〉 2000년 범죄, 치안, 수감자 정강정책 비교 분석

민주당	공화당
- 거리 경찰 증원 배치, 첨단무기와 훈련 제공 - 사형집행 사건에서 DNA검사 필수 실시 - 사형 집행 전 피고에게 충분한 도움 제공 - 유죄 선고 후 충분한 재검토 장려 - 헌법에 피해자의 권리 수정조항 추가 - 수감자의 약물중독 치료와 재활 - 가석방자의 엄격한 감독과 일터로의 복귀 지원 - 마약범죄 관련 재판의 효율적인 처리, 학교 근처에서의 마약 사용과 판매 엄격처벌, Drug-free zone 지정 - 조직범죄가 일어난 지역사회에 약물치료 등 경감대책 제공 - 모든 법 집행기관에 인종 프로파일링 무관용정책 적용 - 혐오 범죄, 성범죄, 노인대상 사기 범죄, 여성 대상 폭력범죄, 어린이 대상 범죄의 엄격한 가중처벌 - 가정폭력의 엄격한 처벌과 피해 여성의 보호, 지원 제공	- 교도소에서의 생산적 재활 강조 - 항정신성 약물사용에 대한 처벌 강화 - 초범과 비폭력범죄자에 대한 지역사회 중심의 복귀 치료 - 위법수집증거배제 원칙 개혁 필요 - 헌법에 피해자의 권리 수정조항 추가 - 양령기준위원회에 피해자 대표권 지지

〈표 12-16〉을 보면 공화당에 비해서 민주당이 치안관련 정강정책을 상대적으로 많이 준비했음을 알 수 있다. 민주당은 피고가 사형을 선고받은 사건의 경우 억울한 법집행이 없도록, 반드시 DNA 검사를 필수로 실시하도록 해야 한다고 했고, 사형 집행 전 피고에게 충분한 도움을 제공해야 한다고 주장했다. 그리고 사형선고 후에도 충분히 재검토할 수 있도록 장려하고 있다. 범죄와 관련된 인종 프로필 분석(racial profiling)은 위법이고 용납될 수 없는 행위라고 비판하면서, 모든 법집행 기관에서의 인종 프로필 분석을 금지하고, 이에 대한 무관용정책을 수립해야 한다고 주장했다. 민주당이 범죄자 혹은 피고인의 인권을 중요시하는 데 비해서 공화당은 대법원이 만든 위법수집증거배제 규정(Supreme Court's invented Exclusionary Rule)을 개혁해야 한다고 비판했다. 공화당에 따르면 위법수집증거배제 규정 때문에 셀 수 없이 많은 범죄자들이 풀려났다고 주장하면서, 개혁이 필요하다고 주장했다. 또한 양형기준위원회(U.S. Sentencing Commission)의 두 석을 폭력범죄 피해자들을 위해서 마련해야 한다고 주장했다.

제5절 복지, 의료 정강정책 비교

전 국민 의료보험제는 빌 클린턴 대통령의 야심찬 계획이었고 힐러리 클린턴을 그 책임자로 임명하여 추진하였지만, 결국 실패하였다. 그러나 민주당의 전 국민 의료보험제 도입을 위한 의지는 사라지지 않았다. 다음의 내용은 민주당의 2000년 정강정책의 일부이다.

> "우리가 할 일이 많이 남아 있다. 우리는 보험이 없는 시민들이 점차적으로 그리고 가능한 한 빨리 보험의 혜택을 받을 수 있도록 우리의 노력을 배가해야 한다."

양당은 생명의료 연구 지원의 중요성과 질병대책 연구의 중요성에 대해서 공감하고 정강정책에서의 주장도 대동소이하다. 두 정당 모두 메디케어(Medicare, 노인의료보험제도)의 개혁을 주장하고 처방약이 메디케어에 포함되어야 한다고 주장하고 있지만, 양당이 주장하는 개혁의 방향이 다르다. 민주당은 2000년 정강정책에서 공화당이 메디케어의 잉여금을 단 한 푼도 메디케어를 위해 투자하지 못하도록 방해했다고 비판하면서, 공화당의 개혁안은 메디케어 보험료를 상승시키고, 노인들이 HMO를 선택하도록 강요하고, 메디케어의 수혜연령을 67세로 올리려고 했다고 비판했다. 민주당에 따르면 공화당은 환자의 권리장전(Patient's Bills of Rights)을 무시하고, 거짓된 환자의 권리(Patient's Bill of Goods)를 주장하면서 전문의(specialist)의 진료를 받을 권리를 보장하지 않고 가까운 응급실에 갈 수 있는 것을 보장하지 않고 결국, 135만 명의 미국인을 방치하려고 했다고 비난했다. 또한

〈표 12-17〉 2000년 의료, 보건 분야 정강정책 비교 분석

민주당	공화당
- 생명의료연구 확충, 질병대책 연구 - 청소년 흡연 방지 - C형 간염 발견과 치료, 급성척추손상, 시력저하 치료 분야 확장 - 정신 건강의 중요성 강조 - 보편적 건강보험 제공; 아동, 근로자 가정, 해고노동자, 소상공인, - 복지수급자에게 메디케이드 제공 - 55세에서 65세 시민 메디케어 제공 - 메디케어 현대화; 노인과 장애인에게 처방약 혜택 제공 - 장애인 개인보조서비스 제공 - 장애인 보험유지 세금공제, 보조금 - 의사, 간호사, 환자의 결정 - Medicare Lock Box 제안	- 생명의료연구 확충, 질병대책 연구 - 중소기업의 건강보험 자부담 100% 공제 - 메디케어 개혁 — 민영화로 선택 제공, 행정규제 철폐, 부적절한 지급 개선, 처방약 포함 - 직장의료보험 중요 - 주정부 의료정책이 의료보험비 상승 주범 - 주정부 주도의 건강보험정책 설립 - 사기업 주도의 건강보험제도 시행 - 병원 없는 지역에 병원 건립 기금 조성 - S-CHIP 규제 철폐로 아동건강권 보호 - 세금공제를 통한 민영보험 구매 장려 - 의료비용 부담을 위한 FSA, MSA 장려 - 의사-환자 관계 회복 - 도덕적, 종교적 신념에 반하는 의료행위 강요 반대 - 여성대상 의료 서비스 개선

민주당은 공화당의 주장은 환자나 의사가 아닌 보험회사가 중요 결정을 하게 하자는 것이라면서 공화당의 주장을 힐난했다. 민주당은 진정한 환자의 권리장전은 관료나 회계사가 결정하는 것이 아니라 의사, 간호사, 환자가 결정하는 것이며, 전문의로부터 치료받을 권리, 위원회 밖에 호소할 권리, 위급할 때 응급실을 이용할 권리, 정당한 치료를 받지 못하였을 때 고소할 권리를 뜻한다고 선언했다.

이에 비해 공화당은 2000년 정강정책에서, 공화당과 민주당이 초당파적으로 메디케어 개혁을 수행하려고 했으나, 민주당 행정부가 개혁을 막았다고 비난하면서 공화당이 정권을 잡게 되면 메디케어 개혁을 하겠다고 주장했다. 공화당은 정부의 간섭으로 메디케어의 의료수가가 너무 낮아서 시골이나 낙후된 지역의 병원들이 속속 문을 닫고 있다고 비판했다. 공화당은 메디케어 관련 행정규제를 철폐하고 적절히 지급을 줄이고, 정부가 모든 것을 하려고 하지 말고 노인들에게 선택권을 주고 민영 의료보험을 선택 가능하게 하는 것을 개혁이라고 주장했다.

> "우리는 우리의 의료체제를 국립화하려고 하지 않는다. 우리는 개인의 선택을 신장시키고, 민영보험에 의존할 것이다. 그렇지만 실수하지 마라. 내 행정부에서, 저소득층은 높은 수준의 의료 서비스를 이용할 수 있을 것이다."

위의 문장은 2000년 공화당 정강정책에서 조지 부시 대통령 후보자의 연설을 인용한 부분이다. 공화당은 근본적으로 의료서비스도 시장경제 원칙에 따라 선택과 경쟁에 의해 좋아질 것이라고 믿고, 정상적인 의료보험 서비스를 구매할 수 없는 의료보험이 없거나 경제적 형편이 어렵거나 노인인 시민을 대상으로 정부가 시민이 선택할 수 있는 의료보험을 제공하겠다는 것이 기본적이 정책관이라고 할 수 있다. 공화당은 의료보험비 상승의 원인이 주정부가 의료보험에 시민이 원하지 않는 서비스를 포함해서 종합적인 치료와 서비스를 제공하도록 강제하기 때문이라고 지적했다. 공화당은 자동차 구매의 비유를 들면서, 구매자가 풀 옵션인 자동차를 살 수도 있고, 본인이 필요한 기능만 들어 있는 차를 살 수도 있는데, 모두에게 풀 옵션 차를 구매하라고 강요하는 것은 소비자의 권리침해이고, 환자의 권리 침해라고 주장했다. 결국 공화당은 주가 정책을 바꿔서 종합적 의료보험을 강제하지 않고 저가의 의료보험도 선택대상이 되도록 해야 한다고 주장하는 것이다. 그런데 주정부가 건강에 필수적이라고 생각하는 치료와 의료 서비스를 반드시 제공하도록 요구하는 것을 철회하면 결국 취약계층의 건강권이 침해받는 결과를 초래할 수 있다.

민주당은 복지수급자가 복지수급상태에서 벗어나서 직업을 가지고 일을 할 수 있도록 도울 수 있도록 메디케이드(Medicaid)가 확장되어야 한다고 주장했고, 메디케어 자물세(Lock Box)법을 제안했다. 노인건강보험 자물세법은 노인건강보험의 잉여금을 다른 목적을 위해서 사용하지 못하도록 규정하는 법인데, 민주당은 공화당이 메디케어 잉여금을 다른 용도로 사용할 것이라고 불신하여 이를 법제화하여 노인건강보험의 잉여금은 노인건강보험만을 위해서 사용되도록 해야 한다고 주장하는 것이다.

공화당은 의료비 지출을 도울 수 있는 두 가지 특별 저축 프로그램인 FSA (Flexible Spending Account)와 MSA(Medical Saving Account)를 장려하였다. FSA는 고용주와 노동자가 합의하여 노동자가 예상되는 의료지출만큼을 월급에서 공제하고, 이 공제분에 대해서는 세금이 부과되지 않는 프로그램이다. 공제분에는 세금이 부과되지 않기 때문에 절세의 효과가 있고, 주로 의료비에 사용되나 때로는 자녀교육비 등에도 사용이 되기도 하는데, 연말이 되어서 실제로 의료비에 사용하지 않으면 공제된 돈은 다음 해로 이월되지 않고 사라진다. 공화당은 이 프로그램을 개정하여, 사용하지 않은 의료비가 다음 해로 이월되도록 해야 한다고 주장하고 있다. 또한, MSA는 주로 자영업자들이 이용할 수 있는 프로그램으로, 세금이 유예된 저축을 의료비를 위해 사용하고, MSA와 같이 가입하게 되어 있는 HDHP(High Deductible Health Plan)와 같은 의료보험이 나머지 전액을 부담하도록 되어 있다. 연말에 쓰지 않은 저축액이 남아 있으면, 다음해로 이월하거나 인출할 수 있다. 인출하게 되면 과세의 대상이 되는 프로그램이다. 공화당은 세금 공제

등을 통해 시민들의 의료비를 경감할 수 있는 방법들을 제시하는 반면에, 민주당은 보편적 의료보험을 위해서 메디케어의 적용대상 확대 등을 추진하는 것이 다른 점이다.

공화당은 또한 아동의 건강관리의 중요성을 강조하면서, S-CHIP(State Children's Health Insurance Program)[14]이 제대로 작동하기 위해서는 각종 규제를 철폐해야 한다고 주장하였다. 주아동건강프로그램(SCHIP)은 가족의 수입이 메디케이드의 상한선보다는 높고, 민영의료보험을 살 수 있을 만큼 여유가 되지 않아서 보험이 없는 가정의 아이들을 대상으로 연방정부와 주정부가 협력하여 의료혜택을 제공하는 프로그램이다. 공화당은 이 프로그램에 대한 연방정부의 규제가 너무 많다고 비판하고 있다.

민주당은 베이비 붐 세대를 위해서 사회보장 신탁기금(Social Security Trust Fund)을 보호하고, 소상공인의 연금절차를 간소화하며, 노동자 연금을 보호하는 조취를 취하고, 은퇴자 예금 플러스(Retirement Savings Plus) 프로그램을 만들어서 사회보장제도 혜택과 별도로 은퇴자들이 주택구입이

〈표 12-18〉 2000년 일반 복지, 군 복지 정강정책 비교 분석

민주당	공화당
-사회보장 신탁기금 보호 -소상공인 연금절차 간소화 -노동자 연금 보호 -은퇴자 예금 플러스 제안	-개인개발 저축 장려 -자선기관 선택을 통한 복지 확대
-군 은퇴 시스템 개혁-주거, 의료, 아동 복지 제공 -베트남전과 걸프전 퇴역군인들이 겪는 질병의 원인 연구와 적절한 치료 제공 -필리핀계 미국 퇴역군인 평등한 보상 제공	-퇴역군인 기회 불이익 주는 허가증/자격증 제도 재고 필요 -의료 복지 혜택 제공 -창업 보조

14) 프로그램은 다음을 참조. Benefits.org, "State Children's health Insurance Program," http://www.benefits.gov/benefits/benefit-details/607

나 기타의 용도로 자금을 사용할 수 있도록 해야 한다고 주장했다. 민주당에 따르면 은퇴자 예금 플러스 프로그램은 의무가입이 아니고 본인의 선택에 의해 가입하며, 면세혜택이 주어지고, 가입자 개인이 조정할 수 있으며, 민영 저축계좌로, 정부가 세금 공제로 보조해서 최대 40만 달러까지 모을 수 있는 프로그램이다. 이 프로그램은 사회보장제도 혜택과 별도로 은퇴자들이 저축하고 투자할 수 있도록 돕는 프로그램이라는 것을 민주당은 역설하고 있다. 민주당은 공화당의 계획을 사회보장제도의 민영화 계획이라고 명명하면서, 공화당 계획은 사회보장 혜택의 보조가 아니라, 사회보장 혜택을 희생시키는 제도로 사회보장신탁기금에서 1조 달러가량을 세금으로 빨아들일 것이며, 사회보장 혜택을 축소시키고 은퇴자 보장을 기본적으로 제거함으로써 정부의 긴급 구제를 증가시킬 것이라고 비판했다. 그러면서 민주당은 저축 플러스 프로그램은 보장된 사회보장 혜택에 영향을 미치지 않는다고 주장했다.

공화당은 개인개발 저축(Individual Development Savings)을 장려하였다. 개인 개발 저축은 저소득계층을 위한 저축 프로그램으로 주로 주택구입이나 직업교육, 창업 등을 위한 용도로 사용되며 개인의 저축액에 비례하여 연방정부의 보조금이 지급되는 프로그램이다.[15] 민주당이 은퇴자를 위한 보편적 예금프로그램을 제안했다면 공화당은 저소득계층을 위한 예금프로그램을 제안했다는 점이 다른 점이다. 공화당은 또 자선기관 선택(Charitable Choice) 프로그램을 활용해서 사회복지 혜택을 줘야 한다고 주장했다. 자선기관 선택 프로그램은 정부가 종교자선단체가 제공하는 사회복지 프로그램을 통해서 시민들에게 복지 서비스를 받도록 하는 프로그램으로, 정부는 종교단체를 차별해서는 안 되도록 되어 있다.

두 정당 모두 퇴역군인들에 대한 복지 서비스 혜택에 대한 정강정책을 마련했다. 민주당은 참전용사들이 앓고 있는 질병에 대한 연구를 통해서 적

15) efed.org, “Individual Development Accounts,” https://cfed.org/programs/idas/ida_basics/

절한 치료를 하도록 해야 한다고 했고, 2차 세계대전에 참전했던 필리핀계 미국 군인들이 은퇴군인 복지에서 차별받지 않도록 하겠다고 주장한 점이 공화당과 차별적인 점이다. 공화당은 퇴역군인들이 사회 진출할 때 사회가 요구하는 자격증이나 면허증이 퇴역군인들의 사회진출을 방해한다고 지적하면서 이를 재고할 필요가 있다고 주장했다. 또한 퇴역군인들의 창업을 돕는 법률을 지지한다고 주장했다.

제6절 이민 및 기타 정강정책 비교

2016년 선거에서 트럼프가 합법적, 불법적 이민자들을 공격하면서 양당의 이민정책에 관한 관심이 높아졌는데, 2000년 선거에서는 양당이 어떤 정강정책들을 발표했는지 살펴보자. 양당은 이민자들을 환영하고, 그동안 이민자들이 국가 발전에 얼마나 지대한 공로를 세웠는지를 칭찬하고 있다.

양당은 멕시코 국경의 순찰을 강화해야 한다고 주장했다. 민주당은 국경

〈표 12-19〉 2000년 이민 정강정책 비교 분석

민주당	공화당
- 영어 교육 확대, 가족 상봉 중요 - 실패한 불법이민 대책에 대한 재검토 - 국경선 순찰 증대, 불법 고용주의 착취 엄벌 - 합법적 이민자 보호 - H-1B 비자 확대는 임시－국내노동자 보호 - 농업노동자 수급 중시 - 초청노동자(guest worker) 반대 - 망명자 보호와 혜택	- 멕시코, 중미, 캐리비안 국가의 경제 발전 - 국경선 순찰 강화 - 배우자, 아이 우선순위 - 입국 자격에 필요한 기술 - 노동허가프로그램 재검토 - 이민국을 집행과 서비스부서로 이원화 - H-1B, H-2A 비자 확대

순찰을 강화했지만, 전체적으로 불법 이민 대책에 실패하여 미국의 노동자들에게 악영향을 미쳤다며 실패의 원인을 분석하고 검토해서 실효성 있는 대책을 강구하겠다고 약속했다. 두 정당은 모두 전문 기술 인력의 H-1B 비자를 확대하겠다고 했고, 농업 노동자를 위한 H-2A 비자도 확대하겠다고 했다. 엄격히 말해서 민주당이 H-2A 비자를 말한 것은 아니지만, 일손이 부족한 농업 노동자 공급에 노력하겠다고 우회적으로 표현했다. 민주당은 초청노동자 프로그램을 반대하며, H-1B 비자의 증가는 일시적인 것으로 국내 노동자에게 부정적 영향을 미칠 것을 우려하고 있다고 주장했다.

공화당은 불법이민의 장기적인 해결책은 멕시코, 중미, 캐리비안 지역의 국가들의 경제성장을 돕는 것이라고 주장했다. 또, 공화당은 이민의 우선순위를 가족에서 배우자, 아이들로 한정하고 기타 가족을 우선대상에서 제외해야 한다고 주장했다. 또한, 입국자격을 심사할 때 국가발전에 기여할 수 있는 기술의 보유여부를 면밀하게 조사해야 한다고 주장했다. 공화당은 또한, 이민국을 2개 부서로 나눠서 법집행 부서와 이민자 서비스 부서를 따로 편성하는 개혁을 해야 한다고 주장했다.

양당은 농업을 보호한다고 주장하고 있는 점에서 비슷하다고 할 수 있다. 민주당은 공화당의 자유농업법(Freedom to Farm Act)을 비난하고 있고, 공화당은 민주당 행정부가 자유농업법에서 약속한 세 가지(세금, 무역, 규제)를 이행하지 않아서 실패했다고 비난했다. 자유농업법은 농민들에게 오랫동안 주어졌던 보조금을 점차 줄이고, 대신 농민들은 보조금을 받기 위해서 농작물 경작을 했던 관행에서 벗어나 자신이 경작하고 싶은 작물을 경작할 수 있도록 하는 법이다. 민주당의 클린턴 대통령이 서명했던 이 법을 민주당은 공화당의 자유농업법이라고 비판하면서, 자유농업법은 곡물가격만 하락시켜서 농민의 삶을 어렵게 만들었다고 주장했다.

민주당은 농업발전을 위한 교통과 사회기반시설 개선을 주장했다. 이 주장은 우리가 지금까지 살펴봤던 대로 민주당의 전통적인 농업정책이다. 그리고 농업관련 산업의 집중화 방지를 요구했고, 세계시장 확보를 통해 농산물 수출 증대를 주장했다. 토양보전 농가와 영농기술 발전 농가에 인센티브

〈표 12-20〉 2000년 농업 정강정책 비교 분석

민주당	공화당
- 농업발전을 위한 교통과 사회기반시설 개선 - 농업 관련 산업의 집중화 방지 - 세계시장 확보 - 토양보전과 영농기술 발전에 인센티브 제공 - 공화당의 자유농업법 반대	- 공정하고 개방된 시장 확보, 자율 경작 - 자유농업법은 행정부 때문에 실패(세금, 무역, 규제) - 중국시장 개방 - 해외시장의 농업관세 및 보조금 제거 - 무역제재에 식량배제 요구 - 상속세 폐지 - 농가 건강보험 치료비 자부담 면제 - 양도소득세 1회에 한해 면세 규제 완화 - 농업과 생물공학 연구 활성화

를 제공하는 것도 정강정책에 포함되어 있다.

공화당은 농업정책에 2가지 원칙이 있다고 밝혔다. 첫째는 공정하고 개방적인 시장의 확보와 농민의 자율적인 경작 결정이 두 번째다. 공화당은 이 두 가지만 주어진다면 미국농업은 세계시장과 국내시장에서의 경쟁력이 뛰어나므로 충분히 성공할 수 있다고 주장했다. 자유농업법은 보조금 삭감과 아울러서 세 가지 조치가 같이 병행되어야 성공할 수 있다고 하면서, 그 세 가지는 세금 혜택, 무역시장 개척, 규제 완화라고 주장했다. 무능한 민주당 정권이 다른 나라의 농업시장을 개방시키지 못했기 때문에 미국산 농산물의 판로가 막혔다고 하면서, 공화당 대통령에게 신속협상권을 준다면 미국산 농산물에 부과된 관세를 낮추고 무역교육국의 농산물 보조금 지급을 근절시켜서 미국 농산물 수출의 판로를 개척하겠다고 선언했다. 공화당은 중국시장을 개방시켜서 미국 농산물을 수출하고, 대외 무역 제재를 가할 때 식량은 제외시켜서 미국 농산물 수출을 할 수 있도록 하겠다고 주장했다. 농가 상속세를 폐지하고 농장을 판매할 때 양도소득세를 1회에 한해 면제시켜주며, 농가 건강보험 혜택의 자부담을 100% 공제해주며 각종 규제를 완화 혹은 폐지해야 한다고 주장했다.

〈표 12-21〉 2000년 노동 정강정책 비교 분석

민주당	공화당
- 임금보호 - 주 45시간 근무제 - 시간외근무 조항 - 데이비스-베이컨법과 서비스 계약법 지지 - 노동 기본권 보장 - 파업에 의한 해고 금지 - 고용주의 간섭 축소 - 최저임금 상향 - 근로소득세 공제 - 주정부와 고용주들의 노동자 재교육 제공 - 기술개발 프로젝트 세금 공제 - 기술교육 중인 실업자에게 수당 지급 - 401(j) 제안; 고용주에게 세금 혜택 제공을 통해 고용인과 그 가족에게 재교육 기회 제공 대학등록금 지원	- 주의 노동권법(Right-to-Work laws) 지지 - 실업보상 시스템 보장 - 노동 기본권 보장

〈표 12-21〉의 내용은 양 정당의 노동 관련 정강정책을 정리한 것이다. 한눈에 알 수 있듯이 민주당은 공화당에 비해 상대적으로 노동자를 위한 다양한 정책을 개발해서 발표했다. 꼭 정책다양성이 정책의 파급력을 말해주는 것은 아니지만, 노동자를 주요 유권자연합세력으로 인지하고 있는 민주당의 노력이라고는 평가할 수 있을 것 같다.

민주당은 1931년 통과된 데이비스-베이컨법(Davis-Bacon Act)을 지지한다고 주장했다. 이 법은 만들어진지 오래된 법으로 현실에 잘 맞지 않는다는 논란이 많은 법이었는데, 2000년 민주당 정강정책에서 민주당은 공식적으로 지지를 선언했다. 이 법은 연방정부가 발주한 공사에 투입된 노동자들에게 그 지역에서 제일 대중적인 임금을 주도록 강제하고, 도급, 하도급 관계의 회사들의 공사에도 적용이 되는 법이다. 민주당은 이와 비슷한 서비스계약법을 지지한다고 했다.[16] 이 두 가지 법의 특징은 저임금을 주지 못하고 최소한 그 지역에서 가장 널리 지급되는 임금(prevailing wage)을 지급하도록 하는 법이다.

민주당이 제안한 401(j)는 미국국세청의 세금코드인데, 민주당은 새로운 401(j)을 통해서 고용주에게 세금혜택을 제공하고 고용인은 자신의 재교육이나 가족의 재교육 혹은 자식의 대학 등록금으로 사용할 수 있도록 하자고 주장했다. 민주당은 또 파업을 이유로 해고하지 못하도록 노동자를 보호하며, 최저임금을 인상시켜야 한다고 주장했다.

공화당은 단체협약과 노동 기본권을 인정한다고 하면서, 같은 이유로 주에서 시행하는 노동권법을 지지한다고 주장했다. 노동권법은 노동자가 노조에 가입하거나 가입하지 않을 권리를 인정하는 법으로, 1972년 민주당의 오픈숍 반대 입장과 상반된 입장이라고 볼 수 있다.

제7절 2000년 잠재적 유권자연합

지금까지 살펴본 두 정당의 정강정책에 기반을 두고 잠재적 유권자연합을 표로 만들어 보면 다음과 같다.

양 정당이 같은 주장을 하는 친-이스라엘 정책과 같이 양당에서 같이 옹호하는 집단을 제외하고 양당의 정책이 확연하게 다른 경우만을 고려하여 민주당과 공화당의 2000년 잠재적 유권자연합을 추론하여 보았다. 〈표 12-22〉에서 보듯이 여러 가지 갈등과 균열 때문에 이론적으로는 위와 같이 잠재적 유권자층으로 분류할 수 있다. 하지만 개인은 여러 가지 집단에 속

16) Oak Ridge National Laboratory, Service Contract Act of 1965, As Amended(Jan 2006), http://web.ornl.gov/adm/contracts/library/articles_forms/sca-1965-ext-jan06.pdf 서비스 계약법의 경제적 효과는(Goldfarb 외 1982) 참조.

〈표 12-22〉 2000년 잠재적 유권자연합

민주당	공화당
- 노동자(노동관계정책) - 저소득층 - 세금삭감으로 폐지되거나 축소될 사회보장제도나 복지제도 수급자 - 이중국어 사용자(히스패닉) - 흑인(교육편차해소, 인종 프로파일 반대) - 아랍계(테러 용의자 인권보호, 민족에 근거한 수사 반대) - 의료보험 없는 계층 - 동성연애자(공화당의 동성연애 군복무 반대) - 범죄나 마약 만연 저소득층 지역 - 러시아 인권 개선 요구하는 미국인 - 군축 찬성자 - 낙태 찬성자(여성의 선택권)	- 군수업자(군수업 부활, 신무기 개발) - 군인(월급, 복지, 취업, 세제 혜택 등) - 낙태반대자(공화당의 공식입장, 낙태지원 지구 지원 반대) - 교사(소송에 대한 교사보호, 수업권 보장, 민주당의 교사 퇴출정책) - 중소상공업자 - 석유회사(페르시아 석유 확보) - 보험회사, 의사(전 국민 의료보험 반대, 국영화 반대, 의료수가 현실화) - 수출위주의 대농 - 세금삭감으로 이익을 볼 수 있는 계층 - 현재의 의료보험제도에 만족하며, 전 국민 의료보험제로 부담 증가 반대자 - 남부 백인(민주당의 친-흑인정책) - 반공주의 쿠바계 미국인 - 군축 반대자 - 북미자유협정(NAFA) 찬성자 - 기독교(종교단체 세금부과 반대, 종교 자선단체 지원, 교내 자발적 종교 활동 찬성)

해 있고, 그런 점에서 위에서 분류한 대로 100% 모든 집단의 구성원이 집단적으로 특정 정당의 유권자연합을 구성하지는 않는다. 하지만 다른 조건이 같다면 대략 〈표 12-22〉에서 분류한 것처럼 유권자연합이 구성된다고 볼 수 있다.

제13장

2004년, 2008년 정강정책 비교

2004년과 2008년은 기본적으로 2000년 정강정책에 기반을 두고 정강정책이 달라졌거나 추가된 부분을 중심으로 간략하게 정강정책을 살펴보고자 한다. 정강정책은 정당의 지속성과 변화를 보여주기 때문에 그전의 정강정책과 달라지는 점도 시대상황이나 유권자연합의 질적·양적 변화에 따라 있지만, 정당의 정체성이 급작스럽게 한꺼번에 바뀌지 않기 때문에 2000년 정강정책을 기본으로 해서 눈여겨볼 가치가 있는 정강정책만 살펴보기로 하겠다.

제1절 2004년 정강정책 비교

2004년은 9·11 테러가 미국을 강타하고 난 뒤의 첫 번째 대통령 선거로,

〈표 13-1〉 2004년 외교 정강정책 비교 분석

민주당	공화당
	- 아세안, 아태경제협력포럼을 통해 협력
	- 미국공무원 보호법 - UN 공정한 분담금 지불
- 대량살상무기, 알 카에다 연관성 과장 비판 - 이라크 국민의 이익 관점에서 정책 실현 - 이라크 방위군 훈련	- 이라크 임시정부와 건설에 국제협조 호소 - 이라크 방위군 훈련
- 팔레스타인의 점진적 국가 건설 지지	- 팔레스타인 국가 건설 조건부 지지 - 이스라엘 가자, 웨스트뱅크 추방 지지
	- SORT 지지, 러시아 민주주의 촉구
- 무역, 군비감축, 인권 문제에 있어 중국과의 협력 강조	- 에이즈, 사스 등 질병 문제 공동 해결 - 세계무역기구(WTO)의무 이행 촉구
- 캐리비안 지역 마약거래/부패 문제 해결 - 쿠바 카스트로 체제 종식을 위한 외교적/정치적 제재, 쿠바의 정치범 석방, 시민사회 지원, 반체제 인사의 민주주의 투쟁 지지 - 정치개혁	- 대테러 전략; 국경 안보를 위한 북미 협력 - 남아메리카 국가들에 경제적/안보적 지원 - 콜롬비아 마약테러리스트와 불법 약물 문제, 안데스 산맥 국가들의 테러조직과 마약수급 차단
- 제네바협약 등 국제적 기준 준수 - 이라크 실패국가 방지 - 중동산 석유 의존 중지	- 중동자유를 위한 전략 - 대 중동 구상 - 중동지역 개혁 지원 - 2013년까지 중동자유무역지역 설립 - 대테러 동맹 수립

행정부와 상원, 하원 모두를 공화당이 장악한 상태에서의 선거였다. 9·11 테러의 여파로 2000년 정강정책과 9·11 테러 이후의 외교정책은 많이 달라졌다.

민주당의 아시아 정책은 2000년과 달라진 것이 특별히 없는 반면에 공화당의 2004년 정강정책은 아세안과 아태경제협력포럼을 통해 아시아와 협력할 것이라고 밝혔다. 아세안과 아태경제협력포럼은 2000년 공화당 정강에 나오지 않았던 내용인데, 공화당이 아세안과 아태경제협력포럼을 중시하기 시작했다는 뜻으로 봐야 할 것 같다. 국제사법재판소의 관할권을 인정하지 않는다는 공화당의 정책은 변함이 없고, 추가적으로 미국 군인이나 공무원은 국제형사재판소로부터 보호받는다는 미국공무원 보호법(American Service-Members' Protection Act)을 지지하며 UN 분담금은 공평하게 책정되어야 한다고 주장했다.

이라크 전쟁에 대해서 민주당은 공화당이 이라크의 대량살상무기, 알 카에다와의 관련성을 과장했다고 비판하면서, 이라크가 실패한 국가(failed state)가 되지 않도록 지원해야 한다고 주장했다. 민주당은 미국과 연합군, 그리고 국제사회는 이라크 국민의 관점에서 이라크 재건과 기타 이라크 정책을 수립해야 하며, 이라크 방위군 훈련이 무엇보다 시급하다고 주장했다. 공화당은 이라크 재건과 군사 훈련에 국제사회의 도움이 필요하다고 역설하면서, 이라크 전쟁의 정당성을 정강정책에서 설명했다.

공화당과 민주당은 2000년 정강정책에서 팔레스타인의 일방적인 독립국가 선언은 곤란하다고 비판하였으나, 2004년에는 양당이 모두 긍정적으로 바라보고 있다. 이런 시각의 전환에는 이스라엘-팔레스타인 관계의 진전과 중동에서의 극단주의 확산을 막고자 하는 미국의 이해관계가 영향을 미쳤다고 볼 수 있다. 공화당은 팔레스타인이 민주국가로서 기본가치를 중시한다면 미국은 국가건설을 돕겠다고 했고, 민주당도 점진적으로 팔레스타인이 국가 건설을 하는 것을 지지한다고 했다. 공화당은 이스라엘이 가자와 웨스트 뱅크의 이스라엘 거주자들을 추방한 것을 용기 있는 결단이라고 추켜세웠다. 그 밖의 양당의 이스라엘 정책은 2000년 정강정책과 변함이 없었다.

2000년 정강정책에서 러시아의 민주주의를 촉구하지 않았던 공화당의 2004년 정강정책에서는 러시아의 민주주의를 촉구하고 있고, 부시 대통령과 러시아의 푸틴 대통령이 맺은 전략공격무기감축조약인 SORT(Strategic Offensive Reductions Treaty)를 지지한다고 주장했다. SORT는 2012년 말까지 양국의 핵탄두를 1,700~2,200개로 감축하자는 협의다.[1] 러시아 관련 양당의 정강정책이 2000년과 다른 부분은 이 부분이 전부라고 볼 수 있다.

민주당은 무역, 군비감축, 인권 문제에 있어 중국과의 협력을 강조했고, 공화당은 AIDS, 사스(SARS) 등 국제적 질병 문제를 해결하기 위해 중국과 협력이 필요하며, 중국은 세계무역기구 의무를 이행하라고 촉구했다. 양당의 대만-중국 관련 정강정책은 2000년과 동일하다.

민주당과 공화당의 2004년 중남미 전략 중에 2000년 민주당이 주장했던 콜럼비아 마약 문제를 2004년 공화당이 주장하고, 2000년 공화당이 주장했던 쿠바 반체제 인사 지원을 2004년 민주당이 주장하고 있다는 것이 특이한 점이다. 그 외에 공화당은 대테러 국경안보를 위해 북미국가 간의 협력이 중요하다고 주장했고, 남미 국가들에게 경제적·안보적 지원을 하게다고 약속을 했다.

2004년 정강정책에서 밝힌 공화당의 중동 정책의 두 가지 핵심 전략은 중동자유를 위한 전략(Forward Strategy of Freedom in the Middle East)과 대중동구상(the Broader Middle East and North Africa Initiative)[2)]이다. 중동자유를 위한 전략은 극단주의 무슬림의 확산을 막는 길은 중동 지역 국가의 민주주의를 고양시키는 데 있다고 판단하고, 중동지역에 민주주의 확산을 통해 테러와의 전쟁을 수행하려는 정책이다. 크리스토퍼 홉슨(Christopher Hobson)은 이 정책을 실패라고 평가하면서 이라크와 아프가니스탄에서 안정적 민주주의가 확립될 가능성이 높지 않다고 비판했다(Hobson 2005). 대중동 정책은 미국이 주도한 계획으로 중동과 북아프리카의 아랍, 비아랍 무슬림 국가와 G8 국가가 이 지역의 정지, 경제적 자유화를 위한 다자간 협력이다. 2004년 12월 첫 번째 BMENA 회의에서 6천만 달러를 지역 비즈니스를 위해서 투자하기로 결정했었다. 공화당은 이 계획을 전폭적으로 지지하며 2013년까지 중동지역에 자유무역지역을 설립하겠다고 주장했다. 그리고 대 테러 동맹의 설립을 주창하였다.

---

1) Arms Control Association, "The Strategic Offensive Reduction Treaty(SORT) At a Glance," https://www.armscontrol.org/factsheets/sort-glance

2) 자세한 내용은 Sharp(2005) 참조.

〈표 13-2〉 2004년 안보, 군축, 테러 관련 정강정책 비교 분석

민주당	공화당
-신종합군(New Total Force) 창설 -군인 경찰 증대 -군인가족 권리 장전 시행 -애국법의 개인기본권 침해조항 변경 요구 -국경 보안 검색 강화 -소방관 지원 -핵화학 공장, 철도, 지하철 안전 -운송 노동자 안전 교육 -생물 무기 테러리즘 프로그램 책임자 임명 -지역공동체 방어 구축 -국가 정보국장 임명 -돈세탁에 연관된 국가, 은행 금융제재 -아프가니스탄 카불 외 지역 NATO군 증가 -고농축 우라늄, 플루토늄 생산 중단을 위한 국제적 연합 창설	-2005년까지 영외거주 군인들의 주거비 보조정책 완성 -냉전시대 해외 배치군 국내로 복귀 -애국법 강력한 집행과 국토안전부 권한 강화 -국제 테러리스트 자금 수색 제거 -공항, 항구 보안 강화 -국경 보안 검색 강화 -소방관 지원 -화학 공장 최소안전 기준 수립 -생물 무기 테러 방어 예산 증가 -해안경비, 해군 예산 투자 -국가 정보국장 임명 -국가 반-테러 센터 설립 -국민 신분증 발행 반대 -테러, 조직범죄, 마약 FBI 권한 강화 -테러리스트 네트워크 자금, 수뇌부 제거 -테러리스트 비협상, 무관용정책 -대량살상무기 확산 방지조약 이행 보증

〈표 13-2〉의 내용은 2000년 양당의 정강정책에 없던 새로운 정강정책들을 간추린 것이다. 공화당은 군인의 처우개선을 위해서 2005년까지 영외거주자 주거비 보조정책을 마련하겠다고 주장했다. 민주당은 군인가족 권리장전(Military Family Bill of Rights)을 시행해서 군인과 가족이 존경과 혜택을 받을 수 있도록 해야 한다고 주장했다. 공화당은 냉전시대 배치되었던 해외 주둔군을 국내로 복귀시키겠다고 선언하였다.

공화당은 애국법(Patriot Act)의 강력한 집행과 국토안전부 권한 강화, FBI 권한 강화 등을 주장했다. 국제 테러리스트 자금 수색, 제거에 공화당과 민주당은 동의하고 있지만, 민주당은 애국법의 개인 기본권 침해 조항의 변경을 요구하였다. 민주당과 공화당의 정책이 대동소이하나 몇 가지 점에서 다른 특징을 찾아볼 수 있다. 민주당은 테러리스트의 돈세탁에 연관되었거

나 이를 방조하였거나, 막지 못했던 국가와 은행에 대해 금융제재를 가해야 한다고 주장했다. 또한 테러리스트 공격에 대비해서 이웃을 중심으로 지역 공동체 방어체제를 구축해야 하며, 핵무기 제작에 쓰이는 고농축 우라늄이나 플루토늄 생산 중단을 위한 국제적 연합을 창설하자고 주장했다. 민주당은 또한 유사시 공격대상이 될 수 있는 운송 노동자들에게 대테러 안전 교육을 받게 하자고 주장하였고, 아프가니스탄 카불 외 지역에 NATO 병력의 증가가 필요하다고 주장하였다.

공화당은 해안 경비를 강화하고 해군 예산을 증가하며, 반-테러 센터를 건립하여 테러 대책 방안에 대한 연구를 할 필요가 있다고 주장하였다. 공화당은 2004년 정강정책에서 테러리스트 네트워크 자금, 수뇌부 제거를 언급하고 있는데, 이는 2000년 민주당 정강정책과 유사한 정책이라고 볼 수 있다. 공화당은 또한 테러리스트들과는 비협상의 무관용정책을 유지하며 대량살상무기 확산 방지조약의 이행을 보증해야 한다고 주장했다.

〈표 13-3〉의 첫 번째 칸은 양당의 경제정책이고, 두 번째 칸은 무역정책이다. 공화당은 개인은퇴계획(Individual Retirement Arrangement)을 권장하고 있다. 개인은퇴계획은 회사가 제공하는 것이 아니라 개인이 가입할 수 있는 보험으로 일정액을 납부하고 은퇴시점에 찾을 수 있다. 납부금은 전액 세금 공제가 되어서 기본수입으로 산정되지 않아서 세제혜택이 있지만, 일반적으로 나중에 찾을 때에는 세금이 부과된다. 공화당은 사회보장제도의 보조제도로 개인은퇴계획에 가입하는 것을 권장하고 있다. 민주당이 2000년 정강정책에서 401(j)을 제안했었는데, 공화당은 2004년 정강정책에서 401(k)을 제안하고 있다. 401(k)는 국세청의 세금코드로 고용주에 의해 지원되는 퇴직연금이다. 세금공제가 되고, 노동자는 자기가 모으고 있는 펀드의 투자를 주도적으로 결정할 수 있다.[3] 위험부담도 노동자가 진다는 함정이 있지만, 사회보장제도의 보조제도로 이용할 수 있다는 점에서 공화당

---

3) 자세한 내용은 *Wall Street Journal*, "What Is a 401(k)?" http://guides.wsj.com/personal-finance/retirement/what-is-a-401k/ 참조.

〈표 13-3〉 2004년 경제, 무역 관련 정강정책 비교 분석

민주당	공화당
- 고용 창출을 위한 세법 개혁 강조 - 미국 기업들의 외국 지사에서 벌어들인 소득세 이연정책(deferral policy) 폐지 - 세법의 허점 제거 - 국내 고용창출 기업들에 감세정책 - 세금 공제와 에너지 투자 지원 - 제조업부문 활성화와 고용 증대 - 중소기업의 자본 접근성 개선 - 첨단기술 클러스터 성장 후원 - 정실자본주의(corporate welfare) 반대 - 경제 불황 시에는 주에 재정지원	- 개인 은퇴 계획 권장 - 401(k) 확대 - 부의 재분배와 복지 혜택 목적으로 세금 사용 반대 - 일자리 성장법 2003(종합 감세) 지지 - 광물과 금속자원 수급 전략 수립 고용창출 - 국방, 경제 면에서 제조업 중요성 강조 - 기업의 범법행위에 대한 법집행 처벌 강조 - 재정범죄 수사, 처벌 - 사베인스 옥슬리법(Sarbanes-Oxley Act)
- 덤핑, 불법 보조금과 수입 급증에 대항해 국내 무역법 효율적 집행 촉구 - 중국의 노동자권리 침해와 통화가치 조작 검토, 아동노동 사례 검토 - 첨단기술 회사의 이노베이션 보호를 포함한 무역협정 집행	- 공산품과 소비재에 낮은 관세 부과 - 미국 수출품에 대한 외국의 관습, 규칙, 보조금 적용에 대해 강력한 법 집행 촉구 - 덤핑방지법 부과 - 중국 섬유무역 보조금 지급 관련 WTO 제소

이 적극 추천하고 있다. 은퇴 후 돈을 찾을 때는 개인 은퇴계획과 마찬가지로 세금이 부과된다.

공화당은 또한 일자리 성장법 2003(Jobs and Growth Act 2003)을 지지한다고 선언했다. 이 법의 정식 명칭은 일자리성장감세조정법(Jobs and Growth Tax Relief Reconciliation Act of 2003)이다.[4] 이 법은 부시 대통령이 감행한 두 번째 대규모 감세법으로 일종의 종합 감세법으로 보면 된다. 2010년 시효 만료되는 2003년 감세법은 아프가니스탄 전쟁과 이라크 전쟁으로 인해 연방예산이 적자인데도 불구하고 실시한 두 번째 대규모 감세

4) 법의 원문 참조. U.S. Congress, Jobs and Growth Tax Relief Reconciliation Act of 2003, https://www.congress.gov/108/plaws/publ27/PLAW-108publ27.pdf

정책이었다. 이 정책은 아동세금 공제 등을 포함하고 있지만, 투자 감세로 인한 부자들을 위한 감세정책으로 비난받는 정책이다. 공화당은 기업의 비리와 부정에 대한 강력한 처벌을 요구하였고, 회계부정을 엄중히 대처하고 처벌할 수 있는 사베인스 옥슬리법(Sarbanes-Oxley Act)[5]을 지지하였다.

민주당은 국내 고용창출을 중요시하는 정책들을 2004년 정강정책에서 선보였다. 민주당은 고용창출을 위해서 세법을 개정해야 하며, 국내에서 물건을 생산하고, 고용을 창출하는 기업들에 감세를 통해 혜택을 줘야 한다고 주장했다. 민주당은 또한 현재의 이연(deferral)정책은 미국 기업들이 그들의 외국기업에서 벌어들인 돈에 대한 세금을 미국에 내지 않도록 조장하고 있다고 비난하면서, 미국의 일자리를 외국에 가져간 기업들이 세금까지 미국에 내지 않는 것에 대한 문제 제기를 하고 있다.

민주당은 부시 행정부 기간 동안 미국의 제조업 일자리 250만 개가 사라졌다고 지적하면서, 제조업 부흥을 위해서 새로운 투자회사를 통해서 중소기업에 자금 지원을 하고, 연구소를 중심으로 새로운 산업에 투자를 하는 첨단기술단지 조성을 하겠다고 주장했다. 또한 민주당은 정실자본주의(Corporate Welfare)[6]를 청산하겠다고 주장했다. 민주당에 따르면 힘 있는 로비스트들을 통해서 기업들이 세금혜택을 많이 받는 제도적 허점이 있었고, 그런 기업에 보조금 또한 많이 지급되어서, 납세자들에게 많은 피해를 줬었지만, 민주당이 이제 그 사실을 알게 된 이상, 정실자본주의를 청산해서 세제혜택과 보조금 지급을 중단시키겠다고 했다.

무역정책은 양당 모두 자유무역을 주창하고 있다. 그 점은 2000년 정강정책과 유사하다고 할 수 있다. 공화당은 공산품과 소비재에 낮은 관세를 부과하겠다고 주장했다. 이 점은 공화당이 민주당에 비해서 자유무역을 더

---

5) 법의 원문 참조. U.S. Securities and Exchange Commission, https://www.sec.gov/about/laws/soa2002.pdf

6) Corporate Welfare는 기업복지라고 번역이 될 수도 있지만, 여기서는 정부와 기업이 결탁하는 정실자본주의(crony capitalism)의 의미로 사용되었다. 2004년 민주당 정강정책에서는 정실자본주의의 끈을 로비스트로 묘사하고 있다.

옹호하고 있다는 것을 암시하는 정책이다. 민주당이 자유무역을 주장하면서도 국내 노동자의 입장을 대변하고 있다면, 공화당은 공산품과 소비재 수입을 원하는 기업과 소비자의 입장을 반영하고 있다는 점에서 양당의 차이가 있다.

민주당은 중국의 불공정 무역 행위의 문제는 노동자 권익 침해, 환율조작, 미성년 노동 등에 있다고 믿고 그 부분을 면밀하게 조사해야 한다고 주장했고, 공화당은 세계무역기구에 중국 정부의 섬유제품 보조금 지급에 대해 제소하겠다고 주장했다.

이민에 관한 양 정당의 입장에는 차이가 상당히 크다. 〈표 13-4〉에서 민주당은 신원조회를 통과했고, 미국에서 성실하게 근로했으며, 세금을 납부한 미국 내의 밀입국자들에게 미국 사회의 구성원이 되는 길을 열어줘야 한다고 주장했다. 공화당은 불법 이민자 사면을 반대하며, 이민법 위반한 고용주나 피고용인은 모두 엄격하게 처벌해야 하며, 국경의 감시카메라와 순찰대, 무인 비행기를 확대해야 한다고 주장했다.

공화당은 부시 대통령이 제안한 신임시노동자 프로그램(New Temporary Worker Program)을 지지한다고 선언했다. 신임시노동자 프로그램은 이민개혁 프로그램으로 미국 거주 불법이민자나 해외거주자가 임시노동자 비자를 신청하면 정부가 이를 심사해서 3년짜리 임시노동허가 비자를 내어주며, 비자는 계속 연장할 수 있고, 비자의 유효기간 중에는 미국의 출입국을 자유스럽게 할 수 있으며, 비자의 유효기간이 정지되면 출국해야 하며

〈표 13-4〉 2004년 이민 정강정책 비교 분석

민주당	공화당
- 신원조회 통과하고 세금 납부하는 밀입국자 구제 필요	- 신임시노동자 프로그램 제안 지지 - 이민법 위반자 처벌 - 불법이민자 사면 반대 - 국경 감시카메라, 순찰대, 무인비행기 확대

다시는 미국에 입국할 수 없는 프로그램이다. 이 비자는 농업, 건설업, 호텔 종사자만 신청할 수 있도록 되어 있다.[7] 불법이민자가 있는 현실과 이들의 노동력이 필요한 현실, 그리고 인도주의적으로 해결해야 한다는 요구에 대한 공화당의 이민개혁 프로그램이다. 민주당이 미국 사회의 일원이 되는 방안을 제시한데 비해서 공화당은 미국에서 일을 할 수 있는 임시 비자를 발급해 준다는 점에서 근본적인 차이가 있다.

2004년 두 정당의 사회 분야 정강정책은 2000년의 정강정책과 거의 유사하다. 2004년에 달라진 것을 간추린 것이 〈표 13-5〉이다. 민주당은 동성연애자의 권리를 2004년 정강정책에서 주장하고 있다. 동성연애자들이 직장에서 차별받지 않을 권리와 다른 일반 가정과 동등한 가정으로 인정받고 동등한 권리와 책임을 누릴 수 있어야 한다고 주장하고 있다.

공화당은 동성결혼에 반대하고 혼인보호법(Defense of Marriage Act)을 지지했다. 혼인보호법은 결혼을 한 남자와 한 여자의 결합으로 규정하고, 다른 주에서 합법적 결혼으로 인정받은 동성부부의 결혼을 다른 주가 인정하지 않을 수 있도록 하고 있다. 이 법에 따르면 남녀 부부만 연방정부의 혜택을 받을 수 있도록 되어 있다. 이는 공화당의 강한 반-동성부부 정서를 보여주는 정책이다.

〈표 13-5〉 2004년 사회 분야 정강정책 비교 분석

민주당	공화당
- 성적 취향에 따른 직장 내 차별 반대 - 동성연애 가족의 권리 인정 - 수정헌법 2조의 총기소유권 보호	- 생존아 보호법, 입양 서비스 확대 - 안락사 반대 - 인종 프로파일링 반대 - 인종, 민족배경, 성별 등에 따른 차별 금지 - 동성결혼 반대

---

7) Maia Jachimowicz, "Bush Proposes New Temporary Worker Program," Migration Policy Institute(2004년 2월 1일), http://www.migrationpolicy.org/article/bush-proposes-new-temporary-worker-program

공화당은 또한 낙태에 실패한 태아의 생명을 지켜주도록 하는 생존아 보호법(Born Alive Infants Protection Act)을 지지했고, 낙태 대신에 입양을 권유하기 위해서 입양 서비스 확대를 주장했다. 2000년 민주당이 주장했던 인종 프로파일링 반대를 2004년 공화당 정강정책에서 발견할 수 있었고, 인종, 민족배경, 성별 등에 따른 차별을 금지한다는 정책도 2004년 공화당 정강정책에 나와 있다. 공화당은 또한 안락사를 반대한다고 선언했다. 공화당이 지속적으로 제기한 수정헌법 2조의 총기소유권을 2004년 민주당의 정강정책에서 인정하고 있는 것도 달라진 점이다.

2004년 민주당의 정강정책에 새로 추가된 복지정책은 밀린 참전군인 보상금 지급과 연금 청구를 조속히 처리해야 한다는 주장 정도밖에 없다. 공화당이 새로이 제안한 IRA나 401(k)는 앞에서 설명을 했기 때문에 생략하면, 부시 대통령이 제안한 평생예금계좌(Lifetime Savings Account)정책이 새로운 정책이다. 이 제도(LSA)는 연령이나 소득수준의 제한이 없이 누구나 신청할 수 있고, 최대 연간 7,500달러까지 불입할 수 있다. 불입금은 세금공제가 되지 않지만, 인출할 때는 관련 수입이 모두 면세 처리되는 제도이다. 공화당은 기존의 은퇴저축계좌(Retirement Savings Account)와 일원화할 것을 권고하고 있다. 의료분야에 관한 양당의 정강정책은 2004년과 크게 달라진 것이 없었다.

〈표 13-6〉 2004년 복지 분야 정강정책 비교 분석

민주당	공화당
- 밀린 참전군인 보상, 연금 청구 조속 처리	- 평생예금(lifetime Savings Account) 지지

제2절 2008년 정강정책 비교

2008년 선거는 미국 최초의 흑인 대통령이 탄생한 선거였다. 선거당시 백악관은 공화당이, 하원은 민주당이 지배하고 있었고 상원은 민주당, 공화당 동수였다. 2004년과 마찬가지로 2000년 정강정책이나 2004년 정강정책에서 발표되지 않았던 내용을 중심으로 정강정책을 비교하여 보겠다.

〈표 13-7〉의 첫 번째 칸은 이라크 외교, 두 번째 칸은 아프가니스탄 외교, 세 번째 칸은 기타 중동 외교정책이다. 민주당의 2008년 정강정책에는 미군 전투여단의 이라크 철군 계획이 나와 있다. 민주당은 미국은 이라크에서 전투부대를 철군시켜서 아프가니스탄과 같이 시급한 곳에 병력을 재배치해야 하며, 16개월 만에 재배치를 완료하겠다고 발표했다. 민주당은 이라크 군을 도와서 이라크 치안을 유지하고 대테러 대응과 이라크 내 미국 시민 보호를 위해서 약간의 병력을 잔류시키겠다고 주장했다.

공화당은 인위적, 정치적 철수 계획은 미국의 안보 위협이 된다고 민주당을 비난하면서, 미군의 철수는 이라크 사태의 진전을 봐가면서 결정해야 한다고 주장했다. 그리고 공화당은 이라크 국민들과의 동반관계를 강조했다.

〈표 13-7〉 2008년 중동 외교 정강정책 비교 분석

민주당	공화당
- 전투여단 철수(16개월 철수 재배치 완료) - 이라크 치안유지 돕는 병력 잔류	- 이라크와 동반관계 - 인위적·정치적 철수 계획은 국방에 위험
- 최소 2개 전투여단 파견 - 매년 10억 달러 비군사적 지원	- 민주당 정책 — 이라크 주둔 전투병력 아프가니스탄으로 전환 — 반대
- 향후 10년간 이스라엘에 300억 달러 지원 - 하마스 고립정책 - 팔레스타인 난민 지금 있는 곳에 거주	- 하마스, 헤즈볼라 고립정책 - 레바논 독립 회복 - 이란과 무조건 정상회담 반대 - 민주적 팔레스타인 지도자 지지

공화당은 아프가니스탄 정책을 설명하면서, 민주당은 이라크에서 미국이 실패해야만 아프가니스탄에서 미국이 성공할 수 있다고 주장한다면서 민주당이 요구하는 이라크 철군, 아프가니스탄 재배치 계획을 정면으로 반대했다.

민주당은 아프가니스탄에 최소 2개 전투여단을 추가로 배치해서 NATO의 추가 병력과 함께 탈레반과 알 카에다를 물리칠 수 있다고 주장했다. 또한 아프가니스탄의 낙후된 경제를 발전시키기 위해 매년 10억 달러 규모의 비-군사적 지원을 아프가니스탄에 제공할 것이라고 주장했다.

민주당은 중동의 불안한 정세에서 이스라엘의 안보를 지키기 위해 향후 10년간 이스라엘에 300억 달러를 지원하겠다고 했다. 또 팔레스타인 국가 건립에는 국제사회의 협조가 필요한데, 팔레스타인 난민들은 팔레스타인 국가건설 이후에 이스라엘로 돌아오는 것이 아니라 지금 거주하고 있는 곳에 계속 거주할 수 있어야 한다고 주장했다. 2008년 민주당의 정강정책은 지금까지 발표된 정강정책 중에 가장 친-이스라엘 정강정책이라고 평가할 수 있다.

공화당은 레바논의 독립 상태를 회복해야 하며, 이란과 무조건 정상회담은 하지 않겠다고 선언했다.

민주당의 2008년 외교정책은 2000년 정강정책이나 2004년 정강정책과 변동이 거의 없다. 공화당은 미사일 방어체제를 갖추려고 하는 구 공산권 국가를 위협하는 러시아를 비난하면서 조지아의 독립 인정을 러시아에 요구했다. 공화당은 2005년 체결된 미국-인도 민간 핵 협약(US-India Civil Nuclear Accord)을 지지한다고 밝혔다. 공화당은 중국이 지적 재산권 보호를 이행해야 하며, 홍콩의 민주주의 후퇴에 책임 있다고 지적하면서, 북경 올림픽 이전에 중국의 언론 출판의 자유를 보장하라고 요구했다. 또한 공화당은 중국에 변동환율제 실시와 자본의 자유 이동을 허락하라고 주장했다. 공화당은 종교의 자유는 미국의 국제 협상에서 가장 우선순위라고 주장했고, 2004년에 하나의 중국을 지지한다고 했던 언급은 사라졌다. 공화당은 자유유럽 라디오(Radio Free Europe), 라디오 자유 방송(Radio Liberty Radio), 라디오/티브이 마르티(Radio/TV Marti) 등의 방송이 급진주의 테러리즘을 대항할 수 있는 현대화된 대안이며, 이런 공공외교를 신장할 수 있도록 효과적인 지원을

〈표 13-8〉 2008년 미국의 외교 정강정책 비교 분석

민주당	공화당
- 변동 없음	- 러시아의 구 공산권 국가 위협 비난 - 조지아(Georgia) 독립 인정 요구
- 변동 없음	- 미국-인도 민간 핵 협약
- 변동 없음	- 중국 지적 재산권 보호 이행 - 홍콩 민주주의 약화 비난 - 올림픽 전에 언론의 자유 보장 요구 - 변동 환율제, 자본의 자유 이동 - 하나의 중국 언급 안함
- 변동 없음	- 종교의 자유 추진 - 방송을 통한 공공외교 - 인신매매 특별팀 창설

해야 한다고 주장했다. 공화당은 또한 인신매매 특별팀(Inter-Agency Task Force on Human Trafficking)을 창설해서 직접 대통령에게 보고하고 인신매매에 둔감한 외국과의 교섭을 통해 인신매매를 근절하도록 해야 한다고 주장했다.

그 외에 양당의 아프리카 정책, 기타 아시아 정책, 유럽 정책, 중남미 정책에는 달라진 것이 특별하게 없었다.

〈표 13-9〉의 정강정책들은 2008년에 새롭게 추가된 정강정책이다. 민주당은 현재 핵무기 제조물질이 40여 개 국가에 있는데, 국제 공조를 통해서 핵무기 제조물질이 테러리스트 손에 들어가지 않도록 각국의 경계수준을 올리고, UN 상임이사국들이 모여서 이 문제를 논의하겠다고 선언했다. 또한 6자 회담을 통해서 한반도를 비핵지역으로 만들겠다고 주장했는데, 이는 과거에 한국, 일본과 협의하겠다거나, 중국의 협조로 문제를 해결하겠다는 방식에서 바뀐 새로운 접근법이다. 민주당은 육군과 해병대를 증원해서 국방력을 끌어올리고, 만기 제대자들을 군대에 더 복무할 수 있도록 하는 손실중단(stop-loss)정책을 펴야 한다고 주장했다. 또한, 젊은이들을 대상으로 신

〈표 13-9〉 2008년 안보, 군축, 대테러 정강정책 비교 분석

민주당	공화당
- 국제 공조로 핵무기 재료 안전 확보 - 6자 회담을 통한 북한 핵 억제 검증 - 육군 65,000, 해병대 27,000 증원 - stop-loss정책, 신병모집 노력 증대 - 시민보조대(Civilian Assistant Corp) 창설 - 군인가족자문위원회 설립 - 묻지 말고 말하지 말기정책 폐지 - 계약 회사 감독 체제 신설	- 현대화된 9-1-1 긴급 전화 서비스 - 핵무기 보유 감축 - 외국정보감시법 개혁 지지 - 이라크전 참전 상이군인 치료 — 보철, 트라우마, 눈부상 - 군인 원호법(GI BIll) 확장

병을 모집하기 위해 젊은이들에게 영향을 끼칠 수 있는 교사, 코치, 종교 지도자들을 접촉해서 신병모집에 박차를 가하겠다고 했다. 긴급상황 발생 시에 비전투 업무에 투입될 전문가로 구성된 시민보조대를 창설하여, 군인들이 비전투 업무에 투입되는 일이 없도록 하겠다는 것도 민주당이 2008년 정강정책에 추가한 내용이다. 또한 군인가족자문위원회(Military Family Advisory Board)를 창설하여 군인가족의 애로사항을 청취하고 해결할 수 있도록 하겠다고 주장했다. 민주당은 또한 모든 미국인은 군인으로 국가를 위해 봉사할 수 있어야 한다고 주장하며 묻지 말고 말하지 말기(don't ask, don't tell)정책[8]의 폐지를 요구했다. 민주당은 납세자의 세금이 국방이 아닌 계약업체의 배만 불려주는 일이 있어서는 안 된다고 주장하면서 계약업체를 감독할 수 있는 체제를 신설하겠다고 했다.

공화당은 현대화된 9-1-1 긴급 전화 서비스를 통해 유사시에 빠르게 위급상황을 전달할 수 있도록 하겠다고 주장했다. 또한 미국의 핵무기를 감축하여 세계적으로 핵무기 감축에 대한 공감대 조성에 나서겠다고 했다. 공화당은 또한 국제공조로 핵무기 외국정보감시법(Foreign Intelligence Surveil-

8) 'don't ask, don't tell'정책은 대표적인 반-동성애정책으로 동성애자의 군복무 금지제도이다.

lance Act)의 개정이 국가안보에 꼭 필요한데 이를 반대하는 민주당을 이해할 수 없다고 비판하였다. 외국정보감시법[9]은 외국의 테러리스트 집단과 그 소속원으로 의심되는 개인을 감시하는 것을 허락하는 법으로, 개인의 사생활을 침해하고 인권침해의 소지가 있다고 판단되기 때문에 민주당이 찬성하지 않았던 것이다. 공화당은 이라크 참전용사들이 겪고 있는 트라우마의 심각성을 인지하고 참전용사들이 보철, 트라우마, 눈 부상을 최고의 시설에서 치료받을 수 있도록 하겠으며, 군인 원호법을 확장하여 사립대학의 등록금과 군인 원호법의 지원금 사이의 차액을 사립대학이 메우도록 설득하는 것이 필요하다고 주장했다.

〈표 13-10〉의 첫 번째 칸은 정부재정정책이고, 두 번째 칸은 경제정책, 세 번째 칸은 무역정책이다. 민주당은 500만 달러를 긴급 투입하여 경제를 살리겠다고 주장하며 재정의 문제의 근본 원인은 치솟는 의료비 지출이라고 지적했다. 공화당은 정치적 목적의 프로그램을 폐지해야 한다고 주장하며, 의회는 지출법안을 마감시간 전에 온 국민이 알 수 있도록 인터넷에 올려야 하며, 예산 적자를 피하기 위해서 기존의 프로그램 폐지나 삭감 없는 신규 프로그램의 승인을 반대한다고 했다.

공화당은 법인세가 다른 나라에 비해 너무 높기 때문에 미국 기업이 해외로 빠져나가고 결국 미국의 일자리가 줄어든다고 비판하면서 법인세 인하를 요구했다. 또한 최저한도세금(Alternative Minimum Tax)은 중산층을 괴롭히는 제도기 때문에 이를 폐지해야 한다고 주장했다. 공화당은 세금제도 개혁의 필요성을 역설하면서, 이런 시도들이 로비스트들에 의해서 자주 제지되기 때문에 개혁 전까지 임시적으로 납세자에게 두 가지 대안을 제시하고 이 중에 선택하게 하는 것이 좋겠다고 했다. 첫 번째 대안은 현행 제도대로 세금을 납부하는 것이고 다른 하나는 가족을 위한 세금 공제를 포함한 2개

---

9) Federal Law Enforcement Training Center, "Foreign Intelligence Surveillance Act," https://www.fletc.gov/sites/default/files/imported_files/training/programs/legal-division/downloads-articles-and-faqs/research-by-subject/miscellaneous/ForeignIntelligenceSurveillanceAct.pdf

〈표 13-10〉 2008년 경제, 정부재정, 무역 정강정책 비교 분석

민주당	공화당
- 500만 달러 긴급투입 경제 회복 조치 - 재정건전성의 근본 원인은 의료비 지출	- 정치적 목적 프로그램 폐지 - 지출법안 인터넷에 미리 공개 - 프로그램 삭감 없는 신규 프로그램 반대
- 은퇴자 대상 연방 소득세 폐지 - 조세 피난처 차단 - 법인세 포탈 방지로 중산층 감세 - 연 25만 달러 미만 소득자 증세 없음 - 에너지 환급금 지급 - 미래제조업기금(Advanced Manufacture fund) 조성 - 중소기업 지원(에너지, 세금) - 국가사회간접시설재투자은행 설립 - 국립-민영 기업 보육 네트워크 설립 - 신용카드 권리장전	- 법인세 인하 - 최저한도세금 폐지 - 납세자에게 선택권 제시 - 에너지 가격 상승 억제로 중소기업 지원 - 세제 간소화, 감세로 중소기업 활동 집중
- 도하라운드협정 지지	- 다자, 지역, 양자 협상을 통한 무역장벽 축소 - 오염된 음식, 독극물, 위험한 장난감 수입 감시 - 안전한 수출을 위해 항구 개발

의 균일 세율을 선택하게 하는 것이라고 했다. 공화당은 또한 에너지 가격 상승을 억제하여 중소기업의 에너지 비용을 절감시키고, 세재 간소화, 감세 등을 통해서 중소기업이 세금이 아닌 생산과 판매에 집중할 수 있도록 돕겠다고 했다.

민주당은 은퇴자 대상 연방 소득세를 폐지하고 조세 피난처를 차단하며, 법인세 포탈 방지로 중산층에게 감세 혜택을 주며, 연 25만 달러 미만 소득자에게는 증세가 없다고 밝혔다. 민주당은 또한 에너지 환급금을 시민들에게 돌려주고, 미래 제조업 기금을 조성하여 제조업의 발전을 돕고, 국가사회간접시설재투자은행(National Infrastructure Reinvestment Bank)을 설립하여 도로 건설 등에 신규 일자리를 창출하겠다고 했다. 또한 국립-민영

기업 네트워크를 만들고, 에너지나 세금을 통해서 중소기업을 지원하겠다고 주장했다. 민주당에 따르면 돈을 빌리면 갚아야 하지만, 정당하고 공정한 액수를 갚는 것이 중요하기 때문에 신용카드 사용자의 신용카드 권리장전(Credit Card Bills of Rights)이 필요하다고 했다

무역에 관해서 2008년 민주당의 정강정책은 도하라운드협정(Doha Round Agreement)을 지지한다고 밝혔다. 민주당은 도하라운드협정은 미국의 수출을 증대시키고, 미국에 양질의 일자리를 유지시키며, 근로자의 권리와 환경을 보호하고, 미국 기업과 농업에 혜택을 주며, 규칙에 기반을 둔 다자간 체제를 강화하고, 세계에서 가장 가난한 국가의 발전을 촉진시키게 될 것이라고 주장했다. 공화당은 다자, 지역, 양자 협상을 통해서 무역장벽을 낮추고, 오염된 식품이나 독극물, 위험한 장난감의 수입에는 더 많은 인력을 충원해서라도 면밀히 감시해야 한다고 주장했다. 또한 미국산 물품의 안전한 수출과 선적을 위해서 항구를 개발 발전시켜야 한다고 주장했다.

민주당은 단기직업 교육 투자를 확대하고, 역사적으로 유구한 역사를 가진 흑인 대학이나 소수인종 대학을 인정하고 지원해야 한다고 주장했다. 〈표 13-11〉에서 공화당은 고등교육기관의 수익 재분배를 통해서 등록금을 인하하는 정책을 추진하고, 교육기관 내에서 반-유대주의나 인종차별적 발언이

〈표 13-11〉 2008년 교육, 이민 정강정책 비교 분석

민주당	이슈	공화당
- 단기직업교육 투자 - 역사적 흑인대학 및 소수인종 대학의 인정 및 지원	교육정책	- 고등교육기관 수익 재분배를 통한 등록금 인하 - 교육기관 내 반유대주의, 인종차별 반대 - 전문대 중요성 강조
- 합법적 근로자를 위한 정확하고 공평한 고용주 식별 체제 구축 - 세관, 국경순찰대 수 증대	이민정책	- 불법 이민자 도피도시 자금 지원 반대 - 비정치적 이유 난민지위 부여 반대 - 국경선 울타리(fence) 조속한 완성

나 행위를 금지해야 한다고 주장했고, 전문대학의 중요성을 강조하였다.

공화당은 어떤 비정치적 이유로 난민 지위를 부여하는 것을 반대하며, 불법이민을 막기 위해서 국경선에 설치중인 울타리(fence)를 조속히 완성해야 한다고 촉구했다. 또한 미국의 연방법과 주법을 따르지 않고, 이에 대항하는 도시들은 스스로를 피난도시(self-described sanctuary cities)라고 부르며 불법이민자들에게 운전면허를 발급해주고, 주거주자 등록금을 적용해주고, 사회보장혜택을 주고 있다고 비판하며, 이런 도시에 연방자금을 지원해서는 안 된다고 주장했다. 민주당은 합법적 근로자를 위한 정확하고 공평한 고용주 식별체제를 구축하는 것이 필요하고, 세관과 국경순찰대의 인원을 보강해서 불법이민에 대한 철저한 감시와 예방을 해야 한다고 주장했다.

2008년 정강정책에서 민주당은 민영 보험 선택 가능한 전 국민 의료보험을 주요 정책으로 제시하였다. <표 13-12>에서 민주당은 의료비 지출이 전체 지출에서 제일 큰 부분을 차지하고 있는 현실을 개탄하면서, 세금 혜택과 보조금 지급을 통해서 모든 성인 남녀, 아이들이 알맞은(affordable) 의료보험의 적용을 받을 수 있어야 하며, 민영 보험을 비롯하여 국민이 선택할 수

<표 13-12> 2008년 의료, 보건 정강정책 비교 분석

민주당	공화당
- 민영 보험 선택 가능한 전 국민 의료보험 - 노동자, 고용주, 보험회사, 진료기관, 국가 책임감 - 보험 차별 종식 - 직종 간 통산 가능한(portable) 의료보험 예방과 건강 강조 - 비용 낮추고 질 좋은 최신 의료체제 구축 - 보건 의료체제의 격차 해소 - 새로운 의료체제의 재정 건전성 확보	- 정부 주도 사회주의 의료보험제 반대 - 의사와 환자 사이 정부 개입 반대 - 환자 희생시키는 관료주의 반대 - 세금 인상 반대 - 정부 독점 의료체제 반대 - 병력이 있는 개인도 보호받아야 함 - 질병치료 종식하고 예방체제 중시 - 소비자에게 의료보험, 병원 등 정보제공 - 의료전산망 구축으로 빠른 정보 교환 - 소송으로부터 의료진 보호 → 보험료 경감 - 주 주도의 의료 경쟁으로 비용 절감 - 노인에게 장기요양 선택권 부여

있도록 하는 전 국민 의료보험제 도입을 선언하였다. 이에 대해서 공화당은 민주당이 사회주의 의료체제를 미국에 도입하여, 정부 독점 의료체제를 만들려고 한다고 비판하였다. 그간 미국 전 국민 의료보험 실패의 역사를 보면 트루먼 대통령, 존슨 대통령 등이 전 국민 의료보험제 도입을 하려고 하면, 제일 많이 나오는 비판이 사회주의 의료체제, 전체주의 의료체제라는 비판이었다. 2008년 공화당은 같은 논리의 비판을 하고 있다. 공화당은 2003년 국민이 반대하여 좌절시켰던 전 국민 의료보험을 민주당이 다시 정책으로 내세웠다면서, 다시 국민의 힘으로 이를 반대해야 한다고 주장했다.

민주당은 의료복지를 위해서는 노동자, 고용주, 보험회사, 진료기관, 국가의 공유된 책임감이 필요하다고 주장했다. 고용주는 노동자에게 보험을 제공할 인센티브가 있어야 하고, 보험회사와 의료기관은 양질의 알맞은 치료를 제공하고, 정부는 의료보험이 경제적으로 알맞은지, 의료보험 적용범위는 적당한지를 확인하는 책임감이 필요하다고 했다.

민주당은 개인의 병력(pre-existing condition)에 따라 의료보험회사가 차별적으로 의료보험료를 책정하는 것을 종식시켜야 하며, 의료보험회사가 보험료로 이윤을 남기려고 하지 말고, 환자의 치료에 써야 한다고 주장했다. 공화당도 병력이 있는 개인도 보호받아야 한다는 원칙을 주장하였고, 연방이 아닌 주정부가 그에 대한 대책을 세워서 보험료 책정의 적절성 등을 연구해야 한다고 주장했다. 민주당과 공화당의 입장의 차이와 접근방법의 차이가 있는 정책이다. 두 정당은 모두 예방과 건강을 새로운 의료 접근법으로 강조하고 있다. 특히 만성질환이 전체 의료비용의 70%를 차지하고 있는 미국의 상황에서 치료 이전에 예방을 강조하는 것은 의료정책의 중요한 부분이라고 볼 수 있다.

민주당은 직업을 잃거나 이직을 하여도 의료보험을 잃지 않고 유지하는 통산 가능한 의료보험 제도의 확립이 필요하고, 의료비용을 낮추고 질 좋은 최신 의료체제를 구축하고, 보건 의료체제의 격차를 해소하는 것이 중요하다고 했다. 미국 원주민 지역공동체와 같은 곳의 의료 서비스는 다른 곳에 비해서 격차가 큰데, 환자가 사는 지역에 따라, 공동체에 따라 제공되는 의료 서비스의 격차를 해소하는 것이 필요하며, 문화의 다양성과 민감성을 충분히 고려하면서 격차를 해소해야 한다고 주장했다.

2008년 공화당의 정강정책은 민주당의 전 국민 의료보험제에 대한 비판적 성격의 표현들이 많다. 공화당은 의사와 환자 사이에 정부가 개입하는 것을 반대하며, 환자 희생시키는 워싱턴 관료주의를 반대하고, 의료비 절감보다 세금인상을 하려는 시도에 반대한다고 했다. 공화당이 제시한 대안들은 주로 소비자 선택권과 경쟁에 의한 양질의 서비스 제공이다. 공화당은 소비자에게 의료보험, 병원 등 정보를 제공함으로써 소비자가 자신에게 맞는 의료보험과 병원을 현명하게 선택할 수 있도록 하고, 소비자의 선택을 받은 의료시설은 환자를 지속적으로 유치할 수 있게 되며, 의료전산망 구축으로 의료시설 간의 빠른 정보 교환을 통해 불필요한 검사를 중복으로 받는다든지 하는 중복적 의료비용을 제거하고, 빠르고 정확한 치료를 가능하게 해야 한다고 주장했다. 또한 의료사고에 대해 환자가 소송을 할 권리를 가지고 소송을 하는 것은 당연하지만, 의미없는 소송의 남발로 의료비와 의료보험료만 상승된다고 비판하면서, 소송으로부터 의료진을 보호해서 의료비와 의료보험료를 경감시켜야 한다고 주장했다. 공화당은 주간 의료경쟁(interstate competition)을 통해서 의료서비스의 질을 올리고 비용을 절감하며 소비자에게 선택권을 부여하는 것이 필요하며, 노인에게 장기요양 선택권을 부여하여 노인이 집에 있을지, 장기요양원에 입원을 할지를 선택할 수 있게 하겠다고 주장했다.

제3절 2008년 잠재적 유권자

기본적으로 2004년과 2008년의 정강정책은 2000년 양당의 정강정책에서 크게 벗어나지 않는다. 2004년에는 9·11 테러 후폭풍으로 테러와의 전쟁이 주요한 변수였었고, 2008년에는 이라크 철군과 전 국민 의료보험제가 새로운 변수로 유권자연합의 변화를 가져올 수 있는 가능성이 있었다.

〈표 13-13〉은 2008년 양당의 정강정책을 중심으로 재작성한 잠재적 유권자연합이다. 이라크 철군 찬성자가 민주당의 잠재적 유권자연합으로 추가되었고, 전 국민 의료보험 찬성자도 민주당의 잠재적 유권자연합으로 추가되었다. 공화당에는 이라크 철군 반대자, 안락사 반대자, 군과 계약한 민영업자가 추가되었다. 이라크 전쟁과 아프가니스탄 전쟁, 테러와의 전쟁으로 피곤한 미국인들에게 이라크 철군은 주요한 변수가 될 수 있었을 것이고, 경제상황의 변수 발생과 인구 분포의 변화는 전 국민 의료보험의 지지자 혹은 반대자 진영의 균형의 변화를 초래할 수 있었을 것이다.

군납 계약한 민영업자는 민주당의 감독 강화정책에 따라서 공화당의 잠재적 유권자연합으로 분류하였고, 이라크 전쟁터에 병사를 보낸 가족들과 철군을 찬성하는 유권자들은 민주당의 연합으로 분류하였다.

〈표 13-13〉 2008년 잠재적 유권자연합

민주당	공화당
- 노동자(노동관계정책), 저소득층 - 사회보장제도나 복지제도 수급자, - 이중국어 사용자(히스패닉), 흑인 - 의료보험 없는 계층, 전 국민 의료보험제 찬성자 - 동성연애자, 낙태 찬성자(여성의 선택권) - 이라크 철군 찬성자	- 낙태반대자, 안락사반대자, 동성결혼 반대자 - 보험회사, 의사, 법인세 감세로 이익 받는 소수 부유층, 전 국민 의료보험제로 부담 증가 반대자 - 남부 백인(민주당의 친-흑인정책), 기독교 - 미군 이라크 철군 반대자, 군과 계약한 민영업자(민주당의 감독 강화정책)

제14장

2012년 정강정책 비교

2012년 선거는 민주당의 버락 오바마(Barack Obama) 대통령의 재선도전이었고, 상원은 민주당, 하원은 공화당이 다수당이었던 해의 선거였다.

민주당의 2012년 정강정책의 서문을 보면 민주당은 중산층의 정당이고 공화당은 부자의 정당이라는 이분법을 발견하게 된다. 최소한 서문에서만큼은 민주당의 중심은 노동자가 아니라 중산층인 것 같은 생각을 갖게 한다. 그만큼 2012 선거의 열쇠를 중산층이 쥐고 있다는 뜻도 되겠지만, 민주당은 분명하게 2012년 정강정책의 중심에 중산층이 있음을 밝히고 있다. 민주당에 의하면 공화당은 여전히 소수의 부자에게 혜택을 주고 경제를 붕괴시키고 중산층을 괴멸시키던 하향식(top-down)으로 경제 발전을 이룰 수 있다고 믿고 있지만, 민주당은 중간(middle)으로부터 설립되고 유지되던 경제를 창조함으로써 미국을 발전시킬 수 있는 기회를 제시한다고 했다.

"중산층의 경제적 안정을 재요구하는 것은 우리가 오늘날 극복해야 하는 도전이다. (중략) 하향식으로 건설된 경제가 아니라 성장하는 중산층으로부터 건설된 경제가 우리의 북극성이어야만 한다. 이것은 노동자에게 중산층에 합류할 수 있다는 기회의 사다리를 제공할 것이다."

위의 문장은 2012년 민주당 서문의 일부로, 민주당이 중산층 중심의 경제정책을 펴겠다는 것을 대내외적으로 공표하는 것이다. 민주당은 공화당이 미국을 건설한 중산층을 배신했다고 비판하면서, 공화당은 미국 가정과 소비자의 보호막을 제거하고, 미국 금융가가 자기 멋대로 규칙을 정하게 하며, 부자를 위한 감세를 하고, 시장이 알아서 해결해줄 것이라고 생각하고 있다고 주장했다. 민주당에 따르면 공화당은 기업과 부유한 투자자들이 그들의 이윤을 극대화하도록 도우면, 그게 해고거나 아웃소싱이거나 상관없이, 자동적으로 우리 모두에게 이익이 되는 일자리와 번영을 가져다 줄 것으로 착각하고 있다고 했다.

공화당은 2012년 정강정책 서문에서 지난 4년간의 리더십 부재로 경제적 어려움에 처했다고 현 민주당 행정부를 비난하면서, 공화당은 자유와 민주주의의 횃불을 높이 들고 자유를 갈망하는 국내외의 사람들에게 용기를 주고, 독재와 억압과 싸울 것이라고 주장했다.

제1절 외교정책 비교

민주당은 2012년 정강정책에서 국제사회에서 미국의 리더십을 떠받치는 세 가지 기둥은 번영과 차별 없는 경제, 강력한 군사력, 보편적 가치를 고양시키려는 끊임없는 노력이라고 했다. 민주당은 번영과 차별 없는 경제의 주요 임무로 국제 금융위기 극복, 자유 공정 무역, 국제 개발, 질병과의 전쟁, 식량 안보, 인도주의적 지원을 예를 들었고, 법치주의와 책임정부, 여성인권, 자유, 인신매매와의 전쟁, 동성연애자 권리, 인터넷 자유를 보편적 가치

〈표 14-1〉 2012년 지역외교 정강정책 비교 분석

민주당	이슈	공화당
- 동맹국의 부담 분담 강조 - NATO 협력 작전수행 능력 향상 - 미사일 방어(폴란드, 터키, 루마니아), 러시아 협조	유럽	- 영국, 북아일랜드, 사이프러스 - 러시아-야당, 언론, 사회단체 탄압 중지, 조지아 침공, 중동 독재국가와의 연합, 벨라루스 지지 문제 - 마그니스키법 준수 조건부 통상
- 북 억제, 한국, 일본과 유대 유지 - 동남아시아 안보 네트워크 구축 - 인도(경제, 안보)의 역할 기대 - 중국과의 협조 및 요구 사항 - 아프가니스탄 철군 절차 개시 - 아프가니스탄에 대테러리즘 지원 - 미국-아프가니스탄 전략적 동맹자협정 - 파키스탄의 역할 중요	아시아	- 북한의 완전하고 검증가능하고 돌이킬 수 없는 핵 포기와 인권 - 호주, 필리핀, 일본, 한국 우방국 - 베트남전 실종자, 포로, 유해 - 인도-파키스탄 협조 중요 - 인도 외국인 투자와 무역개방 - 아프가니스탄 부패 척결 민주화 - 대만관계법, 유사시 방어 - 중국과 교역량 증가, 개방 지지 - 중국 비난
- 이스라엘 안보 보장—아이언 돔 - 이스라엘-팔레스타인 2국가 체제 - 아랍국과 이스라엘 평화회담 권장 - 걸프협력회의 국가와 협조 - 예루살렘 수도 - 민주 이라크와 외교, 경제, 안보 분야의 동반자 관계 건설	중동	- 이스라엘 안보 보장 - 팔레스타인 평화적 지도자 선출 - 두 국가 체제지지, 아랍국가의 지지 필요, 이집트 지원 필요 - 중동지역 종합적 평화 희망 - 하마스 헤즈볼라 고립화 - 아사드 시리아 대통령 이후의 시리아 민주적 이행 지지 - 레바논 독립 지지 - 이란 비난, 민주화 이행 주장
- 마약, 갱, 인신매매 퇴치 공조 - 필요한 설비, 훈련, 기술 지원 - 금융 카르텔에 압력을 가할 것임	미주	- 베네수엘라 테러리스트 피난처, 마약테러리스트 국가 - 쿠바 민주화, 민주화 세력 지지, 방송 등 각종 매체 동원 - 멕시코, 콜롬비아 협조 감사 - 키스톤 XL 재개
- 반-알 카에다 협력 - 반인륜 전범 조셉 코니 처벌 - 소말리아, 수단 평화유지군 지원 - 무역과 투자를 통한 경제 발전	아프리카	- 에이즈, 결핵, 말라리아 퇴지 지원 - 극단주의 이슬람 공격 받는 국가와의 연대, 군사 경제적 지원
- UN 개혁과 미국 리더십 회복	유엔, 국제기구	- UN 개혁, 낙태 지지 단체 지원 금지 - 주권침해 UN 세금 반대, 국제형사재판소 관할권 불인정

를 고양시키는 예로 들었다.

반면에 공화당은 2012년 정강정책에서 인권보호와 인신매매 근절, 국제구호, 공공외교를 강조하였다.

두 정당의 외교정책은 앞서 살펴보았던 2000년, 2004년, 2008년의 정강정책과 크게 다른 부분이 없고, 각 정당이 중요하다고 생각하는 외교정책은 거의 토씨 하나 안 틀리고 예전의 정강정책과 비슷하게 나온다. 예기지 않은 국제 정세의 변화가 있기 전까지 양당의 외교 정강정책은 비슷할 것이라 예측할 수 있다. 2012년 민주당의 외교 분야 정강정책은 상당히 압축적이고 분량이 짧다. 그에 비해 공화당은 비록 과거에 비해 새로운 내용이 추가된 것이 없다 하더라도 항목별 분량이 상대적으로 길다. 그 말은 공화당이 민주당에 비해서 외교정책에 대해서 신경을 조금 더 쓰고 있다고 볼 수 있다.

민주당은 지역 안보의 부담을 유럽 동맹국이 분담하기를 요구하고, NATO의 집단 작전 능력 향상을 위해서 동맹국 각각이 능력을 끌어올리기를 희망하고 있다. 또한 미사일 방어체제에 관해서 러시아와 긴밀한 협조를 하면서도 미국의 독자적인 미사일 방어체제를 폴란드, 터키, 루마니아에 배치했다고 설명했다. 과거 정강정책에서 언급하였던 북아일랜드나 사이프러스에 대한 언급은 2012년 민주당 정강정책에서는 나오지 않는다. 러시아의 민주화를 강력하게 요구하던 모습도 사라졌고, 영국과의 특수 관계를 강조하는 표현도 볼 수가 없었다.

공화당은 2012년 정강정책에서 영국은 미국의 가장 중요한 우방이라고 지적하고, 북아일랜드와 사이프러스의 평화가 찾아오길 바란다고 하면서, 러시아가 테러 문제 등에 미국과 공조해온 것을 치하했다. 공화당은 또한 야당과 언론, 시민단체에 대한 탄압을 중지하고, 중동의 전체주의 국가와의 연계를 끊고, 조지아 침공을 멈추고, 벨라루스 지원을 철회해야 한다고 러시아에게 요구했다. 공화당은 러시아에게 영구정상무역관계(Permanent Normal Trade Relations)[1]의 자격을 부여해야 하지만, 2009년 러시아의

1) 영구정상무역관계는 다른 나라에 비해 관세를 낮추는 최혜빈국 대우와 같다.

교도소에서 살해당한 세르게이 마그니스키(Sergei Magnitsky)의 죽음에 책임 있는 러시아 정부 관리를 처벌해야 한다는 마그니스키법(Magnitsky Rule of Law Accountability Act)을 준수하는 것을 조건으로 무역관계를 개선할 수 있다고 주장했다.

민주당은 2012년 정강정책에서 중국에 많은 요구를 하고 있다. 민주당은 모든 세계가 중국의 번영을 바라지만, 중국은 국제기준과 규칙을 준수해야 한다는 것을 깨달아야 한다고 지적했다. 민주당은 중국이 한반도 긴장완화, 이란 핵확산 대응, 기후변화, 무역확장 등 국제적 도전에 좋은 동반자가 될 수 있다고 하면서, 통화, 수출보조금, 지적재산권, 고유의 혁신, 노동자 권리, 보편적 인권, 티베트인의 문화 종교적 동질성을 보존할 권리 등에 대해서 중국과 협의를 해 나갈 것이라고 주장했다. 민주당은 하나의 중국 정책을 지지하며, 대만관계법을 준수하여, 양안관계의 평화적 해결을 바란다고 설명했다.

공화당은 중국과의 교역량과 학술교류가 증가하고 미국에 시장을 개방한 것을 고무적으로 받아들였지만, 한편 비난받을 행위들이 있다고 중국을 비난하였다. 공화당은 명백한 이유 없는 군사력 증강, 티베트와 신장의 인권 억압, 종교 박해, 낙태로 몰고 가는 야만적인 한 자녀 낳기(one child)정책, 홍콩 민주주의 후퇴, 남중국해의 불안정이 중국의 잘못된 행위라고 지적하고 있다. 또한, 국제적 기준으로 지적재산권을 보호하지 않는 행위와 통화 조작 등에 대해 새로운 공화당 행정부로부터 반응을 기대하고 있으라고 선언하였다. 공화당은 또한 대만관계법에 따라서 유사시 대만을 방어할 것이며, 여러 가지 면에서 대만을 지지한다고 주장했다.

민주당은 동남아시아 안보 네트워크 구축을 통해서 테러리즘에 공동 대응하고, 무기 확산을 막으며, 재난구호를 제공하고, 해적과 싸우고, 남중국해를 포함한 해양 안보를 보증하도록 하겠다고 했다. 민주당은 또한 미국은 일본, 호주와의 관계를 돈독히 해야 하며, 북한의 억제를 위해서 한국과 공조해야 한다고 주장했다. 민주당은 아프가니스탄에서 철군 준비를 시작할 때가 되었고, 또한 미국-아프가니스탄조약(U.S.-Afghanistan Strategic Partnership Agreement)을 통해서 2014년이 지나도 미군이 남아 있겠지만 그것은 영구주둔이 아니며, 아프가니스탄의 대테러방지와 군사 훈련을 돕는 역할을 할 것이라고 했다. 미국-아프가니스탄조약에 따르면 향후 10년간 미국은 아프가니스탄의 발전을 돕고, 아프가니스탄은 인권을 보호하고, 투명한 책임정부를 운영하기로 약속한 조약이다. 민주당은 또한, 지역 안보에 파키스탄의 역할이 중요하다고 했다.

공화당은 호주, 필리핀, 일본, 한국 등 우방국과 함께 북한의 핵무기 프로그램을 완전하게 검증가능한 방법으로 돌이킬 수 없도록 폐기해야 한다고 주장했다. 공화당과 민주당은 인도의 중요성을 높이 평가하면서 경제적 안보적 동반자로 평가하고 있다. 공화당은 과거의 정강정책에서와 마찬가지로 인도와 파키스탄의 평화가 지역 안정과 테러리스트 대응에 필요하다고 주장하였다.

민주당은 이스라엘의 안보는 미국의 중동 정책에서 제일 중요하다고 하면서, 지난 2008년 정강정책에서 밝혔던 것처럼 이스라엘 안보를 위한 재정적 지원을 지속적으로 하고 있고, 이스라엘의 이동식 방공체제인 아이언 돔(Iron Dome)에 재정지원을 했다고 밝혔다. 이스라엘의 수도는 예루살렘이라는 것을 지지하고, 이스라엘-팔레스타인의 2국가 체제를 인정하며, 팔레스타인이 이스라엘과 평화의 공존을 유지하길 바라며, 다른 아랍 국가들이 이스라엘과 평화협정을 맺도록 압력을 가하겠다고 주장했다. 또한 걸프협력회의(Gulf Cooperation Council) 소속 국가나 다른 국가들과의 협력을 통해서 지역의 안전을 확보하고 대량살상무기나 핵확산을 막겠다고 했다. 민주당은 또한 민주 이라크 정부와 외교, 경제, 안보 분야의 동반자적 관계를 발전시키겠다고 주장했다.

공화당도 이스라엘의 안보는 미국 안보의 매우 중요한 요소라고 하면서 이스라엘과 팔레스타인이 공존하기 위해서는 팔레스타인 국민들이 평화를 사랑하고 테러를 싫어하는 지도자들 선출해야 할 것이라고 말했다. 2012년 민주당 정강정책에서 언급하지 않았던 하마스와 헤즈볼라 고립화를 공화당은 2012년 정강정책에서도 주장하고 있다. 그리고 공화당은 아사드 대통령

이후의 시리아를 대비해야 한다고 주장하면서, 민주적 이행을 위해서 공화당 행정부가 도울 것이라고 주장했다. 공화당은 이란을 비난하면서 국제기준에 맞는 민주화를 이행하라고 촉구했다.

민주당은 중남미에서 마약, 갱, 인신매매 조직 소탕에 성공적인 국제 공조가 있었으며, 미국의 도움을 필요로 하는 국가에 최신설비, 기술, 훈련을 지원하겠다고 약속하였다. 또한 범죄조직과 관련이 있는, 그리고 미국에도 있는 금융카르텔을 추적하여 징치하겠다고 했다. 공화당은 민주당이 남미를 버렸다고 비난하면서, 전통적 우방을 버려두고 공산주의 국가인 베네수엘라와 협력하는 것은 잘못이라고 주장했다. 공화당은 베네수엘라는 현재 테러리스트들의 도피처이며 마약 테러리스트 국가라고 주장했다.

공화당은 쿠바 민주화를 위해서 쿠바의 민주화 세력을 지지하고, 쿠바난민의 입국을 허락한 1966년의 쿠바인 정착법(Cuba Adjustment Act)을 찬성하고 방송 등 각종 매체를 동원하여 쿠바 국민들에게 진실을 알려야 한다고 주장했다. 이는 전통적인 공화당의 정강정책으로 새로운 주장은 아니다. 공화당은 또한 민주당 정부가 중지시킨 키스톤 XL 파이프라인을 재개시키겠다고 선언했다. 멕시코만에서 캐나다까지 연결되는 송유관 사업인 키스톤 XL은 환경보호자와 경제발전론자의 논란이 많은 사업으로 민주당과 공화당의 입장이 첨예하고 갈리는 사업이다. 공화당은 2012년 정강정책에 이 부분을 추가해서 민주당을 압박하고 있는 것이다.

아프리카 정책도 과거와 다른 것이 별로 없다. 민주당이 조셉 코니(Joseph Kony)를 정의의 심판대에 세우겠다고 선언한 것이 과거 정강정책 없던 부분이고, 양당의 아프리카 정책은 예년과 비슷하다. 중동과 아프리카를 아울러서 민주당이 알 카에다의 잔존 세력이 준동하지 못하도록 지역의 국가들과 공조해서 미국인의 죽음에 책임이 있는 개인이나 세력은 끝까지 추적하겠다고 의지를 표명한 점이 눈여겨볼 만한 정책이었다.

국제기구에 대한 공화당의 2012년 정강정책은 과거의 정강정책과 뚜렷한 일관성을 보인다. 유엔개혁, 재정의 투명성 확보, 미국의 주권을 침해하는 각종 세금의 비준 반대, 국제형사재판소의 사법권 불인정, 낙태 지원하는 국제기구에 자금지원 중단은 공화당의 전통적인 국제기구에 대한 정책이다. 민주당도 UN 개혁을 요구하고, 과거 UN이 미국의 이익에 부합하지 않는 결정들을 많이 내려서 미국의 리더십 부재를 비난받았지만, 오바마 대통령이 취임한 후에는 UN 내에서 미국의 리더십을 회복했다고 주장하였다.

2012년 정강정책에서 양 정당은 지역별 외교정책 말고도 각 정당이 생각하는 중요한 일반 외교정책을 발표하였다. 〈표 14-2〉에서 보면, 양당 모두 인신매매와의 전쟁을 중요한 외교정책기조로 보고 있음을 알 수 있다. 민주당은 인신매매는 기본가치에 위반되고, 테러리스트 자금의 원천이 되며, 국가안보 및 국제안보에 위험이 되기 때문에 근절하는 것이 중요하다고 했다. 민주당은 양자 혹은 다자 외교를 통해서 다양한 조치를 취하고 있고, 매년 각 정부의 인신매매 대응책의 강점과 약점을 분석해서 그 정부를 지원하고 있다고 주장했다. 공화당은 인신매매를 근절하기 위해서 다양한 외교채널을 통해서 인신매매를 확산시키고 조종하는 부패한 관리들을 뿌리 뽑도록 외국의 정부와 협조하고, 마약이나 인신매매가 국경을 넘어서 미국에 퍼지지 않도록 국경을 면밀히 감시해야 한다고 덧붙였다.

2012년 정강에서 공화당은 인권을 말하고, 민주당은 여성과 동성연애자의 인권을 말하는 점이 다른 점이다. 공화당 의원들이 세운 미국국제종교자유위원회(U.S. Commission on International Religious Freedom)가 세계 곳곳의 박해받는 사람들의 권리를 신장시키기 위해 노력을 다하고 있고, 공화당은 미국국제종교자유위원회를 지원하고 있으며, 중동지역의 종교적 소

〈표 14-2〉 2012년 일반 외교 정강정책 비교 분석

민주당	공화당
- 자유 - 투명하고 책임 있는 정부와 법치주의 - 여성의 권리 - 인신매매와의 전쟁 - 동성연애자의 인권 - 인터넷 자유	- 인권보호 - 국제원조 - 인신매매와의 전쟁 - 공공 외교

수자들은 고향에서 추방되고 있고, 동아프리카와 서아프리카에서는 광신도들이 꿧자국을 만들어내고, 심지어 미국의 친구인 서양에서도 목사와 가족들이 그들의 종교적 신념 때문에 처벌을 받고 있다고 설명했다. 공화당은 종교적 자유의 신장을 미국 외교의 중심과제로 삼겠다고 선언했다. 여기서 공화당이 말하는 인권은 종교의 자유라고 볼 수 있을 것 같다.

그에 비해서 민주당은 여성과 소녀의 기회와 보호를 확장하는 것이 중요하다고 인정하고, 배움의 기회, 생활할 수 있는 임금, 의사결정 과정의 참여에서의 양성평등을 완벽하게 보장하는 것이 폭력을 줄이고, 경제를 향상시키며, 민주주의를 강화시키는 길이라고 주장했다. 민주당은 여성과 소녀의 권리를 미국 외교, 발전, 안보 이익의 중심 가치로 여기고 있다고 설명했다. 민주당은 공화당이 낙태 서비스를 제공하는 국제기관에 자금지원을 거부하는 것을 국제탄압규정(International Gag Rule)이라고 부르며, 오바마 대통령이 이를 뒤엎었다고 주장했다. 여성의 선택권과 태아의 생명권으로 분류할 수 있는 낙태 문제가 이제 미국의 사회 문제가 아니라 국제적 영역에까지 영향을 미치고 있는 것을 알 수 있다. 민주당은 또한, 동성연애자의 권리가 인권이라는 것을 강조하고 외국에서 동성연애를 범죄로 규정하고 학대하는 것을 모른 척 하는 외국 정부의 행위를 미국 외교관들은 연말 인권보고서로 작성하여 국무부에 제출하고, 국무부는 동성연애자 옹호단체의 재정지원을 해서 단체들이 차별, 폭력, 학대 등과 맞서 싸울 수 있도록 하겠다고 주장했다.

공화당은 미국은 정부의 국제원조뿐만 아니라 각급 사회단체나 자원봉사자들의 원조활동 역시 가장 활발한 국가라고 하면서, 정부 간 원조는 구식 모델로 외국 도둑정치가(kleptocrats)의 부패와 남용으로 제대로 된 효과를 거두지 못했다고 주장했다. 공화당은 국제원조 지출을 줄여서 세금을 낮추게 되면, 민간영역과 자선단체가 더 효과적으로 원조활동을 할 수 있을 것이라고 설명했다. 공화당에 따르면 민주당 정부가 아프리카 국가에게 낙태를 합법화시키고 동성애 권리를 인정하라는 문화 의제(cultural agenda)를 강요하기 때문에 국제원조가 제한적 효과밖에 가지지 못하고 있다고 했다. 동시에 과거 원조활동을 활발히 하고 매우 효율적이었던 종교자선단체에게는 행정부의 사회적 의제(동성애, 낙태)에 동의하지 않는다는 이유로 재정지원 대상에서 배제하였고, 그 결과 미국의 대외원조 활동의 효율성이 떨어지게 되었는데, 공화당은 이러한 비극을 막겠다고 주장했다.

국제 정치는 국내 정치의 연장선상에 있다는 것을 양당의 정강정책이 입증하고 있다. 국제원조와 외교에도 세금정책, 동성애, 낙태 등의 국내 이슈의 입장차이가 영향을 미치고 마치 두 정당의 정책대결의 장이 해외로 옮겨간 것 같은 생각이 들게 할 정도이다.

제2절 안보 정강정책 비교

두 정당의 정강정책에 나오는 안보정책은 과거 냉전시대나 9·11 테러 직후의 정강정책에서만큼 상대적 비중이 크지 않아 보인다. 테러와의 전쟁이 막바지에 접어들면서 상대적으로 외교와 안보가 양당의 정강정책에서 차지하는 중요성이 떨어지고 있다는 것을 보여주는 것이 2012년 정강정책이다. 그 이유는 몇 가지로 생각해볼 수 있다. 첫째는 아직 알 카에다 잔당이 남아 있지만, 미국의 주목을 끌거나 선거에 큰 영향을 미칠 정도로 중요한 이슈가 아닐 경우이고, 둘째는 여야 중 어느 한 정당이라도 안보를 주요 갈등으로 부각시켜서 선거 국면을 유리하게 만들 수 있다는 확신이 없는 경우이고, 셋째는 과거와 달리 안보 문제가 군사력이나 방어체제 등의 독립적인 군사적인 이슈가 아니라 다른 미국의 역량과 함께 논의되는 복합적인 영역이 되는 경우이다. 그리고 이 세 가지 이유가 섞여 있는 경우를 생각해볼 수 있다. 민주당은 분명하게 세 번째 경우, 혹은 복합적인 경우에 해당한다고 볼 수 있다. 민주당은 앞에서 설명한 대로 국제사회의 미국의 리더십을 지지하는 세 가지 요소를 경제, 군사력, 보편적 가치라고 하면서 군사력을 두 번째 기둥으로 보고 있다. 그리고 2012년 정강정책에서, 경제나 보편적 가치 부분보다 군사력 부분에 지면을 덜 할애한 것도 사실이다. 그런 면에서 안보에 군사력이 중요하나, 군사력에만 집중하는 안보는 민주당의 청사진에 없는 것처럼 보인다.

> "우리의 현재 재정 환경에서, 우리는 국방예산을 포함해서 모든 예산 분야(across the board)에 어려운 예산 결정을 해야 한다. 작년에 초당파적인 의회의 결정에 의해서 국방예산을 포함한 연방 예산의 삭감이 의무화되었다. (중략) 우리는 부담을 분담하는 강력한 안보 동반자 관계를 발전시키면서, 동시에 중요한 지역에 전진적 개입(forward engagement)의 강조를 계속할 것이다. 그리고 우리는 낡은 냉전시대의 체제를 제거해서 최신무기와 폭넓은 범위의 군사작전 수행에 필요한 다용도 능력을 유지하는 데 투자할 수 있도록 하겠다."

위의 내용은 2012년 민주당의 정강정책의 일부이다. 민주당은 2000년 민주당 정강정책에 등장했던 전진적 개입을 2012년 정강정책에서 다시 언급함으로써 주요한 미국의 외교, 안보정책의 지침으로 사용하고 있는 것을 알 수 있다. 전진적 개입이 군사력에만 의존하지 않는 군사, 정치, 경제의 다면적인 진단, 예방, 대응 전략이라는 점에서 보면, 민주당의 안보전략은 국방비를 삭감하고 다른 비군사적인 수단을 병행하고, 해당 지역의 동맹국의 안보 분담을 올리고, 국방 시스템의 현대화를 통해서 안보를 강화하는 전략으로 볼 수 있다. 2012년 정강정책에서 민주당은 이 예산삭감이 초당파적 지원을 받았다는 것을 강조하므로 공화당의 비판을 막는 효과도 기대했다고 볼 수 있다.

> "치명적이고, 자동적인, 국방예산 모든 분야의 향후 10년간의 예산 삭감은 안보에 재앙이며, 우리 군인의 안전을 위험에 빠뜨리고, 우리 국방산업의 쇠퇴를 가속화시키고, 100만 명 이상의 해고를 초래할 것이다. 국방예산 몰수(sequester)에 대한 반대는 초당파적이다. 심지어 현 국방부 장관도 현재의 국방예산 삭감은 미국 군사력을 '황폐화(devastating)'시킬 것이라고 말했다. 그러나

현 대통령은 압류를 지지하고, 법으로 서명까지 하고, 이를 막으려는 공화당의 노력에 거부권 행사로 협박을 했다. 만약 대통령이 추가적으로 5,000억 달러의 국방예산 삭감을 허락하면, 미국은 1940년 이래 최소의 육군과 1915년 이래 최소의 함정과 역사상 가장 적은 수의 공군을 갖게 될 것이다."

위의 문장은 2012년 공화당 정강정책에 나오는 표현이다. 공화당은 현 민주당 정권의 국방장관의 말을 인용해서 국방예산 삭감에 초당파적으로 반대한다고 주장하면서, 국방예산 삭감의 세 가지 악영향을 예로 들었다. 군인을 위험에 처하게 하고, 군수산업 쇠퇴를 가져오고, 결과적으로 군수산업의 해고사태로 노동자가 직업을 잃게 되는 것이다. 여기서 우리는 공화당의 주요한 유권자연합이 군인과 군수산업이라는 것을 또 한번 확인할 수 있다. 공화당은 예산 삭감을 몰수라는 표현을 사용하면서 민주당 정책을 공격하고 있다. 그리고 미국의 국방력 쇠퇴가 불가피해질 것이라는 우려를 표명하고 있다.

민주당의 군사안보전략은 세 가지로 구성되어 있다. 핵확산을 막고, 새로운 위협에 대처하며, 군사적 우위를 유지하는 것이다. 앞서 설명한 대로 전진적 개입을 적용하면 민주당의 안보정책은 더 포괄적이 된다. 동맹과 관계를 유지하고 보편적 가치를 고양시키고, 국제 번영과 발전에 이바지하는 것이 다 안보 전략의 일부가 될 수 있기 때문이다. 민주당이 말하는 새로운 위협은 사이버안보, 생물무기, 기후변화, 국제범죄이다.

"기후변화가 국가안보를 위협하는 것은 실제하고, 위급하며, 심각하다. 지구온난화가 만들어낸 변화는 난민과 자원, 가뭄과 기근으로부터의 새로운 고통, 자연재앙, 지구전체의 중요한 생태계의 저하(degradation)에 관한 새로운 갈등을 만들어내고 있다. (중략) 그것이 왜 대통령과 민주당이 기후변화와 싸우는 국제체제를 만들려고 지속적으로 노력해왔는지를 설명해준다."

민주당은 기후변화를 국가안보를 위협하는 요인 중의 하나로 지목하고 있다. 이런 점이 민주당을 공화당과 차별화시키는 부분이라고 말할 수 있다.

공화당은 현 민주당 정부의 안보정책을 다섯 가지 측면에서 실패라고 비난하고 있다. 첫째는 앞서 말한 예산삭감이다. 둘째는 정치적 목적으로 중요정보를 누설하는 것이고, 셋째는 안보전략의 실패, 넷째는 재래식 병력의 약화, 다섯 번째가 핵능력과 미사일 방어체제의 약화이다.

공화당은 알 카에다 지도자들을 사살하는 작전의 세부적 사항을 정치적인 지지를 얻기 위해 공개한 것은 특수부대의 전략과 기술을 노출하는 것과 마찬가지고, 향후 정보작전의 기회를 부정하게 만들어서 결국 전체적인 국가안보에 위험이 된다고 민주당 정부를 비판했다. 또한, 공화당은 기후변화가 안보의 위협이라는 민주당의 생각에 동의하지 않는다.

> "현 정부의 가장 최근의 국가안보전략은 자유주의 국내 연합(liberal domestic coalition)의 극단적 형태를 반영한 것이다. 그것은 (중략) 우리의 군사력을 약화시킨다. (중략) 마지막으로 현 정부의 전략은 국가안보를 환경, 에너지, 국제 보건 이슈에 종속시키고, 기후변화를 외국의 침략과 같은 수준의 '심각한 위협'으로 격상시켰다. 오바마 대통령은 '기후'라는 단어를 알 카에다, 핵확산, 극단주의 이슬람, 대량살상무기보다 훨씬 자주 사용하였다."

위의 내용은 공화당의 2012년 정강정책의 일부분이다. 공화당은 민주당 국가안보 전략의 실패의 예로 기후변화가 어떻게 외국의 침략과 같은 수준의 치명적 위협이 될 수 있냐고 반문하면서, 민주당 정부의 안보정책은 국내 자유주의 유권자연합의 반영으로, 국가안보를 그들의 핵심 이슈인 환경, 에너지, 보건에 종속시켰다고 비난했다. 그리고 오바마 대통령의 안보 전략에서, 실질적 위험인 알 카에다, 핵확산, 극단적 이슬람, 대량살상무기보다 '기후'라는 단어가 더 많이 쓰였다고 하면서 민주당의 안보 전략에 대한 불신을 표시하고 있다.

민주당은 핵의 우위가 중요하다는 냉전적 사고에서 벗어나서 국가안보를 위해서 핵탄두와 핵무기를 감축하는 것이 필요하다고 역설하면서, 러시아와 새로운 START협정을 통해서 검증 가능한 감축이 가능하게 되었다고 주장했다. 또한, NPT와 같은 국제기구와 다른 국가들과의 협조를 통해서 핵확

〈표 14-3〉 2012년 핵, 미사일 방어 정강정책 비교 분석

민주당	공화당
- 핵무기 감축(START) - 핵확산 방지 — NPT(이란, 북한) - 핵물질 도난 방지, 러시아의 협조 중요	- 핵감축, 핵확산 방지 - 핵무기, 복합단지 현대화 필요 - 미사일 방어체제 약화 비판 - 비대칭, 비전통적 방어 강화(이란, 북한)

산 방지를 위해서 노력하고 있으며, 국제사회와 공조하여 이란이 핵보유를 하지 못하도록 압박을 가하고 있고, 군사적 방법이 아닌 외교적 방법으로 원하는 결과를 얻을 수 있다고 주장하였다. 북한의 경우에도 국제사회와 다자간 협정을 통해서 제재를 가하고 있다고 주장하였다.

공화당도 핵감축과 핵확산 방지가 중요하다는 점에서 민주당과 동의하고 있지만, 미국의 충분한 억제력을 전제로 감축이 이뤄져야 한다고 주장하면서, 핵무기 보유국 중에서 미국의 핵무기와 시설이 제일 낡았고, 민주당 행정부가 러시아와 START협정을 맺으면서 그 대가로 미사일 방어체제가 약화되었다고 비판하고 있다. 공화당에 따르면 민주당 행정부는 폴란드, 체코의 미사일 방어기지를 포기하고, 알라스카의 계획된 요격기를 감축했으며, 미사일 방어 예산을 삭감해서 미사일 방어체제가 약화되었다고 했다. 앞서 민주당의 정강정책에서는 러시아와의 협조가 중요하지만 미국의 안보에 중요하다고 생각해서 러시아의 반대에도 불구하고 폴란드, 루마니아, 터키에 미사일 방어체제를 배치했다고 했었던 것과 공화당의 주장은 배치가 되는 측면이 있다. 진실은, 공화당은 민주당이 원래 계획을 포기한 것을 비판한 것이고, 민주당은 원래의 미사일 방어체제 계획을 취소하고, 그 대안으로 단계가 낮은 SM-3 미사일 방어체제를 폴란드에 설치하기로 하였으니, 미사일 방어체제를 폴란드에 배치했다는 민주당의 주장도 맞는 것이다.

민주당은 핵확산 방지나, 핵무기 감축, 도난당한 핵물질 확보 등에 러시아와의 협조가 필수적이라고 하면서, 러시아를 적대시하는 공화당 대통령 후보의 태도는 미국과 러시아가 공유하고 있는 이런 이익들을 무시하는 행

동이라고 지적했다.

두 정당의 사이버 안보의 관점은 두 정당의 정치 철학의 차이를 보여준다고도 볼 수 있다. 공화당은 현재 정부의 사이버 안보 전략은 매우 취약해서, 진주만 사건 같은 사이버 공격을 막을 수 없다고 주장하면서, 미국 사이버 안보의 핵심은 정부와 민간 간의 협조체제 구축이라고 선언했다. 네트워크 관리자 사이의 자유로운 정보 교류를 보장하고, 사이버 테러의 위험을 정부와 민간영역이 공유하며, 민간영역 안에서의 자유로운 정보의 흐름을 보장해 줄 때 사이버 안보가 확립되며, 투자와 혁신을 장려할 수 있다고 공화당은 주장하고 있다. 또한 민간영역의 혁신을 어렵게 하는 온갖 규제를 철폐하고, 사이버 안보의 명분으로 비대화되는 정부의 양적·질적 팽창을 반대하였다. 공화당은 시대에 뒤떨어진 정부 정보체제에 관한 법률을 수정해야 한다고 요구하였다.

민주당은 사이버 안보를 위해 민간 기업이나 국제사회와의 협력을 강화해나가겠다고 다짐하면서, 사이버 안보를 전담할 군사령관을 임명하였다. 또한 연방정부의 정보 보완관련 능력을 전면적으로 재검토하고 있으며, 시민의 사이버 안보의식을 고취시키고 컴퓨터 능력을 향상시키는 것이 사이버 안보에서 중요하다고 주장하고 있다. 또한 양당은 모두 사이버 안보와 관련 연구 개발을 지원해야 한다고 입을 모았다.

〈표 14-4〉 2012년 사이버 공격 대응 정강정책 비교 분석

민주당	공화당
-사이버 안보 전담 군사령관 임명 -연방정부의 정보 보안관련 능력 재검토 -연구 개발 지원 -사이버 안보 자각, 컴퓨터 능력 향상 -민간, 국제협력 강화	-사이버 안보 취약 비판 -정부, 민간 협조체제 구축—네트워크 관리자 사이의 자유로운 정보교류, 투자와 혁신 장려 -정부의 보안강화, 연구 개발 지원 -정부 정보체제에 관한 법 수정 요구 -규제 철폐, 정부 비대화 반대

제3절 경제, 무역 정강정책 비교

이번 제14장을 시작하면서 설명하였듯이 민주당의 2012년 정강정책의 초점은 중산층에 모아져있고, 그에 따라 경제 정강정책도 중산층의 재건을 중심으로 전개되고 있다. 그에 비해서 공화당의 2012년 정강정책은 전통적으로 일자리, 세금 등과 같이 일반적인 정강정책을 설명하고 있어서 전체적으로 양당의 정강정책의 구성과 전개방식이 다르다.

2012년 민주당의 일자리정책의 핵심에는 미국 일자리법(American Jobs Act)이 있다. 미국 일자리법은 고용을 창출하는 중소기업에 감세혜택을 주고, 추가된 일자리에 대해서 기업에 원천소득세를 면제해주며, 실업상태에 있는 은퇴군인을 고용하는 회사에게 세금 공제를 해주고, 교사, 경찰, 소방관들의 일자리 보호를 위해 예산 지원을 하고, 공립학교의 현대화를 통해 일자리를 창출하고, 사회기반 시설 투자하며, 장기 실업자를 고용하는 회사에 세금공제 혜택을 주고, 고용 결정할 때 실업자에게 불이익을 주는 것을 금지시키는 등 종합적인 일자리 대책법이다.2) 이에 대해서, 공화당은 임시

〈표 14-5〉 2012년 일자리 관련 정강정책 비교 분석

민주당	공화당
- 미국 일자리법(American Jobs Act) 지지 - 주택자금 융자중인 가족을 위한 재정 지원 기회 확대, 지역의료센터에서 은퇴군인 채용, 교통 프로젝트 허가, 낭비적 예산 절감, 학생 대출 상환 상한선 - 인소싱(insourcing) 세재혜택 - 아웃소싱(oursourcing) 세제혜택 중단	- 자유시장경제정책 — 경제성장 — 일자리 - 21세기에 맞는 연방 직업 교육 - 세금 제도 간소화 - 정부 지출과 규제의 제한 - 사회기반 시설 투자 - 고용주에게 확실성과 예측가능성 제공 - 임시일자리를 위한 보조금과 예산지출 반대 - 미국 기업의 국제경쟁력 강화와 무역개방

2) White House, American Jobs Act, https://www.whitehouse.gov/economy/jobsact

일자리를 위해 보조금을 주고 예산을 지출하는 것을 반대한다고 선언했다. 민주당의 오바마 대통령이 제안한 미국 일자리법은 세금 혜택과 연방 예산 지원으로 이루어졌는데, 공화당은 그런 일자리는 영구적인 일자리가 아니라 임시적 일자리이고 구태의연한 방법이라고 비난하고 있다.

공화당은 2012년 정강정책에서 가장 좋은 일자리 창출은 자유시장경제정책으로 경제를 성장시켜서 일자리 창출로 이어지는 것이라고 주장했다. 기업이 경쟁을 통해서 국가 경제 발전에 이바지하기 위해서 정부는 세금 제도를 간소화하고, 무분별한 정부의 예산 지출을 삼가고, 각종 규제를 줄이고, 원활한 경제 활동을 위해 사회기반 시설에 투자하는 것이며, 기업은 국제 경쟁력 강화를 위해 최선을 다하고 정부는 21세기에 맞는 직업 교육을 제공하고, 무역 개방을 통해서 미국 물품이 수출될 수 있도록 돕는 것이 중요하다하고 공화당은 역설했다. 공화당은 또한, 정부가 세금 공제로 고용의 인센티브를 주는 것보다는 고용주에게 고용후의 확실성과 예측 가능성을 심어줘야 고용주가 고용을 늘리는 것이라며 공화당 대통령과 의회가 그런 신뢰를 고용주에게 심어주겠다고 주장했다.

민주당은 세금혜택을 통해서 기업의 고용을 늘리고, 실업자를 고용할 때 혜택을 기업에 제공해서 실업률을 낮추고, 연방 예산을 풀어서 직접적인 일자리를 창출하고 중요 일자리를 보호하고, 아웃소싱하는 기업에 세금 혜택을 중단하고, 인소싱하는 기업에 세금혜택을 주는 것이 주요 정강정책이라면, 공화당은 시장경제 원칙에 따른 경제성장으로 일자리를 늘려야 하며, 인위적인 일자리 늘리기 정책에는 반대하고 있다.

2012년 민주당의 정강정책에 나오는 조세제도 관련 정책은 간단하다. 중산층 세금인상을 억제하고, 부자와 기업에 공평한 세금 부담을 요구하겠다는 것이 핵심이며, 부자와 기업만 살찌우는 공화당의 감세 제안에 반대한다는 것이다. 민주당은 연 소득 100만 달러 이상 소득자에게 최소 30%의 세금을 부과하는 버핏룰(Buffett Rule)을 지지한다고 주장했다.[3] 그리고 2008년

---

3) 버핏규정(Buffett Rule)은 기본적으로 연 소득 100만 달러 이상의 소득자가 중산층보

〈표 14-6〉 2012년 조세 관련 정강정책 비교 분석

민주당	공화당
- 중산층 세금 인상 억제 - 부자와 기업에 공평한 세금 부담 - 공화당 감세 제도 반대 - 연소득 25만 달러 미만 감세 - 세금 코드 개혁, Buffett Rule 찬성 - 중소기업의 법인세 인하	- 부시(Bush)감세 제도 부활 - 한계세율 20% 삭감 - 세금 폐지(이자, 배당금, 양도소득) - 상속세 폐지, 최저한도 세금 폐지 - 법인세 인하, 법인 최저한도세 폐지 - 영토적 과세체제 도입

민주당 정강정책에서도 주장했듯이 연소득 25만 달러 미만 가정에 세금 인상을 하지 않겠다고 했다. 민주당은 기업의 세금 코드 개혁을 통해서 미국의 기업 법인세 인하를 추진하겠다고 했다. 민주당은 대기업과 부자의 세금은 올리고 중소기업의 법인세는 인하하는 정책을 통해 공평한 세금부담의 원칙을 지키려 하고 있다.

2012년 공화당의 정강정책은 2001년, 2003년의 감세제도 부활을 요구하고 있다. 공화당에 따르면, 부시(Bush)감세로 알려져 있는 공화당의 감세 정책은 소득, 이자, 배당금, 양도소득에 대한 세율 인상을 막는 것이다. 부시 감세의 내용 중에서, 소득을 제외한 나머지 부분을 부자 감세라고 민주당이 비판하는 것으로 볼 수 있다. 공화당은 소득이 1달러 증가함에 따라 증가하는 한계세율을 모든 세금 구간에 똑같이 20% 낮추고, 이자, 배당금, 양도소득에 대한 세금을 폐지하고, 상속세를 폐지하고, 최저한도 세금을 폐지하라고 주장했다. 최저한도 세금은 중복해서 여러 항목의 세금 공제를 받더라도

다 세금을 적게 내서는 안 된다는 원칙에서 출발한다. 워렌 버핏(Warren Buffett)이 자기의 세율이 자기 비서의 세율보다 낮다고 한 유명한 말에서 이 규칙의 이름을 따왔다. 국가경제위원회(National Economic Council)의 보고서에 따르면, 백만장자의 1/4에 해당하는 인구가 중산층의 세율보다 낮은 세율로 세금을 납부한다고 한다. 버핏규정에 관한 자세한 내용은 국가경제위원회 보고서를 참조할 것. White House, The Buffett Rule: A Basic Principle of Tax Fairness, https://www.whitehouse.gov/sites/default/files/Buffett_Rule_Report_Final.pdf

최저로 납부해야 하는 세금보다 적은 세금을 부과하지 않는 제도로 공제사유가 많은 납세자에게 불리한 제도이다.

공화당은 개인 납세자뿐 아니라 법인을 대상으로 한 최저한도세도 폐지해야 한다고 주장했다. 또한 미국의 법인세가 너무 높아서 국제 경쟁력을 약화시키고, 기업의 해외 이전을 증가시키며, 국내투자를 위축시키고, 일자리 창출을 어렵게 하고, 국내 노동자의 임금하락을 유발하고, 조세 회피의 유인이 되고 있다고 지적하고 있다. 또한, 공화당은 현 세금제도를 영토적 과세체제로 변경하는 것이 필요하다고 주장했다. 공화당에 따르면 영토적 과세체제를 통해서 미국 법인의 해외 지사에서 본국으로 송금된(repatriated) 수입이 미국의 일자리 창출을 위한 투자로 이어질 수 있다고 했다.[4] 실제로 영국과 일본이 영토적 과세체제로 전환을 한 예에서도 볼 수 있듯이 선진국의 고민을 엿볼 수 있는 부분이다. 그러나 영토적 과세체제를 도입해서 본국으로 그 이익이 송금된다고 해도, 그 돈이 투자나 일자리 창출로 이어진다고 확신할 수 없는 문제가 있다.

민주당의 예산정책은 두 가지로 함축된다. 불필요한 예산지출을 줄이고, 부자와 법인의 세금을 통해서 세수를 확충해서 예산적자를 줄이는 것이다.

〈표 14-7〉 2012년 예산, 재정 정강정책 비교 분석

민주당	공화당
- 부자와 법인의 공평한 부담 원칙 - 예산 지출 삭감	- 예산 지출 삭감, 예산적자 삭감 - 보건의료 개혁 - 예산 편성 과정 개혁 - 예산 3대 원칙

4) 영토적 과세체제에 관한 논의는 2012년 이전부터 있어 왔었다. 영토적 과세체제는 다국적 기업의 지사를 해외에 많이 설립한 선진국의 조세회피를 현행 세계과세체제로는 막을 수 없자 차라리 본국으로 수입을 송금시켜서 국내 경제 발전에 사용토록 하자는 취지에서 영국, 일본에서 도입되었다. 영토적 과세체제가 개도국에 어떤 영향을 미치는지에 대한 평가는 다음의 책(Matheson 외 2013) 참조.

공화당도 예산 지출 삭감과 예산 적자 삭감을 요구하고 있다는 점에서 예산 적자를 줄이는 것이 양당의 공동관심사라고 할 수 있다. 공화당은 민주당에 비해서 균형예산에 민감한 반응을 보이고 있다. 물론 야당의 특성이기도 하고, 작은 정부를 추구하는 공화당의 이념이라고 볼 수도 있다.

> "메디케어, 메디케이드, 사회보장 이 세 프로그램이 전체 예산 지출의 40%를 넘고 있다. 이렇게 높은 수준의 지출과 부채는 이미 일자리 창출과 성장에 해를 끼치고 있는데, 미래 지출의 증가 추정치가 보여주는 것은 경제적 사회적 대혼란임에 틀림없다."

위의 문장은 2012년 공화당의 정강정책에서 인용한 부분이다. 공화당은 연방지출이 너무 과하고, 특히 복지프로그램의 지출 비율이 너무 높다고 지적하고 있다. 그렇다고 공화당이 그 프로그램을 축소해야 한다고 여기서 바로 주장하지는 않는다. 단, 과도한 복지 지출이 일자리 창출과 성장에 해를 끼치고 있다고 주장하고 있다. 앞에서 공화당은 국방비 예산 감축을 비난한 바 있다. 그리고 예산 지출 삭감을 요구하고 있다. 그렇다면 공화당 정강정책의 행간을 읽으면, 사회복지 지출을 프로그램별로 삭감하자고 하지는 않지만, 복지비 지출 때문에 미국 경제와 일자리가 어려운 상황인 것을 부각함으로써 복지 프로그램의 변화를 요구하고 있다는 것을 암시하고 있다. 뒤의 의료부분 정강정책에 가면 공화당이 생각하는 것이 무엇인지가 정확하게 나온다.

공화당은 예산 편성의 3대 원칙을 가지고 예산이 거기에 부합하는지를 확인해야 한다고 주장했다. 첫째, 헌법이 허락한 연방정부의 역할과 권한 안에서 이루어지는 지출인가? 둘째, 예산 지출이 효과적이고 반드시 필요한가? 셋째, 정부가 돈을 빌리는 것 특히 외국에서 돈을 빌리는 것을 정당화할 만큼 재정지원이 충분히 중요한가? 공화당은 이 세 가지 기준을 가지고 연방 예산을 심사하겠다고 했다. 그리고 공화당은 세금인상의 경우 양원 각각 2/3의 찬성으로 통과되도록 헌법 개정을 하겠다고 주장했다. 이 주장도 공화당의 전통적인 주장이다. 세금을 내리는 것은 포함이 되지 않고 세금인상의 경우에만 상원, 하원 각각 2/3 찬성을 요구하는 것이 국민의 대표인 의회에서 국민 부담을 증가시키는 안건에 대해서 더 신중하게 처리하자는 뜻으로 받아들일 수도 있지만, 공화당이 주장하는 감세는 그 대상이 되지 않는다는 점에서 정파적인 의견으로도 볼 수 있다.

2012년 정강정책에서도 양당은 자유무역을 지지하고 있다. 민주당은 오바마 대통령의 업적으로 한국, 콜롬비아, 파나마와의 자유무역협정을 체결했고, 체결 전에 미국의 노동자와 기업이 불공정한 불이익을 받지 않도록 확인했다고 주장했다. 또한 역사적 사건인 환태평양동반자협정을 통해서 태평양 시장에 미국산 물품이 진출하게 될 것이라고 밝혔고, 그러면서도 미국은 교역상대국의 노동자 권리, 환경기준이 국제적 기준에 맞게 수정되도록 노력하고 있으며 불공정 무역 관행의 제거를 위해 노력했다고 했다.

공화당도 2012년 정강정책에서 자유무역협정을 지지하지만, 현 민주당 행정부의 무능으로 협정에 진척이 없다고 비판하면서 대통령에게 무역촉진권한을 부여해서 이익집단들이 의회의 비준을 방해하고 시간을 끌지 못하도록 신속하게 무역협상을 끝내도록 하는 것이 중요하다고 지적했다. 또한 환태평양동반자협정을 신속히 완료하여 미국기업의 아시아, 태평양 시장 진출

〈표 14-8〉 2012년 무역 정강정책 비교 분석

민주당	공화당
- 자유무역협정 — 한국, 콜롬비아, 파나마 - 환태평양동반자협정 - 노동자 권리, 환경기준, 불공정 무역 관행 - 중국 통화 절상 압력 - 범정부 무역집행기구(ITEC) 설립 - 불법 보조금, 비관세 장벽 제거 노력	- 자유무역협정 지지 - 중국의 불공정 행위 비판 — 지적재산권, 통화조작, 중국기업에 보조금 지급, 중국 정부 조달사업에 미국 기업 참여 불허, 규제 - 중국에 상계 관세, 위조품 추방, 중국기업 조달 사업 제외 - 대통령 무역촉진권한 부여 - 환태평양동반자협정 신속 완료 - 레이건 경제 구역, 공정한 무역

을 신장시켜야 한다고 했다.

공화당은 중국의 불공정 행위를 열거하면서 중국을 비판하였다. 중국의 불공정 행위에 대한 양당의 비판은 정강정책의 단골메뉴 같이 항상 나오는 것이기는 하지만 2012년 공화당의 비판 강도는 과거에 비해 높아졌다. 공화당은 중국 정부가 미국의 지적재산권을 보호하지 않고, 통화조작을 해서 미국 기업에 불이익을 주었으며, 중국기업에 보조금을 지급하여 대미 수출을 용이하게 했고, 중국 정부 조달사업에 미국 기업을 제외시켰으며, 각종 규제와 기준을 세워서 미국기업에 불공정 행위를 했다고 주장하였다. 공화당은 중국에 상계 관세를 부과하고 위조품을 미국에서 추방하며, 만약 중국의 불공정 관행이 시정되지 않으면 미국의 조달사업에 중국 기업을 배제하겠다고 했다.

민주당도 중국의 불공정 관행을 시정케하고 특히 중국 통화를 절상하도록 권고하는 노력을 하겠다고 주장했다. 공화당에 비해서 민주당의 중국 압박은 상대적으로 강하지 않아 보이는 게 사실이다. 민주당은 국내 무역법과 미국무역권리의 집행을 신장시키는 목적으로 설립된 범정부무역집행기구(Interagency Trade Enforcement Center)를 지지한다고 선언했다.[5] 범정부무역집행기구는 미국의 무역대표부 소속으로 유관부서에서 통상전문가를 파견하여 외국의 무역장벽 및 불공정 무역관행을 감시 조사하고, 미국 정부의 대응을 조율하는 기능을 하게 되는데, 이를 통해 상대국의 불공정무역관행 철폐정책을 집행할 수 있게 되는 것이다.

공화당은 자유무역을 지지하며, 레이건 경제구역(Reagan Economic Zone) 안에서의 모든 무역은 공정한 무역이 될 것이라고 선언했다.[6] 그 말은 미국의 배타적 경제구역 안에 속해 있는 모든 미국, 준주, 미국령에서 공정한 무역을 추진하겠다는 뜻이다.

---

5) International Trade Administration, "Interagency Trade Enforcement Center," http://www.trade.gov/enforcement/itec/index.asp

6) The American Presidency Project, http://www.presidency.ucsb.edu/ws/?pid=41037

양당이 모두 자유무역 기조를 유지하면서 공정한 무역을 추진한다는 점에서 공통점이 있고, 수위와 방법에 있어 다소 차이가 있다. 민주당이 범정부무역집행기구 설립을 통한 불공정 무역에 대한 강력한 대응을 예고하고 있다면 공화당은 일단 중국에 높은 수위의 대응을 예고하였고, 미국 본토 외에 미국의 모든 영토에서 공정한 무역을 추진하겠다고 그 범위를 넓힌 것이 특징이다.

〈표 14-9〉에서 보면 2012년 민주당은 월가 개혁을 제기하고 있다. 2008년 미국의 금융위기 시절 들어난 월가의 도덕적 해이는 미국국민의 분노를 불러일으켰고, 미국의 신자유주의 경제정책의 후퇴를 가져왔는데, 민주당은 재정규제 체제의 실패가 월가의 도덕적 해이와 실패를 막지 못했다고 지적하면서 정부의 감시 감독 기능을 강화하는 방향으로 월가를 개혁해서 투명성과 책임성을 증가시키는 것이 도드-프랭크법(Dodd-Frank Act)의 핵심이라 했다.[7)]

공화당도 월가 개혁의 핵심이 투명성 확보에 있다는 것에는 동의하고 있지만, 월가개혁법인 도드-프랭크법[8)]은 과도한 규제의 대표적 예라고 비판하면서 반대하고 있다. 양당 모두 대기업은 안전하다는 대마불사(too big to fail)의 원칙은 더 이상 적용되지 않는다는 사실에 동의하고 있다. 공화당

〈표 14-9〉 2012년 금융(월스트리트) 관련 정강정책 비교 분석

민주당	공화당
- 월가 개혁, 투명성 책임성 증가 - 구제금융, 대마불사 종식 - 일자리 창출 중소기업, 학자금 융자 - 소비자 감시단 창설	- Dodd-Frank법 반대 - 대마불사(too big to fail) 반대 - 과도한 규제 반대, 투명성 - 건전한 지출, 세금, 규제정책 필요

7) White House, Wall Street Reform: The Dood-Frank Act, https://www.whitehouse.gov/economy/middle-class/dodd-frank-wall-street-reform

8) 법 원문 U.S. Securities and Exchange Commission, https://www.sec.gov/about/laws/wallstreetreform-cpa.pdf 참조.

은 민주당 행정부의 과도한 규제로 이미 투자가 줄고 금융가가 정부의 눈치만 보고 있다고 비판하면서, 건전한 예산지출과 세금, 규제정책을 통해서 다시 한번 월스트리트가 미국과 세계의 중심이 될 수 있어야 한다고 했다.

민주당은 은행들이 과거의 관행에서 벗어나서, 일자리를 창출하는 중소기업에 대출을 해주고, 주택을 구매하거나 학자금이 필요한 일반 국민들에게 대출해주는 새로운 규칙을 만들고 있다고 주장했다. 또한 단일 소비자 감시단을 창설해서 주택자금 중계인, 대출자, 빚 수금업자, 다른 금융기관의 사기나 불공정대출 관행으로부터 가정을 보호하겠다고 했다.

민주당은 과거의 정강정책과 마찬가지로 2012년에도 최저임금제 인상을 요구하고 있다. 그리고 물가인상폭과 연동해서 최저임금을 올려야 한다고 주장했다. 공화당은 최저임금제에 관한 언급이 없었지만, 미국 본토가 아닌 미국령 영토에 관한 정책 중에서 민간 기업의 발전이 더딘 지역의 경우 최저임금을 유연하게 결정할 수 있도록 해야 민간 기업이 발전하게 되고, 민간 기업이 발전해야 임금인상이 가능하고 일자리를 공공부분에 덜 의존하게 만들 수 있다고 주장했다.

민주당은 2012년 정강정책에서 여성이 동등한 임금을 받을 수 있도록 노력하겠다고 하면서, 오바마 대통령이 처음 대통령이 되어서 서명한 법이 레드베터 공정임금법(Lilly Ledbetter Fair Pay Act)이었고, 현 의회에서 임금공정법(Paycheck Fairness Act)을 통과시키겠다고 주장했다. 레드베터 공정임금법은 동일한 노동에 대하여 남녀 차별 없이 동등한 임금을 주도록 하는 법이며,[9] 공정임금법은 임금에 관한 정보를 공유했다는 이유로 고용인에게 불이익을 주는 고용주를 처벌할 수 있도록 하고, 고용주는 임금의 차이

〈표 14-10〉 2012년 최저임금제, 여성 임금 정강정책 비교 분석

민주당	공화당
- 최저임금 인상, 물가인상과 연동	- 미국령 영토에서 최저임금제 융통성 필요
- 여성의 동일 임금 주장	- 없음

가 성별 때문이 아니라 다른 요소 때문이라는 것을 설명할 수 있도록 하는 법으로 여성의 임금교섭권의 향상을 가져오고 공정한 임금을 받을 수 있도록 해주는 법이다.[10] 공화당은 과거 제3차 정당체제부터 여성의 동일노동 동일임금을 주장했었지만, 2012년 정강정책에서는 아무런 언급이 없었다.

민주당의 정강정책의 소제목은 노동자(workers)이고 공화당의 소제목은 노동력(workforce)과 일터(workplace)이다. 소제목이 암시하듯 두 정당의 정책의 초점이 다르다. 민주당은 노동자의 권익보호와 노조의 역할에 초점을 맞추었다면, 공화당은 노조를 통하지 않은 노동자 개인의 권리와 고용주의 권리에 초점을 맞추고, 고급 기술 인력 수급에 관심을 기울이고 있음을 알 수 있다.

〈표 14-11〉 2012년 노동 분야 정강정책 비교 분석

민주당	공화당
- 노동권 보장 — 노동조합권 - 기업의 착취 관행과 싸울 것 - 주 40시간 근로, 유급휴가, 최저임금, 의료보험, 사회보장제도, 메디케어 - 경찰, 간호사, 소방관, 응급의료진, 교사, 공무원의 단체 교섭권 - 노동권(Right to Work), 비밀투표보호법 반대	- 47개 재교육 기관 통합 운영 — 주 포괄 보조금(state block grant)으로 지급 — 재취업계좌(Personal reemployment accounts) - 과학기술 분야 외국인 유학생 졸업 후 미국 취업 유도, 전략적 이민정책 필요 - 종업원 주식 소유제도 찬성 - 비밀투표보호법 지지 - 홉스법(Hobbs Act) 지지 - 인상법(Raise Act) 통과 노력 - 프로젝트 노동자협정 종식 요구 - 데이비스-베이컨법 폐지 요구 - 주의 노동권법 찬성

9) U.S. Equal Employment Opportunity Commission, "Equal Pay Act of 1963 and Lilly Ledbertter Fair Pay Act of 2009," https://www.eeoc.gov/eeoc/publications/brochure-equal_pay_and_ledbetter_act.cfm

10) 이 법의 논란에 대해서는 govtrack.com, "S.862: Paycheck Fairness Act," https://www.govtrack.us/congress/bills/114/s862/summary 참조.

민주당은 노동조합을 조직하고 가입할 권리를 매우 중요하게 생각하고 있다. 그렇기 때문에 노조의 약화를 가져올 수 있는 노동권법을 지속적으로 반대하고 있고, 비밀투표보호법도 같은 취지로 반대하고 있다. 비밀투표보호법(Secret Ballot Protection Act)은 노동자들이 노조를 설립할 것인가를 비밀투표를 통해서 정하게 하는 법이다. 노조는 이 법을 반대하고 공개적으로 누구나 볼 수 있는 카드 체크(card check)를 사용해서 노조 결성 찬성 여부를 표시하는 방법을 선호했다. 공화당은 비밀투표보호법을 찬성하고 민주당은 이를 반대한다. 공화당은 노동자 개인의 자유를 보호한다는 명분이 있고, 민주당은 노조의 강화라는 명분이 있지만, 공화당이 강한 노조를 원하지 않는 것과 비밀투표보호법은 밀접한 관계가 있다고 볼 수 있다. 노동권법은 유니온숍을 불가능하게 만들기 때문에 민주당에서 반대하고, 공화당은 노조 가입여부와 관계없이 누구나 노동할 권리가 있다는 주장으로 이를 찬성하고 있다. 양당이 전통적으로 갈등을 갖는 부분 중의 하나가 바로 노동권 법이다. 공화당은 주의 노동권법을 넘어서 연방적 차원에서 노동권법 운동을 벌이겠다고 주장했다.

민주당은 경찰, 간호사, 소방관, 응급의료진, 교사, 공무원의 단체 교섭권을 지지하고, 고용주의 착취적 관행과 싸울 것이라고 주장하면서, 계약직 노동계약자, 사무직 노동자로 잘못 분류하여 세금을 탈세하고, 야근 수당을 안주고, 법적 보호를 받지 못하게 하는 일들을 예로 들었다. 민주당은 노조의 도움으로 주 40시간 근로, 유급휴가, 최저임금, 의료보험, 사회보장제도, 메디케어 등 다른 국가의 노동자들이 부러워하는 노동기준을 세울 수 있었다고 주장했다.

공화당은 향후 고용주-노동자 관계에서 노동자들의 힘이 더욱 성장할 것은 분명한 추세라고 하면서, 노동자들의 주식 소유제도를 적극적으로 찬성하며, 노동자들이 주주가 되는 것이 미국의 자유기업 경제의 정신의 핵심이라고 주장했다. 공화당은 또한, 노동자들의 불법 폭력시위를 막을 수 있는 홉스법(Hobbs Act)을 지지하며, 노동자들이 노조 대표의 동의 없이도 꽤 인상된 임금(well-earned raises)을 받을 수 있게 하는 인상법(Raise Act)을 통과시키기 위해 노력할 것이며, 건설 프로젝트가 시작되기 전에 노조와 건설업자가 미리 임금체계와 고용조건을 정하게 하는 프로젝트 노동협정(Project Labor Agreement)을 폐지해야 하며, 공공사업에서 지역의 보통 임금을 주도록 강제하는 데이비스-베이컨법 폐지를 요구했다.

공화당은 또한 과학기술 우수 인력 수급을 위해서 외국의 과학기술 우수 인력을 초치하기 위해서 노동비자 발급을 하고, 미국에 와있는 과학, 기술, 수학 분야의 유학생이 졸업을 하게 되면 미국에서 일자리를 잡고 미국에 남을 수 있도록 정책적 지원을 해야 한다고 주장했다. 공화당은 47개 연방 재교육은 낭비적이고 효율성이 떨어진다고 비판하면서 이를 주정부에 포괄보조금(block grant)으로 지급하면, 주정부는 지역의 학교와 고용주와 협력하여서 취업과 연계되는 재교육을 효과적으로 수행할 수 있다고 주장하였다. 또한, 주정부가 개인 재취업계좌(Personal reemployment accounts)를 개설해서 훈련생들이 직업교육을 통해서 장기적 고용을 위해 그 돈을 사용할 수 있게 될 것이라고 주장했다.

제4절 기타 정강정책 비교

2012년 민주당 정강정책에서도 여성의 임신과 낙태를 결정할 권리를 지지하였고, 여성의 선택권을 약화시키려는 시도에 반대한다고 하였다. 그에 비해 공화당은 수정헌법 14조가 태아의 생명을 보호하고 있다고 하면서, 낙태관련 서비스를 제공하는 기관에 공적자금을 지원하는 것을 반대하고, 전통적 가치를 존경하는 판사를 지명해야 한다고 주장했다.

민주당은 오바마 대통령이 지시한 '묻지 말고, 말하지 말기'정책의 폐지가 군 지도자의 협조로 잘 진행되어서 동성연애자들도 국가에 봉사할 길이 열렸다고 주장한다. 반면에 공화당은 결혼을 남녀의 결합으로 정의하는 혼인

〈표 14-12〉 2012년 낙태, 동성연애, 성교육 관련 정강정책 비교 분석

민주당	공화당
- 여성의 임신, 낙태를 결정할 권리 지지 - 군 지도자와 협조로 동성연애자 차별 금지 - 헌법 수정 반대, 결혼 존중법 지지 - 과학에 기초하고 연령에 맞는 성교육 - LGBT 청년 보호	- 수정헌법 14조 태아 보호 - 낙태 관련 공적자금 지원 반대 - 전통적 가치 존경하는 판사 지명 찬성 - 군대에서 혼인보호법 지지, 헌법 수정 운동 - 10대 가족계획대신 금욕교육으로 대체

보호법을 지지하고, 전국적으로 혼인보호법지지 운동에 들어가겠으며, 군대에서 혼인보호법이 실행되고 보호될 수 있도록 하겠다고 주장하면서 결혼을 남자와 여자의 결합으로 규정하는 헌법 수정을 하겠다고 약속했다. 그에 대해서 민주당은 동성연애자를 차별하는 방향의 헌법 수정에 반대하며, 결혼 존중법(Respect for Marriage Act)을 통과시키겠다고 했다. 결혼 존중법은 결혼보호법을 폐지하고 연방정부가 동성결혼의 적법성을 인정해주도록 하는 법안으로 의회에서의 공방이 치열한 법이다.[11] 또한, 민주당은 학교에서 놀림 받고 집을 나오는 LGBT 청년을 보호해야 한다고 주장했다.

민주당은 과학에 기초하고 연령에 맞는 성교육을 주장하였고, 공화당은 10대에게는 가족계획 대신에 금욕교육으로 대체해야 한다고 주장하였다. 학교에서의 피임이나 낙태교육을 반대하는 공화당이 제시한 대안이 금욕교육인 것이다.

2008년에 이어서 2012년에도 에너지에 관해 양당이 많은 관심을 기울였다. 〈표 14-13〉에서 민주당의 에너지정책은 청정에너지 지원을 중심축으로 하고 있고, 공화당은 자유시장과 소비자 선호에 따른 다양한 선택을 통해

11) 결혼 존중법에 관한 자세한 정보는 참조. Jenifer Pizer, "The Respect for Marriage Act: What is it and What Will it Do?" ABA Section of Litigation, Annual Conference, April 24-26(2013); Chicago, http://www.americanbar.org/content/dam/aba/administrative/litigation/materials/sac2013/sac_2013/8_recognition_of_%20lgtb.authcheckdam.pdf

〈표 14-13〉 2012년 에너지 정강정책 비교 분석

민주당	공화당
- 에너지 해외 의존도 줄여감(16년 최저) - 청정에너지(태양, 풍력) 기술 발전 투자 - 새로운 연비 기준, 배기가스 기준 적용 - 2035년까지 에너지 80%를 청정에너지로 - 청정에너지 경제 창출 지원 - 교통시설을 위한 사회간접 시설 투자 증가	- 자유시장, 소비자 선호 — 다양한 대안 선택 - 석탄 — 저비용, 효율성, 책임 환경 - 석유, 천연가스 — 매장량 풍부 - 핵에너지 — 에너지 생산량 장점 - 재생 에너지 — 납세자 보호 문제 - 키스톤 XL 파이프라인 - 에너지 안보는 국가 안보, 에너지 자립

에너지 자립하는 것이 에너지정책의 핵심이다.

민주당은 에너지의 해외 의존도를 줄여가기 위해 민주당 행정부가 열심히 노력해서 에너지의 외국 의존도가 16년 만에 최저수준까지 떨어졌다고 주장했다. 민주당은 태양이나 풍력을 이용한 청정에너지 기술 발전에 투자를 하여, 청정에너지 경제체제를 수립하겠다고 했다. 2035년까지 청정에너지를 국내 소비 에너지의 80%까지 끌어올리겠으며, 발전된 청정에너지 기술을 이용하여 해외시장까지 진출하여 관련 일자리 창출과 연결시키겠다고 발표했다. 제일 먼저 교통수송 시설을 위한 사회간접 시설에 투자하여 청정에너지 사용량을 늘리겠다고 했고, 새로운 연비 기준과 배기가스 기준을 세워서 에너지 절약과 환경보호에 앞장서겠다고 선언했다.

공화당은 현 민주당 정부는 미국이 천연자원이 풍부하여 에너지 자립이 가능하다는 사실을 무시하고 하나의 에너지원에 집중하고 있다고 비난하면서, 에너지는 자유시장(free market) 원칙과 소비자 선호에 따라 결정되어야 하며, 그러기 위해서 다양한 대안들의 제시가 필요하다고 주장했다. 공화당은 각 에너지원들은 각자의 특성이 있다고 설명하면서, 석탄은 저비용이며 효율적이고, 환경에 책임을 질 수 있는 장점이 있고, 석유와 천연가스는 매장량이 풍부하여 후속 세대가 쓰고도 남는 장점이 있으며, 핵에너지는 엄청난 양의 에너지를 생산할 수 있는 장점이 있다고 했다. 공화당은 재생

에너지도 대안이 될 수 있지만 납세자는 벤처 사업가가 아니어서 검증되지 않은 에너지원에 세금을 내고 싶어 하지 않을 것이라고 했다. 공화당은 2008년 정강정책에 이어서 키스톤 XL 파이프라인을 통해서 미국과 캐나다에 에너지를 공급하고, 미국의 정유시설까지 연결시키므로 일자리 창출을 할 수 있다며 이를 반대하는 민주당 행정부를 비난했다. 또한 민주당 행정부는 석탄 생산을 종료하려는 계획을 가지고 있는 것처럼 보이는데 이는 석탄산업의 대량 실업 사태를 가져오는 불행한 일이 될 것이라고 공화당은 경고를 하고 있다.

민주당은 종합적 이민 개혁법을 통해서 밀입국자(undocumented immigrants)를 양지로 나오게 해서 영어 교육도 받고, 세금도 내게 해야 하고, 똑같이 미국에 사는데 서류가 없다는 이유로 젊은이들을 추방하는 것에 반대한다고 했다. 민주당은 2012년 정강정책에서 드림법(Development, Relief, and Education for Alien Minors)을 지지한다고 했다. 드림법은 16세 이전에 미국에 입국하여 5년간 미국에 계속 거주한 젊은이들이 조건부 영주권을 받고, 향후에 영주권을 신청할 수 있도록 하는 법안이다.[12] 민주당은 또한 합법적 이민자들이 영어교육을 받고, 가족 상봉을 할 수 있도록 적극 지원하겠다고 약속했다. 도한 남서 국경선은 순찰 등을 통해 안전이 확보되었고,

〈표 14-14〉 2012년 이민 관련 정강정책 비교 분석

민주당	공화당
- 밀입국 젊은이 추방 반대 - 종합적 이민 개혁법 필요 — 밀입국자를 양지로 나오게 함: 영어, 세금 - 남서 국경선 안전 — 밀입국 최저 수준 - 합법적 이민자 지원 — 언어, 통합, 가족 상봉 - 드림법(DREAM Act) 지지	- 합법적 이민자와 불법 이민자 구별 가능하게 하는 센서스 변화 지지 - 사면 반대, 도피도시 연방자금 지원 반대 - 직장 인증 체제 집행, S.A.V.E. 지지 - 법무부의 애리조나, 앨라배마, 사우스 캐롤라이나, 유타 소송 철회해야 됨 - 국경선의 이중 울타리 완성 - 신분증 도용, 서류 위조, 납치 엄벌 - 주립대학이 불법 이민자에게 주내 거주 학생 등록금 책정하는 것 반대

남서 국경선을 통해 밀입국하는 사례도 대폭 줄었다고 주장했다.

공화당은 법이 통과되었지만 아직도 완성이 안 되고 있는 이중 울타리를 멕시코 국경에 신속히 설치해서 완성해야 한다고 주장했다. 또한 불법 이민을 줄이려는 주정부의 노력은 처벌이 아니라 격려를 받아야 하는 사안인데 법무부가 그런 노력을 경주하는 애리조나, 앨라배마, 사우스캐롤라이나, 유타를 소송한 것은 잘못이며 철회해야 한다고 주장했다. 공화당은 합법 이민자와 불법이민자를 구별할 수 있도록 센서스의 방법을 수정하는 것을 지지하며, S.A.V.E.를 지지하고 직장인증체제 집행을 요구했다. 또한, 2008년에 이어서 지속적으로 불법이민자 사면 반대, 도피도시 지원 금지, 주립대학의 등록금 목적의 주거주자 인정 반대 등을 주장했다.

〈표 14-15〉의 첫 번째 칸은 저소득층과 노인 의료보험 체제에 관한 두 정당의 정책이고, 두 번째 칸은 일반적인 의료보험과 의료서비스에 관한 정책이다. 민주당은 오바마케어의 현상유지를 원하고 공화당은 그 이전 시절로 돌아가기를 원하는 것이 두 정당의 근본적인 차이이다.

민주당은 오바마케어라고 불리는 부담적정보험법(Affordable Care Act)[13]은 미국의 약속이라고 하면서 공화당은 보험회사에게 권한을 돌려주고, 시민의 의료보험이 취소되고, 보험의 적용이 거부되고, 남자에 비해서 여자에게 더 비싼 보험료를 요구되는 과거로의 회귀를 원한다고 비판했다. 그에 대해 공화당은 오바마케어의 폐지를 요구하면서, 누구도 의사의 양심에 거슬리는 행위를 강요할 수 없으며, 아동 치료에 대한 부모의 동의권을 지지한다고 밝혔다.

공화당은 메디케어의 현대화와 환자의 권한을 증대하는 것으로 메디케어를 살릴 수 있다고 주장하면서, 주정부에 지역의 보험시장을 규제하고 도움

---

12) White House, "The DREAM Act: Good for out economy, good for our security, good for our nation," https://www.whitehouse.gov/sites/default/files/DREAM-Act-WhiteHouse-FactSheet.pdf

13) U.S. Department of Health & Human Services, http://www.hhs.gov/healthcare/about-the-law/read-the-law/

〈표 14-15〉 2012년 의료 서비스 정강정책 비교 분석

민주당	공화당
- 메디케이드 포괄보조금 반대 - 메디케어 민영화, 증명서화 반대	- 메디케이드 포괄 보조금 제안 - 메디케어, 메디케이드 보험료 모델로 전환 - 잠정적으로 보험료 지원모델(메디케어) - 메디케어 연령 제한 현실화
- 부담적정보험법은 미국의 약속 - 공화당 개혁안에 반대 - 보험회사에게 권한 돌려주는 과거로 회귀 반대	- 부담적정보험법(Affordable Care Act) 철폐 - 양심에 반하는 의료행위 강제 반대 - 아동 치료에 대한 부모의 동의권 찬성 - 메디케어 현대화와 환자권한 증대 필요 - 병력이 있는 개인도 보호받아야 함 - 소비자에게 의료보험, 병원 등 정보 제공 - 의료전산망 구축하나 환자 사생활보호 - 주 주도의 의료 경쟁으로 비용 절감 - 의료소송의 비경제적 손상으로부터 의료진 보호

이 필요한 사람들을 돌보기 위한 역할을 돌려주기 위해서 주정부에 메디케이드 포괄 보조금을 교부하자고 제안했다. 공화당은 민영보험과 메디케이드에 대한 연방정부의 요구사항을 제한하고, 모든 환자를 지원하고, 법정 소송에 시달리지 않는 대안이 포괄 보조금 지급이라고 주장했다.

공화당은 메디케어의 연령 제한이 장수시대에 맞지 않는다고 하면서 최저연령을 올리자고 하면서, 메디케어와 메디케이드 모두 보험료(contribution) 모델로 변환해야 한다고 주장했다. 공화당에 따르면 민영보험과 현행 메디케어의 경쟁을 허락하고, 잠정적으로는 보험료(premium) 지원모델로 가는 것이 대안이라고 했다. 나머지 공화당의 2012년 의료정책은 2004년 2008년과 유사하다. 단 두 정책의 표현이 달라졌는데, 하나는 의료소송에서 의료진을 보호해서 의료비 부담을 경감시키는 정책에서 2012년에는 의료소송에서 양심적 의료진에 비경제적 충격이 가지 않도록 보호하는 정책으로 바뀌었고, 2008년에는 의료전산망 구축으로 의료진이 환자의 정보를 공유해서 중복

검사 등을 거치지 않게 하겠다는 정책에서 2012년에는 의료전산망을 구축하되 환자의 사생활 보호가 중요하고 그 정보의 주인은 환자라고 명시하는 정책으로 바뀌었다.

민주당은 메디케이드 포괄보조금에 반대하며, 공화당의 메디케어 민영화나 증명서화(voucherize)에 반대하고 메디케어는 미국의 약속이라고 강조하면서, 또한 메디케이드와 메디케어를 확대하고 강화하겠다고 주장했다.

제5절 2012년 잠재적 유권자연합

특정 정당의 정강정책이 마음에 들어서 한 번 그 정당을 지지했다고 해서, 그 정당의 유권자연합이 되었다고 말할 수는 없다. 그러나 지속적으로 자신의 이익을 대변하는 정강정책이 다른 정당에 비해 차별적으로 제시된다

〈표 14-16〉 2012년 잠재적 유권자연합

민주당	공화당
- 노동자, 저소득층	- 낙태반대자, 동성결혼 반대자
- 사회보장제도나 복지제도 수급자	- 보험회사, 의사
- 의료보험 없는 계층	- 법인세 감세로 이익 받는 소수 부유층
- 전 국민 의료보험제 찬성자	- 전 국민 의료보험제로 부담 증가 반대자
- 동성연애자	- 기독교
- 낙태 찬성자	- 군수산업, 석탄산업, 석유산업
- 노조	- 군인, 총기협회
- 실업자	- 주권(state sovereignty)주의자
- 환경 운동가, 청정에너지 산업	- 노조 반대하는 기업인
- 여성 노동자	- 25만 달러 이상 소득자
- 25만 달러 미만 소득자	- 100만 달러 이상 소득자
- 중산층	- 최저임금 인상 반대하는 소상공인

면, 반복적으로 그 정당에 투표하고, 그 기간이 길어지면 정당에 대한 충성심도 형성되고, 그 정당의 유권자연합에 속하게 되는 것이다. 그런 점에서 단 한차례의 정강정책이 유권자연합을 구성한다고 볼 수 없기 때문에 위의 표의 제목도 잠재적 유권자연합인 것이다.

2012년 민주당에 새롭게 추가된 잠재적 유권자연합은 실업자, 환경 운동가, 여성 노동자, 청정에너지 산업, 25만 달러 미만 소득자, 중산층 등이다. 2012년 민주당 정강정책이 중산층을 목표로 하고 있고 정강정책 자체가 중산층을 위한 사랑고백서 같이 작성이 되어 있다. 실업자 혹은 실업의 위협에 있는 시민들을 대상으로 한 고용촉진에 관한 정책이 많이 추가되었고, 여성의 평등한 임금을 주장하는 정책도 있고, 청정에너지를 대체에너지로 추진하고 있는 등 새로운 유권자연합을 만들 수 있는 필수조건은 충족이 되었다고 볼 수 있다.

민주당의 청정에너지정책의 희생자인 석탄산업과 총기규제에 반대하는 총기협회, 노조 반대하는 기업인, 최저임금 인상 반대하는 소상공인, 주권주의자, 25만 달러 이상 소득자, 100만 달러 이상 소득자가 2012년 공화당의 잠재적 유권자연합이다.

제15장

2016년 정강정책 비교 분석

2016년 민주당의 정강정책은 표지 포함 55쪽이고, 공화당의 정강정책은 표지 포함 66쪽으로 구성되어 있다. 민주당은 13개의 주제 밑에 각각의 소주제가 있고, 공화당은 6개의 주제 밑에 각각의 소주제가 있다. 민주당의 목차에서 2016년 민주당 정강정책의 구성은 경제적 안정, 일자리, 경제적 평등, 기회의 평등, 선거개혁, 기후변화, 교육, 의료, 국방, 외교 협력으로 이루어져 있고, 경제와 평등이 과거에 비해 중요하게 다뤄졌다는 것을 알 수 있다. 공화당의 경우 번영, 헌법, 천연자원, 정부개혁, 사회(교육, 건강, 가족, 범죄), 외교 국방의 주제로 구성되어 있다. 공화당의 소제목의 구성은 2012년과 비해 달라지지 않았다고 볼 수 있다.

민주당은 서문에서 2010년 이후 1,480만 개의 일자리 창출, 2,000만 명 의료보험 가입, 자동차 산업 구제, 청정에너지 증가 및 석유 수입 감소를 오바마 행정부의 치적으로 자랑하고 있고, 부익부빈익빈 심화, 인종 간의 부의 불평등 심화, 생활비 상승, 임금의 제자리걸음 등을 해결해야 할 문제로 지적하고 있다.

알려지다시피, 2016년 민주당의 정강정책은 버니 샌더스 상원의원이 지명한 정강초안위원회 위원들과 힐러리 클린턴 후보가 지명한 정강초안위원회 위원들 사이의 설전이 정강정책 초안 작성 이후에도 계속되었다. 얼마나 두 후보 진영에서 정강정책에 자신들의 정책을 반영하기 위해서 첨예하게 대립했었는지를 보여주는 일화라고 할 수 있다.

> "무엇보다 우리는 포섭(inclusion)의 정당이다. 다양성은 우리의 문제가 아니라 우리의 약속이다. 민주당원으로서, 우리는 관점과 믿음의 차이를 존경하고, 심지어 우리가 동의하지 않을 때에도, 이 나라의 발전을 위해 함께 일하기로 선언한다. 이 정강정책안에서, 우리는 단순히 공통점(common ground)을 찾는 게 아니라, 더 높은 고지(higher ground)에 도달하기 위해 노력한다."

위에 나오는 민주당의 서문은 민주당 내의 다양성이 존재하고 정강정책은 공통점을 찾는 노력이 아니라, 더 높은 목표에 도달하기 위한 노력이었다고 말하면서, 동의하지 않는 점들이 있더라도 국가 발전을 위해 하나로 힘을 합쳐 나가겠다고 선언하고 있다.

> "우리는 미국 예외주의(American exceptionalism)를 믿는다. (중략) 우리의 영웅적 역할—난민으로 시작해서, 수호자가 되고, 지금은 세계 자유의 모범(exemplar)—때문에 우리가 예외적이라고 믿는다."

위의 문장은 공화당의 서두에 나오는 말이다. 종교난민인 청교도가 미국으로 이주해 들어와 국가를 설립했고, 그 뒤로도 정치적 난민, 경제적 난민, 종교적 난민이 건너와서 국가 발전을 이뤄냈으며, 1차, 2차 세계대전과 냉전시대를 거치면서 방어자의 역할을 했고, 지금은 세계의 모범국가가 된 것이 미국의 예외주의의 이유라고 말하는데서 미국의 자부심을 읽을 수 있다. 미국 예외주의는 역사·문화적으로 다른 일반적인 국가와 다르다고 하는 자부심이며(Hughes 2003; McCain 2000), 미국의 우수성과 자율성에 관한 전통적 신화다(Ivie 외 2009). 2016년 공화당 정강정책의 시작을 미국 예외주의를 믿는다는 말로 시작한 것은 오바마 대통령에 대한 공격이라고 볼 수 있다. 오바마 대통령은 2008년 선거운동 전후로, 대통령 집무기간 중에도 오바마 대통령이 미국의 예외주의를 믿지 않는다는 보수진영의 의심을 받아 왔었다. 그리고 2016년 선거를 앞두고 공화당 대통령 후보들은 앞 다퉈서 오바마 대통령이 미국 예외주의의 특성을 이해하지 못한다고 비판했었고,[1] 공화당의 전 미국 부통령인 딕 체니(Dick Cheney)는 "버락 오바마는 미국 예외주의를 믿지 않는다."라고 TV 인터뷰에서 말했었다.[2] 그리고 2016년 선거의 당사자도 아닌 오바마 대통령의 미국 예외주의 논란은 신문의 일면을 장식했고, 허핑턴 포스트(The Huffington Post)는 오바마 미국 예외주의(Obama American Exceptionalism)라는 제목의 토론장을 열기도 했다.[3] 예외주의 논란의 중심에 서있던 오바마 대통령은 2016년 7월 28일 민주당 전당대회에서 신미국예외주의(New American Exceptionalism)를 주창했다.[4] 2008년 민주당 대선을 연구했던 로버트 아이비(Robert Ivie)와 오스카 기너(Oscar Giner)는 오바마의 미국 예외주의는 민주적 예외주의로 공화당이 생각하는 예외주의와는 다르다고 분석했었다(Ivie 외 2009).

> "여기 심각한 문제가 있다. 미국 예외주의를 자랑스럽게 선언하지 못하는 대통령이 있고, 아마도 미국 예외주의를 진정으로 믿지 않는 첫 번째 대통령일 것이다. 그의 외교정책을 보라. 그는 미국을 선을 위한 세력(a force for good)

---

1) Greg Jaffe, "Obama's new patriotism," *The Washington Post* (2015년 6월 3일), http://www.washingtonpost.com/sf/national/2015/06/03/obama-and-american-exceptionalism/

2) Mark Hensch, "Cheney: Obama rejects American Exceptionalism TheHill.com (2015년 9월 2일), http://thehill.com/blogs/blog-briefing-room/news/252551-cheney-obama-rejects-american-exceptionalism

3) *The Huffington Post*, "Obama American Exceptionalism"(2016년 8월 10일), http://www.huffingtonpost.com/news/obama-american-exceptionalism/

4) Ron Founier, "Obama's New American Exceptionalism," *The Atlantic* (2016년 7월 28일), http://www.theatlantic.com/politics/archive/2016/07/obamas-new-american-exceptionalism/493415/

으로 보지 않는다. (중략) 그는 다자주의(multilateralism)를 전략이 아닌 선으로 본다. 그는 언제나 외국 자본이 우리의 외교정책에 대한 거부권을 행사하게 허락한다.”

이 내용은 2015년 2월 9일 공화당 루이지애나 주지사가 폭스뉴스 인터뷰에서 한 말이다. 이런 논란 속에서 공화당은 민주당을 비난하며, 공화당은 미국 예외주의 전통 위에 서 있다고 2016년 정강정책을 써내려가기 시작한 것이다. 위와 비슷한 시각은 2016년 공화당의 정강정책에서도 발견된다.

제1절 외교·안보 정강정책 비교

“민주당의 지도자, 현직 대통령이나 대통령이 되기 원하는 사람 모두 미국을 세계의 선을 위한 세력(a force for good)으로 보지 않는다. 그들은 동맹국가와 나란히 서거나, 적들을 향해 강하게 반대하지 않는다. 그들은 국제 여론에 영합하고 국익을 무시하고 있다. 우리는 그들이 우리가 살고 있는 위험한 시대의 국가 안보나 자유를 신장시킬 것으로 믿을 수 없다.”

위의 내용은 2016년 공화당 정강정책에서 인용한 부분이다. 공화당은 현 민주당 대통령이나 대통령 후보가 미국이 선이라는 의식을 가지고 있지 않으며, 국제 여론의 인기에 영합하고, 국익을 무시하고 있다고 비난하고 있다. 공화당은 아이젠하워 대통령에 의해 설립되고 그 후 공화당 대통령들에 의하여 존중되어진 미국의 지도력의 전통을 확인하면서, 공화당의 전통은 미국 예외주의를 포함하고, 쇠락과 축소의 거짓 선지자를 거부한다고 주장했다.

민주당은 IS(Islamic State: 이슬람국가)와 알 카에다 격퇴를 주요한 대테러정책으로, 공화당은 IS, 헤즈볼라 격퇴를 주요한 정책 목표로 설정하고

〈표 15-1〉 2016년 대테러 정강정책 비교 분석

민주당	공화당
- IS, 알 카에다 격퇴 - 시리아, 이라크의 IS 거점 파괴 - 중동 국가의 역할 강조 - 테러리스트 국제 네트워크 분쇄 - 정보 조직 개선 - 미국과 동맹국 안보 강화 - AUMF 갱신 - 트럼프의 대테러 전략 거부 - 기독교 공동체, 예지디스(yezidis) 지원	- IS, 헤즈볼라(Hezbollah) 격퇴 - 기독교 마을 지원(Erbil) - 쿠르드 민족 지원 - IS 극단주의는 아랍의 봄에 대한 미 행정부의 잘못된 대처에 기인 - 이라크와 협력하여 IS 격퇴

있다. 민주당이 IS와의 전쟁승리를 위한 정책을 중심적으로 발표했다면, 공화당은 IS로부터 핍박받는 세력을 지원하고 돕는 정책을 발표하였다.

민주당은 현 민주당정부가 광범위한 동맹세력을 이끌고 시리아와 이라크의 IS 거점을 파괴하기 위하여 노력을 하고 있으며, 중동지역의 국가들, 특히 관련된 국가들의 지상군이 IS와의 전쟁에 자기들의 몫을 다하도록 더 적극적으로 나서달라고 압박하고 있다고 주장하였다. 민주당은 또한, 국제적으로는 자금, 무기, 병력을 조달하는 테러리스트 국제 네트워크를 분쇄할 것이고, 정보력의 향상을 통해서 테러리스트 위협에 대처하겠으며, 미국과 동맹국의 안보를 강화할 것이라고 약속했다. 민주당은 AUMF(Authorization for Use of Military Force)를 갱신해서 확전(large-scale combat)없이 IS를 격퇴하도록 하겠다고 했다.[5] 대테러 군사력 사용 승인법(AUMF)의 갱신을 언급하는 것은 AUMF가 적법성 여부가 논란이 되기 때문이다(Daskal 외 2014).[6]

---

5) White House, Joint Resolution, https://www.whitehouse.gov/sites/default/files/docs/aumf_02112015.pdf 원문 참조.

6) Garrett Epps, "The war that congress won't declare," *The Atlantic* (2015년 8월 22일), http://www.theatlantic.com/politics/archive/2015/08/aumf-isis/402017/

AUMF는 9·11 테러에 책임 있는 세력에 대해서 대통령이 필요하고 적절한 무력을 사용할 수 있도록 허락하고 있다. 그런데 IS를 9·11 테러에 책임이 있는 집단으로 볼 수 없다면 AUMF에 의거해서 군사력을 동원하는 것은 위법이 된다. 민주당 행정부는 IS가 알 카에다의 후신이기 때문에 AUMF의 적용 대상이 된다고 주장하지만, IS가 9·11 테러에 책임 있는 집단이 아니기 때문에 AUMF에 의한 병력동원은 합법적이지 않다고 하는 비판도 있다. 그런 점에서 AUMF의 수정 혹은 다른 대체입법이 이루어지지 않는 한, 민주당 행정부의 정책은 위헌의 요소가 있고 논란의 대상이 될 수 있다.

2016년 정강에서 민주당은 트럼프의 대테러 전략을 거부하고 있다. 트럼프는 무슬림을 중상(vilification)하고 있는데, 이는 미국의 기반인 종교의 자유를 침해하고, IS의 사악한 목소리를 키우고, 평화와 관용을 믿는 대부분의 무슬림 국가들을 소외시켜서 대테러 연합에 큰 손실을 입히기 때문에 반대한다고 했다. 민주당은 또한 미국 군인들을 고문과 테러리스트 용의자 가족의 살해와 같은 전쟁범죄를 저지르게 하려는 공화당의 제안을 거부한다고 했다. 민주당은 공화당의 전략은 미국의 신념에 위배되고, 도덕 기준을 허물어뜨리고, 무고한 사람들의 목숨을 희생시키며, 미국인을 위험에 빠뜨린다고 비난했다. 민주당은 트럼프의 제안은 수만 명의 전투병을 잘못된 전쟁에 몰아넣어서 IS를 더 강하게 만들 뿐이라고 주장했다.

공화당은 IS에 의해서 박해받고 생존을 위협받는 종교집단과 민족 공동체를 지원해야 한다고 주장하며, 에빌(Erbil)시의 기독교인들은 IS의 핍박 속에서 난민으로 살아가고 있는데도 UN이나 미국의 재정지원을 받지 못하고, 민간단체의 자선으로 버티고 있다고 당장 이런 마을을 도와야 한다고 주장했다. 또한, IS와 싸우고 있는 쿠르드 민족에게 이라크 북부에 안전한 피난처를 마련해 주는 등 지원해야 한다고 했다. 또한, 아랍의 봄 시절에 중동을 빠르게 안정화시키고 민주화시키는 데 실패한 민주당의 잘못된 중동 정책이 IS와 같은 극단주의 세력을 키웠다고 민주당 행정부를 비난하고, IS가 이라크 지역에 있는 한 이라크와 긴밀히 협조하여 IS를 물리쳐야 한다고 주장했다. 민주당도 IS에 대량살해당하고 있는 기독교와 쿠르드족의 예지디스 공동체를 위해 아낌없는 지원을 하겠다고 했다.

민주당은 2016년 정강정책에서 오바마 행정부가 이란과 맺은 협정을 지지하며, 향후 이란의 핵 취득을 방지하고 지속적인 압박을 가하고, 만약 이란이 합의를 어기고 핵무기를 획득하면, 군사행동도 불사할 것이라고 했다. 그리고 불안정한 중동의 근본 원인이 이란이라고 지적하면서, 이란은 헤즈볼라와 하마스 같은 테러리스트를 지원하고, 인권을 침해하며, 홀로코스트를 부정하고, 이스라엘 제거를 맹세하고, 중동의 모든 갈등에 관여하고 있다고 비난하고 있다. 민주당은 이란의 테러리스트 지원을 막고, 탄도미사일 프로그램에 대응하며, 걸프만의 동맹국들의 역량을 지원하고, 이스라엘이 자주국방할 수 있도록 돕겠다고 주장했다. 그러면서도 민주당은 이란과 문화, 학술 교류 등을 넓혀갈 것이라고 했다.

2016년 정강정책에서 공화당은 오바마 대통령과 이란과 맺은 협정은 미

〈표 15-2〉 2016년 중동 외교 정강정책 비교 분석

민주당	이슈	공화당
- 이란 핵 협약 지지 - 향후 이란의 핵 취득 방지 - 합의 불이행 시 강력 대응 - 지속적인 압박 - 인권 존중하는 정부 지지	이란 외교	- 이란과 핵 협상 비판 - 이란에 대한 국제제재 취하 비판 - 조약이 아니라 준수할 의무 없음
- 시리아 아사드 정권 붕괴 후를 대비한 합의를 위해 노력 - 민간인 희생자 인도적 지원 - 인권 존중하는 포괄적 정부	시리아 외교	- 시리아 아사드 정권 붕괴 후를 대비한 이행 지지
- 이스라엘-팔레스타인 두 국가정책 지속적 지지 - 이스라엘의 안보 지지 - 보이콧, 투자 철회, 제재 운동 거부	이스라엘 외교	- 대테러 전쟁 중인 이스라엘 지지 - 보이콧, 투자 철회(divestment), 제재 운동 거부 - 강제로 협정 강요 반대
- 난민이 집중되어 있는 레바논과 요르단 지원 - 걸프 지역 동맹 강화	기타 중동 외교	- 헤즈볼라 고립화 - 레바논 독립 회복 - 이라크와 협조하여 IS 대응

국 상원의 2/3의 동의를 받지 않았기 때문에 조약의 수준이 아니고 개인적 약속에 불과하며, 차기 공화당 대통령은 그 약속으로부터 구속받지 않는다고 선언했다. 공화당에 따르면 이란도 마찬가지로 조약이 아니기 때문에, 지속적으로 테러리스트를 지원할 것이고, 핵무기를 개발할 것이며, "이스라엘에 죽음을"이 새겨져 있는 탄도미사일 실험을 할 것이고, 시민들의 기본권을 억압할 것이라고 예측했다. 공화당은 이란에 대한 국제 제재를 취소한 것은 실수라고 비난했다.

민주당과 공화당은 2016년 정강에서 모두 아사드(Assad) 시리아 대통령 이후 시대를 준비해야 한다고 지적하고 있다. 민주당은 온건한 반군과 국제사회, 지역의 미국 동맹국들이 아사드 이후를 대비해야 하며, 시리아와 이라크의 전쟁 때문에 희생당한 시민들을 돕기 위해 인도주의적 지원을 더 늘려야 한다고 주장했다.

2016년 정강정책에서 양당의 이스라엘에 대한 정책은 거의 똑같다. 예년의 정책을 그냥 옮겨 적은 것처럼 똑같다. 이스라엘과 미국이 특수 관계이고, 이스라엘의 안보는 미국의 안보에 중요하고, 군사력의 질적인 우위에 있어야 하며, 미국은 이스라엘의 안보를 지원한다는 내용은 양당이 동일하다. 2016년 민주당 정강정책에는 이스라엘-팔레스타인 2국가 체제를 지원하며, 이스라엘의 수도는 예루살렘이라는 표현이 들어가 있지만, 공화당에는 팔레스타인에 대한 언급이 빠져 있다. 대신 공화당은 임의로 국경선을 정한다거나 다른 조건들을 강제하는 정책에 반대하며 그런 노력을 하는 실체(entity)에 미국 정부의 재정지원을 즉각적으로 중단할 것을 요구했다. 공화당과 민주당은 이스라엘에 대한 보이콧, 투자 철회,[7] 제재 운동을 비난하

---

7) 투자 철회는 일반적으로 테러리스트와 관련이 있는 국가에 투자를 철회하는 것을 말한다. 이스라엘이 1967년 점거한 팔레스타인 영토를 반환하지 않으면 이스라엘에 대한 투자를 중단하겠다는 반-이스라엘 운동의 하나로 전개되며, 보이콧, 경제 제재 등의 운동과 병행되기도 한다. 자세한 정보는 ADL, "BDS: The Global Campaign to Delegitimize Israel," http://www.adl.org/israel-international/israel-middle-east/content/backgroundersarticles/bds-campaign-backgrounder.html 참조.

〈표 15-3〉 2016년 아프가니스탄 외교 정강정책 비교 분석

민주당	공화당
- 나토가 주도하는 동맹과 민주적으로 선출된 정부 지지 — 테러리즘과 대결, 안정적 미래, 진보(여권) - 파키스탄과 협력하여 테러리즘 분쇄	- 파키스탄과 협조하여 테러리즘 분쇄

고 있고, 민주당은 이스라엘을 불법화(delegitimize)하려는 어떤 운동에도 반대하며, 공화당은 이스라엘에 차별적인 방법으로 이스라엘과의 통상관계에 제한을 가하는 행위를 효과적으로 좌절시킬 수 있는 입법을 요구했다.

민주당은 난민이 집중되어 있는 요르단과 레바논의 안보와 도움을 제공하고, 지역의 동맹국과의 관계를 돈독히 하겠다고 했고, 공화당은 헤즈볼라의 고립화와 레바논의 주권회복의 중요성을 강조했다.

민주당은 2016년 정강정책에서 나토가 주도하는 동맹과 함께 민주적으로 선출된 아프가니스탄 정부를 지지하는데, 아프가니스탄 정부는 테러리즘과 대결하고, 안정적 미래를 구상하고, 진보의 안정장치가 되어야 한다고 주장하면서, 여성의 권리를 확보하는 것을 진보의 예로 들었다. 민주당의 아프가니스탄 정책에서 여성의 권리 신장을 포함한 진보의 보장을 요구한 것은 처음이다. 여성 인권이 무시되는 무슬림 국가, 아직도 혼란한 국가에게 여성의 인권을 요구하는 것이 2016년 민주당 정강정책이 과거와 달라진 점 중의 하나일 것이다. 공화당은 아프가니스탄과 파키스탄이 협력하여 테러에 대한 방책을 잘 세워야 하며, 특히 파키스탄은 핵을 보유하고 있으므로 각별히 테러에 대한 방비를 철저히 해야 한다고 주장했다.

민주당은 2016년 정강정책에서 북한은 가학적 독재자(sadistic dictator)에 의해 지배되는 가장 억압적 정부일 것이라고 지적하면서, 북한의 핵무기 개발과 미사일 실험 종식을 위해 중국을 압박하고, 북한에 불법적인 핵미사일 프로그램을 포기하는 선택을 하도록 하겠다고 주장했다. 민주당은 또한, 도널드 트럼프가 북한 독재자를 찬양했고, 동맹국인 일본과 한국을 버리겠

〈표 15-4〉 2016년 아시아 외교 정강정책 비교 분석

민주당	이슈	공화당
- 북한의 핵무기 및 미사일 프로그램 종식을 위한 중국 압박	북한 문제	- 북한 인권, 핵개발 중지에 중국의 역할 촉구 - 완전하고 검증가능하며 돌이킬 수 없는 핵 포기 요구 - 북한의 핵확산 활동 금지 요구
- 동맹국 및 지역 국가와의 협력을 통한 남중국해의 자유 보호 - 불공정 무역, 인권 침해, 사이버 테러 비판 - 기후변화, 핵확산 방지 협조 필요 - 하나의 중국 정책 지지 - 대만 관계법 준수 - 대만 사람들의 이익에 부합하는 양안관계의 평화적 해결 지지	중국/ 대만 문제	- 현 상태 변화 시 대만 관계법에 의거한 보호 - 대만에 6개 보증(1982) 유효 - 대만의 국제기구 가입 지지 - 대만의 자유무역협정, 방어무기 판매 - 중국의 인권탄압, 모택동주의 부활, 군사 확장, 남중국해 주장, 통화조작, 기술 탈취, 지적 재산권 무시, 홍콩자유 쇠퇴 등 비판 - 미사일 괌 킬러 비난
- 인도와의 정기적인 전략적 동반자 관계(strategic partnership)를 위한 투자 지속 - 파키스탄 젊은이와 소통, 파키스탄 안정화 지원	인도, 파키스탄 외교	- 인도는 중요한 동맹이자 무역 동반자; 무역 투자, 타종교에 대한 폭력과 차별 금지 - 테러 대응 파키스탄과의 협업, 테러와의 전쟁 참여자 처벌 반대
- 호주, 일본, 뉴질랜드, 필리핀, 대한민국 및 태국과의 관계 강화 - 일본과의 역사적 관계 - 버마 인권, 민족 화해 요구 - 남중국해 지역기구, 규범, 자유	아시아 외교	- 일본, 한국, 호주, 필리핀, 태국과 함께 북한의 인권 문제 해결 - 버마의 민주화, 소수민족 - 베트남 유해, 소수민족, 종교의 자유

다고 협박했으며, 동북아 지역에 핵무기 확산을 조장했다고 비판했다. 공화당은 북한을 김씨 일가의 노예국가로 부르면서, 북한 인권 개선, 핵개발 중지를 위한 중국의 역할을 촉구하고, 완전하고 검증가능하며 돌이킬 수 없는 핵 포기와 핵 확산 활동의 중단을 요구했다.

2016년 정강정책에서 민주당은 핵확산 금지와 기후변화에 대한 협조를

중국에 구하면서도, 중국 정부의 불공정 무역 관행, 통화 조작, 인터넷 검열, 해적, 사이버공격에 대항할 것이라고 했고, 티베트의 인권을 비롯한 중국의 인권을 신장시킬 것이라고 했다. 그리고 하나의 중국 정책을 지지하며, 대만 관계법을 지지하고 또한 대만 국민의 최선의 이익과 희망 안에서 양안관계의 평화적 해결을 지원하겠다고 했다. 또한, 민주당은 동맹국 및 지역 국가와의 협력을 통한 남중국해의 자유를 보호하겠다고 선언했다.

공화당은 중국의 행적들은 4년 전 공화당의 정강정책에서 중국과의 미래를 낙관했던 표현들을 무색하게 만들었다고 주장하면서, 불만세력은 폭압적으로 탄압당했고, 종교박해는 정점을 찍었으며, 인터넷은 못쓰게 되었고, 야만적인 두 자녀 낳기 정책은 낙태를 강제하고, 모택동주의가 부활했다고 비판했다. 공화당은 또한 남중국해를 불안정하게 만드는 중국의 군사행위의 문제를 지적하고, 괌을 사정거리에 넣는 신미사일, 이른바 괌 킬러(Guam Killer)를 개발하여 미국의 방어선을 무력화시키려고 했다고 비난하고 있다.[8] 또한, 티베트와 신장에서 문화적 학살이 계속 진행되고 있고, 미국의 기술을 훔쳐가고, 지적 재산권과 저작권을 지키지 않는다고 주장하고 있다.

공화당은 2008년 정강정책에서부터 하나의 중국을 지지한다는 표현을 빼 버렸고, 오히려 2016년 정강정책에는 추가로 6개 보증(Six Assurances)을[9] 지지한다고 주장했다. 6개 보증정책은 1982년에 레이건 대통령이 대만 정부에게 보증한 6개 항목으로 최근에 대만관계법과 함께 미 의회에서 재확인 되었다.[10] 2012년 공화당 정강에서 공화당이 계속해서 불공정 행위를 하면

8) Brad Lendon, "U.S. must beware China's 'Guam Killer' missile," CNN(2016년 5월 15일), http://edition.cnn.com/2016/05/12/politics/china-guam-killer-missile/

9) Harvey Feldman, "President Reagan's Six Assurances to Taiwan and Their Meaning Today," Heritage.org(2007년 10월 2일), http://www.heritage.org/research/reports/2007/10/president-reagans-six-assurances-to-taiwan-and-their-meaning-today

10) Today Taiwan, "Taiwan Relations Act, Six Assurances reaffirmed as US policy toward Taiwan"(2016년 5월 3일), http://taiwantoday.tw/ct.asp?xItem=244324&ctNode=2175

공화당 행정부의 반응을 기대해도 좋다고 했었는데, 선거에서 패배해서 정권은 잡지 못했지만, 2016년 정강정책이 2012년에 비해서 강한 톤으로 바뀐 것은 사실이다.

양당의 인도 정책과 파키스탄 정책에는 큰 차이가 없다. 단 2016년 정강정책에서 공화당이 인도의 다양한 종교집단들의 타 종교에 대한 폭력과 차별을 금지해줄 것을 요청했고, 파키스탄 정부에는 테러와의 전쟁에서 미국편에 서서 싸웠던 파키스탄 시민들을 처벌해서는 안 된다는 메시지를 보냈다. 민주당은 2016년 정책에서 파키스탄 정부의 안정화를 돕고, 핵보유국가의 젊은이들과 효율적인 관계를 형성해야 한다고 권고하고 있다. 이는 무슬림 청년들의 반미 감정과 극단주의 확산에 대한 민주당의 염려를 표명한 것으로 볼 수 있다.

2016년 정강정책에서 민주당은 일본에 대한 역사적 약속을 명예스럽게 생각할 것이라고 했다. 그리고 버마의 인권보장과 다양한 소수민족의 화해를 요청했고, 남중국해 지역에 대한 미국의 공약을 재확인하였다. 공화당은 버마의 민주화를 축하하면서 소수민족들과의 융합을 요구했고, 베트남에 남겨진 미군 유해의 반환과 미국편에서 싸웠던 소수민족에 대한 탄압금지, 종교의 자유를 베트남에 요구하였다.

양당은 2016년 정강정책에서 러시아 딜레마를 토로하고 있다. 협조가 필요한 중요한 대화 상대자임에는 틀림없으나, 러시아의 무력시위나 인권탄압 등에 대해서 반대하면서, 러시아가 어떻게 하냐에 따라 친구도 될 수 있고, 적도 될 수 있다고 양당이 공통적으로 주장하고 있다. 민주당은 러시아가 국경선 주위를 불안정하게 만들고 미국의 이해를 저해할 수 있는 환경을

〈표 15-5〉 2016년 러시아 외교 정강정책 비교 분석

민주당	공화당
- 국경 불안정, 우크라이나 주권 침해, 아사드 정권 지지 비판 - 러시아 인권 지지	- 무력에 의한 유럽 국경선 변경 반대 - 자유와 기본권 침해 반대 - 러시아 제재(우크라이나 원상복구 때까지)

다시 만들고, 시리아 독재 정권을 지원하고 있다고 비난하면서, 미국은 아프가니스탄에 군사를 파병하고, 북한에 제재를 가하고, 이란의 핵무기 취득을 제한하고, 핵무기 감축하는 데 러시아와 협조했듯이 미국의 국익과 같은 편에 러시아가 선다면 언제라도 러시아와 협조할 준비가 되어 있다고 했다. 하지만, 러시아의 침략행위에는 맞서 싸우겠다고 했다.

공화당도 미국과 러시아는 테러리즘을 종식시키고 핵확산과 싸우며, 무역을 신장시켜야 할 공통의 의무가 있지만, 러시아 국민의 자유와 기본권 침해라는 묵과할 수 없는 문제가 있다고 지적하면서, 나라 안팎으로 부주의하고 탄압하는 러시아는 자멸했던 소련의 길을 답습하고 있다고 비판했다. 공화당은 러시아가 호전적으로 나온다면 소련을 붕괴시켰던 길로 러시아를 인도할 것이라고 강하게 압박했다. 그리고 공화당은 러시아가 우크라이나로부터 철군하고 철군전의 상태로 우크라이나를 돌려놓을 때까지 국제사회와 공조하여 러시아 제재에 들어가야 한다고 주장했다.

유럽 문제에 대해서 양당은 영국을 특수 관계에 있는 중요한 우방으로 보고, 사이프러스 문제의 평화적 해결을 바라며, NATO 회원국들의 방위비 부담액 증가를 요구하고 있다는 점에서 공통점이 있다. 2016년 정강정책에서는 아시아 국가들에게는 방위비 부담을 요구하고 있지 않는 데 비해서 NATO 회원국들의 방위비 부담을 요구하고 있는 점이 양당 공통된 시각이다.

2016년 민주당은 터키를 전략적 동반자로 규정하고, 터키에게 민주개혁

〈표 15-6〉 2016년 유럽 외교 정강정책 비교 분석

민주당	공화당
- 유럽과의 범 대서양 관계에 관한 지속적 유지 및 영국과의 특수 관계 유지 - 터키개혁 요구 및 전략적 동반자 - 사이프러스, 조지아, 우크라이나 - NATO 화원국의 공정한 분담	- 영국과의 특수 관계 재확인 - NATO 회원국 국방투자 촉구 - 동유럽과의 경제, 안보 문제 협력 - 유라시아 투자 증대 → 시장경제, 정치개혁, 법치주의 → 삶의 조건 개선, 급진적 사상 차단 - 북아일랜드, 사이프러스

을 요구하는 정책과 조지아와 우크라이나와 같이 NATO나 유럽과의 협력을 강화하고 싶어 하는 국가들과 밀접한 관계를 유지하도록 노력하겠다는 정책에서 공화당과 차별성을 보인다. 또한, 2016년 정강정책에서 민주당은 트럼프는 NATO와 유럽의 동맹국들을 버리고 푸틴을 선택할 것이라며 경고하고 있다. 공화당은 점증하는 유라시아 지역의 중요성을 언급하면서 유라시아지역에 투자를 증대해서 시장경제, 정치개혁, 법치주의가 정착되도록 돕는 것이 그 지역의 주민들의 삶의 조건을 개선하고, 급진적 사상이 전파되는 것을 차단하는 길이라고 주장하였다. 또한, 공화당은 동유럽 국가들과 경제, 안보 문제에 관해 협력하는 것이 필요하다고 역설하였다.

민주당은 2016년 정강정책에서 아시아 관련 정강정책이나 유럽 관련 정강정책에서 트럼프 후보가 동맹국들을 저버리고, 북한 지도자를 찬양하고 러시아의 푸틴 대통령과 가깝게 지낼 것이라고 비판하고 있지만, 2016년 공화당의 정강정책을 보면 공화당의 북한, 러시아 정책이 민주당의 정책과 거의 비슷하거나 약간 더 강경하다는 것을 알 수 있다.

2016년 양당의 미주 외교정책은 콜롬비아 관련 정책 외에는 공통점이 전혀 없다. 양당 모두 콜롬비아와의 협력 강화를 중요한 의제로 설정하였고, 콜롬비아와 협력하여 지역의 테러리스트 집단과 마약, 인신매매 집단과 싸우는 것은 양 정당의 전통적인 남미 정책의 중심 기조였다. 양 정당은 쿠바, 키스톤 XL 파이프라인 건설에 있어서 큰 차이를 보이고 있다.

민주당은 오바마 대통령이 쿠바에 대한 역사적 개방(historic opening) 위에서 쿠바와의 관계를 재설정하고, 여행금지를 해제하고 통상 중지(embargo)를 풀겠으며, 스스로 미래를 결정하고 인권을 누릴 수 있는 쿠바인들의 능력을 믿고 지지하다고 선언했다.[11] 그에 비해 공화당은 지금 민주당 행정부와

11) 드랜저 다니엘은 워싱턴포스트지에 기고한 글에서 이 정책이 쿠바 민주화에 미치는 영향은 별로 없을 것이지만, 중남미의 반미주의를 약화시키는 효과가 있을 것이라고 주장했다. Daniel Drenzer, "The truth about what the U.S. opening to Cuba will achieve," *The Washington Post* (2016년 3월 23일), https://www.washingtonpost.com/posteverything/wp/2016/03/23/the-truth-about-what-the-u-s-opening-to-

〈표 15-7〉 2016년 미주 외교 정강정책 비교 분석

민주당	공화당
- 남쪽 국경 벽 설립에 관한 도널드 트럼프의 제안 거절 - 미국-카리브 해 국가와 관계 강화 (경제발전, 이민개혁) - 중앙아메리카 국가들과 협력하여 중미 북3개국 안정화 - 쿠바 국민들의 자결권, 인권 - 쿠바 여행금지, 통상 중지 종료 - 베네수엘라의 인권 존중 촉구 - 아이티의 민주화와 경제개발을 위한 지역적·국제적 노력 지지, 아이티 임시 보호 상태 부여 - 베네수엘라 인권 개선 압력 - 미국학교(School of America) 폐교 - 콜롬비아와 장기적 관계 형성	- 멕시코, 캐나다와의 공유된 이익의 (환경, 무역) 재확인 및 협력의 지속 - 현 정부의 키스톤 XL 저지 반대 - 베네수엘라 독재에 대한 비판 - 콜롬비아 무장혁명군(FARC)의 테러에 대한 투쟁 - 현 행정부의 쿠바 정책은 실패: 의회가 제재 철회 조건 설정한 현행법 유지(정당 합법화, 언론 자유, 자유 선거), 자유 쿠바 지원 위원회, 쿠바인 정착법 지지 - 쿠바인들에게 방송매체를 통한 정보 제공

민주당의 쿠바개방(opening to Cuba)정책은 실패라고 규정하면서, 정당 합법화, 언론의 자유, 국제사회가 감시할 수 있는 국제 선거의 조건을 갖추었을 때 제재를 철회할 수 있도록 규정한 현행법을 의회가 지지해야 한다고 주장했다. 또한, 공화당은 2003년 부시 대통령이 쿠바의 민주적 이행을 돕기 위해 설치한 자유쿠바 지원위원회(Commission for Assistance to a Free Cuba)의 활동을 지지하고,[12] 쿠바난민의 미국정착을 돕는 1966년의 쿠바인 정착법의 원칙이 옳다고 확인했다. 그리고 각종 인터넷 기술을 이용해서 쿠바 국민들에게 정보를 전달할 수 있는 방송활동을 지원해야 한다고 했다.

공화당은 2016년 정강정책에서도 베네수엘라를 마약 테러리스트 국가, 헤즈볼라 은신처, 테러 지원국가로 남미 불안정의 근원으로 미국이 타협할

---

cuba-will-achieve/?utm_term=.a9f8c970ae59

12) 위원회는 두 번의 보고서를 제출하였다. 첫 번째 보고서는 USAID, Commission for Assistance to a Free Cuba, http://pdf.usaid.gov/pdf_docs/Pcaab192.pdf 참조.

수 없는 공산주의 국가로 묘사하고 있다. 그에 비해서 민주당은 베네수엘라의 인권개선을 위해서 압력을 가하겠다고 했다.

민주당은 미국이 라틴아메리카의 군인을 훈련시키기 위해 설립한 미국학교(School of America), 현재의 WHINSEC(Western Hemisphere Institute for Security Cooperation)을 폐지하겠다고 선언했다.[13] 민주당은 군인과 경찰이 민주주의를 지원해야 하는데 민주주의를 약화시키기고 있다고 믿고 있기 때문에 더 이상 미국학교의 존속의 이유가 없어서 폐지하겠다고 했다. 또한, 중미의 북방 3국(Northern Triangle)인 과테말라, 온두라스, 엘살바도르의 안정화와 인권, 치안을 위해서 중미의 국가들과 협력하여 문제를 풀어가겠다고 했다. 중미의 북방3국은 폭력, 갱, 마약 등의 이유로 살인과 약탈이 손쓸 수 없을 만큼 심해져서 대규모 난민이 발생하였고, 2013년 현재 북방 3국출신으로 미국에 거주하는 인구는 270만 명에 이르는 것으로 추산되고 있다.[14] 민주당은 또 경제 발전과 이민개혁을 통해서 카리브 해 연안 국가와의 관계를 강화하겠으며, 아이티의 민주화 및 경제개발을 위한 지역적·국제적 노력을 지지하고, 아이티 난민에게 임시 보호 상태(Temporary Protected Status)를 부여하겠다고 했다. 임시 보호 상태는 특정국가가 자국민의 환국을 안전하게 보장할 수 없다고 판단될 때, 미국에 이미 들어와 있는 그 국가의 국민에게 임시 보호 상태의 자격을 부여하는 것을 말한다.[15]

공화당은 미국은 캐나다, 멕시코와 환경과 무역의 공통된 이익이 있다는 것을 2016년 정강정책에서 재확인했고, 키스톤 XL 파이프라인을 통해 미국과 캐나다에 이익이 될 수 있도록 하겠다고 선언했다.

---

13) 미국학교의 설립과 활동 등에 관해서는 SOA Watch, http://www.soaw.org/about-the-soawhinsec/what-is-the-soawhinsec 참조.

14) Danielle Renwick, "Central America's Violent Northern Triangle," Council on Foreign Relations(2016년 1월 19일), http://www.cfr.org/transnational-crime/central-americas-violent-northern-triangle/p37286

15) U.S. Citizenship and Immigration Service, Temporary Protected Status, https://www.uscis.gov/humanitarian/temporary-protected-status

2016년 정강정책에서 민주당은 아프리카 연합(Africa Union)과 동반자 관계를 강화해갈 것이며, 무역과 개발원조를 통해서 아프리카의 경제를 돕겠다고 선언했다. 민주당은 아프리카 국가들의 민주 제도, 인권, 공정한 무역과 투자, 발전, 건강을 강화시키기 위해 노력을 할 것이며, 아프리카 국가들의 위기대처 능력을 향상시키고, 시민, 특히 여성과 소녀를 보호하는 것을 돕겠다고 했다. 그리고 보코하람(Boko Haram),[16] 알샤밥(al-Shabaab),[17] AQIM[18]과 IS를 종식시키겠다고 했다.

2016년 양당의 아프리카 정책 중에서 대테러 대응정책은 큰 차이가 없다. 공화당도 보코하람과 알샤밥과 그 외의 테러 단체에 대항하는 연대의 필요

〈표 15-8〉 2016년 아프리카 외교 정강정책 비교 분석

민주당	공화당
- 아프리카 연합과 동반자 관계 강화 - 무역과 개발원조 → 국내경제 발전 - 여성과 소녀의 권리 - 보코하람, 알샤밥, AQIM, IS 격퇴 - 야생동물 보호 국가전략 지지 - 수렵 기념물 수입 금지	- 보코하람, 알샤밥 같은 극단주의 이슬람에 대항하는 연대 - 대테러 전쟁 중인 국가에 군사, 경제 지원 - 아프리카 성장 기회법(AGOA)을 통한 경제적 자유와 인권 지원

16) 보코하람은 나이지리아의 극단주의 무슬림 세력으로 서구 사회와 관련된 어떤 정치·사회적 행동도 거부하며, 나이지리아와 주변국까지 무력 도발을 하고 있다. 다음 기사 참조. Farouk Chothia, "Who are Nigeria's Boko Haram Islamists?" BBC(2015년 5월 4일), http://www.bbc.com/news/world-africa-13809501

17) 알샤밥은 소말리아의 극단주의 무슬림 군부로 2008년 미국 정부에 의해 테러리스트 단체로 지정되었고, 알샤밥은 소말리아를 근본주의적 무슬림 국가로 전환시키는 것을 목표로 한다. 다음 기사 참조. Holly Yan, "What is Al-Shabaab, and what does it want?" CNN(2015년 4월 2일), http://edition.cnn.com/2015/04/02/world/africa/al-shabaab-explainer/

18) 아킴(al-Qaeda in the Islamic Maghreb)은 아프리카 북서부에서 활동하는 지하드다. 자세한 정보는 Zachary Laub, "Al-Qaeda in the Islamic Maghreb(AQIM)," Council on Foreign Relations(2015년 3월 27일), http://www.cfr.org/terrorist-organizations-and-networks/al-qaeda-islamic-maghreb-aqim/p12717 참조.

성을 강조했고, 대테러 전쟁 중인 국가에 군사, 경제 지원을 해야 한다고 주장했다. 공화당은 부시 대통령 때 만들어진 아프리카 성장 기회법(AGOA)을 통해 아프리카의 경제적 자유와 인권을 지원해야 한다고 발표했다.

민주당은 2016년 아프리카에서의 밀엽 금지를 정책으로 내놓았다. 민주당은 오바마 대통령의 야생동물 밀엽에 대응하는 국가전략(National Strategy for Combating Wildlife Trafficking)을 지지한다고 했다. 이 전략은 아프리카 야생동물의 밀엽유통을 막기 위한 정책지침으로, 법 집행을 강화하고, 야생동물 불법 무역의 수요를 감소시키며, 국제협조와 헌신을 확장하는 것을 주요 내용으로 한다.[19] 또한 아프리카의 야생동물 보존을 위한 과학에 기반을 둔 운영을 지지하고, 수렵 기념물을 미국으로 수입하지 못하도록 금지하겠다고 했다.

2016년 민주당의 아프리카 정책의 특징은 여성과 소녀의 인권 보장을 요구하고, 아프리카의 야생동물 보호를 위한 국가전략을 수립해서 야생동물의 보호를 주창했다는 점이다.

2016년 정강정책에서 공화당은 제2차 세계대전 이후 국제사회에서 지도적 역할을 한 미국을 대체할 수 없고 UN과 NATO도 미국의 영도하에 설립되었고, 미국이 지속적으로 참여해왔음을 강조하였다. 그러나 현 국제기구는 관료들의 고임금, 관리 미숙, 투명성 결여 등 만성적인 문제에도 개혁의 움직임이 없었다고 힐난하면서, 이스라엘을 차별하는 인권위원회(Human Rights Council)와 낙태를 조장하는 UN인구기금(Population Fund)을 비난하면서, 낙태 지원 기구에 연방정부 예산을 지원하지 못하게 하는 레이건 대통령의 멕시코시티 정책(Mexico City Policy)[20]을 지지한다고 했다.

공화당은 미국의 주권을 침해하거나, 장기적인 목표가 불분명한 국제조약

---

19) White House, National Strategy for Combating Wildlife Trafficking, https://www.whitehouse.gov/sites/default/files/docs/nationalstrategywildlifetrafficking.pdf

20) White House, Mexico City Policy and Assistance for Voluntary Population Planing, https://www.whitehouse.gov/the-press-office/mexico-city-policy-and-assistance-voluntary-population-planning

〈표 15-9〉 2016년 국제기구, 국제조약 정강정책 비교 분석

민주당	공화당
- 유엔과 다자기구들의 중요성 및 미국 이익대변의 중요한 역할 - 많은 기구들의 개혁이 필요하나, 도널드 트럼프의 무모함에 반대	- 국제기구에서의 미국의 리더십 재확인 - 현 유엔에 대한 비판: 관료들의 고임금과 관리 미숙, 투명성 — 고질적 문제 개혁 - 낙태지원 단체 재정지원 중단 - 불온하고 불분명한 장기적 국제조약 비준 반대, 미국주권침해 조약 반대 - 상원의 비준 없는 조약은 무효 - 국제형사재판소(ICC)의 관할권 인정 불가

을 비준하지 않을 것이라고 하면서, 미국의 주권을 침해하기 때문에 UN 해양법(Law of the Sea Treaty)과 UN 의제(Agenda) 21을 거부하며, 장기적인 목표가 불분명한 UN여권협정(U.N. Convention on Women's Rights), 아동권리협정(the Convention on the Rights of the Child), 장애자권리협정(the Convention on the Rights of Persons with Disabilities), 유엔 무기무역조약(U.N. Arms Trade Treaty), 유엔 환경개발회의(U.N. Conference on Environment and Development)에서의 각종 선언들을 지지하지 않는다고 발표했고, 현 민주당 대통령이 상원의 비준 없이 행정부 차원에서 맺은 약속(기후, 이란 등)은 조약이 아니므로, 공화당 행정부가 들어서면, 모두 무효화하며, 미국 군인이나 공무원들에 대한 국제형사재판소의 관할권을 인정하지 않는다고 주장했다.

민주당은 많은 국제기구들의 개혁이 필요하나, 도널드 트럼프의 무모함에 반대하며, UN과 같은 국제기구나 다자기구들의 역할이 국제사회에서 점차 중요해지고 있으며, 이런 기구들을 통해서 미국의 국력과 영향력을 행사하게 되는 것이라고 주장했다.

공화당이 국제형사재판소의 관할권을 인정하지 않고, 유엔 해양법을 거부하는 것은 2012년 정책에도 있었지만, 이렇게 여러 협정들을 거부한다고 선언한 것은 과거에 없었던 예로, 국익을 위해 국제사회의 여론이나 국제규

법을 따르지 않을 수도 있다는 것을 시사하는 중대한 정책 전환이라고 할 수 있다.

2016년 정강정책에서 양당은 국제 구호, 인신매매와의 전쟁에서 공통관심사를 보이고 있다. 공화당은 해외원조는 국익을 첫째로 생각해야 하며, 갈등을 예방하고, 안정을 도모하며, 개인투자를 위한 시장을 개방하고, 도움이 필요한 사람들을 인도주의 정신으로 도움으로 미국의 안보와 경제이익을 향상시키는 도구라고 규정했다. 공화당은 공화당 행정부가 주도했던 밀레니엄 도전공사(Millennium Challenge Corporation)[21]가 납세자가 낸 세금이 효율적인 결과를 도출하고 투명하고 책임감 있는 프로젝트에 쓰이는 새로운 원조의 모델을 만들었다고 칭찬하면서, 미국의 원조는 밀레니엄 도전공사가 개척한 방법을 따라서 부패와 싸우고, 법치주의를 강화하며, 미국 물건과 서비스를 위한 시장을 개척할 것이라고 했다.

민주당은 개발원조는 위협을 예방하고 안정을 고양하며, 군사적 개입의 필요성을 줄일 수 있다고 역설하면서, 전체 연방 예산의 1% 미만의 미국 원조가 세계의 극빈층을 절반 수준으로 줄였고, 산모와 영아 사망률을 줄였으며, 결식을 줄이고, 식량 안보를 제공하고, 심각한 유행병과 대항하고, 교육을 신장하고, AIDS가 없는 세대에 거의 근접하는 수준으로 끌어올릴 수

〈표 15-10〉 2016년 일반 외교 정강정책 비교 분석

민주당	공화당
- 여성, 소녀 인권 - 레즈비언, 게이, 양성애자, 성전환자 권리 - 인신매매와의 전쟁, 반-부패, 고문 반대 - 개도국 청년, 시민사회, 국제원조 - 국제 보건, 국제 노동	- 국제원조 - 종교의 자유 - 인권 옹호 - 인신매매와의 전쟁 - 인터넷 독재와의 전쟁

21) 밀레니엄 도전공사는 개발원조를 담당하는 미국의 연방정부 독립 개발구호기관이다. Millenium Challenge Corporation, https://www.mcc.gov/ 홈페이지 참조.

있었다고 평가했다.

여기서 국제원조를 바라보고 평가하는 두 정당의 시각에 극명한 차이가 있음을 발견할 수 있다. 공화당이 미국 시장의 개척과 원조금의 효율적 집행을 중요하게 생각하고 있다면 민주당은 원조를 받은 국가들의 나아지는 상황지표에 관심이 많다는 것을 알 수 있다.

2016년 정강정책에서 민주당은 상업적인 성 착취와 강제된 노동을 포함한 현대판 노예제와 인신매매를 근절시키기 위한 모든 노력을 경주하겠다고 하면서, 인신매매 및 폭력 희생자 보호법(Victims of Trafficking and Violence Protection Act of 2000)의[22] 성과에 힘입어서 인신매매를 돕는 공무원들을 발본색원하기 위해 외국 정부와 외교적 협력을 강화할 것을 요구했고, 인신매매 생존자들에게 보호와 서비스를 제공하는 것을 증대하기 위해 노력해야 할 것이라고 했다. 공화당의 정책도 대동소이하다. 공화당은 인신매매의 영역에 장기적출 목적으로 인신매매된 피해자를 추가했고, 소년병을 현대판 노예제에 추가한 점이 민주당과 다른 점이다. 그리고 공화당은 해외노동자(foreign workers)를 착취하는 해외 노동 청부업자(overseas labor contractors)가 해외 미군 기지를 돕거나 미국으로 상품을 수출하는 것을 금지시켜야 한다는 주장을 한 것이 민주당과 다른 독특한 점이다.

민주당도 종교의 자유를 2016 정강정책에서 언급하지 않은 것은 아니나, IS에게 희생당한 기독교와 예지디스의 지원과 연관되어 있어서 일반적인 외교정책으로 분류하지 않았다. 그에 비해서 공화당은 전 세계적인 차원에서 종교의 자유를 다루고 있다. 공화당은 국제종교자유위원회(U.S. Commission on International Freedom)의 역할이 어느 때보다 중요한 시기에 민주당 행정부로부터 경시되고 있다고 비판하며 종교정책을 중시했다. 공화당은 이집트의 엘시디(Al-Sisi) 대통령이 콥트교회(Coptic Christians)을 보호했듯

---

22) 법의 원문은 U.S. Department of State, Victims of Trafficking and Violence Protection Act of 2000, http://www.state.gov/documents/organization/10492.pdf 참조.

이, 모든 소수종교집단 — 예지디, 바알, 정교회, 가톨릭, 개신교 — 이 두려움 없이 예배를 드릴 수 있도록 지역의 지도자들에게 요청했다. 공화당은 중국이 교회파괴를 다시 시작하고, 유럽에서 기독교 자택교육을 시킨다고 교도소에 수감되고, 캐나다가 목사의 설교 내용을 가지고 협박할 때 공화당 행정부는 종교의 자유 옹호를 외교의 중심과제로 만들 것이라고 선언했다.

공화당은 2016년 정강에서 억압받는 종교집단, 양심수, 성노예로 끌려간 여성, 재앙과 굶주림에 고통받는 사람들을 지지하는 것은 단순히 미국의 가치관의 문제이기 때문만은 아니며, 그들의 인권을 옹호하는 것이 미국의 중요한 안보와 경제 이익에 부합하기 때문이라고 주장했다. 게다가 공화당은 힐러리 클린턴 후보가 2009년 국무장관 시절에, 인권에 관한 관심을 고조시키는 것은 "국제 경제 위기, 기후변화 위기, 안보 위기에 영향을 미칠 수 없다"고 말했다고 지적하면서, 공화당은 절대로 그런 말을 하지 않을 것이라고 했다.

공화당의 2016년 인권 부분 정책은 두 가지 측면에서 주목할 만한 이유가 있다. 첫째는 민주당이 여성, 소녀 인권 등 각종 인권을 미국의 가치를 지키자는 제목 밑에 위치시켰는데, 공화당은 인권은 단순한 가치만의 문제가 아니라고 반박을 하고 있다는 점이다. 둘째는, 앞서 국제원조에서도 나왔듯이 공화당은 인도주의에도 미국의 이익을 결부시킨다는 점이다. 이는 공화당의 보수화와 관련이 있다고 볼 수 있다. 국제원조나 국제인권에 대한 지원을 세금 낭비라고 생각하는 사람들을 설득시키기 위한 전략적 측면을 고려한 타협적 정책이라고 평가할 수 있을 것 같다.

민주당도 인도주의적 가치만으로 인권보호를 주장하지는 않는다. 2016년 정강정책에서 민주당은 국제사회에서 여성과 소녀의 인권을 신장시키는 것은 그렇게 하는 것이 단지 옳기 때문만은 아니고, 번영과 안정 속에 미국의 이익을 증대시킬 수 있는 전략적 책무이기 때문이라고 주장했다. 민주당은 가족계획 정보 제공과 피임약 공급을 확대하는 것, 안전한 낙태가 여성의 건강에 필수적이라고 믿는다고 했다. 민주당은 LGBT(Lesbian, Gay, Bisexual and Transgender) 권리는 인권이라고 선언하며, 민주당은 세계의 LGBT

시민들과 함께 갈 것이며, LGBT 권리를 침해하거나 학대를 모른척하는 국가와 싸울 것이라고 했다.

민주당은 개도국의 대다수 국민은 30세 미만이라고 하면서, 이 청년들이 교육을 받고 직업을 갖게 될 때 국가는 번영하고 안정될 것이라고 했다. 민주당은 직업을 창출하고, 교육과 의료체제를 확대하는 일을 촉진시켜서 세계의 청년들과 함께 일하게 될 것이라고 내다봤다.

민주당은 중동, 아프리카, 동유럽의 갈등으로 6,000만 명 이상의 난민이 발생했다고 지적하면서, 난민 문제를 해결하기 위해서 오바마 대통령이 세계 정상 회담을 소집한 것을 지지한다고 했다. 도널드 트럼프가 무슬림 난민의 입국을 금지시키자고 제안했지만, 민주당은 무고한 사람들을 도울 수 있는 길을 찾을 것이라고 주장했다.

2016년 정강정책에서 민주당은 책임 정치와 보편적 권리를 향해 나가는 진보를 지지하며, 독재자가 시민사회를 무너뜨리고 자유를 원하는 사람들을 교도소에 가두었을 때 민주당은 기본권과 민주주의, 법치주의를 위해 싸우는 개인과 집단을 계속해서 지원할 것이라고 했다. 민주당은 또한, 세계적으로 만연한 부패를 종식시키고 투명성을 증가시킬 것이며, 부패한 지도자와 개인, 회사들이 세금을 피해서 불법 이윤을 추구하게 하는 해외의 조세도피처의 문을 닫게 할 것이라고 선언했다.

2016년 정강정책에서 공화당은 인터넷 방화벽 우회 기술과 반-검열 기술을 발전시키는 것이 국가정책의 우선순위가 되어야 한다고 주장했다. 공화당에 따르면 중국, 쿠바, 이란은 자유언론을 제한하고, 그들 국민의 정치, 문화, 종교적 자유를 제한하여 고립화시키고 있고, 독재자들은 이민을 통제하듯 인터넷 통제권도 정부가 가지고 있다고 주장하고 있다. 공화당은 인터넷 자유는 닫힌 사회의 기본권을 신장시킬 수 있는 비용 대비 효과가 좋은 수단이라고 얘기하고 있다. 또한 공화당은 중국과 같은 사회에서는 방화벽 보호정책과 검열이 중국에 있는 미국 기업들에게 사실상 무역장벽의 역할을 하고 있기에 인터넷 자유는 미국의 경제적 이해관계와도 부합한다고 주장했다. 공화당은 권위주의적 국가에서 기업을 운영하는 미국인과 미국 회사에게 인터넷 방화벽을 우회하고 온라인을 통해서 정확한 뉴스와 정보를 얻을 수 있게 하는 정책을 펼칠 것이라고 주장했다.

2016년 정강정책에서 공화당은 민주당 정권이 안보 약화를 초래했다고 비난하면서, 미국 예외주의가 미국이 자유세계의 지도자라는 자연스러운 지위를 다시 차지하기를 요구하고 있다고 믿으며, 공화당은 미국 군사력을 재건하여 지구상에서 가장 강한 군대로 만들도록 헌신하겠다고 주장했다. 민주당은 미국이 세계에서 가장 강한 군사력을 유지해야만 한다고 믿고, 트럼프가 미국 군사력을 재앙(disaster)이라고 평가하는 것을 부정한다고 응답하였다. 두 정당 모두 미국이 가장 강한 군사력을 가져야 한다는 점에서 동의하고 있고, 현 미국의 국방력에 대한 평가가 다를 뿐이다.

2016년 정강정책에서 민주당은 핵, 화학, 생물학 무기의 확산 방지를 위해 노력하고 있으며, NPT를 강화하여 핵확산을 막겠다고 하면서, 포괄적 핵실험 금지조약(Comprehensive Nuclear-Test-Ban Treaty)의 비준을 촉

〈표 15-11〉 2016년 무기 확산, 군축, 사이버 안보 정강정책 비교 분석

민주당	공화당
- 핵, 화학 및 생물학 무기의 확산 방지 - 핵확산금지조약(NPT)의 강화 및 포괄적 핵실험 금지조약(CTBT)의 비준 - 핵물질 도난 방지 - 핵 태세 검토보고서	- 미국 동맹국의 핵우산이 되면 핵확산 소멸 - 독자적인 군비감축에 대한 비판 - 적국들을 이롭게 한 군축협정의 폐기 - START협정 무용 — 검증 불가능 - 러시아 INF협정 위반
- 사이버보안 국가 행동 계획(CNAP)지지 - 사이버 공격에 대비한 산업, 기반시설, 정부의 보호 - 개인정보와 시민적 자유의 보호 - 디지털 안보와 암호화 위원회 지지	- 러시아와 중국의 전쟁전략의 일부로 사이버 작전 수행: 외교적·재정적·법적인 고통을 안겨주는 대책 필요 - 사이버 방어에서 사이버 공격으로 전환 - 사이버-보험, 사용자의 자기방어권 - 사이버 공급망 보호 - 군, 기업, 해커의 협업으로 국가 보호

구했다.[23] 민주당은 또한, 지속적으로 일어나는 핵물질, 핵무기 부속의 도난을 방지하겠다고 했는데, 매년 민주당의 정강정책에서 발표는 하지만 구체적으로 어떻게 예방하겠다는 세부 계획은 나와 있지 않다. 미국의 적절한 예방수단의 미비 혹은 다른 국가와의 협력체제 구축의 어려움 등으로 핵물질이나 핵무기의 조단은 국제사회의 심각한 문제로 남아 있다고 볼 수 있다.[24] 민주당은 또한, 핵 태세 검토 보고서(Nuclear Posture Review) 의 보고를 받아 핵정책, 전략, 능력에 관한 미래 전략을 수립하겠다고 했다.[25]

공화당은 2016년 정강정책에서 미국이 충분한 핵을 보유하고 동맹국의 핵우산이 되면 각국이 핵을 보유하고자 하는 동기가 약해져서 자동적으로 핵확산이 움츠러들 것이라고 주장하면서, 미국의 일방적인 군비감축에 반대하고, 적국들을 이롭게 한 군축협정의 폐기를 주장했다. 공화당은 또한 현 행정부가 추진하고 있는 신전략무기감축협정(New START)은 검증할 수 없기 때문에 무용한 협정이라고 평가했다. 공화당은 러시아가 중거리 핵전력 조약(Intermediate-Range Nuclear Forces Treaty)을 여러 차례 위반했다고 예를 들면서,[26] 러시아와의 신전략무기 감축협정(New Strategic Arms Reduction Treaty)은 너무 약해서 검증가능하지 않은 문제가 있다고 주장했다.[27] 신전략무기 감축협정은 2011년 2월 5일부터 효력을 갖는 협정으로

---

23) 자세한 내용은 U.S. Department of State, "Comprehensive Nuclear Test-Ban Treaty (CTBT)," http://www.state.gov/t/avc/c42328.htm 참조.

24) Ahemd Rasheed 외, "Exclusive: Radioactive material stolen in Iraq raises security concerns," *Reuters* (2016년 2월 17일), http://www.reuters.com/article/us-mideast-crisis-iraq-radiation-idUSKCN0VQ22F

25) 핵 태세 검토 보고서는 입법부의 강제사항으로 5년에서 10년의 미래를 내다보고 미국의 핵전략을 평가하도록 되어 있다. U.S. Department of Defense, Nuclear Posture Review, http://www.defense.gov/News/Special-Reports/NPR

26) U.S. Department of State, "Treaty Between The United States of America And The Union Of Soviet Socialist Republic On The Elimination Of Their Intermediate-Range And Shorter-Range Missiles(INF Treaty)," http://www.state.gov/t/avc/trty/102360.htm 원문 참조.

27) U.S. Department of State, "New START," http://www.state.gov/t/avc/newstart/index.htm

2018년 2월 5일까지 미국과 러시아가 전략무기를 감축하도록 되어 있고, 감축대상에는 대륙간탄도미사일(ICBM), 잠수함발사탄도미사일(SLBM) 등이 포함되어 있다.

민주당은 오바마 행정부가 국가안보와 경제안보, 공공의 안전을 유지하고, 사생활을 보호하며, 사이버 안보에 대한 국민의식을 고취시키기 위해 단기, 장기 계획을 세우기 위해 만든 사이버보안 국가 행동 계획(Cybersecurity National Action Plan)을 지지한다고 주장하였다.[28] 민주당은 또한 사이버 공격에 대비해 산업, 기반시설, 정부를 보호하면서도, 개인정보와 시민적 자유의 보호를 소홀히 하지 않겠다고 다짐하면서 디지털 안보와 암호화 국가위원회(commission on digital security and encryption)를 지지한다고 했다.[29]

공화당은 러시아와 중국의 전쟁정략의 일부로 사이버 작전을 수행하고 있는데, 미국은 이에 대해서 외교적·재정적·법적인 고통을 안겨주는 대책이 필요하다고 강력하게 주장하였다. 그리고 지금까지 사이버 방어 전략을 펼쳤다면 이제 공격적으로 전략을 수정하여 사이버 공격을 중시해야 한다고 했다. 또한 사이버 보험의 자유시장 도입을 고려하고, 사용자가 해커 등으로부터 자기를 방어할 수 있는 자기방어권이 중요하며, 사이버 공급 네트워크를 보호하는 방법을 강구해야 한다고 주장했다. 공화당은 또한, 군, 기업, 해커 공동체의 협업으로 국가를 보호하는 체제를 구축해야 한다고 했다. 2016년 양당의 정강정책에서 나타난 사이버 안보에 대한 공화당의 전략은 민주당의 전략에 비해서 강경하고 공격적인 특색을 가지고 있다.

2016년 정강정책에서 민주당은 국방예산의 낭비를 제거하고, 국방부를 감사하며, 군수산업 계약자를 재조사하여 부정행위 관련자를 엄벌하겠다고

---

28) White House, Fact Sheet: Cybersecurity National Action Plan, https://www.whitehouse.gov/the-press-office/2016/02/09/fact-sheet-cybersecurity-national-action-plan

29) Homeland Security Committee, Mccaul-Warner Commission on Digital Security, https://homeland.house.gov/mccaul-warner-commission-2/ 참조.

〈표 15-12〉 2016년 국방예산 관련 정강정책 비교 분석

민주당	공화당
- 국방예산 낭비 제거, 국방부 감사, 군수산업 계약자 재조사, 부정행위 관련자 엄벌	- 예산 기반 전략 → 안보우선 예산 - 국방예산 제한(cap) 제거, 국내 의제를 위해 국방예산 삭감 반대, 국방예산 증대 - 국방부 감사, 2016 국방수권법 찬성 - 군수 조달 체계 현대화: 공급처 경쟁 → 기술노동자, 중소기업 경제 활성화

했다. 과거에 비해 국방예산 삭감이나 다른 국방계산 관계정책을 발표하지 않았다.

공화당은 현 민주당 행정부의 국방전략을 예산기반(budget-based) 전략이라고 비판하면서, 안보우선 전략으로 바뀌어야 한다고 주장했다. 또한, 국방예산 제한(cap)을 제거하고, 국내 의제를 위해 국방예산을 삭감하는 것을 반대하며, 국방예산을 증대해야 한다고 주장했다. 공화당은 군사 훈련과 유지, 시설 보수를 위한 예산을 사용할 수 있도록 하는 국방수권법(The National Defense Authorization Act of 2016) 찬성했다.[30] 공화당은 또한 군수 조달 체계 현대화를 통해 공급처의 경쟁을 유도하여 양질의 무기와 설비를 제공받고, 국방 분야의 기술노동자의 수급을 증대시키고 군에 납품하는 중소기업의 경제 활성화의 효과를 누릴 수 있다고 주장했다. 공화당은 역사상 한 번도 감사받지 않은 국방부 감사를 통해 납세자의 세금이 낭비되지 않고 제대로 집행되었는지를 확인해야 한다고 했다.

민주당과 공화당은 군인과 군인가족에 대한 처우개선의 필요성에 공감하고, 군인과 군인가족에 직업, 교육, 육아, 의료혜택 등을 제공해야 한다고

30) 이 법은 조달, 연구, 개발, 실험, 평가, 작전 및 보수유지 등을 위해 예산을 사용하도록 규정하고 있다. U.S. Congress. H.R. 1735-National Defense Authorization Act for Fiscal Year 2016, https://www.congress.gov/bill/114th-congress/house-bill/1735 참조.

〈표 15-13〉 2016년 군인, 군인가족, 퇴역군인 관련 정강정책 비교 분석

민주당	공화당
- post-911 GI Bill 보존 - 군인가족에 직업, 교육, 육아, 의료 혜택 - 군 성폭력 예방 노력	- 군인과 가족에 대한 혜택 제공 - 상이군인의 치료 중요, 의료개혁 필요 - 군목의 종교의 자유 보장, 군종 병사 증가
- LGBT 퇴역군인 재조사로 평등권 보장	- 은퇴군인에게 의료, 교육, 장애자 혜택, 생존자 혜택, 주택융자 제공, 직업 기회 - 국가보훈처 개혁, 고위직은 대통령이 임명, 책임감 필요 - 군 종사자에 대한 P.A.W.S.법 등을 통한 정신적·육체적 치료 지원 - 국가보훈처, 민간기업, 은퇴군인 서비스 제공기관의 협업 필요

주장하고 있다. 국가를 위해 희생하고 있는 군인과 그 가족에 대한 배려를 두 정당이 주장하고 있는 것이다.

민주당은 군인과 은퇴군인에게 대학교육과 직업교육의 기회를 주는 Post-911 Gi Bill을 유지하겠다고 했고,31) 군 성폭력을 예방하는 노력을 경주하겠다고 했다. 공화당은 종교에 상관없이 모든 군목의 종교와 양심의 자유를 보장해야 하며, 군목의 설교내용을 감시하고 크리스마스와 같은 종교 기념일에 침묵을 강요하는 민주당 행정부를 비판하고, 군목과 군종 병사를 증원해야 한다고 주장했다. 그리고 은퇴했거나 현재 군복무 중인 상이군인의 치료에 만전을 기하고, 국가보훈처가 운영하는 병원에서 몇 시간씩 기다리게 하는 의료체제를 개혁해서 치료가 필요한 군인과 은퇴군인들이 즉각적으로 치료를 받거나 본인이 원하는 민간병원이나 지역병원을 선택할 수 있도록 개혁해야 한다고 주장했다.

민주당은 '묻지 말고 말하지 말기'정책의 폐지로 동성연애자가 국가에 봉

31) U.S. Department of Veterans Affairs, Pose-0/11 GI Bill, http://www.benefits.va.gov/gibill/post911_gibill.asp

사할 수 있는 기회가 생겼고, 이제는 LGBT 퇴역군인의 퇴직사유를 조사해서 퇴직사유가 성적취향 때문이라면, 이들의 기록을 수정하고, 다른 은퇴군인과 동등한 대접을 받을 수 있도록 조치하겠다고 했다.

공화당은 은퇴군인에게 의료, 교육, 장애자 혜택, 생존자 혜택, 주택융자 제공, 직업기회를 제공해야 한다고 주장하였고, 현재 국가보훈처는 은퇴군인들의 의견을 받아들이지 않는다고 지적하며 국가보훈처의 고위 공무원은 근무 경력에 따라 승진시키지 말고 대통령이 직접 임명하여 책임정책을 구현할 수 있도록 개혁해야 한다고 주장했다. 또한 국가보훈처, 민간기업, 은퇴군인 서비스 제공기관의 협업을 통해서 은퇴군인들에게 양질의 서비스를 제공할 수 있도록 해야 하며, 자살, 마약, 트라우마 등 군복무, 특히 전쟁기간 중의 복무 후유증을 치료할 수 있도록 해야 한다고 주장했다. 그 예로 군 종사자에 대한 P.A.W.S.(Puppies Assisting Wounded Servicemembers)법 등을 통해서 정신적 육체적 부상을 입은 퇴역군인들을 지원해야 한다고 했다.[32)]

전통적으로 민주당의 안보관련 정강정책은 공화당에 비해 간단한 편이다. 민주당은 연방군, 예비군 및 주 방위군의 완벽한 훈련 및 장비를 통한 군대 대비태세 확보를 강조하고, 민첩하고 유연한 군대 운용 체제를 확립하고 구시대의 잔재인 냉전체제를 제거해야 한다고 주장했다.

공화당은 민주당 행정부가 계획하고 있는 주방위군 및 예비군 감축을 반대하며, 어떤 형태로든 징병제의 부활을 반대하고, 여성의 보병부대, 육상전투부대 배치를 반대했다. 공화당은 취약한 탄도미사일 방어체제 강화를 위해서 다층적(multi-layered) 미사일 방어체제 구축을 하고 핵무기 현대화를 진행시켜야 하며, 병력을 증대해야 하며, 대비태세를 강화하는 것이 필요

32) P.A.W.S.법은 애완동물을 통해서 상이군인들을 돕도록 하는 법이다. 자세한 사항은 Pawsact.com, http://pawsact.com/ 참조. 기대효과에 관해서는 Wlyse Wanshel, "A New Act Could Provide Veterans Who Have PTSD With Service Dogs," *The Huffington Post* (2016년 3월 23일), http://www.huffingtonpost.com/entry/paws-act-veterans-ptsd-service-dogs_us_56f1a5bbe4b02c402f6590c6 참조.

〈표 15-14〉 2016년 안보체제, 군사력 관련 정강정책 비교 분석

민주당	공화당
- 연방군, 예비군 및 주 방위군의 완벽한 훈련 및 장비를 통한 군대 대비태세 확보	- 행정부의 주방위군 및 예비군 감축 반대
- 민첩하고 유연한 군대 운용 및 냉전시대 체제의 제거	- 탄도미사일 방어체제 취약: 강화 필요 - 병력 증대 및 대비태세 강화 - 다층적 미사일 방어체제, 핵무기 현대화 - 상호확증파괴정책의 폐기와 동맹국과의 관계 재정립 - 징병제 반대 - 여성의 보병, 육상 전투부대 배치 반대

하다고 역설했다. 그리고 상호확증파괴(Mutually Assured Destruction)정책을 폐기하고 동맹국과의 관계를 재정립해서 국가안보를 강화해야 한다고 주장했다.

제2절 경제·무역 정강정책 비교

2016년 민주당의 경제, 무역 관련 정강정책은 크게 임금과 경제적 안전, 일자리 창출, 경제적 불평등 해소와 경제 민주화의 세 가지 주제로 나눠진다. 공화당의 경제 분야 정강정책은 몇 가지 큰 주제로 분류하지 않고, 일자리 창출, 세금, 무역, 금융시장 자유화, 주택, 대중교통, 기술, 전기배선, 중소기업, 연방 준비제도, 일터, 공무원, 예산적자로 구성되어 있다. 두 정당의 세목 구성이 매우 상이하여 직접 비교가 어려운 항목이 많이 있지만, 최대로 공통적인 정책들을 찾아서 우선적으로 비교해보도록 하겠다.

민주당은 일자리 창출을 위한 세부정책으로 사회기반 시설 투자, 제조업

부흥, 청정에너지 직업 창출, 과학기술 혁신, 중소기업 지원, 청년 일자리 창출정책을 발표했다. 두 정당의 과학기술 혁신정책과 중소기업 지원정책을 비교해보면 〈표 15-15〉와 같다.

2016년 정강정책에서 민주당은 행정 간소화를 통해 중소기업을 지원하고, 대출 기회를 제공하고, 세금 경감과 세금 간소화를 추진하고, 중소기업을 위한 국내외 시장을 확대하며, 낙후된 지역의 중소기업을 지원하겠다고 발표했다.

공화당은 수백만 명의 사람들이 잠재적으로 기업가의 경력을 갖지 못하도록 막는 직업 인허가법(occupational licensing laws)을 축소하고,[33] 중소기업의 절반과 농업의 3/4 종사자의 저축과 융자를 제공하는 공동체 은행

〈표 15-15〉 2016년 중소기업, 과학기술 정강정책 비교 분석

민주당	공화당
- 중소기업 지원을 위한 행정 간소화 - 대출 기회 제공 - 세금 경감과 세금 간소화 - 중소기업을 위한 시장 확대 - 낙후된 지역의 중소기업 지원	- 직업 허가증 법 축소 - 공동체 은행에 대한 규제 철폐 - 앱경제에 대한 종합적 규제 개혁 - 국립연구소와 중소기업의 동반자 관계
- 차세대 과학자, 엔지니어(특히 여자, 유색인) - 학생 교육과 노동자 훈련, 기업가 지원, 기술자 초청, R&D 투자 - 고교졸업 때까지 인터넷 교육 필수 - 장애자의 경제활동 참여 늘리는 기술 혁신 - 디지털 격차 해소 - 초고속 광대역 연결망 - 통신망 중립성과 개방 인터넷정책 유지 - 지적 재산권 보호(문화, 예술 포함) - 지적 재산권과 무역기밀 절도와 전쟁 - 무역에서의 할당, 차별정책, 데이터 지역화 요구 반대 - NASA 강화, 국제과학 공동체와 협력	- 세금 코드 단순화 요구 - 법인세율 인하 요구 - 영토적 과세체제로 변경 요구 - 위험부담에 보상이 뒤따르는 기업환경 조성 - 새 시대에 맞는 기술 교육 - 공정하고 개방된 국제 시장 - 데이터 자유 흐름 촉진, 사생활 보호 - 지적 소유권 보호 - 고속 광대역망, 인터넷 서비스 경쟁 필요 - 경쟁과 혁신을 격려하는 정책 필요 - 보편적 광대역 망 제공 ― 시골의 농부, 목장, 중소기업의 국제 경쟁력 제고 - NASA, 국방부와 민간기업의 기술 교류 - 전력망 개선

(community bank)에 대한 끔찍한 규제를 풀어야 하며, 앱경제(the app economy)에 대한 종합적 규제개혁을 요구했다.[34] 스마트폰의 보급으로 새로운 성장 동력으로 떠오른 앱경제를 보호하고 성장시키기 위한 논의를 공식적으로 제기했다는 점에서 의미가 있다. 공화당은 또한, 미국의 많은 국립연구소와 중소기업의 동반자 관계를 통해서 21세기 미국의 경제를 열어갈 수 있다고 주장했다.

2016년 정강정책에서 양당은 공통적으로 초고속 광대역망의 확장과 시민의 사생활 보호를 중요하게 생각하고 있다. 이는 국가경제에 연결성(connectivity)이 기회와 형평성, 격차를 낳은 중요한 변수가 되었기 때문이다. 예를 들어서 공화당은 지난 8년간 민주당 정부가 고속 광대역망 확장에 손을 놓고 있어서, 시골의 농업, 목축업, 중소기업이 실시간 정보를 받아보지 못하여 국제시장에서 경쟁할 기회를 놓쳤었다고 주장했다.

민주당은 차세대 과학자, 기술자, 사업가를 양육해야 하며, 특히 여성과 유색인(people of color)을 양육하여 미국이 혁신과 자신감으로 다른 나라를 선도할 수 있어야 한다고 주장했다. 민주당은 과학기술 분야의 발전을 위하여 국내 학생을 교육하고 노동자 훈련을 하고 기업가를 지원하며, 재능 있는 인력을 세계 곳곳에서 초청하고, R&D 투자를 지속적으로 해야 한다고 했다. 재능 있는 인력을 초청하여 비자를 발급하고, 유학생이 본국으로 돌아가지 않고 미국에서 취업을 하게 하자는 정책은 2012년 공화당의 정책이었는데, 2016년 민주당 정강정책에서는 재능 있는 외국인을 유치하고 계속 유지하자고 주장하고, 2016년 공화당 정책에서는 빠진 점이 비교가 된다.

---

33) 미국의 인허가법이 비용을 과다하게 발생시켜서 상품가격을 올리고 경제에 부작용을 낳는다는 미 재무부의 분석결과도 있다. 미 재무부 보고서 원문은 White House, Occupational Licensing: A Framework for Policymakers, https://www.whitehouse.gov/sites/default/files/docs/licensing_report_final_nonembargo.pdf 참조.

34) 앱경제의 성장에 대한 기사는 다음을 참조. Robinson Meyer, "The App Economy Is Now 'Bigger Than Hollywood'," *The Atlantic* (2015년 1월 27일), http://www.theatlantic.com/technology/archive/2015/01/the-app-economy-is-now-bigger-than-hollywood/384842/

공화당은 기술, 과학 발전의 핵심을 기업가 정신에서 찾는다. 공화당은 기업가에게 동기부여하기 위해서 세금 코드의 단순화와 법인세율 인하를 요구하고, 세계적 과세체제에서 영토적 과세체제로의 변경을 요구하고 있다. 공화당은 기업가가 위험을 부담할 때 그에 대한 보상이 뒤따르는 기업환경 조성이 중요하다고 역설했다.

민주당은 고교졸업 때까지 인터넷 교육을 필수로 하고, 장애자의 경제활동 참여를 늘릴 수 있는 기술 혁신을 하며, 디지털 격차를 해소하기 위해 노력하고, 통신망 중립성과 개방 인터넷정책을 유지하겠다고 했다. 민주당이 IT의 수평적 혹은 기회의 확산과 격차 해소를 위한 정책들을 발표했다면, 공화당은 시장경제의 핵심 키워드인 경쟁과 혁신의 원칙을 통한 기술 발전의 정책을 발표했다고 볼 수 있다. 공화당은 고속 광대역 망을 확충하여, 인터넷과 서비스의 경쟁을 촉진시키며, 기술 분야의 경쟁과 혁신을 격려하는 정책 필요하다고 주장하였다. 공화당은 새 시대에 맞는 기술 교육을 하고, 사생활을 보호하면서도, 자유로운 정보의 흐름을 촉진하는 정책이 필요하다고 했다.

민주당은 문화, 예술 분야를 포함한 지적 재산권을 보호하겠다고 주장했다. 그리고 지적 재산권과 무역기밀을 절도하는 행위와 맞서 싸우겠다고 했고, IT 기술의 무역에서 할당(quota), 차별정책, 데이터 지역화 요구를 반대한다고 했고, NASA를 강화하고, 국제과학 공동체와 협력하여 우주 미션을 수행하겠다고 했다.

공화당도 공정하고 개방된 국제 시장과 지적 소유권 보호를 요구하고 NASA, 국방부와 민간기업의 기술 교류를 신장시켜야 한다고 주장했다. 민주당이 NASA와 국제사회의 협력을 주장한 데 비해서 공화당은 NASA와 민간기업의 교류를 주장하고 있는 점이 다른 점이다.

공화당은 민주당과 학자들이 현실이라고 주장하는 저성장의 새로운 표준을 받아들일 수 없다고 주장하면서, 민주당 행정부의 경제 지표를 비난하고 있다. 공화당은 저성장과 실업을 과도한 세금과 규제의 결과라고 주장하고 있다.

〈표 15-16〉 2016년 조세, 기업 규제 관련 정강정책 비교 분석

민주당	공화당
- 일자리 해외반출 기업에 대한 세금 환수 - 대형 석유·가스 기업 세금면제 철폐 - 법인도치(corporate inversion) 단속 - 일자리 창출하는 기업에 세금 혜택 - 해외이익에 대한 미국기업의 미국 세금 납부 및 해외이익 은닉 방지 - FATCA 및 FBAR를 통한 합법적 해외 거주 미국인 보호 - 노동자 및 중산층에 대한 세금 감면 - 백만장자 이상에게 소득세 부가세 부과 - 비밀 세금제도(private tax system) 중지 - 국제적 조세회피 단속 및 투명성 강화 - 경쟁, 반독점정책	- 성장 친화적 세금 코드 제안 - 절약과 투자에 대한 징벌 세금 인하 - 소급세 반대 - 종교, 자선, 우애조합 과세 반대 - 계급전쟁 부추기는 세금제도 반대 - 해외 계좌 금융 신고제(FATCA) 및 해외 은행계좌 보고서(FBAR) 비판 - 민간 투자가 경제성장과 일자리 창출: 법인세, 규제, 불확실성이 투자 심리 위축 - 영토적 과세제도로 변경 - 연방조세제도 개혁으로 초과과세방지, 부가세, 소비세, 수정헌법 16조(연방소득세) 폐지

민주당은 일자리를 해외로 반출하는 기업에 대한 세금을 환수할 것이며, 미국보다 법인세율이 낮은 국가로 법인의 주소를 이전하여 조세를 회피하는 법인도치(corporate inversion)와[35] 다른 방법의 조세회피 행위를 엄중히 다스릴 것이고, 해지펀드 경영자들 같은 부자들이 재테크를 이용하여 세금을 회피하는 비밀 세금제도(private tax system)를 중지시킬 것이라고 경고했다.[36] 그리고 국내의 일자리를 창출하는 기업에 세금 혜택을 줄 것이며, 부자가 아닌 노동자와 중산층에 대한 세금을 감면할 것이고, 백만장자나 억만장자에게 소득세 부가세(surtax)를 부과하고, 대형 석유, 가스 회사의 세금

35) 법인도치에 관한 오바마 대통령의 연설과 블로그의 질의응답 참조. Jeffrey Zients, "The Corporate Inversions Tax Loophole: What You Need to Know," White House(2016년 4월 8일), https://www.whitehouse.gov/blog/2016/04/08/corporate-inversions-tax-loophole-what-you-need-know

36) 비밀 세금 제도의 폐해를 지적하는 기사 참조. Noam Scheiber and Patrica Cohen, "For the Wealthiest, a Private Tax System That Saves Them Billions," *The New York Times*(2015년 12월 29일), http://www.nytimes.com/2015/12/30/business/economy/for-the-wealthiest-private-tax-system-saves-them-billions.html?_r=0

면제를 철폐할 것이라고 주장했다. 미국 기업이 해외에서 얻은 이익에 대해 미국에 세금을 납부토록 하고, 해외 이익을 은닉하지 못하도록 하며, 국제적 조세회피를 단속하고 투명성을 강화하여 부패와 테러리스트들의 자금 흐름을 끊겠다고 주장했다. 또한 경쟁을 강화하고 반-독점정책을 강화하여, 기업 집중과 독점을 단속하고 그에 대한 법 집행을 하겠다고 발표했다. 민주당은 해외에 거주하면서 법을 준수하는 미국인은 해외 계좌 금융 신고제(Foreign Account Tax Compliance Act)와[37] 해외 은행계좌 보고서(Report of Foreign Bank and Financial Accounts)가[38] 요구하는 것을 이행하면 부당하게 벌을 받지 않을 것이라고 주장했다.

2016년 정강정책에서 공화당은 성장 친화적 세금 코드가 필요하다고 제안하면서, 절약하고 투자하는 것에 대해서 벌을 주는 세금제도는 문제라고 지적하고, 세금 인하를 주장했다. 그리고 공화당은 소급세를 반대하고 미국 사회에 기여를 많이 해온 종교단체, 자선단체, 우애조합에 과세하는 것을 반대하며, 현 정부의 계급전쟁 부추기는 세금제도를 반대한다고 했다. 공화당은 민간 투자가 경제성장과 일자리를 창출하는데, 민간 투자가 최저 수준인 것은 높은 법인세와 많은 규제, 그리고 불확실성 때문에 투자 심리가 위축되었기 때문이라고 진단했다. 그리고 민주당이 세계 과세체제를 유지하면서 미국 기업의 해외법인의 이익금에 세금을 걷겠다고 했던 것과는 정반대로, 공화당은 영토적 과세제도로 변경하여 미국 기업의 해외법인 이익금이 미국 내의 재투자로 연결되도록 하자고 제안했다. 그리고 공화당은 해외 계좌 금융 신고제(FATCA) 및 해외 은행계좌 보고서(FBAR)는 정부의 영장 없는 개인 자산 정보의 압류라고 비판했다. 또한 법인세를 국제수준으로 낮춰주거나 국제수준보다 낮춰줘야 미국 기업의 국제 경쟁력이 살아날 것이라

37) 자세한 정보는 참조. IRS, Foreign Account Tax Compliance Act, https://www.irs.gov/businesses/corporations/foreign-account-tax-compliance-act-fatca

38) 자세한 정보는 IRS, Report of Foreign Bank and Financial Accounts(FBAR), https://www.irs.gov/businesses/small-businesses-self-employed/report-of-foreign-bank-and-financial-accounts-fbar 참조.

고 주장했다. 공화당은 또한, 근본적인 연방 조세제도의 개혁으로 초과과세를 방지하고, 부가세, 국가소비세, 연방 소득세의 법적 근거가 되는 수정헌법 16조 폐지를 주장했다.

민주당은 독점과 대기업 집중과 부자와 대기업이 공평한 세금의 분담을 제대로 하지 않고 부담을 노동자와 중산층에 증가시키는 것이 문제라고 보고 이를 수정하여 경제민주화를 통한 경제 발전을 도모하고 있다면, 공화당은 기업과 기업인에게 세금 혜택을 통한 동기부여를 해야 경제 번영과 더 많은 일자리 창출이 된다고 보는 상반된 입장을 보이고 있고, 더욱이 몇 가지 기본적인 연방세를 폐지하자는 강한 주장을 하고 있다.

미국 경제뿐만 아니라 세계 경제에 영향력이 큰 미국의 연방 준비제도에 관해서 양당은 이구동성으로 정치적 독립성을 보장해야 한다고 주장했다. 민주당은 연방 준비제도가 완전고용과 낮은 물가상승률의 두 마리 토끼를 잡기 위해서는 독립성을 보장하는 것이 중요하다고 역설했다. 그리고 회전

〈표 15-17〉 2016년 금융시장, 월가, 연방 준비제도 정강정책 비교 분석

민주당	공화당
- 연방 준비제도의 완전고용과 낮은 물가상승 목표 수행을 위한 독립성 보호 - 금융기관의 중역들의 지역 연방 준비 은행 임원이나 이사회 겸직 금지, 정부 일 관련 회사의 황금낙하산 금지, 규제 공무원이 전 고용주와 관련된 업무, 로비 행위 금지, 금융 회전문 관행 파괴 - 월가 상품 평가를 맡길 신용평가사 선택 및 고객에 대한 과도한 요금 금지 - 개인과 기업의 위법행위 처벌 - 도드-프랭크 개혁 지지, CFPB 방어 - 금융기관은 중소기업에 대출 - 월가의 과도 투자와 잦은 거래에 대한 금융 거래 세금 부과 - 우체국 기본적 은행 업무 시행	- 연방공개시장위원회(FOMC)와 연방 준비은행의 정치적 독립성 강조 - 연방 준비제도와 연방 공개시장 위원회의 투명성, 책임성 확보 - 투명하고 효과적인 은행 시스템 및 고객들에게 합리적인 대출 금리를 위한 금융시장에 연방규제 반대(도드-프랭크 법안 철폐) - 대출에 대한 쉽고 빠른 접근을 위한 지역은행 규제 완화 - 금융소비자보호국(CFPB)의 철폐 혹은 의회의 세출승인 대상 - 대은행도 파산할 수 있음 - 글래스-스테겔법 부활

문 관행과 낙하산 관행을 없애기 위해서, 금융기관 중역들의 지역 연방 준비은행 임원이나 이사직 겸직을 금지하고, 정부 일 관련 회사의 황금낙하산을 금지하며, 규제 공무원이 전 고용주에게 직접적인 이익을 줄 수 있는 업무로부터 손을 떼게 하고, 규제공무원이 전 직장동료들에게 최소한 2년간 로비행위를 할 수 없도록 하며, 금융 회전문 관행을 완전히 파괴하겠다고 했다. 이것은 금융마피아에 대한 민주당의 강력한 경고라고 볼 수 있다.

공화당은 연방 준비제도의 금융정책 기관으로 단기이자율 조정 같은 업무를 수행하는 연방공개시장위원회(Federal Open Market Committee)와[39] 연방 준비은행의 정치적 독립성 강조하면서, 연방 준비제도와 연방 공개시장 위원회의 투명성, 책임성 확보를 요구했다.

민주당은 월가 개혁법인 도드-프랭크 법안을 지지하며, 공화당의 공격으로부터 금융소비자보호국(CFPB)을 방어하겠다고 했다. 민주당은 또한, 월가가 자사의 상품 평가를 맡길 신용평가사를 자기들이 선택하고 고객에 대한 과도한 요금을 부과하는 것을 금지시키겠다고 했고, 고객들의 예금을 유용하거나 함부로 투기하거나 실정법을 위반하는 개인과 기업은 반드시 처벌하며, 은행이 너무 커서 파산하지 않는다거나 임원의 힘이 너무 세서 교도소에 가지 않는다고 하는 생각을 고쳐주겠다고 주장했다. 민주당은 금융기관이 생산적이고 일자리를 창출하는 길은 중소기업에 대출을 해주고 돕는 것이라고 하고, 월가의 과도한 투기성 투자와 잦은 거래에 대한 금융 거래 세금(financial transaction tax)을 부과하겠다고 선언했다. 또한 민주당은 은행의 도산 등으로 금융서비스 접근이 어려워진 지역 주민들과 중소기업의 편이를 위해서 우체국이 기본적 은행 업무를 수행하는 일을 용이하게 하겠다고 했다.

공화당은 투명하고 효과적인 은행 시스템 및 고객들에게 합리적인 대출금리를 위한 금융시장에 연방규제 반대하고 월가 개혁법인 도드-프랭크 법

---

39) 자세한 정보는 Federal Reserve, "What is the FOMC and When does it meet?" https://www.federalreserve.gov/faqs/about_12844.htm

안의 철폐를 주장했다. 그리고 앞서 중소기업정책에서 언급했던 것처럼 중소기업과 일반인들이 쉽고 빠르게 접근할 수 있는 지역은행의 규제를 완화할 것을 요구했다. 공화당에 따르면 의회나 행정부의 지시에 따르지 않는 금융소비자보호국(CFPB)이 도드-프랭크 법안의 최악이고, 금융소비자보호국을 폐지하거나 최소한 의회의 세출승인 대상으로 만들어야 한다고 했다. 그리고 규제가 필요한 영역이 있고, 공화당도 대은행도 파산할 수 있다는 점에 동의한다고 했다. 하지만 은행의 위험한 투자 제한을 하는 글래스-스테켈 법의 부활을 요구한 점은 민주당의 샌더스 후보의 주장과 같은 것으로 전통적인 공화당의 입장과 다른 매우 진보적인 주장으로 파격적인 정책으로 볼 수 있다. 하지만 도드-프랭크법 폐지정책과 같은 공화당의 다른 정책과 모순된다.

민주당은 기간산업의 세부 제목이 있고 그에 대한 정책을 발표했지만, 공화당은 기간산업에 대한 정책을 별도로 발표하지 않았고 교통운송정책에 대해서만 발표했기에, 정책별로 일대일 대응의 비교가 어렵지만, 교통운송정책도 기간산업의 일부라고 보고, 비교해보았다. 두 정당의 접근법은 완전히 상이하다. 민주당은 일자리 창출의 시각에서 접근하고 있고, 공화당은 연방정부의 관할권에 대한 문제제기로 접근하고 있다.

민주당은 도로, 다리, 교통시설, 공항, 철도, 학교 현대화, 고속 광대역회선 설치 등의 사회 기반시설 투자로 일자리를 창출할 수 있으며, 특히 친환

〈표 15-18〉 2016년 기간산업, 교통 운송 정강정책 비교 분석

민주당	공화당
- 사회기간 시설 건설(도로, 다리, 교통시설, 공항, 철도, 학교 현대화, 고속 광대역회선), 녹색 기간시설 건설로 일자리 창출 - 상수도 시설 현대화 - 기간 시설 은행, 주정부 채권 이자 면세	- 연방항공국 개혁 - 고속도로신용기금 목적에 맞는 예산집행 - 데이비스-베이컨법 철폐 - 연방 유류세 인상 반대 - 교통보안청 노조 비판 - 전미여객철도공사, 민간기업과 협업 필요

경 녹색(green) 기간시설 건설로 좋은 임금의 일자리를 창출할 수 있다고 주장했다. 그리고 상수도 시설 현대화 등을 통해 국민의 건강권을 지키고, 기간 시설 은행(infrastructure bank)을[40] 설립해서 기간시설 건설 사업에 투자를 늘리고, 사회기반 시설 목적의 시정부(municipal government) 채권의 이자수입에 면세 혜택을 주고 주정부와 지방정부의 사회기반 시설 투자를 촉진시키기 위해서 미국건설채권(Build America Bonds)의[41] 영구적인 버전을 만들겠다고 했다.

공화당은 그동안 공공건설 사업은 초당파적으로 지지해왔던 전통이 있었으나, 현 민주당 행정부는 밀집된 주택과 정부 수송로의 도시 모습을 추구하는 것처럼 토목공학(civil engineering)을 사회공학(social engineering)으로 탈바꿈시켰다고 비판했다. 공화당은 고속도로신용기금(Highway Trust Fund)의 1/4 이상이 본래의 목적에 맞지 않는 곳에 집행이 되었고, 1/5은 대중교통을 위해 쓰였는데, 대중교통은 연방정부의 일이 아니라 지방정부의 일이며, 현재 고속도로신용기금의 예산을 사용하는 공공사업들은 다른 예산을 이용해서 집행되어야 한다고 주장했다. 공화당은 노조의 이익을 위해서 건설과 보수비용을 올리고, 고용을 제한하는 데이비스-베이컨법을 철폐해야 하며, 연방 유류세 인상에 반대하고, 교통보안청의 직원노조 때문에 시민의 안전을 우선시하는 본연의 임무에 소홀하다고 비난했다. 그리고 전미여객철도 공사는 민간 벤처회사가 승객서비스 업무를 담당할 수 있도록 협업이 필요하다고 주장했다.

2016년 공식적으로 민주당의 정강정책의 초안이 발표되기 전에, 논란이 많았던 부분 중의 하나가 환태평양경제동반자협정(TPP)을 반대하는 문구의

---

40) 사회기반 시설 은행의 설립은 오바마 대통령이 적극 추천하였지만, 의회에서 만료되었고, 현재 다른 수정안이 제출되어 있다.

41) 미국건설 채권 프로그램은 주정부와 지방정부가 사회 기간시설에 투자하고 일자리를 창출하도록 오바마 행정부가 고안한 프로그램이다. 자세한 내용은 U.S. Department of the Treasury, Build America Bonds, https://www.treasury.gov/initiatives/recovery/Pages/babs.aspx 참조.

〈표 15-19〉 2016년 무역 정강정책 비교 분석

민주당	공화당
- 과거 무역협정은 대기업의 이익 증가, 노동자 권리, 노동기준, 환경, 공중보건 보호 실패: 수년전 협상된 협정의 재검토 - 기존의 무역규정과 수단으로 환율 조작국의 책임추궁 및 집행 자원 확장 - 덤핑, 보조금, 화폐절하, 미국 회사 차별하는 국가(중국) 불공정 관행 중지 - 좋은 일자리, 임금 상승, 안보를 향상시키지 않는 무역협정 반대 - 상기 조건은 환태평양경제동반자협정(TPP)을 포함한 모든 무역협정에 적용	- 무역개방 원칙의 다자협정 - 레이건 경제구역: 자유무역이 공정한 무역 - 무역협정에 의한 수출은 국내 일자리 창출, 국익을 보호 못하면 협정 거부 - 미국 디자인, 특허, 브랜드, 전문지식, 기술을 절도하는 국가의 무역장벽 불용 - 중국의 화폐 조작, 조달사업에서 미국 배제, 보조금 지급 금지 - 동등무역(parity trade), 상계관세 - 투명성, 완전공개, 국가 주권 보호, 미국 근로자의 권리에 기초한 무역협정 확장

채택여부였다. 알려지다시피 버니 샌더스 후보와 힐러리 클린턴 후보 둘 다 반대한다고 했었기에 관심이 쏠렸던 이슈였는데, 결론적으로 반대한다는 문구는 채택되지 못하였다. 그 말은 정강초안 위원의 과반수 지지를 받지 못하였고 합의를 보지 못했다는 말인데, 두 후보자의 뜻과 달리 환태평양경제동반자협정을 지지하는 위원들이 반수를 넘었다는 말이다. 하지만 환태평양경제동반자협정의 찬성자와 반대자가 타협을 본 것이 강화된 민주당의 무역협정 조건을 환태평양경제동반자협정에도 적용시키겠다는 정책이다.

> "민주당은 너무 많은 국가가 규칙을 어기고, 너무 많은 회사가 미국 노동자와 공동체를 희생시키며 아웃소싱을 하면서 수백만 명의 미국인들에게 세계 무역이 그 약속을 실현하지 못했다는 것을 인정한다."

위의 문장은 2016년 민주당의 정강정책에 나오는 내용이다. 민주당은 무역 불공정 행위와 미국 회사의 아웃소싱 때문에 국제 무역이 번영과 임금상승, 일자리 창출의 약속을 지키지 못했다는 것을 인정한다고 했다. 이 문장은 상당히 의미가 있는 부분이다. 그것은 과거 무역이 미국 경제 번영의 핵심이라고 인정해왔던 민주당이 모든 미국인은 아니지만, 수백만 명의 미국인에게 무역은 실패였다고 선언했기 때문이다. 그리고 뒤이어 민주당은 과거 무역협정은 대기업의 이익을 증가시켰지만, 노동자 권리, 노동기준, 환경, 공중보건의 보호에 실패했었다고 발표했다.

물론 여기서 말하는 노동자 권리, 노동기준, 환경 기준, 공중 보건은 교역국이 보호하지 못했다는 말이고, 교역국이 저임금, 장기 노동시간, 낮은 환경 기준, 열악한 공중 보건 기준 등으로 낮은 생산단가를 유지하면서 공평하지 않은 가격으로 미국에 수입되면서 미국의 제조업, 농업, 목축업에 타격을 입혔기 때문에, 그간의 무역협정을 실패라고 간주하고 있다. 그런 관점에서 민주당은 수년 전에 타결한 무역협정을 재검토하고 이를 수정하겠다고 주장했다. 이 말은 민주당이 정권을 잡으면, 과거 미국이 맺었던 무역협정의 수정을 요구할 가능성이 높아졌다는 것을 뜻한다. 특히 무역역조가 심한 국가나 불공정 무역의 의심을 받고 있는 국가, 미국의 제조업체가 미국 무역위원회에 제소한 국가와 맺은 협정들이 대상이 될 것이다.

민주당은 기존의 무역규정과 수단을 최대로 활용하여 환율 조작국의 책임을 묻겠다고 했고, 이를 집행할 자원을 확장하겠다고 했다. 또한 수출품 덤핑, 보조금 지급, 화폐절하, 미국 회사 차별하는 중국과 다른 국가들의 무역불공정관행은 당장 중지되어야 한다고 주장했고, 모든 무역 집행 수단을 사용하여 중국과 다른 교역 상대국들이 책임을 지도록 만들겠다고 했다. 민주당은 또, 좋은 일자리, 임금 상승, 안보를 향상시키지 않는 무역협정 반대에 반대하며, 노동자권리, 환경, 공중위생, 식품 안전성 보호의 원칙을 환태평양경제동반자협정을 포함한 모든 무역협정에 적용하겠다고 선언했다.

공화당은 무역개방 원칙의 다자협정을 지지하며, 레이건 경제 구역 안에서 자유무역이 진정으로 공정한 무역이 될 것이라고 선언했다. 공화당은 민주주의 우방국가와 잘 협상된 무역협정을 맺을 때, 미국 기업의 수출은 수백만의 신규 국내 일자리를 창출하게 된다고 주장했다. 그러나 협정이 국익을 보호하지 못할 때에는 협정은 반드시 거부되어야 한다고 했다. 공화당은 또한, 미국의 디자인, 특허, 브랜드, 전문지식, 기술을 절도하면서도 미국의 상품이 자국에 들어오는 것을 막는 국가의 불공정한 행위는 용납되지 않을 것이라고 했다. 그리고 바로 뒤의 문장에서 중국의 화폐 조작, 조달사업에서 미국 배제, 보조금 지급 등은 용납될 수 없다고 주장했다. 공화당은 협상을 박차고 나올 의지가 있을 때만 협상에 성공할 수 있다고 하면서, 공화당 대통령은 동등무역(parity trade)을 강조하고, 만약에 교역 상대국이 협조를 거부하면 언제라도 상계관세를 부과할 준비를 하고 있을 것이라고 밝혔다. 공화당은 또한, 공정성에 대한 약속을 하고 가치를 공유하는 국가들과의 무역을 확대해야 하며, 무역 확대를 추진할 때에는 투명성, 완전공개, 국가 주권 보호, 미국 근로자의 권리에 기초한 무역협정을 요구한다고 주장했다.

2016년 정강정책에서 민주당은 노동자가 강할 때 미국이 강하다고 했고, 공화당은 열심히 일하는 미국인이 미국 경제의 가장 큰 자산이라고 했다. 민주당은 강한 노동자를 지지하는 정책을 발표했고, 공화당은 열심히 일하

〈표 15-20〉 2016년 노동 분야 정강정책 비교 분석

민주당	공화당
- 현재 최저임금은 기아 임금이며 생활 임금으로의 인상이 필요: 15달러로 인상 - 모든 미국인들에게 노동조합 가입 기회 - 신규 노조설립조건 완화(1/2) - 중산층 몰락의 요인은 단체 교섭권 약화 - 교사, 공무원 보호법 지지 - 모범 고용주 행정명령 지지 - 기업 이익을 노동자와 공유하는 기업에 인센티브 제공 - 초과 근무 규정 지지 - "노동권(right to work)"법 비판 - 여성, 특히 유색인 여성의 동일 임금 - 자택간호 인력 강화 및 확장	- 최저임금은 주 및 지방 관할 - 노동자 자유 침해하는 복지법 및 노동법 개혁, 규제 개혁 - 전국노동관계위원회 비판: 기업의 체인 모델(franchise model)에 대한 몰이해, 구시대의 공정노동기준법 강요, 노조 투명성 규정 폐지 - 프로젝트 노동협정 반대 - 노사 협조 장려 - 공무원 보상과 혜택을 노동자 평균으로 낮추고, 불량 공무원 해고 - 공무원 노조의 타당성 의회 검토 - 공무원 노조가입, 노조 회비 납입 강요 반대. 공무원 근무 시간 중, 노조 대표 활동 금지 - 노동권 법 전국적으로 확산 - 노동자의 주식 소유권 지지

는 국민의 권리, 자유를 언급했는데, 열심히 일하는 미국인은 노동자, 기업가, 공무원 모두를 포함한다는 점에서 꼭 노동자만을 지칭하는 것은 아니라는 것을 알 수 있다. 민주당은 노동자에 관한 정책을 노동자 임금, 노동자 기본권, 노동자 가족, 기업이익의 분배의 네 가지 세부 제목을 가지고 정리하였고, 공화당은 작업장 자유, 봉사하는 공무원, 공무원 일터 개선의 세부분으로 되어 있지만 같은 소제목 밑에 있지는 않다.

민주당은 현재 최저임금은 기아 임금으로 생활 임금으로의 인상이 필요하고, 연방 최저인금을 15달러로 인상해야 한다고 주장했다. 그에 대해서 공화당은 최저임금은 주와 지방의 관할에서 다뤄져야 한다고 맞섰다.

민주당은 어디서 일하든지 상관없이 모든 미국인들이 노동조합에 가입할 기회를 보장하도록 하며, 유효한 카드에 과반수의 노동자가 서명하면 전국노동관계위원회에서 노조를 인가하고 회사는 협상에 나서도록 하는 법을 통과시키겠다고 했고, 중산층 몰락의 요인 중의 하나는 단체 교섭권 약화로 노동자의 임금 등 노동자 권익을 보호하지 못하였기 때문이라고 했고, 교사, 공무원 보호법을 지지했다. 민주당은 또한, 최저임금 이상의 생활임금을 지급하고, 유급 휴가, 의료보험 등을 보장하고, 노동조합에 가입하는 것을 허락하는 고용주에게 국가가 인센티브를 주는 제도인 모범 고용주 행정 명령(Model employer executive order)을 지지한다고 발표했다.[42)]

공화당은 노동자 자유 침해하는 복지법, 노동법, 규제 개혁을 통해 노동자에게 자유를 돌려줘야 한다고 하면서, 전국노동관계위원회를 강하게 비판했다. 공화당에 따르면 전국노동관계위원회는 신경제의 유연성과 창조성에 필수적인 기업발전의 체인모델(franchise model)을 지속적으로 공격하고

---

42) 행정명령의 내용은 케이스 엘리슨 하원의원이 대통령에게 보낸 편지에 잘 나타나 있다. 정강초안위원회 위원으로도 활동했던 케이스 엘리슨 의원은 모범 고용주 행정 명령의 강력한 지지자이고, 그가 모범 고용주 행정 명령을 정강정책에 포함시키도록 힘을 썼다고 봐도 무방할 것 같다. Keith Ellison and Raul Grijalva, "Progressive Caucus Urges President to Sign Model Employer Executive Order," Keith Ellison (2014년 11월 13일), https://ellison.house.gov/media-center/press-releases/progressive-caucus-urges-president-to-sign-model-employer-executive

있고, 1930년대 제조업 공장을 목표로 만들어진 공정노동기준법의 조항을 이용해서 고용주와 노동자의 유연성을 부정하고 있고, 노조원들이 자신들이 낸 노조회비가 어떻게 쓰였는지를 알 수 있도록 하는 노조 투명성 규정을 폐지했다고 비난했다. 공화당은 프로젝트 노동협정을 반대하고, 노사 협조를 장려하지 않고 갈등을 부추기는 현 정부를 비난했다.

공화당은 2016년 정강정책에서 공무원의 비현금(non-cash) 보상과 혜택이 민간 기업 노동자의 3배로 너무 많고 이를 납세자들의 세금으로 충당해야 한다고 비판하면서, 이를 미국 노동자 평균으로 낮추어야 하며, 공화당 행정부가 들어서면 불량 공무원을 해고하겠다고 주장했다. 공화당은 또한 공무원 노조 설립이 대국민 서비스의 질, 성과, 비용 등에 미친 영향을 의회의 해당 상임위에서 검토를 해야 한다고 했고, 공무원의 노조가입이나 노조회비 납입을 강요하는 것을 반대한다고 했으며. 공무원 근무 시간 중에 노조 대표 활동을 금지시켜야 한다고 했다. 공화당은 노동권 법을 전국적으로 확산하기 위해 노력하고, 노동자의 우리 사주주식 보유를 지지한다고 했다.

민주당은 오바마 대통령의 초과 근무 규정을 지지하고, 공화당이 추진하는 노동권(right to work)법을 반대하며, 기업 이익을 노동자와 공유하는 기업에 인센티브 제공하고, 여성, 특히 유색인 여성 차별받지 않고 동일한 임금을 받을 수 있도록 싸우겠다고 했다. 그리고 노동자 가정을 위해서 자택간호 인력을 강화 및 확장하겠다고 했다.

민주당은 "미국에서 생산하기(Make it in America)" 계획을 통해 미국 제조업을 지원하고, 국가 전역에 제조업과 혁신의 허브를 조성하고, 아웃소싱 회사의 세금환수로 국내 재투자를 통해 일자리를 창출하며, 일자리 창출에 기여하는 수출입 은행을 보호하고, 국제 시장에서 경쟁하는 친환경 청정에너지 일자리와 투자에 지원하겠다고 했다. 또한 청년 실업률은 일반 실업률보다 높다고 지적하고, 특히 아프리카계, 라티노, 아시아계, 태평양 섬 출신, 미국 원주민, 장애 청년의 실업률이 심각하다고 문제 제기를 하면서 청년 일자리 창출하는 지역 프로그램에 연방 자금을 직접 지원하겠다고 선언했다.

〈표 15-21〉 2016년 기타 일자리 창출 정강정책 비교 분석

민주당	공화당
-"미국에서 생산하기" 계획을 통한 미국 제조업 지원, 제조업과 혁신의 허브 창조 -아웃소싱 회사의 세금 환수로 국내 재투자 -수출입은행 보호 -친환경 청정에너지 일자리와 투자 지원 -청년 일자리 창출하는 지역 프로그램에 자금 지원	-경쟁이 일자리 -각종 조세 완화 및 폐지 -규제 완화

공화당은 기본적으로 경쟁이 일자리라고 선언하고, 앞서 조세제도 부분에서 설명했던 대로, 일자리는 기업의 투자 심리가 되살아날 때 가능하다고 하면서 기업 부담을 경감시키기 위해 각종 조세를 완화하거나 폐지하고 규제를 완화해야 일자리가 창출된다고 주장했다.

민주당이 청년 실업과 인종간의 실업률의 차이를 지적하고 제조업 르네상스와 친환경 청정에너지 직업창출을 강조하는 반면에 공화당은 규제 완화와 감세로 직업을 창출할 수 있다고 보는 것이 큰 차이점이다.

2016년 주택 관련 정강정책을 보면, 민주당은 세입자나 무주택자의 주택 소유권 혹은 세입권 확보에 관한 정책이 많고, 공화당은 연방정부 규제 풀고 시장에 맡기라는 정책이 주류를 이룬다.

민주당은 알맞은 가격의 임대 물량 공급을 증대하여 무주택자나 주거환경 열악한 시민을 돕고, 국립주택신용기금 자금 지원을 100만 채가량의 임대 주택을 건설·유지·재건축하도록 하면, 일자리 창출의 효과까지 기대할 수 있다고 했고, 저소득가정, 장애자가정, 은퇴군인, 노인들이 주택을 장만할 수 있도록 연방정부의 노력을 경주하겠다고 밝혔다. 민주당은 또한, 저당권 상실과 포기로 고통 받는 지역사회를 안정화시킬 목적으로 만든 지역사회안정화 프로그램(Neighborhood Stabilization Program)과 같은 프로그램을 확장하고,[43] 주택을 빌리거나, 사거나, 주택을 위해 융자를 받을 때 성, 인종, 종교, 출신지, 장애, 아이 여부 등에 의해 차별받지 않도록 시민을

〈표 15-22〉 2016년 주택 정강정책 비교 분석

민주당	공화당
- 알맞은 가격의 임대 물량 공급 증대 - 국립주택신용기금 자금 지원 - 연방정부 노력 – 저소득가정, 장애자가정, 은퇴군인, 노인 - 지역사회안정화프로그램 확장 - 세입자(유색인) 퇴거 예방 프로그램 확장 - 첫 주택 구입자 지원 - 30년 고정이자 주택융자 - 공정주택법 강화, 금융소비자보호국 보호	- 주택시장에서 연방정부 철수 - 판매자와 구매자의 책임감 고양 - 융자 지침과 기준 필요 - 규제, 환경 규제 재검토 - 연방주택관리국 고소득자 지원 금지 - 특정 집단에게 융자 할당 의무화하는 정부 규정 중지 – 역차별 - 공정주택적극발전 규정은 토지용도 지정법(zoning law) 위반

보호하는 공정주택법(Fair Housing Act)을 강화하겠다고 했다.[44] 민주당은 현재 거주하고 있는 세입자, 특히 유색인 세입자가 퇴거되는 것을 예방하는 프로그램을 확장하고, 첫 주택 구입자를 지원하며, 30년 고정이자로 주택융자를 받을 수 있도록 하겠다고 했다.

공화당은 주택시장에서 연방정부가 철수하고 판매자와 구매자에게 맡겨두고 그들의 책임감을 고양시키는 것이 납세자의 세금이 구제금융을 통해 낭비되지 않는 길이라고 했고, 융자 지침과 기준을 세울 필요가 있으며, 규제, 특히 환경 규제를 재검토해야 한다고 주장했다. 공화당에 따르면 환경 규제는 집의 매매나 임대 계약의 비용을 올려서, 실제 매매나 임대 계약이 활발하게 진행되지 못하고 있다고 했다. 그리고 현재 연방주택관리국이 지원이 필요 없는 고소득자를 지원하고 있는데 이를 금지해야 하며, 특정 집단에게 융자 할당을 의무화하는 정부 규정은 역차별을 발생시키므로 즉시 중지시켜야 한다고 주장했다. 공화당은 또한, 공정주택적극발전(Affirmatively

43) HUD Exchange, https://www.hudexchange.info/programs/nsp/

44) U.S. Department of Housing and Urban Development, http://portal.hud.gov/hudportal/HUD?src=/program_offices/fair_housing_equal_opp/FHLaws/yourrights

Furthering Fair Housing) 규정은[45] 토지 용도는 주의 관할권으로 명시하는 토지용도 지정법(zoning law)을 위반하기에 반대한다고 했다.

제3절 사회 및 기타 정강정책 비교

공화당 도널드 트럼프 후보의 강성발언으로 이민 문제가 연일 화제가 되면서, 양당의 정강정책 중에 가장 관심이 가는 부분이 이민 분야일 것이다. 민주당은 이민은 단순히 풀어야 할 문제가 아니라, 미국의 공유된 역사와 미국의 성격을 보여주는 특징적인 모습으로 믿는다고 선언하며 이민 문제를

〈표 15-23〉 2016년 이민 정강정책 비교 분석

민주당	공화당
- 합리적으로 제한된 숫자의 합법이민 지지 - 현재 쿼터 시스템이 인종을 포함한 특정 이민을 차별; 개혁 필요 - 준법하는 밀입국자에게 시민권 얻을 수 있는 길 제시: 3년, 10년, 무기한 금지 - 불법이민자에게도 같은 의료 혜택 - 연방, 주, 시가 영리사설 교도소에 불법 이민자 감금 반대(LGBT) - 이민자나 난민에게 종교 테스트 금지 - 이민자 공동체 수색, 체포 종식 - 오바마 대통령의 청소년 추방유예 및 부모 추방유예 지지 및 실행 - DREAMer 운전면허증, 주내 거주 학생 등록금, 군입대 가능	- 합법적 이민자의 공헌(사회, 군 등) 칭찬 - 합법 이민자 모국어 유지와 공식어 영어 - 국익 이민정책 ― 국내 노동자와 일자리 경합하는 이민 반대 - 불법 이민자 안정과 주권 위협 - 불법 이민자 사면 반대(2012, 2014) - 남쪽 국경에 벽 건설, 통관 항구 보호 - 전자고용인증 체제, SAVE - 도피도시 지원 반대 - 초청 노동자 프로그램 개혁, 영주권 허용 숫자 제한 - 난민 ― 정치, 종교, 민족 - 심사할 수 없는 난민 입국 금지, 특히 테러리즘으로 인한 출신 국가

45) 자세한 규정은 HUD, https://www.huduser.gov/portal/sites/default/files/pdf/AFFH_Final_Rule.pdf

다루고 있다. 그에 비해 공화당은 미국 경제의 위대한 자산은 미국 노동자며, 미국인이나 합법적인 이민자 모두의 가족과 임금을 보호하는 이민제도가 되어야만 한다고 보고 있다.

민주당은 불법이민자들을 보호하고 그들을 합법한 법적 지위를 부여하는 것을 목적으로 하고 있고, 현재 이민 체제가 작동을 하지 않고 있다고 믿고 있다. 민주당은 합리적으로 제한된 숫자의 합법이민을 지지하나, 현재 할당 시스템이 인종을 포함한 특정 이민을 차별하기 때문에 개혁이 필요하다고 역설했다. 민주당은 또 준법하는 밀입국자에게 시민권 얻을 수 있는 길을 제시하는 것이 중요하고, 오바마 대통령이 실시한 청소년 추방유예 및 부모 추방유예조치를 지지하며, DREAM법에 의해 미국에 거주할 수 있게 된 청소년과 대학생은 운전면허를 취득할 자격이 되고, 주내 거주 학생 학비 혜택을 받을 수 있으며, 법 개정을 통해서 군 입대를 통해서 시민권 취득의 시간을 단축할 수 있다고 설명했다.

민주당은 또 가족이 영주권을 가지고 있는 불법이민자를 추방해서 3년, 10년, 혹은 무기한 재입국을 금지하는 것을 폐지하고, 이민 상태에 상관없이 모든 미국인은 양질의 의료혜택을 받을 수 있어야 하고, 따라서 불법이민자도 부담적정보험에 가입할 수 있어야 한다고 주장했다. 민주당은 연방, 주, 시가 영리사설 교도소에 불법이민자를 감금하는 것을 반대하며, LGBT와 같은 가족의 구금은 용납할 수 없을 만큼 위험하다고 비판했다. 민주당은 입국심사에서 이민자나 난민에게 종교 테스트를 금지해야 하며, 이민자 공동체를 수색하고 체포하는 행위는 이민자사회를 공포에 떨게 하고 불안감을 조성하기 때문에 중지시켜야 한다고 주장했다.

공화당은 합법적 이민자가 미국 사회에 이바지 한 공로와, 군 복무 등을 통해 국가에 봉사한 공헌에 감사를 표하고, 합법 이민자의 모국어의 유산을 잘 간직하면서, 공용어인 영어의 습득을 권고했다. 공화당은 국익을 우선시하는 이민정책이 필요하며, 국내 노동자와 일자리 경합하는 이민을 반대했고, 영주권 허용 숫자가 너무 많다며 이를 줄여야 한다고 했다. 또한, 불법이민자는 미국의 안정과 주권을 위협하고 납세자를 착취한다고 하면서,

2012년 2014년의 불법이민자 사면을 비난하면서 불법 이민자의 사면은 절대 안 되며, 도피도시에 연방자금을 지원하는 것을 반대하였다.

공화당은 고용인의 신원과 고용허가를 인터넷으로 입증할 수 있는 전자고용인증 프로그램(E-verify program)을 전국적으로 의무화해야 하며, 공적 자금이 합법적으로 거주하지 않는 사람들에게 쓰이지 않도록 하는 SAVE (Systematic Alien Verification for Entitlements) 프로그램을 지지했다. 또한 신분증 절도, 허위문서, 납치 등을 엄벌에 처해야 하며, 국토안전부는 외국인 갱들이 거리를 돌아다니지 못하도록 법 집행을 강화해야 하고, 밀입국으로 추방되었다 재입국한 밀입국자는 엄벌에 처하고, 도피도시에 연방정부 지원을 해서는 안 된다고 주장했다.

공화당은 난민은 정치, 종교, 민족의 이유로 난민이 될 수 있고, 미국은 난민을 받아들이는 데 주저하지 않지만, 심사할 수 없는 난민, 특히 테러가 만연한 국가 출신은 입국을 금지해야 한다고 주장했다. 그리고 공화당은 도널드 트럼프 후보가 주장했던 대로 미국의 남쪽 국경에 벽을 건설하고 항구를 보호해야 한다고 주장했다.

민주당은 LGBT도 난민이 될 수 있다고 보는데, 공화당은 정치·종교·인종의 이유로만 난민이 될 수 있다고 난민의 범주를 제한한 점이 두 정당의 시각 차이를 보여준다. 또한 민주당은 미국에 입국해서 살고 있는 불법입국자들을 합법적 신분으로 만들어주고, 밀입국자 가족을 인도주의적 측면에서 떨어뜨리지 않으려고 하며, 이민 집행 기관의 강압적 수색과 체포를 금지하고, 시민권자나 영주권자와 같은 건강보험의 혜택을 주는 것을 이민 개혁이라고 보는 반면에 공화당은 불법 이민자의 입국을 막고, 들어와 있는 불법 이민자의 고용을 금지하며, 불법 이민자가 정부 혜택을 보지 못하게 하고, 각 주가 불법 이민 근절을 위해 노력하는 것을 연방정부가 방해하지 못하도록 하는 것이 이민 개혁의 핵심이다.

민주당은 2016년 정강정책에서 LGBT 권리를 전에 없이 강하게 주장하고 있다. 외교정책, 난민정책, 안보정책 등 여러 분야에서 LGBT 권리를 주장하는 민주당은 폭력으로부터 LGBT를 보호해야 하며, LGBT 시민을 위한 종합

〈표 15-24〉 2016년 낙태, 동성애, 생명 윤리 정강정책 비교 분석

민주당	공화당
-안전하고 합법적인 낙태를 포함한 모든 여성의 출산보건 서비스 접근성 보장 -가족계획센터(Planned Parenthood health centers) 지지 -하이드 수정 조항(Hyde Amendment) 폐지를 비롯한 모든 주에서의 여성의 낙태 접근성 향상 -LGBT 시민을 위한 종합적 연방 비차별 보호(주택, 고용, 공공 숙박시설, 신용, 배심원, 교육, 연방 자금) -LGBT 청년 무주택자 보호 -폭력으로부터 LGBT 보호 -종교의 LGBT 차별 비난	-태아의 생존권 존중 -원치 않는 임신에 대한 재정적 지원 -태아의 성 기반으로 한 낙태 금지 촉구 -낙태나 낙태를 보험에 포함시키는 보험에 연방정부 지원 금지 -낙태된 태아의 신체 연구 금지 -학교 기반 병원에서 낙태나 피임 서비스, 상담, 다른 병원에 위탁 반대 -배아줄기세포를 포함한 태아 조직의 연구 목적 사용 반대 -안락사 및 조력 자살 반대 -생존아 보호법지지, 부분출생낙태 금지 -결혼은 남자와 여자의 결합임

적 연방 비차별 보호정책의 실시를 통해서 주택, 고용, 숙박시설 신용, 배심원, 교육, 연방 자금 지원 등에서 차별을 금지시켜야 된다고 주장했다. 민주당은 종교의 자유과 다양성은 존중하지만, 종교를 잘못 이용해서 차별하는 것은 용납할 수 없다고 했다. 그에 비해서 공화당은 결혼은 남자와 여자의 결합이라는 주장을 하고 있다.

낙태를 여성의 선택권으로 보는 민주당은 안전하고 합법적인 낙태를 포함한 모든 여성의 생식 의료 서비스(reproductive health care)에 대한 접근성 보장을 요구하고, 가족계획센터(Planned Parenthood health centers)를 지지하며, 산모의 목숨이 위험한 경우를 제외하고는 낙태에 연방 예산 지원을 금지하는 하이드 수정조항(Hyde Amendment)의 폐지를 요구하고,[46] 모든 주에서의 여성의 낙태 접근성 향상을 요구 했다.

---

46) 하이드 수정조항 폐지를 원하는 여성 선택권자의 입장은 다음의 글에 잘 나와 있다. Christina Cauterucci, *Slate* (2016년 1월 11일), http://www.slate.com/blogs/xx_factor/2016/01/11/why_hillary_clinton_s_call_out_of_the_hyde_amendment_is_so_important.html

2016년 정강정책에서 태아의 생존권을 존중하는 공화당은 원치 않는 임신에 대한 재정적 지원을 통해 낙태를 예방하겠다고 주장했다. 또한, 태아의 성 기반으로 한 가장 야만적인 낙태를 금지하고, 낙태나 낙태를 보험에 포함시키는 보험에 연방정부 지원을 금지하며, 낙태된 태아의 신체를 이용한 의학 연구의 금지를 요구했다. 그리고 공화당은 학교 기반 병원에서 낙태나 피임 서비스, 상담하는 것에 반대하며, 배아줄기세포를 포함한 태아 조직의 연구 목적 사용을 반대하고, 생존아 보호법을 지지하며, 부분출생낙태를 반대하고, 안락사 및 조력 자살을 반대했다.

낙태와 동성애를 포함한 LGBT의 문제가 중요한 사회이슈로 떠오르면서 양당의 정책은 나란히 평행선을 달리고 있음을 알 수 있다. 낙태를 금지시키려는 공화당과 여성의 선택권을 확장시키려는 민주당의 차이는 동성결혼에 대한 두 정당의 차이만큼이나 넓다.

2016년 정강정책에서 민주당은 보편적 의료보험은 특권이 아니라 모든 시민의 권리이며, 55세 이상의 시민들은 메디케어를 선택할 수 있도록 하고, 고비용 의료보험에 소비세를 폐지하고, 치솟는 처방약 가격을 제어하고 환자들의 자부담을 경감시키기 위해 자부담 최대액을 제한하며, 제약업자들의 반경쟁적인 지연합의(pay for delay deals)를 금지하고,[47] 필요시에 외국에서 처방약을 수입하여 약제비 비용의 감소를 유도하겠다고 발표했다.

민주당은 또한, 공화당의 메디케어 민영화 주장이나 단계적 폐지 주장에 반대하며, 마찬가지로 공화당이 주장하는 메디케이드 및 영양 보충 지원 프로그램(SNAP) 예산 감축안과 포괄교부금 제안에 반대한다고 했다. 오히려 민주당은 모든 주에서의 건강보험 개혁법이 메디케이드를 포함할 수 있도록

47) 대형 제약회사들이 값싼 복제약 생산을 하는 제약사들과 합의해서 복제약 생산을 늦추게 하는 것에 대해서 미국 정부가 불법으로 규정하고, 이에 대한 정책을 취하는 것이 합법이라는 미국 법원 판례가 나왔다. 자세한 내용은 다음 기사 참조. Diane Bartz, "Controversial 'pay-for-delay' deals drop after FTC's win in top court," *Reuters* (2016년 1월 13일), http://www.reuters.com/article/us-pharmaceuticals-patent-ftc-idUSKCN0UR2JA20160113

〈표 15-25〉 2016년 보건 의료 정강정책 비교 분석

민주당	공화당
- 보편적 의료보험: 시민의 권리 - 55세 이상 메디케어 선택 가능 - 고비용 의료보험 소비세 폐지 - 메디케어 민영화 및 단계적 폐지 반대 - 메디케이드와 영양 보충 지원 프로그램 감축 및 포괄교부금 반대 - 모든 주에서의 건강보험 개혁법의 메디케이드 확장을 위한 투쟁 - 지역보건소, 지역정신병원, 가족계획센터 확장, 공중보건의(NHSC) 1차 의료 - 처방약 자부담 최대액 제한 - 반경쟁적인 지연합의(pay for delay deals) 금지: 처방약 수입 - 약물과 알코올 중독의 확산에 대응; 특히 아편 위기 — 예방, 치료 - 정신 보건 형평성 및 중독에 대한 평등법(MHPAEA)의 보호를 위한 연방 기관들의 협업 - 여성의 출산보건치료 서비스 보장 - 노인을 위한 가정치료인력 강화 및 확장 - 공중 보건 예산 증대	- 오바마케어(Obamacare) 폐지 - 메디케이드 포괄교부금 제안 - 메디케어의 현대화; 가입자의 자율권 강화; 안전한 재정적 기반 마련 - 메디케어: 모든 가입자가 선택한 방안에 따른 소득 수준에 따른 분담 필요 - 메디케어: 현 은퇴자들에게 변동 없어야 함; 현실적인 나이 설정(최저연령 인상) - 정신건강 문제 주정부 권한 - 낙태는 보건의료 대상이 아님 - 진통제, 아편성 마취약 약물 과다 중지 - 전통적인 환자-의사 관계의 회복 - 지역 보험시장 주정부 관리; 민간 보험과 메디케이드에 대한 연방요구 제한 - 메디케이드에 낙태 포함 반대 - 종교의료조직의 양심의 자유 보장 및 차별, 불이익 반대 - 의료 행위에 대한 부모동의권 지지 - 의료사고 소송에 비경제적 충격 상한선 - 가격 투명성을 통한 경쟁 촉진 - 전자의료기록의 개인정보 보호 및 소유 - 의료보험 개인 가입자 세금 차별 반대, 주 경계를 넘어선 소비자의 선택권 존중 - 노인을 위한 가정 치료 중요

투쟁을 계속하겠다고 주장했다.

민주당은 지역보건소, 지역정신병원, 가족계획센터를 확장하여 지역주민이 위급한 상황이나 의료 도움이 필요할 때 접근성을 향상시키며, 낙후된 지역에 공중보건의(NHSC)가[48] 1차 진료를 할 수 있도록 지역보건소, 지역

48) 공중보건의(National Health Service Corps)는 낙후된 지역에서 의료서비스를 제공하고, 대학 학자금 융자 상환금이나 장학금을 받는 프로그램이다. 공중보건의 확장에 관한 내용은 다음의 정보 참조. HHS, "National Health Service Corps

정신병원, 가족계획센터 등과 협조를 확대하겠다고 했다. 민주당은 또한, 낙태를 포함한 여성의 출산보건치료 서비스를 보장하고 노인을 위한 가정치료 인력을 강화하고 확장하여 양로원에 가지 않고 집에서 치료를 받기를 원하는 노인들에게 양질의 서비스를 제공하도록 하며, 늘어나는 약물과 알코올 중독의 확산에 대응하기 위한 예방과 치료, 교육에 지원을 늘리고, 공화당이 삭감하려고 하는 공중 보건 예산을 증대하겠다고 했다.

공화당은 민주당이 적정부담의료보험법(Affordable Care Act)이라고 부르는 의료개혁법을 위선이라고 깎아내리며 오바마케어(Obamacare)라고 호칭하고, 의료비, 의료보험, 약제비 인상의 주범인 오바마케어를 폐지해야 한다고 주장했다. 공화당은 전통적인 환자-의사 관계의 회복이 제일 중요하고, 양심적인 의사의 부담을 줄이고 의료보험 비용을 낮추기 위해서 의료사고 소송에 비경제적 충격의 상한선을 정해야 한다고 주장했다. 또한 환자들에게 치료와 보험 가격 정보를 제공해서 가격 투명성을 통한 경쟁을 촉진하고, 의료보험 개인 가입자에게 차별적 세금을 징수하는 것을 반대하며, 주 경계를 넘어 치료를 받을 수 있도록 소비자의 선택권을 존중해야 하며, 종교적 양심을 가진 의사나 종교의료시설의 양심의 자유를 보장하고 그 때문에 차별받거나 불이익을 받아서는 안 되며, 낙태는 보건의료(health care) 대상이 아니기에 낙태를 의료보험에 포함시키거나 메디케이드 혜택에 낙태를 포함시키는 것을 반대했다. 공화당은 또한, 낙태 수술을 포함한 미성년자 대상의 의료행위는 부모의 동의를 반드시 받도록 해야 한다고 주장했다.

공화당은 메디케어와 메디케이드의 재정 건전성을 악화시키지 않기 위해서 메디케어 체제를 현대화하고, 메디케어 가입자의 자율권을 강화해서 안전한 재정적 기반을 마련해야 한다고 주장했다. 공화당은 모든 메디케어 가입자가 자신이 선택한 옵션에 따라서 가입자의 소득 수준에 따른 적정한

---

expands the primary care workforce in communities that need them most," http://www.hhs.gov/about/news/2014/10/09/national-health-service-corps-expands-primary-care-workforce-in-communities-that-need-them-most.html

분담을 하고, 장수시대에 맞게 메디케어 가입 최저연령을 올려야 하며, 현 제도 대신에 메디케이드 포괄교부금을 주에 교부하자고 제안했다.

공화당은 정신건강 치료의 중요성을 강조하면서 정신건강 문제는 주정부 권한이며, 지역 보험시장도 주정부가 관리를 잘 할 수 있기 때문에 민간 보험과 메디케이드에 대한 연방정부의 요구를 제한해야 한다고 주장했다.

공화당도 마약중독의 위험과 노인을 위한 가정치료의 중요성에 대해서 민주당과 의견을 같이 하고 있다. 특히 공화당은 진통제, 특히 아편성 마취약인 오피오이드(opioid)의 처방전을 남용하지 못하도록 하고, 환자가 오피오이드를 여러 군데서 처방받지 못하도록 하는 정책을 추진하겠다고 했다. 또한 환자의 전자의료기록의 개인정보를 보호해야하고, 이 정보는 환자에게 소유권이 있다고 주장했다.

민주당은 전 국민 의료보험의 확대와 의료혜택의 사각지대를 연방의 개입으로 없애려는 정책을 주장했다면, 공화당은 의료시장, 보험시장에 연방의 개입을 축소하고, 개인의 선택권과 능력에 따른 차등 부담 원칙을 강조했다.

2016년 민주당은 사회보장제도를 약화시키려는 공화당의 시도에 반대한다고 했지만, 정작 공화당은 2016년 정강정책에서 빈민가족 임시원조 프로

〈표 15-26〉 2016년 사회보장, 복지 정강정책 비교 분석

민주당	공화당
- 생계비지수(COLA) 계산법 변경 고려 - 사회보장제도 확대(과부, 경력단절여성) - 연 25만 달러 이상의 소득자의 추가 세금 부담을 통한 사회보장제도의 유지 - 노동자의 확정급여형퇴직연금 보장, 기업연금 재정압박 시 노동자 우선보호 - 미국 노인복지법 지지 - 사회보장제도의 삭감, 민영화 및 약화에 반대(은퇴연령 상향과 생활비 수준에 기반을 둔 조정 반대) - 미국인들의 연금혜택 축소 반대	- 증세 반대 - 시장이 사회보장제도 체제를 보존하고 부를 창출 - 빈민가족 임시원조 프로그램 비판

그램을 비판하는 것 외에는 사회보장제도나 일반 복지제도의 세부사항에 대해서 별 언급을 하지 않았다. 공화당은 2016년 정강정책에서 사회보장제도의 재무 악화로 젊은 세대는 사회보장제도에 대한 믿음을 잃었고, 많은 개혁안이 제출되었지만 제일 중요한 것은 사회보장제도를 유지하는 것이라고 했다. 공화당은 사회보장제도 관련 증세를 반대하고, 시장(market)의 힘이 사회보장제도 체제를 보존하고 부를 창출할 것이라고 주장하며, 빈곤가족임시원조(Temporary Assistance for Needy Families) 프로그램은 수혜자를 영원히 독립하지 못하고 미국 사회의 주류로 편입하지 못하게 만드는 프로그램이라고 비난했다.[49]

민주당은 사회보장제도의 생계비지수(Cost of living adjustment)[50] 계산식을 재검토해서 노인들의 소비행태를 반영하는 방법을 찾아보며, 모든 미국인에게 사회보장제도를 확대해서 과부나 오랫동안 경력이 단절되었던 여성을 포함한 은퇴자들이 노후걱정 없이 살 수 있도록 하겠다고 주장했다. 사회보장제도의 재원은 연 25만 달러 이상의 소득자에게 추가 세금을 부과해서 마련하겠으며, 노동자의 확정급여형퇴직연금(Defined Benefit Pension)을 보장하고, 기업연금이 재정압박을 받았을 때, 노동자의 권리가 우선적으로 보호되게 하겠다고 했다.

민주당은 공화당이 추진 중인 연금혜택 축소, 은퇴연령 상향 조정, 생활비 수준에 기반을 둔 조정, 사회보장제도 민영화에 반대하며, 노인들을 독립적 존재로 살아갈 수 있게 하는 미국 노인복지법(Older Americans Act)을 지지한다고 발표했다.[51]

---

49) 빈곤가족임시원조 프로그램은 도움이 필요한 가족이 자급할 수 있도록 돕는 프로그램으로 연방정부가 주정부에 TANF 목적으로 사용하도록 포괄교부금을 교부하고 주정부가 운영한다. Office of Family Assistance, Temporary Assistance for Needy Families(TANF), http://www.acf.hhs.gov/ofa/programs/tanf 참조.

50) 생계비지수(COLA) 정보 참고. Investopedia, Cost-of-Living Adjustment-COLA, http://www.investopedia.com/terms/c/cola.asp

51) 미국 노인복지법의 자세한 내용은 ACL, Administration on Aging(AoA) Older Americans Act, http://www.aoa.gov/AoA_programs/OAA/Index.aspx 참조.

〈표 15-27〉 2016년 총기 관련 정강정책 비교 분석

민주당	공화당
- 신원조사 확대 및 강화와 기존 법의 위험한 단점 보완 - 총기판매자보호법(PLCAA) 폐지 - 총기 폭력을 공공보건 문제로 연구하기 위해 미국 질병관리본부(CDC)의 재원 필요 - 주류, 담배, 화기 및 폭발물 단속국 약화시키려는 시도에 반대	- 자가 보호를 위한 합법적 총기 소지 - 화기상호법 지지 - 탄창규모에 의한 규제 반대, 평범한 현대 라이플 판매 금지 반대 - 법절차 없이 개인의 총기소유, 소지 금지 하려는 노력에 반대 - 총기 판매상에 대한 괴롭힘 반대 - 연방 총기 등록법, 허가증 반대 - 은퇴군인의 총기소유 자동불허 반대 - 준법적 워싱턴 DC 시민 총기 소유 및 소지 허용

민주당은 총기구매자, 소유자의 신원조사를 확대하고 강화하며, 기존 총기관련법의 위험스러운 단점을 보강하겠다고 하면서, 총기판매자 보호법의 폐지를 주장했다. 민주당에 따르면 총기판매자 보호법은 총기제작자와 판매자에게 법적 면책권을 주고 이는 거리에서 총기전쟁을 일으키는 주요 원인이 된다고 비판하고 있다. 민주당은 또한, 주류, 담배, 화기 및 폭발물 단속국(Bureau of Alcohol, Tobacco, Firearms, and Explosive)을 약화시키려는 시도에 반대하며, 총기 폭력을 공공보건 문제로 연구하기 위해 미국 질병관리본부(CDC)의 재원이 필요하다고 주장했다.

공화당은 자가 보호를 위한 합법적 총기 소지를 지지하며, 연방법에 의해서 총기소유, 수송, 배송, 수신이 금지되지 않은 시민이 집에 총기를 숨겨두는 것을 금지할 수 없도록 규정한 화기상호법(firearm reciprocity act)을 지지하며,[52] 탄창규모에 의한 총기 규제를 반대하고, 평범하고 보편적인 현대 라이플 판매 금지를 반대하고, 적법한 절차 없이 개인의 총기소유, 소지

52) 화기상호법(Firearm Reciprocity Act) U.S. Congress. S.498-114th Congress(2015-2016), https://www.congress.gov/bill/114th-congress/senate-bill/498 참조.

를 금지하려는 노력에 반대하며, 총기 판매상에 대한 현 행정부의 괴롭힘을 반대하고, 연방 총기 등록법과 허가증을 반대하며, 은퇴군인의 총기소유 자동불허 방침을 반대한다고 발표했다. 공화당은 또한 준법적 워싱턴 DC 시민의 총기 소유 및 소지 허용을 찬성한다고 주장했다. 두 정당의 총기관련 정책은 총기사고를 예방하기 위해서 총기보유와 소지, 판매를 통제하려는 민주당과 총기소유는 헌법이 보장한 자기방어권으로 누구도 앗아갈 수 없다고 하는 공화당의 정책관이 극명하게 대비되는 부분이다.

2016년 양당의 농업정책을 보면, 민주당은 가족농과 농업, 목축업 노동자를 보호하는 정책을 편성했고, 공화당은 수출을 위한 부농 중심의 정책을 편성한 것을 알 수 있다.

민주당은 다음세대 농업을 위한 친환경 농업을 지원하고, 가족농을 보호하기 위한 지역농산물 시장과 지역 농산물 유통체제를 마련하며, 농업노동자를 보호하기 위해서 근무시간, 어린이 노동, 이주 노동자의 주택 상태, 농장의 위생상태를 철저히 조사하겠다고 했다. 또한 환경보호청이 마련한 새로운 농업노동자 보호기준(Agricultural Worker Protection Standard)은 노동자를 유해한 농약으로부터 보호하려는 시도라고 설명했다.

공화당은 미국 경제에 농업이 미치는 영향이 지대하고, 미국은 세계 제일의 농업 수출국이며, 농업 생산성과 낮은 가격으로 미국 소비자가 혜택을 보고 있다고 주장했다. 공화당은 정부의 과도한 규제와 부적절한 시장 간섭

〈표 15-28〉 2016년 농업 정강정책 비교 분석

민주당	공화당
- 친환경 농업 지원 - 가족농 보호: 지역 농산물 시장과 체제 마련 - 환경보호청(EPA)의 새로운 농업노동자 보호기준: 유해한 농약으로부터 보호 - 농업노동자 보호: 근무시간, 어린이 노동, 이주 노동자 주택, 농장의 위생상태	- 농산물 수출의 확대 - 과도규제, 부적절한 시장 간섭 반대 - 유전자 조작식품 표시 반대 - 미 환경보호국의 WOTUS 규정 비판 - 공유지 목축 허용 - 효율적인 연방 위기관리 프로그램 요구

으로 농산물의 비용이 증가하고 있다고 비판하며, 대표적으로 농산물이나 식품에 유전자조작 식품 표시를 강제하는 것을 반대한다고 했다. 공화당에 따르면 과학적으로 안전하다고 판명된 유전자조작 식품에 대해 표시를 강제하는 것은 불합리하다고 주장했다. 또한, 국가 소유의 공유지에서 목축을 할 수 있도록 허가해주고, 날씨 변동 등에 취약한 농업을 보호하기 위한 효율적인 연방위기 관리 체제의 운영을 요구했다. 공화당에 따르면 주의 물 유역 및 지하수에 대한 연방 기관의 권한 없는데도 불구하고 연방환경보호국이 WOTUS 규칙을 강요하는 것은 위법성이 있다고 비판했다.[53)]

2016년 양당의 교육 정강정책을 비교해보면, 민주당은 보편적 교육 기회의 확대와 교육 편차 해소에 관한 정책을 발표했고, 공화당은 다양한 수준의 교육 프로그램을 제공해서 학생과 학부모가 형편과 능력에 맞게 선택을 할 수 있도록 하는 정책을 발표했다.

민주당은 2016년 현재 인종적·계층적 교육성과의 불평등을 보면, 미국의 교육은 1960년대보다 인종적, 계층적으로 더 분리되었다고(segregated) 평가하고 있다. 민주당은 모든 어린이들에게 양질의 보편적 유치원 교육을 보장하고, 질 높은 교육을 위해서 영유아 교육자의 임금 인상을 위해 노력하겠다고 했다. 또한, 미국 교육의 중심인 공립교육 체제가 중요하며, 방과 후 학교와 여름 교육 프로그램에 투자해서 부모가 교육에 신경을 많이 쓸 수 없는 노동자 가정의 학생들의 교육기회를 증대하겠으며, 학생들의 학업, 진로 등을 상담해줄 집단 멘토링 프로그램에 지원을 하겠다고 했다.

민주당은 믿을 수 있고 타당한 표준화된 시험으로 학생성취도를 측정하는 것이 필요하다고 하면서, 고부담평가(high-stakes test)는 유색인, 장애자, 영어 학습자를 실패자로 낙인찍는 시험이어서 안 된다고 했다. 표준화 시험 점수는 학교를 폐교하거나 재정지원을 끊는 기초 자료로 사용하거나

---

53) WOTUS 규칙에 대한 논란은 Regina Buono and Katherine Zodrow, "The WOTUS Rule: Overdue Necessity Or Unnecessary Overburden?" *Forbes* (2015년 8월 19일). 참조. http://www.forbes.com/sites/thebakersinstitute/2015/08/19/the-wotus-rule-overdue-necessity-or-unnecessary-overburden/#5142abb41c5b

〈표 15-29〉 2016년 교육 정강정책 비교 분석

민주당	공화당
- 1960년대보다 인종적·계층적으로 더 분리된 교육성과의 불평등 심화 - 공립대학 학비 무료, 학비대출 없는 교육 - 지역초급대학 학비 무료 - 차별 철폐 조처를 통한 대학의 인종, 소수민족, 저소득층, 1세대 학생의 비율 향상 - 현재 학자금 융자에 대한 최저리 재융자 - 갚을 수 있는 능력 내에서의 융자 상환 - 공익대출금면제제도(PSLF) 지속 - 역사적인 흑인 대학 및 소수자 지원 교육기관 지원 - 약탈적인 영리학교의 폐지 - 모든 아이들에게 보편적 유치원 및 양질의 교육 보장, 영유아 교육자 임금 인상 노력 - 공립교육 체제 중요, 집단 멘토링 투자 - 방과후 학교, 여름 교육 프로그램 투자 - 학생 성취도(저소득, 유색인, 장애)는 학교, 학군, 지역, 주의 책임 - 믿을 수 있고 유효한 표준 시험	- 주, 연방정부, UN으로부터의 간섭에서 부모의 권리 보호를 위한 헌법 개정 - 교육에서의 만병통치약 접근 반대 - 국가 표준 평가, 시험을 위한 교육 반대 - 교사를 소송으로부터 보호: 규율과 질서 - 영어 우선 교육 지지 - 주의회가 고교 문학 교육과정에 성경을 선택과목으로 지정할 것 요구 - 다양한 종류의 학교 선택 가능 - 저소득층 등 재정 지원 - 포괄교부금 제안, 연방 규제 철폐 - 가족계획을 금욕교육으로 전환 - 교사 신원조회 철저 - Title X 지지(교육에서의 양성평등) - 반 이스라엘 BDS 반대 - 기술대, 온라인대, 평생교육, 작업 기반 학습 프로그램 - 학자금 융자에 연방정부 간섭 중지

교사, 교장 평가의 자료로 사용하겠다고 했다. 또한, 학부모가 표준화 시험 응시를 반대하면 소속 학교나 해당 학생이 아무런 불이익 없이 시험보지 않을 권리를 보장한다고 했다. 또한 학생 성취도, 특히 저소득층 학생, 유색인 학생, 장애자 학생의 성취도는 해당 학교, 학군, 지역, 주의 책임이라고 강조했다. 또한 민주당은 학교 교육이 교도소로 연계되는 훈육정책 위주의 교육을 거부한다고 했다.

민주당은 대학교육이 좋은 직업을 갖기 위한 필수요건이 되어가는 시대 상황에서 경제적 여유가 없어서 대학 교육을 받을 수 없다면 좋은 직업을 가질 수 없기 때문에, 학비 걱정없이 대학을 다닐 수 있도록 정책을 펼치겠다고 하면서, 공립대학의 학비를 무료로 하며, 학비대출 받지 않아도 되는 교육

체제를 만들겠다고 했다. 우선적으로 지역초급대학(community college) 학비를 무료로 하고, 현재 학자금 융자가 있는 대학생이나 졸업생은 최저리(lowest interest rate)로 재융자를 받을 수 있게 하며, 갚을 수 있는 능력 내에서 융자 상환을 할 수 있도록 하고, 현재의 공익대출금면제제도(Public Service Loan Forgiveness)를 유지하겠다고 했다.[54)]

민주당은 또한, 소수계 우대정책(affirmative action)을 통해서 대학의 인종(race), 소수 민족(ethnic), 저소득층(low-income), 1세대 학생(first generation student)의 등록, 졸업 비율을 향상시키도록 하겠다고 하면서, 역사적인 흑인 대학 및 소수자 지원 교육 기관을 지원하고, 약탈적인 영리학교를 폐지하겠다고 했다. 민주당에 따르면 약탈적 영리 학교는 학생들이 연방융자를 받을 수 있도록 졸업보다는 학생신분 유지를 장려하여 나중에 양질의 직업을 갖지 못해서 융자를 갚지 못하는 일이 발생한다고 했다. 따라서 민주당은 약탈적인 영리 학교의 사기성 홍보, 사기, 위법 관행을 조사하고 위법행위를 엄단하겠다고 했다.

공화당은 주정부, 연방정부, UN으로부터 자녀 교육에 관한 간섭을 받지 않을 부모의 권리 보호를 위한 헌법 개정을 요구했다. 공화당에 따르면, 교육에서의 만병통치약(one-size-fits-all)식 접근법을 경계하고 학부모의 선택권을 존중해야 하며, 차터스쿨(charter school) 등 다양한 종류의 학교와 주어진 정보를 가지고 학교를 선택할 수 있어야 한다고 했다. 또한 융합된 국가를 위해서 영어 우선(English First) 교육을 실시해야 하며, 국가 표준평가를 반대하고, 시험을 위한 교육을 반대하며, 주의회가 고교 문학 교육과정에 성경을 선택과목으로 지정할 것을 요구했다. 공화당은 교육에 필요한 교실 규율과 질서를 지키기 위해 교사를 소송으로부터 보호하고, 학생들의 건강권을 위해 가족계획을 혼전순결을 지키는 금욕교육으로 전환해야 한다

54) 공익대출금면제제도는 10년간 융자금을 갚으면 나머지는 융자금과 이자를 면제해주는 프로그램이다. 자세한 정보는 Feral Student Aid, https://studentaid.ed.gov/sa/repay-loans/forgiveness-cancellation/public-service 참조.

고 주장했다.

공화당은 저소득층 등에 재정 지원을 해서 교육을 받을 수 있는 권리를 보장하고, 주정부가 책임지고 교육을 총괄할 수 있도록 포괄교부금을 제안하고 연방 규제 철폐를 요구하면서, 학자금 융자 시장은 민간 기업이 잘 할 수 있는 부분이기 때문에 연방정부의 간섭은 중지되어야 한다고 했다.

공화당은 교육에서의 양성 평등을 보장하는 원래의 Title X를 지지한다고 밝히면서, 현 정부 관료들은 양성평등을 사회 문화적으로 잘못 해석해서 성 정체성이나 성적 취향으로까지 확대하고 있는데, 이는 여성과 소녀의 평등권을 보호하는 Title X와는 전혀 관계가 없는 것이라고 비판했다. 또한 대학에서의 언론 자유, 사상의 자유를 보호해야 하며, 현재 대학가의 반 이스라엘 BDS 운동을 비난한다고 했다.

공화당은 또한 4년제 대학과 경쟁할 수 있는 새로운 교육 체제를 도입해야 한다고 주장하며, 기술대, 온라인대학(Online-university), 평생교육, 작업 기반 학습 프로그램 등 다양한 교육 기회를 제공함으로써 학생들이 4년제 대학만이 성공을 위한 유일한 통로가 아니라는 것을 깨닫게 하고, 정부는 기술대, 온라인대학, 평생교육, 작업 기반 학습 프로그램의 경제성, 혁신, 투명성을 향상시킬 수 있는 정책을 펼쳐야 한다고 역설했다.

대학교육정책을 정리하면, 민주당이 모든 학생이 대학을 갈 수 있도록 공립대학의 등록금을 무료로 하고 소수계 우대정책에 의한 배려를 한다는 정책을 공약한 데 비해서 공화당은 꼭 4년제 대학에 다 갈 필요가 없으니 각자 형편에 맞게 교육을 받을 수 있도록 대체 교육 프로그램을 만들자고 주장하고 있다.

2016년 민주당과 공화당의 에너지 정강정책은 2012년 정강정책과 크게 다르지 않다. 민주당은 청정에너지 개발, 화석연료 사용 억제의 에너지정책을 주장하고, 공화당은 모든 에너지원을 사용하고, 연방정부의 에너지관련 규제 반대의 정책을 주장하고 있다.

민주당은 10년 안에 전력의 50%를 청정에너지원으로부터 공급하고, 4년 안에 5억 개의 태양광 패널을 설치하며, 화석연료 회사들의 보조금 지급을

〈표 15-30〉 2016년 에너지 정강정책 비교 분석

민주당	공화당
-10년 안에 전력의 50%를 청정에너지 -4년 안에 5억 개의 태양광패널 설치 -에너지 효율성 향상, 전력망 현대화 -자동차 연비 향상으로 석유소비 감소 -자전거, 보행 도로 확충: 재정은 화석연료 회사들 보조금 중지와 세금공제 폐지 -온실가스의 부정적 외부효과 반영 가격 -유압골절 주민반대하면 중지 -저소득층을 위한 재생에너지 확장 -키스톤 XL 거부한 대통령정책 지지 -청정에너지 기반사업에 더 높은 노동 기준 적용, 노조설립·가입 -북극지방과 대서양 연안 시추 반대 -화석연료에 대한 국유지 임대 개혁 필요	-파이프라인과 전력망 현대화 -국유지 및 대륙붕 외곽 개방 -저소득층에 비싼 에너지는 주택 연료비 상승, 직업이동성 저하, 높은 식량가격 -석탄은 풍부한 매장량, 청결, 경제성, 신뢰성 있는 국내 에너지 원천 -반-원자력, 반-수력 발전소정책 비난 -키스톤 XL 파이프 라인 건설 완성 요구 -자유경제 시장에서 유통되는 모든 에너지원 개발 지지 -민주당과 현 행정부의 에너지 규제 비판 -탄소세 반대 -미국 에너지 수출 증대정책 필요

중지하고 세금공제를 폐지한 재원을 이용하여 교외지역에 자전거도로와 보행 도로를 확충하고, 저소득층을 위한 재생에너지원을 확장하고, 온실 가스를 배출하는 에너지원에 외부효과를 반영한 가격을 책정하겠다고 했다. 민주당은 또한, 에너지 효율성 향상과 전력망 현대화를 통해 에너지 낭비를 줄이고, 자동차 연비 향상으로 석유소비를 감소시키겠다고 했다.

민주당은 유압골절은 주와 지역 주민이 반대하면 중지시키는 것이 마땅하며, 지구 온난화의 주범인 화석연료 채굴을 위한 북극지방과 대서양 연안의 시추를 반대 하며, 화석연료 채굴을 위해 국유지를 임대해줬던 정책을 개혁해야 한다고 주장했다. 또한, 키스톤 XL 파이프라인을 거부한 대통령정책을 지지하고, 청정에너지 기반사업에 더 높은 노동 기준을 적용하고, 노조설립·가입의 기회를 제공하겠다고 밝혔다.

공화당은 공화당 의원들의 노력으로 파이프라인과 전력망 현대화를 이뤄냈다고 설명하면서, 현 정부의 에너지정책은 에너지 가격의 상승을 가져와서, 저소득층에게 직접적인 타격이 온다고 다음과 같이 주장했다. 저소득층

은 주택 연료비의 상승으로 겨울에는 추위와 여름에는 더위와 싸워야 하며, 직장에 출근하기 위한 이동성을 저하시키고, 높은 식량가격으로 어려운 삶을 살게 될 것이라는 논리이다.

공화당은 현재 미국이 가지고 있는 모든 에너지 자원을 이용해야 한다고 하면서, 자유경제 시장에서 유통되는 모든 에너지원의 개발을 지지했다. 공화당은 현재 석탄은 풍부한 매장량과 청결도, 경제성, 신뢰성을 보장할 수 있는 국내 에너지원으로 활용해야 하며, 국유지와 및 대륙붕 외곽을 개방해서 에너지 자원을 채취하고, 미국 에너지 수출 증대를 위한 공격적인 정책이 필요하다고 역설했다.

공화당은 현 행정부의 반-원자력, 반-수력 발전소정책을 비난하면서, 원자력 발전소 건설을 승인해주지 않고, 댐 건설을 싫어하는 대통령이 수력발전소 인가나 재인가를 몇 년씩 걸리도록 내주지 않는다고 불만을 토로했다. 또한 에너지의 젖줄인 키스톤 XL 파이프 라인 건설을 중지시킨 행정부를 비난하면서, 파이프라인의 완성을 요구했고, 민주당과 현 행정부의 에너지 규제를 비판하면서 탄소세를 반대했다.

민주당은 지구온난화의 피해를 집중적으로 받는 사람들이 저소득층, 소수인종 지역, 알래스카 같은 지역의 부족민이라면서, 이를 환경인종주의(environmental racism)이라고 명명했다. 민주당은 환경오염 지역 출신 노동자를 고용하고 훈련하여 환경오염을 정화하는 프로젝트를 실시하고, 위험한 탄광 채굴 관행을 반대하며, 사양화되는 탄광마을의 신규 일자리를 창출할 수 있는 경제 공동체로 변환하겠다고 했다. 2012년 공화당 정강정책에서 민주당이 탄광을 폐광하려고 하며, 폐광되면 광부와 가족들이 일자리를 잃게 된다고 경고한 것에 대한 민주당의 4년 후 답변으로 볼 수 있을 것 같다.

민주당은 미국공원신용기금을 설립하여 시민의 야외활동을 돕고, 자연의 아름다움을 감상할 수 있도록 하며, 공화당이 약화시키려 하는 멸종위기 동물법을 유지해서 야생동물 보호에 적극 나서겠다고 했다. 민주당은 또한 파리기후협약을 이끌어낸 오바마 대통령을 지지하고, 다음 민주당 대통령은 취임 100일 안에 기후 정상회담 소집하여 국제사회에서 미국의 리더십을

〈표 15-31〉 2016년 환경 정강정책 비교 분석

민주당	공화당
- 환경인종주의(environmental racism): 저소득층, 소수인종 지역, 알래스카 지역 부족민 - 환경오염 지역출신 노동자 고용, 훈련 - 탄광마을 신규 일자리, 경제 공동체 변환 - 위험하고 해로운 채굴 관행 반대 - 미국공원신용기금 설립 - 멸종위기 동물보호법 유지 - 파리기후협약에서의 오바마 대통령 지지 - 다음 대통령 취임 100일 안에 기후 정상회담 소집	- 환경 급진주의: 비용 무시, 효과 과장 - 위임입법 엄격히 제한 - 환경규제 권한의 주정부로의 이양 - 환경보호국 → 독립적 초당파적 위원회 - 환경보호국의 소송과 합의 관행 종식 - 환경보호국의 이산화탄소 규제 금지 - 국가대기환경기준: 의회의 권한 회복 - 환경정책기본법의 허가기준 현대화 - 연방정부 공유지 주정부로 이관 입법 - 멸종위기 동물보호법 비판 - 기후변화의 공정한 분석 촉구; 교토의정서와 파리협약 거부 - UN기후변화회의(UNFCCC) 자금지원 중단

보여줄 것이라고 설명했다.

공화당은 공화당이 원조 환경주의자당이라고 하면서, 환경은 너무 중요하기 때문에 환경급진주의자들에게 환경을 맡겨둘 수 없다고 주장했다. 공화당에 따르면 환경급진주의자들은 낡은 시대의 사고방식을 가지고 현대를 재단하려고 하며, 환경정책의 비용을 무시하고 효과는 과장하고, 비과학적인 방법을 사용한다.

공화당은 정치적인 환경보호국을 독립적인 초당파적 위원회로 바꾸고, 환경단체가 연방정부에 소송하면, 양 쪽이 비밀리에 협상하여 소송을 끝내는 소송과 합의(sue and settle)는 납세자를 직접적으로 배신하는 행위라고 비판하며 이 관행을 종식시켜야 한다고 주장했다.[55] 공화당은 또한, 환경보

55) EPA의 소송과 합의에 대한 비판적 기사 참고. Larry Bell, "EPA's Secret And Costly 'Sue And Settle' Collusion With Environmental Organizations," *Forbes* (2013년 2월 17일), http://www.forbes.com/sites/larrybell/2013/02/17/epas-secret-and-costly-sue-and-settle-collusion-with-environmental-organizations/#64e938e13a4b

호국의 이산화탄소 규제를 금지해야 한다고 덧붙였다. 공화당은 지역 환경 문제를 잘 아는 주정부에 환경규제의 권한을 이양해야 하며, 환경 문제에 대한 위임입법을 엄격히 제한하고, 국가대기환경기준(National Ambient Air Quality Standards)에 관한 의회의 권한을 회복하고, 환경정책기본법(National Environmental Policy Act)의 허가기준을 현대화하겠다고 했다.

공화당은 서부에 몰려있는 연방정부의 공유지를 주정부로 이관하는 입법을 하고, 경제활동을 심하게 위축시키고, 재산권을 침해한다는 이유로 멸종위기 동물보호법을 비판했다. 또한, 기후변화의 공정한 분석을 촉구하면서 교토의정서와 파리협약을 거부했다. 공화당은 상원의 비준을 받지 않는 한, 교토의정서와 마찬가지로 파리협약도 서명자의 개인 의견에 불과하다고 주장하면서, 유엔기후변화회의(UNFCCC)에 대한 자금지원을 중단을 요구했다. 공화당에 따르면, 1994년의 대외관계수권법(Foreign Relations Authorization Act)은[56] 팔레스타인을 회원 국가로 인정하는 UN 소속 단체에게 미국 연방 자금 지원을 하지 못하도록 되어 있는데, 유엔기후변화회의는 팔레스타인을 회원국으로 인정하는 단체이기 때문에 자금지원은 위법이다.

민주당은 선거자금법 개정을 통해 무한정 선거자금을 모금하는 것을 금지하고, 대기업의 슈퍼팩을 폐지하여, 거대자본의 정치적 영향력 행사를 막고자 했다. 선거비용 지출에 대한 제한을 금지한 버클리 대 발레오(Buckley v. Valeo) 판결이나[57] 비영리 기관, 영리 회사, 노조, 기타 단체의 선거자금 지출을 규제할 수 없도록 한 시민연합 대 선관위(Citizens United vs Federal Election Commission) 판결은[58] 기본적으로 선거자금의 무한정 지출을 허

---

56) 1994년 수권법의 Title IV의 section 410에서 국제적으로 국가로 인정받지 못하는 집단을 국가로 인정하여 정규 회원국의 자격을 주는 UN이나 UN 소속단체에게 미국의 분담금 지급을 금지하고 있다. 법의 원문은 U.S. Congress. H.R.2333- Foreign Relations Authorization Act, Fiscal Years 1994 and 1995, https://www.congress.gov/bill/103rd-congress/house-bill/2333 참조.

57) 버클리 대 발레오 판결은 선거비용 지출에 대한 제한을 폐지하였다. 판결 내용 참조. Justia. Buckley v. Valeo 424 U.S. 1(1976), https://supreme.justia.com/cases/federal/us/424/1/case.html

〈표 15-32〉 2016년 선거자금, 투표권 관련 정강정책 비교 연구

민주당	공화당
- 선거권법(Voting Rights Act)의 온전한 보전 및 보호 - 공화당의 차별적 유권자 신분증법(voter identification laws) 반대 - 버클리 대 발레오(Buckley v. Valeo) 판결 및 시민연합(Citizens United) 판결을 뒤집기 위한 헌법 수정 지지 - 슈퍼팩(Super PAC) 폐지 주장 - 소액 기부자와 공적 선거지원금 연계 주장	- 전국 국민투표 주간 협정 반대: 선거인단 제도 폐지 혹은 선거인단 선출 과정 왜곡 반대 - 노인, 장애인, 군 인사 및 모든 정당한 유권자의 투표권 보장 - 투표 시 부정을 막기 위한 신분증 검증 - 전자투표 시스템에서의 투표자 인증 종이 기록 도입 촉구 - 모든 주의 주간 유권자 등록 교차 검증 프로그램 참가 촉구 - 선거과정에 외세 개입 우려: 온라인 신용카드 기부금에 대한 경계 - 거주자가 아닌 시민권자 투표

가한 판결인데, 민주당은 이 판결들을 무효화하기 위한 헌법 수정을 지지했다. 또한 기업 등이 선거자금 기부를 통해 정치적 영향력을 행사하는 통로가 되는 슈퍼팩(Super PAC)을 폐지하고,[59] 소액기부자와 공적 선거지원금을 연계해서 소시민의 목소리가 반영되는 정치자금법 개정을 주장하고 있다.

민주당은 또한 공화당이 추진하고 있는 유권자 신분증법(voter identification laws)이 사진 있는 신분증이 없을 가능성이 높거나, 소지하고 다니지 않을 가능성이 높은 소수인종의 유권자 등록과 투표를 저해할 것이라고 비난하며 반대하고 있다.[60]

---

58) 시민연합 대 선관위 판결은 기업이나 노조의 선거비용 지출을 정부가 규제하는 것은 표현의 자유 침해로, 규제할 수 없다고 하는 판결이다. 판결 내용 참조. Supreme Court of the United States, https://www.supremecourt.gov/opinions/09pdf/08-205.pdf

59) 정치활동위원회(Political Action Committee)는 선거자금을 모집해서 특정후보에게 기부하는 조직으로, 큰 정치활동위원회는 자신들이 추구하는 이슈에 대해 후보나 정당으로부터 주목을 받을 수 있고, 로비에도 영향을 미친다고 알려져 있다(Janda 외 2012).

공화당은 노인, 장애인, 군 인사 및 모든 정당한 유권자의 투표권을 보장하고, 특히 나라를 위해 희생하는 군인은 국내에 있든지 해외에 있든지 투표권이 반드시 보장되어야 한다고 주장했다. 또한, 부정 투표를 막기 위한 신분증 검증을 요구하고. 유권자들이 자신들의 전자투표가 정확하게 입력되었는지 부정은 없었는지 확인할 수 있도록 전자투표 시스템에 투표자 인증 종이 기록(voter-verified paper audit trail) 도입을 촉구했다. 공화당은 동일 유권자가 동시에 여러 주에서 투표를 하지 못하도록, 주간 유권자 등록 교차 검증 프로그램(Interstate Voter Registration Cross Check Program)에 모든 주의 참가를 촉구하였다.

공화당은 또한, 50개 주와 워싱턴 DC를 포함한 전국 유권자 투표에서 승리한 대통령 후보에게 각주에 배정된 선거인단을 몰아주자는 전국 국민투표 주간 협정(National Popular Vote Interstate Compact)이 연방주의의 원칙을 파괴하는 것이라고 반대하고, 이는 선거인단을 폐지하거나 왜곡시키려는 운동이라고 비판하고 있다.[61]

공화당은 또한, 선거과정에 외세 개입 우려된다며, 온라인 신용카드 기부금에 대한 경계를 철저히 해야 한다고 했고, 투표는 거주자가 아닌 시민권자가 하는 것이라는 것을 강조하였다. 이는 과거 빌 클린턴 대통령이 중국으로부터 선거자금을 받았던 사실과,[62] 클린턴 재단에 중국 기업이 기부를 하

---

60) 유권자 신분증법에 대한 최근의 판결과 주별 입법 통계는 다음의 정보 참조. NCSL, http://www.ncsl.org/research/elections-and-campaigns/voter-id.aspx

61) 전국 국민투표 주간 협정은 국민투표에 승리하고도 선거인단 확보에서 패배하는 일을 방지하고자, 각 주에 배정된 선거인단을 전체 국민투표에 승리한 후보에게 배정하자고 몇 개의 주들이 협정을 맺은 것을 말한다. 헌법은 선거인단을 선출할 방법과 권한을 주에 부여했기 때문에, 현행 관행을 따르지 않아도 법적인 문제가 없다고 본다. 현재 11개 주가 서명을 했다. 관련 신문 기사 참조. Aaron Blake, "The National Popular Vote effort, explained," *The Washington Post* (2013년 7월 25일), https://www.washingtonpost.com/news/the-fix/wp/2013/07/25/the-national-popular-vote-effort-explained/

62) James Bennet, "Clinton Says Chinese Money Did Not Influence U.S. Policy," *The New York Times* (1998년 5월 18일), http://www.nytimes.com/1998/05/18/

고,[63] 빌 클린턴 전 대통령과 힐러리 클린턴 후보와 중국의 정치자금 스캔들에 대한 공격으로 볼 수 있다.[64]

제4절 2016년 잠재적 유권자연합

2016년의 정강정책은 유권자연합의 측면에서 볼 때, 2012년과 근본적인 변화를 가져올 만큼의 큰 차이는 없다. 하지만 단어, 표현, 새로운 내용의 추가 등으로 잠정적 유권자연합을 강화하는 효과는 분명히 있다.

〈표 15-33〉은 2016년 정강정책을 중심으로 새롭게 혜택과 불이익이 강조된 집단을 분류한 표이다. 민주당은 기존의 잠정적 유권자연합인 노동자, 저소득층, 사회보장제도나 복지제도 수급자, 의료보험 미가입자, 전 국민 의료보험 혜택자, 동성연애자, 낙태 찬성자, 노조, 실업자, 환경 운동가, 청정에너지 산업 종사자, 여성 노동자, 흑인, 25만 달러 미만 소득자를 위한 정책을 다수 발표하였지만, 2012년에 강조하였던 중산층에 관한 정책은 상대적으로 2016년에는 그 비중이 감소하였다. 2012년에 비해서 민주당에 추가된 집단은 양성애자, 성전환수술자, 유색인, 불법이민자 가족, 밀입국자 가

---

us/clinton-says-chinese-money-did-not-influence-us-policy.html

63) Julianna Goldman, "Chinese company pledged $2 million to Clinton Foundation in 2013," CBS This Morning(2015년 3월 13일), http://www.cbsnews.com/news/chinese-company-pledged-2-million-to-clinton-foundation-in-2013/

64) Brian Ross, Rhonda Schwartz and Alex Hosenball, "FBI Arrests Chinese Millionaire Once Tied to Clinton $$ Scandal," CBS News(2015년 9월 24일), http://abcnews.go.com/International/fbi-arrests-chinese-millionaire-tied-clinton-scandal/story?id=33990683; Mike Flynn, "Chinese Government Paid Bill Clinton Massive Speaking Fee 10 Days Before Hillary Made 'Asia Pivot'," *Breitbart*(2016년 6월 23일), http://www.breitbart.com/big-government/2016/06/23/trump-media-spar-clintons-china-cash/

〈표 15-33〉 2016년 추가된 잠재적 유권자연합

민주당	공화당
- 유색인(colored people), 양성애자, 성전환 수술자, 불법이민자 가족, 밀입국자 가족, 테러 지역에서 온 난민, 도피도시 - 가족농, 소작농, 농업 노동자 - 학자금 융자 필요하거나 융자 중인 대학생 - 표준평가 찬성자	- 총기소유자, 판매자, 제조업자 - 부농 - 아웃소싱하는 기업인 - 영토적 과세로 이익을 보는 기업인 - 자녀에 대한 부모의 권리 주창자 - 표준 평가 반대자

족, 여성인권 운동가, 가족농, 소작농, 농업 노동자, 대학 학자금 융자 필요하거나 융자중인 대학생, 테러지역에서 온 난민, 도피도시, 표준평가 찬성자 등이다.

공화당은 기존의 유권자연합인 공화당은 낙태반대자, 동성결혼 반대자, 보험회사, 의사, 법인세 감세로 이익 받는 소수 부유층, 전 국민 의료보험제로 부담 증가 반대자, 기독교, 군수산업, 석탄산업, 석유산업, 군인, 총기협회, 주권(state sovereignty) 주의자, 노조 반대하는 기업인, 25만 달러 이상 소득자, 최저임금 인상 반대하는 소상공인을 위한 정책을 발표하였다. 추가적으로 총기 소유자, 판매자, 제조업자, 부농, 아웃소싱하는 기업인, 영토적 과세로 이익을 보는 기업인, 자녀에 대한 부모의 권리 주창자, 표준평가 반대자, 선거자금을 많이 기부하는 대기업 등을 2016년 잠재적인 공화당 유권자연합으로 간주할 수 있을 것 같다.

제16장

미국 정당의 변화와 지속성: 2012년 2016년 정강정책 비교

2016년 미국의 전당대회가 끝나기 전, 가장 관심을 모은 부분이 정강정책이었다. 발표된 정강정책을 보고 과거에 비해서 민주당은 진보적인 정책을 많이 포함하고, 공화당은 보수적인 정책을 많이 포함하고 있어, 어느 정당이 선거를 승리해도 변화가 불가피하다는 논평들이 많이 나왔었다. 과연 2016년 양당의 정강정책은 과거의 정강정책과 많이 다른가? 정책을 들여다보고, 단어와 표현들을 살펴보면 2016년 정강정책의 양당의 변화를 보여주는지 지속성을 보여주는지를 알 수 있다.

제1절 민주당의 변화와 지속성

2012년 민주당의 서문에는 다음과 같은 표현들이 나왔었다. '가장 큰 중산층 건설(the largest middle class)', '중산층으로부터 건설된 경제', '중산층의 경제적 안정', '성장하는 중산층', '중산층으로 진입', '공화당의 중산층 배신', '고지서에 찌든 중산층', '중산층에 부담을 전가하지 않고', '중산층에 대한 투자' 등의 표현이 나왔었다. 서문은 주로 중산층을 중심으로 미국 경제를 재건하겠다는 것이었다. 2016년 민주당의 서문에서 중산층은 단 한 번 언급이 되었을 뿐이다. 그 한 번의 표현은 노동자 임금을 인상해서 '더 많은 미국인이 중산층에 도달할 수 있도록' 하겠다는 것이었다. 2016년 민주당의 서문에서 중산층은 2012년에서 만큼의 관심을 받지 못하였고, 대신 '뒤에 남겨진(left behind)', '노동자', '인종', '여성', 'LGBT'의 상태와 권리가 중요하게 취급되었다. 2012년과 2016년의 민주당 서문을 비교하면, 최소한 정강정책에서는 중산층에서 사회경제적 소수자로 정책 대상이 바뀌었다는 것을 알 수 있다.

1. 외교·안보 정책

기본적으로 외교안보정책은 국제 정세의 큰 변화가 없는 한 기존의 정책을 유지하는 성향이 크다.

〈표 16-1〉에서 첫 번째 칸은 이란 정책, 두 번째 칸은 이스라엘 정책이다. 근본적인 미국의 대이란 정책은 이란의 핵무기 취득 방지이다. 이는 미국의 지속적인 정책으로, 이란뿐 아니라 다른 핵무기-비보유국이 핵무기를 보유하는 것을 반대하고 있다. 이란 정책의 경우 2015년 미국과 이란이 핵무기 프로그램 동결을 위한 협약을 맺는 변화가 발생했고, 그에 따라서 대이란 정책의 변화가 뒤따랐다.[1] 2012년 정책에서 강력한 이란 제재가 있었던

---

1) 자세한 정보는 White House, The Historic Deal that Will Prevent Iran from Acquiring a Nuclear Weapon, https://www.whitehouse.gov/issues/foreign-policy/iran-deal 참조.

〈표 16-1〉 민주당의 이란, 이스라엘 정책 변화와 지속성

지속성	변화
- 이란의 핵무기 취득 방지	- 강력한 UN 제재, 필요시 군사 개입 (삭제) - 이란과 협정 지지(추가) - 필요시 비-핵무기 분야 제재 강화(추가)
- 강하고 안정된 이스라엘은 중대한 미국 국익 - 이스라엘 군사력의 질적인 우위 - 이스라엘-팔레스타인 2국가 체제 지지	- 미국의 재정 지원(삭제) - 주변국에 이스라엘과 협정 압력(삭제) - UN, 혹은 BDS 운동을 통한 이스라엘 불안정화 반대(추가)

부분이 2016년에는 삭제되었다. 협상의 결과 이란은 핵무기 개발을 포기하고 미국은 제재를 푸는 것이기에 쉽게 예측이 가능한 부분이다. 민주당은 협정을 지지한다고 하는 새로운 정책이 2016년에 추가되었고, 핵 문제 말고도 테러를 지원하고 이란 내의 인권을 침해하고 이스라엘을 위협하는 행위가 계속되면 필요시에 제재를 가하겠다고 하는 부분이 추가되었다.

강하고 안정된 이스라엘은 미국의 중대한(vital) 이익이므로 이스라엘 군사력의 질적인 우위(qualitative edge)를 유지하도록 지원을 하겠다는 민주당의 전통적인 이스라엘 정책에는 변함이 없다. 그리고 이스라엘-팔레스타인 회담이 진척되면서 이스라엘-팔레스타인 2국가 체제를 지원해오던 정책도 유지가 되었다.

민주당의 2016년 이스라엘 정책의 가장 큰 변화는 2008년, 2012년 이스라엘 안보를 위한 구체적 액수가 명시된 안보 지원이 2016년에는 빠져 있고, 중동지역 국가에게 이스라엘과 평화회담을 하라는 압력을 가하겠다는 정책이 빠진 것이다. 그것이 민주당의 이스라엘 공약이 약해졌다고 볼 수 있는 증거는 아니고, 차기 정권에 운신의 폭을 넓혀주고, 친-아랍 정서를 가진 민주당 유권자연합을 달래기 위한 접근으로도 볼 수 있을 것 같다. 그리고 2016년 정강정책에는 UN을 통하거나 B.D.S.(보이콧, 투자 철회, 제재) 운동을[2] 통하여 이스라엘을 불안정하게 만들려는 시도를 반대한다는

정책이 추가되었다. 미국 내외의 반-이스라엘 운동에 미국의 양 정당이 관심을 가져야 할 만큼 2012년 이후 BDS가 중요한 쟁점으로 떠올랐다는 것을 보여주는 것이다.

〈표 16-2〉에서 첫 번째 칸은 중국 정책이고, 두 번째 칸은 대만 정책이다. 기본적으로 대만 정책에는 변화가 없다. 그리고 중국 정책에서 하나의 중국 정책을 지지하고, 통화조작, 수출 보조금 지급, 지적 재산권 침해, 노동자 권리 무시, 인권 침해, 티베트 인권 침해를 비판하는 것은 민주당 정책의 지속성이다.

2016년 중국 정책 기조는 예전보다 대화, 협력의 의지가 다소 약해진 것 같은 느낌을 준다. 2012년에는 중국과 이견을 보이는 점들이 있지만, 협력해야 할 부분이 많이 있고, 협력을 해 갈 것이라는 논조였다면, 2016년에는 의지가 다소 약해진 것으로 보인다. 예를 들어서 2012년에는 북한 문제, 기후변화 등에 대해서 중국과 협력할 분야가 많이 있다고 언급한 정도였지만,

〈표 16-2〉 민주당의 중국, 대만 정책 변화와 지속성

지속성	변화
- 비판: 통화 조작, 보조금(수출), 지적 재산권, 노동자 권리, 인권, 티베트 - 하나의 중국 정책 지지 - 기후변화에 중국 협조 필요	- 비판: 인터넷 검열, 해적, 사이버 공격(추가) - 군사 분야 포함 중국과 대화(삭제) - 북한 문제 중국에 압력(수정, 추가) - 남중국해 항행의 자유 보호(수정, 추가) - 핵무기 확산 방지에 중국 협조 필요(추가)
- 대만관계법 지지, 양안관계의 평화적 해결, - 대만 주민의 의사 중요	

2) B.D.S 운동은 UN과 관련이 있다. 2001년 남아공에서 열린 UN World Conference against Racism의 결의안을 이스라엘에 대한 BDS 운동의 출발점으로 보는 시각도 있다. 자세한 내용은 BDS Codebook, History of the BDS Movement, http://www.stopbds.com/?page_id=16 참조.

〈표 16-3〉 민주당의 북한 정책 변화와 지속성

지속성	변화
- 핵, 미사일 위협 지적 - 핵, 미사일 포기 - 미국과 동맹국에 대한 위협	- 인권 탄압(추가) - 다자간 제재(삭제) - 가학적 지도자에 의한 가장 억압 정권 (추가) - 중국 압박을 통한 핵 포기 전략(추가)

2016년에는 북한 문제에 대해 중국에 압력을 가하겠다고 좀 더 직접적으로 언급이 되어 있다. 그리고 2012년에는 군사 분야를 포함해서 중국과 대화를 하겠다는 정책이 있었지만, 2016년에는 생략되었다. 그리고 2016년에는 중국 정부를 비판하는 내용에 인터넷 검열, 해적, 사이버 공격 등을 추가했다. 남중국해에 대해서도 2012년 정책과 비교하면 미묘한 차이가 있다. 2012년에는 해당 지역 국가와 협력하여 해양안보(maritime security)를 보증하겠다고 되어 있었는데, 2016년에는 동맹국 및 지역 국가와의 협력을 통한 남중국해의 자유(freedom) 보호로 수정되었다.

2016년 민주당 정강정책에서는 북한을 가학적 지도자가 다스리는 세계에서 가장 억압적인 국가라고 묘사했다. 이는 과거 부시 대통령의 '악의 축' 발언만큼이나 강한 발언으로 볼 수 있다. 민주당은 지속적으로 북한 핵과 미사일의 위협을 지적하고 북한의 핵, 미사일 포기를 요구하고 있다. 2016년 민주당은 북한 주민에 대한 북한 정부의 인권탄압을 새롭게 지적하고 있고, 앞서 말한 것처럼 중국 압박을 통해서 북한 핵 포기 전략을 구사하겠다고 했다. 2012년 정강에 있었던 다자간 제재(sanction)는 2016년에는 삭제되었는데, 이는 현재 제재 중이어서 생략되었다고 볼 수 있다.

〈표 16-4〉의 첫 번째 칸은 유럽 정책이고, 두 번째 칸은 러시아 정책이다. 유럽 정책의 기본은 영국, NATO와의 협력관계 유지이다. 그리고 동맹국들이 관련된 갈등, 예를 들어서 사이프러스 분쟁을 평화적으로 해결하는 것도 지속성이고, 민주당은 동맹국의 부담을 공정하게 분담해줄 것을 요구

〈표 16-4〉 민주당의 유럽, 러시아 정책 변화와 지속성

지속성	변화
- 동맹국 부담 분담 강조 - 영국과의 특수 관계 - 사이프러스 분열 종식 - NATO와 집단안보 유지	- 미사일 방어(폴란드, 터키, 루마니아)(삭제) - 조지아, 우크라이나와 NATO(추가) - 터키: 전략적 동반자, 개혁 요구(추가)
- 러시아와 다양한 분야에 협력 - 아사드 정권 지지 비판	- 우크라이나 침략 비판 - 미사일 방어체제 협력(삭제) - 인권 존중 요구(추가)

하고 있다. 아직 민주당이나 공화당 정강정책에서 한국의 방위비 분담 문제는 언급되지 않았지만, 유럽에 공정한 분담을 지속적으로 요구하고 있는 것을 보면 국방비 예산 삭감이 중요한 정책 목표인 민주당으로서는 동맹국의 방위비 분담을 더 요구할 가능성이 있고, 한국도 예외는 아닐 수 있다.

민주당이 2012년 구축했다고 자랑한 폴란드, 터키, 루마니아 미사일 방어체제는 2016년에 정강정책에서 사라졌고, IS의 위험이 급증하면서 터키와의 전략적 동반자 관계를 강조하면서 터키 정부에 민주적 개혁을 요구하는 내용이 추가되었다. 또한, 우크라이나와 조지아 같은 국가들과 NATO의 연계를 강조하는 내용이 2016년 정책에 추가되어서, 구소련 영향권 국가들, 특히 러시아로부터 침략을 당했거나 위협을 받는 국가들을 NATO의 보호막으로 넣으려고 하는 것이 민주당의 전략임을 알 수 있었다.

2014년 러시아가 우크라이나를 침범하면서 미국과의 갈등이 증폭되었다. 2012년 민주당 정강정책에서는 러시아와의 장밋빛 관계와 밝은 협력시대에 관한 언급들이 주를 이루었지만, 2016년에는 우크라이나 침략 비판과 러시아 국민의 인권 존중을 요구하는 내용이 추가되고, 유럽에서의 미사일 방어체제에 대한 협력은 정책에서 빠지게 되었다.

민주당의 대외정책 중에서 가장 변화가 많은 부분이 미주 외교정책일 것이다. 콜롬비아와의 장기적 협력 관계를 구축하고, 마약, 갱, 인신매매 퇴치가 민주당의 전통적 정책이었고, 2012년에는 베네수엘라 인권 존중을 촉구

〈표 16-5〉 민주당의 미주 외교정책 변화와 지속성

지속성	변화
- 베네수엘라 인권 존중 촉구 - 콜롬비아와의 협력 - 쿠바계 미국인 쿠바 방문 및 송금 가능 - 쿠바 국민의 자결권 존중 - 쿠바 국민 자유 신장 노력 - 마약, 갱, 인신매매 퇴치	- 필요한 설비, 훈련, 기술 지원(삭제) - 금융 카르텔 압력(삭제) - 미국학교(School of America) 폐교(추가) - 민주주의와 번영을 지원(추가) - 아이티 발전과 원조, 임시 보호 상태(추가) - 카리브 해 국가와 협력(추가) - 중미 북3개국 안정화(추가) - 쿠바 여행금지, 통상 중지 종료(추가) - 쿠바 국민들에게 자유로운 정보 제공(삭제)

하고, 쿠바계 미국인의 쿠바 방문을 허락하고, 쿠바에 있는 가족에게 송금을 가능하게 하고, 쿠바 국민의 자결권을 존중한다는 내용이 추가되었었는데, 2016년에도 그 기조는 지속되었다.

특히 2016년 오바마 대통령의 쿠바방문으로 대-쿠바 외교정책은 일대 전환점을 맞게 되었다. 민주당은 2016년 정책에서 쿠바 국민에게 자유로운 정보를 제공한다는 표현을 삭제했고, 쿠바 여행제한이나 통상 중지를 종식시키겠다는 내용이 추가되었다.

2016년 민주당의 미주 정책은 마약, 갱, 인신매매의 현상을 해결하는 정책보다는 민주주의와 경제적 번영을 제공하여 근본적인 해결책을 찾으려는 시도로 바뀌었다고 볼 수 있다. 마약, 갱, 인신매매와 싸우는 국가에 필요한 설비, 훈련, 기술을 지원하겠다는 정책을 삭제하고, 그동안 미주 지역의 군인과 경찰을 훈련하였던 미국학교를 폐교하는 것도 미국학교가 민주주의를 신장시키기보다는 민주주의를 억압하는 데 도움을 주었다고 판단하였기 때문이다. 그리고 카리브 연안의 국가와의 협력을 강조하는 것이 2016년 민주당의 미주 정책의 변화 방향이다. 아이티, 중미 북 3개국 문제를 지역의 국가들과 협력해서 풀겠다는 것이 하나의 예이고, 아이티에 임시 보호 상태를 부여해서 미국에 들어와 있는 아이티 국민들이 아이티가 안정될 때까지 미

〈표 16-6〉 민주당의 아프리카 외교정책 변화와 지속성

지속성	변화
-무역을 통한 경제 발전	-아프리카 연합과 동반자 관계 강화(수정) -개발원조를 통한 경제 발전(수정) -UN 평화유지군 지원(삭제) -여성과 소녀의 권리(추가) -아프리카 굶주림 해결 지원(삭제) -보코하람, 알샤밥, AQIM, IS 격퇴(추가) -야생동물 보호 국가전략지지(추가) -수렵 기념물 수입 금지(추가) -반-알 카에다 협력(삭제) -반인륜 전범 조셉 코니 처벌(삭제)

국에 합법적으로 있을 수 있도록 하는 것도 넓게는 미국의 난민정책, 이민정책과 연동된다고 볼 수 있다.

민주당의 아프리카 정책도 국제환경이 변화와 민주당의 역학관계 변화로 인해 대폭 바뀌었다. 기본적으로 무역을 통한 경제 발전을 돕겠다고 하는 정책 외엔 지속적인 정책이 보이지 않는다. 반-알 카에다 협력이나 조셉 코니 처벌정책은 아프리카 현지 국제 정세의 변화 환경을 반영하여 IS, 보코하람, 알샤밥, AQIM의 격퇴로 방향이 선회되었다. 원래 무역과 투자를 통한 경제 발전이었던 표현도 2016년에는 무역과 개발원조를 통한 경제 발전으로 바뀌었다. 투자는 민간영역이라면 개발원조는 국가 영역 혹은 비정부단체의 영역이라는 점에서 민주당의 접근 방식의 변화를 느낄 수 있는 부분이다. 아프리카 연합과 협조하겠다는 표현이 2016년에는 동반자 관계로 상향조정되어다.

여성과 소녀의 권리 보장정책과 수렵 기념물 수입금지, 야생동물 보호정책은 2016년 민주당 정강정책 전반의 흐름인 자연보호, 생명존중, 여성 인권의 강조를 반영한 정책으로 볼 수 있다.

민주당의 일반 외교정책에서 지속적인 정책은 여성인권, 동성연애자 인권의 보호와 인신매매와의 전쟁, 사이버 안보 강화, 생물학 무기와 기후 변

〈표 16-7〉 민주당의 일반 외교정책 변화와 지속성

지속성	변화
- 여성, 소녀 인권 - 인신매매와의 전쟁 - 동성연애자의 인권 - 사이버 안보 - 생물학 무기 - 기후 변화	- 양성애자, 성전환자 권리(추가) - 개도국 청년, 시민사회(추가) - 반부패, 반고문(추가) - 종교적 소수자 보호(추가) - 난민(추가) - 테러리즘(추가) - 국제 범죄(삭제)

화의 위협에 대한 대처 등이다. 2016년에는 국제범죄에 대한 정책이 삭제되었고, 대신 테러리즘이 추가되었다. 2016년 민주당 정강정책의 특성이 LGBT의 권리를 보호하는 것인데, 일반 외교에서도 양성애자와 성전환자 권리가 추가되었고 난민과 종교적 소수자 보호가 추가되었다.

〈표 16-8〉을 보면 미국은 핵무기 감축에서 포괄적 핵, 화학, 생물학 무기 확산 방지로 정책의 추가 옮겨가고 있다는 것을 알 수 있다. 단순히 러시아와 일대일로 핵무기를 감축하는 START 가 2016년 민주당 정강정책에서는 아예 언급이 되지 않았다. 2008년과 2012년 민주당 정강정책에서 언급되는 START가 2016년에 언급되지 않은 것을 민주당의 핵무기 감축이나 핵확산 금지에 대한 근본적인 정책의 방향 전환으로 해석하기에는 시기상조지만, 2016년 정책에서 빠져 있다는 것은 주목할 만한 가치가 있다.

사이버 안보는 거의 새롭게 수정되었다고 해도 과언이 아니다. 사이버 안보의 중요성이 증가하고 있고, 사이버 환경이 급속도로 변하면서 초기의 사이버 안보정책이 사이버 안보 전담 군사령관을 임명하고 국민들의 사이버 안보 의식을 고취하고 컴퓨터 능력을 향상하는 수준의 정책에 머물렀다면, 2016년에는 좀 더 구체화된 정책들을 내어놓았다고 봐야 할 것 같다.

2016년에는 국방부 감사를 요구하는 것이 추가되었고, 군수 산업 계약자를 재조사하겠다는 정책이 추가되고 LGBT 퇴역군인을 조사해서 전역의 이유가 성적 취향이나 성정체성 때문이었다면 전역기록을 수정해서 이들의 평

〈표 16-8〉 민주당의 핵확산, 사이버 안보, 기타 안보정책 변화와 지속성

지속성	변화
- NPT 강화 — 핵확산 방지 - 핵물질 도난 방지 - 러시아 협조 중요	- 핵무기 감축(START)(삭제) - 화학, 생물학 무기 확산 방지(추가) - 핵 태세 검토 보고서(추가)
- 연구개발 지원	- 사이버보안 국가 행동계획 지지(추가) - 디지털 안보와 암호화위원회 지지(추가) - 개인 정보와 시민자유 보호(추가) - 산업, 기반시설, 정보 보호(추가) - 사이버 안보 전담 군사령관 임명(삭제) - 사이버 안보 자각, 컴퓨터 능력 향상(삭제) - 민간, 국제협력 강화(삭제)
	- 국방부 감사(추가) - 군수산업 계약자 재조사(추가) - LGBT 퇴역군인 평등권 보장(추가)

등권을 보장하는 정책이 추가되었다.

2. 경제·무역 정책

2012년 민주당의 무역정책과 2016년 무역정책의 공통점은 불공정 무역 관행에 대한 비판이다. 교역 상대국의 환경, 노동기준, 노동자 권리 등을 지키지 않아서 미국보다 가격 경쟁력이 있는 물품을 만드는 것을 불공정 경쟁이라고 보는 점이 동일하고, 교역 상대국이 불법 보조금 지급이나 환율 조작 등을 통해 불공정 무역을 하고 있다고 보는 점도 동일하다. 그리고 그 비난의 화살이 중국을 겨냥하고 있는 것도 동일하다. 문제의식은 동일하지만, 문제를 접근하는 방식에 있어서 2016년 무역정책은 매우 강경하게 바뀌었다.

2012년 정강정책에서 환태평양동반자협정 같은 다자간 무역협정과 한국,

〈표 16-9〉 민주당의 무역정책 변화와 지속성

지속성	변화
- 환율 조작, 환경, 노동기준, 노동자 권리 - 불법 보조금, 비관세 장벽 제거 노력 - 환태평양동반자협정	- 자유무역협정(한국 등)(삭제) - 수년전 협상된 협정의 재검토(추가) - 일자리, 임금상승, 안보에 도움 안 되는 무역협정 반대(추가) - 중국 통화 절상 압력(삭제) - 덤핑, 미국 회사 차별 불공정관행 중지(추가)

콜롬비아, 파나마 등과의 자유무역협정은 민주당의 업적이었다. 그런데 2016년에는 자유무역협정은 대기업만 살찌우고 교역국의 환경, 노동 등을 열악한 상태로 놓아둔 채 미국의 일자리를 앗아가는 주범으로 인식되었다. 2016년의 가장 큰 변화는 이미 맺어진 협정을 재검토하겠다는 정책이다. 여기에는 한미 FTA도 포함될 가능성이 있다. 민주당의 입장에서 불공정 무역 관행이 있다고 생각하는 모든 국가와의 무역협정이 검토 대상이 될 것이다. 또한 앞으로 일자리, 임금상승, 안보에 도움 안 되는 무역협정은 반대한다는 정책도 중요하다. 버니 샌더스 후보가 반대했던 환태평양동반자협정은 살아남았지만, 환태평양동반자협정을 포함한 모든 무역협정에 환경, 식량 안정, 보건 위생, 노동 기준, 일자리, 임금 상승, 안보 등의 고려가 적용되어야 한다고 주장하였기 때문에 환태평양동반자협정도 재협상될 가능성이 높아졌다.

2016년 민주당 무역정책은 중국에 강한 경고를 하고 있다. 2012년에도 비난은 했지만, 별 다른 대안은 내놓지 않았었는데, 2016년에는 기존의 무역규정과 수단으로 환율 조작국의 책임을 추궁하고 이를 집행할 자원을 확장하겠다고 했다. 또한, 중국의 불공정 관행에 덤핑과 미국 회사 차별을 추가했는데 이는 향후 중국 회사들을 덤핑으로 미국 무역대표부에 제소가 들어오면 강도 높은 조사를 하고 이에 대해 상계관세를 부과할 가능성이 높아졌다고 볼 수 있다. 이는 비단 중국 문제만은 아니고 우리나라 등 다른 나라에도 해당할 수 있기 때문에, 향후 무역을 둘러싼 갈등이 고조될 가능성을 배제할 수 없다.

노조(union)라는 단어는 2012년 정강정책에서 6번 나왔지만, 2016년 정강정책에서는 12번 나왔다. 단어의 빈도수가 2배로 증가했다는 것은 그만큼 노조를 2016년 민주당 정강정책에서 중요하게 생각한다는 증거로 볼 수 있다. 노동 관련 지속된 정책은 노동조합을 설립하고 가입할 권리, 초과 근무 규정, 공무원 단체 교섭권을 지지하고, 최저임금 인상을 요구하고, 노조 가입 여부에 상관없이 일할 권리를 규정한 노동권을 반대하는 것이다.

2012년에는 노조 설립을 어렵게 하는 비밀투표보호법을 반대했었는데 이 정책은 삭제되고, 대신 1/2 이상의 노동자가 위임 카드에 서명을 하면 노조를 설립하자는 정책으로 표현이 바뀌었다. 원래 비밀투표보호법이 남에게 공개되는 카드를 이용하지 말고 비밀투표로 노조 설립 여부를 결정하자는 법이니까 사실상 비밀투표보호법을 반대하는 것과 같다. 그리고 모든 미국인에게 노조가입 기회를 제공한다는 말은 말 그대로 공무원 포함, 모든 직장, 산업체에 노조 가입의 기회를 준다는 것을 의미한다. 민주당은 2016년 정책에서 노조의 단체교섭권이 약화되어서 미국 노동자의 생활이 어려워졌다는 논리를 펴서 노조의 단체교섭권 강화의 정당성을 피력했다. 그리고 모범 고용주 행정명령이나 기업 이익을 노동자와 공유하는 기업에 인센티브를

〈표 16-10〉 민주당의 노동 정강정책 변화와 지속성

지속성	변화
- 노동 조합권 - 노동권(일할 권리) 반대 - 초과 근무 규정 지지 - 공무원 단체 교섭권 지지 - 최저임금 인상	- 모범 고용주 행정명령 지지(추가) - 기업 이익을 노동자와 공유하는 기업에 인센티브 제공(추가) - 여성, 유색인 여성 동일 임금(추가) - 자택간호 인력 강화 및 확장(추가) - 단체 교섭권 강화(추가) - 모든 미국인에게 노조 가입 기회 제공(추가) - 비밀투표보호법 반대(삭제) → 신규 노동설립 조건 완화(추가)

주는 것은 고용주에게 노동자에게 더 나은 대우를 해주고, 기업이익을 노동자와 나누라고 하는 주장이다. 또한 여성, 특히 유색인 여성의 동일 임금을 주장한 점이 2016년 정책의 달라진 점이다.

민주당의 조세정책 중에서 지속성은 일자리 창출하는 기업에는 세금 혜택을 주고, 일자릴 해외로 반출하는 기업에는 세금 감면을 철폐하며, 중소기업의 세금을 경감시키며, 부자와 기업에 공평한 세금 납부를 요구하고, 백만장자들에게 세금을 더 내게 한다는 것을 들 수 있다. 2012년 정강정책에는 있었으나 2016년에는 언급이 안 된 정책은 연소득 25만 달러 미만 감세다. 정책의 후퇴인지 아니면 단순히 언급을 하지 않은 것인지 정강정책만으로 판단하기는 어렵지만, 아무래도 2016년 정강정책의 초점이 노동자 계층과 저소득층 등에 맞추어지면서 25만 달러 이하의 중산층에 대한 배려가 2012년보다 약해진 것은 사실이다.

2016년에 새롭게 추가된 조세정책은 기업에게 공평한 세금 부담을 요구하는 것으로 볼 수 있다. 대형 석유·가스 회사의 세금면제를 철폐하는 것은 그동안 혜택을 많이 받았으니 이제부터라도 공평한 부담을 하라는 의미도 있지만, 환경오염의 주범인 화석연료 회사들에게 환경오염의 책임을 묻는 측면도 있다. 또한, 법인도치와 국제적 조세회피를 단속하고 미국 기업의 해외 이익 세금 납부를 강조하는 것은 전체적으로 탈법적인 혹은 교묘한 조세회피를 막겠다는 의지로 볼 수 있고, 비밀 세금 제도 중지는 고소득을

〈표 16-11〉 민주당의 조세 정강정책 변화와 지속성

지속성	변화
- 노동자 및 중산층에 대한 세금 감면 - 부자와 기업에 공평한 세금 부담 요구 - 일자리 해외반출 기업 세금 감세 철폐 - Buffett Rule - 일자리 창출하는 기업에 세금 혜택 - 중소기업 세금 경감	- 대형 석유·가스 회사 세금면제 철폐 (추가) - 법인도치 단속(추가) - 비밀 세금 제도 중지(추가) - 국제적 조세회피 단속, 미국 기업의 해외 이익 세금 납부(추가) - 연소득 25만 달러 미만 감세(삭제)

〈표 16-12〉 민주당의 금융 정강정책 변화와 지속성

지속성	변화
- 월가개혁(도드-프랭크) 지지 - 일자리 창출 중소기업에 대출 - 대 금융회사도 처벌, 개인도 처벌	- 겸직, 회전문 관행 금지(추가) - 과도 투자, 잦은 거래에 금융 거래세금 부과(추가) - 신용평가사 자의적 선택 금지(추가)

올리는 펀드 운영자 등 부자들의 세금을 걷어서 조세 정의를 실천하고, 세수를 확보하려는 의지로 볼 수 있다.

민주당은 월가 개혁의 속도를 늦추지 않고 더 박차를 가하고 있다. 월가 개혁법인 도드-프랭크법을 지지하고, 대기업이 아닌 일자리 창출 중소기업에 대출하도록 종용하며, 어떤 금융회사나 개인도 처벌 대상이 된다고 하는 것은 민주당의 지속적인 정책이다. 2016년에는 금융계의 오래된 관행을 끊으려고 하는 의지를 보이는 정책들을 제안하고 있다. 금융권 임원과 연방준비제도의 겸직을 금하고, 전 고용주와 관련된 업무를 금지하고, 준비제도 퇴사 후에도 2년간 준비제도를 대상으로 로비할 수 없으며, 회전문 인사를 종식시킨다는 강력한 정책이다. 우리나라에서도 각종 관피아 논란이 박근혜 정부 들어서 인구에 회자되는 일이 많았는데, 2016년 민주당은 금융피아 수술에 들어가겠다고 선포한 것과 마찬가지이다. 또한 금융회사의 무분별한 투자를 막기 위해서 과도한 투자나 잦은 거래에 금융 거래세금 부과하여 고객의 자금을 안전하게 관리하는 방향으로 금융권의 투자 정책변환을 유도하고 있다고 볼 수 있다.

3. 사회·기타 정책

2012년 민주당 정강정책에서 LGBT라는 단어는 딱 두 번 나왔었지만, 2016년 정강정책에서는 19회나 언급이 되었다. 그만큼 LGBT 인권이 2016

〈표 16-13〉 민주당의 낙태, LGBT 정강정책 변화와 지속성

지속성	변화
- 여성의 임신, 낙태를 결정할 권리 - 가족계획센터 지지	- 하이드 수정 조항 폐지(추가) - 헌법 수정 반대, 결혼 존중법 지지(삭제) - LGBT 시민을 위한 종합적 차별 금지(추가) - 종교의 LGBT 차별 비난(추가) - LGBT 폭력으로부터의 보호(추가) - LGBT 청년 보호 → LGBT 무주택자 보호 (수정, 추가)

년도 민주당 정강정책에서 중요한 위치를 차지하고 있다는 것을 알려준다.

2012년 민주당의 정강정책 동성부부나 동성연애의 권리를 지지하는 정책들만 있었지만, 2016년에는 포괄적으로, 양성 연애자와 성전환자를 포함하는 권리로 정책의 폭이 넓어졌다. 2012년에는 동성연애자들의 차별받지 않을 권리를 내세웠으나, 2016년에는 좀 더 세부적인 정책으로 발전해 나갔다.

2016년 민주당은 LGBT 시민을 위한 종합적 보호 대책을 연방차원에서 마련해서, 주택, 고용, 공공 숙박시설, 신용, 배심원, 교육, 연방 자금 지원 등에서 불이익을 받지 않게 해야 한다고 주장했고, LGBT 시민이나 노약자를 폭력으로부터 보호해야 한다고 했다. 그리고 종교의 이름으로 LGBT를 차별하는 것을 비난했다. 그리고 2012년에 있었던 결혼 존중법 지지는 2016년에 빠지게 되었는데 그것은 결혼 보호법을 폐지하자는 내용이 결혼 존중법이었는데 대법원 판례에 따라서 결혼 보호법을 각 주가 강제할 수 없게 됨으로써, 실제로 결혼 보호법이 유명무실하게 되었고, 더 이상 결혼 존중법 입법을 위해 노력할 필요가 없어졌다.

낙태에 관해서 민주당의 지속적으로 여성의 임신, 낙태를 결정할 권리를 인정해야 한다고 주장하고, 가족계획센터를 지지했다.[3] 2016년 새롭게 추

3) 가족계획센터는 낙태 수술을 서비스하기 때문에, 특정 지역에 가족계획센터가 들어서

〈표 16-14〉 민주당의 사회보장제도 정강정책 변화와 지속성

지속성	변화
-사회보장제도 민영화, 삭감 반대	-생계비지수(COLA) 계산법 변경 고려(추가) -사회보장제도 확대(과부, 경력단절여성)(추가) -연 25만 달러 이상의 소득자의 추가 세금 부담을 통한 사회보장제도의 유지(추가) -노동자의 확정급여형퇴직연금 보장(추가) -기업연금 재정압박 시 노동자 우선보호(추가) -미국 노인복지법지지(추가) -은퇴연령 상향과 생활비 수준에 기반을 둔 조정 반대(추가)

가된 정책은 하이드 수정조항 폐지정책이다. 하이드 수정조항을 폐지하여 낙태에 연방정부의 재정지원을 받을 수 있도록 하려는 시도라고 볼 수 있다.

2012년 민주당은 공화당의 사회보장제도 민영화 및 혜택 삭감에 반대하는 것 외에는 구제적인 정책대안을 내놓지 않았었다. 2016년에는 좀 더 다양한 정책대안을 개발하여 발표하였다. 그런 점에서 많은 변화가 있는 부분이 사회보장제도 정책이라고 할 수 있다. 2016년 민주당은 6개의 정책을 새로 제시했고, 2가지 정책에 대해 반대했다. 새로운 제안 중에서 제일 중요한 제안은 사회보장제도를 확대하여 과부와 경력단절여성을 포함한 모든 미국인이 가입할 수 있도록 하자는 제안이다. 원래 노동 기록이 있고, 근무기간 중에 사회보장보험료를 납부해야 자격이 있는 사회보장제도에 과부나 경력단절이 오래된 여성을 포함한다는 것은 큰 변화라고 할 수 있다. 기업연금 재정 압박 시에는 노동자를 우선보호한다는 것도 친-노동자정책이라고 말할 수 있다.

의료 분야의 지속성은 공화당 개혁안에 대한 반대로 요약될 수 있다. 메디케이드 포괄교부금, 메디케어 민영화, 단계적 폐지 모두 민주당은 공화당

면 보수적 기독교 단체와 낙태 반대자들이 시위나 거센 반대 운동을 한다. 가족계획병원(Dryfoos 1988) 참조.

〈표 16-15〉 민주당의 의료, 의료보험 정강정책 변화와 지속성

지속성	변화
- 메디케이드 포괄교부금 반대 - 메디케어 민영화, 단계적 폐지 반대 - 보편적 의료보험: 시민의 권리 및 약속 - 공화당 개혁안 반대	- 55세 이상 메디케어 선택 가능 추진(추가) - 메디케이드 확장 노력(추가) - 고비용 의료보험 소비세 폐지(추가) - 처방약 자부담 최대액 제한(추가) - 지연합의 금지: 처방약 수입(추가)

의 잘못된 제안이라고 일축하면서, 보편적 의료보험은 시민의 권리이자 약속이라고 주장하고 있다. 2016년 민주당은 높은 약제비의 문제를 해결하기 위해서 두 가지 정책대안을 제시했다. 첫째는 처방약 자부담의 최대액을 제한해서 환자들이 일정액 이상은 부담하지 않도록 하자는 것이다. 두 번째는 거대제약회의 지연합의를 금지하여 값싼 복제약의 시장 출시를 가속화하고, 필요시에는 처방약을 수입해 와서 거대 제약회사의 단합과 독점적 시장 지배력을 약화시키겠다고 하는 계획이다. 그리고 환자의 부담을 덜어주기 위해서 고비용의 의료보험에는 소비세를 폐지하고 55세 이상의 시민들이 메디케어를 선택할 수 있도록 노력하겠다고 했다.

2016년 의료정책에서 나타난 제일 중요한 변화는 제약회사의 지연합의를 제재하고 처방약을 수입해서 약값을 잡겠다고 하는 민주당의 의제 설정이다. 제약회사 — 보험회사 — 의사(병원)의 의료 트라이앵글의 한 축이면서도 그동안 정강정책에서 크게 다뤄지지 않았던 제약회사에 관한 의제 설정을 했다는 점이 중요하다.

전체적으로 2012년 정강정책과 2016년 정강정책에서 환경의 비중이 바뀐 것은 없다. 2012년 정강정책에서 환경이란 단어는 16회 사용되었고, 2016년에도 16회 사용되었다. 비중은 같지만, 정책은 좀 더 구체화되고 강화되었다. 탄소배출 감소, 청정에너지 개발, 연비 기준 상향, 자연과 생태계 보호, 시민의 야외활동 강화는 기본적으로 지속적인 정책이다. 2012년에는

〈표 16-16〉 민주당의 환경 정강정책의 변화와 지속성

지속성	변화
- 탄소배출 감소 - 청정에너지 - 연비 기준 - 자연, 생태계 보호 - 야외 활동	- 환경 인종주의(environmental racism)(추가) - 환경오염 지역 출신 노동자 고용, 훈련(추가) - 탄광마을 신규 일자리(추가) - 위험하고 해로운 채굴 관행 반대(추가) - 미국공원신용기금 설립(추가) - 멸종위기 동물보호법 유지(추가) - 파리기후협약 지지(추가) - 차기 대통령 100일 안에 기후 정상회담(추가) - 화석연료 화력 발전소 탄소배출 제한(삭제)

신규 화력발전소의 탄소배출을 역사상 처음으로 제한했다는 표현이 있었지만, 2016년에는 나오지 않았다. 아마도 신규로 승인한 화력발전소 건설이 없었을 것으로 추측된다.

2016년 환경정책에서 가장 두드러진 변화는 환경 인종주의라는 표현이 등장했다는 것이다. 환경의 피해를 가장 심하게 받는 층이 사회경제적 소수계층이라는 점에서 환경인종주의라고 표현한 것은 매우 인상적이면서도 강한 표현이다. 그리고 환경오염지역 출신 노동자를 고용하고 훈련해서 그 지역의 환경오염 정화 프로젝트에 투입하겠다고 하는 정책과 탄광 마을에 대한 정책대안을 제시한 것도 큰 변화라고 말 할 수 있다. 그리고 2015년 파리협약 이후로 바뀐 국제 정세에 따라서 파리기후협약을 지지한 것도 2016년의 변화로 볼 수 있다. 하지만 미국이 교토의정서에 서명을 하고도 상원에서 비준을 받지 못했던 것처럼, 파리기후협약의 미래는 미 상원의 비준을 받을 수 있느냐에 달려 있다고 볼 수 있다.

이민법에 관한 민주당의 정강정책은 2012년 구상을 기본으로 인도주의적 고려가 많이 추가된 정책으로 바뀌었다. 청소년기 혹은 그 이전에 미국에 불법 입국한 젊은이들을 보호하는 드림법을 지지하고, 청년들의 추방을 반대하며, 종합적인 이민 개혁법이 필요하다는 것이 기본적인 민주당의 불법

〈표 16-17〉 민주당의 이민 정강정책의 변화와 지속성

지속성	변화
- 드림법(DREAM Act) 지지 - 밀입국 젊은이 추방 반대 - 종합적 이민 개혁법 필요 - 합법적 이민자 지원	- 불법이민자에게도 같은 의료 혜택(추가) - 영리 사설 교도소에 불법이민자 감금 반대(추가) - 이민자나 난민에게 종교 테스트 금지(추가) - 이민자 공동체 수색, 체포 종식(추가) - 합리적으로 제한된 숫자의 합법이민 지지(추가) - 쿼터 시스템이 인종을 포함한 특정 이민을 차별: 개혁(추가) - 부모 추방유예 지지 및 실행(추가)

이민자 혹은 밀입국자정책이다. 2016년 정책에는 의료혜택 제공, 수색, 체포 중지, 영리 사설 교도소에 감금 반대, 자녀가 영주권자인 밀입국 부모 추방 반대 등 인도주의적 정책이 포함되어 있는 것이 특징이다. 또한 이민자나 난민에게 종교 테스트를 금지하고, 특정 집단의 이민을 차별할 수 있는 이민 할당제를 반대하고 있는 것은 평등권의 원칙의 적용이라고 볼 수 있다.

2012년 민주당 정강정책에서 아프리카계 미국인이라는 단어는 한 번도 언급되지 않았고, 유색인이라는 단어만 5회 나왔었다. 그리고 인종이라는 단어는 2012년에 2회 나왔었다. 하지만, 2016년 정강정책에서 아프리카계 미국인은 6회나 언급되었고, 유색인이라는 단어는 무려 19회나 언급이 되었으며, 인종은 10회나 언급이 되었다. 2012년에는 인종주의(racism) 단어가 한 번도 나오지 않았지만 2016년에는 인종주의가 7회나 언급이 되었다. 2012년 정강정책과 비교해서 2016년 정강정책에서 크게 달라진 점은 인종 문제의 중요성이 부각되었다는 것이다. 아래의 문장은 2016년 민주당 정강정책에서 인용하였다.

> "인종은 미국에서 누가 앞서고 누가 뒤처지는지를 결정하는 데 아직도 중요한 역할을 한다. 우리는 현실을 직시하고 반드시 고쳐야 한다."

제2절 공화당의 변화와 지속성

도널드 트럼프 공화당 대통령 후보의 요란스런 등장과 그의 강성 발언으로 공화당 정강정책이 많이 바뀌었을 것 같지만, 분야에 따라 민주당보다 변화가 많은 정책도 있고, 적은 정책도 있다.

2016년 공화당 정강정책은 2012년과 시작부터 다르다. 공화당의 정강정책은 헌정사로부터 시작한다. 2012년 헌정사는 '미국에 공화국을 선물한 헌법을 기초한 선조들의 지혜를 존경하고 감사를 표명하며' 정강정책을 바친다고 되어 있다. 그런데 2016년 헌정사는 '위험에도 불구하고 맞서 싸워서 미국인들을 그 위험으로부터 지키는 모든 군인, 법 집행기관 공무원, 모든 지역의 응급요원과 그 가족에 감사과 경의를 표하며' 정강정책을 바친다고 되어 있다. 2012년에는 민주당 행정부의 주 권한 침해, 개인의 자유 침해 등을 암시하며 헌법의 기본 정신을 언급했다면, 2016년에는 국내외 테러로 인한 위험성에 직면한 미국을 암시하는 헌정사로 해석할 수 있다.

2012년 공화당 정강정책의 서문은 경제적 위기, 작은 정부의 추구, 국제사회의 지도력, 헌법 준수의 네 가지 원칙을 주로 언급했다. 앞 장에서 언급한 것처럼 예외주의 논란의 연장선상에 있는 2016년 공화당 정강정책의 서문은 경제적 위기, 국제사회의 지도력, 안보 위기, 헌법 준수, 주(state)와 개인의 결정권을 주로 언급하고 있다. 2012년 민주당 정강정책의 서문이 중산층 중심이었다가 2016년 사회경제적 소수자 중심으로 바뀌었지만, 공화당의 서문은 특정 계층을 목적으로 하지 않아서 특별한 변화를 찾기는 힘들다. 하지만 한 가지 특색은 계층을 구별하기 싫어하는 공화당의 화법이다. 2012년 공화당 정강정책 전체에서 중산층은 단 두 번 언급이 되었는데, 전부 서문에서만 언급이 되었다. 2016년 공화당 정강정책에서는 단 한 번도 중산층이라는 표현이 나오지 않는다.

오바마 대통령의 이란과의 핵무기 협상 타결은 공화당의 이란 정책에 큰 변수가 되었다. 이란 핵 보유 반대는 비록 2016년 공화당 정책에는 직접적

〈표 16-18〉 공화당의 이란, 이스라엘 정강정책의 변화와 지속성

지속성	변화
- 이란 핵 보유 반대(암묵적 지속성)	- 이란과 핵 협상 비판(추가) - 이란에 대한 국제제재 취하 비판(추가) - 조약이 아니라 준수할 의무 없음(추가) - 이란의 민주 선거 요구(삭제)
- 이스라엘 안보 미국 국익에 중요 - 군사력의 질적 우위 유지 - 2국가 체제 지지	- BDS 운동 비판(추가) - 강제로 협정 강요 반대(추가)

으로 언급되지는 않았지만, 양당의 기본적인 이란 정책관이라고 봐도 무방하다. 공화당은 이란과의 핵 협상을 비난하고, 이란에 대한 국제사회의 제재를 취하한 것도 비난하고 있다. 그리고 미 상원의 비준을 받지 않았으므로 조약이 아니므로 법적 구속력도 없어서 공화당 대통령은 이를 무시할 것이라고 했다.

2016년 이스라엘 정책에는 민주당과 마찬가지로 BDS 운동을 비판하는 정책이 추가되었다. 그리고 이스라엘과 팔레스타인의 직접 대화로 문제를 푸는데, 제3자가 강제로 협정을 강요하는 것에 반대한다고 했다.

공화당의 대만 정책은 민주당에 비해서 언제나 조금 더 구체적이고, 조금 더 우호적이다. 대만관계법 지지나, 양안 관계 평화적 해결은 민주당과 같고, 공화당은 대만관계법에 따라서 유사시에는 대만을 방어하겠다는 약속을 하고, 가치를 공유하는 대만과는 자유무역을 하고, 방어무기를 판매하며, 대만의 국제기구 가입을 지지한다는 것은 변하지 않는 공화당의 대만 정책이다. 2016에는 6개 보증이 아직도 유효하다는 것을 추가해서, 공화당의 대만 정책은 더 친화적이 되었다고 볼 수 있다.

공화당의 중국의 위법적 행위에 대한 비판을 지속적으로 하고 있다. 그러나 2016년에는 미-중 관계를 낙관했던 2012년의 공화당 정강을 무색하게 만들 정도로 중국의 행동이 지나치다는 비판을 하고 있다. 그리고 중국에

〈표 16-19〉 공화당의 대만, 중국 정강정책의 변화와 지속성

지속성	변화
- 대만관계법, 유사시 방어 - 양안 관계 평화적 해결 - 자유무역 협상, 방어무기 판매 - 국제기구 가입 지원	- 6개 보증 유효(추가)
- 환율조작, 지적재산권 미보호, 저작권 미보호, 인권 침해, 홍콩 민주주의 후퇴, 남중국해 불안정, 군사력 증강, 티베트와 신장의 인권 탄압, 종교 박해	- 북한 인권과 핵개발 중지에 중국 역할 촉구(추가) - 모택동주의 부활, 기술 탈취, 미사일 괌 킬러 비판(추가) - 한 자녀 낳기 → 두 자녀 낳기 비난(수정)

모택동주의가 부활하고 있다고 경고하고, 미국령 괌을 사정권으로 하는 미사일 괌 킬러에 대한 우려가 추가되었다. 그리고 중국의 정책 변화로 인해서, '한 자녀 낳기 정책'을 비난하던 것을 '두 자녀 낳기 정책'을 비난하는 것으로 바뀌었다. 전체적으로 2016년 공화당은 중국이 자유화와 시장경제라는 원칙에서 퇴보하고 있고, 시대착오적인 모택동주의의 부활을 염려하고 있다.

공화당의 러시아 정책은 러시아에 경의를 보내고 양국에게는 테러리즘 종식, 핵확산 금지, 무역 신장 등 같이 풀어야 할 과제가 있다고 인정하는 것은 지속적인 정책으로 볼 수 있다. 그런데 2008년, 2012년에는 야당, 언론, 시민사회 탄압을 반대한다고 좀 구체적인 정책이 기술되어 있었으나 2016년에는 자유와 기본권 침해 반대로 좀 더 포괄적이나 추상적인 표현으로 바뀌었다. 2012년에는 조지아 침공 반대만 정책에 있었으나, 2016년에는 우크라이나 침공 반대가 추가되었다.

2016년 공화당 정강에서 사라진 정책은 마지막 스탈린주의 국가인 벨라루스를 지지하는 러시아를 비판하는 내용과 러시아에게 영구정상무역관계의 자격을 부여하자는 정책, 2009년 러시아의 교도소에서 살해당한 세르게이 마그니스키(Sergei Magnitsky)의 죽음에 책임 있는 러시아 정부 관리를

〈표 16-20〉 공화당의 러시아, 유럽 정강정책의 변화와 지속성

지속성	변화
- 경의와 지지를 보냄, 공동의 과제 - 야당, 언론, 시민사회 탄압 반대 → 자유와 기본권 침해 반대(변경)	- 마그니스키법 준수 조건부 통상확대 (최혜국 대우)(삭제) - 영구정상무역관계 자격 부여(삭제) - 무력에 의한 유럽 국경선 변경 반대 (추가) - 러시아 제재(우크라이나 복구 때까지) (추가) - 조지아(우크라이나) 침공 반대(수정) - 중동 독재국가와의 연합(삭제) - 스탈린주의 벨라루스 지지 반대(삭제) - 호전적 러시아 → 소련붕괴 답습(추가)
- 북아일랜드 화해 지지, 사이프러스 갈등 해결 희망, 영국과의 특수 관계 지속	- 유라시아 전략적 접근 필요(추가) - 중앙아시아 국가들 통합 지원(추가) - 폴란드 비자 면제 추진(추가) - NATO 국가 국방력 투자 증진 요구 (추가)

처벌해야 한다는 마그니스키법(Magnitsky Rule of Law Accountability Act)을 준수하는 것을 조건으로 무역관계를 개선할 수 있다는 정책, 중동 독재국가와 연합한다는 비판 등이다.

대신 2016년에는 우크라이나가 원상 복구될 때까지 러시아를 제재하자는 정책과 무력에 의한 유럽 국경선 변경을 반대한다는 정책이 추가되었다. 그리고 러시아가 호전적 정책을 계속 유지하면 소련이 붕괴되었던 길을 답습하게 될 것이라는 매우 강력한 메시지를 담았다. 무역정책은 생략되었고, 러시아 제재를 추가했으니, 좀 강경한 러시아 정책으로 전반적으로 바뀌었다고 볼 수 있다. 그러나 러시아와의 협력의 길은 항상 열어 놓는 것이 공화당 정책의 지속성이다.

공화당의 유럽 정책에서 사이프러스, 영국, 북아일랜드는 몇 번의 정강정책에 지속적으로 나오는 언급들이다. 그러나 2016년에는 폴란드를 비자면

제 국가로 지정하고, 폴란드에 NATO군 주둔을 승인하자는 친-폴란드 정책이 추가되었고, 유라시아 국가와 중앙아시아 국가들에 대한 정책이 추가되어서 공화당의 유럽의 동방정책을 알 수 있다. 2016년 공화당의 유럽 정책은 NATO 국가들의 군사력 투자 요구를 통해 미국 국방비 부담을 줄이고 새롭게 유럽의 동방정책을 추가한 것이 특별한 변화라고 볼 수 있다. 민주당은 지속적으로 나토 동맹국의 분담 증액을 요구했었는데 공화당도 2016년에 그 요구에 동참했다고 봐야 하고, 이것이 한국의 주한미군 분담금 증액으로 연결될 가능성도 배제할 수 없는 상황으로 볼 수 있다.

오바마 대통령의 역사적 쿠바 방문으로 쿠바 정책의 대 전환을 맞이하게 되었지만, 공화당의 근본적인 쿠바 정책에는 변함이 없다. 쿠바 정권과 싸우는 자유 쿠바 지원 위원회를 지지하고, 쿠바 난민에게 미국 영주권을 주는 쿠바인 정착법을 지지하며, 쿠바인에게 모든 방송, 인터넷 매체를 통해 정보를 제공하며, 현행법의 쿠바 제재 철회 조건인 정당의 합법화, 독립된 언론, 자유공명 선거를 요구한다는 정책은 지속적인 정책이다. 2016년 추가된 정책은 오바마 대통령의 쿠바 정책(Open-to-Cuba)을 실패로 규정해 반대하고, 의회는 현행법을 유지해서 제재 철회 조건이 만족되지 않은 상태의 제재 철회를 반대해야 한다고 주장하는 내용이다.

원래 공화당은 미국의 주권을 구속하는 국제적 관행이나 규약을 반대하는 경향이 있었지만, 2016년에는 상당수의 협정과 조약을 거부하고 있다. 2012년에는 UN 세금의 성격을 가진 UN 해양법을 거부한다고 했었는데, 2016년

〈표 16-21〉 공화당의 쿠바 정강정책 변화와 지속성

지속성	변화
- 자유 쿠바 지원 위원회 지지 - 쿠바인 정착법 지지 - 쿠바인에게 방송매체를 통한 정보 제공 - 통상, 여행, 재정 제재 철회 조건: 정당의 합법화, 독립된 언론, 자유공명 선거	- 현 행정부 정책은 자유쿠바인 배신(추가) - Open-to-Cuba정책 반대(추가) - 의회의 현행법 유지(제재 철회 조건)(추가)

〈표 16-22〉 공화당의 UN 및 국제협약 정강정책 변화와 지속성

지속성	변화
- UN 개혁 - 낙태지지 단체 지원 금지 - 주권 침해 UN세금 반대 - 국제형사재판소 관할권 불인정 - UN 해양법 거부	- 불온하고 불분명한 장기 국제조약 비준 반대: UN여권협정, 아동권리협정, 장애자권리협정, 유엔 무기무역조약, 유엔 환경개발회의에서의 각종 선언 반대 (추가) - 상원의 비준 없는 조약은 무효(추가) - UN 세금성격의 UN 의제(agenda) 21 반대 (추가) - 현 행정부가 맺은 기후협약 무효(추가)

에는 추가적으로 불온하고 불분명한 장기 국제조약 비준을 반대한다고 3개의 협정과 1개의 조약을 거부하고, 유엔 환경개발회의의 각종 선언을 모두 반대하였다. 이것을 신고립주의의 회귀로 봐야 하는지는 조금 유보해야 할 필요가 있다.

예를 들어서, 무기무역조약 반대는 미국의 총기협회의 강한 반발과 로비 때문에 거부하는 것이어서 신고립주의와는 무관하고, 환경개발회의는 기후변화에 대한 정책들을 내놓은 기구이기 때문에 기후변화정책을 찬성하지 않는 공화당의 정책노선 때문에 반대한다고 이해할 수 있기 때문이다. 하지만 국제사회에서 큰 영향력을 행사하고 있는 미국의 주요 정당인 공화당의 조약과 협정의 거부는 큰 파장을 불러일으킬 수 있고, 향후 공화당의 국익 우선 정책이 더 강화될 것임을 시사하고 있다고 봐야 한다.

독자적인 군비감축을 비판하고, 적국을 이롭게 하는 군축협정 폐기를 주장하고, 핵무기의 현대화를 주장하는 공화당의 핵무기정책은 변함이 없다. 그런데 2016년에 흥미로운 표현이 등장하는데 미국이 동맹국의 핵우산이 된다면 핵확산의 욕구가 사라지게 되어(동맹국은 안전해서, 적대국은 소용이 없어서) 핵확산이 자동 소멸하게 된다는 주장이다. 결국 미국이 현대화된 핵, 강력한 핵을 보유하고 핵우산 약속을 하는 것이 핵확산 방지의 최선

〈표 16-23〉 공화당의 핵, 사이버 안보 정강정책의 변화와 지속성

지속성	변화
-독자적인 군비 감축 비판 -적국을 이롭게 하는 군축협정 폐기 -핵무기 현대화	-미국의 핵우산으로 핵확산 자동소멸(추가) -START협정 무용(추가)
-정부, 민간 협조체제 구축 -정부 정보체제에 관한 법 수정	-사이버 작전 수행하는 러시아, 중국에 외교적·재정적·법적 고통을 안겨주는 대책(추가) -사이버 방어에서 공격으로 전환(추가) -사이버-보험 시장 가능성 탐구(추가)

의 정책이라는 주장이다. 그런데 여기서, 미국의 동맹국도 아니고, 미국의 동맹국을 공격할 의사를 가지지 않고 자기방어 목적으로 혹은 미국의 동맹국이 아닌 국가를 대상으로 핵개발을 하는 경우는 미국의 핵우산으로 무엇을 할 수 있는가에 대한 질문이 나올 수 있다. 그리고 미국이 모든 동맹국에게 핵우산을 약속할 수 있는가 하는 것도 간단한 문제는 아닐 것이다.

공화당은 사이버안보에서도 매우 공격적인 정책을 2016년에 새롭게 내놓고 있다. 사이버 작전을 전쟁전략의 일부로 사용하는 러시아, 중국에 외교적·재정적·법적 고통을 안겨주는 대책을 세우겠다는 정책은 매우 공격적이지만, 실현 가능성은 높지 않다고 볼 수 있다. 과연 미국이 러시아 중국에 어떤 외교적·재정적·법적 고통을 줄 수 있는지는 미국 국내 여론과 국제사회의 협조, 미국의 능력 등이 함께 작용하는 복잡한 방정식에 달려 있는데, 그게 간단해보이지 않는다. 그러나 사이버 방어에서 공격으로 전환하겠다는 것은 매우 강경한 정책으로의 변화라고 볼 수 있다.

공화당의 지속적인 무역정책은 무역개방을 통한 자유무역협정 지지이다. 그리고 레이건 경제구역 안에서의 모든 자유무역은 공정한 무역이라는 선언도 지속적인 정책이고, 새로운 정책이 아니다. 공화당은 지속적으로 중국의 불공정 무역 관행을 비판하고 있다.

2016년 공화당은 정강정책에서 환태평양동반자협정을 삭제하였다. 민주

〈표 16-24〉 공화당의 무역 정강정책의 변화와 지속성

지속성	변화
- 무역개방의 자유무역협정 지지 - 레이건 경제구역: 자유무역이 공정 무역 - 중국의 불공정 행위 비판(지적재산권, 통화조작, 보조금 지급, 중국 정부 조달사업에 미국 배제, 규제)	- 무업협정이 국익 보호 못하면 협정 거부(추가) - 동등무역, 상계관세(추가) - 투명성, 완전공개, 주권보호, 미국 근로자 권리에 기초한 무역협정 확장(추가) - 미국 디자인, 특허, 브랜드, 전문지식, 기술을 절도하는 국가의 무역장벽 불용(추가) - 환태평양동반자협정 신속 완료(삭제) - 대통령 무역촉진권한 부여(삭제)

당에 비해서 무역친화적인 공화당이 환태평양동반자협정을 삭제하고, 빠른 무역협상 타결을 가능하게 하는 대통령 무역촉진권한의 부여를 요청하던 정책도 삭제하였다. 이는 미국의 노동자를 의식한 정책 변화라고 읽어야 할 것 같다. 그리고 2016년 공화당 무역정책에서 주목해야 할 변화는 무역협정이 국익을 보호하지 못하면 협정을 거부하겠다고 한 정책과, 교역 상대국과 동등무역을 추진하되 상대국가가 협조하지 않으면 상계관세를 부과하겠다고 한 정책, 그리고 미국 근로자 권리에 기초한 무역협정을 확장하겠다고 한 정책이다.

이는 향후, 기존의 협정의 수정 혹은 준수를 강력하게 요청할 가능성이 있고, 상계관세를 통한 보복이 있을 수 있다는 신호이다. 그리고 향후 무역협정을 맺을 때에는 미국 국내 노동자들의 일자리나 임금에 영향을 미치지 않는 경우에 무역협정을 맺겠다는 정책적 변화이다. 그런 점에서 향후 한미 FTA에도 영향을 미칠 수 있고, 한국 기업을 대상으로 상계 관세를 부과할 가능성이 높아졌다. 하지만 노조와 제조업 노동자를 주요 유권자연합으로 하는 민주당과 달리, 수출 위주의 대기업과 혜택 받는 중산층 노동자를 주요 유권자연합으로 하는 공화당은 자유무역 기조를 유지해야 한다는 당 내의

반발을 무시할 수 없을 것이기 때문에 민주당과는 톤이 다른 무역정책을 펼칠 것으로 예측할 수 있다. 하지만 러스트 벨트의 낙후된 제조업의 목소리는 백악관을 탈환해야 하는 공화당으로서는 무시할 수 없을 것이고, 그 점이 이번 2016년 공화당 정강정책에 반영이 되었다고 봐야 한다.

기본적으로 불법 이민자, 밀입국자에 대한 공화당의 정책은 완고하다. 그 완고함에는 변함이 없다. 불법 이민자에 대한 사면 반대, 도피도시 연방자금 지원 반대, 신분증 도용, 서류 위조에 대한 강력한 처벌은 공화당의 지속적인 정책이다. 또한 불법 노동자의 취업을 막기 위해서 직장인증체제와 S, A, V, E체제를 지지하고 미국의 통합을 위해 이민자들에게 영어를 공용어로 배우게 하는 정책도 변화가 없다. 그리고 불법이민을 막기 위해 통관 항구를 보호하는 것도 지속적인 정책이다.

도널드 트럼프 후보가 주장해서 항간에 회자되고 있는 미국 남쪽 국경선에 벽 설치는 새로 추가된 정책으로 보기는 어렵다. 2006년에 미국은 남쪽 국경선에 이중울타리 설치를 하도록 법을 통과시켰다. 물론 벽이 아닌 울타리이긴 하지만, 미국 법에 울타리 설치가 명시되어 있다.[4] 2008년 공화당 정강정책에서는 조속한 울타리 완성을 정책으로 발표했고, 2012년에는 이중 울타리 완성을 정책으로 발표했고, 2016년에는 벽의 건설을 정책으로 발표했다는 점에서 새로운 정책이라고 보기보다는 공화당 정책의 진화라고 봐야 할 것 같다. 물론 울타리와 벽이 건축학적으로 다르다고 본다면 이 정책은 새로운 정책이다. 하지만 정치적으로는 좀 더 강해진 표현일 뿐 완전히 다른 정책으로 보기는 어렵다.

공화당은 2016년 좀 더 엄격한 난민정책과 합법적 이민정책을 발표했다. 영주권 숫자가 너무 많아서 줄여야 한다는 주장은 민주당도 어느 정도 공감하고 있는 부분이고, 종교적·민족적·정치적 박해 외에는 난민을 인정할 수

---

4) Jonathan Weisman, "With Senate Vote, Congress Passes Border Fence Bill," *The Washington Post*(2006년 9월 30일), http://www.washingtonpost.com/wpdyn/content/article/2006/09/29/AR2006092901912.html

〈표 16-25〉 공화당의 이민 정강정책의 변화와 지속성

지속성	변화
- 사면 반대, 도피도시 연방자금 지원 반대 - 직장 인증 체제 집행, S.A.V.E. 지지 - 법무부의 주에 대한 소송 비난 - 영어는 미국 공식 언어, 모국어 존중 - 통관 항구 보호 - 신분증 도용, 서류 위조 엄벌	- 울타리(2008) → 이중울타리(2012) → 벽(2016)(수정) - 영주권 허용 숫자 제한(추가) - 난민 조건 - 정치, 종교, 민족(추가) - 심사할 수 없는 난민 입국 금지: 특히 테러리즘 만연 국가(추가) - 국내 일자리와 경합하는 이민 반대(추가) - 불법 이민자 위험: 안정과 주권 위협(추가) - 초청노동자 법 개혁(추가)

없다는 정책은 LGBT에 대한 박해도 난민 구성 요건으로 인정하는 민주당의 분위기에 대한 정면 반발로 볼 수 있다. 공화당은 성정체성이나 성적취향을 난민의 요건으로 보지 않는다는 사회적 보수주의를 난민정책에 적용하고 있으며, 심사할 수 없는 난민의 입국을 금지하며, 특히 테러리즘이 만연한 국가로부터의 난민은 입국을 불허한다고 하는 것은 무슬림을 은연중에 지칭하는 것으로 봐야 할 것 같다. 신분을 확인할 수 없는 불법이민자의 위험을 강조하는 부분은 중남미로부터 유입된 범죄자, 테러리스트 등을 포함하여 위험분자로 낙인을 찍고 있다. 2016년 공화당의 이민정책은 더 강경해졌다. 특히 난민정책을 강화하고, 국내 노동자와 일자리 경합하는 이민을 반대하고, 신분을 확인할 수 없는 입국자들을 위험분자로 낙인을 찍는 등 과거의 공화당 정책에 비해서 더 비타협적인 정책이 되었고, 자칫 특정 종교 혐오주의를 미국 내에서 일으키고, 타국에서 반미주의를 강화시키는 기폭제가 될 수도 있다.

공화당의 금융 정강정책의 전통은 금융 시장 개혁(도드-프랭크법) 철회와 규제 철폐, 연방 준비제도의 정치적 독립성과 책임성을 요구하고, 연방준비제도에 대한 감사를 요구하는 것이다. 새롭게 2016년에 추가된 두 가지 정책은 매우 상반된 정책이라고 볼 수 있다. 하나는 금융소비자 보호국 철

〈표 16-26〉 공화당의 금융 정강정책의 변화와 지속성

지속성	변화
- 연방 준비제도 정치적 독립성, 책임성 요구 - 연방 준비제도 감사 요구 - 도드-프랭크법 반대 - 대은행도 파산할 수 있음 - 과도한 규제 반대, 투명성 신장 요구	- 금융소비자 보호국 철폐 혹은 의회의 세출승인 대상으로 전환(추가) - 글래스-스테겔법 부활 요구(추가)

폐 혹은 의회의 세출 승인 대상으로 전환하자는 요구로 도드-프랭크법의 약화를 시도하는 노력이라고 볼 수 있는데, 상업은행이 위험한 투자를 하지 못하도록 규제하자는 글래스-스테겔법 부활은 규제를 부활하자는 주장으로 공화당의 철학과 맞지 않는 정책이다. 글래스-스테겔법 부활 정책은 월가에 대한 시민들의 분노를 반영한 정책으로 공화당 내의 금융계 세력의 전통적인 요구를 들어주고, 금융소비자 보호국 철폐를 추가하면서 그 대가로 글래스-스테겔법 부활을 요구하는 정책을 추가한 것으로 보인다. 2016년 공화당이 새롭게 추가한 정책 중에서 가장 변화가 많은 정책이 글래스-스테겔법 부활 요구이며, 유일하게 정부 규제를 요구하는 정책이다.

2016년 공화당의 정강정책은 이민, 무역, 러시아, 쿠바, 대만, 이란, 중국 정책 부분에서 변화를 보였지만, 대부분의 정책은 과거 공화당의 정책에서 벗어나지 않았다. 민주당이 거의 전 부분에서 변화를 보인 반면에 공화당의 변화의 범위는 크지 않았다. 하지만 무역정책과 국제협약정책, 이민정책, 특히 난민정책의 변화는 2016년 공화당이 우경화되고 있는 신호로 볼 수도 있다.

제17장

결론

미국의 유권자연합은 고정되지 않았고 유동적이며, 유권자연합인 정당의 정책과 정체성도 급격하게, 때론 완만하게 변화하고 있다. 미국 정당의 정강정책을 읽어보면 미국 정당의 유권자연합의 구성을 알 수 있고, 미국 정치의 단기, 장기적 이슈들을 알 수 있다.

정강정책에 단발성으로 언급된 정책들은 특정 선거용 단기성 이슈로 그 정당의 정체성이나 유권자연합의 지속성을 보장하지 않지만, 4년에 한 번씩 발표되는 정강정책에서 지루할 만큼 반복적으로 언급되는 정책은 그 정당의 중·장기정책으로 그 정당의 유권자연합의 구성의 반영으로 볼 수 있다. 그리고 정강정책은 사회적 갈등과 요구를 담아내면서 서서히 바뀌기도 하고 변화에 저항하기도 한다. 특정한 정치적 사건이 만들어내는 정치 지형의 변화가 미국 사회의 균열구조의 변경을 가져올 때, 그 균열구조에 성공적으로 편승하는 정당과 유권자연합은 지배정당과 지배 유권자연합의 위치를 차지하게 되고, 새롭게 형성된 균열구조에 적응하지 못한 정당은 오랫동안 야당의 위치를 갖게 된다.

미국의 제2차 정당체제는 농민, 개척자, 플랜테이션 농장주, 자영업자 중심의 민주당 일당 우위체제였다. 그런데 1860년 선거에서 노예 문제와 남부의 주권 문제에 제대로 대응을 하지 못해서 민주당은 사분오열되었고, 준주의 노예 문제를 중심으로 연합한 공화당이 승리하였다. 이에 반발한 남부가 헌법이 부여하지 않은 권리를 사용하여 연방정부가 법을 만들 때, 그 법을 주(state) 의회가 무효화시킬 수 있다고 하는 무효 이론과, 각 주가 자발적으로 연방에 가입을 하고 서명을 하였으니 연방 탈퇴도 주의 의사대로 할 수 있다는 탈퇴 이론을 주장하며 독립을 선언했다.

결국 연방을 유지해야 한다는 연방주의자들의 북부와 독립선언을 한 남부가 전쟁을 벌였으나, 남부가 남북전쟁에서 패퇴하면서 표면상으로 남부의 무효 이론과 탈퇴 이론은 사라지게 되었다. 결국 연방주의자들과 노예제도 반대주의자와 동부의 제조업 중심의 제3차 정당체제가 성립한 것이다. 여기서 연방주의자는 해밀턴의 연방주의자라기 보다는 연방을 유지해야 한다는 원칙을 가진 사람들을 뜻한다. 제3차 정당체제에서 민주당과 공화당은 균형을 유지하여 왔으나, 은본위제와 농민운동의 등장으로 제3차 정당체제는 깨어지게 되었다.

민주당은 서부의 은본위제와 농민운동에 편승을 했고, 공화당은 금본위제와 반-농민운동 정서를 가진 유권자집단으로 유권자연합을 구성했고, 1896년 선거에서 공화당의 유권자연합이 승리하게 되면서 은본위제, 혹은 은, 금 이중본위제 주창자들은 패배하게 되었다. 북부 중심의 공화당은 북부의 제조업을 보호하기 위해서 강력한 보호무역정책을 폈고, 이는 북부 제조업의 노동자들과 기업인의 지지를 받았고 제4차 정당체제동안 공화당을 지배적 정당의 위치를 유지하게 만들었지만, 보호무역의 실패와 대공황을 겪으면서 1932년 민주당의 뉴딜연합의 탄생으로 제5차 정당체제로 넘어가게 되었다.

제5차 정당체제동안 민주당의 복지정책과 연방정부 프로그램 확대로 전통적으로 공화당 지지층이었던 북부의 노동자들과, 흑인들을 민주당 유권자연합으로 흡수하게 되었고, 이는 남부 백인들과 함께 공고한 민주당 우위의 정당체제를 유지할 수 있게 만들었다. 그러나 제5차 정당체제동안 보수적 백인들이 연방정부의 계획에 반대하여 조금씩 민주당을 이탈하다가 시민권 운동을 계기로 인종 문제가 수면위로 떠오르게 되자, 남부 백인의 이탈이 가속화되었다. 결국 1968년 기존의 재편과 달리 완만한 재편성의 선거에서 사회 문제인 인종, 평등주의가 주의 자율권 사상과 부딪치면서 새로운 유권자연합 형성의 시초가 되었고, 결과적으로 제6차 정당체제의 태동을 가져오게 되었다.

오늘날 공화당은 남부 백인, 보수적 기독교, 낙태반대자, 동성연애 반대자, 군인, 군수업자, 의사, 제약회사, 보험회사, 대기업, 부자, 수출 산업, 탄소배출 산업, 쿠바계 이민자, 주권주의자, 부농, 금융업의 유권자연합이다. 그에 비해 민주당은 노조, 흑인, 중남미 이민자, 낙태찬성자, LGBT 권리 옹호자, 청정에너지 산업, 유색인, 저소득층, 실업자, 농업 노동자, 복지 수혜자, 여성 등으로 유권자연합이 구성되어 있다. 새로운 이슈와 균열이 발생하고, 그 이슈와 균열에 따른 이합집산이 일어나게 되면 현재의 유권자연합은 변하게 되어 있다.

정당이 정강정책을 중위 유권자(median voter) 쪽으로 확장해서 더 많은 유권자연합을 유지하는 것을 목표로 할 것이라는 이론이 언제나 맞는 이론은 아니다. 미국의 정당은 더 많은 득표를 목표로 하지 않고, 승리를 목표로 한다. 더 많은 득표를 목표로 하게 되면, 유권자연합의 구성이 복잡해지고 이는 기존의 유권자연합의 권력을 축소시킨다. 정당의 유권자집단은 매우 전략적이다. 그들의 목표는 최대득표(vote-maximization)가 아니라 최소승리 연합(minimum winning colation)을 유지하면서 권력을 최대로 유지하고자 하는 최대권력(power-maximization)으로 봐야 한다. 그래서 더 많은 유권자집단을 수용하는 것보다는 승리할 만큼의 유권자집단을 확보하면서 기존의 유권자집단의 이념과 이해를 반영할 수 있는 정강정책을 원하는 것이다.

2016년 민주당의 정강정책은 확연하게 친-노동조합, 친-LGBT, 친-유색인정책으로, 진보적으로 바뀌었다. 친-환경, 친-청정에너지정책은 2012년과 유사한 수준이지만, 환경인종주의라는 표현으로 좀 더 강력하게 사회경제적 약자들을 대변하는 정당의 모습을 갖췄다고 볼 수 있다. 그리고 중산층에 대한 강조는 다소 약해졌다. 만약 민주당이 선거에 패배한다면, 중위 유권자로 볼 수 있는 중산층의 배려가 약해진 것도 하나의 원인이 될 수 있지만, 선거에 승리한다면 이미 자신들의 주장을 정강정책에 많이 반영한 노조와 여성, 유색인, LGBT 등의 승리라고 볼 수 있을 것이다.

2016년 공화당의 정강정책은 반-무슬림 이민(난민) 정서, 반-불법이민자 정서와 불공정 무역에 대한 강한 반발, 국제협약에 대한 미국 주권의 주장을 반영하고 있다. 이는 최소 공화당 정강위원 50% 이상의 지지를 받았다는 면에서 공화당의 새로운 당내 역학구도를 보여준다고 볼 수 있다. 자유무역의 기조가 약해지고 피해받는 국내 일자리를 강조했다는 점에서 공화당도 변하고 있다. 특히 글래스-스테겔법의 부활을 요구한 것은 규제 철폐 일변도의 공화당 정책의 변화를 의미하는데, 이 변화가 다음 정강정책에서도 계속될 수 있을지, 아니면 일시적으로 반-월가 정서를 대변해본 것인지는 지켜볼 필요가 있다.

2016년 선거는 매우 중요하다. 그것은 양당의 후보가 우리나라의 방위비 분담금 인상이나 무역협정 수정을 요구할 것 같아서 때문만은 아니다. 2016년 선거는 잠재적으로 제7차 정당체제로 갈 수 있는 가능성을 보여주고 있다. 제6차 정당체제에서는 남부 백인을 유권자연합으로 흡수한 공화당의 우세시기였다. 제6차 정당체제 시기 동안, 민주당 대통령의 8년 임기가 끝나고 뒤이은 선거에서 어떤 민주당 후보도 승리하지 못하였었다. 그런데 이번에 힐러리 클린턴 후보가 승리하게 된다면, 어쩌면 제6차 정당체제가 약화되고 있다는 신호일 수도 있다. 불법 이민자에 대한 강력한 민주당의 보호정책이 중남미계 유권자를 아우르고, 사회경제적 소수자를 위한 정책으로 그들을 흡수할 수 있으며, 무슬림 유권자를 강력한 우군으로 만들고 노동자를 저소득층정책, 복지정책, 의료정책으로 묶어 놓고, 트럼프 후보의 예측 불가능성을 호기로 중산층을 잡을 수 있다면 새로운 정당체제의 문을 열 수도 있다.

일찍이 남북전쟁 발발 전에 더글러스는 자신이 민주당 대통령 후보가 되어야, 공화당이 남부 없이도 서부와 북부의 연합으로 대통령을 배출하여 마음대로 남부를 조종하려는 것을 막을 수 있다고 말한 적이 있다(Witcover 2003). 대통령 선거인단 제도를 운영하고 있는 미국의 독특성 때문에 지역의 지배세력 혹은 지배 정당의 영향력이 전국적으로 무시할 수 없는 상황에서, 남부는 캐스팅보트의 역할을 했었다. 미국의 남부는 제2차, 제5차, 제6차 정당체제의 승리연합의 구성원이었다. 제3차 정당체제는 민주당과 공화당의 백중세였으므로 실제로 제4차 정당체제를 제외한 미국 역사 동안 남부는 언제나 승리연합의 구성원이었다. 2016년 선거에서 만약 남부의 지지 없이 민주당이 승리하게 된다면, 160년 전 더글러스가 예언한 것이 2016년에 실현되는 것일 수도 있다.

미국의 남부는 독특하다. 플랜테이션 중심의 산업구조를 가졌기 때문에 노예제도를 찬성했고, 이를 압박하는 연방정부로부터 탈퇴 이론과 무효 이론을 주장했지만 전쟁에서 패배하였다. 플랜테이션 농장주와 노예제도 지지자는 법적으로 사라졌지만, 분리주의자, 인종주의자로 맥을 이어오다가 탈퇴 이론과 무효 이론의 후속인 주권주의자들과 결합하면서 오늘날의 남부세력을 형성하게 되었다. 민주당의 2016년 정강정책은 분명히 인종 문제를 수면위로 올려놓았다. 남부는 어떻게 반응할 것인가?

2016년 새롭게 떠오른 이슈는 이민, 난민과 테러, 무역과 일자리, 사회적 소수자 인권이다.

일자리가 어제 오늘의 이슈는 아니었지만, 두 정당이 러스트 벨트의 블루칼라 노동자들을 의식하여 일자리를 무역과 연계시키면서, 그리고 백인 남성 블루칼라 노동자의 반-힐러리 정서와 겹치면서 선거정국의 변수로 등장했다. 민주당은 아웃소싱 기업에 불이익을 주고, 미국 기업의 해외 법인의 이익을 세금으로 환수하고, 불공정 무역협정을 전면 재검토하여 일자리를 늘리겠다는 정책이다. 공화당은 법인세를 낮춰서 아웃소싱 동기를 약화시키고, 영토적 과세체제로 변경하여 미국 기업의 해외 법인 이익을 자연스럽게 국내 투자로 연결시키고, 불공정 무역에 대해 상계관세 등으로 강력한 대응을 해서 일자리를 창출하겠다는 정책이다. 사실상 어떻게 제조업의 잃어버린 경쟁력을 되찾을 것인가에 대해서 뾰족한 정책대안이 없는 것이 양당의 공통점이다. 그래서 쉽게 주장할 수 있는 정책이 아웃소싱과 불공정 무역에 대한 대안이다. 공화당의 자유무역 후퇴와 글래스-스테겔법 부활과 같은 반-월가 주장이 과연 노동자들에게 어떤 영향을 끼칠 수 있을지도 미지수지만, 백인 남성 노동자들을 흔들 수 있는 정책임에는 틀림없다. 무역과 금융정책에서 민주당과의 차별성을 없애고, 인종 문제, 여성 대통령을 유일한 선거쟁점으로 만들 수 있다면 보수적인 백인 남성 노동자들을 경제 이슈로 중립화시키고 사회 이슈로 호소할 수 있는 여지를 노렸다고 분석된다.

사회적 소수자 문제에 대해서 공화당은 사실상 별다른 정책의 변화가 없고 매우 일관된 정책노선을 유지하고 있다. 민주당이 공격적으로 정강정책을 구성하면서 이슈가 되었는데, 민주당은 이 정책으로 유권자연합을 크게 늘리거나 할 수는 없지만 당내 역학구도와 향후 정책 방향을 설정하는 데 큰 영향을 끼쳤다고 볼 수 있다. 공화당의 경우는 반-LGBT 정서로 반사이익을 볼 가능성이 전혀 없지는 않다. 사회적 이슈에 대해서 비교적 중립적인 유권자들이 너무 강해진 민주당의 정책에 반감을 가질 수도 있다. 반대로 공화당 유권자연합 중에 LGBT 이슈 때문에 공화당을 떠나는 경우도 발생할 수도 있다. 하지만 LGBT나 유색인, 아메리카 인디언, 에스키모 등의 인권을 주장하는 사회적 이슈의 폭발력은 예측하기 힘들다. 흑인인권은 제6차 정당체제를 가져오는 폭발적 이슈였지만, LGBT나 유색인, 아메리카 인디언, 에스키모 등의 인권을 얼마나 많은 유권자들이 치명적 주제로 인식할 것인지는 다른 이슈와의 상대적 중요성에 달려 있기 때문이다.

이민과 난민, 테러는 이번에 중요한 이슈가 될 수 있지만, 크게 보면 기존의 유권자연합을 흔드는 이슈가 되기보다는 강화하는 이슈가 될 수도 있다. 기존의 유권자연합을 흔드는 이슈가 되기 위해서는 정당라인을 넘어서는 이슈가 되어야 한다. 예를 들어서 낙태를 반대하는 보수적 기독교인이 공화당 유권자연합이었는데, 공화당 정부의 비-인도주의적 난민정책에 실망하고 민주당의 인도주의적 난민정책을 지지해서 일탈적 투표 혹은 재편성 투표를 민주당에 던질 수 있고, 그런 유권자가 집단을 이룬다면 연합을 흔드는 이슈가 되는 것이다. 유권자연합을 강화하는 예는 저소득층 라티노가 민주당 유권자연합이었는데, 불법이민자들을 합법화시키는 민주당의 이민 친화적 정책에 민주당에 대한 충성심이 강화되는 경우를 들 수 있다. 따라서 이민과 난민, 테러는 현 상황에서 중요한 이슈이지만 유권자연합을 흔드는 이슈보다는 공고화하는 이슈가 될 확률이 더 높아 보인다.

미국 정당의 정강정책에는 많은 것들이 담겨져 있다. 단어의 선택, 문장의 구성, 배치 등이 미묘한 차이를 만들어 낸다. 2016년 양당의 정강정책은 양당의 이념과 정책의 변화와 지속성을 보여주고 있다. 민주당의 정강정책은 사회적 이슈의 전면적인 등장으로 외교·경제정책에까지 영향을 받아서 변화하였지만, 기본 정책기조는 그대로이다. 공화당의 경우도 기본 정책기조는 유지하면서 국내 일자리와 반-테러 정서, 미국의 주권을 강화하는 정책으로 변화하였다.

향후 미국 정치는 어떻게 전개될 것인가? 양당의 최근 정강정책을 읽어보는 것도 그 해답을 찾는 한 방법이 될 수 있을 것이다. 국내외의 언론이나 학자들이 트럼프 미국 대통령의 당선을 예측하지 못했던 측면이 있지만 트럼프 대통령 행정부의 정책 전개는 공화당의 정강정책에 있던 내용과 크게 다르지 않을 것이다. 공화당 정강정책에서 주장했던 것처럼, 파리기후협약 탈퇴를 선언했고, 환태평양경제동반자협정을 탈퇴했으며, 한미 FTA 재협상을 제안한 것이 그 예라고 볼 수 있다. 정강정책을 보면 미국 정치가 보인다.

■ 부 록 ■

【부록 1】 미국 대통령 연대표

대	대통령	재임기간	소속정당	대통령 선거 결과[1]	
				유권자득표[2]	선거인단득표[3]
1	조지 워싱턴 (George Washington)	1789~1797	무당파[4]	기록 없음[5]	100%(1789) 100%(1792)
2	존 애덤스 (John Adams)	1797~1801	무당파	53.4%(1796)	51.5%(1796)
3	토머스 제퍼슨 (Thomas Jefferson)	1801~1809	민주공화당	61.4%(1800) 72.8%(1804)	52.9%(1800) 92.1%(1804)
4	제임스 매디슨 (James Madison)	1809~1817	민주공화당	64.7%(1808) 54.4%(1812)	69.7%(1808) 59.0%(1812)
5	제임스 먼로 (James Monroe)	1817~1825	민주공화당	68.2%(1816) 80.61%(1820)	84.3%(1816) 99.6%(1820)
6	존 퀸시 애덤스 (John Quincy Adams)	1825~1829	민주공화당	30.92%(1824)	32.2%(1824)
7	앤드류 잭슨 (Andrew Jackson)	1829~1837	민주당	55.93%(1828) 54.2%(1832)	68.2%(1828) 76.6%(1832)
8	마틴 밴 부런 (Martin Van Buren)	1837~1841	민주당	54.74%(1832)	76.6%(1832)
9	윌리엄 해리슨 (William Henry Harrison)	1841~1841	휘그당	50.79%(1836)	57.8%(1836)
10	존 타일러 (John Tyler)	1841~1845	휘그당	승계	
11	제임스 포크 (James Knox Polk)	1845~1849	민주당	49.54%(1844)	61.8%(1844)
12	재커리 테일러 (Zachary Taylor)	1849~1850	휘그당	47.28%(1848)	56.2%(1848)

대	대통령	재임기간	소속정당	대통령 선거 결과	
				유권자득표	선거인단득표
13	밀러드 필모어 (Millard Fillmore)	1850~1853	휘그당	승계	
14	프랭클린 피어스 (Franklin Pierce)	1853~1857	민주당	50.83%(1852)	85.8%(1852)
15	제임스 뷰캐넌 (James Buchanan)	1857~1861	민주당	45.29%(1856)	58.8%(1856)
16	아브라함 링컨 (Abraham Lincoln)	1861~1865	공화당	39.65%(1860) 55.03%(1864)	59.4%(1860) 91.0%(1864)
17	앤드류 존슨 (Andrew Johnson)	1865~1869	민주당	승계	
18	율리시스 그랜트 (Ulysses S. Grant)	1869~1877	공화당	52.66%(1868) 55.58%(1872)	72.8%(1868) 82.0%(1872)
19	러더퍼드 헤이즈 (Rutherford B. Hayes)	1877~1881	공화당	47.92%(1876)	50.1%(1876)
20	제임스 가필드 (James A. Garfield)	1881~1881	공화당	48.31%(1880)	58.0%(1880)
21	체스터 아서 (Chester A. Arthur)	1881~1885	공화당	승계	
22	그로버 클리블랜드 (Grover Cleveland)	1885~1889	민주당	48.85%(1884)	54.6%(1884)
23	벤저민 해리슨 (Benjamin Harrison)	1889~1893	공화당	47.80%(1888)[6]	58.1%(1888)
24	그로버 클리블랜드 (Grover Cleveland)	1893~1897	민주당	46.02%(1892)	62.4%(1892)
25	윌리엄 매킨리 (William McKinley)	1897~1901	공화당	51.02%(1896) 51.64%(1900)	60.6%(1896) 65.3%(1900)
26	시어도어 루즈벨트 (Theodore Roosevelt)	1901~1909	공화당	승계 56.42%(1904)	승계 70.6%(1904)
27	윌리엄 하워드 태프트 (William Howard Taft)	1909~1913	공화당	51.57%(1908)	66.5%(1908)
28	우드로 윌슨 (Woodrow Wilson)	1913~1921	민주당	41.84%(1912) 49.24%(1914)	81.9%(1912) 52.2%(1914)
29	워런 하딩 (Warren G. Harding)	1921~1923	공화당	60.32%(1920)	76.1%(1920)

대	대통령	재임기간	소속정당	대통령 선거 결과	
				유권자득표	선거인단득표
30	캘빈 쿨리지 (Calvin Coolidge)	1923~1929	공화당	승계 54.04%(1924)	승계 71.9%(1924)
31	허버트 후버 (Herbert C. Hoover)	1929~1933	공화당	58.21%(1928)	83.6%(1928)
32	프랭클린 루즈벨트 (Franklin D. Roosevelt)	1933~1945	민주당	57.41%(1932) 60.8%(1936) 54.74%(1940) 53.39%(1944)	88.9%(1932) 98.5%(1936) 84.6%(1940) 81.4%(1944)
33	해리 트루먼 (Harry S. Truman)	1945~1953	민주당	승계 49.55%(1948)	승계 51.7%(1948)
34	드와이트 아이젠하워 (Dwight D. Eisenhower)	1953~1961	공화당	55.18%(1952) 57.37%(1956)	83.2%(1952) 86.1%(1956)
35	존 케네디 (John F. Kennedy)	1961~1963	민주당	49.72%(1960)	56.4%(1960)
36	린든 존슨 (Lyndon B. Johnson)	1963~1969	민주당	승계 61.05%(1964)	승계 90.3%(1964)
37	리처드 닉슨 (Richard Milhous Nixon)	1969~1974	공화당	43.42%(1968) 60.67%(1972)	56.0%(1968) 96.7%(1972)
38	제럴드 포드 (Gerald R. Ford)	1974~1977	공화당	승계[7]	
39	지미 카터 (Jimmy Carter)	1977~1981	민주당	50.08%(1976)	55.2%(1976)
40	로널드 레이건 (Ronald Reagan)	1981~1989	공화당	50.75%(1980) 58.77%(1984)	90.9%(1980) 97.9%(1984)
41	조지 부시 (George Bush)	1989~1993	공화당	53.37%(1988)	79.2%(1988)
42	빌 클린턴 (William J. Clinton)	1993~2001	민주당	43.01%(1992) 49.24%(1996)	68.8%(1992) 70.4%(1996)
43	조지 부시 2세 (George W. Bush Jr.)	2001~2009	공화당	47.87%(2000) 50.73%(2004)	50.4%(2000) 53.2%(2004)
44	버락 오바마 (Barack Hussein Obama)	2009~2017	민주당	52.93%(2008) 51.06%(2012)	67.8%(2008) 61.7%(2012)
45	도널드 트럼프 (Donald Trump)	2017~현재	공화당	46.1%	56.9%

1) 출처: Uselectionatlas.org, US Presidential Election Results, http://uselectionatlas.org/RESULTS/

2) 출처: Federal Election Commission, http://www.fec.gov/pubrec/electionresults.shtml 초기 대선에서는 주의회에서 선거인단을 선출하는 경우가 많았으나, 점차 선거인단을 유권자 투표에 의해 결정하는 주들이 늘기 시작했다. 첫 선거였던 1788~1789에는 헌법 비준 문제로 참여하지 않는 3개 주를 제외한 선거참여 10개 주 중에서 유권자 투표로 선거인단을 선출한 주는 6개 주에 불과했다. 1816년에는 19개 중의 10개 주가 유권투표를 통해서 선거인단을 선출하였고, 1824년에는 24개 주 중에 18개 주에서 유권자의 투표로 선거인단을 선출하였다. 오늘날은 모든 주의 선거인단이 유권자 투표에 의해 결정된다.

3) 출처: National Archives and Resource Administration, U.S. Electoral College, http://www.archives.gov/federal-register/electoral-college/scores.html#1789

4) 조지 워싱턴 대통령은 본인이 어느 당파에도 속해 있다고 생각한 적도 없고 당파를 초월한 존재로 인정되길 원했다. 그런 이유로 후세 연구가들이 그를 무당파로 분류한다. 하지만 엄격하게 말해서 정책 등에 있어서 연방주의자당에 가까운 것도 사실이어서 연방주의자당으로 표시하기도 한다.

5) 초대 대통령 조지 워싱턴의 경우 연방주의자와 반연방주의자가 모두 대통령 후보로 조지 워싱턴 후보를 지명해서 유권자 선거를 통한 선거인단이 조지 워싱턴 후보에게 투표했다. 대통령 선거에 관한한 유권자 투표는 의미가 없는 선거였다.

6) 민주당의 클리블랜드 후보가 48.6%로 유권자투표에서 앞섰으나, 선거인단 투표에서 41.9%를 얻음으로써 공화당의 해리슨이 당선되었다.

7) 미국의 헌법은 대통령 유고시 부통령이 대통령직을 승계하도록 되어 있다. 제38대 대통령 제럴드 포드만 전임 대통령이 생존해 있는데 승계한 경우이고, 나머지 대통령들은 대통령 사망으로 대통령직을 승계한 부통령이다. 제37대 대통령 닉슨은 워터게이트(Watergate) 스캔들로 하야하였다.

【부록 2】 미국의회 의석 분포[1)]

의회	연도	상원				하원			
		총의석	반연방 주의자	연방 주의자	기타	총의석	반연방 주의자	연방 주의자	기타
1대	1789~1791	26	8	18	−	65	28	37	−
2대	1791~1793	30	13	16	1	69	30	39	−
의회	연도	총의석	민주 공화당	연방 주의자	기타	총의석	민주 공화당	연방 주의자	기타
3대	1793~1795	30	14	16	−	105	54	51	−
4대	1795~1797	32	11	21	−	106	59	47	−
5대	1797~1799	32	10	22	−	106	49	57	−
6대	1799~1801	32	10	22	−	106	46	60	−
7대	1801~1803	34	17	15	2	107	68	38	1
8대	1803~1805	34	25	9	−	142	103	39	−
9대	1805~1807	34	27	7	−	142	114	28	−
10대	1807~1809	34	28	6	−	142	116	26	−
11대	1809~1811	34	27	7	−	142	92	50	−
12대	1811~1813	36	30	6	−	143	107	36	−
13대	1813~1815	36	28	8	−	182	114	68	−
14대	1815~1817	38	26	12	−	183	119	64	−
15대	1817~1819	42	30	12	−	185	146	39	−
16대	1819~1821	46	37	9	−	186	160	26	−
17대	1821~1823	48	44	4	−	187	155	32	−
18대	1823~1825	48	43	5	−	213	189	24	−
19대	1825~1827	48	26	22	−	213	104	109	−
20대	1827~1829	48	27	21	−	213	113	100	−

의회	연도	총의석	민주당	국민 공화당[2)]	기타	총의석	민주당	국민 공화당	기타
21대	1829~1831	48	25	23	–	213	136	72	5
22대	1831~1833	48	24	22	2	213	126	66	21
23대	1833~1835	48	20	26	2	240	143	63	34
24대	1835~1837	52	26	24	2	242	143	75	24
의회	연도	총의석	민주당	휘그당	기타	총의석	민주당	휘그당	기타
25대	1837~1839	52	35	17	–	242	128	100	14
26대	1839~1841	52	30	22	–	242	125	109	8
27대	1841~1843	52	22	29	1	242	98	142	2
28대	1843~1845	52	23	29	–	223	147	72	4
29대	1845~1847	58	34	22	2	228	142	79	7
30대	1847~1849	60	38	21	1	220	110	116	4
31대	1849~1851	62	35	25	2	233	113	108	12
32대	1851~1853	62	36	23	3	233	127	85	21
33대	1853~1855	62	38	22	2	234	157	71	6
34대	1855~1857	62	39	21	2	234	83	100	51
의회	연도	총의석	민주당	공화당	기타	총의석	민주당	공화당	기타
35대	1857~1859	66	41	20	5	237	132	90	15
36대	1859~1861	66	38	26	2	238	83	116	39
37대	1861~1863	50	15	31	3	183	44	108	31
38대	1863~1865	52	10	33	9	184	72	85	27
39대	1865~1867	54	11	39	4	193	38	136	19
40대	1867~1869	68	9	57	–	193	49	143	1
41대	1869~1871	74	12	62	–	243	67	171	5
42대	1871~1873	74	17	56	1	243	104	136	3
43대	1873~1875	74	19	47	8	292	88	199	5

의회	연도	총의석	민주당	공화당	기타	총의석	민주당	공화당	기타
44대	1875~1877	76	28	46	1	293	182	103	8
45대	1877~1879	76	35	40	1	293	155	136	2
46대	1879~1881	76	42	33	1	293	141	132	20
47대	1881~1883	76	37	37	2	293	128	151	14
48대	1883~1885	76	36	38	2	325	196	117	12
49대	1885~1887	76	34	42	–	325	182	141	2
50대	1887~1889	76	37	39	–	325	167	152	6
51대	1889~1891	88	37	51	–	332	152	179	1
52대	1891~1893	88	39	47	2	332	238	86	8
53대	1893~1895	88	44	40	4	356	218	124	14
54대	1895~1897	90	40	44	6	357	93	254	10
55대	1897~1899	90	34	44	12	357	124	206	27
56대	1899~1901	90	26	53	11	357	161	187	9
57대	1901~1903	90	32	56	2	357	151	200	6
58대	1903~1905	90	33	57	–	386	176	207	3
59대	1905~1907	90	32	58	–	386	135	251	–
60대	1907~1909	92	31	61	–	391	167	223	1
61대	1909~1911	92	32	60	–	391	172	219	–
62대	1911~1913	96	44	52	–	391	230	162	2
63대	1913~1915	96	51	44	1	435	291	134	10
64대	1915~1917	96	56	40	–	435	230	196	9
65대	1917~1919	96	54	42	–	435	214	215	6
66대	1919~1921	96	47	49	–	435	192	240	2
67대	1921~1923	96	37	59	–	435	131	302	2
68대	1923~1925	96	42	53	1	435	207	225	3
69대	1925~1927	96	41	54	1	435	183	247	5

의회	연도	총의석	민주당	공화당	기타	총의석	민주당	공화당	기타
70대	1927~1929	96	46	48	2	435	194	238	3
71대	1929~1931	96	39	56	1	435	164	270	1
72대	1931~1933	96	47	48	1	435	216	218	1
73대	1933~1935	96	59	36	1	435	313	117	5
74대	1935~1937	96	69	25	2	435	322	103	10
75대	1937~1939	96	76	16	4	435	334	88	13
76대	1939~1941	96	69	23	4	435	262	169	4
77대	1941~1943	96	66	28	2	435	267	162	6
78대	1943~1945	96	57	38	1	435	222	209	4
79대	1945~1947	96	57	38	1	435	244	189	2
80대	1947~1949	96	45	51	–	435	188	246	1
81대	1949~1951	96	54	42	–	435	263	171	1
82대	1951~1953	96	49	47	–	435	235	199	1
83대	1953~1955	96	47	48	1	435	213	221	1
84대	1955~1957	96	48	47	1	435	232	203	–
85대	1957~1959	96	49	47	–	435	232	203	–
86대	1959~1961	98	65	35	–	436	282	153	1
87대	1961~1963	100	64	36	–	437	264	173	–
88대	1963~1965	100	66	34	–	435	260	175	–
89대	1965~1967	100	68	32	–	435	295	140	–
90대	1967~1969	100	64	36	–	435	248	187	–
91대	1969~1971	100	57	43	–	435	243	192	–
92대	1971~1973	100	54	44	2	435	255	180	–
93대	1973~1975	100	56	42	2	435	243	192	1
94대	1975~1977	100	61	37	2	435	291	144	–
95대	1977~1979	100	61	38	1	435	292	143	–

의회	연도	총의석	민주당	공화당	기타	총의석	민주당	공화당	기타
96대	1979~1981	100	58	41	1	435	279	156	–
97대	1981~1983	100	46	53	1	435	243	192	–
98대	1983~1985	100	45	55	–	435	269	166	–
99대	1985~1987	100	47	53	–	435	255	180	–
100대	1987~1989	100	55	45	–	435	258	177	–
101대	1089~1991	100	55	45	–	435	262	173	–
102대	1991~1993	100	56	44	–	435	267	167	1
103대	1993~1995	100	57	43	–	435	258	176	1
104대	1995~1997	100	48	52	–	435	206	228	1
105대	1997~1999	100	45	55	–	435	207	226	2
106대	1999~2001	100	45	55	–	435	211	223	1
107대	2001~2003	100	50	49	1	435	213	220	2
108대	2003~2005	100	48	51	1	435	205	229	1
109대	2005~2007	100	44	55	1	435	201	233	1
110대	2007~2009	100	49	49	2	435	233	202	–
111대	2009~2011	100	57	41	2	435	257	178	–
112대	2011~2013	100	51	47	2	435	193	242	–
113대	2013~2015	100	53	45	2	435	201	234	–
114대	2015~2017	100	44	54	2	435	188	247	–
115대	2017~2019	100	46	52	2	435	194	241	–

1) 미국 연방의회 선거 직후 원 구성 출처: 상원 http://www.senate.gov/history/partydiv.htm, 하원 http://history.house.gov/institution/Party-Division/Party-Divisions/

2) 국민공화당은 초기에는 민주공화당 내에서 잭슨 대통령에게 반대하는 反잭슨(anti-Jackson)파벌이었다가 후에 국민공화당으로 분리되었다.

【부록 3】 미국 정당과 파벌의 변화

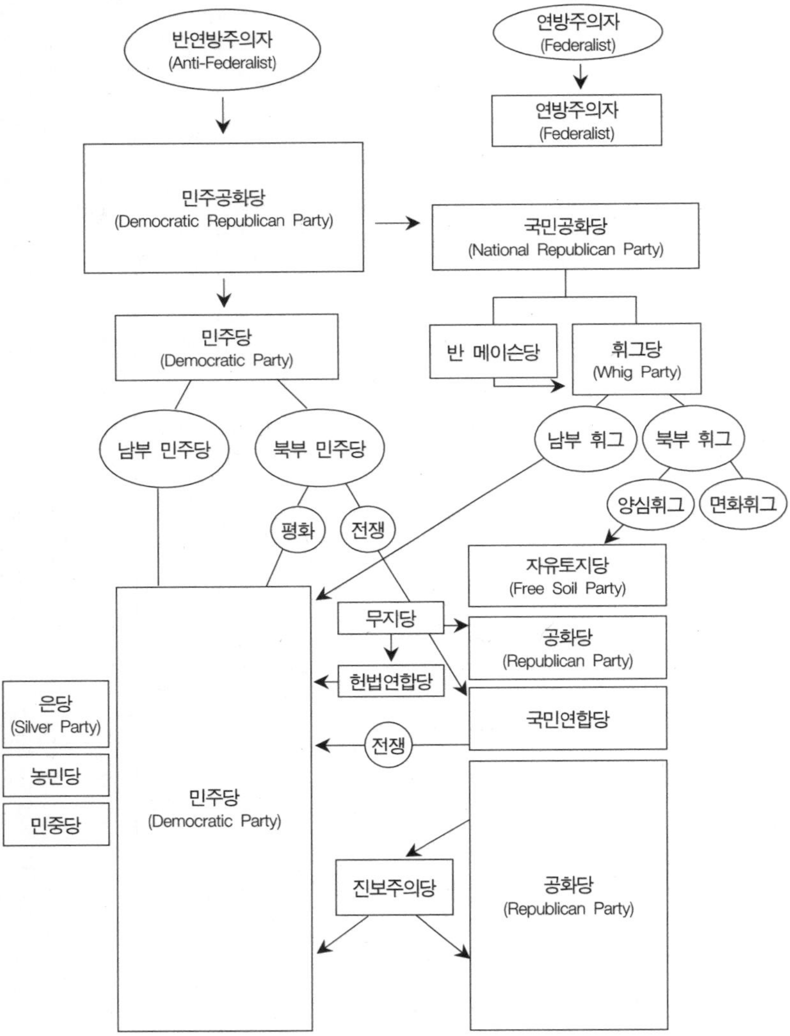

반연방주의자 (Anti-Federalist)

연방주의자 (Federalist)

연방주의자 (Federalist)

민주공화당 (Democratic Republican Party)

국민공화당 (National Republican Party)

민주당 (Democratic Party)

반 메이슨당

휘그당 (Whig Party)

남부 민주당

북부 민주당

남부 휘그

북부 휘그

양심휘그

면화휘그

평화

전쟁

자유토지당 (Free Soil Party)

무지당

공화당 (Republican Party)

헌법연합당

국민연합당

은당 (Silver Party)

전쟁

농민당

민중당

민주당 (Democratic Party)

진보주의당

공화당 (Republican Party)

■ 참고문헌 ■

• 단행본

Aldrich, H. John. 1995. *Why Parties?* Chicago: University of Chicago.

American Political Science Association, Committee on Political Party. 1950. *Toward a More Responsible Two-Party System: A Report of a Committee on Political Parties/American Political Science Association. APSR*, Vol.44, No.3. Supplement. New York: Rinehart.

Bane, Richard, and Judith Parris. 1973. *Convention Decisions and Voting Records*. Washington, DC: Brookings Institution.

Beck, Paul Allen, and Frank Sorauf. 1992. *Party Politics in America*. New York: Harper Collins.

Bibby, John F. 2003. *Politics, Parties and Elections in America*. 5th ed. Chicago: Nelson-Hall.

"Bleeding Kansas"; A Failure of Compromise. 2007. Culver City: MindSparks.

Bryce, Viscount James. 1921. *Modern Democracies*, Vol.1. New York: Macmillan Company.

Burden, Barry C., and David Kimball. 2004. *Why Americans Split Their Tickets: Campaigns, Competition, and Divided Government*. Ann Arbor: University of Michigan Press.

Burnham, Walter. 1970. *Critical Elections and the Mainsprings of American Politics*. New York: W.W. Norton.

Butterfield, Lyman H. 1961. *The Adams Papers: Diary and Autobiography of John Adams*, Vol.I. Cambridge: Harvard University Press.

Campbell, James. 1997. *The Presidential Pulse of Congressional Elections*. Lexington: The University Press of Kentucky.

Chambers, William Nisbet. 1963. *Political Parties in a New Nation*. New York: Oxford University Press.

Cherow, Ron. 2005. *Alexander Hamilton*. New York: Penguin Books.

Clay, Henry. 1988. *The Papers of Henry Clay: Volume 9 the Whig Leader*. Roberts Seager, ed. Lexington: University Press of Kentucky.

Clubb, Jerome, William Flanigan, and Nancy Zingale. 1980. *Partisan Realignment: Voters, Parties, and Government in American History*. Beverly Hills: Sage.

Cotter, Cornelius, and Bernard Hennessy. 1964. *Politics without Power*. New Brunswick: Aldine Transaction.

Cox, Gary W., and Mathew D. McCubbins. 1993. *Legislative Leviathan: Party Government in the House*. Berkeley: University of California Press.

Disch, Lisa Jane. 2002. *The Tyranny of the Two-Party System*. New York: Columbia University Press.

Downs, Anthony. 1957. *An Economic Theory of Democracy*. New York: Harper.

Duverger, Maurice. 1967. *Political Parties*. New York: John Wiley & Sons, Inc.

Eldersveld, Samuel, and Hanes Walton, Jr. 2000. *Political Parties in American Society*. Boston: Bedford/St Martin's.

Eldersveld, Samuel. 1964. *Political Parties: A Behavioral Analysis*. Chicago: Rand McNally.

______. 1982. *Political Parties in American Society*. New York: Basic Books.

Ellis, Joseph J. 2000. *Founding Brothers: The Revolutionary Generation*. New York: Alfred A. Knopf.

Engstrom, Erik, and Samuel Kernell. 2014. *Party Ballots, Reform and The Transformation of America's Electoral System*. New York: Cambridge University Press.

Epstein, Leon D. 1967. *Political Parties in Western Democracies*. New York: Praeger.

______. 1986. *Political Parties in the American Mold*. Madison: University of Wisconsin Press.

Fishel, Jeff. 1985. *Presidents and Promises*. Washington DC: CQ Press.

Ford, Henry Jones. 1900. *The Rise and Growth of American Politics*. New York: Macmillan Company.

Gerring, John. 1998. *Party Ideologies in America, 1828-1996*. Cambridge: Cambridge University Press.

Gienapp, William E. 1986. *The Origins of Republican Party*. New York: Oxford University Press.

Ginsberg, Benjamin, and Martin Shefter. 1990. *Politics by Other Means: The Declining Importance of Elections in America*. New York: Basic Nooks.

Goldwater, Barry 1975. *The Conscience of a Conservative*. New York: Manor Books.

Gould, Lewis. 2003. *Grand Old Party*. New York: Random House.

Hamilton, Alexander, James Madison, & John Jay. 1961. *The Federalist Papers*. Penguin Putnam New York: New York.

Haynes, Stan. 2012. *The First American Political Conventions*. Jefferson: McFarland & Company.

Holt, Michael. 1978. *The Political Crisis of the 1850s*. New York: John Willy & Sons.

______. 1999. *The Rise and Fall of the American Whig Party: Jacksonian Politics and the Onset of the Civil War*. New York: Oxford University Press.

Hughes, R. N. 2003. *Myths America Lives by*. Urbana: University of Illinois Press.

Humphrey, Hubert. 1991. *The Education of a Public Man: My Life in Politics*. Minneapolis: University of Minnesota Press.

Janda, Kenneth. 1970. *A Conceptual Framework for the Comparative Analysis of Political Parties*. London: Sage.

Janda, Kenneth, Berry Jeffrey, & Jerry Goldman. 2012. *The Challenge of Democracy: American Government in Global Politics*. Boston: Wadsworth Cengage Learning.

Johnson, Donald Bruce, and Kirk Porter. 1973. *National Party Platforms 1840-1972*. Urbana: University of Illinois Press.

Keefe, William, and Marc Hetherington. 2003. *Parties, Politics, and Public Policy in America*. Washington DC: CQ Press.

Key, V. O. 1958. *Politics, Parties and Pressure Groups*. New York, Crowell.

______. 1966. *The Responsible Electorate: Rationality in Presidential Voting, 1936-1960*. Cambridge: Harvard University Press.

Lasswell, Harold, and Abraham Kaplan. 1950. *Power and Society: A Framework for Political Inquiry*. New Heaven: Yale University Press.

Lijphart, Arend. 1999. *Patterns of Democracy*. New Haven: Yale University Press.

Maisel, Sandy, and Mark Brewer. 2012. *The Parties and Elections in America: The Electoral Process*. New York: Rowman and Littlefield Publishers Inc.

Mayhew, David. 1974. *The Electoral Connection*. New Haven, Yale University Press.

______. 2002. *Electoral Realignments: A Critique of an American Genre*. New Haven: Yale University Press.

McCain, John. 2000. *Faith of My Fathers*. New York: HarperCollins Publishers.

McCormick, Richard. 1966. *The Second American Party System: Party Formation in the Jacksonian Era*. Chapel Hill: University of North Carolina Press.

McGinniss, Joe. 1968. *The Selling of the President 1968*. New York: Trident Press.

McSweeney, Dean, and John Zvesper. 1991. *American Political Parties*. New York: Routledge.

Miller, Nathan. 1989. *FDR: An Intimate History*. Garden City: Doubleday.

Nimo, Dan, and Thomas Ungs. 1979. *Political Patterns in America: Conflict Representation and Resolution*. San Francisco: W.H. Freeman and Company.

Polsby, Nelson W., and Aaron Wildavsky. 2004. *Presidential Elections: Strategies and Structures of American Politics*. Lanham: Rowman & Littlefield Publishers.

Pomper, Gerald. 1968. *Elections in America*. New York: Dodd, Mead.

Ranney, Austin. 1975. *Curing the Mischiefs of Faction: Party Reform in America*. Berkeley and Los Angeles: University of California Press.

Rohde, David W. 1991. *Parties and Leaders in the Postreform House*. Chicago: The University of Chicago Press.

Rosenof, Theodore. 2003. *Realignment: The Theory that Changed the Way We Think about American Politics*. Lanham: Lowman & Littlefield Publishers, Inc.

Rossiter, Clinton. 1960. *Parties and Politics in America*. Itaca: Cornell University Press.

Sartori, Giovani. 2005. *Parties and Party System*. Colchester: ECPR Press.

Schattschneider, E. E. 1942. *Party Government*. New York: Rinehart & Company, Inc.

______. 1960. *The Semisovereign People*. Illinois: The Dryden Press.

______. 2004. *Party Government*. New Bruinswick: Transaction Publishers.

Schlesinger, Arthur M. 1945. *The Age of Jackson*. Boston: Little, Brown and Company.

Schlesinger, Joseph A. 1966. *Ambition and Politics: Political Careers in the United States*. Chicago: Rand McNally.

Schumpeter, Joseph. 1962. *Capitalism, Socialism, and Democracy*. New York: Harper.

Shefter, Martin. 1994. *Political Parties and the State: The American Historical Experience*. Princeton: Princeton University Press.

Shoch, James. 2001. *Trading Blows: Party Competition and U.S. Trade Policy in a Globalizing Era*. Chapel Hill: The University of North Carolina Press.

Sorauf, Frank. 1972. *Party Politics in America*. Boston: Little, Brown.

Staloff, Darren. 2005. *Hamilton, Adams, Jefferson: The Politics of Enlightenment and the American Founding*. New York: Hill and Wang.

Standwood, Edward A. 1898. *History of the Presidency*. Boston: Riverside Press.

Stonecash, Jeffrey M. 2000. *Class and Party in American Politics*. Boulder: Westview Press.

Stonecash, Jeffrey M., Mark D. Brewer, and Mark D. Mariani. 2003. *Diverging Parties: Social Change, Realignment, and Party Polarization*. Boulder, Colorado: Westview Press.

Stonecash, Jeffrey. 2006. *Parties Matter: Realignment and The Return of Partisanship*. Boulder: Lynne Rienner.

Sundquist, James. 1973. *Dynamics of the Party System*. Washington, DC: Brookings Institution.

______. 1983. *Dynamics of the Party System*. Washington, DC: Brookings Institution.

Ware, Alan. 1985. *The Breakdown of Democratic Party Organization 1940-1980*. Oxford: Clarendon Press.

Wattenberg, Martin P. 1991. *The Rise of Candidate-Central Politics: Presidential Elections of the 1980s*. Cambridge: Harvard University Press.

______. 1992. *The Decline of American Political Parties 1952-1992*. Cambridge: Harvard University Press.

Wayne, Stephen J. 1992. *The Road to The White House 1992: The Politics of Presidential Elections*. New York: St. Martin's Press.

Wilson, Woodrow. 1881. *Congressional Government: A study in American Society*. Baltimore: Johns Hopkins University Press.

Witcover, Jules. 2003. *Party of the People*. New York: Random House.

• 논문

Abramson, Paul, John Aldrich, Philip Paolino, and David Rhode. 2000. "Challenge to American Two-Party System: Evidence from the 1968, 1980, 1992, and 1996 Presidential Elections." *Political Research Quarterly*, Vol.53, No.3, 495-522.

Azari, Julia, and Stephen Engel. 2007. "Do the Words Matter? Party Platforms and Ideological Changes in Republican Politics." presented at the Midwest Political Science Association.

Bartels, Larry. 1998. "Electoral Continuity and Change, 1868-1996." *Electoral Studies*, Vol.17, No.3, 301-326.

______. 2002. "The Impact of Candidate Traits in American Presidential Elections." In Anthony King (ed.). *Leader's Personalities and the Outcomes of Democratic Elections*. Oxford: Oxford University Press.

Beck, Paul Allan, Lawrence Baum, Aage Clausen, and Charles Smith, Jr. 1992. "Patterns and Sources of Ticket Splitting in Subpresidential Voting." *APSR*, Vol.86, 916-928.

Bloom, Joel David. 1994. "The Rational Act of Ticket Splitting?" presented at the annual meeting of the Midwest Political Science Association, Chicago.

Brady, David, and Mathew Mccubbins. 2002. "Party, Process, and Political Change: New Perspectives on the History of Congress." In David Brady and Mathew McCubbins (eds.). *Party, Process, and Political Change in Congress*. Stanford: Stanford University Press.

Brock, W. R. 1974. "The Ideas and Influence of Alexander Hamilton." In Leonard W. Levy and Carl Siracusa (eds.). *Essays on the Early Republic: 1789-1815*. New York: Holt, Rinehart and Winston.

Brody, Richard, David Brady, and Valerie Heitschusen. 1994. "Accounting for Divided Government: Generational Effects on Party and Split-Ticket Voting." In Kent Jennings and Thomas Mann (eds.). *Elections at Home and Abroad*. Ann Arbor: University of Michigan Press.

Budge, Ian, and Richard Hofferbert. 1990. "Mandates and Policy Outputs: U.S. Party Platforms and Federal Expenditure." *APSR* 84. 111-131.

Burke, Edmund 1871. "Thoughts on the Cause of Present Discontents." In *The Works of Edmund Burke*, Vol.1, Boston: Little, Brown.

Burnham, Walter Dean. 1976. "Party Systems and The Political Process." In John F. Manley (ed.). *American Government and Public Policy*. New York: Macmillan Publishing Co.

______. 1991. "Critical Realignment: Dead or Alive?" In Byron Shafer (ed.). *The End of Realignment? Interpreting American Electoral Eras*. Madison: University of Wisconsin Press.

Campbell, Agnus, and Warren Miller. 1957. "The Motivational Basis of Straight and Split Ticekt Voting." *APSR*, Vol.51, 293-312.

Campbell, James. 2006. "Party Systems and Realignments in the United States, 1868-2004." *Social Science History*, Vol.30, No.3, 359-386.

Canes-Wrone, Brandice, Gary Cox, and Mathew McCubbines. 2002 "Out of Step, Out of Office: Electoral Accountability and House Members' Voting." *APSR*, Vol.96, 127-140.

Capo-Rodriguez, Pedro. 1916. "The Relations Between the United States and Porto Rico." *The American Journal of International Law*, Vol.10, No. 1. 65-76.

Cavanagh, Thomas, and James Sundquist. 1985. "The New Two-Party System." In John Chubb and Paul Peterson (eds.). *The New Direction in American Politics.* Washington, DC: The Brookings Institution.

Chambers, William Nisbet. 1967. "Party Development and the American Mainstream." In William Nisbet Chambers and Walter Dean Burnham (eds.). *The American Party Systems.* New York: Oxford University Press.

Charlesworth, James. 1948. "Is Our Two-Party System Natural?" *Annals of the American Academy of Political and Social Science* 29. 1-9.

Chubb, John, and Paul Peterson. 1985. "Realignment and Institutionalization." In John Chubb and Paul Peterson (eds.). *The New Direction in American Politics.* Washington, DC: The Brookings Institution.

Coleman, John J. 1997. "The Decline and Resurgence of Congressional Party Conflict." *Journal of Politics* 59 (February), 165-184.

Collie, Melissa P., and John Lyman Mason. 2000. "The Electoral Connection Between Party and Constituency Reconsidered: Evidence from the U.S. House of Representatives, 1972-1994." In David W. Brady, John F. Cogan and Morris P. Fiorina (eds.). *Continuity and Change in House Elections.* Stanford: Stanford University Press.

Converse, Phillip. 1966. "The Concept of a Normal Vote." In Angus Campbell et al. (eds.). *Elections and the Political Order.* New York: Wiley.

Corrado, Anthony. 1994. "The Politics of Cohesion: The Role of the National Party Committees in the 1992 Election." In Daniel Shea and John Green (eds.). *The State of the Parties: The Changing Role of Contemporary*

American Parties. Lanham: Rowman & Littlefield Publishers, Inc.

Crotty, William. 2004. "Realignment in Presidential Politics: South and North?" presented at the Citadel Symposium on Southern Politics.

Daskal, Jennifer, and Stephen Vladeck. 2014. "After the AUMF." *Harvard National Security Journal*, Vol.5, 115-146.

Dryfoos, Joy. 1988. "Family Planning Clinics—A Story of Growth and Conflict." *Family Planning Perspectives*, Vol.20, No.6(Nov-Dec), 282-287.

Eichengreen, Barry, and Douglas Irwin. 2009. "The Slide of Protectionism in the Great Depression: Who Succumbed and Why?" NBER Working Paper Series. Working Paper 15142 Cambridge: National Bureau Economic Research.

Fine, Terri Susan, 1995. "Economic Interests and the Framing of the 1988 and 1992 Democratic and Republican Party Platforms." *American Review of Politics* 16, 79-93.

Fiorina, Morris P. 1980. "The Decline of Collective Responsibility in American Politics." *Daedalus* 109 (summer), 25-45.

______. 1999. "Whatever Happened to the Median Voter." Presented at the Midwest Political Science Association Annual Meeting at Chicago, Illinois, April 15-17.

Fleisher, Richard, and Jon R. Bond. 2000. "Partisanship and the President's Quest for Votes on the Floor of Congress." In Jon R. Bond and Richard Fleisher (eds.). P*olarized Politics: Congress and the President in a Partisan Era*, 154-185. Washington, DC: CQ Press.

Gans, Daniel. "Persistence of Party success in American Presidential Elections." *Journal of Interdisciplinary History* 16, 221-237.

Ginsberg, Benjamin. 1976. "Election and Public Policy." *APSR* 70, 41-50.

Goldfarb, Robert, and John Heywood. 1982. "An Economic Evaluation of the Service Contract Act." *Industrial and Labor Relations Review*, Vol.36, No.1, 56-72.

Hobson, Christopher. 2005. "A forward Strategy of freedom in the Middle East: US democracy promotion and the 'war on terror'." *Australian Journal of International Affairs*, Vol.59, No.1, 39-53.

Ivie, Robert, and Oscar Giner. 2009. "American Exceptionalism in Democratic Idiom: Transacting the Mythos of Change in the 2008 Presidential Campaign." *Communication Studies*, Vol.60, No.4, 359-375.

Jacobson, Gary C. 2000. "Party Polarization in National Politics: The Electoral Connection." In Jon R. Bond and Richard Fleisher (eds.). *Polarized Politics: Congress and the President in a Partisan Era.* Washington, DC: CQ Press.

Janda, Kenneth, Christine Edens, and Patricia Goff. 1994. "Why Parties Change: Some New Evidence Using Party Manifestos." Paper prepared for delivery at the XII World Congress of Sociology Bielefeld, Germany, July 18-23, 1994.

Katz, Richard, & Robin Kolodny. 1994. "Party Organization as an Empty Vessel: Parties in American Politics." Richard Katz and Peter Mair (eds.). In *How Parties Organize.* London: Sage.

Key, V, O. 1955. "A Theory of Critical Election." *The Journal of Politics* 17, 3-17.

______. 1959. "Secular Realignment and Party System." *Journal of Politics*, Vol.21, No.2, 198-210.

Kimball, Jeffrey. 2006. "The Nixon Doctrine: A Saga of Misunderstanding." *Presidential Studies Quarterly*, Vol.36, No.1, 56-74.

King, Anthony. 1969. "Political Parties in Western Democracies: Some Sceptical Reflections." *Polity*, Vol.2, No.2, 111-141.

Lipset, Seymour M., and Stein Rokkan. 1967. "Cleavage Structures, Party Systems and Voter Alignments: An Introduction." In Seymour M. Lipset and Stein Rokkan (eds.). *Party Systems and Voter Alignments.* New York: Macmillan.

Lowi, Theodore. 1994. "Toward a Responsible Three-Party System." In Daniel Shea and John Green (eds.). *The State of the Parties: The Changing Role of Contemporary American Parties.* Lanham: Rowman & Littlefield Publisher, Inc.

Maddox, William, and Dan Nimmo. 1981. "In Search of the Ticket-Splitter." *Social Science Quarterly*, Vol.62, 401-408.

Maisel, Sandy. 1993. "The Platform-Writing Process: The Candidate-Centered

Platforms in 1992." *Political Science Quarterly*, Vol.108, No.4, 671-698.

Matheson, Thornton, Victoria Perry, and Chandara Veung. 2013. "Territorial vs. Worldwide Corporate Taxation: Implications for Developing Countries." IMF Working Paper, IMF.

Miller, Warren. 1991. "Party Identification, Realignment, and Party Voting: Back to Basics." *APSR*, Vol.85, No.2, 557-568.

Peterson, Mark. 2011. "Wither Realignment? Placing the Recent Presidential Elections in an Historical Context." Presented at the Southern Political Science Association, Annual Meeting. 1-33.

Polsby, Nelson. 1971. "Decision-Making at the National Convention." In David Abbott and Edward Rogowsky (eds.). *Political Parties: Leadership, Organization, Linkage*. Chicago: Rand McNally & Company.

Reichley, James. 1985. "The Rise of National Parties." In John Chubb and Paul Peterson (eds.). *The New Direction in American Politics*. Washington, DC: The Brookings Institution.

Reichley, James. 1994. "The Future of the American Two-Party System." In Daniel Shea and John Green (eds.). *The State of the Parties: The Changing Role of Contemporary American Parties*. Lanham: Rowman & Littlefield Publishers, Inc.

Riker, William. 1982. "The Two-Party System and Duverger's Law." *American Political Science Review* 76, 753-766.

Roberts, Jason M., and Steven S. Smith. 2003 "Procedural Contexts, Party Strategy, and Conditional Party Voting in the U.S. House of Representatives, 1971-2000." *American Journal of Political Science* 47 (April), 305-317.

Romer, Christina. 1986. "Spurious Volatility in Historical Unemployment Data." *Journal of Political Economy*, Vol.94, No.1, 1-37.

Ross, Lynn. 2002. "Platforms, Promises, and the Agenda for the New Government." In Stephen Wayne and Clyde Wilcox (eds.). *The Election of the Century*. Armonk: M.E. Sharpe.

Schlesinger, Joseph A. 1985. "The New American Political Party." *APSR*, Vol.79, No.4, 1152-1169.

Schnietz, Karen. 1994. "The 1916 Tariff Commission: Democrats' Use of Expert

Information to Constrain Republican Tariff Protection." *Business and Economic History*, Vol.23, No.1, 176-189.

Schofield, Norman, Gary Miller, and Andrew Martin. 2003. "Critical Elections and Political Realignments in the USA: 1860-2000." *Political Studies*, Vol.51, 217-240.

Sellers, Charles. 1966. "The Equilibrium Cycle in Two-Party Politics." In William Crotty, Donald Freeman and Douglass Gatlin (eds.). *Political Parties and Political Behavior*. Boston: Allyn and Bacon, Inc.

Sinclair, Barbara. 2000. "Hostile Partners: The President, Congress, and Law-making in the Partisan 1990s." In Jon R. Bond and Richard Fleisher (eds.). *Polarized Politics: Congress and the President in a Partisan Era*, 134-153. Washington, DC: CQ Press.

Stokes, Donald. 1966. "Party Loyalty and the Likelihood of deviating Elections." In William Crotty et al. (eds.). *Political Parties and Political Behavior*. Boston: Allyn and Bacon, Inc.

Taagepera, Rein, and Bernad Grofman. 1985. "Rethinking Duverger's Law: Predicting the Effective Number of Parties in Plurality and PR System—Parties Minus Issues Equals One." *European Journal of Political Research* 13. 341-352.

Taussig, F. W. 1897. "The Tariff Act of 1897." *The Quarterly Journal of Economics*, Vol.12, No.1, 42-69.

Turner, Julius. 1951. "Responsible Parties: A Dissent from the Floor." *APSR*, Vol.45, 143-152.

Wade, Richard. 1973. "The Democratic Party, 1960-1972." In Arthur Schlesinger, Jr. (ed.). *History of U.S. Political Parties*. New York: Clelsea House.

Wayne, Stephen. 2002. "It's Party Time." In Stephen Wayne and Clyde Wilcox (eds.). *The Election of The Century: and What It Tells Us about the Future of American Politics*. Armonk: M. E. Sharpe.

• 보고서

Advisory Committee on Policies and Platform. 1920. Reports of Sub-Committees. New York.

National party platforms, 1832-1932. 1932. *Editorial Research Reports 1932* (Vol.I). Washington, DC: CQ Press.

Sharp, Jeremy. 2005. "The Broader Middle East and North Africa Initiative: An Overview." *CRS Report for Congress*. Received through the CRS Web.

U.S. Congress, House. 1831. *House Report 77*, 21st Cong., 2d sess., 10 February 7.

• 인터넷 웹 사이트

〈신문, 잡지, 방송 기사〉

Bartz, Diane. 2016. "Controversial 'pay-for-delay' deals drop after FTC's win in top court." *Reuters* (1월 13일), http://www.reuters.com/article/us-pharmaceuticals-patent-ftc-idUSKCN0UR2JA20160113

Becker, Bernie. 2016. "Social conservatives win on GOP Platform." *Politico* (7월 16일), http://www.politico.com/story/2016/07/gop-platform-social-conservatives-225782

Bedard, Paul. 2012. "Speaker Boehner: Slash Convention, party platform." *Washington Examiner* (8월 27일), http://www.washingtonexaminer.com/speaker-boehner-slash-convention-party-platform/article/2506056

Bell, Larry. 2013. "EPA's Secret And Costly 'Sue And Settle' Collusion With Environmental Organizations." *Forbes* (2월 17일), http://www.forbes.com/sites/larrybell/2013/02/17/epas-secret-and-costly-sue-and-settle-collusion-with-environmental-organizations/#64e938e13a4b

Bennet, James. 1998. "Clinton Says Chinese Money Did Not Influence U.S.

Policy." *The New York Times* (5월 18일), http://www.nytimes.com/1998/05/18/us/clinton-says-chinese-money-did-not-influence-us-policy.html

Blake, Aaron. 2013. "The National Popular Vote effort, explained." *The Washington Post* (7월 25일), https://www.washingtonpost.com/news/the-fix/wp/2013/07/25/the-national-popular-vote-effort-explained/

Browner, Carol. 2016. "The Truth Behind the Democratic Platform Debate." *Politico Magazine* (6월 29일), http://www.politico.com/magazine/story/2016/06/democratic-party-platform-debate-hillary-clinton-213998

Bruni, Frank. 1996. "Dole Rejects a Party Plank." *The New York Times* (8월 24일), http://www.nytimes.com/1996/08/24/us/dole-rejects-a-party-plank.html

Buono, Regina, and Zodrow, Katherine. 2015. "The WOTUS Rule: Overdue Necessity Or Unnecessary Overburden?" *Forbes* (8월 19일), http://www.forbes.com/sites/thebakersinstitute/2015/08/19/the-wotus-rule-overdue-necessity-or-unnecessary-overburden/#5142abb41c5b

Cauterucci, Christina. 2016. *Slate* (1월 11일), http://www.slate.com/blogs/xx_factor/2016/01/11/why_hillary_clinton_s_call_out_of_the_hyde_amendment_is_so_important.html

Chothia, Farouk. 2015. "Who are Nigeria's Boko Haram Islamists?" *BBC* (5월 4일), http://www.bbc.com/news/world-africa-13809501

Disalvo, Daniel, and Ceaser, James. 2016. "Do Party Platforms Still Matter?" *The Atlantic* (7월 13일), http://www.theatlantic.com/politics/archive/2016/07/party-platform-national-convention/491147/

Epps, Garrett. 2015. "The war that congress won't declare." *The Atlantic* (8월 22일), http://www.theatlantic.com/politics/archive/2015/08/aumf-isis/402017/

Flynn, Mike. 2016. "Chinese Government Paid Bill Clinton Massive Speaking Fee 10 Days Before Hillary Made 'Asia Pivot'." *Breitbart* (6월 23일), http://www.breitbart.com/big-government/2016/06/23/trump-media-spar-clintons-china-cash/

Founier, Ron. 2016. "Obama's New American Exceptionalism." *The Atlantic* (7월 28일), http://www.theatlantic.com/politics/archive/2016/07/obamas

-new-american-exceptionalism/493415/

Goldman, Julianna. 2015. "Chinese company pledged $2 million to Clinton Foundation in 2013." *CBS This Morning*(3월 13일), http://www.cbsnews.com/news/chinese-company-pledged-2-million-to-clinton-foundation-in-2013/

Greenspan, Jesse. 2014. "The Gulf of Tonkin Incident 50 Years ago." *History*(8월 1일), http://www.history.com/news/the-gulf-of-tonkin-incident-50-years-ago

Hensch, Mark. 2015. "Cheney: Obama rejects American Exceptionalism." *The Hill*(9월 2일), http://thehill.com/blogs/blog-briefing-room/news/252551-cheney-obama-rejects-american-exceptionalism

Irwin, Neil. 2015. "What Is Glass-Steagall? The 82-Year-Old Banking Law That Stirred the Debate." *The New York Times*(10월 14일), http://www.nytimes.com/2015/10/15/upshot/what-is-glass-steagall-the-82-year-old-banking-law-that-stirred-the-debate.html?_r=0

Jackson, David. 2016. "Republicans open platform hearings, as party prepares nominate Trump." *USA Today*(7월 11일), http://www.usatoday.com/story/news/politics/elections/2016/07/11/donald-trump-republican-party-platform-hearings/86937194/

Jaffe, Greg. 2015. "Obama's new patriotism." *The Washington Post*(6월 3일), http://www.washingtonpost.com/sf/national/2015/06/03/obama-and-american-exceptionalism/

Khimm, Suzy. 2012. "Do party platforms really matter?" *The Washington Post*.(8월 23일), https://www.washingtonpost.com/news/wonk/wp/2012/08/23/do-party-platforms-really-matter/

Lendon, Brad. 2016. "U.S. must beware China's 'Guam Killer' missile." *CNN*(5월 15일), http://edition.cnn.com/2016/05/12/politics/china-guam-killer-missile/

Martin, Jonathan. 2016. "Debbie Wasserman Schultz to Resign D.N.C. Post." *The New York Times*(7월 24일), http://www.nytimes.com/2016/07/25/us/politics/debbie-wasserman-schultz-dnc-wikileaks-emails.html?&hp&action=click&pgtype=Homepage&clickSource=story-heading&module=first-column-region®ion=top-news&WT.nav=top-news&_r=0

Mckibben, Bill. 2016. "The Clinton Campaign Is Obstructing Change to the Democratic Platform." *Politico Magazine* (6월 27일), http://www.politico.com/magazine/story/2016/06/hillary-clinton-2016-democratic-platform-213993

Meyer, Robinson. 2015. "The App Economy Is Now 'Bigger Than Hollywood'." *The Atlantic* (1월 27일), http://www.theatlantic.com/technology/archive/2015/01/the-app-economy-is-now-bigger-than-hollywood/384842/

Peters, Jeremy. 2016. "G.O.P. Platform Committee Welcome First Gay Member but Not Gay Marriage." *The New York Times* (7월 11일), http://www.nytimes.com/2016/07/12/us/politics/rachel-hoff-gop-issues.html?_r=1

Rasheed, Ahemd, Aref Mohammed, and Stephen Kallin. 2016. "Exclusive: Radioactive material stolen in Iraq raises security concerns." *Reuters* (2월 17일), http://www.reuters.com/article/us-mideast-crisis-iraq-radiation-idUSKCN0VQ22F

Ross, Brian, Rhonda Schwartz, and Alex Hosenball. 2015. "FBI Arrests Chinese Millionaire Once Tied to Clinton $$ Scandal." *CBS News* (9월 24일), http://abcnews.go.com/International/fbi-arrests-chinese-millionaire-tied-clinton-scandal/story?id=33990683

Scheiber, Noam, and Patrica Cohen. 2015. "For the Wealthiest, a Private Tax System That Saves Them Billions." *The New York Times* (12월 29일), http://www.nytimes.com/2015/12/30/business/economy/for-the-wealthiest-private-tax-system-saves-them-billions.html?_r=0

Shogan, Robert. 1996. "Abortion Foes Shred Dole's Tolerance Clause." *LA Times* (8월 6일), http://articles.latimes.com/1996-08-06/news/mn-31790_1_dole-s-tolerance

Stein, Jeff. 2016. "How Bernie Sanders is using the "platform committee" to change the Democratic Party from within." *Vox Policy & Politics* (5월 24일), http://www.vox.com/2016/5/24/11760754/bernie-sanders-plaform-cornel-west

______. 2016. "We asked 8 political scientists if party platforms matter. Here's what we learned." *Vox Policy & Politics* (7월 12일), http://www.vox.com/2016/7/12/12060358/political-science-of-platforms

Steinhauer, Jennifer, and Maggie Haberman. 2016. "Senator John Barrasso to

Lead G.O.P. Platform Committee at Convention." *New York Times* (5월 24일), http://www.nytimes.com/2016/05/25/us/politics/senator-john-barrasso-to-lead-gop-platform-committee-at-convention.html?_r=0

Taiwan Today. 2016. "Taiwan Relations Act, Six Assurances reaffirmed as US policy toward Taiwan." *Taiwan Today* (5월 3일), http://taiwantoday.tw/ct.asp?xItem=244324&ctNode=2175

The Huffington Post. 2016. "Obama American Exceptionalism"(8월 10일), http://www.huffingtonpost.com/news/obama-american-exceptionalism/

The Wall Street Journal. "What Is a 401(k)?" http://guides.wsj.com/personal-finance/retirement/what-is-a-401k/

Wanshel, Wlyse. 2016. "A New Act Could Provide Veterans Who Have PTSD With Service Dogs." *The Huffington Post* (3월 23일), http://www.huffingtonpost.com/entry/paws-act-veterans-ptsd-service-dogs_us_56f1a5bbe4b02c402f6590c6

Weigel, David, and Anne Gearan. 2016. "Sanders wants Democratic rules committee co-chairs removed. The DNC says, 'no.'." *The Washington Post* (5월 28일), https://www.washingtonpost.com/news/post-politics/wp/2016/05/28/dnc-rejects-sanderss-challenge-of-rules-committee-co-chairs/

Weisman, Jonathan. 2006. "With Senate Vote, Congress Passes Border Fence Bill." *The Washington Post* (9월 30일), http://www.washingtonpost.com/wp-dyn/content/article/2006/09/29/AR2006092901912.html

Wharton, Hugh. 2016. "The DNC Just Torpedoed the Majority of Bernie Sanders' Agnda." *U.S. Uncut* (6월 25일), http://usuncut.com/politics/sanders-dnc- platform-committee-fight/

Wright, David. 2016. "Trump: I would change GOP platform on abortion." *CNN* (4월 21일), http://edition.cnn.com/2016/04/21/politics/donald-trump-republican-platform-abortion/

Yan, Holly. 2015. "What is Al-Shabaab, and what does it want?" *CNN* (4월 2일), http://edition.cnn.com/2015/04/02/world/africa/al-shabaab-explainer/

〈정당 및 선거캠프〉

2016 Democratic Platform. https://demconvention.com/platform/berniesander.com, https://berniesanders.com/wp-content/uploads/2016/05/Bernie-2016-Letter-to-DNC.pdf

berniesanders.com. 2016. "Clinton Delegates Vote Against Clinton Stands on Trade." Press Release (6월 24일), https://berniesanders.com/press-release/clinton-delegates-vote-clinton-stands-trade/

Democratic National Committee, Democratic Party, https://www.democrats.org/organization/the-democratic-national-committee

Democratic Party. 2016. "Democratic Platform Drafting Meeting Concludes." Press Release (6월 25일), https://demconvention.com/news/democratic-platform-drafting-meeting-concludes/

GOP 2016. "RNC Announces Platform Committee Leadership." Press Release (5월 24일), https://www.gop.com/rnc-announces-platform-committee-leadership/

Sanders, Bernie. berniesander.com, https://berniesanders.com/wp-content/uploads/2016/05/Sanders-Letter-to-DNC-5.6.16.pdf

〈미국 정부〉

Administration for Community Living. Administration on Aging (AoA) Older Americans Act, http://www.aoa.gov/AoA_programs/OAA/Index.aspx

Benefits.gov. "State Children's health Insurance Program," http://www.benefits.gov/benefits/benefit-details/607

Ellison, Keith, and Raul Grijalva. 2014. "Progressive Caucus Urges President to Sign Model Employer Executive Order." Keith Ellison (11월 13일), https://ellison.house.gov/media-center/press-releases/progressive-caucus-urges-president-to-sign-model-employer-executive

Emancipation Proclamation. 1863. ourdocuments.gov, https://www.ourdocuments.gov/doc.php?doc=34&page=pdf

Federal Election Committee. http://www.fec.gov/pubrec/electionresults.shtml

______. http://www.fec.gov/pubrec/fe2000/elecpop.htm.

Federal Law Enforcement Training Center. "Foreign Intelligence Surveillance Act," https://www.fletc.gov/sites/default/files/imported_files/training/programs/legal-division/downloads-articles-and-faqs/research-by-subject/miscellaneous/ForeignIntelligenceSurveillanceAct.pdf

Federal Reserve. "What is the FOMC and When does it meet?" https://www.federalreserve.gov/faqs/about_12844.htm

Federal Student Aid. https://studentaid.ed.gov/sa/repay-loans/forgiveness-cancellation/teacher

______. https://studentaid.ed.gov/sa/repay-loans/forgiveness-cancellation/public-service

Guide to the Records of the U.S. Senate at the National Archives (Record Group 46). http://www.archives.gov/legislative/guide/senate/chapter-12-territories-1844-1921.html

Homeland Security Committee. Mccaul-Warner Commission on Digital Security, https://homeland.house.gov/mccaul-warner-commission-2/

International Trade Administration. "Interagency Trade Enforcement Center." http://www.trade.gov/enforcement/itec/index.asp

International Trade Association. "African Growth and Opportunity Act." http://trade.gov/agoa/

IRS. Foreign Account Tax Compliance Act. https://www.irs.gov/businesses/corporations/foreign-account-tax-compliance-act-fatca

______. Report of Foreign Bank and Financial Accounts (FBAR), https://www.irs.gov/businesses/small-businesses-self-employed/report-of-foreign-bank-and-financial-accounts-fbar

Millenium Challenge Corporation. https://www.mcc.gov/

National Archives and Resource Administration. U.S. Electoral College, http://www.archives.gov/federal-register/electoral-college/scores.html#1789

Oak Ridge National Laboratory. Service Contract Act of 1965, As Amended (Jan 2006), http://web.ornl.gov/adm/contracts/library/articles_forms/sca-1965-ext-jan06.pdf

Office of Family Assistance. Temporary Assistance for Needy Families (TANF), http://www.acf.hhs.gov/ofa/programs/tanf

Supreme Court of the United States. https://www.supremecourt.gov/opinions/09pdf/08-205.pdf

U.S. Citizenship, and Immigration Service. Temporary Protected Status, https://www.uscis.gov/humanitarian/temporary-protected-status

U.S. Congress. H. R. 1735—National Defense Authorization Act for Fiscal Year 2016, https://www.congress.gov/bill/114th-congress/house-bill/1735

U.S. Congress. H. R. 2333—Foreign Relations Authorization Act, Fiscal Years 1994 and 1995, https://www.congress.gov/bill/103rd-congress/house-bill/2333

U.S. Congress. Jobs and Growth Tax Relief Reconciliation Act of 2003, https://www.congress.gov/108/plaws/publ27/PLAW-108publ27.pdf

______. S.498-114th Congress(2015-2016), https://www.congress.gov/bill/114th-congress/senate-bill/498

U.S. Customs, and Border Protection. "Anti-Dumping(AD) and Countervailing duties(CVD)." https://help.cbp.gov/app/answers/detail/a_id/216/~/anti-dumping-(ad)-and-countervailing-duties-(cvd)

U.S. Department of Defense. "Report of the federal advisory committee on gender-integrated training and related issues to the secretary of defense." http://www.dod.gov/pubs/git/report.html

______. Nuclear Posture Review, http://www.defense.gov/News/Special-Reports/NPR

U.S. Department of Health & Human Services. "National Health Service Corps expands the primary care workforce in communities that need them most," http://www.hhs.gov/about/news/2014/10/09/national-health-service-corps-expands-primary-care-workforce-in-communities-that-need-them-most.html

______. http://www.hhs.gov/healthcare/about-the-law/read-the-law/

U.S. Department of Housing and Urban Development. http://portal.hud.gov/hudportal/HUD?src=/program_offices/fair_housing_equal_opp/FHLaws/yourrights

U.S. Department of Housing and Urban Development. https://www.huduser.gov/portal/sites/default/files/pdf/AFFH_Final_Rule.pdf

U.S. Department of State Archive. "Purchase of the United States Virgin

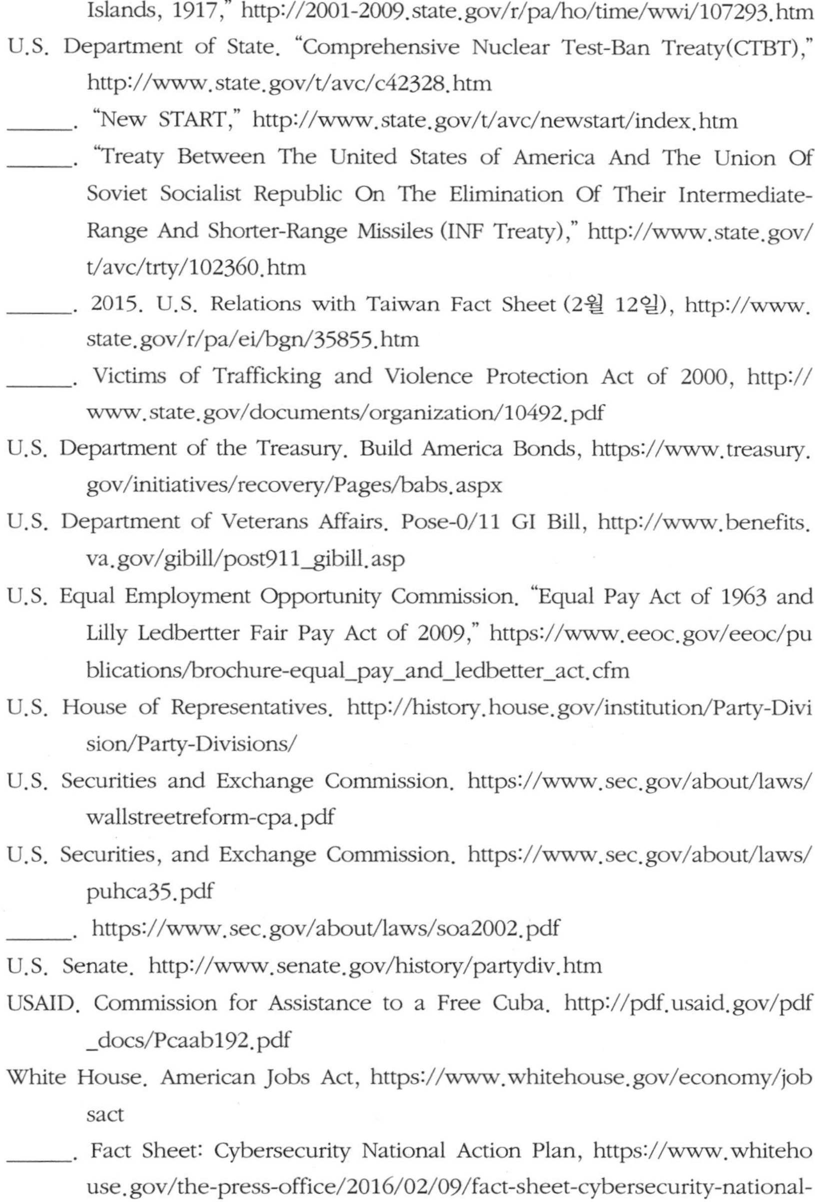

Islands, 1917," http://2001-2009.state.gov/r/pa/ho/time/wwi/107293.htm

U.S. Department of State. "Comprehensive Nuclear Test-Ban Treaty(CTBT)," http://www.state.gov/t/avc/c42328.htm

______. "New START," http://www.state.gov/t/avc/newstart/index.htm

______. "Treaty Between The United States of America And The Union Of Soviet Socialist Republic On The Elimination Of Their Intermediate-Range And Shorter-Range Missiles (INF Treaty)," http://www.state.gov/t/avc/trty/102360.htm

______. 2015. U.S. Relations with Taiwan Fact Sheet (2월 12일), http://www.state.gov/r/pa/ei/bgn/35855.htm

______. Victims of Trafficking and Violence Protection Act of 2000, http://www.state.gov/documents/organization/10492.pdf

U.S. Department of the Treasury. Build America Bonds, https://www.treasury.gov/initiatives/recovery/Pages/babs.aspx

U.S. Department of Veterans Affairs. Pose-0/11 GI Bill, http://www.benefits.va.gov/gibill/post911_gibill.asp

U.S. Equal Employment Opportunity Commission. "Equal Pay Act of 1963 and Lilly Ledbertter Fair Pay Act of 2009," https://www.eeoc.gov/eeoc/publications/brochure-equal_pay_and_ledbetter_act.cfm

U.S. House of Representatives. http://history.house.gov/institution/Party-Division/Party-Divisions/

U.S. Securities and Exchange Commission. https://www.sec.gov/about/laws/wallstreetreform-cpa.pdf

U.S. Securities, and Exchange Commission. https://www.sec.gov/about/laws/puhca35.pdf

______. https://www.sec.gov/about/laws/soa2002.pdf

U.S. Senate. http://www.senate.gov/history/partydiv.htm

USAID. Commission for Assistance to a Free Cuba. http://pdf.usaid.gov/pdf_docs/Pcaab192.pdf

White House. American Jobs Act, https://www.whitehouse.gov/economy/jobsact

______. Fact Sheet: Cybersecurity National Action Plan, https://www.whitehouse.gov/the-press-office/2016/02/09/fact-sheet-cybersecurity-national-

action-plan
______. Joint Resolution, https://www.whitehouse.gov/sites/default/files/docs/aumf_02112015.pdf
______. Mexico City Policy and Assistance for Voluntary Population Planing, https://www.whitehouse.gov/the-press-office/mexico-city-policy-and-assistance-voluntary-population-planning
______. National Strategy for Combating Wildlife Trafficking, https://www.whitehouse.gov/sites/default/files/docs/nationalstrategywildlifetrafficking.pdf
______. Occupational Licensing: A Framework for Policymakers, https://www.whitehouse.gov/sites/default/files/docs/licensing_report_final_nonembargo.pdf
______. The Buffett Rule: A Basic Principle of Tax Fairness, https://www.whitehouse.gov/sites/default/files/Buffett_Rule_Report_Final.pdf
______. The DREAM Act: Good for out economy, good for our security, good for our nation, https://www.whitehouse.gov/sites/default/files/DREAM-Act-WhiteHouse-FactSheet.pdf
______. The Historic Deal that Will Prevent Iran from Acquiring a Nuclear Weapon, https://www.whitehouse.gov/issues/foreign-policy/iran-deal
______. Wall Street Reform: The Dood-Frank Act, https://www.whitehouse.gov/economy/middle-class/dodd-frank-wall-street-reform
Zients, Jeffrey. 2016. "The Corporate Inversions Tax Loophole: What You Need to Know." White House (4월 8일), https://www.whitehouse.gov/blog/2016/04/08/corporate-inversions-tax-loophole-what-you-need-know

〈보고서, 논문, 전자책〉

Advisory Committee on Policies and Platform, 〈Reports of Sub-Committees〉 1920 New York. https://ia902604.us.archive.org/10/items/reportsofsubcomm00repurich/reportsofsubcomm00repurich.pdf.
Bendiner, M. 1935. "Party platforms and the 1936 campaign." Editorial research reports 1935 (Vol.II). Washington, DC: CQ Press. http://library.

cqpress.com/cqresearcher/cqresrre1935111200

Bryce, James. 1921. *Modern Democracies.* http://oll.libertyfund.org/titles/bryce-modern-democracies-vol-1

Ford, Henry Jones. 1900. *The Rise and Growth of American Politics.* New York: Macmillan Company. https://archive.org/details/riseandgrowtham00fordgoog

Lasswell, Harold, and Kaplan. 1950. *Abraham Power and Society.* http://www.policysciences.org/classics/power_society.pdf

National party platforms, 1832-1932. 1932. *Editorial Research Reports 1932* (Vol.I). Washington, DC: CQ Press. http://library.cqpress.com/cqresearcher/cqresrre1932011300

Patch, B. W. 1952. Party platforms. *Editorial Research Reports 1952* (Vol.I). Washington, DC: CQ Press. http://library.cqpress.com/cqresearcher/cqresrre1952060600

Pizer, Jenifer, Bobbie Wilson, and John Polito. 2013. "The Respect for Marriage Act: What is it and What Will it Do?" ABA Section of Litigation, Annual Conference. April 24-26. Chicago. http://www.americanbar.org/content/dam/aba/administrative/litigation/materials/sac2013/sac_2013/8_recognition_of_%20lgtb.authcheckdam.pdf

Standwood, Edward A. 1898. *History of the Presidency.* Boston: Riverside Press. https://ia600306.us.archive.org/30/items/historyofpreside00stanuoft/historyofpreside00stanuoft.pdf

The Republican Platform and RNC Platform Committee. 2016. BollotPedia. https://ballotpedia.org/The_Republican_Platform_and_RNC_Platform_Committee,_2016#cite_note-5

Wilson, Woodrow. 1881. *Congressional Government: A study in American Society.* https://ia801407.us.archive.org/8/items/congressionalgov00wilsa/congressionalgov00wilsa.pdf

〈연구소 및 자료보관소〉

ADL. "BDS: The Global Campaign to Delegitimize Israel." http://www.adl.org/

israel-international/israel-middle-east/content/backgroundersarticles/bds-campaign-backgrounder.html

Arms Control Association. "The Anti-Ballistic Missile (ABM) Treaty as a Glance." https://www.armscontrol.org/factsheets/abmtreaty

______. "The Strategic Offensive Reduction Treaty (SORT) At a Glance." https://www.armscontrol.org/factsheets/sort-glance

Civil War Trust. "10 Facts about the Emancipation Proclamation." http://www.civilwar.org/education/history/emancipation-150/10-facts

Constitutional Rights Foundation. 2003. http://www.crf-usa.org/bill-of-rights-in-action/bria-19-4-b-the-alien-and-sedition-acts-defining-american-freedom.html

Data360.org. "Defense Spending U.S.-Annual." http://www.data360.org/dsg.aspx?Data_Set_Group_Id=539

Desilver, Drew. 2014. "The polarized Congress of today has its roots in the 1970s."

efed.org. "Individual Development Accounts." https://cfed.org/programs/idas/ida_basics/

Factank. http://www.pewresearch.org/fact-tank/2014/06/12/polarized-politics-in-congress-began-in-the-1970s-and-has-been-getting-worse-ever-since/ 2014.6.12.

Feldman, Harvey. 2007. "President Reagan's Six Assurances to Taiwan and Their Meaning Today." Heritage.org (10월 2일), http://www.heritage.org/research/reports/2007/10/president-reagans-six-assurances-to-taiwan-and-their-meaning-today

Jachimowicz, Maia. 2004. "Bush Proposes New Temporary Worker Program. Migration Policy Institute (2월 1일), http://www.migrationpolicy.org/article/bush-proposes-new-temporary-worker-program

Justia. Buckley v. Valeo 424 U.S. 1. 1976. https://supreme.justia.com/cases/federal/us/424/1/case.html

Justia. Downes v. Bidwell 182 U.S. 244. 1901. https://supreme.justia.com/cases/federal/us/182/244/case.html

Justia. Scott v. Sandford. https://supreme.justia.com/cases/federal/us/60/393/

Legisworks. http://legisworks.org/congress/47/session-1/chap-126.pdf

______. http://legisworks.org/congress/52/session-1/chap-60.pdf
______. http://legisworks.org/sal/17/stats/STATUTE-17-Pg424.pdf
Minnesota Legal History Project. http://www.minnesotalegalhistoryproject.org/assets/Microsoft%20Word%20-%20Preemption%20Act%20of%201841.pdf
National Conference of Sate Legislature. http://www.ncsl.org/research/elections-and-campaigns/voter-id.aspx
Renwick, Danielle. 2016. "Central America's Violent Northern Triangle." Council on Foreign Relations (1월 19일), http://www.cfr.org/transnational-crime/central-americas-violent-northern-triangle/p37286
Republican Rules. 아마존클라우드. https://s3.amazonaws.com/prod-static-ngop-pbl/docs/Rules_of_the_Republican+Party_FINAL_S14090314.pdf
SOA Watch. http://www.soaw.org/about-the-soawhinsec/what-is-the-soawhinsec
The American Presidency Project. http://www.presidency.ucsb.edu/ws/?pid=41037
Uselectionaatlas.org. United States Presidential election Results. http://uselectionatlas.org/RESULTS/
Usgovernmentspending.com. "US Defense Spending History." http://www.usgovernmentspending.com/defense_spending
Yale Law School Northwest Ordinance; July 13, 1787. http://avalon.law.yale.edu/18th_century/nworder.asp

〈기타〉

BDS Codebook. History of the BDS Movement. http://www.stopbds.com/?page_id=16
Encyclopedia.com. "Territorial Governments." http://www.encyclopedia.com/doc/1G2-3401804166.html
govtrack.com. "S.862: Paycheck Fairness Act." https://www.govtrack.us/congress/bills/114/s862/summary
HUD Exchange. https://www.hudexchange.info/programs/nsp/Pawsact.com.

http://pawsact.com/
Investopedia. Cost-of-Living Adjustment-COLA. http://www.investopedia.com/terms/c/cola.asp

▪ 색인 ▪

| ㄱ |

개인은퇴계획 380
개혁당 70
검은 화요일 104
게리법 221
결선투표제 68, 69, 74
결혼 존중법 424, 515
경쟁관세 261, 277
고유한 제도(Peculiar institution) 178
고정된 경제(rigid economy) 151
골드워터, 베리 281
공개 예비 선거 36
공격무기금지법 362
공익대출금면제제도 490
공정임금법 420
괌 킬러(Guam Killer) 441, 522
교차투표 59
구조주의 73
국가 대기환경 기준 495
국민연합당 98, 99, 198, 202
국민주권 94, 162, 168, 174, 180, 191, 195, 197
국방수권법 457
국제주의자 106
귀화법 154, 194
글래스-스테겔법 143, 530, 534, 536
금본위제 102, 128, 215, 216, 224, 225, 229, 236, 237, 240, 259, 260, 532
금주법 122, 129, 264, 265
금태환법 224, 225
기본법(organic law) 172, 173

| ㄴ |

남녀평등권 수정헌법 312
남부연합 97, 98, 197, 198, 200, 201, 203, 206
내재적 권한 148, 234
노동권법 373, 422
노사관계법 324
노예해방 선언 203-206, 208, 210
노인복지법 485
노인생존자보험 267
노인의료보험제도 353, 364
뉴딜연합 47, 49, 50, 52, 55, 78, 80, 81, 104, 106-109, 130, 150, 206, 255, 265, 332, 532
뉴딜정책 77, 106, 270, 273, 274, 280
닉슨 독트린 307, 319, 321
닉슨, 리처드 291, 304

| ㄷ |

단순다수대표제 67, 68, 74
당파심 31, 264
대공황 81, 100, 104, 150, 255-257, 532
대만관계법 338, 339, 401, 441, 521
대외관계수권법 495
대중동구상 378
더글러스, 스테판 93, 97, 186, 187, 196, 207
데이비스-베이컨법 372, 423, 469
도드-프랭크법 419, 468, 514, 529, 530
도망노예법 169, 173, 174
도망노예제도 96
도하라운드협정 392
독립선언서 153, 157, 182, 224
뒤베르제의 법칙 68
드레드 스콧 판결 196
드림법 426, 518

| ㄹ |

랏지법안 218, 219, 240
랜돌프, 에드몬드 85
러스트 벨트 142, 528, 535
레이건 55, 139, 311, 418, 441, 448, 471, 526
로이, 시어도어(Theodore Lowi) 66
루즈벨트, 시어도어 55, 103, 124
루즈벨트, 프랭클린 55, 105-107, 351
링컨, 아브라함 80, 97-99, 177, 196, 200-206, 208, 210, 292, 332

| ㅁ |

마그니스키법 401, 523
매사추세츠 개혁 클럽 99
매키낵 헌장 124
매킨리 관세 211-213, 236

먼로, 제임스 88, 106
메디슨, 제임스 30
메디케어(Medicare) 364-367, 416, 422, 427-429, 481, 483, 484, 516, 517
메디케이드 366, 367, 416, 428, 429, 481, 484, 516
무역확장법 290, 294
문화론 71-73
미국 예외주의 432-434, 454
미국 일자리법 412, 413
미국공무원 보호법 377
미국법전 173
미국-아프가니스탄조약 401, 402
미국연맹 84
미국-인도 민간 핵 협약 387
미주리 타협 94, 95, 169, 174, 175, 191, 208, 209
민트법 224
밀로셰비치, 슬로보단 342

| ㅂ |

반당공화당원(Mugwumps) 99, 100
반-메이슨 114, 119, 208
반전북부민주당원 199, 202
버, 애런 88
버핏룰 413
보호무역주의 213, 311
보호법 236, 385, 451, 473, 481, 486, 515
부담적정보험법 427
부분출산낙태금지법 357
북서조례 159, 172, 173, 196
분열 이슈(wedge issue) 66
분할투표 58, 59
브래디법 361
비밀 세금제도 464
비밀투표보호법 422, 512
빈곤가족임시원조 485
BDS 491, 504, 521

| ㅅ |

사베인스 옥슬리법 382
사이버보안 국가 456
사회계약론 158, 182, 183, 188, 200, 233, 293
사회보장법 267, 268, 278, 286
사회적 합의 이론 72, 73
상계관세 472, 511, 527, 535
상설잠정세출결의안 355
상호 안보선언 340
샌더스, 버니 133-135, 432, 470, 511
선거경쟁 이론 35, 39, 40
선언적 정체성 114
성금요일 합의 342
성장법 2003 381
셔먼은구매법 215, 216, 219
소수계 우대정책 490, 491

순환 이론 53, 56
슐츠, 데비 와서만 126, 143
스미소니언협정 308, 309
스톤케시(Stonecash) 62
시민권 운동 50, 81, 130, 304, 533
시카고 경찰 폭동 316
신전략무기감축협정 455
실업보험 267, 268, 278, 281, 297, 306
SORT 377

| ㅇ |

아담스, 존 83, 87
아세안 376, 377
아태경제협력포럼 376, 377
아프리카 성장 기회법 343, 448
애국법 379
양당제 65-75, 77, 78, 81, 97, 171
연맹규약 159, 173
연방선거운동법 69
연방은행 54, 84-86, 91-93, 152, 153, 260
연방주의자 30, 31, 39, 54, 80-88, 91, 92, 148, 154, 156, 157, 167, 532
연방준비제도 245
연정참여가능성 66
열거된 권한 85, 148
엽관제 188, 189
오스탕드 선언 163
왈러스, 조지 291, 302
외국인 친구법 154
외국인법과 선동법 153, 169, 170
외국정보감시법 389, 390
우산정당 73, 74
우선매수법 167, 193
워싱턴, 조지 31, 82, 106, 170
위법수집증거배제 규정 363
윌슨 37, 55, 103, 246, 341
윌슨-고먼 관세 236
유권자 신분증법 496
유권자연합 이론 35, 40
유권자재편성 42, 46, 48-50, 79, 165
유효정당 66-68, 77, 78
은화공화당 128
은화통화론(자) 102, 128, 215, 224, 225, 250
이라크 자유화법 338
이민법 321, 322, 383, 518
이원론(dualism) 71-73
이익집단 33, 34, 58, 116, 138, 417
이중 언어 교육법 300
인신매매 및 폭력 희생자 451
일관투표 58, 59
일자리성장감세조정법 381
일탈투표 45, 51, 53
임금공정법 420
IS(이슬람국가) 434-436, 447, 451, 506, 508
LGBT 424, 452, 459, 478, 479, 481,

502, 509, 514, 515, 529, 533, 534, 536
NPT 307, 409, 454
Open-to-Cuba 524
S-CHIP 367

| ㅈ |

자유농업법 370, 371
자유토지당 74, 96, 114, 156, 172, 193
장기섬유협정 290
재편 이론 42, 47, 51-53, 78, 80
잭슨, 앤드류 89-91
적정부담의료보험법 483
전략공격무기감축조약 377
전쟁민주당 98, 99, 198, 199, 202, 206
전진적 개입전략 335
정당 카르텔 60
정당귀속감 36, 42, 45, 47, 49, 51, 52, 58, 59, 62, 63, 79
정당의 약화 이론 56
정당제 37, 45, 65-67, 73, 77-79
정치머신 39, 99
제도주의 67, 70
제조물 책임법 354
제퍼슨, 토마스 31, 81, 151, 169, 182, 209
조건부정당정부 60
종합적 실험금지조약 348, 349
좋은 이웃 정책(good neighbor policy) 274, 275
주권민주당(States' Rights Democratic Party) 129
주머니 속의 거부권 168
주화법 224
준주 95, 98, 157-161, 165, 172-174, 177, 178, 180-187, 189-192, 196, 197, 200, 202, 208, 220, 265, 418, 532
중거리 핵전력 조약 455
중국인 배제법 221
중대 선거 43-50, 54, 80, 100, 107
중동자유를 위한 전략 378
직업 인허가법 461
진지한 투표 69
집단적 사고 34

| ㅊ |

차별회수 84
책임정당 (이론) 35-40, 56, 58, 60
최저임금(제) 273, 298, 299, 373, 420, 422, 430, 473, 499, 512
1850년 타협 174, 190

| ㅋ |

캔자스-네브래스카 법안 94, 95, 162, 178, 207
케네디 55, 281, 300, 316
케인, 팀 143, 144
켄터키 버지니아 결의안 169, 170, 173
켈로그 조약 264, 276
코커스 89, 136
쿠바인 정착법 345, 403, 445, 524
클리블랜드, 그로버 99-101
클린턴, 조지 83
키스톤 XL 403, 426, 444, 446, 492, 493
키신저, 헨리 317

| ㅌ |

탄도요격미사일조약 348, 349
토지공여지정책 195
토지보존 및 가정할당법 270
토지용도 지정법 477
토피카 헌법 162, 186, 192, 195
통킹만 사건 314
트럼프, 도널드 133, 139, 439, 449, 453, 477, 479, 520, 528

| ㅍ |

페어딜(Fair Deal) 130
평화민주당 98, 99, 198, 199, 202, 206
폐쇄 예비 선거 36
표준투표 51
프랭클린, 셜리 126, 134
프로젝트 노동협정 423, 474

| ㅎ |

하이드 수정조항 480, 516
해밀턴, 알렉산더 30, 81
행정 불법 156
헌법연합당(Constitutional Union Party) 97, 175, 177
혼인보호법 384, 423, 424
홉스법 422
화학전쟁협정서 307
환경인종주의 493, 518, 534
환경정책기본법 495
환자의 권리장전 364, 365
환태평양경제동반자협정 137, 142, 417, 469-471, 510, 511, 526, 527
휘그당 74, 77, 80, 81, 86, 92, 93, 96, 120, 147, 152, 155, 156, 159, 167, 168, 170, 174, 177, 182, 214

지은이 소개

❖ 김진하

현 | 계명대학교 국제관계학과 교수(2004.3.~현)
Northwestern University 정치학 박사(2003)
Rochester University 정책학 석사
서강대학교 정치학 석사 / 서강대학교 정치학 학사
전공분야: 미국 정치학

[주요 논문]

"소득과 직업이 정당귀속감에 미치는 영향: 미국 대선을 중심으로,"『한국정당학회보』 제3권 1호(2004)
"소득 수준에 따른 계급 투표의 부활,"『한국정치학회보』 제33집 2호(2004)
"2004년 미국 상원의원 선거에서 나타난 대통령의 후광효과에 관한 연구,"『국제정치논총』 제45집 1호(2005)
"정치의식의 지역차이: 지역주의에 대한 새로운 접근,"『한국정당학회보』 제5권 1호(2006)
"미국의 지방 선거 경쟁이 투표율에 미치는 영향: 캘리포니아 사례 연구,"『미국학논집』 제40집 2호(2008)
"17대 대선 투표 참여율과 기권,"『현대정치연구』 1권 1호(2008)
"지방선거의 역사적 의미와 6·2 지방선거 분석,"『한국정당학회보』 제9권 제2호(2010)
"한국 지역주의의 변화: 투표행태와 정당을 중심으로,"『현대정치연구』 제3권 제2호(2010)
"미국의 유권자 동원운동의 효과와 한계: 2012 대선 사례 연구,"『미래정치연구』 제6권 2호(2016)

"The AMA and Health Care Reform in the US,"『국제학논총』 제8집(2004)
"Why Switches?"『국제학논총』 제9집(2005)
"How to Reduce Adolescent Smoking in the US?"『국제학논총』 제10집(2006)